马钢
MA GANG
年鉴
NIAN JIAN

《马钢年鉴》编辑委员会 编

方志出版社

1 2016 年 12 月 7 日，安徽省委书记李锦斌到马钢考察调研。集团公司党委书记、董事长高海建向李锦斌汇报马钢转型发展情况

2 2016 年 12 月 20 日，时任安徽省委副书记、代省长李国英到马钢调研，就化解过剩产能工作情况深入生产建设现场实地考察

3 2016 年 6 月 21 日，安徽省委常委、副省长刘莉到马钢督查调研

4 2016 年 10 月 11 日，中华全国总工会副主席、书记处书记阎京华到马钢调研

5 2016 年 1 月 9 日，安徽省政协副主席、省总工会主席童怀伟到马钢看望慰问马钢困难劳模，进行调研座谈

第五次党代会 DI WU CI DANG DAI HUI

2016 年 8 月 10 日至 11 日，中国共产党马钢（集团）控股有限公司第五次代表大会在马钢办公楼会堂隆重召开。这次大会全面总结了第四次党代会以来的工作，充分肯定了六年来马钢党的建设和改革发展所取得的成绩，对六年来的经验进行了总结、对面临的内外部环境作了深入分析，明确了未来五年马钢改革发展的指导思想、战略定位、奋斗目标和战略举措，选举产生了新一届党委成员和纪委成员。

1 第五次党代会会场
2 大会开幕式
3 主席团会议

1

2

3

4 高海建作党委工作报告
5 丁毅主持闭幕会
6 陈冬生作纪委工作报告
7 代表们认真讨论会议报告

8

9

8 大会选举
9 大会工作人员统计选票
10 中共马钢第五届委员会第一次全体会议
11 中共马钢第五届纪律检查委员会第一次全体会议

10

11

12

13

14

15

12 新当选的马钢党委第五届常务委员会委员

13 新当选的马钢党委第五届委员会委员

14 新当选的马钢第五届党的纪律检查委员会委员

15 大会闭幕式

1 2016 年，马钢深入开展“两学一做”活动

2 2016 年 5 月 7 日，马钢集团公司党委举行“两学一做”学习教育动员会，集团公司董事长、党委书记高海健在会上作动员讲话

荣誉证书

第十六届全国质量奖

The 16th CHINA QUALITY AWARD

马鞍山钢铁股份有限公司

中国质量协会

二〇一六年

质量第一　诚信为本

授予：马鞍山钢铁股份有限公司

中国质量诚信企业

China Quality Credit Enterprise

二〇一六年九月

September 2016

3　2016 年 11 月 10 日，第十六届全国追求卓越大会在北京召开，马钢股份公司荣获第十六届全国质量奖。集团公司总经理、股份公司董事长丁毅代表马钢领取奖杯和荣誉证书并与颁奖嘉宾合影留念

4　第十六届全国质量奖荣誉证书

5　2016 年 9 月，马钢荣获“中国质量诚信企业”称号

6 2016年9月20日，马钢股份公司在二铁总厂举行4号高炉正式投产仪式

7 2016年9月20日，马钢举行奥瑟亚焦油精制项目投产仪式

8 2016年4月29日，马钢举行高速车轴生产线开工仪式

9 2016 年 11 月 18 日，马钢举行埃斯科特钢项目开工暨弹簧钢生产线试生产仪式

10 2016 年，马钢切实做好去产能及职工安置工作。二铁总厂 11 号高炉永久停产

11 重机公司 20 吨电炉永久停产

12 重机公司 15 吨电炉永久停产

1 2016年12月22日至23日，马钢召开集团公司十八届一次（股份公司八届一次）职工代表大会

2 集团公司董事长、党委书记高海建在职代会上作重要讲话

3 集团公司总经理、股份公司董事长丁毅在职代会上作报告

4 2017 年 9 月 28 日，深入推进马鞍山市与马钢融合发展座谈会在马钢召开

5 2016 年 4 月 28 日，马钢召开“五一”表彰大会

6 集团公司董事长、党委书记高海建为获表彰的劳动模范颁奖

7 集团公司总经理、股份公司董事长丁毅为获表彰的先进集体颁奖

1

2

3

1 2016 年 3 月 25 日，马钢召开 2016 年轮轴系列产品海外采购商会议。美国通用电气公司、法国阿尔斯通公司等来自 12 个国家和地区的 17 家铁路行业重点客户参会

2 2016 年 1 月 15 日，马钢召开 2016 年供应商大会。国内外知名矿石、煤焦、物流、材料、合金、辅料、废钢、备件等行业的企业供方代表共 150 余人参加了大会

3 2016 年 11 月 2 日，马钢首次召开产品技术服务年会。来自全国 153 家客户的 339 名代表参会

4

4 2016 年 6 月 8 日，马钢党委召开常委扩大会暨中心组学习会，认真传达学习省委召开的中央巡视组“回头看”反馈意见整改动员部署大会精神，研究部署马钢贯彻落实工作

5 2016 年，马钢开展人力资源优化工作。4 月 20 日，集团公司召开人力资源优化工作动员会

6 2016 年 1 月 20 日，马钢召开 2016 年非钢工作会议。市委常委、常务副市长方晓利率市政府副秘书长杨庆海，市直机关有关部门、部分县区和单位负责人出席会议

7 2016 年 2 月 26 日，马钢召开物流业务研讨会

8 2016 年 8 月 1 日至 5 日，马钢股份公司召开全国质量奖现场评审会议，分析总结前期工作，安排部署下一步工作

5

6

7

8

9

10

9 2016 年 5 月 16 日，集团公司董事长、党委书记高海建出席第九届中国国际钢铁大会，并作题为《产品升级创品牌、产业延伸促转型》的主旨演讲

10 2016 年 10 月 20 日，中国汽车工程学会汽车材料分会第二十届学术年会在马钢召开

11 2016 年 12 月 21 日，马钢与中国建材集团有限公司旗下的中国建筑材料科学研究总院签订战略合作框架协议

12 2016 年 12 月 16 日，马钢与泰尔重工举行项目合作协议签字仪式

11

12

13 2016 年 8 月 3 日，马钢 2 万吨级海轮“中联 26 号”首航

14 2016 年 4 月 28 日，马钢股份公司冷轧总厂脱脂机组竣工投产

15 2016 年 12 月 26 日，马钢对三铁总厂高炉稳定运行进行表彰

1 2016 年 7 月 1 日，马钢召开庆祝中国共产党成立 95 周年暨表彰大会

2 集团公司领导为获得表彰的先进集体颁奖

3 2016 年 4 月 18 日，马钢召开 2016 年宣传思想工作会议

4 2016 年 2 月 4 日，马钢举行春节团拜会
5 集团公司董事长、党委书记高海建在春节团拜会上作新年贺词
6 集团公司董事长、党委书记高海建在春节团拜会上为先进人物颁奖
7 集团公司总经理、股份公司董事长丁毅在春节团拜会上为先进人物颁奖

8 2016年2月19日，马钢召开基层党委书记抓党建工作现场述职考评会

9 2016年1月13日，马钢召开专题会议部署“送温暖”、慰问走访工作

10 2016年1月27日，集团公司领导与公司新招聘大学生代表进行座谈交流

编辑说明

1.《马钢年鉴》坚持以马克思列宁主义、毛泽东思想、邓小平理论、“三个代表”重要思想、科学发展观、习近平新时代中国特色社会主义思想为指导，坚持辩证唯物主义和历史唯物主义的立场、观点、方法，全面、系统、真实地记载了2016年马钢的生产经营建设、改革发展及精神文明建设等方面的情况，为读者提供了认识、了解马钢的最新信息资料。

2. 本卷《马钢年鉴》设特载、专文、企业大事记、概述、企业改革、综合管理、党群工作、精神文明建设、马钢股份有限公司、马钢集团矿业有限公司、马钢工程技术集团有限公司、其他二级单位、合资公司、统计资料、人物和附录共16个类目，148个分目，822个条目，797千字。统计资料栏目中的统计资料数据均以集团公司汇总统计后的数据，并统一称为马钢集团统计资料。

3. 本卷《马钢年鉴》框架设计采用类目、分目和条目分类法编排。条目标题一律使用黑体字并加【】。企业大事记栏目中的“△”符号表示与前一条大事同一日期。

4. 本卷《马钢年鉴》由集团公司及股份公司职能部门、二级单位及分(子)公司供稿并经负责人审核。主要数据由统计部门提供。计量单位采用中华人民共和国法定计量单位。

《马钢年鉴》编辑委员会

编辑工作人员

编　　辑　姜国强

美术编辑　包清武

摄影编辑　刘正发

图片摄影人员

刘正发　张明伟　陈　闻　赵陶春　胡智慧　罗继胜　张　文

陶建平　蒲　天　许　庆　张克飞　潘兴胜　陶国庆

目　　录

特　　载

专　　文

企业大事记

概 述

企业改革

综合管理

精神文明建设

马钢股份有限公司

马钢集团矿业有限公司

马钢工程技术集团有限公司

其他二级单位

合资公司

统计资料

人　　物

附　　录

特　载

领导考察、调研

【全国总工会副主席阎京华到马钢调研】 2016年10月11日，中华全国总工会副主席、书记处书记阎京华，中华全国总工会劳动和经济工作部部长王俊治一行，在安徽省总工会副主席许晓东的陪同下，到马钢专题调研一线职工自主创新的基本情况。马鞍山市政协主席李群，马钢集团公司党委书记、董事长高海建，马鞍山市人大常委会副主任、市总工会主席龚明，马钢集团公司党委常委、工会主席张晓峰陪同调研和座谈。

加强职工队伍建设，创新驱动企业发展，是经济新常态下企业谋求转型升级的必由之路。如何激发一线职工自主创新活力，是阎京华一行此次调研的主要目的。在轮轴事业部车轮展厅，阎京华详细了解了马钢车轮的发展历史和生产情况，赞扬马钢潜心致力高速动车组车轮工艺技术、性能质量攻关，大力营造职工自主创新氛围的做法。在能控中心袁军芳创新工作室，阎京华听取了马钢首席技师袁军芳对工作室基本情况的介绍，并关切地询问工作室日常运作中的困难和需要解决的问题。阎京华对省市及马钢工会组织在推进产业工人队伍建设、鼓励职工自主创新方面所做出的努力给予了肯定，希望各级工会组织对职工创新工作给予关心和支持，为推动企业转型发展不断注入新动能。随后，阎京华一行来到公司办公楼413会议室召开调研座谈会。

座谈会由许晓东主持。

会上，龚明汇报了市推进产业工人队伍建设等工作情况并提出建议。张晓峰在汇报马钢推进产业工人队伍建设等工作情况时说，面对钢铁行业“严冬”，马钢工会在公司党委的领导下，充分发挥工会组织的桥梁和纽带作用，深度融入生产经营，主动服务职工群众，秉承“提升职工素质是共建共享共赢的基石”的理念，着力构筑三个体系、搭建三个平台，助力广大职工创新创效、成长成才，动员引领全体职工为马钢求生图存、转型升级做贡献，努力促进职工与企业的和谐稳定发展。

高海建对阎京华一行的到来表示欢迎，对全总、省总及市总工会一直以来对马钢发展的关心支持表示感谢。在简要介绍马钢发展情况后，高海建说，马钢一直积极倡导“感恩在心、胸有朝阳、公平正义、风清气正”的家园文化，以家园文化为引领，抢抓外部机遇，锐意变革突破，加快转型升级，在严峻形势下取得了可喜的业绩。高海建指出，面对新形势新任务新挑战，马钢将大力弘扬家园精神，打造家园文化升级版，持续提升企业竞争力，推动马钢迈上转型升级、健康发展的快车道。围绕“做强钢铁、做大非钢、做活机制、做优绩效、增进福祉”这一奋斗目标，马钢各级工会组织将把“以变革求突破、以担当保家园”作为做好工会工作的主题和方法，深刻认识面临的形势和任务，主动适应改革发展的新变化，积极顺应职工的新期待，维护职工的基本权益，切实增强责任感和使命感，着力引导职工、凝聚职工力量、提升职工素质，共建马钢美好家园。

阎京华在座谈时指出，党中央高度重视创新驱动发展战略，尤其是产业工人队伍建设和职工创新创效工作。在全面建成小康社会进程中，面对供给侧结构性改革的新形势和新任务，要实现制造业强国梦和“中国制造2025”目标，就必须推进产业工人队伍建设，全面提升职工队伍素质。阎京华就工会组织如何推进产业工人队伍建设和加强职工自主创新工作提出五点要求。一是各级工会组织要带领广大职工听党话、跟党走。把依靠工人阶级、密切联系职工群众作为工会组织的首要任务，绝对忠诚党的事业，竭诚服务职工群众。二是各级工会组织要带领广大职工积极投身改革建设，引导职工自觉把个人命运和国家命运、企业命运结合在一起，通过家园文化凝聚人心、共克时艰，带领广大职工支持改革、理解改革、参与改革。三是各级工会组织要为职工技能提升提供必要条件，着力提高职工队伍素质，使企业能够适应经济新常态下的新变化、新要求，以创新驱动实现制造强国梦。四是各级工会组织要关心爱护职工，维护职工合法权益，把财力、物力向基层倾斜，积极帮助职工解决实际困难。五是要发扬劳模精神和工匠精神，在全社会营造尊重劳动、尊重工人、尊重创新的氛围，为推动企业和国家转型发展发挥积极作用。

座谈会上，八位马钢职工代表做了交流发言。

（办公室）

【安徽省委书记李锦斌到马钢考察调研】 2016年12月6日下午至7日上午，安徽省委书记李锦斌到马鞍山市考察调研经济社会发展和党的建设情况。7日上午，省委书记李锦斌到马钢奥瑟亚化工有限公司进行考察调研。在调研时，李锦斌强调，马钢要加快转型升级步伐，坚持走创新发展之路，做强拳头产品。要深化国际合作，重视生态环保工作，推动绿色发展。要切实抓好安全生产工作,为推进企业改革发展创造良好环境;同时要全力推进钢铁去产能工作,妥善分流安置职工。

安徽省委常委、省委秘书长唐承沛,省委副秘书长、政研室主任方正等参加调研。马鞍山市领导魏尧、左俊等,马钢领导高海建、丁毅、蒋育翔陪同调研和座谈。

在马钢奥瑟亚化工有限公司,李锦斌首先观看了马钢转型发展展板,听取了高海建关于马钢转型发展的情况汇报。高海建介绍说,"十三五"期间,马钢将坚持以"产品升级、产业化延伸、国际化经营"为主攻方向,做精做强钢铁主业,壮大钢铁上下游相关性产业,培育战略性新兴产业。在听取马钢推进转型升级情况介绍后,李锦斌指出,马钢要抢抓当前市场机遇,坚持创新,持续创新,做强拳头产品;要加大对外合作和重组力度,加强技术改造,推进体制机制改革,努力在转型突围中实现二次腾飞。随后,李锦斌仔细询问了马钢奥瑟亚化工焦油精制项目情况。高海建和马钢奥瑟亚韩方总经理向李锦斌作了详细介绍,马钢奥瑟亚化工焦油精制项目由OCI株式会社与马钢股份公司合资建设,主要从事煤焦油深加工产品的研发、生产与销售。得知该项目是马钢牵手国际知名企业,打造绿色经济、推进产业链延伸、壮大多元板块、加快转型发展的重要举措后,李锦斌勉励双方进一步深化合作,瞄准高端产品市场,不断扩大生产规模,推动绿色发展,努力把企业做大做强。李锦斌在与韩方总经理交谈时,希望韩方能把最好的技术带到马钢来,并祝愿马钢奥瑟亚越办越好。

考察调研时,李锦斌指出,创新是灵魂,企业要坚持走创新发展之路。马钢要发挥自身优势,通过自主创新加快转型升级的步伐,推动企业不断向前发展。李锦斌强调,安全是一切工作的底线,要牢固树立安全发展理念。马钢要切实抓好安全生产工作,确保安全生产始终处于受控状态,为推进企业改革发展创造良好环境。

李锦斌指出,以钢铁煤炭行业为重点推进去产能,是国家深化供给侧结构性改革、落实"三去一降一补"任务的重要内容。他强调,马钢要全力推进钢铁去产能工作,同时也要妥善分流安置职工。

(办公室)

【安徽省委副书记、代省长李国英一行到马钢考察调研】 2016年12月20日上午,安徽省委副书记、代省长李国英一行到马钢调研,就化解过剩产能工作情况深入生产建设现场实地考察。安徽省政府秘书长杨敬农,省政府副秘书长、政研室主任叶晓明,省经济和信息化委主任牛弩韬,省人力资源和社会保障厅厅长白金明,省国资委主任李明参加调研。马鞍山市领导左俊,马钢领导高海建、丁毅陪同调研。

推进钢铁行业化解过剩产能,是党中央、国务院和省委、省政府作出的重大决策部署,是推进供给侧结构性改革的重要举措,是马钢作为国有企业义不容辞的责任。2016年,马钢对设计年产量64万吨的二铁总厂11号高炉实施永久性关停,并对高炉主体进行了封存。在关停的11号高炉现场,集团公司董事长、党委书记高海建汇报了马钢去产能计划和职工分流安置的情况。高海建说,马钢将切实履行国有企业的社会责任,坚决贯彻落实中央各项任务,坚定不移地推动去产能各项任务目标落实到位。李国英对马钢自我加压、主动作为、积极谋划、稳步推进去产能工作的做法给予了肯定,希望马钢抢抓国家推动化解钢铁过剩产能政策机遇,坚持化解过剩产能与促进转型发展两手抓、双促进,切实提高劳动生产率,增强企业竞争力,不断加快转型升级,实现脱困发展。

随后,李国英一行来到正在进行设备安装的重机公司车轮加工生产线。该公司负责人介绍,曾是省内最大的20吨电炉矗立于此20多年，为马钢跨越式发展作出了积极贡献。2016年上半年，该电炉也已彻底关停并完成拆除及资产处置工作。拆除后的场地、设备、人员承接了“轮箍环”产品的配套预加工工序，资源得到充分利用。“我们在推进去产能工作中并不是简单地做‘减法’，而是在‘去’的同时加快产品结构调整和转型布局。”集团公司总经理、党委副书记、股份公司董事长丁毅向李国英介绍，马钢坚持化解过剩产能与转型升级相结合，坚持稳妥推进与维护稳定相结合，坚持脱困发展与人力资源优化相结合，不折不扣推进落实去产能工作。与此同时，通过盘活土地、厂房等资源持续发挥国有资源效能，提升资源配置效率；通过积极引入战略投资者，做活机制，做精管理，做大市场。马钢做好转型发展“加减法”的思路得到了李国英的肯定。

11时30分，李国英一行登上二铁总厂4号高炉炉台，向正在操作的一线职工致以亲切慰问。出铁口旁，炉前工们紧张忙碌，出铁口上方，巨大的管道将热气烟尘悉数吸进，进行净化处理。“对现在的工作条件满不满意?”李国英关切地向正在操作的“马钢家园卫士”——炉前主操孙光荣询问。“烟尘异味少、自动化程度高，在这样的环境中干活，工作比以前轻松多了。”李国英叮嘱他一定要注意身体，保持良好的精神状态，确保安全生产。“4号高炉采用了双矩形平坦式环保型出铁场设计，引进卡鲁金顶燃式热风炉、环保型底滤法冲渣工艺和全软水密闭循环冷却系统、全干式布袋除尘净化系统等多项新工艺、新技术、新装备，在满足环保要求的同时，也为职工的健康安全提供了保障。”在听取了关于4号高炉的详细介绍后，李国英希望马钢继续坚持绿色发展理念，坚决淘汰落后产能，继续加大技改力度，走高效、节能、环保之路。“拥有舒适整洁的工作环境，是每一名马钢职工在马钢家园应当享受的待遇，也是我们打造风清气正家园文化的出发点。”高海建表示。

李国英在考察调研时指出，省委、省政府高度重视马钢发展，希望马钢抢抓去产能政策机遇，深化改革加快转型升级，创新驱动加大结构调整力度，不断提高企业核心竞争实力。马鞍山市委、市政府要一如既往地全力服务马钢，支持马钢化解过剩产能，实现转型发展。

（办公室）

【安徽省委常委、副省长刘莉到马钢督察调研】 2016年6月21日上午，安徽省委常委、副省长刘莉到马钢督查调研落实供给侧结构性改革“三去一降一补”工作情况，并主持召开座谈会，倾听建议、部署任务、压实责任，协调全省各方力量，全力支持马钢去产能及人员安置工作有序推进。

安徽省政府办公厅副主任章石生，马鞍山市领导魏尧、方晓利，省市有关部门负责人，马钢领导丁毅、张晓峰、唐琪明、钱海帆、任天宝及张乾春，马钢相关部门负责人、部分职工代表参加了座谈。

集团公司总经理、股份公司董事长丁毅首先在会上汇报了马钢基本情况及2016年以来经济运行及改革发展的情况，重点汇报了马钢去产能及职工安置进展情况。2016年以来，马钢积极抢抓国家推动化解钢铁过剩产能政策机遇，以扭亏增盈、脱困发展为目标，遵循“一次规划、分步实施、有序退出、稳妥安置”原则，精心谋划去产能及职工分流安置的方案。去产能计划有序实施，职工安置工作积极稳妥地推进。丁毅还汇报了去产能面临的挑战与矛盾，同时在职工安置工作中面临的企业成本负担重、企业稳定潜在风险加大、转岗分流渠道窄、政策性安置难度大等主要困难，并提出了相关意见和建议。

马鞍山市常务副市长方晓利汇报了马鞍山市委、市政府在马钢去产能及职工安置工作中，积极实施的强化对接工作机制、支持马钢加快转型、帮助马钢降低成本、做好社会职能剥离等主要举措。他表示，马鞍山市将与马钢一道，加强配合，共同做好相关工作。一是配合马钢制定分流职工安置方案；二是配合马钢做好人员分流安置相关工作；三是做好社会职能剥离移交工作；四是积极稳妥处理好劳动关系。

安徽省政府办公厅、省经信委、省发改委、省财政厅、省人社厅、省住建稽查局相关负责人在会上发言。他们表示，将坚决按照省委、省政府的决策部署，强化责任担当，依法依规地积极帮助和支持马钢做好去产能及职工安置工作，并就马鞍山市相关部门和马钢共同做好相关工作提出了具体要求与建议。

马钢部分职工代表在座谈会上表达了对去产能工作的理解和支持，并希望省市能创造条件，扩大政策性安置覆盖范围，维护好职工的切身利益，创造更多分流安置的机遇，做好企业职工的托底安置。

刘莉在会上发表重要讲话。刘莉对马钢2016年以来在扭亏脱困和去产能职工安置等方面采取的措施与取得的成效，以及马鞍山市委市政府在此方面的大力支持配合，给予充分肯定。刘莉强调，推进供给侧结构性改革是党中央、国务院做出的重大决策部署，是国家“十三五”时期的发展主线。省委、省政府对供给侧结构性改革高度重视,全省上下必须凝心聚力,推进供给侧结构性改革。为此,刘莉提出四个方面要求。第一,必须强化认识,从全局的高度,深刻理解推进供给侧结构性改革的重要意义。马鞍山市和马钢要进一步深化认识,坚定不移地贯彻中央和省委省政府的决策部署,扎实有效地推进供给侧结构性改革。特别是马钢广大干部职工,要深刻意识到不改革就没有出路,不改革就是死路一条,以壮士断腕的决心,抢抓当前改革机遇,通过改革降低成本、提高效率、化解产能、调整结构,在改革中创造经验,当好全省企业改革发展的排头兵。第二,必须创新举措,加快推动企业的供给侧结构性改革,聚焦转型升级增强企业发展的动力和活力。要坚持问题导向,尽快关停淘汰落后产能,提高生产质量、效率,积极开拓产品市场。第三,必须妥善做好分流职工安置工作。职工安置是企业脱困转型推进改革的关键点,更是难点,不仅关系到职工个人,还关系到职工家庭,关系到社会的稳定,既是经济问题,也是社会问题,更是政治问题。省、市和马钢都要高度重视这项工作,既要用足、用好、用活政策,又要做好风险防范,确保生产经营和大局稳定。第四,市和省直部门要立足职能、压实责任,一级抓一级、层层抓落实,全力支持企业,共同做好供给侧结构性改革,为马钢脱困升级、转型发展,创造条件、营造氛围。

刘莉在座谈中还对马钢提出的需要解决的具体问题进行了现场交办。要求市和省直部门尽快拿出办理意见,切实帮助马钢解决实际问题,能解决的要马上解决,需要时间的要抓紧解决,确有困难的要解释清楚,如果通过研究可以克服困难的,哪怕踩着点、踩着线也要解决。

座谈会前,刘莉一行还深入二铁总厂,实地察看了已经停炉的11号高炉,并参观了毛泽东主席视察过的9号高炉。

(办公室)

要事记述

【安徽省政府在马钢召开钢铁行业化解过剩产能调研座谈会】 2016年12月20日下午,安徽省政府在马钢召开钢铁行业化解过剩产能调研座谈会。安徽省委副书记、代省长李国英主持会议并发表重要讲话。他强调,要深入学习贯彻习近平总书记系列重要讲话特别是视察安徽重要讲话精神,全面贯彻落实十八届六中全会精神和中央经济工作会议精神,扎实推进供给侧结构性改革,全面落实化解过剩产能目标任务,积极稳妥地做好人员分流安置工作,促进全省钢铁行业脱困发展和转型升级。

安徽省委常委、常务副省长吴存荣,省政府秘书长杨敬农出席会议。省政府副秘书长、政研室主任叶晓明,省政府副秘书长李必方,省政府督查室主任汪春明,合肥市市长凌云,马鞍山市市长左俊,省直有关部门负责人,马钢领导高海建、丁毅参加会议。

座谈会上,集团公司董事长、党委书记高海建首先汇报了马钢2016年以来主要工作情况和下一步深化改革、转型发展基本思路,重点汇报了马钢去产能工作进展情况。高海建说,马钢始终把去产能工作作为一项重大的政治任务来抓,坚决贯彻,坚决执行,确保化解钢铁过剩产能各项任务不折不扣地落实到位。他表示,在省委省政府的关心支持下,在市委市政府、省直部门的督促帮助下,有信心、有能力把去产能任务完成好,把职工安置好,把企业发展好。高海建还汇报了需要省市政府和省直部门协调解决的问题。

马鞍山市政府、省经信委主要负责人在会上分别汇报了马鞍山市支持马钢去产能改革措施落实情况,以及省经信委努力促进全省钢铁企业扭亏增盈、转型升级和健康发展的情况。省发改委、合肥市政府、省国资委、省人社厅、省财政厅负责人先后在座谈会上发言,汇报了各自在服务钢铁行业去产能方面所做的工作和下一步工作打算,并就马钢积极稳妥做好去产能职工安置相关工作提出了具体建议。

叶晓明在讲话中希望马钢加快储备和继续推进高端制造技改项目,优化债务结构,提高资本市场融资能力,大力发展产业链上的配套产品,稳定职工的心理预期和信心,营造良好的改革氛围。

吴存荣在讲话中强调,马钢上下必须始终坚持以改革为统领,把去产能工作和企业发展结合起来,增强改革的责任感和紧迫感。他要求马钢在深化改革的进程中,一要谋定而后动,做到深入研究、系统谋划、分步实施;二要深入推进主辅分离、减员增效;三要坚定不移、依法合规地做好去产能职工分流安置工作;四要与合肥市政府共同规范地做好马钢(合肥)公司固定资产处置工作,与马鞍山市政府共同加快剥离企业办社会职能。

在听取各方的意见建议后,李国英在会上发表重要讲话。李国英指出，省政府在马钢召开这次调研座谈会，就是要集中大家的智慧，形成合力，共同做好钢铁行业化解过剩产能，推进供给侧结构性改革这篇大文章。安徽省钢铁产业集中在马钢，去产能的重点当然也在马钢。马钢去产能的这篇文章做好了，全省钢铁行业化解过剩产能的文章也就基本做好了。所以，省委省政府高度重视马钢化解过剩产能和转型发展。李国英说，今天上午到马钢生产现场进行了实地调研，可以看出马钢在化解过剩产能、加快转型升级方面做了大量工作。特别是在抢抓市场机遇、增强盈利能力、推进技术创新等方面取得了不俗的业绩，马钢加强企业党建、打造家园文化的做法也值得肯定。但是，马钢去产能的任务还没有到画句号的时候，而是任务更重、难度更大。为此，李国英提出六点意见。

李国英强调，必须坚定化解钢铁过剩产能目标不动摇。在去产能的方向目标上决不能含糊，必须坚定不移。首先要从讲政治的高度，把推进去产能工作作为向党中央重大决策部署看齐的实际行动。这就是体现政治意识和看齐意识。其次从经济发展的走势上来讲，钢铁产能的过剩相对于经济发展的趋势来说，是全面地绝对地过剩。所以，面对大的趋势、新的方位，必须丢掉任何幻想，坚定去产能的目标不动摇。同时，对企业来讲，化解过剩产能是企业加快转型发展的重大契机，也是重大利好。必须抢抓机遇、乘势而上，不折不扣地完成去产能的目标。

李国英指出，化解过剩产能核心问题是人，必须坚持民生为本。做好人员分流安置是去产能过程中的重中之重、难中之难，要发挥各方面的积极性，形成合力。在这里，企业、职工和政府都不能缺位，都有各自的责任，要三方合力，切实做到"四个一"，即必须"一心一意""一丝不苟""一视同仁""一人不落"，积极稳妥地做好人员分流安置工作。要加强职工层面的政策宣传，对于企业来讲，要加强对广大职工的宣传引导和政策解释工作，做好"势""策""情"的宣传，既把去产能的大势讲清楚，把去产能的政策解释到位，同时又要带着真情实意做好工作，做到化解产能无情、人员安置有爱，把职工参与改革的积极性充分调动起来。企业要把方案做得更细、更实、更具体，努力实现因地制宜、按人施策、人岗相宜、同频共振。政府要做好政策制定、资金支持、协调对接和兜底安排，综合施策，打好"组合拳"。

李国英指出，必须防范和化解债务风险。要解决好融资的协调问题，建立完善相关机制；要积极通过创新融资方式解决债务问题；要积极争取债转股的试点，用市场化、法治化的办法，力促马钢债转股，多管齐下，把马钢债务风险有效化解。

李国英强调，必须按照中央的要求和省里的部署，加快"三供一业"分离移交，减轻企业负担。要建立协调完善机制，企业和政府都要履行各自义务和责任；要完善政策支持体系，把中央政策支持好，把省配套政策落实好；要将"三供一业"越办越好作为出发点和落脚点，让服务水平和能力得到进一步提升。

李国英强调，改革是发展的动力，改革没有休止符，没有最好只有更好，改革永远在路上。马钢要坚持创新发展，对于马钢来讲，"钢"永远是马钢的核心，马钢必须姓"钢"，要通过创新发展做好钢的大文章。要稳固传统钢铁市场，拓展高端市场，占领新兴市场；要分析市场、寻找需求、创新产品，进一步打开市场空间。要抓住所有制改革这个"牛鼻子"，建立利益联结机制，推进混合所有制改革，探索股权激励机制、职业经理人制等等，激发潜力、释放活力。要不断提高全员劳动生产率，提高全要素生产率。

李国英强调，安全生产是企业永恒的主题。必须高度重视和做好安全生产工作。要建立安全生产查找机制、研判机制、预警机制、防范机制、处置机制、责任机制，强化安全生产意识，始终绷紧安全生产这根弦，做到警钟长鸣，确保企业健康稳定发展。

（办公室）

【深入开展"两学一做"活动】 2016 年，马钢深入开展"两学一做"活动。一是广泛开展学习。按省委学习教育协调小组的部署，紧扣生产经营实际，紧密围绕"四个结合"，制定下发公司"两学一做"实施方案，参与策划公司"两学一做"学习教育动员会。在学习教育推进过程中，以学习贯彻习近平总书记在安徽考察的重要讲话和"七一"讲话精神为切入点，严格按阶段实施计划，以党支部为基本单位，以组织生活为基本形式，坚持融入日常，依次开展了专题学习教育、马钢"百人宣讲到基层，千堂党课进支部"、学党章党规学讲话系列测试、征文等活动。截至 10 月底，公司及二级单位党委开展专题学习讨论 477 次，基层支部学习讨论 844 次，查找问题 744 个，整改 714 个；公司领导、中层管理人员、先进模范和支部书记分别赴基层党支部讲党课 70、416、142 和 904 堂，合计授课 1532 堂次，举办先进事迹报告会 58 场，组织党员就近实地接受革命传统教育 89 次，形成全公司党员政治理论学习热潮。二是强化教育督导。通过牢牢把握组织专题学习、创新讲党课方式、抓好问题整改、立足岗位贡献、党员领导作表率、召开专题民主生活会、开展民主评议党员、梳理党建工作业务等八项措施,认真开展学习教育督导。建立公司学习教育协调小组文件平台,发布指导文件21份,明确各阶段工作任务和督导重点;实施每周基层督导快报制,及时指导和监督基层学习教育推进情况;积极组建基层信息系统管理员队伍,规范填报省“两学一做”网上纪实评价系统信息,发布评价系统运行情况报告,有效掌控基层组织工作开展情况,确保学习教育同步推进。三是深入基层宣讲。贴合实际,自主创新开展公司“两学一做”到基层宣讲督导活动,以“宣讲到基层、凝聚精气神、持续转作风、同心筑家园”为主旨,公司中高层管理人员分赴652个基层党支部进行宣讲和督导,实现活动多层次、全覆盖、有实效,并成为深挖“做”的典型、收集群众意见的有效活动载体。指导基层组织开展的“双争”推荐活动,积极促进党组织和党员在公司生产经营和重点工作中发挥榜样带头作用,公司党员示范岗从318个迅速发展到952个,示范岗党员数由3638人增加到5960人,分别增长199.4%和63.8%。

(徐乃文)

【马钢股份公司荣获第十六届“全国质量奖”】 2016年11月10日,由中国质量协会主办的“第十六届全国追求卓越大会”在北京人民大会堂隆重召开。这次会议的主题是“创新驱动——迈入质量时代”,包括马钢股份公司在内的七家组织荣获第十六届“全国质量奖”,十届全国人大常委会副委员长顾秀莲、中国轻工业联合会原会长陈士能为马钢颁奖,马钢集团公司总经理、股份公司董事长丁毅代表马钢上台领取获奖奖杯和荣誉证书并与颁奖嘉宾合影留念。在当天下午的获奖组织高层论坛上,丁毅就马钢近年来以全面导入卓越绩效模式为抓手,推动企业脱困升级、转型发展的做法与经验和与会人员进行了分享,并就化解过剩产能和马钢未来发展思路等问题回答了记者提问。

近年来,随着中国经济发展进入新常态,钢铁行业发展环境发生了深刻变化,钢铁主业从微利经营进入整体亏损,行业发展进入“严冬期”。为适应钢铁行业发展新环境,2014年公司职代会明确提出,以卓越绩效管理模式为统领,争取用三年左右的时间获得全国质量奖的目标。2014年2月20日,马钢召开推进卓越绩效管理模式动员会,2月16日下发《马钢股份公司卓越绩效模式推进工作计划》,按照“启动与培训、管理现状诊断、系统策划、专项管理改进、建立卓越绩效

指标体系、自评体系构建、成熟度评价、申报质量奖”八个阶段,扎实有效开展各项工作。为了使高层领导与员工在意识上达成卓越共识,公司多次举办《卓越绩效评价准则》培训班,通过媒体宣传、专题讲座、编印学习材料、在线学习考试等多种形式,大力宣贯卓越绩效模式的相关知识。通过全方位、系统性的培训,公司上下加深了对卓越绩效模式的了解,领会和掌握了《卓越绩效评价准则》的核心价值观及其方法。3月到5月,公司委托中质协咨询专家组成项目组,分四期进行现场管理诊断,诊断覆盖了22个职能部门、17个业务、制造单元和事业部,并与高层领导进行了访谈,系统梳理出马钢导入卓越绩效模式争创各级质量奖过程中面临的72个问题、障碍、改进方向和策略,为马钢管理改进和提升提供方向和指导。在此基础上,马钢对专家诊断出的改进建议认真梳理,制订计划,系统改进,推进卓越绩效体系持续完善升级。比如,学习和借鉴巴登钢厂企业文化,提炼形成了马钢企业文化体系和12项子文化理念;系统策划完善了对标体系,定期开展股份公司竞争力分析;构建全方位、全过程精益运营体系,提升过程效率。

2015 年 5 月，马钢首次申报全国质量奖，获第十五届全国质量奖鼓励奖和实施卓越绩效模式先进企业荣誉称号。12 月，全国质量奖评审组向马钢反馈了《第十五届全国质量奖反馈报告》，《反馈报告》围绕标准 1000 分的 23 个条款，细分为 104 个子评价项，这其中马钢双“+”项，10 项；单“+”项，52 项；单“-”项，41 项；双“-”项，1 项。围绕《反馈报告》提出的 42 个改进项，公司两次召开专题会，制定改进计划，明确责任单位和工作进度表，高标准、高效率、高质量地整改落实。比如，首次制定了《战略管理办法》《品牌建设管理办法》；引入第三方开展顾客满意度测量等。

2016 年 3 月到 5 月，公司在马钢宾馆、姑山矿、黄山疗养院三轮集中编写，两次高层评审，形成 2016 年《自评报告》。5 月 20 日，马钢第二次申报全国质量奖。全国质量奖评审组对全国 52 家申报单位的《自评报告》进行材料评审，评审出 15 家企业进入高层答辩。6 月 23 日高层答辩后，马钢股份公司等 13 家进入现场评审。为做好迎审工作，7 月 19 日至 23 日，公司开展了为期 5 天的模拟评审，发现了 9 个方面存在改进空间。公司领导高度重视，认真分析专家提出的意见和建议，对全国质量奖筹备工作进行了再部署和再动员。7 月 23 日模拟评审末次会一结束，公司当即召开动员会，要求各级领导态度要端正，认识要到位，全力以赴追求满意结果。7 月 24 日，公司高层召开专题会，详细通报模拟评审问题清单，落实每个管理过程具体负责领导和汇报人。制定下发了改进提升的具体工作计划，明确分工、落实责任。7 月 24 日到 31 日，各职能部门、各单位对照模拟评审过程中发现的问题及时制定改进措施。同时加强现场整治，创造良好环境。8 月 1 日到 5 日，全国质量奖评审组 9 位专家到马钢开展了为期一周的现场评审。在 8 月 5 日末次会上，评审组反馈了马钢“高层领导具有卓越的领导力和战略远见，面对钢铁行业产能过剩，需求不振等挑战，有效应对，推动企业稳健发展”等 5 个主要优势和“公司在战略部署方面存在改进机会”等 3 个改进之处。11 月 1 日，中国质量协会发布《关于表彰第十六届全国质量奖获奖组织和项目的决定》，经过严格的资格审查、资料评审、现场评审、网上公示，并报全国质量奖评审委员会和审定委员会审议等程序，马钢股份公司荣获“第十六届全国质量奖”。

（解珍健）

【开展人力资源优化工作】　“十二五”期间国内钢铁需求下降、供应过剩，“十三五”期间行业步入隆冬，也是企业为保生存残酷竞争的五年。马钢坚持“转型升级、健康发展”，把马钢建设成为“独具特色的钢铁材料服务商”和“运营高效的国有资本投资集团”的战略定位，需强化人力资源对实现战略目标的支撑。通过实物劳动生产率对比分析，马钢人力资源存在的两大突出矛盾：一是员工总量多，与较先进钢企 850 吨/年·人的劳动生产率比较，马钢人均吨钢与先进企业差距 374 吨/年·人。二是员工结构不合理，员工年龄偏大，知识结构不合理，三支队伍的比例不合理。四是多业态下人才匮乏，尤其是金融、国际化人才、市场研究和服务、营销、研发人员等紧缺。根据马钢“十三五”发展规划，结合国家供给侧改革、去产能要求，确定公司“十三五”末期劳动生产率 1000 吨/年·人的目标。

1. 顶层设计。马钢根据人力资源优化目标，从优化方法与路径，员工结构调整，员工活力激发以及相关配套政策等多维度开展人力资源优化顶层设计。一是优化方法路径设计。通过流程再造，强化核心流程，精简、转移非增值流程；兼顾管理幅度、生产与管理的复杂程度，规范机构设置。按照有利于集团多元产业发展、专业化管理、提高效率的原则，对股份辅助业务进行剥离，精干钢铁主业。采用业务流程设计与对标的方法，按照“因事设岗”原则，优化工作岗位与工作标准设计，进行动态管理，优化岗位配置。二是员工结构调整设计。完善内部人才开发的相关制度体系设计和外部人才引进设计，加大内部人才开发和急需紧缺人才外部引进，调整关键岗位人员结构。制定新员工补充规划，缓解未来人才结构性短缺。调整新入职大学生培养模式，强化“引导式培养”与“订单式”。三是激励机制及配套政策设计。重新设计全员岗位绩效考核制度，建立以竞争性为导向的全员绩效文化，形成有效的员工激励机制。制定配套政策，将工资总额与目标定员挂钩，实施工资总额包干制；鼓励正式员工替代劳务，制定节约劳务费用奖励政策；制定大工种奖励办法。

2. 系统实施。着眼马钢“十三五”规划，分解人力资源优化目标，系统设计优化实施的步骤和节奏，2016 年计划完成第一阶段目标：冗员压缩，劳动生产率得到明显提高；彻底解决历史沉淀下来的矛盾，让不胜任岗位人员离岗安置，为今后的持续优化创造条件。一是统一思想，提高认识。下发人力资源优化指导意见，阐述了人力资源优化工作的现实背景与重要意义，指明了工作思路，明确了对二级单位实施人力资源优化的要求。加强人力资源优化的培训与宣贯。公司利用媒体和讲座进行了一系列的优化宣贯和政策解读活动，举办三场不同层次的座谈会,充分吸纳员工的有益意见。二是制订计划,分解目标。制定下发《股份公司人力资源优化实施方案》和《集团公司 2016 年人力资源优化实施意见》。周密布置人力资源优化工作的目标、工作思路、主要内容、领导机构、推进计划。按照各自时间节点要求,统筹考虑优化实施阶段的各项工作。三是岗位再设计工作。各单位结合本年度优化目标,开展了在岗员工信息调查摸底工作,评估员工岗位胜任能力,摸排不胜任岗位人员情况;对岗位劳动负荷及劳动强度进行评估,开展岗位再设计工作,为全员聘用上岗工作奠定基础。四是全员聘用竞争上岗。颁布科级管理人员竞聘上岗工作标准,明确作业长、技术业务岗及操作维护岗人员的聘用上岗方式。按照新确定的岗位定员,采用竞聘、全员岗位绩效结果的运用、组阁等方式实施全员聘用上岗,有效产生富余人员。五是妥善安置富余人员。按照国务院及省市各级政府的要求,充分考虑离岗人员的合法权益,确定了十项员工离岗安置政策,新设计"居家休养、协商一致解除劳动合同、协议保留劳动关系、编外管理"四个政策,并用问卷方式征求全体员工意见,经职代会联席会议审议通过。引导富余人员选择安置政策。对有工作意愿、具备再次上岗能力的离岗员工,制定转岗培训办法,拓宽就业渠道。成立人力资源服务中心为富余人员提供培训和转岗支持。

3. 主要成效。一是精简机构、优化配置。减少了公司、总厂两级机关管理部门以及分厂(车间)设置,股份公司各单位作业区大幅削减。9 名公司中层管理人员主动退出竞聘,34 名中层管理人员进行了岗位调整交流,8 名科级管理人员竞聘到公司中层管理岗位。科级管理人员减少 131 人,作业长减少 289 人。二是精减人员、压缩劳务。股份公司人力资源优化动态成果合计 6269 人,其中正式员工 4676 人,劳务工 1593 人。集团公司其他子分公司、二级单位人力资源优化动态成果合计 1692 人。组织正式员工替代劳务,生产性劳务压缩费用 3800 多万元。三是改善现场、提高绩效。各单位不能完全胜任岗位、在册不在岗、结构优化调整等历史沉淀的人员,通过政策性安置等措施,引导其退出工作岗位,提高了现场人力资源使用效率。通过实施全员聘用上岗工作,员工获得一个展现价值的平台。促进员工珍惜工作岗位,端正工作态度,立足岗位成才。引导员工加强学习、提高技能,提高个人工作绩效,进而提高组织绩效,最终实现组织与个人双赢。

(王东明)

【切实做好去产能及职工安置工作】 马钢集团公司 2016 年化解钢铁过剩产能任务总体完成情况良好,通过了省级政府的验收和国家部际联席会议的抽查。

1. 马钢 2016 年化解钢铁过剩产能的目标与任务。根据马钢与安徽省煤炭钢铁行业化解过剩产能实现脱困发展工作领导小组签订的《目标责任书》和《关于印发〈省属"三煤一钢"企业化解过剩产能实现脱困发展实施方案〉的通知》(皖国资评价〔2016〕81 号),马钢 2016 年化解钢铁过剩产能具体任务是:关停四套(台)钢铁冶炼设备,退出炼铁产能 62 万吨/年、退出炼钢产能 77 万吨/年;计划分流安置员工 12788 人(其中,马钢合肥公司 4886 人、本部正式工 4337 人、劳务工 3565 人。)

2. 马钢 2016 年化解钢铁过剩产能实施过程。马钢 2016 年化解钢铁行业过剩产能工作大致分为四个阶段。即方案酝酿、整体谋划阶段;方案确定、制度完善阶段;方案落实、检查督察阶段;检查验收阶段。第一阶段:方案酝酿、整体谋划阶段。2016 年 2 月,马钢在收到中钢协及省国资委传达的有关中央对化解钢铁煤炭过剩产能的指示后,立即开始筹划马钢如何响应中央号召的工作方案。这期间,公司主要领导先后召集公司领导层,相关中层管理干部,有关专家,认真研究中央指示精神,探讨国内外钢铁行业形势和发展趋势,结合马钢自身现状,提出了"一次规划、分步实施、有序退出、稳妥安置"的工作原则,并据此编制上报了"马钢(集团)控股有限公司落实中央化解钢铁过剩产能工作计划"。拟逐步退出部分成本高、效率低的产线。同时为实现脱困发展,结合公司"十三五"发展规划,编制了一揽子转型发展计划。第二阶段:方案确定、制度完善阶段。在省委省政府和省直部门指导下,根据部际联席会议的指示,尤其是中央部委 4 月至 5 月间下发的八个文件的明确要求,按照《安徽省人民政府关于化解钢铁行业过剩产能实现脱困发展的实施意见》的精神,根据省煤炭钢铁行业化解过剩产能实现脱困发展工作领导小组的统一部署,签订了马钢化解钢铁过剩产能"目标责任书"。为了落实"目标责任书"中确定的任务,公司组织召开了大量的专题会议,对相关工作进行了布置。完成了人力资源优化方案及配套的相关管理制度的制订、编制上报了"三供一业"分离移交方案等多个计划与方案。第三阶段:方案落实、检查督察阶段。以与省政府签订去产能目标责任书为起点,马钢 2016 年去产能工作进入加速期。期间，公司成立了"化解过剩产能实现脱困发展工作领导小组"，不定期召开专题会议，对去产能工作推进中遇到的各类问题进行专题研究和部署。进一步完善了人员安置方案、编制和通过了"关停设备拆除和封存方案"等。这期间，马钢去产能工作分别接受了安徽省刘莉副省长、国家发改委周平副司长和国家部际联席会议督察组的专项调研、检查和督察。从2016年7月起，逐月向上级主管部门报送马钢去产能工作进展月报，去产能工作步入正轨。2016年8月底，在市财政部门的指导下，按照中央和省政府对奖补资金管理的规定，设立了"资金共管账户"，市财政向共管账户拨付了中央奖补资金36415.86万元和省级配套资金36415.86万元；11月8日，市财政向共管账户拨付了第二笔奖补资金，其中中央奖补资金和省级配套资金各4208.01万元，两笔资金合计后共收到中央奖补资金40623.87万元，收到省级配套资金40623.87万元，共81247.74万元。2016年9月2日，国家部际联席会议督察组对马钢2016年去产能工作进行了检查，督察组对马钢去产能工作的进展和做法表示了肯定。第四阶段：检查验收阶段。根据2016年10月17日的"化解过剩产能联席会议验收抽查组工作培训视频"会议的精神，马钢按照国家发改委下发的《钢铁行业化解过剩产能验收办法》的要求，对关停的设备分别按照拆除和封存方案进行了处置。并在省级主管部门和公司内部网站上对关停设备的拆除和封存情况进行了公示、公告，对后续工作做了公开承诺。11月上旬，在省国资委会同马鞍山市经信委对关停的转炉和高炉设备进行了现场封存。与此同时，马鞍山市政府对马钢2016年化解钢铁行业过剩产能工作进行现场检查、资料复核等工作，认为马钢2016年去产能工作已基本完成了责任书规定的任务，通过预验收。11月14日，安徽省化解钢铁煤炭过剩产能领导小组办公室组织有关专家对马钢2016年化解钢铁过剩产能工作进行了现场验收。11月23日，马钢去产能验收工作通过了部际联席会议第八抽查组对安徽省验收工作的抽查。至此，马钢2016年化解钢铁过剩产能工作已全面完成。

3. 马钢2016年化解钢铁过剩产能工作成果。按照目标责任书的要求全面关停了计划关停的钢铁冶炼设备，退出炼铁产能62万吨/年，退出炼钢产能77万吨/年。产能退出任务完成率100%。一是关停封存了马钢股份公司二铁总厂（北区）1座500立方米高炉、长材事业部（北区）1座40吨转炉，退出炼铁产能62万吨/年、炼钢产能64万吨/年。二是关停拆除了马钢重机公司1座15吨电炉、1座20吨电炉。合计退出炼钢产能13万吨。人员安置平稳有序推进，截至2016年12月底，集团公司通过解除劳动合同、居家休养等方式共安置正式员工9739人，清退劳务3582人，合计13321人。其中马钢（合肥）公司安置正式职工4886人。与计划相比，人员安置任务完成率104%。

（王晓红）

【发布《2014－2015马钢社会责任报告》】 2016年6月，马钢应邀分别于"2016中国工业行业企业社会责任报告发布会"和"2016安徽省工业经济行业企业社会责任报告发布会"两大平台公开发布《2014－2015马钢社会责任报告》。

"2016中国工业行业企业社会责任报告发布会"由中国工经联主办，国家发改委、工信部、人社部、环保部、国务院国资委、国家质检总局、国家安监总局等国务院有关部门指导，中国煤炭、机械、钢铁等9家全国性行业协会（联合会）协办。马钢集团、国电集团等100家企业在发布会上集中发布了2015年度社会责任报告。中国工业行业企业社会责任报告发布会自2009年起每年举办一届，是国内首个工业领域社会责任报告集中发布、展示、交流平台，也是目前国内最高层次、最具规模、最有影响的报告集中发布平台。

"2016安徽省工业经济行业企业社会责任报告发布会"以"责任引领创新，创新推动发展"为主题，由安徽省国资委、省经信委、安徽省工经联联合召开。安徽省38家企业借助这一平台发布了2015年度社会责任报告。发布会上，安徽省工经联通报了评出的2015年度安徽省工业企业"最佳社会责任报告"五份，马钢荣登榜单。

《2014－2015马钢社会责任报告》是马钢公开发布的第四份社会责任报告。报告共分为公司概况、履责实践、履责绩效、履责展望四个篇章，重点展示了马钢在创新发展、协调发展、绿色发展、开放发展、共享发展等方面的新情况、新进展和新成果，体现了马钢对股东、用户、员工、社会等各利益相关方负责任的履责态度。

（办公室）

【马钢入选2016年"中国质量诚信企业"】 2016年，根据《质量诚信企业管理办法（试行）》和《质量诚信活动实施方案》，按照企业自愿申报、检验检疫协会审核、专家会审、直属检验检疫局同意、质量信用系统评价、专家终审、社会公示等工作程序最终确定后，中国出入境检验检疫协会发布了"中国质量诚信企业"

获奖名单。马钢股份有限公司等15家安徽企业被授予“中国质量诚信企业”称号。

“中国质量诚信企业”是由中国出入境检验检疫协会举办的国家级质量诚信企业创建活动,旨在提升中国进出口企业诚信守法形象,是促进对外贸易繁荣发展的重要举措。2016年12月26日下午,安徽省检验检疫协会和马鞍山检验检疫局联合举办了“中国质量诚信企业”授牌仪式,表彰了马钢等获奖企业长期以来坚持诚信经营、打造优质品牌的工作成绩,要求获奖企业充分发挥示范引领作用,大力推广中国进出口质量诚信企业的品牌效应。

(李　勇)

【马钢股份公司二铁总厂4号高炉正式投产】 由于马钢钢铁产能不平衡,为平衡与优化钢铁冶炼要素资源配置,淘汰落后产能,提升企业经济运行的质量与效益,经国家批准,马钢实施4号高炉及配套设施的建设。

该项目分为五个部分:一是高炉部分,包括1座年产炼钢生铁270万吨的3200立方米高炉、处理原料总量为315万吨焦炭贮运系统及喷煤系统。主要建设内容有:建设一座3200立方米高炉,包括槽下供料系统、上料系统、炉顶系统、高炉煤气处理及TRT系统、炉体冷却系统、炉前出铁场系统、底滤法渣处理系统、三座顶燃式热风炉系统、密闭软水处理系统;炉前及槽下通风除尘系统,电气自动化控制系统;焦炭贮运系统,包括受卸、储存和运输系统;喷煤并将多余煤粉送往原2500立方米高炉喷煤系统,包括原煤贮运、干燥剂供应、制粉设施、喷吹设施等。计划静态投资11.50亿元,高炉主体由中冶南方EPC总承包,热风炉及渣处理由马钢工程技术集团EPC总承包,喷煤及焦炭贮运系统由中冶华天EPC总承包。二是烧结部分,在第二炼铁总厂内建1台360平方米烧结机(3号烧结机),年产整粒烧结矿385万吨。主要建设内容包括:燃料粗碎室、燃料细碎室(在现有燃料细碎室旁利旧改造)、自现有燃料仓库至新建燃料粗碎室之间的胶带机运输系统、碎焦槽、配料室、一次混合室、二次混合室、烧结冷却室、主抽风机室、主烟囱、成品筛分室、通廊、转运站、循环水泵房、烧结烟气脱硫、环冷机余热生产蒸汽以及与主体工艺相匹配的除尘系统、给排水系统、暖通系统、内部的供电、供气等生产辅助设施。计划静态投资5.00亿元。三是港务原料总厂适应性改造工程,为二铁总厂4号高炉和3号烧结机的生产,建设所需的各种原燃料储运设施及其相应配套的公辅设施等。计划静态投资2.54亿元。四是公辅配套工程,主要内容有鼓风站、公辅设施、除尘、办公楼、停车场搬迁还建及厂区绿化等。计划静态投资4.41亿元。五是总图运输工程,主要内容有铁路一厂站、高炉站区域改造,含铁路信号微机联锁,物流信息化、修罐车改造等。计划静态投资8800万元。

该项目于2014年12月20日开工建设,2016年9月6日竣工投产。

(胡　勇)

【马钢奥瑟亚焦油精制项目建成投产】 马钢煤焦化公司原有的焦油系统在安全、环保、消防等方面难于满足现有的相关规范,存在隐患;为了淘汰落后,研究吸收和采用先进技术,提高装置的安全、环保效果,增加经济效益,经多方比较和论证,马钢与韩国OCI株式会社合资成立了马钢奥瑟亚化工有限公司,新建一套35万吨/年的焦油加工装置。

合资公司紧邻煤焦化公司,主要从事研究、开发、生产、储藏及销售煤焦油深加工产品,产品主要有轻油、脱酚酚油、工业萘、洗油、蒽油、炭黑油、沥青等,采用奥瑟亚的专有技术,一期投资7500万美元,新建年处理量35万吨煤焦油加工装置,产品适用于合成塑料、合成纤维、农药、染料、医药、冶金、纺织、造纸、交通

及精细化工等各个行业。规划建设二期煤化工深加工项目，通过合作共建等方式，打造安徽省最大的煤化工新材料基地，创建一流的煤化工世界工厂。该项目属于马钢非钢产业板块，项目的启动建设促进了马钢煤化工板块的发展和产业技术升级，为马钢公司后续发展提供支撑。被列为马鞍山市挂牌督办项目和马鞍山市重点工业项目。一期煤焦油加工项目建设用地7.38万平方米，厂区总用地面积10.30万平方米，预留用地面积2.92平方米。主要内容包括煤焦油装置、沥装置、萘装置、洗涤与酚盐分解装置、环保设施、罐区、装卸站、办公楼和食堂、门卫、控制室及变电站、机修间、消防系统、冷却塔等。

2014年12月20日，该工程项目奠基，2015年4月完成了项目所在地场平及部分开山工作，2015年5月11日，项目正式开工建设，2016年9月完成全部工程建设并投产运行。

2016年9月20日，马钢举行了项目竣工仪式，市委书记魏尧，省国资委总会计师、党委委员江燕，市委常委、副市长季翔等省市领导，韩国OCI株式会社社会长李秀永，社长金载信、许樠，马钢领导高海建、丁毅、杨阳、钱海帆、蒋育翔、严华及张乾春、田俊出席竣工仪式。市直有关部门、雨山区、公司有关部门和单位以及奥瑟亚重要客户代表、煤焦化公司员工代表、马钢奥瑟亚化工有限公司员工代表参加了竣工仪式。8时58分，马鞍山市委书记魏尧，韩国OCI株式会社社会长李秀永，马钢集团公司董事长、党委书记高海建共同按下“水晶球”，标志着马钢奥瑟亚焦油精制项目建成投产。

（胡　勇）

【煤焦化公司5号焦炉大修工程竣工投产】　马钢煤焦化公司5号焦炉于1990年7月17日建成投产，经过25年的连续运行，已经达到了一代炉龄。存在炉墙严重剥蚀、通洞严重，甚至部分炉墙炉头火道严重变形，焦炉推焦大电流发生频次高等情况，长期困扰着焦炉的生产稳定、安全受控和环保达标。已经难以满足现行的安全法规、环境保护排放标准相关要求。5号焦炉大修工程投资额为1.5亿元，由中钢设备公司EPC总包，项目进程包括详细设计、采购、施工、安装、检验、验收、投产、达产、达标。主要内容包括5号焦炉在基础顶板上的原地重建；机侧地面除尘站新建；上升管余热回收装置；工艺及公辅管线还建、与现有管线对接；焦炉机车的更新和改造；装煤除尘干管还建、对接，以及5号、6号焦炉变电所拆除移位新建、东侧新建焦侧熄焦车摩电道（包括6号焦炉熄焦车摩电道）及其相应配套的供配电、电气传动与控制、控制系统与仪表自动化、电信、工业电视、防雷接地、环保、消防、采暖通风、热力、照明等设施建设。

5号焦炉大修工程项目于2015年10月12日停炉，围绕焦炉停炉、拆炉、筑炉、烘炉及开工为主线组织实施。其中穿插土建加固，机侧除尘系统房所新建，焦炉机车、轨道及摩电道安装，地下室加热系统安装，上升管系统安装，热态工程等附线节点。为配合二铁总厂4号高炉投产用焦，5号焦炉大修项目开工投产日期由2016年9月5日提前至7月25日，7月23日，5号焦炉装煤投产，7月25日出焦，总工期共计287天。

（胡　勇）

【举行轨道交通公司高速车轴生产线开工仪式】

2017年4月29日上午，马钢高速车轴生产线开工仪式在轮轴事业部轨道交通公司举行。马鞍山市及马钢领导季翔、丁毅、苏世怀、严华及杜松林出席。马鞍山市及马钢有关部门和单位负责人参加开工仪式。

马鞍山市委常委、副市长季翔对项目开工表示热烈祝贺。他希望市相关部门要遵循钢城一体融合发展理念，进一步增强服务马钢的自觉性和主动性，全方位为项目审批建设争取资金并做好跟踪服务，确保项目早日竣工投产创效，为实现马钢持续稳定健康发展和全市转型升级提供支撑保障。

集团公司总经理、股份公司董事长丁毅宣布项目开工。

集团公司副总经理、总工程师苏世怀在仪式上讲话。股份公司总经理助理、轮轴事业部总经理杜松林介绍高速车轴生产线项目情况。市经济技术开发区管委会、马钢工程技术集团负责人在仪式上发言。

随着国家"一带一路"战略及"中国制造2025"规划实施,国内轨道交通行业迎来重要发展机遇期,高铁和城市轨道交通建设、轨道交通装备智能制造工程和出口成为政府投资与政策支持重点。作为市轨道交通装备产业基地建设重点项目,高速车轴生产线将充分发挥马钢轮轴产品品牌优势、高端技术优势和轮轴事业部整合优势,推动马钢轮轴加快产品升级、产业链延伸和国际化经营,对提升马钢轮轴产品制造能力,加快建设世界高端轨道交通关键零部件领军企业,促进马鞍山尽快形成轨道交通装备产业集聚发展基地具有十分重要的意义。马钢高速车轴生产线项目预期投资1.63亿元,设计年产4万根高品质车轴,产品主要为高速、重载及城市轨道和普通客货车车轴,可满足欧、美等国外标准,同时适应我国高速车轴国产化的要求。该产线建成后,将使马钢成为国内唯一一家具备从炼钢到高速车轴制造全流程一体化生产模式的企业。

(办公室)

【举行埃斯科特钢项目开工暨弹簧钢生产线试生产仪式】 2016年11月18日上午,马钢举行埃斯科特钢项目开工暨弹簧钢生产线试生产仪式。

马鞍山市委书记魏尧,马钢集团公司总经理、股份公司董事长丁毅,法国阿斯科工业公司技术总监、埃斯科特钢公司技术副总经理安东尼·威迈士共同开启"水晶球",启动埃斯科特钢项目开工暨弹簧钢生产线试生产。马鞍山市领导周善武、吴桂林,马钢领导钱海帆、蒋育翔、严华及杜松林,法国阿斯科工业公司相关代表出席仪式。

埃斯科特钢项目开工暨弹簧钢生产线试生产仪式由股份公司总经理助理杜松林主持。埃斯科特钢有限公司相关负责人在仪式上首先介绍了项目情况。

埃斯科特钢有限公司成立于2016年3月,由马钢股份公司、马鞍山市雨山区城市发展投资集团和法国著名特钢公司——阿斯科工业公司三家共同投资。注册资本3200万欧元,总投资9000万欧元。经营范围主要为开发、制造和销售特殊钢线、棒材的精加工产品。主导产品定位为高端乘用车和轨道交通的弹簧、轴承、齿轮、紧固件、连杆和曲轴等零部件用长材深加工产品。该项目分两期建设。一期计划于2017年7月底建成,生产和销售量达到20万吨,其中包括一条年产3万吨的热卷弹簧和稳定杆用银亮材产线、一条年产15万吨的高档汽车零部件用棒材深加工生产线与一条年产2万吨高品质线材深加工生产线;二期计划于2018年年底建成,增建一条9万吨棒材深加工线和一条11万吨高品质线材深加工线,最终实现年产40万吨总生产规模,销售产值达40亿元。项目建成后,将极大地改善国内高端乘用车和轨道交通零部件用钢长期依赖进口的局面。

马鞍山市委常委、常务副市长周善武在仪式上致辞。他首先代表市委、市政府向项目开工暨弹簧钢生产线试生产表示祝贺。他指出,埃斯科特钢项目既是马钢转型发展的一个重要突破,也是市与马钢深入融合发展的具体成果。他认为,埃斯科特钢拥有法国阿斯科的技术和品牌优势、马钢的成本和市场优势,项目建成投产后,将进一步助推马钢产业链延伸和多元化发展,也为马鞍山市"工业强市"增添了新的力量。同时,对促进马鞍山市企业"走出去",开展国际合作具有良好的示范作用。他希望,埃斯科特钢以此为新的起点,快马加鞭,进一步加快后续项目建设,早达产、早见效。他表示,市委、市政府将牢固树立"钢城一体、融合发展"理念,一如既往地提供最优质、最便捷的服务,全力支持项目建设。

安东尼·威迈士在致辞时表示,合作三方美好的想法正在变成现实,这归功于一直以来紧密高效的合作,归功于所有项目参与者不辞辛劳的工作。他说,从今天开始,埃斯科特钢已经准备好进入汽车弹簧的特钢市场,已经具备了与汽车行业客户展开合作的条件,并将为客户展示高质量产品提供技术解决方案。下一步,将在后续基建和设备安装调试等方面继续协同发力,不断拓宽在汽车行业专用产品领域的业务范围。

马钢股份公司总经理、埃斯科特钢有限公司董事长钱海帆在致辞中表示,埃斯科特钢项目,是马钢进军高端汽车和轨道交通行业零部件特殊用钢领域,进一步延伸马钢线棒产品高端制造产业链迈出的关键一步。"特钢—高线—埃斯科",马钢高端线棒材制造产业链蓝图已经绘就,马钢线棒产品"从一卷卷地卖到一根根地卖"的梦想,正在一步步变为现实。他希望,项目建设各方按照"起点高、投资省、速度快、效果好"的工程建设总体要求,加强项目建设过程控制,细化各项节点目标,精细筹划,精心施工,全力以赴打造一流精品工程。

仪式结束后，埃斯科特钢 ICB 弹簧钢生产线随即启动并投入试生产。

（办公室）

重要会议

【马钢集团公司第五次党代会隆重召开】 2016年8月10日上午，中国共产党马钢(集团)控股有限公司第五次代表大会在马钢办公楼会堂隆重开幕。这次大会是在全公司上下认真学习贯彻习近平总书记在庆祝中国共产党成立95周年大会上的重要讲话和视察安徽重要讲话精神、扎实开展"两学一做"学习教育、认真落实中央巡视组巡视"回头看"整改任务、积极抢抓供给侧结构性改革战略机遇、奋力夺取马钢"十三五"发展良好开局的重要时刻召开的一次十分重要的大会。

大会的主题是：践行五大发展理念，加快转型升级步伐，为共建共享马钢美好家园而努力奋斗。

安徽省国资委党委常务副书记、副主任高伟，省纪委第七纪检监察室副主任陈高志，省委组织部企干处副处长刘松林，省国资委组宣处处长蔡时清，马鞍山市委书记张晓麟，市委常委、组织部部长、统战部部长王炜，市委常委、市纪委书记钱沙泉莅临大会指导并在主席台就座。本次大会主席团常务委员会委员高海建、丁毅、杨阳、张晓峰、陈冬生、钱海帆、蒋育翔在主席台前排就座。

大会由丁毅主持。本次大会应出席代表350名，因事、因病请假10名，实到代表340名，符合规定人数。上午9时30分，在雄壮、豪迈的国歌声中，全体起立，马钢集团公司第五次党代会隆重开幕。

刘松林、高伟、张晓麟分别在开幕式上作重要讲话。他们对马钢集团公司第五次党代会的胜利召开表示热烈祝贺；对马钢第四次党代会六年来改革发展取得的辉煌成就给予充分肯定；希望马钢以此次党代会为新的起点，按照会议提出的未来5年的发展目标，进一步深化改革攻坚，坚定不移地推进产品升级、产业链延伸和国际化经营，增强企业核心竞争力，谱写改革新篇章，铸就发展新辉煌，为打造创新型"三个强省"，全面建成小康社会做出新的更大的贡献。

高海建向大会作题为《践行五大发展理念，加快转型升级步伐，为共建共享马钢美好家园而努力奋斗》的报告。高海建指出，第四次党代会以来的六年，在省委省政府的领导和市委市政府以及方方面面的大力支持下，马钢党委团结动员全体党员和广大干部职工，全力打好家园保卫战，战略布局绘就新篇章、生产经营构建新模式、技术创新展现新亮点、改革管理激发新活力；创造性地推行矩阵式党建工作模式，为马钢改革发展提供了坚强政治保证。在对六年来的经验进行总结、对面临的内外部环境作了深入分析后，高海建在报告中明确了未来五年马钢改革发展的指导思想、战略定位、奋斗目标和战略举措。高海建强调，必须坚持问题导向、创新工作方法、完善工作机制，持续加强矩阵式党建工作，不断增强基层党组织的创造力、凝聚力和战斗力，为共建共享马钢美好家园提供坚强有力的政治保证。共建共享马钢美好家园，使命光荣，责任重大。高海建表示，只要全体马钢职工始终坚守家园情怀，始终保持昂扬斗志，万众一心，相向而行，就一定能够成功应对各种风险和挑战，夺取马钢转型升级、健康发展的新胜利！

陈冬生代表马钢第四届纪律检查委员会作题为《坚持全面从严治党，强化监督执纪问责，为马钢变革突破转型发展提供坚强的纪律保证》的工作报

告。公司第四次党代会以来,马钢两级纪检监察机构聚焦中心任务,全面履行职责,落实“两个责任”,推进矩阵式党建工作,为马钢生产经营和改革发展提供了有力的纪律保证。在总结六年来的工作体会和分析党风建设和反腐倡廉工作中存在的不足后,陈冬生在报告中明确了今后五年马钢党风建设和反腐倡廉工作的总体要求及重点工作。

会议选举产生了中国共产党马钢(集团)控股有限公司第五届委员会和纪律检查委员会。代表们还听取了《党费收缴、使用和管理情况的报告》。

中国共产党马钢(集团)控股有限公司第五次代表大会在圆满完成各项预定议程后,于8月11日上午在公司办公楼会堂胜利闭幕。丁毅主持闭幕大会。大会应出席代表350名,实到337名,符合规定人数。大会以举手表决的方式,一致通过了《中国共产党马钢(集团)控股有限公司第五次代表大会关于中国共产党马钢(集团)控股有限公司第四届委员会工作报告的决议》和《中国共产党马钢(集团)控股有限公司第五次代表大会关于中国共产党马钢(集团)控股有限公司第四届纪律检查委员会工作报告的决议》。两个决议充分肯定了马钢第四次党代会以来公司四届党委和公司纪律检查委员会的工作,确立了未来五年马钢改革发展和党的工作的总体思路和战略部署,提出了未来五年马钢党风建设和反腐倡廉工作要求。

高海建致大会闭幕词。他说,这次大会是一次共谋发展、鼓舞斗志、团结奋进、务实高效的大会,对于在新常态下进一步统一思想,增强信心,践行五大发展理念,加快转型升级步伐,共建共享马钢美好家园,具有极为重要的现实和深远意义。大会深入贯彻五大发展理念及党的十八大、十八届三中、四中、五中全会和习近平总书记系列重要讲话精神,为共建共享马钢美好家园指明了方向,确立了未来五年马钢加强矩阵式党建工作、提升党建科学化水平的主要任务。大会深入贯彻党的民主集中制原则,选举产生了中国共产党马钢第五届委员会和纪律检查委员会,健全和优化了党委领导班子组织结构,这有利于加强和改善党的领导,增强党组织的创造力、凝聚力和战斗力,必将更好地团结带领全体党员和广大职工,切实担当起未来五年马钢改革发展的历史重任,推动马钢成功应对各种风险和挑战,夺取转型升级、健康发展的新胜利。大会在雄壮的《国际歌》声中圆满结束。

8月11日下午,中共马钢(集团)控股有限公司第五届委员会召开第一次全体会议。安徽省委组织部企干处副处长刘松林到会指导。高海建受马钢集团第五次党代会主席团的委托主持会议。应出席会议的集团公司党委第五届委员会委员31名,实到30名。会议首先通过了此次会议的三项议程。与会委员以举手表决的方式通过了《马钢集团公司第五届党委第一次全体会议选举办法》和监票人、计票人。党委工作部负责人在选举前宣读了省委关于马钢集团公司第五届党委常委、书记、副书记候选人的批复。会议选举产生集团公司第五届党委常务委员会委员、书记、副书记。

在选举中,与会委员以无记名投票的方式差额选举产生了集团公司第五届党委常委。他们是:高海建、丁毅、杨阳、张晓峰、陈冬生、钱海帆、蒋育翔、陆克从、严华。与会委员以无记名投票的方式选举产生集团公司第五届党委书记、副书记。高海建当选为集团公司第五届党委书记,丁毅当选为党委副书记。与会委员以举手表决的方式,一致通过中共马钢(集团)控股有限公司第五届纪律检查委员会第一次全体会议选举结果的报告。

(程　远)

【深入推进马鞍山市与马钢融合发展座谈会召开】 2016年9月28日下午,深入推进马鞍山市与马钢融合发展座谈会在马钢办公楼413会议室召开。会议旨在互相通报发展情况,推进有关对接事项的落实,进一步推动市与马钢深度融合发展。

马鞍山市领导魏尧、左俊、孙勇、周善武、季翔、章正,马钢领导高海建、丁毅、杨阳、张晓峰、苏世怀、唐琪明、陈冬生、陈昭启、钱海帆、蒋育翔、严华、任天宝及高海潮、张乾春、王炜、杜松林、田俊、张文洋出席会议。市相关副秘书长、部门负责人,马钢相关部门和单位负责人参加了会议。

会议由市委书记魏尧主持。

集团公司总经理、股份公司董事长丁毅代表马钢介绍了行业现状以及马钢当前生产经营情况。他指出,当前,钢铁行业面临着钢铁产能严重过剩、钢材价格出现断崖式下跌、行业销售利润率大幅下降、钢铁企业负担加重、产线利用率不高等诸多困难。为此,马钢采取了打造家园文化、实施品牌战略、构建多元产业板块、推进卓越绩效模式、引进战略投资者、构建精益运营体系、优化人力资源配置、全方位对标、坚持技术和管理创新、主动淘汰落后产能、加强资金集中管理、坚持绿色发展理念等应对策略,以不断增强企业的凝聚力、竞争力。2016年以来,马钢围绕“聚焦两大战场、锐意变革突破”的工作主题,建立“授权组阁、竞聘上岗”的市场化选人用人机制和矩阵式党建融入服务、监督保障机制，以卓越绩效管理为统领，大力调整产品结构，深挖降本增效潜力，提升精益运营水平，在去产能的情况下，生产经营绩效同比大幅改善，其中，股份公司上半年经营业绩居国内钢铁行业24家上市企业的第二位。关于如何深化“钢城一体、融合发展”，他提出了注重系统策划、注重产业协同、注重面向未来、注重务实高效等四点建议。

市委常委、常务副市长周善武在会上通报了2016年以来全市经济社会发展及市与马钢对接事项推进情况。周善武表示，下一步，市委市政府将把服务马钢、支持马钢作为头等大事，进一步完善对接机制，共同做好项目资金的对上争取，抓好各项对接事项的具体落实，努力推进市与马钢共同加快发展。

集团公司董事长、党委书记高海建在会上讲话。他对市委市政府对马钢长期的支持帮助，对魏尧书记、左俊市长在市第九次党代会后第一时间率队到马钢召开座谈会表示感谢。他指出，市与马钢融合发展受到省委省政府的高度重视，三年多的时间里取得了显著成效，但毋庸讳言，钢城融合还存在很多改进的空间。他希望大家可以互相“高看”一眼，“深看”一眼。高看马钢一眼，是因为马钢及其关联产业在全市经济体量中占有举足轻重的地位，马钢实现转型发展、稳定发展、健康发展，将为马鞍山市的经济社会发展做出巨大的贡献，将为实现市第九次党代会提出的“全省争三强、人均居前列，建设更高水平小康社会”的目标打下坚实的基础。深看马钢一眼，带着深情看，会发现市与马钢有着广阔的合作发展空间。马钢也应该高看、深看马鞍山，同饮一江水，同享一片天，我们应该找准定位、做好自己，切实履行社会责任，切实融入全市发展大局，为全市的发展贡献最大的力量。大家都应该站在携手共进、协同发展的高度，满怀深情，深情关注、深情对接、深情融合，共拓发展空间，共创美好未来。他强调，虽然当前市场形势依旧严峻，去产能压力很大，但马钢是一个优质的企业，只要市场有一缕阳光，马钢必定灿烂，2016年的生产经营状况充分说明了这一点。他指出，马钢最大的问题在于体制机制，马钢要想实现转型升级、健康稳定发展，必须文化引领，必须深化改革。要深入推进“两学一做”学习教育，大力构建家园文化，强调领导担当，保持正知善念，凝聚职工心力。在此前提下，一手抓深化改革，一手抓项目发展，要在经营理念上不断创新，要在人事制度上大胆改革。他表示，在市委市政府的大力支持和帮助下，马钢一定会创造出更加优异的成绩回报马鞍山。

市委副书记、市长左俊在会上讲话。他指出，今天召开的座谈会既表明了新一届市委、市政府支持马钢发展的坚定决心，也为全市大力支持马钢发展指明了方向。他强调，马钢是安徽工业的航空母舰，是马鞍山市的镇市之企，无论在什么时候，无论遇到多大的困难，市里都会全力以赴支持马钢发展。对于马钢和马鞍山市而言，2016年是“十三五”的起步之年，面对日趋激烈的市场竞争环境，马钢能不能重振雄风，马鞍山市能不能重返全省前三甲，取决于市企的深入融合程度，关键在于围绕“增强城市的综合竞争力、增强企业的核心竞争力”，建立全面融合发展长效机制。对于下一阶段工作，他提出四个方面的意见。第一，围绕马钢主业，帮助马钢加大招商引资力度。第二，全力支持马钢培育战略新兴产业，特别是加快轨道交通装备战略新兴产业基地的建设。第三，加大产业协同，大力支持马钢发展非钢产业，打造新的利润增长点。第四，积极携手马钢，培育一些创业者和企业家，引领和带动全市营造“大众创业、万众创新”的良好氛围。

市委书记魏尧在会上作重要讲话。他指出，当前市与马钢都处于转型升级、加快发展的关键阶段，只要市与马钢融为一体、加强合作、相互支持，就一定能共同开创市与马钢共荣发展的新局面。就如何进一步深入推进“钢城一体、融合发展”，他提出三个方面的要求。第一，进一步强化服务马钢的意识。他指出，马鞍山因钢设市，马钢兴、则马鞍山兴。不断开拓市与马钢融合发展新局面，既是省委省政府提出的明确要求，也是推动马鞍山市快速健康发展的必然要求。市委、市政府及所有市直部门，都要把服务马钢的意识融入自己血液中，牢固树立“钢城一体、融合发展”的理念，在思想上达成一致，在行动上增强自觉，把马钢的事情当成自己的事情来办，把马钢的问题当成自己的问题来解决，真情实意，不遗余力推动市和马钢共同健康发展。第二，全面落实各项对接事项。他指出，支持马钢不能仅仅停留在口号上，而是要体现在一件件具体的事情上，体现在解决一个个具体问题的过程中。在开展新一轮对接工作过程中，要本着解决问题的态度，本着不分你我的情谊，一件事一件事地落实好、解决好，在解决一个个具体问题的过程中，支持马钢脱困升级、加快发展。第三，紧密合作、携手同行，共同推进马鞍山市转型发展。他指出，近几年马钢领导班子始终坚定转型发展、扭亏为盈的信心和决心，团结带领全体职工全力打造家园文化，全力打好家园保卫战，稳定了生产经营大局，探索了转型发展新路，为后续健康可持续发展奠定了坚实的基础。马钢下一步的发展思路清晰、改革举措有力，符合马钢、马鞍山市的实际，关键在于落实。马钢要以马鞍山发展为己任，以机制创新为动力，以具体项目为平台，以"主业做强、非钢做大、机制做活、绩效做优"为目标，更加主动地融入全市发展的大局，真正把市里的事当作自己的事，在推动全市转型升级、加快发展中继续发挥一马当先的作用。

（办公室）

【马钢集团公司十八届一次(股份公司八届一次)职工代表大会召开】 2016 年 12 月 22 日至 23 日，马钢集团公司十八届一次（股份公司八届一次）职工代表大会在马钢会堂召开。大会应到代表 589 名（其中：集团公司单一身份代表 260 名，集团和股份公司双重身份代表 329 名）。

大会听取和审议了集团公司总经理、股份公司董事长丁毅所作的题为《坚定不移深化改革，坚持不懈做强品牌，开创马钢转型升级、健康发展新局面》的工作报告；集团公司党委常委、工会主席张晓峰作了题为《集团公司十七届一次（股份公司七届一次）职工代表大会以来民主管理工作报告》。集团公司董事长、党委书记高海建发表了题为《把握改革发展大势，凝聚家园强大合力，为实现全年各项目标任务而努力奋斗》的重要讲话。

大会期间，代表们听取和审议了《集团公司 2016 年社会保险以及企业年金、住房公积金缴费和管理情况的报告（含股份公司）》《集团公司 2016 年职工福利费使用情况和 2017 年使用方案的报告》《集团公司 2016 年业务招待费使用情况的报告》《集团公司 2017 年绩效考核方案》《集团公司职工董事工作报告》《集团公司职工监事工作报告》《股份公司职工福利费 2016 年使用情况和 2017 年度使用方案的报告》《股份公司 2016 年业务招待费使用情况的报告》《股份公司 2017 年生产经营绩效考核方案》《股份公司职工监事工作报告》。大会审议通过了《关于丁毅同志工作报告的决议》《马钢集团化解过剩产能实现脱困发展，人员退出分流安置总体方案》《马钢集团化解过剩产能期间员工居家休养暂行规定》《集团公司 2016 年职工福利费使用方案》《股份公司 2016 年职工福利费使用方案》和新一届职代会五个专门工作委员会成员名单，并对集团公司和股份公司领导人员进行了民主评议。

（江　宁）

专 文

践行五大发展理念　加快转型升级步伐
为共建共享马钢美好家园而努力奋斗
——在中国共产党马钢(集团)控股有限公司第五次代表大会上的报告

高海建

(2016 年 8 月 10 日)

中国共产党马钢第五次代表大会,是在我们学习贯彻习近平总书记在庆祝中国共产党成立 95 周年大会上的重要讲话和视察安徽重要讲话精神、扎实开展“两学一做”学习教育、认真落实中央巡视组巡视“回头看”整改任务、积极抢抓供给侧结构性改革战略机遇、奋力夺取马钢“十三五”发展良好开局的重要时刻召开的一次十分重要的大会。

大会的主题是,**践行五大发展理念,加快转型升级步伐,为共建共享马钢美好家园而努力奋斗!**

创新、协调、绿色、开放、共享五大发展理念,集中反映了我们党对我国发展规律的新认识,是马钢改革发展必须长期坚持的重要遵循。加快转型升级步伐,是贯彻落实五大发展理念的题中应有之义,是马钢培育发展新动能、构筑竞争新优势的主攻方向。马钢是我们共同的家园,建设美好家园是我们共同的责任,共享美好家园是我们共同的追求,这是我们一切工作的出发点和落脚点。确立这一主题,是主动适应新常态、把握新常态的内在要求,是落实省委省政府提出的“三步走”目标的现实选择,是马钢全体党员和广大干部职工的共同意愿。

第四次党代会以来的主要工作和基本经验

第四次党代会以来的六年,是我国经济发展进入新常态、钢铁行业加快转变发展方式的六年,也是马钢经受前所未有困难挑战、持续夯实健康发展基础的六年。六年来,面对“冰火两重天”的钢材市场行情和举步维艰的生产经营态势,我们坚持以党的十八大、十八届三中、四中、五中全会和习近平总书记系列重要讲话精神为指导,在省委省政府的领导和方方面面的支持下,始终坚定搞好马钢的信心和决心,团结动员全体党员和广大干部职工,全力打好家园保卫战,成功稳定了生产经营大局,有效探索了转型发展新路,为企业健康可持续发展奠定了更加坚实的基础。

战略布局绘就新篇章。产能布局不断优化。钢产量迈上 1800 万吨台阶,形成股份公司本部、合肥公司、长江钢铁“一业三基地”发展格局。新区 1 号转炉、110 吨电炉、1580 热轧生产线、硅钢二期、4 号新高炉系统工程、合肥公司镀锌线等重点项目顺利实施,工艺装备进一步大型化、现代化。产业布局拉开框架。钢铁产业、钢铁上下游紧密相关性产业、战略性新兴产业三大主导产业有效确立。股份公司 20 家子(分)公司并入集团公司,“1+7”多元产业发展格局基本构建。矿产资源业、工程技术、贸易物流、煤化工及新材料等上下游关联性产业稳步发展,节能环保、金融投资、信息技术等战略性新兴产业快速崛起。产品布局迈向高端。“轮轴、板带、长材”三大产品系列基本定型,主导产品全面升级换代,累计开发新产品 963 万吨、品种 300 多个。收购法国瓦顿公司,轮轴产品全球化进程加快,时速 250 公里、350 公里车轮装车试运行进展顺利,大功率机车轮替代进口;汽车板年产量迈上 150 万吨台阶,热轧 510L、酸洗 SAPH440、冷轧 DC04、镀锌高强及以上高端产品比例超过 50%;家电板年产量突破 100 万吨,成为格力、美的、光宝、富士康等知名品牌供应商;电工钢产销量跻身行业前列,W470 以上高牌号无取向电工钢实现批量供货,取向硅钢热轧原料开发成功;H 型钢竞争力保持国内领先,海洋工程用钢、极寒地带油气用钢等高端产品市场占有率 60%;高端线棒材正稳步进军汽车零部件用钢领域。

生产经营构建新模式。精益制造有效推进。铁前高炉运行体检和外部保障预警机制有效建立,高炉实现连续 28 个月长周期稳定顺行。钢轧系统专业化生产、质量改进、优质资源向关键产线和重要炉机倾斜取得实效,先进工艺装备优势得到发挥。设备系统功能精度管理不断深入,支撑保障能力稳步提高。采购支撑能力持续增强。经营决策体系不断完善,集中招标、聚量采购覆盖面不断扩大,进口矿等大宗原燃料保持经济合理库存。服务型营销体系初步建立。现货中心、区域销售公司、加工配送中心“三位一体”营销格局不断完善,APQP 小组和 EVI 运行模式的作用逐步体现,板带直供比达到 63%,客户满意度稳定在较高水平;海外市场布局不断优化,年出口钢材 120 万吨。节能减排深入推进。一批节能减排重点项目投入运行,资源综合利用水平显著提升,吨钢综合能耗持续下降,累计节能 140 万吨标煤,马钢被认定为国家首批“两化融合促进节能减排试点示范企业”。

技术创新展现新亮点。创新体系不断完善。技术创新决策层、科研机构核心层、厂矿工作层三层技术创新网络有效运行,重点实验室、“产学研用”新型技术创新平台建设有序推进,马钢被认定为国家级创新型企业、安徽省首批创新型企业。科研开发和技术攻关效果显著。科研攻关项目委托制有效实施,承担省级以上科技攻关项目 22 项,获授权专利 866 项、省级以上科技进步奖 34 项。品牌建设有效推进。获冶金行业产品质量金杯奖 9 项、特优质量奖 3 项、品质卓越奖 4 项,马钢商标被认定为“中国驰名商标”。

改革管理激发新活力。体制创新不断深入。法人治理结构逐步完善,集团董事会规范化建设有序推进。流程再造、专业化整合、机关职能调整和机构精简稳步实施。实业公司、力生公司产权多元化改革顺利完成。节能环保、信息技术、粉末冶金、煤化工等多元产业成功引入战略投资者。机制转换扎实有效。经济责任制考核导向作用有效发挥,内部市场化运行机制初步建立。全员岗位绩效考核、人力资源优化工作全面展开。科学管理持续强化。内控体系有效运行。卓越绩效管理模式初步构建。现场管理、安全标准化建设卓有成效。资金管理、成本管理、工程建设、治安保卫等专项管理不断夯实。6 项成果获全国和冶金企业管理现代化创新成果一等奖。

在应对挑战、转型发展过程中,公司党委创造性地推行矩阵式党建工作模式,有效发挥各级党组织纵向融入服务、横向监督保障功能,为马钢改革发展提供了坚强政治保证。**宣传思想政治工作持续深化**。党的最新理论成果、习近平总书记系列重要讲话精神的学习不断深入。党的群众路线教育实践活动、“三严三实”专题教育、“两学一做”学习教育扎实有效。舆论宣传载体和渠道不断创新,“最可爱的马钢人”、“家园卫士”等先进典型持续传递正能量,一大批热爱马钢、努力拼搏的群体形象鲜活地展现在我们面前。精神文明建设和企业文化建设继续加强,2 家基层单位获全国文明单位称号,新的企业文化体系公开发布。思想政治工作积极有效,马钢职工政研会被评为“全国冶金企业优秀思想政治工作研究会”。**基层党组织建设有序推进**。基层党组织设置不断优化,晋位升级长效机制有效运行,党建创新试点工作富有成效,党员发展工作质量不断提高。**领导班子和人才队伍建设积极有效**。公司干部队伍结构进一步优化,“去行政化、建新机制”取得突破,“赛马”机制不断完善,“授权组阁、竞聘上岗”全面推行。坚持党管干部原则,领导人员选拔任用标准深入贯彻,六年来累计提拔中层以上管理人员 213 人(次),交流 358 人(次)。中层管理人员绩效考评和问责体系日臻完善,高级技术主管、首席技师评聘办法持续改进。**党风建设和反腐倡廉工作力度加大**。廉洁教育方式和内容不断创新,廉洁文化建设逐步深入。跟班蹲点形成常态,管理人员作风进一步转变。“两个责任”有效落实,廉洁风险防控体系不断健全。内部巡察、效能监察成效明显。案件查办力度持续加大。**群团组织优势充分发挥**。厂务公开等民主管理制度深入落实,“打造命运共同体”主题教育活动取得实效。群众性技术创新活动扎实开展,合理化建议硕果累累,“青”字号工程富有生机和活力。马钢女职工委员会荣获全国“三八”红旗集体称号,马钢荣获全国“安康杯”竞赛优胜企业和“十年成就奖”。与此同时,统战、武装、科协、文联、关工委等工作融入中心、服务大局,为公司应对挑战、加速转型作出了积极贡献。

艰难困苦,玉汝于成。回顾六年的发展历程,倍感不易。这是坚定意志、加快转型的六年。我们持之以恒下好转型升级“先手棋”,努力闯出质量更高、结构更优、后劲更足的特色发展之路。这是攻坚克难、锐意变革的六年。我们始终坚定改革决心,凝聚改革共识,最大限度地激发改革正能量。这是风雨同舟、休戚与共的六年。全体党员和广大干部职工坚守家园情怀,开拓在市场、攻坚在现场,用实际行动谱写了一曲曲拱卫家园的感人乐章。

六年的实践极为丰富,积累的经验弥足珍贵:**第一,必须坚定必胜信心**。信心比黄金更重要。我们必须始终以高度的战略自信涵养战略定力,不为任何风险所惧,不为任何干扰所惑,持续做好马钢转型升级大文章。**第二,必须坚持创新驱动**。创新是引领发展的第一动力。我们必须持续增强变革突破意识，全面推进科技创新、制度创新、文化创新和商业模式创新，厚实发展根基，增强发展动力。**第三，必须坚持转型升级。**转型升级是马钢实现持续健康发展的必由之路。我们必须加速产品升级、产业链延伸和国际化经营，不断提高发展质量和效益。**第四，必须坚持以人为本。**人力资源是企业的战略性资源。我们必须大力弘扬家园文化，坚持发展为了职工，发展依靠职工，发展成果由职工共享。**第五，必须坚持融入中心抓党建。**党建工作是国有企业的独特优势，是国有企业改革发展的重要保证。我们必须进一步完善矩阵式党建工作模式，提高党建科学化水平，切实把党组织的政治优势转化为企业的发展优势。

六年来的发展，得益于省委省政府的正确领导、市委市政府和省直部门的关心支持，特别是省政府建立精准帮扶马钢机制，市政府与马钢钢城一体、融合发展，为我们战胜困难挑战提供了强大动力；六年来的发展，更得益于全体党员和广大干部职工的同心同德、顽强拼搏。在此，我代表中国共产党马钢第四届委员会，向全体党员和广大干部职工致以崇高的敬意！向方方面面给予的大力支持表示衷心的感谢！

建设美好家园的奋斗目标和战略举措

今年是“十三五”开局之年。今年以来，我们聚焦两大战场，锐意变革突破，抢抓市场有利时机，提升精益运营水平，取得了好于预期的经营效果，1-7月份集团实现整体盈利，其中钢铁主业实现利润总额6.61亿元（未经审计）。我们积极抢抓国家推动化解钢铁过剩产能政策机遇，合钢冶炼产线关停、人员安置和转型发展典型做法得到国务院领导的充分肯定。我们大力推进产品升级，马钢动车组车轮成功应用于我国标准动车组420公里高速交会试验。今年以来所做的工作和取得的成绩，既极大地鼓舞了全体干部职工，也为共建共享美好家园起好步、开好局奠定了良好基础。

建设美好家园，必须形成“感恩在心、胸有朝阳、公平正义、风清气正”的价值取向，这是凝聚马钢人的家园文化的精髓；必须形成钢铁强、非钢大、机制活、绩效优的竞争优势；必须形成人尽其才、才尽其用、各得其所的良好环境，让全体职工有更强的自豪感、有更多的获得感。

建设美好家园，必须正视挑战、抢抓机遇。挑战在于，“去产能”任重道远，资源、能源、环保等刚性约束日益突出，行业兼并重组、提高产业集中度步伐明显加快，区域市场同质化竞争态势不断升级，国际贸易摩擦不断加剧，一批缺乏相对竞争力的钢铁企业将不可避免地被淘汰。机遇在于，供给侧结构性改革全面启动，“中国制造2025”、“一带一路”、长江经济带建设、“互联网+”等国家战略加快实施，将创造广阔的新市场、新需求。综合判断，钢铁行业仍处于重要战略机遇期，但发展方式由粗放转为集约，发展路径由规模增效转为品牌创效，发展基点由投资驱动转为创新驱动。

建设美好家园，必须正视短板、发挥优势。短板集中体现在，盈利水平与产能规模不匹配，板块支撑与产业规模不匹配，创新能力与人员规模不匹配，管理模式与有效参与市场化竞争不匹配。优势突出表现在，文化引领持续见效，企业凝聚力日益增强，创新氛围日益浓厚，产品结构独具特色，多元产业不断壮大，区位优势非常明显。总体来看，有差距更有潜力，有困难更有希望。

理念是发展的指挥棒。建设美好家园，必须把创新贯穿于发展全过程，推进产品、技术、管理、业态等方面的系统性创新，让创新有需求、有效益、有效率；必须把协调贯穿于发展全过程，发挥产业集群效应，培育若干经济增长极；必须把绿色贯穿于发展全过程，变环保压力为绿色动力，加快建设资源节约型、环境友好型企业；必须把开放贯穿于发展全过程，掌握国际竞争和合作的主动权，努力塑造国际品牌形象；必须把共享贯穿于发展全过程，全面履行社会责任，推进发展成果的全产业链共享、全员共享。只要坚持以“五大发展理念”为指引，充分利用好优势和条件，积极抢抓挑战中蕴含的历史性机遇，坚定不移地加快转型升级步伐，我们就一定能推动马钢实现新的历史性跨越，以全新姿态屹立于世界钢铁之林。

基于以上分析，未来五年马钢改革发展的指导思想是：**深入贯彻党的十八大、十八届三中、四中、五中全会和习近平总书记系列重要讲话精神，以深入开展“两学一做”学习教育为强大推动，践行五大发展理念，加快转型升级步伐，坚定不移推进产品升级、产业链延伸和国际化经营，共建共享马钢美好家园。**

战略定位是：**打造“独具特色的钢铁材料服务商”和“规范高效的国有资本投资运营集团”。**

未来五年的奋斗目标是：

——**做强钢铁。**工艺装备全面大型化、现代化，主导产品全面升级换代，品种钢比例超过70%，吨材盈利能力进入行业先进水平。

——**做大非钢。**拥有3-4家非钢上市公司、两个产值超百亿的非钢产业集群,非钢外部市场占有率超过50%,非钢产值和效益占集团总量的四成以上。

——**做活机制**。以深化国企改革为指引,抢抓供给侧结构性改革政策机遇,积极引入战略投资者,实现产权多元化;健全公司法人治理结构,探索推进职业经理人制度;深化内部用人制度改革,完善公开招聘、竞争上岗等制度,形成各类人力资源合理流动机制。

——**做优绩效**。人均年产钢超过1000吨,集团收入和盈利结构进一步优化,净资产收益率和综合竞争力达到行业一流水平。

——**增进福祉**。职工主人翁地位充分体现,福利待遇稳步提高,人均收入增幅超过行业平均水平,员工满意度逐步提升,企业凝聚力显著增强,劳动关系日益和谐。

我们的奋斗目标,归根结底就是不断提高马钢人的幸福生活水平,把马钢建设成"效益良好、环境友好、员工自豪、客户信赖、社会尊重"的品牌企业。

未来五年的战略举措是:

全力深化改革攻坚。坚守改革意志,坚定改革方向,坚持改革举措,优化集团发展模式,打造国有资本投资运营平台。以提高资本效率、增强企业活力、追求企业价值最大化为中心,完善市场化运营机制,优化收入结构,创新盈利模式,提高盈利能力。完善母子公司管理体制,形成"集分合理、权责分明、运作有序、整体协作、风险可控"的管控模式。健全法人治理结构,加强集团董事会规范化建设。发展混合所有制,争取实施集团层面产权多元化改革,加大多元产业引入战略投资者力度。完善市场化用人机制,实现管理人员能上能下、职工能进能出、收入能增能减。推进企业办社会职能移交,妥善解决"三供一业"等历史遗留问题。

全力塑造钢铁主业竞争优势。坚持经济规模,实施品牌战略,通过产品升级与服务创新相结合,做强做精做优钢铁主业,实现从产品制造商向材料服务商转变。推进专业化生产,发挥主体装备大型化、现代化、自动化优势,提高精益制造水平。巩固扩大产品竞争优势,全面导入EVI理念,力争轮轴产品竞争力全球一流,H型钢和家电板国内一流,工业用材、汽车板和硅钢产品进入行业前列。加快产业链延伸,大力发展轨道交通装备产业,积极推进板带、线棒、型钢等产品深加工。深化服务型营销,力争战略客户50%以上,板带直供比80%以上。

全力打造非钢支柱板块。坚持有所为有所不为,以集群化发展、专业化运营为方向,加快在非钢领域形成若干经济增长极。强化非钢战略引领,促进非钢产业科学、有序、高效发展。创新非钢盈利模式,依托自主技术深化合资合作,快速做大非钢规模体量。着力培育非钢产业核心技术,增强非钢板块核心竞争力和品牌影响力。完善非钢市场化运营机制,加快非钢板块由"内生型"向"外向型"转变步伐。

全力推进国际化经营。抢抓国家政策机遇,创新"走出去"模式,提升全球市场和资源配置能力。打造开放型发展体系,统筹海外业务运营管理,推进"产品全球化、业务世界化、品牌国际化"。积极拓展国际市场,实现出口产品档次和规模双提高。支持非钢单位参与海外项目建设,实现跨国经营和海外上市。拓展国际合作领域和层次,择机推进海外钢铁基地建设,适时低成本参与海外矿业资源开发。

全力推动科技创新。坚定不移地实施创新驱动战略,完善技术创新体系,组建集团技术研究院,加强国家及省级创新平台建设,建立目标导向、绩效管理、协同攻关、开放共享的技术创新新机制。加快推动重大技术创新突破,力争到2020年,新产品开发量增长30%,国内名牌产品5个以上,主要产品实物质量达到行业先进水平,有效专利和技术秘密数量增长30%。加强知识产权保护,完善知识创新体系。

全力推进环境经营。构建绿色发展体系,实现总量控制有效、生产过程清洁、资源循环利用、污染排放达标、环境风险可控。打造绿色产业链,强化绿色采购,推进绿色制造,引导绿色消费。推进清洁生产,强化全过程污染防控。深化节能减排,力争吨钢综合能耗达到行业先进水平,余能资源全回收,水资源全循环,工业固废高效处置利用。推进生态矿区建设,建设国家级绿色试点矿山。优化生态环境,积极消纳城市固体废弃物,与城市互融共生。

全力优化人力资源。贯彻"减总量、调结构、提素质、增活力"的总体要求,深挖人力资源潜力。从严从紧控制职工总量,持续推进人力资源优化,大幅提升劳动生产率。优化职工队伍结构,促进三支队伍合理配置。实施员工岗位层级管理,全面推行全员竞聘上岗,建立以项目为载体的人才柔性流动机制。坚持党管人才原则,打破条条框框,建立市场化人才选聘机制。推进职工队伍职业化建设,完善市场化用工和薪酬分配政策。健全分类分层培训体系,实施特色人才培养工程。

全力落实以人为本。使职工有更多获得感,是共建共享美好家园的重要衡量,也是企业的重要使命。

推进精神文明建设和家园文化建设，大力营造“感恩在心、胸有朝阳、公平正义、风清气正”家园氛围。深入落实依靠方针，拓宽民主管理和民主监督渠道。强化职工收入保障机制，推进职工弹性福利体系建设，完善职工帮扶体系，多为职工办好事、解难事。

加强矩阵式党建工作　提升党建科学化水平

党的十八大以来，以习近平同志为总书记的党中央立足于世情、国情、党情的深刻变化，鲜明地提出了全面从严治党的重要战略思想。贯彻这一重要战略思想，我们必须正视党建工作中存在的突出问题和薄弱环节：少数基层党组织创造力和战斗力不强，有的党员理想信念和宗旨意识淡化，部分党员管理人员缺乏责任意识和担当精神，尤其是系列腐败案件的发生，教训极其深刻。尽快解决突出问题，更好地肩负起建设美好家园的光荣使命，迫切需要各级党组织和广大党员深刻理解、深入贯彻习近平总书记系列重要讲话精神，不忘初心，继续前进，进一步增强全面从严治党的责任感和使命感，着力加强和改进党的建设，充分发挥党组织的政治核心作用，切实履行党风廉政建设党委主体责任和纪委监督责任，认真落实领导人员“一岗双责”；迫切需要各级党组织和广大党员充分认识党中央部署开展“两学一做”学习教育的重大意义，切实抓好与生产经营、人力资源优化、家园文化培育等重点工作的紧密结合，为公司打赢扭亏脱困、转型升级攻坚战作出新的更大贡献。

矩阵式党建工作是马钢落实全面从严治党的创新实践，是提升党建科学化水平的重要抓手。我们必须坚持以党的十八大、十八届三中、四中、五中全会和习近平总书记系列重要讲话精神为指导，坚持问题导向、方法创新、机制推动，持续加强矩阵式党建工作，不断增强基层党组织的创造力、凝聚力和战斗力，为共建共享马钢美好家园提供坚强有力的政治保证。坚持问题导向。聚焦生产经营和党建重难点工作，关口前移，尽早尽小发现问题，精准精确解决问题，有效发挥矩阵式党建工作预警防范和实时纠偏作用。创新工作方法。把区域指导组督查与审计、效能监察、内部巡察、来信来访、业务检查有机结合，与厂务公开、党务公开制度有机结合，做到资源共享、系统联动。完善工作机制。健全横向发现问题、纵向解决问题、纵横协同推进三个工作机制，发挥矩阵式党建工作网格化、项目化运行优势，强化跨专业、跨领域、跨部门的工作协同，形成发现问题、沟通协调和整改落实的整体合力。

深化宣传思想政治工作。坚持把理想信念与价值观作为思想和行动的“总开关”，树立正确的价值观，持续输入正能量；发挥党员干部率先垂范作用，增强感召力和说服力。持续强化理论武装。深入学习党的理论特别是习近平总书记系列重要讲话精神，深刻理解治国理政新理念新思想新战略，提高运用党的最新理论成果指导实践的能力。创新舆论宣传工作。坚持团结稳定鼓劲、正面宣传为主，深化形势任务教育，做好主题宣传和典型引导，增强感染力和渗透力；抓好理念创新、方法创新、载体创新，巩固壮大公司主流媒体阵地，不断提高舆论宣传水平，积极构建舆论宣传工作新格局。提高思想政治工作针对性。严格落实意识形态工作责任制，健全意识形态领域情况分析研判、预警和处置机制，牢牢把握意识形态工作领导权、主导权和话语权；聚焦企业难点和热点问题开展教育和引导，增强思想政治工作实效；发挥政研会作用，开展职工思想动态调研，形成一批有价值的调研成果。

深化领导班子和干部队伍建设。严格落实党管干部和“双向进入、交叉任职”原则，大力推进去行政化，打破干部终身制，实行“授权组阁、竞聘上岗”，让各级管理人员做到岗上有压力、岗下有动力。认真贯彻和全面落实“好干部”标准。严格执行《党政领导干部选拔任用工作条例》，严把政治关、品行关、廉洁关，提高选人用人公信度，做到选贤任能、用当其时、知人善任、人尽其才。加强后备干部队伍建设。优化干部成长路径，更加注重在基层一线的经历和实际工作中的表现，更加注重必要台阶和递进式的培养，更加注重关键岗位、艰苦环境的扎实历练，促进更多优秀人才脱颖而出。着力提高领导人员能力素质。大力开展精准化教育培训，强化实践锻炼，拓宽交流渠道，不断提高领导发展的能力、驾驭全局的能力、依法办事的能力和做职工群众工作的能力。增强领导班子整体功能。优化领导班子知识专业经历结构，做到搭配合理、结构科学；建立健全领导班子制度规范和工作机制，使各级领导班子更好地攥紧拳头、形成合力、步调一致开展工作。推动作风建设常态化长效化。巩固拓展党的群众路线教育实践活动和“三严三实”专题教育成果，深入开展“两学一做”学习教育，健全下基层跟班蹲点常态化工作机制，持之以恒改进作风。

深化基层党组织和党员队伍建设。严肃党内政治生活。坚持“三会一课”制度，推动党内政治生活规范化、制度化、常态化；坚持落实民主集中制，增强党内政治生活的政治性、原则性、战斗性。强化基层党组织政治功能和服务功能。优化配强基层党组织领导班子特别是带头人,深入整顿软弱涣散的基层党组织,拓宽服务领域、创新服务载体、提升服务本领,充分发挥基层党组织的战斗堡垒和党员的先锋模范作用。落实"创先争优"长效机制。深入开展争创"四强"党组织活动,引导广大党员争做"四优"共产党员,不断增强基层党组织的创造力和战斗力。深化党员教育管理。按照"四讲四有"要求,不断提高党员发展质量,创新党员教育管理方式方法,扎实做好流动党员工作,积极稳妥处置不合格党员。

深化党风建设和反腐倡廉工作。严守政治纪律和政治规矩。严格遵守党章党规,坚定正确政治方向,牢固树立"四个意识",争当"四个自觉"模范。深化惩防体系建设。坚持标本兼治、综合治理、惩防并举、注重预防,严格履行"两个责任",推进内部巡察常态化、整改制度化建设,强化制度约束和追责问责,着力构建不敢腐、不能腐、不想腐的有效机制。强化权力运行监督。大力推进"四个全覆盖",强化对权力集中、资金密集、资源富集、资产聚集等重点部门和岗位的监督,着力发现问题、督促整改。推进分类分层反腐倡廉教育。弘扬廉洁文化理念,深入开展以案说法、以案明纪和警示教育,深刻剖析公司发生的系列腐败案件,使党员干部牢固树立红线意识和底线思维,自觉做到廉洁从业。加大纪律审查和执纪问责力度。坚持"一案双查",落实"一岗双责",有效发挥案件查办的治本功能;对违反党的政治纪律和政治规矩、组织纪律,"四风"问题突出、发生顶风违纪问题,出现区域性、系统性腐败案件的单位,既要追究主体责任、监督责任,又要严肃追究领导人员责任。

深化群团组织建设。坚持党建带工建、党建带团建,着力推进组织创新和工作创新,更好发挥群团组织优势。各级工会组织要充分发挥"双向维护"功能,通过深化劳动竞赛、技能比武等活动,引导广大职工大力弘扬劳模精神、"工匠"精神和工人阶级伟大品格,立足岗位创新创效。各级共青团组织要加强青年的理想信念教育,深化"青"字号工程,引导广大青年忠诚马钢、展示才华。科协、女职工、文联等群团组织都要根据自身优势,开展富有成效的特色活动。

共建共享马钢美好家园,使命光荣,责任重大。我们坚信,只要我们始终坚守家园情怀,始终保持昂扬斗志,万众一心,相向而行,就一定能够成功应对各种风险和挑战,夺取马钢转型升级、健康发展的新胜利!

把握改革发展大势　凝聚家园强大合力 为实现全年各项目标任务而努力奋斗

——在马钢(集团)控股有限公司十八届一次(马鞍山钢铁股份有限公司八届一次)职工代表大会上的讲话

高海建

(2016 年 12 月 23 日)

马钢(集团)控股有限公司十八届一次(马鞍山钢铁股份有限公司八届一次)职工代表大会,是在公司上下认真贯彻党的十八届六中全会和省市党代会精神、积极抢抓供给侧结构性改革机遇、全面实施“十三五”发展战略、建设马钢美好家园的关键时期召开的一次重要会议。会议期间,各位代表以高度负责的精神和态度,履行代表职责,认真审议通过了职代会报告等重要文件,并提出了建设性的意见建议。会议圆满完成了各项议程。

大会期间,丁毅总经理代表公司所作的工作报告,对今年的工作作了全面客观的总结。总体来看,今年以来,我们积极抢抓国家推进供给侧结构性改革、大力化解钢铁过剩产能的有利契机,在家园文化的感召下,紧紧围绕“聚焦两大战场、锐意变革突破”这一工作主题,谋划早、行动快,在降本增效、精益运营、产品结构调整上做了大量工作,尤其是强力推行“授权组阁、竞聘上岗”、人力资源优化等一系列改革措施,进一步激发了职工队伍活力和企业内生动力。面对急剧变化的外部市场形势,我们上下同欲,相向而行,奋力爬坡,冲出重围,取得了好于预期的经营效果,实现了“十三五”发展的良好开局。这充分说明,马钢是一个有希望的企业,我们的职工队伍是一支优秀的队伍。

对于国有企业来说,谋发展是第一要务,抓党建是最大政绩。公司始终将这一重要思想贯穿于各项工作的始终,并结合企业实际,在实践中创新,在创新中发展。概括起来,**一年来,我们的发展思路更加清晰**。公司“十三五”发展规划围绕建设成为“独具特色的钢铁材料服务商”和“规范高效的国有资本投资运营集团”的战略定位,明确了产品升级、产业链延伸和国际化经营的主攻方向。在产品升级方面,坚持创新驱动,打造轮轴、板带、精品长材三大类十个系列产品的比较优势,提升专业化、个性化、高效化服务水平,用过硬的产品和优质的服务赢得客户、创造价值。在产业链延伸方面,加快汽车用钢、轨道交通用钢等项目进程,大力发展上下游紧密相关性产业和战略性新兴产业,提升产业链竞争力,实现产业链延伸增值。在国际化经营方面,以全球化的视野统筹两个市场、两种资源,大力开展产品、产能、产业国际合作,不断提升马钢在国际市场品牌美誉度。**一年来,我们的发展措施更加务实。**钢铁产业转型实现新突破。两头市场经营能力提升,产品结构调整成效显著,稳定均衡生产和系统经济运行能力持续提高,4 号高炉等重点工程快速建成投产。多元产业发展集聚新动能。成品矿产量突破 700 万吨,工程技术、物流等板块资源业务整合有序推进,多元上市和合资合作步伐进一步加快,埃斯科特钢、奥瑟亚焦油精制、祥云科技等项目稳步推进。人力资源优化迈上新平台。职工政策性离岗安置平稳实施,企业劳动生产率稳步提升。**一年来,我们的发展成果更加显著。**不仅扭转了去年巨额亏损的被动局面,而且创造了近几年来最好的经营业绩。

成绩的取得,既得益于公司聚焦两大战场、锐意变革突破一系列举措的顺利推进、有效实施,也得益于开展“两学一做”学习教育、推进矩阵式党建工作、加强家园文化建设等一系列工作营造出的良好氛围。一年来,公司党委以矩阵式党建工作为抓手,把党建工作深度嵌入生产经营,坚持问题导向,提供监督保障,不断将党的政治优势转化为企业发展优势。**一是着力强化思想政治建设。**坚持以党的最新理论成果武装头脑、指导实践,认真学习领会习近平总书记系列重要讲话特别是视察安徽重要讲话精神、党的十八届六中全会、中国共产党成立95周年大会、全国国有企业党的建设工作会议、省第十次党代会等精神,开展“三严三实”

专题教育、“两学一做”学习教育专题宣传,不断强化党员干部队伍“四个意识”,持续更新发展理念。**二是深化家园文化建设。**坚持正面舆论引导,通过“马钢家园”微信等多种媒体,开展马钢第五次党代会、公司职代会、卓越绩效管理、人力资源优化等专题宣传;聚焦市场和现场,精心组织“点将论道”第五季主题讨论、“9·20”马钢纪念日升旗宣誓、“马钢尖兵”新闻人物评选、“家和万事兴”征文、“最美厂区”、“最佳四室”评选等活动,营造了“感恩在心、胸有朝阳、公平正义、风清气正”浓厚家园文化氛围。**三是扎实推进“两学一做”学习教育。**落实规定动作不走样,牢牢把握“基础在学、关键在做”的要求,强化组织领导,落实八项措施,开展专题学习教育、知识测试、征文等活动,在全公司党员中掀起学党章党规、学系列讲话,做合格党员的热潮;创新自选动作求实效,坚持“四个结合”,以“宣讲到基层、凝聚精气神、持续转作风、同心筑家园”为主旨,大张旗鼓、声势浩大地开展“两学一做”到基层活动,组织“百人宣讲到基层、千堂党课进支部”,促进扭亏脱困、人力资源优化、矩阵式党建、家园文化建设等当期重点工作不断取得新成效。公司及二级单位党委开展专题学习讨论 477 次,基层支部学习讨论 844 次,查找问题 744 个,整改 714 个;党员示范岗、示范岗党员数分别增长 200% 和 64% 。**四是持续深化矩阵式党建工作。**聚焦生产经营和党建重难点工作,坚持问题导向,改进督查方式,细化督查内容,强化督促整改,狠抓 20 项重点工作任务落实;深化纵向职能,围绕市场和现场推进“六有”服务型党组织建设,打造跟班蹲点“升级版”,中层以上管理人员跟班蹲点 974 人次,收集基层意见建议 1242 条,有力促进了作风转变和工作改进;拓展横向协同,坚持重心下移,创新思路,在特钢党委与埃斯科特钢党支部试点开展横向协作共建。**五是加强两级党组织建设。**成功召开公司第五次党代会,指导 16 家基层党委完成换届改选;结合业务流程整合,新组建长材事业部等 2 个基层单位党委、国贸公司等 3 个直属党(总)支部;抓好党员管理,全年发展新党员 377 名。**六是全面推行“授权组阁、竞聘上岗”。**注重顶层设计,精心组织实施,打破干部终身制,在中层管理人员、科级管理人员和作业长选拔任用上推行“授权组阁、竞聘上岗”,各级管理人员思想观念明显转变,一批能干事想干事、有能力有担当的人才脱颖而出,真正做到管理人员能上能下、结构优化。**七是严格落实巡视整改工作。**切实把巡视整改作为从严治党、强化管理的有利契机,认真学习贯彻省委召开的中央巡视组巡视“回头看”反馈意见整改动员部署大会和省委“四个专项整治”推进会精神,坚持态度从严、措施从实、进度从快,主动对号入座,认真对照检查,细化问题清单、任务清单、责任清单,明确时间表、路线图,建立工作例会、内部报告、督察督办、整改问责、问题销号等五项保障机制,确保了四大类 22 个问题整改任务按期保质保量完成;围绕《省委巡视组反馈意见整改方案》涉及的 11 类 41 项整改措施,明确责任领导、牵头部门、节点要求,持续加强过程协调和监督检查,确保各项整改工作不断取得新成效。**八是全面推行综合考核工作。**围绕提高考核工作的全面性、科学性,在总结南山矿等四家单位综合考核试点工作经验的基础上,制定下发了《领导班子和领导人员综合考核工作办法》及考核细则,在集团各单位全面推行。**九是加强纪律教育和执纪问责。**重点抓好党的《廉洁自律准则》《纪律处分条例》《问责条例》《党内监督条例》学习贯彻,强化广大党员特别是党员领导干部党章党规意识;加强执行党规党纪及公司重大决策部署落实情况的监督检查,坚决纠正有令不行、有禁不止行为,对 16 名中层管理人员进行问责,分别给予通报批评、扣发绩效年薪等处理。**十是强化“两个责任”落实。**建立党委书记、纪委书记“两个责任”清单,实行领导人员述责述廉和落实“两个责任”定期报告工作机制;强化内部专项巡察,成立党委巡察工作办公室和巡察组,采取“一托三”等方式,对能控中心等 9 家单位进行了巡察,对被巡察单位 14 名党政主要负责人实施了约谈,有效发挥巡察工作问题发现、预警、整改功能;保持惩治腐败高压态势,给予开除党籍处分 5 人,解除劳动合同 4 人,移送检察机关处理 5 人。**十一是积极发挥党群组织作用。**工会组织积极构建和谐劳动关系,维护职工合法权益;激发职工创新创效活力,卓有成效地开展 EVI 项目等专项劳动竞赛和合理化建议等活动;不断提高帮扶救助服务水平,及时做好“送温暖”等工作。统战、武装、团委、科协、文联、关工委等工作融入中心、服务大局,为公司应对挑战、加速转型做出了积极贡献。

2017 年,是马钢全面深化改革、加快转型发展、建设美好家园的关键之年。丁毅同志所作的工作报告,对明年的形势作了深刻剖析,鲜明提出了“坚定不移深化改革、坚持不懈做强品牌”的工作主题、目标任务和重点工作措施,核心就是深化改革、转型发展。转型发展需要深化改革,深化改革促进转型发展。落实明年各项目标任务,关键是要提高认识、统一思想,系统谋划、有序推进，文化引领、合力攻坚。就此，我强调六个方面的意见。

一、坚定深化改革决心和方向，确保体制机制创新不断深入

改革是推动马钢转型发展、脱困升级的内生动力。习近平总书记在安徽视察时指出，“改革是一场攻坚战，重点要破字当头、迎难而上。改革不能坐而论道，而要扭住不放、狠抓落实”。国有企业要有自我改革的精神，更要有自我改革的实际行动。今年以来，我们在深化体制机制改革上做了有益探索和尝试，改革的效果已逐步体现。2017 年公司面临的生产经营形势仍存在很大的变数，内部体制机制仍需进一步活化，我们必须继续高举改革大旗，坚守改革意志，坚定改革方向，制定行动纲领，列出改革清单，持之以恒抓改革。核心是通过完善现代企业制度、健全市场化运行机制，不断增强转型发展活力。**一要分类实施改革。**坚持问题导向，一把钥匙开一把锁，提高改革的针对性。围绕加快壮大多元板块，积极引入战略投资者，在多元产业率先推进混合所有制改革，支持各类资本，尤其是民营资本，参与马钢混合所有制经济发展，充分利用民营企业的运行机制，促进马钢机制的转换。围绕提高子公司风险防控能力，加强集团管控，完善母子公司管理体制，规范董事会、监事会建设。围绕加快各级领导人员由“生产型”向“经营型”转变，试点推行模拟职业经理人制度，培育一批忠于马钢、敢于担当、勇于创新的企业家队伍。围绕激发人的活力，全面推行层级管理，深化企业内部各层级的动态竞争机制，促进各类人力资源合理流动，做到“岗上有压力、岗下有动力”，实现人尽其才、才尽其用，让有贡献的人名利双收。**二要协同推进改革。**改革是一项系统工程。各部门、各单位要切实增强责任意识，按照职责分工，采取有力举措，落实工作责任，确保各项改革举措落地。要认真对照公司各项改革措施的时间表、路线图，加大工作力度，稳妥有序推进。各部门、各单位之间要强化配合，相互搭台、补台，共同促进各项改革任务高质量、高效率完成。**三要全员参与改革。**改革是一项全局工作，需要人人担当，需要良好的企业氛围。深化改革要实现职工利益与企业发展的互利共赢，通过激发体制机制活力来调动广大干部职工的事业心、进取心和责任心。要广泛深入宣传各项改革举措，让广大职工理解改革、支持改革、参与改革，形成共同为改革想招、一起为改革发力的良好局面。

二、全面把握品牌战略主攻方向，支撑品牌建设加快实施

应当看到，马钢已经迈上新的发展平台，要实现更高水平、更高质量的发展，必须大力实施品牌战略，牢牢把握产品升级、产业链延伸、国际化经营这一主攻方向，加快实施一批以产顶进转型项目，加快培育一批效益良好的多元支柱产业，加快打造一批具有国际影响力的产品和服务品牌，塑造独具特色的竞争优势。**一要注重顶层设计。**从集团全局高度，围绕强化三大主导产业协同发展，对品牌建设的各方面、各层次、各类要素进行统筹考虑，制定实施符合各产业板块实际的品牌定位和策略，促进品牌建设有序、有力推进。如，在钢铁产业方面，以适度规模为战略基点，推动品牌建设向深度服务客户延伸，着力创新供给模式和营销模式，强化供应链、产业链的协同，努力从钢铁材料生产商向服务商转型。在矿产资源业方面，坚持资源开发与生态建设并重，强化专业化、精细化、规范化管理，同时，大力寻求国内国际的广泛合作，努力打造国内一流的现代化矿山。在工程技术产业方面，努力打造核心业务清晰、技术水平高、服务能力强、成本优势明显、有区域特色和较强竞争力的总承包服务产业，形成既有建设能力，又能提供企业经营管理、产品开发、市场开拓一揽子服务的相对优势。**二要注重问题导向。**围绕当前制约产品升级、产业链延伸和国际化经营的“短板”，创新思路，分类施策，改进提升。如，在产品升级和产业链延伸方面，通过合作、合资、参股等多种形式，推动相关产品向关键零部件制造、设备总成、工程化应用和配套服务等方向发展，形成具有马钢特色的优势产业链，促进产品优势转化为产业优势。以供应商早期介入（EVI）为核心思想，把下游用钢企业的需求作为钢铁生产的追求，创新传统产品的开发和销售模式，通过与下游用户共建 EVI 平台，积极主动地深度介入下游用钢企业的产品开发和技术应用，引导钢材产品提高质量、拓展应用、优化成本。这既是未来钢铁企业发展的趋势，也是深化供给侧结构性改革的一个方向和途径。在国际化经营方面，在市场经济改革不断加深，世界经济一体化趋势愈演愈烈的当下，必须主动以国际化经营的思维来配置国内、国际两个市场资源，寻求国际合作，以互助双赢的模式，加快品牌打造。具体来说，在打造高铁轮轴系列产品上，融合马钢本部传统优势和瓦顿公司技术优势，以高铁轮轴产品为重点，寻求在欧洲、美洲、非洲、中东、东南亚合理布局，努力拓展产业链、服务链，把马钢建设成为世界一流的轨道交通零部件制造商和技术集成商。在打造高端线棒系列产品上，联合国际上有实力的企业，利用本部升级改造后的线棒材生产线，共同开发高端汽车零部件和高端工业用材。在打造高端型钢系列产品上，开展跨区域和跨国界的生产与销售互助配套服务。在打造中高端汽车板家电板系列产品上，寻求与国际制造商的合作，加快板带产品升级优化、提升档次，融入汽车和家电制造知名厂家制造环节。在打造工程技术服务品牌上，依托国家"一带一路"战略推进，加大工程承包和劳务输出力度，优先发展冶金工程技术产业，拓展维保和技术服务，积极寻求以互助双赢方式拓展海外市场。**三要注重机制保障。**以市场为导向，逐步建立健全品牌战略、品牌识别、品牌传播、品牌资产、品牌应用等一系列品牌管理制度和管理流程，使品牌管理工作有章可循。要将品牌制度和流程渗透到设计、研发、采购、生产、营销、服务等各个环节，形成协同效应。建立完善品牌建设的后评价体系，强化评价结果运用。**四要注重氛围营造。**建立品牌文化，不断增强全员品牌意识，充分调动全体职工主动参与品牌建设的积极性。要积极引导广大干部职工结合两大战场攻坚，找准自身定位，以工匠精神支撑马钢品牌，以职工形象展现企业品牌形象，营造人人"爱品牌、塑品牌、护品牌"的浓厚氛围。

三、积极抢抓去产能政策机遇，推动人力资源优化平稳有序实施

持续优化人力资源，是马钢提升企业竞争力的必然选择。人多且结构不优是马钢面临的最突出的问题。不解决这一问题，在竞争日益残酷的钢铁市场环境下，企业注定没有出路。当前，国家及省市正在大力实施钢铁行业去产能工作，并把做好人员分流安置作为重中之重，出台了一系列相关政策。抢抓政策机遇，实现"瘦身健体"，是大势所趋。这既是一项政治任务，更是马钢加快转型升级、实现健康发展的重要历史机遇。公司上下必须进一步统一思想，抢抓机遇，咬紧目标，狠抓落实。人的工作是"天下第一难"，在人力资源优化推进过程中，各级领导干部要以高度负责的精神和态度，迎难而上，敢于担当，以上率下，作出表率，做好做细做实人的工作。要以保障职工合法权益为出发点，做到依法合规。公司相关部门和各二级单位要积极配合，做到上下联动、形成合力、协同推进。优化人力资源，**首先，总量要减。**要采用行业对标方法，拓展多种渠道，坚决压缩钢铁产业人员，大幅提高劳动生产率。**其次，结构要优。**稳妥有序开展去产能涉及产线职工分流安置工作，鼓励符合内部退养的人员选择居家休养，置换去产能涉及的骨干人员。系统优化员工年龄和知识结构，合理补充新生人力资源。**第三，用人要活。**推进市场化用人制度改革，建立"重学历、不唯学历"的用人机制，完善岗位任期目标责任制，让更多的优秀人才脱颖而出。强化人才双轨制顶层设计，完善人才评价标准，拓展外部人才引进渠道，加大内部各类人才培养力度。**第四，层级要清。**推行员工层级管理，畅通三个序列人才成长通道，大力培养复合型人才。完善薪酬分配激励机制，探索实施多元化薪酬分配模式，建立和完善以价值创造为导向的收入分配机制，实现人人凭功享薪。

四、持之以恒推进矩阵式党建，全面嵌入和保障生产经营改革发展

习近平总书记在全国国有企业党的建设工作会议上强调，坚持党的领导加强党的建设，是国有企业的"根"和"魂"，是国有企业的独特优势。越是到深化改革的攻坚时刻、越是到转型发展的关键阶段，越要深入贯彻习近平总书记关于国有企业坚持党的领导加强党的建设的总要求，坚持党要管党、从严治党，坚持党对国有企业的领导不动摇，坚持服务生产经营不偏离，坚持党组织对国有企业选人用人的领导和把关作用不能变，坚持建强国有企业基层党组织不放松。公司各级党组织必须牢牢把握总要求，紧密围绕"六种力量"、坚持"三个有利于"和两个"一以贯之"等重要原则，准确把握国有企业党的建设重大意义和目标方向。矩阵式党建工作是马钢落实全面从严治党要求的创新实践，也是落实"两个责任"的有力抓手。公司矩阵式党建工作两年来的实践证明，基于矩阵式党建工作引领的问题管理，形成纵横结合、区域协同、分工合作、资源共享的党建工作新格局，为党建工作全面嵌入生产经营和改革发展提供了有力的抓手，必须常抓不懈。我们要通过深化矩阵式党建工作，进一步找准加强和改进党建工作的有效路径，把矩阵式党建工作内嵌到企业生产经营中，坚持问题导向、创新工作方法、完善工作机制，不断提高党建工作科学化水平，真正把管党治党责任落到实处、见到实效。加强矩阵式党建，**必须发挥党组织的领导核心和政治核心作用。**要把党的领导融入公司治理各环节，把党组织内嵌到公司治理结构之中，明确和落实党组织在公司法人治理结构中的法定地位，做到组织落实、干部到位、职责明确、监督严格。要围绕把方向、管大局、保落实，完善党组织在决策、执行、监督各环节的权责和工作方式，使党组织发挥作用组织化、制度化、具体化。**必须严格落实"两个**

责任”。公司两级党委要履行主体责任，加强党风廉政建设和反腐败工作，把纪律和规矩挺在前面，持之以恒落实中央八项规定精神，抓好巡视发现问题的整改；纪检监察部门要坚持纪在法前、纪严于法，突出监督执纪问责，把握关键领域，对照负面清单，开展监督检查、内部巡察，把权力放在阳光下。要完善工作机制，把区域指导组督查与审计、效能监察、内部巡察、来信来访、业务检查有机结合，与厂务公开、党务公开制度有机结合，做到资源共享、系统联动。**必须深化“两学一做”学习教育**。一个党员就是一面旗帜，一个支部就是一座堡垒。要把“两学一做”学习教育作为每一名共产党员提升理想信念、提高能力素质、加强党性教育的一次重大机遇和当前的一项政治任务来落实好，“学”就是要耐心细致地学，“做”就是要脚踏实地地干，将学习成果运用到具体实践中去，做到接地气、提士气，真正使“两学一做”落地生根。要紧紧抓住“两学一做”学习教育的契机，加强宣传、全面动员，开展声势浩大、全面深入的思想教育活动，为马钢深化改革、做强品牌奠定思想基础。**必须驰而不息改进作风**。要巩固“三严三实”专题教育、“两学一做”学习教育成果，落实《准则》、《条例》要求，牢固树立“四个意识”，强化“忠诚、干净、担当”，深化管理人员下基层跟班蹲点，引导技术人员扎根一线办公，推动作风改进的制度化、常态化、长效化。**必须严格落实党建基础管理**。要同步建立党的组织、动态调整组织设置，抓紧抓好党员日常教育管理。要把支部建设成为团结职工的核心、教育党员的学校、攻坚克难的坚强堡垒。要把思想政治工作作为一项经常性、基础性工作来抓，多做得人心、暖人心、稳人心的工作。

五、坚持党管干部原则，抓好干部队伍建设和管理

凝聚万众心，关键看领导。加强干部队伍建设和管理，关系人心向背，关系企业兴衰。要深入学习贯彻党的十八届六中全会精神，以扎实开展“讲看齐、见行动”学习讨论为推动，把全面从严治党变为实际行动。**一要规范选人用人**。坚持德才兼备、以德为先的用人导向和20字好干部标准，拓宽选人用人视野，严格选人用人程序，加强选人用人监督，加大干部交流力度，进一步提高新形势下选人用人工作的质量和水平，把在实践中成长起来的良将贤才及时选拔到管理岗位上来。**二要强化三个意识**。党员干部要强化大局意识、担当意识和服务意识，做到对党忠诚、勇于创新、治企有方、兴企有为、清正廉洁；要做改革发展的“急先锋”，真正把心思集中在想干事上，把胆识体现在敢干事上，把能力展现在会干事上，把目标落实在干成事上，努力创造一流的业绩；要做服务职工群众的“贴心人”，着力做好人的工作，以身作则、甘于奉献，深入基层、改进作风，舍己从众、便利从心，让管理真正激发人的善意。**三要严格干部教育监督**。加强对党员干部的党性教育、宗旨教育、警示教育，严明政治纪律和政治规矩，引导党员干部不断提高思想政治素质、增强党性修养，从思想深处拧紧螺丝。要突出监督重点，强化对关键岗位、重要人员特别是一把手的监督管理，完善“三重一大”决策监督机制，严格日常管理，整合监督力量，形成监督合力。

六、深化家园文化建设，营造“风雨同舟、守望相助、持正向善、携手共进”家园氛围

人是企业最宝贵的财富，人的力量在心上，发挥人的潜能，要靠文化引领。“感恩在心、胸有朝阳、公平正义、风清气正”的马钢家园文化理念，是马钢改革发展的灵魂和根基。马钢特色家园文化以其强大的凝聚力和感召力，已经成为我们应对困难挑战的重要法宝。虽然今年经营形势有所好转，但困难远没有过去，我们必须进一步提升家园文化内涵，打造家园文化“升级版”。**一要强化感恩意识**。马钢是我们赖以生存的共同家园，生活在马钢这一片蓝天下，我们都应胸怀感恩之心，感恩社会，感恩企业，感恩工作，带着善意和秉持善良，尽心做好每一件事，尽力完成每一项任务，积小胜为大胜，助推马钢不断追求卓越、创新超越。要引导广大职工认真思考我能为家园付出什么、奉献什么，把爱岗、敬业、奉献作为实现人生价值的正确途径，在共建美好家园中彰显价值、品味幸福。**二要强化责任意识**。首先是党员干部要以身作则、率先垂范、敢于担当、乐于奉献，把模范的标尺立起来，把先锋的形象树起来，在推进改革发展中争当先锋、勇作表率。广大职工要立足本职岗位，弘扬工匠精神，提升履职尽责能力，时时处处以事业为重，强化执行和落实，公而忘私、勤勉敬业，努力做家园文化的培育者、践行者、守护者。**三要强化竞争意识**。建立“岗上有压力、岗下有动力”、能上能下、能进能出、靠业绩定收入、凭贡献得地位的机制，营造“努力多、付出多，回报也更多”、人尽其才、劳动光荣的良好氛围。**四要强化共建共享意识**。美好家园需要全体职工共建，更应由全体职工共享。要着力强化职工收入保障，改善职工福利待遇，不断增进职工福祉，提高全体职工幸福感和忠诚度，切实增强企业凝聚力和向心力，让全体马钢人在共建共享美好家园中有更多的获得感。

新的一年,我们面临的任务艰巨而繁重,责任重大而光荣。让我们以饱满的热情、高昂的斗志、扎实的作风,为全面实现2017年各项目标任务而努力奋斗!我们相信,只要大家不畏艰险、不忘初心、风雨同舟、相向而行,马钢家园的明天一定会更加美好!

坚定不移深化改革　坚持不懈做强品牌　开创马钢转型升级、健康发展新局面

——在马钢(集团)控股有限公司十八届一次(马鞍山钢铁股份有限公司八届一次)职工代表大会上的报告

丁　毅

(2016年12月22日)

回顾与总结

即将过去的2016年,是马钢成功扭亏脱困、打赢家园保卫战的一年。一年来,我们以深入学习贯彻习近平总书记系列重要讲话精神、特别是视察安徽重要讲话精神为推动,在省、市的正确领导和大力支持下,紧紧围绕"聚焦两大战场、锐意变革突破"工作主题,牢牢把握产品升级、产业链延伸、国际化经营主攻方向,抢抓市场机遇,深化结构调整,提升精益运营,强化干部担当,通过全体职工共同努力,顺利实现"集团盈利、股份盈利、合并报表不亏损"三大目标,夺取了"十三五"发展的良好开局。预计全年生产成品矿745万吨、铁1762万吨、钢1860万吨、钢材1763万吨;集团实现营业收入539亿元,利润总额9.1亿元。

——我们取得精益运营新突破,股份公司荣获第十六届全国质量奖。

——我们取得铁钢匹配新突破,4号高炉顺利投产并快速达产,大高炉连续34个月稳定顺行,缓解了长期困扰的铁水瓶颈制约问题。

——我们取得产品升级新突破,高速车轮通过CRCC认证并正式供货,汽车板突破200万吨,特钢进入风电、核电用钢等高端领域。

——我们取得多元增效新突破,利润占到集团总额的近三分之一,多元产业蓄势待发。

——我们取得活力激发新突破,人力资源优化取得明显进展,授权组阁、竞聘上岗全面展开。

回顾一年来的工作,主要体现在"六个着力":

第一,着力强化市场经营创效。一是提高市场研判和经营决策能力。有效跟踪、研判、把握市场变化,累计两头市场趋势研判正确率70%;完善经营决策体系,积极抢抓市场机遇,预计全年两头市场对冲与上年同口径相比创效26.9亿元。二是构建面向市场的新型营销模式。创新营销机制,设立销售总监,推行销售承包制,实施分品种吨钢销售奖励;完善定价策略,细分市场、灵活定价;拓展销售渠道,主攻区域市场,扩大电商销售,优化出口布局;强化营销服务,召开首次技术营销大会,组建10个APQP小组,实施17个EVI项目,推行"五位一体"客服体系。预计全年开发新客户175个、板带直供比66%;电商平台销售钢材52万吨、出口钢材121万吨。三是贴近市场精益采购。联合供方打造安全、稳定、高效、可持续、有竞争力的供应链,推进内部供应链系统联动一体化。规范供方管理,推进重点供方三方、二方审核,实施分级动态评价,培育诚信战略供方;提升保供能力,强化系统联动,抢抓紧缺资源,实现矿石、煤焦等大宗资源低库存、安全保供常态化运营;深化采购降本,推行招标定价、对标定价、成本定价,通过聚量、竞争性采购实现最优性价比。

第二,着力推进产品结构调整。一是紧盯市场需求调整产品结构。聚焦三大类十个系列产品,扩品种、促升级,预计全年产品结构调整比上年增效6.9亿元;品种钢比例45%,同比提高3个百分点;新产品开发销售量38.6万吨,同比增长38%。在轮轴上,开发车轮新产品135个、轮对新产品24个,高速车轮获正式订单436件,预计全年生产销售弹性车轮5700套、低噪音车轮6100件、轮对2200对。在板带上,预计全年汽车板208万吨(高强汽车板占比50%),比去年增长33%,国内市场占有率提高至7.5%,主机厂占比达到45%;家电板312万吨,稳居国内行业前三位;硅钢55万吨,同比增长19%,W470及以上高牌号硅钢增长38.6%。在精品长材上,埃斯科特钢一期项目弹簧钢生产线竣工投产,美标H型钢、高端汽车紧固件用冷镦钢、车轴用钢、弹簧钢、HRB500E高强抗震钢筋等新

产品成功开发,特钢产品外销量同比增长35%。二是加大产品认证力度。高速车轮通过中铁检验认证中心(CRCC)认证,新开发的3种GE机车轮通过AAR认证,德铁ET423车轮完成工厂审核。汽车板通过重庆长安乘用车、上汽乘用车、上汽通用、吉利汽车等重要主机厂认证;酸洗家电板通过美芝、艾默生等压缩机厂认证。H型钢产品通过欧盟认证(CE)扩证现场审核和韩国工业标准(KS)初次认证审核,特钢产品通过压力设备认证(PED)。三是持续提升产品品质。紧贴客户需求,强化技术改造,优化工艺设计,抓好质量流程管控,落实质量叫停机制,强化工艺纪律检查,加强责任追溯和专业考核,预计全年吨材质量损失同比下降0.58元。四是有效发挥技术支撑作用。加快"安徽省轨道交通轮轴工程研究中心"等重点实验室研发平台建设,承担省级以上科研项目11项,实施公司级科技攻关项目100项,全年获冶金行业科技进步奖4项、安徽省科技进步奖5项;建立统一的知识管理平台,优化专利管理模式,全年获授权专利280项。海洋石油平台用热轧H型钢获冶金产品实物质量十大"特优质量奖",轮轴事业部2个QC小组被评为"全国优秀质量管理小组"。

第三,着力提升精益制造水平。一是主动去产能。与党中央保持高度一致,积极响应国家供给侧结构性改革,认真谋划、精心组织、有序推进,关停合肥公司钢铁冶炼产线、本部1座高炉、1座转炉和2座电炉,退出炼铁产能222万吨、炼钢产能281万吨,预计全年钢产量同比下降22万吨,实现既去产能又去产量。二是强化铁前稳定均衡生产。按照"技术先行、管理跟进、文化转变、责任落地"的思路,完善高炉体检和预警机制,优化铁前资源平衡和组产模式,大高炉长周期稳定顺行突破1000天,累计铁水成本低于行业平均水平2.88元/吨。三是推进钢轧专业化生产。坚持以客户为关注焦点,以确保质量稳定和订单按期交付为核心,抓好生产计划、销售、制造单元三者联动,深化订单分级管理,优化产线分工,发挥冷轧脱脂线、热轧平整机组作用,优势产线产能得到有效释放。汽车板订单兑现率和条目兑现率分别为90.5%、83.5%。四是深入推进系统经济运行。强化设备状态把控,开展重点产线设备精度管理,探索关键产线设备综合效率评价(OEE),70条重点产线设备故障次数和时间同比降低11.9%和25.7%,股份公司荣获第十届全国设备管理优秀单位称号;推进备件材料"零库存"管理,全年降低备件资金占用1.3亿元;推进系统能源经济运行,在环保运行费用增加、精炼比增高、深加工增多的情况下,预计全年吨钢综合能耗降至598kgce/t;直供电创效4.3亿元。五是深入降本增效。开展工序产线对标,预计全年比去年实现降本8.2亿元。优化日成本核算系统,实现"按日核算、精细管理、对比分析、事中控制",做到重点产线全覆盖。

第四,着力推进多元产业增量增效。围绕"先整合、后规划,引战投、活机制,抓协调、促融合,防风险、造氛围"工作思路,持续推进板块资源整合、完善三年规划和任期目标责任制,加快合资合作步伐、建立法人治理结构和市场化运营机制,明确领导分工和责任、积极融入全市产业发展布局,落实《子公司管控通则》、月度例会和情况通报制度,开展领导访谈、外出考察和经验分享,多元产业蓄势待发。引入战投取得实质性突破,与科达合资组建售电公司并正式运营,与武汉洪福合资成立防锈纸公司,与宁波东力签订合资协议,与中建材、泰尔重工签订合作协议,引进中国物流控股店埠河;完成联合电钢重组、欣创公司增资扩股;加快推进工程技术集团与中建国际的合资合作;有序推进欣创公司、张庄矿登陆"新三板"。预计全年多元产业营业收入、利润总额分别占集团总额的28%、31%。矿产资源业板块加强经营型矿山建设,引入市场化机制,增产量、提品质、降成本、争政策,预计全年成品矿同比增长9.3%,实现营业收入34亿元、利润总额5000万元。工程技术板块整合归并内部同业资源,参与4号高炉项目建设、总包合肥镀锌线项目,压缩劳务和费用,8月份实现月度扭亏,预计全年实现营业收入26亿元,同比减亏3900万元。贸易物流板块扩大服务贸易,开展保理业务,拓展贴牌业务,预计全年贸易板块实现营业收入38亿元、利润总额3800万元;物流板块完成股权整合,实施港口、仓储、运输、配送一体化运作,支撑钢铁产业物流降本7500万元,预计全年实现营业收入13亿元、利润总额4100万元。煤化工及新材料板块加快发展循环经济,马钢奥瑟亚焦油精制一期、淮北临涣焦炭基地项目建成投产,金马能源、盛隆焦化等合资企业实现良好收益,预计全年煤化工板块实现营业收入4.98亿元;深化耐材总包,强化粉末冶金产品创效,整合周边水渣资源,预计全年新材料板块实现营业收入11.7亿元、利润总额3600万元。节能环保板块加快专业化运营和资质能力建设,成功托管运营二铁总厂环保除尘系统,建成环境设施集中监控管理中心;积极开拓外部市场,投资建设山西煤炭瓦斯发电项目,中标城区水系治理项目和滁州天长市乡镇污水处理厂项目，预计全年实现营业收入 5.4 亿元、利润总额 4200 万元；信息技术板块全力推进云公司运营和市场推广，成功实施马钢整体 SAP 系统迁移和 CSP 轧机二级系统自主升级改造，开拓信息安全等级保护测评、两化融合、智能制造等新兴业务，预计全年实现营业收入 2.8 亿元、利润总额 2400 万元；金融投资板块强化产融结合，大力拓展电票业务，信贷余额同比增长 23.3%，财务公司在全省率先获得中国银监会监管评级 A 类；资产经营公司积极盘活运作存量土地房产，拓展租赁业务，提高处置收益；投资公司实施定向资管计划降低马钢发债成本，积极参与新股申购。预计全年实现营业收入 2.9 亿元、利润总额 2 亿元。

第五，着力深化改革强化管理。一是实施授权组阁、竞聘上岗。部分公司中层管理人员、229 名科级管理人员主动退出竞聘，133 名职工通过竞聘走上科级岗位，289 名作业长落聘、作业长总数下降 23%，实现了岗位能上能下、薪酬能升能降。二是有序实施流程再造。整合组建新的二铁总厂、长材事业部，将彩涂事业部并入冷轧总厂、长材事业部南区高线整合至特钢公司。实施石灰、轧钢磨辊间、资源综合利用、检修、采购、仓配、危运车辆、信息化管理、档案等业务资源整合。三是优化人力资源。通过重点抓好岗位优化、岗位竞聘、人员分流、劳务精简、政策和服务配套、专业化整合和业务归并六个环节，稳妥、有序、高效实施人力资源优化，取得了员工总量和在岗人数减少、劳动生产率有效提升、全年人工成本和劳务费用显著下降等阶段性成果，预计全年集团优化人力资源 6289 人、优化劳务 1593 人，股份公司劳动生产率达到 561 吨/人，同比提高 18.9%。组建了人力资源服务中心，妥善做好落聘待岗人员的培训与转岗工作。四是加强战略管理和品牌管理。编制完成马钢“十三五”发展规划，开展了首次战略执行评估与滚动调整。全面加强品牌建设，制定落实十四项重点工作。五是强化资金管理。有效应对金融机构抽贷、惜贷、境外融资额大幅下降等不利影响，积极争取政策，拓展融资渠道，优化融资结构，股份公司成功注册发行 100 亿元短融并顺利发行第一期 20 亿元，集团公司顺利完成股票质押回购融资 10 亿元，确保了生产经营正常资金需求。六是扎实开展安全和环保管理。严格落实安全生产责任制，强化隐患排查治理，深入推进安全生产标准化，安全生产态势总体平稳。严格落实环保刚性要求，推进全流程清洁生产和节能减排，预计全年烟尘、二氧化硫吨钢排放量同比分别下降 41% 和 63%，股份公司荣获中钢协“清洁生产环境友好企业”称号。七是机关效能大幅提升。制造部、设备部进驻现场办公，技术中心优化驻厂技术人员力量，有力支撑现场问题快速高效解决。深化管理人员下基层活动，与基层一线职工面对面交流，增进理解，凝聚共识，汇聚合力。以项目管理方式，争取国家各类政策资金 20.5 亿元，对当期盈利提供了有力支撑。

第六，着力凝聚共建美好家园强大合力。一是深入开展理论学习和形势任务教育。重点学习习近平总书记系列重要讲话精神特别是视察安徽重要讲话精神、党章党规、准则和条例等内容，进一步增强“四个意识”。组织开展“两学一做”到基层宣讲、“百人宣讲到基层、千堂党课进支部”等活动，编印《学习与辅导》专题材料，选树“马钢尖兵”，进一步凝聚共建美好家园的思想共识。二是发挥党组织领导核心和政治核心作用。成功召开马钢第五次党代会，为企业未来发展指明了方向；深化矩阵式党建，对 9 家单位开展内部巡察，认真做好中央巡视组巡视“回头看”反馈意见和省委第五巡视组反馈问题整改工作；积极开展“双争”活动，党员示范岗、示范岗党员数分别增长 200% 和 64%。三是深入推进家园文化建设。大力弘扬“感恩在心、胸有朝阳、公平正义、风清气正”家园文化，首次举行“9·20”升旗宣誓仪式，开展“家和万事兴”征文、“最美厂区”和“最佳四室”评选活动，营造了浓厚的家园氛围。四是不断深化民主管理。落实“依靠”方针，发挥“双向维护”功能，民主管理制度化、规范化、科学化水平持续提升。五是推进全员岗位创新创效。常态化开展提合理化建议活动，预计全年创效 1.6 亿元。广泛开展劳动竞赛、技能比武、“双五小”攻关等活动。六是关心关爱职工。通过互助帮困、金秋助学、送温暖等帮扶平台，发放慰问金 870 万元、慰问品 65 万元，让广大职工真切感受到家园温暖。

回顾即将过去的一年，马钢之所以能够成功扭亏脱困，源于四种力量的强大支撑。一是信念的力量。我们始终保持战略定力，坚定理想信念和价值观，坚定做强做优做大马钢的意志，这是我们战胜一切困难和挑战的力量源泉。二是文化的力量。我们力推文化落地生根，打造“感恩在心、胸有朝阳、公平正义、风清气正”的家园文化，持续改进、追求卓越的精益文化，以奋斗者为本、以业绩论英雄的竞争文化，凝聚了共建共享美好家园的强大合力。三是变革的力量。从授权组阁、竞聘上岗到公开选聘项目攻关团队，从深化矩阵式党建到规范子公司监事会建设，从推进卓越绩效到试点推行“双百”考核,都是前所未有的变革,都取得了积极的成效。四是团队的力量。各级领导班子团结奋进,全体职工相向而行,彰显了马钢人上下同欲、共建共享的良好团队风貌。

一年来的实践充分证明,马钢能够抓住新常态下的新机遇,实现新平台上的新跨越!这是全体职工同舟共济、拼搏奉献的结果。在此,我代表公司,向广大干部职工表示诚挚的慰问和衷心的感谢!

形势与任务

即将到来的2017年,是供给侧结构性改革的深化之年,也是马钢落实省委省政府“三步走”目标要求、在新的平台上加快转型升级、健康发展的关键之年。

纵观外部环境,机遇与挑战交织。我国经济发展新的增长动力正在孕育形成,经济发展长期向好的基本面没有变,我们既面临深化国有企业改革、推进供给侧结构性改革、化解钢铁过剩产能、“一带一路”和中国制造2025战略实施、消费需求升级等重大机遇,又面临需求不旺、兼并重组、同质化竞争、企业分化、资源环境约束、利润微薄等严峻挑战。概而言之,就是竞争全要素、服务进终端;谁能抓住机遇、战胜挑战,就能赢得市场竞争主动权。

客观审视自身,优势与劣势并存。马钢已经迈上新的发展平台,战略定位更加清晰、产能规模经济高效、产品档次趋向高端、多元产业蓄势待发、管理模式日趋成熟、家园文化深入人心、企业发展蒸蒸日上,具备了在更高层次、更宽领域、更广范围参与市场充分竞争的基础和条件。特别是今年以来的显著业绩,极大地鼓舞了职工士气,激发了职工干劲。但平台之上有短板,亮点之中有隐忧。市场化运营机制不够健全、专业化生产不够高效、品牌竞争优势不够明显、多元支柱培育不够迅速、国际化经营思维不够全面、人力资源结构不够合理等仍是制约马钢转型升级、健康发展的突出矛盾和问题。归结起来,就是深化改革仍待突破、品牌建设急需加力;发挥了优势,克服了短板,我们就一定能在新的平台上,推动马钢实现新的发展,取得新的跨越!

综合来看,我们面临着激活体制机制、增强发展动力的紧迫任务;我们面临着做强企业品牌、厚植发展优势的紧迫任务;我们面临着壮大多元产业、拓展发展空间的紧迫任务;我们面临着提升精益运营、提高发展质量的紧迫任务;我们面临着优化人力资源、支撑企业长远健康可持续发展的紧迫任务。

在繁重而艰巨的任务面前,我们必须准确把握新方位、主动适应新常态、牢固树立新理念、积极投身新实践,既要做到心中有数,更要做到心中有路。心中有数,就是要有全局视角、系统方法,把握大势、精准研判,不忘初心、继续前进;心中有路,就是要有兴企之道、强企之策,战术灵活、责任到位,持续改进、追求卓越。

以习近平同志为核心的党中央旗帜鲜明地提出,要“坚定不移地深化国有企业改革”、“理直气壮做强做优做大国有企业”、“在深化国有企业改革中坚持党的领导加强党的建设”,这为我们加快解决面临的紧迫任务,指明了方向,提供了遵循。这就是,一手抓深化改革,一手抓转型发展。深化改革是破解马钢深层次矛盾问题、增强企业活力、提高运营效率的根本途径。转型发展是适应供给侧结构性改革,在新的平台和新的历史阶段做强做优做大马钢的必由之路。应该看到,转型发展既是方向也是目标,既关乎当前更着眼长远,必须紧密结合新阶段的新特点,找准推动落实的重要抓手。具体到明年,就是要全力以赴加强品牌建设,这既是适应“竞争全要素、服务进终端”的现实需要,也是进一步壮大马钢竞争优势的必然选择。

基于以上分析,马钢2017年总体工作思路是:**深入落实党的十八届三中、四中、五中、六中全会、中央经济工作会议和省第十次党代会精神,践行创新、协调、绿色、开放、共享发展理念,坚定不移深化改革,坚持不懈做强品牌,持续追求卓越绩效,奋力开创马钢转型升级、健康发展新局面。**

工作主题是:**坚定不移深化改革,坚持不懈做强品牌。**

坚定不移深化改革,就是要聚焦激发活力,着力在产权多元化、法人治理结构、母子公司管控模式、市场化运行机制、人力资源优化等方面取得实质性突破。

应当看到,深化改革是一场攻坚战。我们必须把实现好、维护好、发展好最广大职工的根本利益作为改革的出发点和落脚点,凝聚最大公约数,汇聚最强正能量,为深化改革奠定思想共识。我们必须坚持党的领导加强党的建设,有效发挥党组织“把方向、管大局、保落实”作用,为深化改革提供有力保障。我们必须正确处理好改革发展稳定关系,既强调顶层设计、系统谋划,又注重分类施策、稳妥推进,为深化改革营造良好环境。

坚持不懈做强品牌,就是要聚焦客户需求,全方位推进品牌建设,全力提升客户满意度、忠诚度、美誉度,提高品牌溢价能力和企业综合竞争力。

应当看到,做强品牌是一次新长征。我们必须牢固树立"功成不必在我"的信念,保持战略定力,咬定战略目标,锲而不舍,久久为功。我们必须牢固树立"把本职工作做到极致就是品牌"的意识,按标准完成不敷衍,按计划完成不拖延,按责任完成不推诿,持续提升精益运营。我们必须牢固树立"人人创品牌、处处树品牌"的观念,集众智、聚合力,强联动、抓协同,做到全动员、全覆盖。

坚定不移深化改革,坚持不懈做强品牌,**必须始终坚持文化引领**,规范体系建设,丰富理念内涵,注重文化整合,以文化力提升企业竞争力;**必须始终坚持战略导向**,承接使命愿景,抓好目标分解,强化过程测量,确保战略落地;**必须始终坚持聚焦两场**,工作在现场、思考在现场、创新在现场,开拓在市场、服务在市场、创效在市场;**必须始终坚持系统优化**,加快实现由局部到系统、由经验到模型、由单部门推动到多部门联动、由单维评价到多维评价;**必须始终坚持体系管理**,实现从碎片化向体系化转变,从零敲碎打向整体谋划转变;**必须始终坚持协同创效**,推进产业协同、业务协同、要素协同、机制协同,真正做到资源共用、风险共担、利益共享。

目标与措施

2017 年总的目标要求是:在同等外部条件下,与 2016 年相比,指标不退步、绩效不降低、排位不下滑。

主要目标是:

——成品矿 770 万吨,铁 1822 万吨、钢 1917 万吨、钢材 1824 万吨。

——集团营业收入 590 亿元,利润总额 9 亿元以上。

重点工作措施是:

一、坚定不移深化改革,激发转型升级内在动力

深化改革既是党和政府对国有企业的硬要求,也是马钢转型发展的硬措施。必须秉承自强不息精神,坚定正确改革方向,想改革、谋改革、抓改革,转机制、提效率、增活力。

大力发展混合所有制经济。把发展混合所有制经济作为深化改革的重要突破口,探索推进集团层面的混合所有制改革,积极推进多元产业混合所有制改革,引入资本、技术、市场各类竞争要素,充分释放体制机制活力。

健全法人治理结构。坚持党的领导加强党的建设,明确党委在公司法人治理结构中的领导核心地位,以矩阵式党建为抓手把党组织活动嵌入生产经营各个环节。加强集团董事会和各子公司董事会、监事会规范化建设,完善各类委派人员的监督管理机制。

模拟职业经理人试点。完善内部市场化运行机制,以契约化管理为重点,在集团下属子公司试点推行职业经理人,逐步建立与企业经营管理人员分类管理相适应的职业经理人制度。

全面推行层级管理。聚焦三支队伍建设,分类推行层级管理,建立健全各层级动态竞争机制,真正做到人员能进能出、岗位能上能下、薪酬能升能降。完善市场化选人用人机制,积极探索市场化双轨制用工机制。

优化改进考核体系。建立承接战略目标落地的综合指标体系和过程指标体系,实现"目标指标化、指标数据化、管理模式化"。全面推行"双百"考核,完善评价标准,强化业绩导向,提高考核工作的系统性、科学性。

全力激发人的活力。优化人力资源,既是解决用工总量多、结构不合理等现实问题的必由之路,也是对标行业劳动生产率先进水平、消除人力资源竞争劣势的迫切需要,更是抢抓国家供给侧结构性改革机遇、切实减轻企业负担、支撑企业长远健康可持续发展的重要选择。推进人力资源优化,事关马钢未来发展,事关全体马钢人的根本利益和长远利益,公司上下必须在思想上高度统一,政治上坚定清醒,行动上坚决有力。坚持与提高效率、优化结构、用好用足去产能政策相结合,通过离岗安置分流一批、协商解除合同一批、腾空岗位转岗一批、产业发展吸纳一批、外部市场输出一批,多渠道分流安置富余人员。打造集团层面规范的劳务协同平台,加大劳务替代工作力度。建立市场化人才选聘机制,完善市场化用工和薪酬分配政策,引进关键岗位紧缺人才,强化职工队伍一专多能,加大经营型人才培养力度。围绕发挥机关职能部门参谋、监督和高效服务作用,推行重点工作项目化、项目工作责任化,强化履责担当、鼓励管理创效,完善激励机制、实现赏罚分明。健全分类培训体系,瞄准岗位需求开发培训课程,推动各级领导人员由生产型向经营型转变、全员综合素质整体提高。

二、聚焦"三品",打造钢铁强势品牌

围绕提高客户满意度、忠诚度、美誉度,着力扩品种、提品质、强品牌,建设国内一流的钢铁材料服务商。

提升两头市场经营创效能力。完善经营决策系统,加强两头市场跟踪和分析,提高研判准确性,支撑营销和采购经营创效。深化精益采购。进一步激活机制,设立采购总监,建立完善分级的供应链责任体系。围绕打造安全、稳定、高效、可持续、有竞争力的供应链,贯彻"广开大门、提高标准"要求,扩大三方、二方审核覆盖面,提高供方质量和集中度;对关键供方推进EVI,扩大合作范围,互为市场、互为供方,利益共享、合作共赢;实施低库存安全保供战略,建立并完善内部供应链系统联动一体化,提高内部保供的效率和效益。灵活调整采购策略,采取集中聚量、吨钢计价、价格联动、功能费用总包等招标方式,降低采购成本。实施品牌营销。黏住用钢行业前三位优质客户,依托经营决策系统、订单跟踪OTP平台,满足客户个性化需求;细分市场,着力提高区域市场份额,扩大高附加值产品销售比重;加大终端客户培育,强化产品、技术和服务一体化、组合式营销,扩大有效直供,支撑大规模、定制化生产,力争板带直供比70%;强化产品出口战略,统筹国内、国外两个市场,优化海外市场布局,大力开发海外终端客户,全年钢材出口量占总销量的10%-15%;继续扩大电商平台销售规模,力争销售钢材55万吨。

强化铁前高水平上的稳定顺行。完善高炉体检和预警制度,建立具有马钢特色的高炉操作模型,巩固长周期稳定顺行成果,打造行业一流的高炉操作品牌。依据不同炉型实施差异化管理,形成优良的系统运行状态,适时淘汰经济性差的中型高炉。借助外部资源和内部经验分享,加快指标提升攻关,优化配煤配矿,燃料比、喷煤比、工序能耗、铁水成本等重点指标尽快进入行业第一梯队。

推进钢轧专业化、精细化、高效化、个性化生产。贯彻精益生产理念,借助外力,有效解决缩短冶炼时间、降低出钢温度、减少补炉次数、控制钢水氧含量、降低钢水夹杂物、强化钢包信息化管控、释放RH效能、减少铸机漏钢等重点课题,快速提升炼钢水平。加强产销对接,优化产线分工,强化标准化作业,优化轧制模型、提高轧制参数命中率,减少堆钢次数,提升高强、薄规格产品的轧制稳定性,充分释放关键产线效能。优化计划排程规则,确保汽车板等重点产品订单按期、保质交付。

深化产品结构调整。聚焦三大类十个系列产品,扩大高附加值产品比重,力争吨材销售收入与行业平均水平的差距缩小到100元以内。对轮轴产品,扩大地铁车轮、机车轮、工矿车轮、重载车轮、环件市场份额,全年生产车轮15万吨,高速车轮实现国内批量供应;加快高速轮对、高速车轴的开发和试制进度,提高轮轴产品市场占有率。对板带产品,适应高强、轻量化需求,提高高强钢和汽车外板比重,扩大市场占有率,力争全年生产汽车板280万吨,品种钢比例提高7个百分点;拓展冷轧、镀锌、酸洗等高端家电市场,扩大W470及以上高牌号电工钢比重,力争全年家电板、高牌号电工钢分别达到291万吨、15万吨。对长材产品,加大铁路、海工、高层建筑、桥梁用型钢的研发生产,大力开拓弹簧钢、焊丝钢、轴承钢、链条钢、高档冷镦钢等工业线棒材市场。

稳定提升产品质量。发挥APQP小组、"五位一体"客服体系功能,准确识别客户需求,提高过程设计能力。大力开展汽车面板一次合格率、钢水洁净度、轧制工艺参数命中率等专项攻关,发挥技术改造项目作用,稳定高端产品质量,大幅降低内部质量损失。强化质量流程管控,严格工序质量监督,加强工艺纪律检查,推进板带质量管理信息化系统(QMS)项目,完善质量事故考核办法,建立促进问题暴露、可持续评价机制和关键工序防错机制。

提高设备系统保障能力。按照"运行有效、保障有力、系统优化、节能降耗"的总要求,强化"操作人员是设备安全生产的第一责任人、点检员是设备运行状态的第一责任人"意识,深入落实全面规范化生产维护体系(TnPM),通过点检到位率、有效率、命中率三个100%和检修时间、项目、质量标准命中率三个100%,实现"安、稳、长、满、优"。坚持工艺主导、设备主动,提高板带产线精度。深化设备综合效率评价(OEE),有效挖掘设备生产潜力。优化检修模型,推进检修项目区域总包。大力推进表面技术应用,延长设备使用寿命。完善备件修复管理,扩大修复品种范围,提高备件修复率。推行备件功能总包采购模式,探索供应商管理库存(VMI),力争仓储集中配送、取消机旁备件,实现经济保供。

三、快速提质增效,打造多元个性品牌

在公司品牌战略的引领下,结合板块行业特点和性质,探索实施个性化的品牌创建之路,提升多元产业整体竞争力和规模效益。力争全年多元产业营业收入188亿元,利润总额5亿元。

进一步理清多元产业发展思路。坚持规划引领、机制推动、过程协调、风险防控、氛围营造、融合发展,坚持一板块一规划、一板块一核心、一板块一领导,坚持集群化发展、专业化运营、市场化运作,坚持加快引入战略投资者、探索资产证券化,坚持体系化管理、打造公共服务平台,坚持寻求全市围绕马钢产业链招商引资,推动多元板块拓展市场、提质增效、打响品牌。

矿产资源业板块。以客户为关注焦点,提高市场意识,坚持柔性生产,提高铁精矿品位,强化对股份公司安全保供,塑造优质服务品牌。抢抓市场机遇,快速释放新矿山产能,提高辅料保供能力,实现增量增效。强化资源综合利用,建设生态矿区,全年利用低品位矿400万吨、销售废石建材400万吨。继续争取直购电、资源补偿费返还、营改增、资源税优惠等政策支持。有序推进姑山“露转井”、南山“头顶库”整治、凹选碎矿前移改造等重点工程项目建设。持续推进“三标一体化”、ERP项目建设,确保长周期安全高效生产。力争全年营业收入35亿元、利润总额4000万元。

工程技术板块。发挥资源整合优势,提高资质等级,大力推进项目管理,通过竞争方式提高EPC总包能力。积极引入战略投资者,建立市场化运营机制,激发各类要素活力。以创新的精神,动员内部力量,发挥专业化服务优势,积极承揽公司“十三五”重点项目,增强核心竞争力。加大市场开拓和研发投入,力争在PPP项目上取得实质性突破。活化分配机制,拉开分配差距,打造工匠基地。力争全年营业收入25.4亿元,扣除土地使用费后实现盈利。

贸易物流板块。采用期现结合的贸易方式,扩大矿石等服务贸易规模,发挥子公司区位优势,打造国内具备较强竞争力和品牌影响力的贸易企业。构建物流板块运营管控机制,建立物流制度标准体系,完善物流信息化管理平台,积极发展第三方物流,打造区域内具有一定品牌影响力的综合物流集团。力争全年营业收入52亿元、利润总额8000万元。

节能环保板块。以PPP、EPC模式全方位拓展水务等优势业务,加快推进市中心城区水环境综合治理、滁州天长市乡镇污水处理厂等项目;做强环保设施托管运营服务,扩大范围,打造标准化模式;拓展能源服务业务,推进能源综合利用和节能技术集成,形成新的效益增长点。力争全年营业收入9亿元、利润总额6000万元。

金融投资板块。推广电票承兑业务,提高集团对外支付能力;通过再贴现、债券市场质押融资、同业拆借等多种渠道,实施低成本融资;适时开办跨境人民币及跨境外汇资金集中运营业务。开拓新的投融资渠道,推进投融资专业化运作,加快培育优秀企业上市,探索市场化“债转股”,通过合资合作、引入战略投资者,有效开展资本运作。盘活闲置低效资产和存量土地,拓展租赁业务,提高资产经营收益。力争全年营业收入3.8亿元、利润总额2.8亿元。

信息技术板块。以云平台为基础,推进集团内部信息化向云平台进行迁移,并努力拓展外部市场;加速两化深度融合,确保轮轴数字化车间通过验收;创新适应IT产业发展的体制机制,积极引入战略投资者,推进工业机器人系统集成与应用服务;构建信息技术基础平台,打造安徽工业云基地,打响“马钢自动化(MAIT)”品牌。力争全年营业收入3.2亿元、利润总额2800万元。

煤化工及新材料板块。推进煤化工板块资源整合,提升专业化运营水平;延伸煤化工产业链,推进马钢奥瑟亚二期炭黑项目建设,拓展煤焦综合利用、焦油深加工等业务;力争全年煤化工板块营业收入5亿元。积极推进耐火公司与中建材合资合作项目,强化耐材总包服务增值;巩固提升马钢铁粉品牌形象,实现品质和规模增效;做大做强水渣业务,提高矿粉产业一体化发展水平;力争全年新材料板块营业收入12亿元、利润总额4000万元。

四、深入推进卓越绩效模式,打造管理精益品牌

按照“铁前流程化、钢轧专业化、产业板块化、管理体系化、效率信息化”的思路,以荣获全国质量奖为新的起点,在更高层次上深化卓越绩效管理,逐步形成具有马钢特色的管理模式,促进管理绩效不断提升。

加强品牌建设管理。抓好顶层设计,制定品牌战略规划。引入专业品牌咨询机构,导入品牌培育管理体系标准,探索建立品牌建设的项目管理模式。完善品牌传播管理办法,规范视觉识别系统应用。强化品牌宣传,推进品牌营销,开展马钢品牌故事征集、品牌领军人物评选等活动,提升全员品牌意识。建立品牌危机管理体系与制度,维护马钢品牌形象。加大品牌推介和品牌评价力度,力争3年左右进入中国企业品牌100强。

提高体系管理有效性。钢铁产业遵循体系管理规律,坚持理论与实际相结合,把握体系精神实质,掌握方法论,相互借鉴,有效整合。多元产业以体系管理为抓手,引入第三方评价,推动管理升级。在总结借鉴股份公司推行卓越绩效模式有益经验的基础上,在全集团范围全面推行卓越绩效模式。

有序实施业务流程整合。进一步优化物流业务与资源,推进化工新材料、废钢、轮轴技术服务等资源整合。在推进业务流程整合的基础上,建立健全经营决策系统、订单跟踪OTP、产销一体化系统、质量流程管理系统、物流信息化管控平台、财务结算公共平台、成本管控信息化系统,提高管控效率。

优化资金管理。坚持“以收定支、量入为出”,盘活存量,优化增量,巩固低成本竞争优势。统筹集团层面的筹融资工作,优化融资结构,拓展融资渠道,争取政策支持,确保资金链安全。压缩非生产性开支,降低外委劳务费,减少资金占用,提高资金效率。加大资金回笼与清欠力度,加速应收账款周转。规范减值计提,列入当期效益评价。强化风险防控,加强指导重点子公司融资工作,有效规避风险。

加强工程建设管理。围绕产品升级和产业链延伸,加快合肥镀锌线、埃斯科特钢、高速车轴、合金棒材、宽翼缘H型钢等重点项目建设,确保按期建成投产。继续推进车轮检测线改造及弹性车轮、冷轧总厂镀锌线、中型材等技改项目建设。健全建设项目管理制度体系,完善项目后评价工作。

强化能源环保安全管理。贯彻“三流一态”理念,树立“没有能耗的优势,就没有低成本的优势;没有环境的意识,就没有未来的生存空间”意识,以价值流为导向,以系统高效运行为基础,协同优化物质流、能量流两种资源,稳定系统状态,实现整体效益最大化。围绕降低吨钢综合能耗,强化能源集中管控能力,加快由能源系统向系统能源转变。大力推进管理节能、结构节能、技术节能,整合市场资源,深化实施合同能源管理(EMC),力争在重点节能项目上取得实质性突破。强化“环保设备等同于主线设备”观念,深化专业化托管运营,全面推进物料堆场及钢渣处理系统性综合治理,持续改善环境绩效,争创国家级绿色工厂。深入贯彻落实《中共中央、国务院关于推进安全生产领域改革发展的意见》,严格落实安全生产责任制,做到党政同责、一岗双责、齐抓共管、失职追责,深入排查治理安全隐患,提升安全绩效水平。

深入开展技术创新。借助外力外智,整合社会资源,快速提升技术研发实力和产品市场竞争力。完善技术创新体系,强化人才培养与引进,加强工艺平台建设,通过技术创新支撑高效生产、优化降本、提升质量、服务终端。积极主动跟进国家“十三五”规划和科技产业政策,加大科研项目资金投入,直接研发经费同比增长10%。完善成果转化激励政策,提高科研人员在科技成果收益中的收益比例。

五、增强全体职工获得感,打造文化特色品牌

坚持以文化为引领,引导全员牢固树立“把本职工作做到极致就是品牌”的意识,凝聚共建共享美好家园的强大合力。

推动党建深度嵌入。强化“发展是第一要务、党建是最大政绩”意识,以深化矩阵式党建为有力抓手,推动党建工作与生产经营和改革发展深度融合,把党建工作成效转化为企业发展优势。强化纪律教育,严肃党内政治生活,严格落实《纪律处分条例》、《问责条例》、《党内监督条例》,使各级党员干部心有所畏、言有所戒、行有所止。

打造文化特色品牌。制定企业文化建设规划,完善文化指标评价体系,推动文化落地生根。通过举办大型宣演、征文演讲、职工宣誓等活动,大力弘扬家园文化、精益文化、竞争文化,以文化力提升竞争力。

加强宣传思想政治工作。坚持正面宣传、典型引路,发挥报纸、电视、网站、手机APP等传播载体作用,营造浓厚家园氛围。把思想政治工作作为一项经常性、基础性工作来抓,把解决思想问题同解决实际问题结合起来,既讲道理,又办实事,多做得人心、暖人心、稳人心的工作。

强化责任担当。各级管理人员尤其是党员领导干部,要自觉对照“对党忠诚、勇于创新、治企有方、兴企有为、清正廉洁”要求,始终保持良好的精神状态,坚定信念,任事担当,迎难而上,开拓进取,团结带领广大职工开创企业转型发展新局面。完善管理人员常态化下基层机制,持续转变工作作风。建立健全工作落实督查机制,发挥好监察审计、监事会、巡察办等专门机构的功能。

深化岗位创新创效。围绕“三品”,深入开展劳动竞赛、合理化建议、工作室创建、岗位练兵、技术比武等群众性经济技术创新活动,开展“马钢十大工匠”评选活动,深化“青”字号工程,引导广大职工扎根岗位、做出业绩。

切实保障职工权益。坚持全心全意依靠工人阶级的方针,健全以职工代表大会为基本形式的民主管理制度,推进厂务公开、业务公开,最大限度地保障职工合法权益。完善帮扶保障体系,提高精准帮扶水平。在企业经营绩效持续改善的前提下,稳步提高职工收入水平。

2016年我们砥砺前行,创造了骄人业绩。展望2017年,我们步伐坚定,信心百倍。让我们携手并肩,团结拼搏,奋力夺取转型升级、健康发展的新胜利!

在马钢党委庆祝建党95周年暨表彰大会上的讲话

高海建

（2016年7月1日）

在实现中华民族伟大复兴的新征程、推进全面从严治党的新实践、加速马钢转型升级的新阶段，我们迎来了中国共产党95周年华诞。今天，公司以庆祝大会和表彰会的形式，庆祝我们党95周岁的生日，回顾我们党95年来走过的光辉历程，隆重表彰一批党建工作先进集体和个人，目的是激励和动员各级党组织和全体党员发挥党的光荣传统，增强党性意识，担当使命责任，为聚焦两大战场、锐意变革突破，实现公司全年生产经营各项目标作出更大的贡献。

今天上午，公司领导班子成员及党群部门主要负责人集体收看了中共中央庆祝中国共产党建党95周年大会盛况，心潮澎湃，倍感自豪。从南湖红船“开天辟地的大事变”到南昌城里的八一枪声，从星火燎原的井冈号角到万水千山只等闲的长征壮歌，从艰苦卓绝的八年抗战到雄鸡一唱天下白的国庆大典，从发端于小岗村的改革洪流到全面小康社会的宏伟蓝图，回首我们党走过的95年伟大历程，可谓波澜壮阔，荡气回肠，壮丽辉煌！95年的伟大历程昭示我们：没有共产党，就没有新中国；只有共产党，才能带领全国人民建设一个富强民主文明和谐的新中国，实现中华民族伟大复兴的中国梦。没有党的正确领导，我们不可能享受到来之不易的和平发展环境；对生逢盛世的每一个人来说，大家都应该感到幸福、懂得感恩，倍加珍惜今天的美好生活。坚定党的领导，既是政治信仰，更是价值追求。在党的生日里，我们重温党的光辉历程，就是要传承精神，坚定政治信仰和正确的价值观，弘扬正知正觉，做一个正能量的传播者和推动者；就是要肩负使命，强化政治意识、大局意识、核心意识和看齐意识，讲党性、重品行、勇担当、作表率，为马钢脱困转型、健康发展贡献一份力量。

马钢党建工作有着优良的传统，在艰苦创业、自我积累、滚动发展各个阶段，都能够有效发挥党组织的政治核心作用。特别是近年来，公司各级党组织在融入中心、服务大局的同时，开展了一系列富有特色的党建工作。**一是打造马钢特色家园文化。**“感恩在心、胸有朝阳、公平正义、风清气正”家园文化已深入人心。我始终认为，进了马钢门，就是一家人，大家在一起工作就是缘分，同在马钢一片蓝天下就是亲人。家有难，理应共克时艰携手共进；为家好，更应牢固树立“你为我，我为他，人人为马钢，马钢为大家”的家园意识，兢兢业业，正己悦人。去年马钢经营遭遇前所未有的市场困境，但马钢不是一个困难企业，而是一个遭难的企业，我始终坚定这一信念，始终保持必胜信心，始终满怀激情地投入到工作中去。只要敢于以脱胎换骨的精神面貌来直面市场挑战，马钢就一定能够抓住机会，一定能够从巨额亏损中恢复过来。事实也证明，今年上半年公司之所以能够实现全集团扭亏为盈，一个很重要的因素就是广大干部职工的精神面貌焕然一新、干劲十足，这正是得益于家园文化的打造。马钢好，大家才能好。**二是推行授权组阁、竞聘上岗。**人多是公司两大顽症之一。不解决人多且结构不优的问题，在竞争日益残酷的钢铁市场环境下，企业注定没有活路。公司痛下决心，坚定不移推进人力资源优化工作，而且一大特点就是以上率下，从打破干部身份做起，推行“授权组阁、竞聘上岗”。从目前结果来看，在公司中层管理人员层面，有9名公司中层管理人员退出竞聘，34名公司中层管理人员岗位进行了调整交流，8名科级管理人员通过竞争上岗走上公司中层管理人员岗位；在科级管理人员层面，共有111名科级管理人员退出现有岗位，其中97名科级管理人员主动退出岗位竞争，14名科级管理人员在竞聘上岗中落聘，主动退出和落聘人员占竞聘前实有科级管理人数的13.86%。这一自上而下的变革举措，对公司中层管理人员、科级管理人员触动很大，各级管理人员思想观念明显转变，切身感受到“岗上有压力、岗下有动力”。**三是转变作风奋战两大战场。**去年底召开的公司职代会上，我们响亮地提出了“聚焦两大战场、锐意变革突破”工作主题,就是要通过一系列变革的措施、突破的方法、务实的作风,集聚一批年富力强、精力充沛、勇于担当、甘于吃苦的优秀人员奋战市场和现场两大战场。制造部、设备部搬离办公大楼,贴近生产一线现场办公,技术中心也组织技术骨干沉到一线,有力支撑了生产现场实际问题的快速高效解决;坚持开展各级管理人员下基层跟班蹲点,面对面沟通、实打实解决问题。高炉系统实现了27个月连续稳定顺行,产品质量异议大幅降低,高附加值产品增量增效,直供比持续提高,等等,这些都说明聚焦两大战场已初显成效。**四是创造性推进矩阵式党建工作。**在总结南山矿、煤焦化公司和废钢公司三家试点单位有益经验的基础上,在全公司范围内全面推进矩阵式党建工作,运用矩阵式管理的理念,以问题为导向,在加强党建工作纵向职能管理的同时,引入横向协同管理,形成纵横结合、区域协同、分工合作、资源共享的党建工作格局。通过开展矩阵式党建工作,公司建立了纵向到底、横向到边的党建工作体系和责任体系,使各级党组织在融入和服务的同时,着力发挥监督和保障作用,增强了党建工作的针对性和有效性,提升了公司党建科学化水平。

当前,深入落实全面从严治党、“两学一做”学习教育、中央巡视组巡视“回头看”反馈意见整改、四个专项整治等中央和省委一系列重大战略部署和重要工作任务,对马钢各级党组织提出了新的更高要求。从公司内部来看,尽快解决吨材利润低、人工成本高、产品质量还不够稳定、订单交付不够及时等突出问题,也迫切需要公司各级党组织和广大党员勇于担当,率先垂范,充分发挥党组织的政治优势、组织优势。刚才,丁总对下半年生产经营重点工作作了安排和部署,希望各单位按照丁总的部署和要求,认真抓好贯彻落实。我着重强调三点意见。

一、深入学习贯彻习近平总书记视察安徽重要讲话精神,真学真懂真用

5月25日,公司党委下发了《关于深入学习宣传贯彻习近平总书记视察安徽重要讲话精神的通知》,对学习贯彻习近平总书记视察安徽重要讲话精神作出了全面部署和具体要求,各单位要按照《通知》要求,抓好贯彻落实。对当前马钢来说,学习贯彻习近平总书记视察安徽重要讲话精神,首要的是要深刻理解、深入领会习近平总书记关于供给侧结构性改革的重要论述,增强推进供给侧结构性改革的自觉性和主动性,真学、真懂、真用,把习近平总书记视察安徽重要讲话精神转化为推动工作的最强有力的思想武器。突出抓好三个结合:**一是与去产能相结合。**去产能是供给侧结构性改革的五大任务之一,既是经济工作,更是政治任务。作为国有企业,坚定执行国家钢铁去产能政策,我们责无旁贷。公司去产能方案已被纳入全省钢铁行业化解过剩产能“大盘子”,省里的文件很快就将正式下发,下一步我们还要跟省里签订目标责任书。从政治上讲,这项工作我们非干不可。从企业转型升级的角度,去产能也是公司主动调整产能布局、产业布局和产品布局的绝佳良机,有利于我们进一步优化结构、轻装上阵。我们要按照去产能三年计划,坚决退出过剩产能,持续优化先进产能,实现更高水平、更高质量的发展。在去产能推进过程中,要扎实做好维稳工作,妥善安置好富余人员,争取更多的政策和奖补资金支持,把好事办好。**二是与转型升级相结合。**习近平总书记在安徽视察时指出,推进供给侧结构性改革,“必须以改善供给结构作为主攻方向,减少无效和低端供给,扩大有效和中高端供给”。就马钢而言,就是要按照产品升级、产业链延伸、国际化经营这一总体思路,加快实施一批以产顶进转型项目,加快培育一批效益良好的多元支柱产业,加快打造一批具有国际影响力的产品和服务品牌,塑造独具特色的竞争优势。**三是与人力资源优化相结合。**习近平总书记在安徽视察时指出,“改革是一场攻坚战,重点要破字当头、迎难而上。改革不能坐而论道,而要扭住不放、狠抓落实”。公司当前正在推行的人力资源优化工作,就是一场改革攻坚战。各单位要保持高度的思想自觉和行动自觉,充分认识人力资源优化工作的艰巨性和复杂性,做好一切思想和工作准备,扎实、有序、稳妥地把人力资源优化工作向纵深推进。已完成科级管理人员竞聘上岗的单位,要抓紧把竞聘上岗延伸到作业长层级,通过竞聘上岗,真正激活最基层管理人员的生机和活力。

二、以高度的政治自觉抓好“两学一做”学习教育和中央巡视组巡视“回头看”反馈意见整改工作

作为党委书记,我深感党的工作和党建工作的重要性,党组织政治核心作用发挥不充分、不有力,我作为第一责任人承担主体责任。但大家千万不要以为抓党建就是党委书记的事,我们是“一岗双责”,而且绝大多数领导同时又是共产党员,不论是作为领导,还是一名党员,都应该有最基本的态度和自觉,自觉做好党建工作,千万不要把党建工作当作软指标、软任务。实践证明,党建工作抓好了,对生产经营是有巨大推动作用的,这从我们公司推行矩阵式党建工作模式、授权组阁、家园文化、下基层跟班蹲点等等一系列做法所取得的成效来看，都是积极的。当前，党建工作两大突出任务就是扎实开展“两学一做”学习教育和认真落实中央巡视组巡视“回头看”整改任务，必须摆到十分重要的位置抓紧抓实抓出成效。**一是在学、做、改上下功夫。**“两学一做”学习教育，基础在学，关键在做，重点在改。在学习教育过程中，既要坚持规定动作，更要自我加压，把心沉下来，认真“学”、扎实“做”、彻底“改”，把自己锤炼成为一名合格的优秀的共产党员。前一阶段大家在“学”上下了不少功夫，现在就看大家如何“做”、“做”得怎么样，是真“做”真“改”，还是走过场、走形式，必须用效果来衡量。我希望每一级党组织、每一名党员都能经得起检验。**二是严格落实中央巡视组巡视“回头看”反馈意见整改任务。**6 月 6 日，省委召开中央巡视组巡视“回头看”反馈意见整改动员部署大会，传达中央巡视组反馈意见，并对包括马钢在内的 174 家省直部门和单位下达了《整改任务书》。这份责任状，分量很重。对照省委《整改方案》中 3 类 9 项 20 个问题，公司党委认真自查自纠、举一反三，制定了马钢集团公司党委《整改方案》，6 月 24 日已经常委会审议通过并下发。落实《整改方案》是一项硬任务，各单位要严格对照问题清单、任务清单和责任清单，逐项整改逐项销号，确保不贰过；要建立整改工作周例会制度，定期研究、协调解决整改中遇到的实际问题，确保整改工作有序推进；要实行整改情况周报告制度，整改责任单位和牵头部门明确联络人，每周向公司巡视整改工作领导小组办公室报告整改工作进展，并实行“零报告”。**三是严肃刚性要求，扎实开展“四个专项整治”。**根据省委、省国资委党委的统一部署和要求，扎实推进“基层党组织长期不换届、不按规定缴纳党费、‘酒桌办公’、滥发津贴补贴”四个专项整治工作，严明纪律、严格时限、严肃追责，确保“四个专项整治”按照时间节点高质量地完成。

三、深化矩阵式党建工作，夯实共建共享美好家园的基础

实现全年目标任务，各级党组织和全体党员必须要进一步勇于担当，身先士卒，率先垂范，在推动马钢脱困转型和健康发展中建功立业。**一是深入营造家园文化氛围。**理想信念和价值观是思想和行动的“总开关”，形成正确的价值观、树立强烈的家园意识，是我们做好一切工作的前提。马钢是一个充满希望的企业，马钢家园意识、家园文化已深入人心，未来的马钢一定会更加美好。美好家园需要全体职工共建，更应由全体职工共享。舆论宣传和思想政治工作要增强工作的针对性，聚焦家园文化氛围营造，开展富有特色的宣传活动和思想政治工作，增强感染力和影响力，营造共建共享马钢美好家园的浓厚氛围。**二是深化矩阵式党建工作。**矩阵式党建工作是马钢落实全面从严治党要求的创新实践，也是落实“两个责任”的有力抓手。当前及今后一个时期，落实中央巡视组巡视“回头看”反馈意见整改、省委巡视马钢反馈意见整改、省委“双百”考核反馈意见整改，以及“四个专项整治”，任务十分艰巨，必须通过深化矩阵式党建工作，找准加强和改进党建工作的有效路径和有力抓手，强化“一岗双责”，落实“两个责任”，真正把管党治党责任落到实处、见到实效。**三是持之以恒改进作风。**作风建设永远在路上。要深化管理人员跟班蹲点，建立常态化下基层联系职工群众工作制度，定期下采场、上炉台、到轧线，与一线职工交流思想、解疑释惑、解决问题。广大党员干部要以身作则，公平正义，勇于担当，始终保持积极的心态和昂扬的斗志，用自己的一言一行感染职工、带动职工、凝聚职工。

让我们振奋精神，保持激情，相向而行，携手奋进，为共建共享美好家园而继续努力奋斗，以优异的成绩向公司第五次党代会献礼！

充分发挥党组织的领导核心和政治核心作用 为马钢深化改革、做强品牌提供坚强有力的组织保证

——在马钢党委五届二次全体(扩大)会议暨2017年党委工作会议上的报告

丁　毅

(2017年2月24日)

2016年是马钢扭亏为盈、经营绩效创近年来最好水平的一年,也是公司各级党组织融入中心、发挥优势、奋力作为的一年。面对2015年巨额亏损的巨大压力、新常态下钢材市场复杂多变的严峻考验,在省委、省国资委党委的正确领导下,公司各级党组织和广大党员牢记政治责任、胸怀马钢家园、率先担当拼搏,团结带领全体职工,深入学习贯彻习近平总书记系列重要讲话特别是视察安徽重要讲话精神,坚决贯彻中央关于供给侧结构性改革的重大决策部署,以矩阵式党建工作为抓手,以“两学一做”学习教育和“讲看齐、见行动”学习讨论为强大动力,紧紧围绕“聚焦两大战场、锐意变革突破”工作主题,深度融入生产经营和改革发展,为打赢家园保卫战、夺取“十三五”良好开局提供了坚强政治保证。

主要工作有:

一是宣传思想工作凝聚正能量。强化理论武装,认真落实党委中心组学习制度,深入学习贯彻习近平总书记系列重要讲话特别是视察安徽重要讲话精神、党的十八届六中全会、中国共产党成立95周年大会、全国国有企业党的建设工作会议、省第十次党代会精神,用党的最新理论成果武装头脑、指导实践、推动工作。成立意识形态工作领导小组,制定党委意识形态工作责任制实施细则,加强新时期下的意识形态工作。扎实推进精神文明建设,大力弘扬社会主义核心价值观,9家单位推荐省文明单位评选公示。坚持正面宣传引导,强化企业内部报纸、电视、网站及新媒体规范化管理,掌握宣传舆论话语权和主导权,持续传递正能量。

二是家园文化建设提振精气神。大力弘扬“感恩在心、胸有朝阳、公平正义、风清气正”的家园文化,首次举行了“9·20”马钢纪念日升旗宣誓,组织开展了“奋力求生存、携手保家园”马钢故事大型宣演、“马钢尖兵”新闻人物评选、“家和万事兴”征文、“最美厂区”和“最佳四室”评选等活动,激发了广大职工的主人翁意识和守护家园的热情。

三是“两学一做”学习教育和“讲看齐、见行动”学习讨论扎实开展。认真落实“两学一做”学习教育实施方案,突出“四个结合”,声势浩大地开展了“两学一做”到基层宣讲、“百人宣讲到基层、千堂党课进支部”等活动,公司中高层管理人员分赴642个基层党支部进行宣讲和督导,共讲党课1532堂次;通过“五查五看”,查找问题997个,整改932个;党员示范岗从318个增加到952个,示范岗党员人数由3638人增加到5960人。深入开展“讲看齐、见行动”学习讨论,立足“四围绕、四查找、四确保”要求,聚焦“一个树牢、三个看齐”,把学习研讨、问题导向、边查边改、领导带头贯穿始终,推动学习讨论不断取得实效。

四是矩阵式党建工作继续深化。把推行矩阵式党建作为解决党建工作“四化”问题的重要举措,聚焦生产经营和党建重难点工作,坚持问题导向,改进督查方式,强化督促整改,狠抓20项重点工作任务落实。深化纵向职能,围绕市场和现场推进“六有”服务型党组织建设;拓展横向协同,坚持重心下移,创新工作思路,党建工作“纵横结合、区域协同、分工合作、资源共享”的局面基本形成。

五是干部队伍和人才队伍建设有效创新。坚持德才兼备、以德为先的用人导向和20字好干部标准,规范选人用人程序,全年提拔公司中层管理人员15人,交流84人。打破干部终身制,全面推行“授权组阁、竞聘上岗”,部分公司中层管理人员、229名科级管理人员主动退出竞聘,133名职工通过竞聘走上科级岗位,289名作业长落聘,岗上有压力、岗下有动力的竞争态

势初步确立。改进考核机制，全面构建和推行各单位领导班子和领导人员综合考核工作机制。落实干部日常管理监督制度，全年函询15人次、提醒谈话20人次、诫勉谈话10人次、纠错整改69人次。统筹推进人才队伍建设，建立了集团人才库，探索实施人才“双轨制”，着力缓解公司人才结构性短缺矛盾。全年新聘高级技术主管5人，获国务院和省政府特殊津贴3人、安徽省第五批战略性新兴产业技术领军人才2人。

六是基层党组织建设不断加强。成功召开了公司第五次党代会，明确了未来五年加强矩阵式党建工作、提升党建科学化水平的工作思路和主要任务。按照“四个同步”要求设置党的基层组织，新组建长材事业部等2个基层单位党委、国贸公司等3个直属党(总)支部，撤销3个基层单位党委；指导16家基层党委完成换届改选；抓好党员教育管理，全年发展新党员377名。

七是作风建设驰而不息。打造跟班蹲点“升级版”，中层以上管理人员跟班蹲点974人次，收集基层意见建议1242条，有力促进了作风转变和工作改进。深化作风督查，查处违反中央八项规定精神的问题3起、涉及6人，分别给予诫勉谈话、经济处罚、责令作出书面检查等处理。

八是党风廉政建设和反腐败工作持续深入。严格落实“两个责任”，建立了党委书记主体责任、纪委书记监督责任清单，实行领导人员述责述廉和落实“两个责任”定期报告工作机制，有3名中层管理人员因2015年度党风建设责任制考核受到扣减绩效年薪处理。加强纪律教育，重点抓好《廉洁自律准则》、《纪律处分条例》、《党内监督条例》的学习贯彻。建立内部专项巡察常态化工作机制，成立党委巡察工作办公室和巡察组，全年对9家单位进行了巡察，对被巡察单位14名党政主要负责人实施了约谈。加强执行党规党纪及公司重大决策部署落实情况的监督检查，对16名中层管理人员进行了问责。保持惩治腐败高压态势，给予开除党籍处分9人，解除劳动合同7人，移送检察机关处理10人。

九是巡视反馈意见整改工作件件落地。切实把巡视整改作为从严治党、强化管理的有利契机，坚持态度从严、措施从实、进度从快，细化问题清单、任务清单、责任清单，明确时间表、路线图，建立工作例会、内部报告、督察督办、整改问责等保障机制，确保了中央巡视组巡视“回头看”反馈意见四大类22个问题整改任务、省委专项巡视马钢反馈问题11项整改任务按期保质保量完成。

十是党群组织作用积极发挥。深入贯彻中央《关于加强和改进党的群团工作的意见》及省委实施意见精神，结合企业实际，积极创造条件，支持群团组织开展工作。激发职工创新创效活力，全年征集合理化建议8530条，实施等级建议1804条、创效1.6亿元；青年“双五小”技术攻关立项结题365项；命名表彰职工岗位创新创效成果奖18项、马钢先进操作法8条；一批职工创新工作室先后被授予全国冶金行业优秀创新工作室和安徽省机冶系统创新工作室。关心服务青年成长成才，搭建“青年之声”服务平台，导师带徒150对，为100名大学生职工提供购房首付款低息贷款；关爱困难职工，通过互助帮困、金秋助学、送温暖等帮扶途径，发放慰问金870万元、慰问品65万元。

与此同时，武装、统战、信访、保密、科协、文联、女职工、关工委等工作积极融入中心、服务大局，为公司扭亏脱困、转型发展作出了积极贡献。

回顾一年来的工作，我们深深地体会到：**必须以看齐强定力。**一年来，我们坚持讲看齐、见行动，牢固树立“四个意识”，坚定不移深化改革，坚决果断主动去产能，始终坚定做强做优做大马钢的信心和决心。**必须以创新添活力。**一年来，我们坚持以改革的精神、创新的办法，破解党建工作中的新问题，从推行授权组阁到实施“双百”考核、从强化内部巡察到试点子公司监事会规范化建设，不断探索新思路，积累新经验，收获新成效。**必须以融入增动力。**一年来，我们坚持以深化矩阵式党建工作为抓手，找准党建工作切入点，横向上监督保障，纵向上融入服务，为生产经营和改革发展提供了强有力支撑。**必须以文化聚合力。**一年来，我们坚持以文化为引领，大力弘扬家园文化、精益文化、竞争文化，干部担当有为，职工群策群力，家园风清气正，凝聚起了助推转型发展的强大合力，这是公司取得近几年来最佳业绩的重要原因。

在肯定成绩的同时，我们也要清醒地看到，党的领导、党的建设弱化、淡化、虚化、边缘化的问题，在公司基层党组织不同程度的存在。从内部综合考核、巡察、审计等情况来看，一些问题还比较突出，**表现在弱化上，**有些单位“重业务、轻党建”，有的党员干部把“一岗双责”当口号，管党治党责任传导压力不够；**表现在淡化上，**有的单位特别是一些规模较小的单位及合资企业，党建基础薄弱，组织覆盖不到位、工作机构不健全、经费保障不落实，有党员无组织、有组织无活动问题不同程度存在，一些党员干部长期游离于组织之外，过组织生活嫌烦、讲规矩嫌严、交党费嫌多;**表现在虚化上**,有些单位干部选拔任用程序执行不规范,一些党员干部执行中央八项规定精神和省"三十条"及公司改进作风20条规定搞变通、打折扣;**表现在边缘化上**,有的单位党组织职责不明、任务不清,领导核心和政治核心作用不能有效发挥,在重大问题决策上有名无实,说不上话,插不上手,把不了关,等等。这些问题的存在,严重影响了企业党组织的作用发挥,严重制约了企业的改革发展。我们必须高度重视,采取过硬措施,切实加以解决。

党的十八大以来,以习近平同志为核心的党中央高度重视国有企业党的建设,作出了一系列重大部署。去年10月,中央专门召开高规格的全国国有企业党的建设工作会议,习近平总书记发表重要讲话,充分肯定了国有企业发展取得的巨大成就,深入分析了国有企业的重要地位作用和重大历史使命,精辟阐述了加强和改进国有企业党的建设的重要意义、目标任务和基本要求,深刻回答了事关国有企业改革发展和党的建设的一系列重大理论和实践问题,进一步丰富和发展了中国特色社会主义政治经济学。深入学习贯彻会议精神,必须充分认识国有企业是中国特色社会主义的重要物质基础和政治基础,是我们党执政兴国的重要支柱和依靠力量,坚定做强做优做大国有企业的信心和决心;必须充分认识坚持党的领导、加强党的建设是国有企业的"根"和"魂",坚定不移发挥国有企业的独特优势;必须充分认识新形势下加强国有企业党的建设的总要求,坚决做到"四个坚持",推动全面从严治党在企业落实落地。

2017年是马钢全面深化改革、加快转型发展、建设美好家园的关键之年。在去年底召开的职代会上,公司确立了"坚定不移深化改革、坚持不懈做强品牌"的工作主题,梳理了"大力发展混合所有制经济、健全法人治理结构、模拟职业经理人试点、全面推行层级管理、优化改进考核体系、全力激发人的活力"六大改革举措,明确了"打造钢铁强势品牌、多元个性品牌、管理精益品牌、文化特色品牌"四大品牌建设任务,提出了"集团实现营业收入590亿元、利润总额9亿元以上"的奋斗目标。从今年以来公司生产经营情况来看,由于广大干部职工齐心协力,成功实现了"开门红",1-2月份生产经营业绩创近年来同期最好水平。

围绕新主题、落实新举措、完成新任务、实现新目标,迫切需要各级党组织聚焦深化改革,强化问题导向,坚持精准发力,压紧压实责任,充分发挥领导核心和政治核心作用;迫切需要各级党组织聚焦做强品牌,深度融入,主动服务,在助推企业品牌建设中打响马钢党建品牌;迫切需要各级党组织聚焦"关键少数",强化"四个意识",引导党员领导干部把爱党、忧党、兴党、护党落实到经营管理各项工作中,迎难而上、开拓进取,开创马钢转型升级、健康发展新局面。

2017年公司党的工作总体思路是:**深入学习贯彻党的十八大和十八届三中、四中、五中、六中全会精神,深入学习贯彻习近平总书记系列重要讲话特别是视察安徽重要讲话精神,全面落实全国国有企业党的建设工作会议和省第十次党代会、全省国有企业党的建设工作会议及马钢第五次党代会精神,坚持党要管党、从严治党,明确"一个定位"、落实"一个抓手",充分发挥党组织的领导核心和政治核心作用,为马钢深化改革、做强品牌提供坚强有力的组织保证。**

明确"一个定位",即明确党组织在公司法人治理结构中的法定地位。把党的领导融入公司治理各环节,把党组织内嵌到公司治理结构之中,把党的工作贯穿到改革发展全过程,做到组织落实、干部到位、职责明确、监督严格。要切实发挥党组织的领导核心和政治核心作用,坚持政治领导、思想领导、组织领导有机统一,扎实做好把方向、管大局、保落实各项工作。要切实明确党组织的职责权限和工作方式,坚持把党建工作要求写入公司章程,明确党组织的职责权限、机构设置、运行机制、基础保障,使党组织发挥作用组织化、制度化、具体化。要切实理顺党组织和其他治理主体的关系,明确党组织在各治理主体中的核心地位。

落实"一个抓手",即把矩阵式党建工作作为落实全面从严治党要求的有力抓手。着眼抓早、抓小,坚持问题导向,强化"节点"管理,以有效前置、主动融入、科学内嵌为主线,以管理制度化、流程规范化、工作项目化、项目责任化、成果量值化为路径,完善"问题发现、信息传导、协同整改"三个机制,把党的领导深度融入公司生产经营和改革发展各个环节,有效发挥矩阵式党建工作纵向融入服务、横向监督保障功能。

2017年主要工作任务是:

一、深化宣传思想政治工作

一是加强理论武装。要深入学习贯彻习近平总书记系列重要讲话特别是视察安徽重要讲话精神,深刻领会十八大以来党中央治国理政新理念新思想新战略;根据上级党委部署,扎实开展好党的十九大精神的学习宣传贯彻,不断用党的理论创新成果武装头脑。要把深入学习贯彻习近平总书记在省部级主要领导干部学习贯彻十八届六中全会精神专题研讨班上的重要讲话精神，作为当前一项重要政治任务，进一步增强“四个意识”特别是核心意识、看齐意识，旗帜鲜明讲政治，坚决维护党中央权威，自觉向党中央看齐、向党的理论和路线方针政策看齐、向党中央决策部署看齐。要严格落实两级党委中心组学习制度，发挥好党委中心组示范带动作用。

二是加强思想政治和意识形态工作。要加大思想政治工作力度，紧紧围绕公司深化改革的重大举措、涉及职工切身利益的热点敏感问题等，扎实做好一人一事的思想政治工作，确保公司改革发展各项工作顺利推进。要严格落实意识形态工作责任制，推行意识形态工作专题研究制度和定期报告制度，构建覆盖全公司范围的意识形态工作网络，特别是要牢牢掌握网络意识形态工作领导权、管理权、话语权。要认真履行抓好统战工作的重要职责，全面落实“四纳入”、“三带头”要求，做好新形势下的统战工作。

三是加强舆论宣传正面引导。要深入开展形势任务教育，充分利用各种形式，快速反映公司生产经营和改革发展动态，增强职工共建共享马钢美好家园的信心和决心。特别是要重视做好化解过剩产能人员分流安置过程中的形势任务教育工作。要突出重点工作宣传，大力开展先进典型宣传，充分发挥榜样示范力量。要加强“马钢家园”微信公众号等新媒体的推广应用，实现各级管理人员全覆盖，鼓励职工关注公众号。

四是加强企业文化和精神文明建设。制定马钢“十三五”企业文化建设规划，完善企业文化指标评价体系。要深化家园文化建设，充分发挥马钢家园文化建设项目组作用，提炼完善马钢家园文化理念体系。修订《马钢文明单位创建和管理办法》，把文明单位创建工作与生产经营管理工作深度融合，深化文明分厂、文明作业区等群众性精神文明创建活动。

二、扎实推进基层党组织建设

一是严格落实党建工作责任制。要坚持党建工作和中心工作一起谋划、一起部署、一起考核，定期召开党委书记专题会议，研究部署党建工作；基层党委要建立政工例会制度。严格落实“两个责任”、“一岗双责”，党委切实履行主体责任，党委书记履行第一责任人责任，纪委书记认真监督执纪问责。建立定期向上级党组织报告年度党建工作制度。

二是严肃基层党内政治生活。要严格执行《新形势下党内政治生活若干准则》，突出党性锻炼，认真落实“三会一课”、民主生活会、组织生活会、谈心谈话、党员党性分析等基本制度，融入中心工作，贴近党员工作实际和思想实际，创新活动方式，丰富活动内容，提高活动效果，不断增强党组织活动的吸引力和感染力。要加强党内政治文化建设，着力构建清清爽爽的同志关系、规规矩矩的上下级关系。

三是推行基层党建标准化。要坚持和落实“四个同步、四个对接”要求，实现基层党组织“全面覆盖、有效覆盖”。完善基层党建工作制度体系，制定印发《公司基层党组织标准化建设管理办法》，推动基层党建工作规范化、体系化、科学化。要加强合资企业党建工作指导，要用1年左右时间全面解决“应建未建”问题。

四是打牢基层党建基础。按要求配齐党建工作力量，选优配强基层党组织带头人和党务工作人员；规范党务工作部门设置；强化基本工作保障，建立党务工作人员和经营管理人员双向交流机制，落实同职级同待遇政策，保障党建工作经费。要重视党员发展工作，注重在生产经营一线和青年职工中发展党员。要抓紧抓好党员日常教育管理，把合格党员的标尺立起来。

三、打造高素质干部队伍和人才队伍

一是落实好干部标准。坚持德才兼备、以德为先，坚持20字好干部标准，积极倡导“公为上、善为本”，把公道正派作为干部工作核心理念贯穿选人用人全过程，真正让忠诚干净担当、为民清廉务实、奋发有为、锐意改革、实绩突出的干部得到褒奖和重用。要严格执行党政领导干部选拔任用工作条例，落实干部选拔任用工作纪实制度，把好选拔程序关、资格条件关、用人纪律关。加强选人用人监督问责，对用人失察失误的要严肃追究责任。

二是深化干部人事制度改革。完善“授权组阁、竞聘上岗”，修订公司各层级管理人员选拔任用管理办法，建立健全各层级动态竞争机制，真正做到人员能进能出、岗位能上能下、薪酬能升能降。要完善内部市场化选聘机制，推进模拟职业经理人试点工作，实行契约化管理。要落实“三个区分开来”要求，建立健全容错纠错机制，加大正向激励力度，宽容干部在工作中特别是改革创新中的失误，旗帜鲜明为敢于担当的干部担当，为敢于负责的干部负责。

三是严格干部队伍管理。要加强各级领导干部尤其是党员领导干部的党性教育、宗旨教育和警示教育，严明政治纪律和政治规矩，引导他们不断提高思想政治素质、增强党性修养，从思想深处拧紧螺丝。要严格干部日常管理，落实谈心谈话制度，加大综合考核评价和提醒、函询、诫勉力度。规范领导干部个人有关事项申报核实工作,加大管理人员交流轮岗力度,加强离任审计和出国(境)审批。

四是抓好人才队伍建设。要坚持党管人才原则,以全面激发人才活力为方向,深化人才“双轨制”,注重内部开发与外部引进相结合,构建人才成长通道,实施重点人才培养工程,着力建设一支规模宏大、素质过硬、技能高超的人才队伍,为公司转型升级、健康发展提供人才保障。

四、深化党风廉政建设和反腐败工作

一是健全改进作风常态化制度。要坚持抓常、抓细、抓长,推动落实中央八项规定精神和省委省政府“三十条”以及马钢改进作风20条规定常态化、制度化、长效化。巩固拓展党的群众路线教育实践活动、“三严三实”专题教育成果,深化拓展“两学一做”学习教育、“讲看齐、见行动”学习讨论,常态化开展下基层跟班蹲点。要从严查处顶风违纪行为,加大通报曝光力度。

二是健全责任体系和问责机制。要健全完善责任体系,落实党风廉政建设“一岗双责”,推进领导人员廉洁从业承诺践诺长效化管理。要用好问责这个利器,让失责必问、问责必严成为常态。强化公司党委巡察和基层党组织督查联动效应,加大巡察工作力度,推动巡察发现问题管理建议书责任落实,巩固和深化巡察实践成果。

三是强化监督保障功能。要加强贯彻落实公司深化改革、做强品牌等决策部署情况的监督检查,促进公司政令通畅。完善监督保障方式,整合监督资源,加强人、财、物管理等重要领域和经营管理重点环节权力运行的监督和制约。坚持应审必审、凡审必严,强化审计监督作用,跟踪审计发现问题整改,推进审计工作全覆盖。

四是保持惩治腐败高压态势。要健全执纪审查领导机制、问题线索处置机制和信访举报办理机制,严肃查处侵害企业利益和员工合法权益的不正之风和腐败问题,做到有信必核、有案必查、有贪必肃、有腐必惩。深入开展预防职务犯罪工作,坚持“一案双查”制度,用身边的事教育身边的人,推进个案预防、廉洁风险防控长效化管理。

五、充分发挥群团组织作用

一是加强群团组织领导。坚持党建带工建、党建带团建,大力推进组织创新和工作创新,推动群团工作深度融入生产经营和改革发展中心工作。引导、支持科协、女职工、文联等群团组织,立足自身优势,开展富有成效的特色工作。

二是深化职工岗位创新创效。要聚焦“两场”、聚力“三品”,大力弘扬工匠精神,深化劳动竞赛、合理化建议、工作室创建等群众性经济技术创新活动,发挥“网上练兵”平台和实训平台作用,开展首届“马钢十大工匠”评选活动,造就一支有理想守信念、懂技术会创新、敢担当讲奉献的职工队伍。

三是积极构建和谐劳动关系。坚持全心全意依靠工人阶级的方针,健全以职工代表大会为基本形式的民主管理制度,推进厂务公开,落实好职工群众知情权、参与权、表达权、监督权。

四是完善帮扶保障体系。加强职工帮扶平台管理,启动“互联网+”职工服务项目建设。要用好用实各方面资源,实施精准帮扶。深化职工心理援助计划,创建“阳光家园”,开展在线心理咨询,提升职工幸福指数。

上下同欲者胜!面对新形势新任务新要求,我们要紧密团结在以习近平同志为核心的党中央周围,坚决、全面贯彻中央和省委的重大决策部署,认真履行管党治党政治责任,相向而行,主动担当,积极作为,切实把党建工作深度融入、嵌入生产经营和改革发展各个环节,努力开创党建工作新局面,为马钢深化改革、做强品牌提供坚强有力的组织保证,以优异成绩喜迎党的十九大的胜利召开!

企业大事记

2016 年马钢大事记

1 月

4 日　马钢召开 2016 年第一次安委会(消委会)会议。集团公司总经理、股份公司董事长丁毅在会上针对 2016 年如何完善安全生产工作提出四点要求。公司领导杨阳、张晓峰、钱海帆及高海潮、张文洋出席会议。公司安委会(消委会)成员单位相关负责人参加会议。

8 日　集团公司董事长、党委书记高海建在马钢办公楼会见了来访的中国人民保险集团公司副总裁谢一群、安徽省分公司总经理董晓朗一行。双方就进一步深化共赢共识、推动互助发展进行了深入交流。马钢办公室、财务部、计财部、财务公司等相关部门负责人陪同接待。

9 日　省政协副主席、省总工会主席童怀伟一行到马钢看望慰问马钢困难劳模,进行调研座谈。省总工会副主席许晓东,马鞍山市政协党组副书记、副主席宋金虎,集团公司董事长、党委书记高海建,集团公司党委常委、工会主席张晓峰及相关部门负责人参加慰问或座谈。

13 日　马钢党委召开中心组学习会,学习省纪委《关于深入学习贯彻习近平总书记在中央政治局“三严三实”专题民主生活会上重要讲话的通知》、省委办公厅关于印发《党委(党组)意识形态工作责任制实施细则》的通知和关于印发《安徽省党风廉政建设主体责任和监督责任追究办法(试行)》的通知,传达全省经济工作暨城市工作会议精神和钢协 2016 年理事(扩大)会精神。

△　集团公司董事长、党委书记高海建在马钢办公楼会见了到访的中冶南方公司总经理臧中海一行。宾主双方就谋求深度合作、深化共赢共识等问题进行了深入交流。陪同会见的有马钢集团公司副总经理严华,工程管理部及二铁总厂相关负责人等。

15 日　马钢召开 2016 年供应商大会。国内外知名矿石、煤焦、物流、材料、合金、辅料、废钢、备件 8 大类行业的企业供方代表 150 多人参加了此次大会,与马钢一起全面总结 2015 年的合作成果,深入分析当前市场形势,并就携手打造互利共赢供应链合作关系开展深入探讨。马钢领导丁毅、陈冬生、钱海帆、陆克从、严华及王炜、黄发元、杜松林、张文洋,以及各相关职能部门和二级单位负责人参加了会议。

19 日　马钢举行 2016 年经营目标承包书签字仪式。集团公司董事长、党委书记高海建在会上作重要讲话。马钢领导丁毅、杨阳、苏世怀、唐琪明、陈冬生、陈昭启、钱海帆、蒋育翔、陆克从、任天宝及张乾春、黄发元、田俊、张文洋,公司各机关部门、二级单位主要负责人,部分合资企业主要负责人参加签字仪式。

20 日　马钢召开党风建设和反腐倡廉工作专题会暨“两本手册”发布会,旨在贯彻落实十八届中纪委六次全会会议精神,学习《安徽省党风廉政建设主体责任和监督责任追究办法(试行)》,总结部署马钢党风建设和反腐倡廉工作、矩阵式党建工作。会上还举行了《领导人员廉洁从业学习手册》《纪委书记工作手册》授书仪式。集团公司党委书记、董事长高海建,集团公司党委常委、纪委书记陈冬生,集团公司全体纪委委员,矩阵式党建工作领导小组办公室成员,党委办公室、党委工作部、党委宣传部、纪委负责人,部分部门、单位党政负责人、纪委书记,部分单位纪委工作人员参加会议。

△　马钢召开 2016 年非钢工作会议。市委常委、常务副市长方晓利,马钢领导高海建、丁毅、杨阳、张晓峰、苏世怀、唐琪明、陈冬生、陈昭启、蒋育翔、陆克从、严华及张乾春、黄发元、田俊、张文洋,市政府副秘书长杨庆海,市直机关有关部门、部分县区和单位负责人出席会议。公司机关部室、非钢经营单位、股份公司二级单位主要负责人和参股企业委派人员参加会议。

22 日　集团公司董事长、党委书记高海建在马钢办公楼会见了到访的淮北矿业集团公司董事长、党委书记王明胜一行。集团公司党委常委、纪委书记陈冬生及股份公司副总工程师黄发元,淮北矿业股份有限公司副总经理邵华,及相关部门负责人出席座谈会。27 日马钢在冷轧总厂北区镀锌线举行技术人员进驻现场仪式。集团公司总经理、股份公司董事长丁毅,股份公司总经理助理张文洋,公司制造部、技术中心、冷轧总厂的技术人员代表参加进驻现场仪式。

本月　马钢党委组织开展 2015 年度党群工作

督查。

本月　马钢整合二钢轧总厂和三钢轧总厂相关资源和业务,成立长材事业部。

本月　安徽马钢欣巴环保科技有限公司揭牌成立。

本月　马钢股份公司开展2015年度高级技术主管评价工作。

本月　马钢成功实现了1000兆帕以下第一代先进高强钢等7个钢种的系列全覆盖和1500兆帕热成型钢及零件的开发应用。

本月　马钢物流整体信息化的先导项目——采用B/S结构的“马钢物流水运平台”正式上线投入运行。

本月　3.0毫米规格超厚度镀锌板实现批量生产。

本月　姑山白象山铁矿通过竣工评审正式投产。

本月　桃冲矿姑山铁矿“露转井”项目正式启动。

本月　姑山矿年成品矿产量首次突破200万吨。

本月　车轮公司精品分厂精品作业区被中国质量协会、全国总工会、全国妇联和中国科协评选为“2015年全国质量信得过班组”称号。

2月

17日　马钢党委召开中心组学习会,学习贯彻习近平总书记在中央政治局“三严三实”专题民主生活会上重要讲话精神,学习习近平总书记在省部级主要领导干部专题研讨班上的重要讲话,传达学习省纪委九届六次全会精神和省属企业负责人座谈会暨组织人事工作专题培训会议情况。集团公司党委书记、董事长高海建主持学习会。马钢党委中心组成员出席学习会。办公室、党委工作部、纪委机关、宣传部负责人列席学习会。

19日　马钢召开基层党委书记抓党建工作现场述职考评会。集团公司党委书记、董事长高海建出席会议,并作讲话。集团公司党委常委杨阳、张晓峰、陈冬生、钱海帆、蒋育翔,以及集团公司党群部门负责人,10位公司党代会和职代会代表在会上听取述职报告,并给予评价打分。各单位党委书记、直属书记(支部书记)、政治处主任(党群工作部部长)参加会议。会议由集团公司党委常委、纪委书记陈冬生主持。

23日　集团公司董事长高海建接待了到访的中冶焦耐工程技术有限公司董事长于振东一行,就加强业务合作、共求发展事宜进行了友好交流和磋商。股份公司总经理钱海帆,集团公司副总经理严华,马钢工程管理部负责人参加了会见。

24日　宝钢集团总经理、宝钢股份董事长、欧冶云商总经理陈德荣一行前往马钢参观考察。集团公司董事长、党委书记高海建等公司领导与陈德荣一行进行了座谈交流,双方表示要在应对危机中加强信息沟通,相互取长补短,密切合作,共同推动双方实现互利共赢。马钢领导丁毅、钱海帆、蒋育翔及王炜陪同参观或座谈。

25日　集团公司董事、股份公司总经理钱海帆在马钢办公楼国际会议厅接待了到访的法国埃斯科工业公司首席运营官吉尔斯·贝鲁一行。双方就新成立的埃斯科特钢有限公司的后期运营等交换意见,并达成共识。马钢领导严华及高海潮、乌力平、杜松林,相关单位负责人等陪同接待。

本月　马钢镀锌汽车板通过通用汽车全球一级工程认证。

本月　马钢“开发高性能铁路机车用整体车轮关键制备技术集成及国产化”项目成果,获得省科学技术一等奖,技术集成填补国内空白。

本月　马钢《轨道交通高速重载轮轴用钢关键共性工艺技术研究及其产品开发》《重载列车用高强度高耐候先进结构钢材料及制造技术研究》《先进轨道交通关键零部件动车组联轴器和高速列车制动盘研发及产业化》三个项目入选2015年省科技重大专项。

本月　马钢动车组车轮用钢生产线及高性能板材产业化1580热轧项目通过省战略新兴产业项目竣工验收。

本月　长材事业部成功开发深井矿巷道用大规格36号U型钢和钢绞线用材82B、弹簧钢55SiCrA两个高端线材产品。

本月　冷轧总厂镀锌板产量创历史新高,达14.64万吨。

本月　特钢公司圆坯连铸机新增断面热试成功。

3月

1日　马钢召开2016年持续推进卓越绩效管理专题会。马钢领导丁毅、张晓峰、唐琪明、钱海帆、蒋育翔、陆克从、严华及高海潮、王炜、黄发元、张文洋出席会议,公司各部门负责人参加会议。

8日　马钢召开系统对接浦项钢铁汽车板制造技术支持项目启动会。马钢领导丁毅及高海潮、王炜、黄发元、杜松林、田俊、张文洋,马钢顾问韩光熙及韩方技术支持专家团队,以及公司有关部门、单位主要负责人及相关人员参加会议。

15日 马钢召开欣创公司项目对接专题会。集团公司总经理、股份公司董事长丁毅主持会议。集团公司副总经理严华、任天宝出席会议。市有关部门和单位负责人,公司相关部门、单位和欣创公司负责人参加会议。

18日 马钢召开集团公司工会九届九次(股份公司四届九次)全委(扩大)会议。集团公司党委书记、董事长高海建,集团公司党委常委、工会主席张晓峰,集团公司党委常委、纪委书记陈冬生出席会议。集团公司工会九届(股份公司工会四届)委员会委员、经费审查委员会委员,各单位工会主席、女工主任(负责人),公司工会机关全体人员参加会议。

23日 集团公司总经理、股份公司董事长丁毅,集团公司副总经理、总会计师陈昭启,集团公司副总会计师张乾春在马钢办公楼国际会议厅接待了到访的中国进出口银行安徽省分行行长薛鸿一行。

△ 马钢召开2016年劳动竞赛委员会会议。集团公司领导丁毅、张晓峰、苏世怀、唐琪明、钱海帆、严华出席会议。公司劳动竞赛委员会成员单位负责人参加会议。集团公司总经理、股份公司董事长、劳动竞赛委员会主任丁毅就如何结合马钢实际,认真做好企业劳动竞赛工作提出要求。

24日 集团公司董事长、党委书记高海建在马钢办公楼接待了到访的省工行副行长邹平一行。集团公司领导丁毅、陈昭启及张乾春,市人行、银监局、市金融办、市工行相关负责人,公司计财部有关负责人参加会见。

25日 马钢召开2016年轮轴系列产品海外采购商会议。美国通用电气公司、法国阿尔斯通公司等来自世界五大洲12个国家和地区的17家铁路行业重点客户齐聚马钢,共商行业发展前景,共话全球合作共赢。马钢领导丁毅、苏世怀、钱海帆及高海潮、乌力平、杜松林出席会议。

28日 马钢党委召开中心组理论学习会,学习贯彻中央"学党章党规、学系列讲话,做合格党员"学习教育方案,重温《党委会的工作方法》,学习贯彻习近平总书记在党的新闻舆论工作座谈会上重要讲话精神。马钢党委中心组成员出席学习会。办公室、党委工作部、宣传部负责人列席会议。学习会上,马钢党委中心组成员认真学习了中共中央办公厅印发的《关于在全体党员中开展"学党章党规、学系列讲话,做合格党员"学习教育方案》。

29日 省国防科工办主任徐成然到马钢调研。公司科技管理部(军工办)、长材事业部、轮轴事业部、技术中心相关负责人参加座谈会。

30日 马钢召开"十三五"发展规划专题讨论会。冶金工业规划研究院副院长范铁军,马钢领导高海建、丁毅、杨阳、张晓峰、苏世怀、唐琪明、陈昭启、钱海帆、蒋育翔、陆克从、严华、任天宝及高海潮、张乾春、乌力平、黄发元、杜松林出席会议。冶金工业规划研究院有关工作人员及马钢相关部门和单位负责人参加会议。本月马钢实现月度全面扭亏。

本月 马钢成立公司党委巡察工作办公室和巡察组。

本月 马钢股份公司正式下发《股份公司人力资源优化实施方案》。

本月 马钢顺利通过环保部主要污染物总量减排核查。

本月 马钢订单跟踪OTP平台及日成本分析平台正式开通。

本月 马钢特钢公司圆坯连铸机新增断面热试成功。

本月 安徽欣创科技节能环保公司成功入选省"五个一百"推介名录。

本月 马钢"安徽省汽车用钢及应用工程技术研究中心"项目通过省科技厅验收。

本月 马钢"高速动车走行部知识产权评议"项目通过省知识产权局验收。

4月

1日 马钢召开非钢产业工作例会暨《子公司管控通则》宣贯会议。马钢领导高海建、丁毅、杨阳、苏世怀、蒋育翔出席会议。公司有关部门、全资及控股子公司、部分参股公司负责人参加会议。

10日 马钢召开2015年度省委管理的领导班子和领导干部综合考核工作动员会。省委第十六综合考核组组长、省政府参事王唯,马钢领导高海建、丁毅等集团公司副总师以上领导,股份公司总经理助理、副总师以上领导出席会议。机关部室全体公司中层管理人员,各二级单位党政主要负责人,部分合资企业主要负责人,部分职工代表及"两代表一委员"参加会议。

12日 马钢召开重点建设项目管理工作例会。马钢领导丁毅、严华,股份公司副总工程师黄发元、股份公司总经理助理张文洋出席会议。

18日 马钢召开2016年宣传思想工作会议。集团公司党委书记、董事长高海建出席会议并发表重要讲话。集团公司党委常委、工会主席张晓峰主持会议,机关部室主要领导,二级单位党委书记或副书记,二级单位政治处主任和宣传负责人,受表彰的单位和个人代表,党委宣传部和新闻中心相关人员共200余人参加会议。

△ 马钢召开全国质量奖《2016年自评报告》公司高层评审会。马钢领导高海建、丁毅、唐琪明、蒋育翔、陆克从、严华及王炜、黄发元、张文洋出席会议。公司各相关部分负责人参加会议。

20日 马钢召开"十三五"发展规划论证会。冶金工业规划研究院院长、党委书记、总工程师李新创,省国资委有关领导,评审专家组成员,马钢领导高海建、丁毅、严华及张乾春出席会议。公司有关部门主要负责人参加会议。

△ 马钢召开集团公司人力资源优化工作动员会。集团公司董事长、党委书记高海建,集团公司总经理、股份公司董事长丁毅,集团公司副总师及以上领导,股份公司总经理助理、副总师及以上领导,机关部室主要负责人及人力资源工作负责人,各二级单位党政主要负责人及人力资源部门负责人参加会议。

22日 马钢召开公司科研项目及高管难题项目工作推进会。马钢领导高海建、苏世怀、唐琪明、钱海帆及高海潮、黄发元出席会议。相关部门和全体高级技术主管参加会议。

25日 马钢党委召开中心组学习会。集团公司党委书记、董事长高海建主持学习会。马钢党委中心组成员出席学习会。公司办公室、党委工作部、宣传部、纪委负责人列席学习会。

27日 马钢召开一季度能源管理会议。马钢领导丁毅、钱海帆、严华及田俊出席会议。有关部门及单位负责人参加会议。

28日 马钢召开"五一"表彰大会。集团公司总经理、股份公司董事长丁毅主持表彰大会。集团公司副总师及以上领导,股份公司副总师、总经理助理及以上领导出席表彰大会。公司中层管理人员,各类表彰项目人员代表,劳模、科技等各类职工代表约600人参加表彰大会。

△ 马钢冷轧总厂电解脱脂机组正式竣工投产。马钢领导高海建、丁毅、钱海帆、严华及高海潮、田俊、张文洋等马钢领导,中冶南方工程技术公司负责人出席投产仪式。参与工程项目设计、建设、设备制造安装调试人员代表,公司有关部门、单位负责人和员工代表参加了投产仪式。

29日 马钢召开2016年第三次安委会(消委会)扩大会议。马钢领导丁毅、杨阳、唐琪明、钱海帆及高海潮、田俊、张文洋出席会议。公司安委会(消委会)成员单位相关负责人、2016年以来发生属地工亡事故的相关责任单位党政及分管负责人、新整合单位党政主要负责人等参加会议。丁毅在会上针对2016年下阶段如何完善安全生产工作提出四点要求。

△ 马钢举行高速车轴生产线开工仪式。市及马钢领导季翔、丁毅、苏世怀、严华及杜松林出席。市及马钢有关部门和单位负责人参加开工仪式。市委常委、副市长季翔对项目开工表示热烈祝贺。他希望市相关部门要遵循钢城一体融合发展理念,进一步增强服务马钢的自觉性和主动性,全方位为项目审批建设争取资金并做好跟踪服务,确保项目早日竣工投产创效,为实现马钢持续稳定健康发展和全市转型升级提供支撑保障。

本月 马钢对部分生产制造体系进行调整优化,原一铁总厂与二铁总厂合并,原彩涂板事业部并入冷轧总厂,原长材事业部南区高速线材产线整合至特钢公司。

本月 马钢人力资源优化相关政策文件获得职代会联席会议通过。

5月

3日 马钢党委召开2016年上半年巡察工作启动会,对即将开展的巡察工作进行动员部署。2016年上半年,两个巡察组将按照"一托三"的方式分别对能控中心、耐火公司、港务原料总厂、一钢轧总厂、表面技术公司、新型建材公司6家单位进行专项巡察。集团公司党委常委、纪委书记、巡察工作领导小组副组长陈冬生出席会议并作动员讲话。

4日 马钢召开2016年备件国产化管理推进会。马钢领导钱海帆、严华及高海潮、田俊出席会议,相关部门及单位负责人参加会议。股份公司总经理钱海帆在会上发表讲话。他对备件国产化工作提出三点要求。

5日 马钢召开党委中心组(扩大)学习会。集团公司党委副书记、总经理,股份公司董事长丁毅主持学习会。集团公司副总师及以上领导、股份公司副总师及以上领导,各二级单位党政主要负责人,分管技术的单位负责人(总工程师)、副总工程师和技术部门负责人,机关各部室主要负责人、相关领导及专业主管,股份公司 APQP 项目组正副组长，公司高级技术主管参加学习会。

6 日 马钢召开华东地区废钢铁信息交流会。来自鞍钢、宝钢、沙钢等十八家钢企废钢采购部门的负责人共同分析当前废钢市场面临的形势，通报各自企业废钢定价机制和采购价格信息，探讨维护市场平衡、引导市场理性发展良策。

7 日 马钢党委召开“两学一做”学习教育暨第五次党员代表大会筹备工作动员会。集团公司党委书记、董事长高海建出席会议并作动员讲话。集团公司副总师及以上领导，股份公司副总师及以上领导，公司机关部门主要负责人，公司党群部门中层管理人员及科室负责人，各分子公司、二级单位党政主要负责人、党委副书记、纪委书记、工会主席、党委政治处（党群工作部）负责人，党组织关系隶属于集团公司党委的合资企业党政主要负责人，公司党委巡查工作办公室和巡查组成员，公司党委“两学一做”学习教育协调小组办公室成员参加会议。会议由集团公司党委副书记、总经理，股份公司董事长丁毅主持。

10 日 全国政协常委、外事委员会主任、调研组组长潘云鹤率全国政协调研组到马钢实地调研。全国政协外事委员会委员、调研组副组长陈健和调研组成员参加调研。省政协港澳台侨和外事委员会主任郎涛，市政协主席李群，集团公司党委常委、工会主席张晓峰等陪同调研。

11 日 马钢召开 2015 年度综合考核结果反馈会。省委第十六综合考核组组长，省委、省政府原副秘书长，省信访局原局长，省政府参事王唯在会上反馈综合考核情况并作重要讲话。集团公司党委书记、董事长高海建主持会议并代表集团公司党政领导班子作表态发言。考核组副组长、省属国有企业监事会主席董亚庆和考核组成员，省国资委第五监事会领导，丁毅等集团公司副总师及以上领导，股份公司总经理助理、副总师及以上领导出席会议。机关部室全体公司中层管理人员，各二级单位党政主要负责人，部分合资企业主要负责人，部分职工代表及“两代表一委员”参加会议。

△ 安徽省住建厅副厅长李建到马钢调研建筑信息模型技术应用。集团公司副总经理任天宝、市住建委相关领导出席调研座谈会。省 BIM 技术专家、工程技术集团相关负责人参加座谈会。

16 日 中国钢铁工业协会主办的第九届中国国际钢铁大会在北京召开，集团公司董事长、党委书记高海建出席第九届中国国际钢铁大会并作题为《产品升级创品牌、产业延伸促转型》的主旨演讲。

17 日 集团公司总经理、股份公司董事长丁毅在马钢办公楼接待了到访的中信金属有限公司董事长孙玉峰一行。集团公司董事、股份公司副总经理陆克从陪同会见。马钢采购中心、技术中心有关负责人参加会见。孙玉峰在会见中简要介绍了中信金属近来在技术项目开发等方面的进展情况。

△ 马钢党委举办“两学一做”宣讲骨干培训班，集团公司党委副书记、总经理、学习教育协调小组副组长丁毅传达了习近平总书记在安徽视察时的重要讲话精神并上了首堂党课。集团公司党委常委、工会主席、学习教育协调小组副组长张晓峰作了培训动员和总结。公司机关各部门负责人、机关党群部门科级及以上负责人，各单位党委书记、纪委书记、工会主席、政治处主任，公司“两学一做”学习教育办公室成员，“百人宣讲团”成员参加了培训。

18 日 省委“两学一做”学习教育第八督导组组长丁毅一行到马钢调研督导“两学一做”学习教育开展情况，集团公司党委常委、工会主席张晓峰，集团公司党委常委、纪委书记陈冬生，马钢“两学一做”办公室成员单位负责人、有关二级单位党委负责人出席汇报会。

19 日 马钢举办 2016 年“新三板”挂牌专题培训讲座。马钢领导丁毅、杨阳、陈昭启、严华及张乾春出席讲座。相关单位负责人等参加讲座。集团公司总经理、股份公司董事长丁毅在讲座中发表讲话。

20 日 马钢召开矿山系统经济运行分析会。集团公司总经理丁毅、副总经理杨阳、陈昭启，集团公司财务、企管等部门领导及矿业公司领导班子成员、各生产矿山的主要负责人参加了此次会议。

23 日 马钢召开人力资源优化工作推进会。马钢领导高海建、丁毅、张晓峰、唐琪明、钱海帆出席会议。公司有关部门负责人，股份公司各二级单位领导及人力资源部门负责人参加会议。

△ 集团公司董事长高海建，集团公司总经理、股份公司董事长丁毅会见了到访的哈尔滨电气动力装备有限公司党委书记、副董事长、副总经理姜清海一行，双方就合作的电机项目展开深入交流。

本月 集团公司正式下发《员工居家休养暂行办法》《企业与员工协商一致解除劳动合同实施办法》《员工与企业协议保留劳动关系实施办法》《编外人员管理办法》等人力资源优化相关政策性文件，为各单位依法合规推进人力资源优化工作,提供重要遵循。

本月　马钢党委正式启动2016年第一轮专项巡察工作。

本月　马钢全面启动2016年防汛工作。

本月　马钢“两学一做”学习教育网站正式开通上线。

本月　马钢参股设立安徽科达电力公司。

本月　马钢(合肥)板材公司连续热镀锌线主厂房高跨第一根钢结构立柱开始吊装。

本月　马钢与澳大利亚必和必拓、力拓和巴西淡水河谷三大国际矿业公司签订年度进口矿长协合同。

本月　马钢“国家技术创新工程试点省专项——轨道交通用车轴钢和动车组轮轴产品开发及产业化项目”通过专家组验收。

本月　股份公司测量管理体系通过计量体系认证(AAA)复查换证审核。

本月　罗河矿单月产量首次突破10万吨大关。

本月　煤焦化公司5号焦炉大修工程提前点火烘炉。

本月　冷轧总厂轧钢工王庆荣获“全国五一劳动奖章”。

6月

2日　马钢党委召开中心组学习会。马钢党委中心组成员出席学习会。

△　马钢召开6月份非钢产业工作例会。马钢领导高海建、丁毅、杨阳、苏世怀、唐琪明、陈昭启、蒋育翔、陆克从、严华、任天宝出席会议。公司有关部门、全资及控股子公司、部分参股公司主要负责人参加会议。

3日　集团公司董事长、党委书记高海建在马钢办公楼接待了到访的省银监局局长田建华一行。市委常委、常务副市长方晓利,马钢领导丁毅、陈昭启及张乾春参加会见。

8日　马钢党委召开常委扩大会暨中心组学习会,认真传达学习省委召开的中央巡视组“回头看”反馈意见整改动员部署大会精神,研究部署马钢贯彻落实工作。集团公司党委书记、董事长高海建主持会议,集团公司党委常委参加会议。集团公司副总师及以上领导、股份公司总经理助理及以上领导,党委办公室、党委工作部、党委宣传部、纪委、党委巡察组、工会、团委和企管部负责人列席会议。

13日　马钢召开2016年第四次安委会扩大会议暨安全生产紧急会议。马钢领导丁毅、杨阳、张晓峰、唐琪明、钱海帆、严华、任天宝及高海潮、田俊、张文洋出席会议。公司安委会成员单位主要负责人等参加会议。

15日　省人大常委会委员、省人大内司委主任委员王福宏,省人大常委会委员、省总工会党组书记、副主席徐建,率省人大执法调研组来马钢实地调研《安徽省企业民主管理条例》贯彻落实情况。市人大常委会副主任、市总工会主席龚明,集团公司党委常委、工会主席张晓峰,及市人大、市总工会、马钢工会相关负责人陪同调研。

17日　集团公司总经理、股份公司董事长丁毅在马钢办公楼会见了到访的陕鼓动力公司总经理陈党民一行。双方就如何深化合作、优势互补、实现共赢等问题进行了深入交流。集团公司副总经理严华及股份公司总经理助理田俊、能控中心、工程管理部、特钢公司相关负责人参加会见。

21日　安徽省副省长刘莉到马钢督查调研落实供给侧结构性改革“三去一降一补”工作情况。省政府办公厅副主任章石生,市领导魏尧、方晓利,省市有关部门负责人,马钢领导丁毅、张晓峰、唐琪明、钱海帆、任天宝及张乾春,公司相关部门负责人、部分职工代表参加了座谈。刘莉在会上发表重要讲话。

26日　国家发改委国防司副司长周平率国家发改委督查调研组到马钢,通过召开座谈会、深入现场查看等方式,实地督查马钢去产能工作落实情况。省发改委副主任吴劲松,市领导魏尧、季翔,马钢领导高海建、丁毅、张晓峰、唐琪明陪同调研。省、市和马钢相关部门负责人参加了座谈会。

27日　集团公司总经理、股份公司董事长丁毅在马钢办公楼接待了到访的省住建厅副厅长曹剑一行。集团公司副总经理任天宝,公司相关部门和单位负责人参加会见。

30日　安徽省总工会党组成员、副主席李素萍率全省工会进一步做好困难职工解困脱困工作会议代表团到马钢调研考察困难职工帮扶中心。马鞍山市人大副主任、总工会主席龚明,市总工会党组书记、常务副主席李迅,市总工会副主席高尔山,马钢党委常委、工会主席张晓峰,合肥市总工会、淮北市总工会等多家工会代表参加了活动。

△　马钢重机公司与宁波东力传动设备有限公司共同签署合资协议。东力公司董事长宋济隆,马钢领导高海建、丁毅、任天宝及张乾春、田俊出席签约仪式。市及马钢有关部门和单位负责人参加签约仪式。市委

常委、常务副市长方晓利代表市委、市政府对双方合资签约表示祝贺。

本月 股份公司人力资源优化政策性离岗安置正式启动。

本月 轮轴事业部通过德国铁路公司 EMU 动车组车轮供应商资质现场审核。

本月 马钢 CSP 二级系统升级改造项目顺利通过考核验收。

本月 冷轧总厂 1720 酸轧机组生产冷轧卷 14.06 万吨,超额完成生产任务,并创下近 5 年的新高。

本月 马钢“安徽省重大科学仪器项目——新型连续退火和镀锌流程测试系统关键技术开发和应用研究”通过验收。

本月 在中国财务公司协会发布的 2015 年度财务公司行业评级结果中,马钢财务公司获评 A 类(创新类)公司。

本月 一钢轧总厂王勇等 3 人提出的《降低转炉渣中 Tfe 含量》合理化建议获 2015 年省重大合理化建议奖。

7 月

1 日 马钢召开庆祝中国共产党成立 95 周年暨表彰大会。集团公司党委副书记、总经理、股份公司董事长丁毅主持会议。集团公司党委常委杨阳、张晓峰、陈冬生、钱海帆,集团公司副总师及以上领导、股份公司经理层、公司全体中层管理人员,公司全体高级技术主管,公司党委巡察工作办公室和巡察组成员,公司党委矩阵式党建工作领导小组办公室成员,公司“两学一做”学习教育协调小组办公室成员及部分党内先进代表等 460 人参加大会。

2 日 马钢召开设备维检业务优化整合交接会。集团公司董事长、党委书记高海建,集团公司总经理、股份公司董事长丁毅,集团公司副总经理任天宝,股份公司总经理助理田俊,企管部、人力资源部、设备部、工程技术集团等相关部门、单位负责人出席会议,整合员工代表一百余人参加会议。

5 日 集团公司总经理、股份公司董事长丁毅在马钢办公楼接待了到访的阿尔斯通公司巴黎总部主管 Eric · Dufourd 一行。双方就马钢铁道轮轴及其组合产品的研发、设计能力等情况进行了深入探讨,并达成共识。股份公司总经理助理、轮轴事业部总经理杜松林,相关单位负责人等陪同会见。

7 日 马钢召开全国质量奖现场评审迎审动员会。马钢领导丁毅、唐琪明、钱海帆、严华及高海潮、乌力平、王炜、黄发元、杜松林、张文洋出席会议。中国质量协会咨询中心总经理黄少兵应邀出席会议。公司机关部门、各二级单位主要负责人及相关人员参加会议。集团公司总经理、股份公司董事长丁毅提出三个方面的要求。

13 日 马钢举行 2016 年新入职员工欢迎大会。集团公司党委常委、工会主席张晓峰,集团公司副总经理唐琪明,公司相关部门、各二级单位负责人,各单位人力资源负责人,全体新入职员工参加会议。

19 日 马钢与淮北矿业、上海铁路局在淮北矿业举行定制焦工序及物流保障三方长期合作协议签约仪式。集团公司总经理、股份公司董事长丁毅,集团公司董事、股份公司副总经理陆克从及股份公司副总工程师黄发元,淮北矿业总经理、股份公司董事长方良才,淮北矿业集团公司副总经理黄建宇,淮北矿业股份公司副总经理邵华等共同出席签约仪式。马钢、淮北矿业和上海铁路局相关人员见证签约仪式。

19 日–23 日 马钢邀请全国质量协会专家到马钢开展为期 5 天的模拟现场评审。评审专家组按照卓越绩效评价准则,以过程评审为主线,对领导、战略、顾客与市场、资源、过程管理与改进等各个方面进行了系统评审。

26 日 马钢召开争取国家政策工作专题会。集团公司总经理、股份公司董事长丁毅,集团公司副总经理唐琪明,集团公司副总经理、总会计师陈昭启及集团公司副总会计师张乾春出席会议。有关部门和单位负责人参加会议。

本月 马钢发布《2014 – 2015 马钢社会责任报告》。

本月 马钢顺利通过 BA004 轮对欧洲互联互通 TSI 认证。

本月 煤焦化公司 5 号焦炉大修工程竣工投产。

本月 马钢新建高速车轴生产线系列工程招标成功。

本月 马钢股份公司环境信息化综合管理系统数据迁移至云平台。

本月 马钢自动化公司、安工大计算机学院产学研合作项目正式签约。

本月 一钢轧拔河队获得 2016 年中国拔河公开赛冠军。

本月 马钢亮相中央电视台《新闻联播》“【调结构转方式,长三角城市群调研行】合肥:内聚外合,五指并拢握成拳”新闻。

本月　马钢实施档案资源整合。

8 月

1 日-5 日　马钢召开全国质量奖现场评审会议。评审专家组反馈了综合分析报告,对马钢在此次评审过程中展现出的 5 个优势项和 3 个改进项进行了总结。

3 日　马钢党委召开中心组学习会,学习贯彻习近平总书记在庆祝中国共产党成立 95 周年大会上的讲话精神,学习《中国共产党问责条例》,传达省国资委全面深化改革领导小组 2016 年工作要点、中共安徽省委贯彻《中国共产党地方委员会工作条例系列配套制度汇编》。集团公司党委书记、董事长高海建主持学习会。马钢党委中心组成员出席学习会。公司办公室、党委工作部、党委宣传部、纪委、企管部负责人参加学习会。

△　马钢党委召开四届八次全体(扩大)会议。会议表决通过了《关于召开中国共产党马钢第五次代表大会的决议》,一致同意于 2016 年 8 月 10 日至 11 日召开中国共产党马钢第五次代表大会。马钢党委委员、纪委委员参加了会议。

10 日　集团公司董事长、党委书记高海建在马钢办公楼接待了到访的徽商银行行长吴学民一行。集团公司领导丁毅、陈昭启及张乾春,公司计财部有关负责人参加会见。

10 日-11 日　马钢召开集团公司第五次党代会。省国资委党委常务副书记、副主任高伟,省纪委第七纪检监察室副主任陈高志,省委组织部企干处副处长刘松林,省国资委组宣处处长蔡时清,马鞍山市委书记张晓麟,市委常委、组织部部长、统战部部长王炜,市委常委、市纪委书记钱沙泉莅临大会指导。大会主席团常务委员会委员高海建、丁毅、杨阳、张晓峰、陈冬生、钱海帆、蒋育翔在主席台前排就座。苏世怀、唐琪明、陈昭启、陆克从、严华、任天宝及高海潮、张乾春、乌力平、王炜、黄发元、杜松林、田俊、张文洋等主席团成员出席开幕式。马钢老领导王树珊、顾章根出席开幕式并在主席台就座。马钢部分离退休副总以上老领导参加开幕式。大会由集团公司总经理、股份公司董事长丁毅主持。刘松林、高伟、张晓麟分别在开幕式上作重要讲话。集团公司党委书记、董事长高海建向大会作题为《践行五大发展理念,加快转型升级步伐,为共建共享马钢美好家园而努力奋斗》的报告。大会以举手表决的方式,一致通过了《中国共产党马钢(集团)控股有限公司第五次代表大会关于中国共产党马钢(集团)控股有限公司第四届委员会工作报告的决议》和《中国共产党马钢(集团)控股有限公司第五次代表大会关于中国共产党马钢(集团)控股有限公司第四届纪律检查委员会工作报告的决议》。大会选举产生了中共马钢集团第五届委员会和纪律检查委员会;选举产生了马钢集团出席市第九届党代会代表。

11 日　马钢集团公司党委举行五届一次全体会议。会议选举产生集团公司第五届党委常务委员会委员、书记、副书记;通过中共马钢(集团)控股有限公司第五届纪律检查委员会第一次全体会议选举结果。省委组织部企干处副处长刘松林到会指导。集团公司党委书记、董事长高海建受马钢集团第五次党代会主席团的委托主持会议。与会委员以举手表决的方式通过了《马钢集团公司第五届党委第一次全体会议选举办法》和监票人、计票人。与会委员以无记名投票的方式差额选举产生了集团公司第五届党委常委。他们是:高海建、丁毅、杨阳、张晓峰、陈冬生、钱海帆、蒋育翔、陆克从、严华。与会委员以无记名投票的方式选举产生集团公司第五届党委书记、副书记。高海建当选为集团公司第五届党委书记,丁毅当选为集团公司第五届党委副书记。

△　马钢召开第五届纪律检查委员会召开第一次全体会议。会议以无记名投票的方式选举产生了中共马钢集团第五届纪委书记、副书记。陈冬生当选为中共马钢集团第五届纪委书记,毛文明当选为中共马钢集团第五届纪委副书记。

12 日　马钢召开 CSP 轧机升级改造项目成果发布会。北京科技大学校长张欣欣,马钢领导高海建、严华出席发布会。梅钢技术专家,北京科技大学、马钢相关人员参加发布会。

14 日　中国科协副主席、中国铁路总公司总工程师、中国工程院院士何华武到马钢,就轮轴产业发展情况开展调研。中国铁路总公司、铁科院、中国中车相关负责人参加调研。市及马钢领导魏尧、高海建、季翔、丁毅、苏世怀及乌力平、杜松林等陪同调研。

21 日　中钢协常务副会长、公司原董事长、党委书记顾建国到马钢调研。马钢领导高海建、丁毅、杨阳参加了调研座谈。

22 日　马钢与新誉集团举行战略合作框架协议签字仪式。新誉集团董事长周立成一行,马钢领导高海建、丁毅、苏世怀、钱海帆、蒋育翔及乌力平、杜松林出席签字仪式。马钢相关部门负责人参加签字仪式。周立成希望双方今后在企业文化、经营理念、运营模式等方面进一步加强交流与合作，为巩固互惠共赢的友好合作关系而共同努力。

27日 股份公司召开2016年上半年竞争力分析大会。集团公司、股份公司有关领导，股份公司各部门主要负责人，股份公司各二级单位中层副职及以上管理人员，部分合资公司行政主要负责人，股份公司高级技术主管及APQP正副组长、销售负责人参加会议。集团公司各部门及二级单位行政主要负责人列席会议。

31日 马钢召开人力资源优化工作推进会。马钢领导丁毅、张晓峰、唐琪明出席会议。集团公司人力资源优化工作领导小组成员单位负责人，各子公司、二级单位负责人和人力资源负责人参加会议。集团公司总经理、股份公司董事长丁毅提出六个方面的要求。

本月 马钢动车组车轮首次完成载客运行。

本月 马钢汽车板通过吉利汽车二方体系审核。

本月 马钢与日本帕卡濑精株式会社共建"钢铁材料表面处理技术开发联合实验室"。

本月 马钢"轨道交通移动装备用高强高韧紧固件开发研究"项目通过结题验收。

本月 马钢2万吨"中联26号"海轮首航成功。

本月 马钢股份公司成功发行2016年第一期20亿元短期融资券。

本月 马钢煤焦化5号焦炉机侧除尘项目正式投产。

本月 马钢煤焦化公司《马钢7.63米焦炉推焦计划及八大系统连锁软件V1.0》《马钢煤焦化物资管理软件V1.0》获国家计算机软件著作权登记证书。

本月 马钢财务公司被中国银监会评为2015年度监管评级创新类A2级次，成为安徽省首家也是唯一一家获A类评级的财务公司。

9月

1日 马钢邀请中国质量协会品质与品牌培育推广中心专家进行品牌管理知识讲座与培训。中国质量协会品质与品牌培育推广中心主任王琳做了主题为《全面品牌管理综合概论》的讲座。

1日-2日 国家钢铁煤炭行业化解过剩产能专项督查组第九组部分成员在钢铁工业协会财务资产部主任陈玉千的率领下到马钢，通过深入现场查看、召开座谈会等方式，实地督查马钢去产能工作落实情况。省经信委总工程师徐文章，市委常委、副市长季翔，马钢领导高海建、丁毅、唐琪明、钱海帆、严华及张乾春陪同调研或座谈。省、市和马钢相关部门负责人参加了座谈会。

6日 集团公司总经理、股份公司董事长丁毅会见了到马钢考察的神皖能源有限责任公司总经理方世清一行。双方就如何推动互利发展、谋求深度合作等问题进行了深入交流。方世清希望，双方能加强在技术服务上的交流，拓宽合作领域，实现互利共赢。

△ 集团公司董事长、党委书记高海建在马钢办公楼会见了到访的金马能源股份有限公司董事长饶朝晖一行。集团公司领导丁毅、钱海帆、陆克从及相关单位负责人等陪同会见。双方就生产运营、深化合作展开深入探讨。

7日 集团公司董事长、党委书记高海建在马钢办公楼接待了到访的安阳钢铁集团公司副董事长李存牢一行。双方就供给侧结构性改革进程中，钢企如何加快转型发展等问题进行了深入的交流与探讨。集团公司领导丁毅、杨阳、苏世怀、陈冬生及相关单位负责人等陪同会见。

14日 马钢党委召开中心组学习会，传达贯彻习近平总书记关于向李保国学习的重要批示，并学习了其他文件材料。集团公司党委书记、董事长高海建主持学习会。马钢党委中心组成员参加学习会。

19日 马钢举行卓越绩效模式知识高级培训。邀请全国质量奖评审委员会主任韩福荣教授授课，旨在进一步提升公司中高层管理人员思想认识，在更高层次上持续推进卓越绩效模式。培训由集团公司总经理、股份公司董事长丁毅主持。马钢领导杨阳、张晓峰、陈冬生、陈昭启、钱海帆、陆克从、严华及高海潮、黄发元、杜松林、田俊、张文洋，公司机关各部室和二级单位中层管理人员，以及部分子公司行政主要负责人参加培训。培训结束后，丁毅就如何做好今后的卓越绩效管理工作提出了三方面的具体要求。

△ 集团公司董事长、党委书记高海建，集团公司总经理、股份公司董事长丁毅在马钢办公楼接待了到访的韩国OCI株式会社李秀永会长、金载信社长一行。马钢领导蒋育翔及田俊，相关单位负责人等陪同接待。

20日 马钢举行"9·20"升旗宣誓活动暨二铁总厂4号高炉投产仪式。马钢领导高海建、丁毅、杨阳、张晓峰、唐琪明、陈冬生、陈昭启、钱海帆、蒋育翔、严华及高海潮、张乾春、王炜、黄发元、杜松林、田俊、张文洋,与机关部室主要负责人,各二级单位党政主要负责人,公司各类先进代表,4 号高炉参建单位职工代表,二铁总厂职工代表,新入职大学生职工代表等共 400 余人参加投产仪式。

△ 马钢举行奥瑟亚焦油精制项目投产仪式。市委书记魏尧,省国资委总会计师、党委委员江燕,市委常委、副市长季翔等省市领导,韩国 OCI 株式会社会长李秀永,社长金载信、许樠,马钢领导高海建、丁毅、杨阳、钱海帆、蒋育翔、严华及张乾春、田俊出席投产仪式。市直有关部门、雨山区、公司有关部门和单位,以及奥瑟亚重要客户代表、煤焦化公司员工代表、马钢奥瑟亚化工有限公司员工代表参加投产仪式。

22 日 集团公司董事长、党委书记高海建接待了到访的 Farinia 集团首席执行官 Guinot 先生,双方就开展合作进行了交流并达成共识。马钢领导丁毅、杨阳、陈昭启、钱海帆、严华及王炜、杜松林、张文洋参加会见。公司有关部门和单位负责人陪同会见。

28 日 集团公司董事长、党委书记高海建在马钢办公楼接待了到访的徽商银行副行长张友麒一行。集团公司领导丁毅、陈昭启及张乾春参见会见。公司相关部门和单位负责人参加会见。

△ 深入推进市与马钢融合发展座谈会召开。会议旨在互相通报发展情况,推进有关对接事项的落实,进一步推动市与马钢深度融合发展。市领导魏尧、左俊、孙勇、周善武、季翔、章正,马钢领导高海建、丁毅、杨阳、张晓峰、苏世怀、唐琪明、陈冬生、陈昭启、钱海帆、蒋育翔、严华、任天宝及高海潮、张乾春、王炜、杜松林、田俊、张文洋出席会议。市相关副秘书长、部门负责同志,马钢相关部门和单位负责人参加了会议。会议由市委书记魏尧主持。

30 日 马钢举行人力资源服务中心揭牌仪式暨人力资源优化推进会,对 2016 年以来人力资源优化工作进行总结,部署待岗人员安置工作,进一步推进公司人力资源优化工作稳妥有序推进。马钢领导高海建、丁毅、张晓峰、唐琪明、钱海帆出席会议,人力资源优化领导小组成员单位负责人,各二级单位党政主要负责人和人力资源工作负责人参加会议。集团公司总经理、股份公司董事长丁毅就如何做好下阶段人力资源优化工作提出五个方面的要求。集团公司董事长、党委书记高海建在会上作重要讲话。

本月 马鞍山市和马钢重点项目高端汽车和轨道交通零部件用棒线材深加工项目——埃斯科特钢有限公司一期工程部分产线全面进入设备安装。

本月 马钢公司党委巡察组赴两家单位开展巡察,党委第一巡察组进驻废钢公司,第二巡察组进驻自动化公司。

本月 马钢自动化公司信息安全测评中心正式揭牌,成为我省第三家信息安全等级保护测评机构。

本月 马钢自动化公司与中国联通马鞍山分公司共同合作启动马鞍山"平安城市"四期项目建设。

本月 马钢欣创公司荣获"马鞍山市 2016 年知识产权试点企业"称号。

本月 马钢欣创公司投资建设的瓦斯发电项目——山西"七一"煤矿低浓度瓦斯发电项目正式动工。

本月 马钢工程技术集团正式启动 ERP 项目建设。

本月 马钢张庄矿被安徽省经信委确定为省级两化融合管理体系贯标试点企业。

本月 马钢机关办公区域设备运行维护业务移交设备检修分公司。

本月 马钢成为冶金行业媒体联盟 54 家会员单位之一。

10 月

8 日 马钢召开 2016 年第五次安委会(扩大)会议。认真贯彻落实习近平总书记重要讲话和李克强总理批示精神、8 月 18 日国务院安委会专题会议精神。全面部署公司下阶段安全生产工作。公司领导丁毅、张晓峰、唐琪明及高海潮、张文洋出席会议。公司安委会成员单位主要负责人等参加会议。集团公司总经理、股份公司董事长丁毅要求公司上下以更高、更严的标准抓好安全生产工作,顶住市场压力、稳住生产大局,把安全放在心上、把责任扛在肩上,保障公司生产经营顺利进行。

9 日 省人大常委会副主任花建慧率省人大环保"一法一条例"执法检查组一行到马钢督查环保工作。市领导靳林春、吴桂林、盛厚林,马钢领导严华陪同督查。

△ 集团公司董事长、党委书记高海建会见市委常委、常务副市长周善武,双方就市与马钢对接事项推进情况进行座谈交流。马钢领导唐琪明、陈昭启、蒋育翔、严华、任天宝,市与马钢相关部门、单位负责人参加座谈。

11 日 马钢召开股份公司铁前系统工作例会。公司领导高海建、高海潮、黄发元、张文洋出席会议。

炼铁技术处、两家炼铁总厂、煤焦化公司、港务原料总厂等单位及公司相关部门负责人参加会议。

△ 中华全国总工会副主席、书记处书记阎京华，中华全国总工会劳动和经济工作部部长王俊治一行，在省总工会副主席许晓东的陪同下，到马钢专题调研一线职工自主创新的基本情况。市政协主席李群，集团公司党委书记、董事长高海建，市人大常委会副主任、市总工会主席龚明，集团公司党委常委、工会主席张晓峰陪同调研或座谈。

12 日 集团公司党委书记、董事长、“两学一做”学习教育协调小组组长高海建到冷轧总厂冷轧一分厂，就“‘两学一做’怎么学、如何做”，深化变革突破，打造家园文化“升级版”等内容与基层党员进行座谈。党委办公室、党委工作部、纪委机关、党委宣传部负责人，冷轧总厂班子成员、冷轧一分厂党支部成员、总厂各类职工代表参加了此次专题座谈。

17 日 中钢协常务副会长，集团公司原董事长、党委书记顾建国一行先后到二铁总厂 4 号高炉和埃斯科特钢有限公司进行实地调研。马钢领导蒋育翔、严华陪同调研。

18 日 中国钢铁工业协会冶金设备分会一届三次理事(扩大)会在马钢召开。会议就在钢铁企业化解过剩产能、实现转型发展过程中，设备系统如何强化管理、应对挑战，为企业生产经营提供有力支撑进行了深入研讨。中钢协常务副会长，集团公司原董事长、党委书记顾建国出席会议并讲话。集团公司总经理、股份公司董事长丁毅代表马钢致欢迎辞。中钢协副秘书长、冶金设备分会副会长兼秘书长王颖生做工作报告。中钢协冶金设备分会副会长、集团公司党委常委、副总经理严华主持会议。中钢协冶金设备分会副秘书长、股份公司总经理助理田俊在会上做技术交流分享。来自中钢协、各大钢企、设备厂商近 300 人参会。

20 日 集团公司党委书记、董事长高海建到资源分公司走访调研，就改革发展、深化“两学一做”学习教育、打造家园文化升级版等内容与基层党员干部进行座谈交流。党委工作部、纪委监察部负责人，资源分公司领导班子成员、部分基层管理人员等参加调研座谈。

20 日-24 日 集团公司党委副书记、总经理、股份公司董事长丁毅，先后到汽运公司第四党支部和四钢轧总厂热轧一分厂党支部，就“两学一做”学习教育如何聚焦“做”字，下硬功、求实效，讲专题党课，对基层党员进行再宣讲、再鼓劲、再动员。党委办公室负责人、党委工作部相关负责人，汽运公司领导班子成员、相关部门负责人和第四党支部党员代表，四钢轧总厂领导班子成员、党支部书记、热轧一分厂党员代表等分别参加了两次专题座谈会。

21 日 马钢召开物流板块经济活动分析会。会议总结 2016 年 1-9 月物流板块各单位运营情况，分析当前存在的问题和改进空间，对下一阶段工作进行部署。集团公司总经理、股份公司董事长丁毅，集团公司副总经理陈昭启，集团公司董事、股份公司副总经理陆克从及集团公司副总会计师张乾春出席会议。企管部、法务部、财务部、资本运营部相关负责人，物流板块各单位负责人出席会议。丁毅在会上对马钢物流板块各家单位 2016 年以来所做的工作、取得的成绩给予充分肯定，并对如何做好下一阶段工作提出五点要求。

25 日 马钢品牌建设管理委员会首次工作例会在公司办公楼召开。会议对公司品牌建设近期工作进行总结，就工作开展过程中存在的重点和难点进行探讨，并对下一阶段品牌建设工作进行安排部署。集团公司总经理、股份公司董事长丁毅主持会议。公司领导杨阳、张晓峰、苏世怀、唐琪明、钱海帆、蒋育翔及高海潮出席会议。公司有关部门、单位负责同志参加会议。

26 日 马钢党委召开中心组理论学习会，传达学习全国国有企业党的建设工作会议精神及《习近平在纪念长征胜利 80 周年大会上的重要讲话》精神，传达市第九次党代会精神，对公司党委“两学一做”学习教育进行阶段性总结和下一步工作安排。集团公司党委书记、董事长高海建主持学习会。马钢党委中心组成员出席学习会。公司党委办公室、党委工作部、党委宣传部、纪委、企管部负责人列席学习会。

27 日 集团公司党委书记、董事长高海建在老年大学就深入推进“两学一做”、做好离退休职工服务等工作与各层级离退休党员职工代表进行座谈交流，并介绍了 2016 年以来的生产经营情况和下一步工作打算。集团公司党委常委、工会主席张晓峰参加座谈并主持座谈会。公司党委办公室负责人，离退休中心班子成员和部分科级管理人员参加座谈。

28 日 集团公司党委书记、董事长高海建在马钢办公楼会见了到访的淮南矿业集团公司党委副书记、总经理王世森一行。双方在友好的氛围中就去产能政策的贯彻、公车改革计划的实施以及人力资源优化的方案、区域协同物流的模式等进行了深入探讨与交流，并达成共识。马钢领导丁毅、唐琪明、蒋育翔、陆克从，淮南矿业集团公司副总经理杨林出席座谈会。

△　马钢召开发展规划2016年度战略评审会。集团公司董事长、党委书记高海建出席会议并发表重要讲话。集团公司总经理、股份公司董事长丁毅主持会议。集团公司副总师及以上领导,股份公司总经理助理、副总师及以上领导出席会议。机关部门主要负责人,各二级单位、子(分)公司及部分合资公司党政负责人参加会议。丁毅在会上对马钢2016年度发展规划执行情况作了总体评价,并提出了2017年战略管理和执行应关注的八项重点。

本月　集团公司十七届三次(股份公司七届三次)职代会第二次联席会议审议并通过了《关于〈企业与员工协商一致解除劳动合同实施办法〉的补充规定(草案)》《马钢(集团)控股有限公司职工代表大会实施办法(修订稿草案)》。

本月　马钢"动车组轮对——转向架总成国产化关键技术研究"科技攻关项目正式通过专家组验收。

本月　股份公司通过中钢协环境友好企业现场评审。

本月　马钢首批韩标认证H型钢抵达韩国。

本月　马钢SAP系统整体迁上云平台。

本月　马钢南区钢渣处理综合利用工程正式启动。

本月　欣创公司首个投资建设的瓦斯发电项目——山西"七一"煤矿低浓度瓦斯发电项目正式破土动工。

本月　钢结构公司承建的"马鞍山市会展中心游泳馆、网球馆工程"项目荣膺第三届"皖钢杯"金奖,这是马钢首次获此殊荣。

本月　耐火公司获省今年第一批拟认定高新技术企业公示。

本月　自动化公司成功中标市法院信息安全防护项目。

本月　张庄矿被认定为安徽省工业和信息化领域标准化示范企业。

11月

1日　巴西矿冶公司(CBMM)副总裁、技术总监Marcus Stuart一行前往马钢,围绕双方深化合作工作开展交流。集团公司总经理、股份公司董事长丁毅,集团公司党委常委、董事、股份公司副总经理陆克从,以及科技管理部、采购中心、技术中心、四钢轧总厂的相关人员参加了交流活动。

△　马钢股份公司与哈尔滨电气动力装备有限公司签署《技术战略合作协议》。哈电动装公司董事长、总经理仲维滨,集团公司总经理、股份公司董事长丁毅,股份公司总经理助理田俊等领导出席签约仪式。公司相关部门和单位负责人参加签约仪式。

2日　马钢首次召开技术服务年会。来自全国各地153家客户的339名代表齐聚马钢,围绕汽车板、硅钢、家电板、特钢等产品与马钢共商深化合作、共赢发展。

8日　马钢召开多元产业工作例会暨学习经验交流会。马钢领导丁毅、杨阳、唐琪明、陈昭启、蒋育翔、陆克从、严华、任天宝出席会议。公司有关部门、全资及控股子公司、部分参股公司主要负责人参加会议。集团公司总经理、股份公司董事长丁毅提出了五个方面的要求。

△　集团公司党委书记、董事长高海建前往人力资源服务中心调研座谈。

△　马钢与徽商银行银企战略合作框架协议签约仪式在徽商银行合肥总部举行。根据协议,未来双方将遵循"产融结合、利益共享、风险共担"的指导思想,在银行融资、现金管理、资产管理等方面进一步深化合作,共同致力于建立长期战略合作伙伴关系。李宏鸣、吴学民、张友麒等徽商银行领导,马钢领导高海建、丁毅、陈昭启及张乾春出席仪式。徽商银行副行长张友麒主持签约仪式。

9日　马钢举办《如何当好高级技术主管》专题讲座。集团公司董事长、党委书记高海建出席讲座。股份公司常务副总经理、总工程师高海潮主持讲座。公司相关部门、各二级单位负责人及百余名在聘高级技术主管听取了讲座。

10日　全国绿化委员会办公室常务副秘书长、国家林业局造林司副司长、督导组组长赵良平,率全国绿化委员会造林绿化检查督导组,在安徽省林业厅副厅长齐新的陪同下到马钢检查指导工作。集团公司董事长、党委书记高海建在马钢办公楼热情接待了来宾。集团公司副总经理唐琪明及马钢相关单位负责人等参加座谈。

△　马钢股份公司荣获第十六届全国质量奖。

△　集团公司董事长、党委书记高海建在二铁总厂4号高炉系统工程建设表彰大会上强调,"感恩在心、胸有朝阳,公平正义、风清气正"的家园文化是支撑马钢发展的灵魂和根基。二铁人在面对困难和挑战中始终振奋精气神,也始终传递着正能量。作为马钢

大家庭中的一员,我们每一个人都应当用感恩激发责任,把感动付诸行动。人生在世都有难,企业发展都有坎,但只要我们以家园文化为引领,强化家园意识、增强家园责任,携手同心、相向而行,市场有一缕阳光,马钢必定灿烂。

11日　马钢党委中心组围绕学习贯彻党的十八届六中全会精神和省第十次党代会精神开展集中学习。马钢党委中心组成员出席学习会。公司党委办公室、党委工作部、党委宣传部、纪委、企管部负责人列席学习会。

△　马钢举行股份公司荣获全国质量奖欢迎仪式。集团公司总经理、股份公司董事长丁毅对创奖的历程进行了回顾,对近年来马钢如何推进卓越绩效模式进行了总结。集团公司董事长、党委书记高海建代表集团公司对股份公司获奖表示祝贺。

14日　马钢召开职代会换届工作部署会议,会议对马钢(集团)控股有限公司十八届一次(马鞍山钢铁股份有限公司八届一次)职工代表大会换届筹备工作进行部署。集团公司党委书记、董事长高海建出席会议并讲话。集团公司党委常委、工会主席张晓峰主持会议。公司办公室、党委工作部、党委宣传部、纪委、工会负责人,各单位党委书记、工会主席、工会工作人员参加会议。

△　省钢铁行业化解过剩产能实现脱困发展办公室验收工作组在省经信委党组成员、总工程师徐文章的率领下到马钢现场核查去产能工作。市委常委、副市长季翔,马钢领导高海建、丁毅、唐琪明、严华陪同核查或出席座谈会。省、市和马钢相关部门负责人参加座谈会。

16日　马钢召开SAP升级迁移项目总结会,对项目过程、经验、成果进行总结,对项目团队进行表彰和颁奖。集团公司董事长、党委书记高海建、股份公司总经理助理张文洋,公司相关部门、单位负责人出席会议。集团公司党委常委、副总经理蒋育翔主持会议。

△　马钢股份公司在能控中心召开项目建设公辅介质专题会。集团公司党委书记、董事长高海建、集团公司党委常委、副总经理严华出席会议。计财部、设备部、设计研究院、长材事业部、特钢公司、能控中心负责人及相关人员参加会议。

17日　马钢股份公司与斯凯孚(中国)销售公司举行战略合作协议签字仪式。斯凯孚集团全球副总裁兼亚太区总裁唐裕荣一行,马钢领导高海建、丁毅、钱海帆及田俊出席签字仪式。公司相关部门和单位负责人参加签字仪式。

18日　集团公司总经理、股份公司董事长丁毅在马钢办公楼接待了到访的菲律宾经济发展委员会主席Rosemarie P. Sira一行。双方就开展合作进行了深入交流,并达成广泛共识。集团公司副总经理任天宝参加会见,公司有关部门和单位负责人陪同会见。

△　马钢举行埃斯科特钢项目开工暨弹簧钢生产线试生产仪式。市委书记魏尧,集团公司总经理、股份公司董事长丁毅,法国阿斯科工业公司技术总监、埃斯科特钢公司技术副总经理安东尼·威迈士共同开启“水晶球”,启动埃斯科特钢项目开工暨弹簧钢生产线试生产。市领导周善武、吴桂林,马钢领导钱海帆、蒋育翔、严华及杜松林,法国阿斯科工业公司相关代表出席仪式,与市相关部门负责人、雨山区领导、马钢相关部门和单位主要负责人参加了仪式。埃斯科特钢项目开工暨弹簧钢生产线试生产仪式由股份公司总经理助理杜松林主持。市委常委、常务副市长周善武在仪式上致辞。

21日　股份公司召开2016年能源管理委员会。集团公司总经理、股份公司董事长丁毅,股份公司常务副总经理、总工程师高海潮,股份公司副总工程师黄发元,股份公司总经理助理田俊,股份公司总经理助理张文洋出席会议。公司有关部门及单位负责人参加会议。会议由田俊主持。

22日　集团公司总经理、股份公司董事长丁毅在马钢办公楼热情会见了到访的江苏大明集团公司总裁周克明一行。股份公司总经理助理王炜及相关单位负责人等陪同会见。双方就生产运营、深化合作展开深入探讨。

△　集团公司董事长、党委书记高海建在马钢办公楼会见了到访的淮北矿业集团公司董事长、党委书记王明胜一行。双方在亲切友好的氛围中就持续深化合作共识、积极应对市场形势等内容进行座谈,并达成广泛共识。

23日　钢铁煤炭行业化解过剩产能和脱困发展工作部际联席会议第八抽查组在国家安全监管总局监管四司副司长边卫华的率领下到马钢现场核查去产能工作。省经信委总工程师徐文章,市委常委、副市长季翔,马钢领导丁毅、唐琪明、钱海帆、严华及张乾春陪同核查或出席座谈会。省、市和马钢相关部门负责人参加座谈会。

27日　马钢召开安全生产工作紧急视频会议。会议传达贯彻习近平总书记、李克强总理对安全生产工作的重要指示批示精神；深刻汲取全国近期发生的典型事故教训；结合马钢生产经营状况，对岁末年初安全生产和防范遏制重特大事故等工作进行再动员、再部署、再落实。马钢领导杨阳、张晓峰、蒋育翔、陆克从、严华及高海潮、黄发元出席会议。相关单位有关负责人等参加会议。股份公司常务副总经理、总工程师高海潮主持会议。

28日　集团公司召开去产能职工安置方案宣传启动会暨职代会筹备工作准备会，就《马钢集团化解过剩产能实现脱困发展人员退出分流安置总体方案（征求意见稿）》和《马钢集团化解过剩产能期间员工居家休养暂行规定（征求意见稿）》作情况说明，对这两个方案（征求意见稿）的讨论、学习、宣传工作和集团公司十八届一次（股份公司八届一次）职代会筹备工作进行部署。集团公司董事长、党委书记高海建，集团公司党委常委、工会主席张晓峰，集团公司副总经理唐琪明出席会议。各单位党委主要负责同志、各单位工会主要负责同志、公司机关相关处室、职代会筹备工作领导小组成员单位部分领导参加会议。会议由张晓峰主持。

△　马钢举行子公司委派人员培训班开班仪式。集团公司董事长、党委书记高海建出席。集团公司副总经理、总法律顾问蒋育翔主持开班仪式。公司有关部门负责人等参加。省国资委省属国有企业监事会主席潘茂群应邀出席并为培训人员作首场讲课。高海建对培训人员在今后工作中如何依法履职、科学履职、尽心履职提出了四点要求。

△　集团公司董事长、党委书记高海建在公司办公楼热情接待了到访的中国质量协会副会长兼秘书长段永刚一行。双方就进一步强化会企合作、深入推进卓越绩效模式等内容进行了深入交流，并达成广泛共识。股份公司常务副总经理、总工程师高海潮出席会见。公司相关部门负责人会见时在座。

29日　马钢召开“聚焦两大战场、提升精益运营”案例发布暨管理创新表彰会。集团公司董事长、党委书记高海建，集团公司总经理、股份公司董事长丁毅，集团公司副总师及以上领导，股份公司总经理助理、副总师及以上领导，机关部门主要负责人，各二级单位、子（分）公司及部分合资公司党政主要负责人参加会议。会议由集团公司党委常委、股份公司总经理钱海帆主持。

本月　马钢股份公司研制的“高磁感无取向电工钢M50W600G产品”“热轧屈服600兆帕~700兆帕级超高强汽车结构钢”“40-45吨轴重重载矿运列车用车轮”“高强度拉杆用热轧圆钢”“重载钩尾框用钢”、马钢表面工程技术有限公司研制的“Ni-Co-W复合涂层连铸结晶器铜板”“超音速喷涂沉没辊”等七项新产品通过省级新产品鉴定。

本月　马钢车轴用钢首次批量进入地铁行业。

本月　马钢淘汰黄标车187辆，完成市政府下达的年度任务。

本月　冷轧总厂荣获“2016年市无烟单位及市卫生先进单位”荣誉称号。

本月　张庄矿获省工信领域标准化示范企业认定。

本月　嘉华混凝土公司成功试生产湿拌砂浆。

本月　检修公司顺利通过省特种设备检测院及省质量技术监督局审核，获得一级锅炉安装资质。

本月　欣创公司荣获“安徽省专精特新中小企业”称号。

本月　技术中心汽车板研究所的“汽车用钢板开发及应用技术研发创新团队”荣获“市科技创新特别奖”。技术中心“高精度轻型薄壁集装箱拖车用H型钢产品的开发”“混凝土搅拌罐用高强钢（M520JJ、M750JJ）研制与开发”和煤焦化公司“焦炉新型环保设备研发与应用”项目荣获科技进步奖二等奖。“薄板坯连铸连轧生产高牌号硅钢技术集成”“焦炉热态维修新技术的开发与应用”“冷轧连退线自动化系统集成研发”“冶金行业基础能源管理系统（EMS）研发”“超音速喷涂沉没辊、稳定辊的开发与应用”等5个项目获市科技进步三等奖。

12月

7日　省委书记李锦斌到马钢奥瑟亚化工有限公司进行考察调研。省委常委、省委秘书长唐承沛，省委副秘书长、政研室主任方正等参加调研。市领导魏尧、左俊等，马钢领导高海建、丁毅、蒋育翔陪同调研或参加座谈。

△　马钢党委召开中心组（扩大）学习会，邀请省委讲师团中心组学习处曹胜华处长开展理论宣讲。集团公司党委书记、董事长高海建出席学习会。集团公司总经理、股份公司董事长丁毅主持学习会。集团公司副总师及以上领导，股份公司总经理助理、副总师及以上领导，机关各部门主要负责人，各二级单位党政主要负责人参加会议。

7日-8日　马钢召开两个《方案》宣传讨论情况

汇报会暨职工座谈会，听取各单位关于两个《方案》的学习、讨论和宣传情况，了解职工对于两个《方案》的意见和建议情况，为进一步修订和完善两个《方案》相关细则提供参考和依据。集团公司领导高海建、张晓峰、唐琪明出席会议。参加两场宣传讨论情况汇报会的分别有集团公司和股份公司各单位党政领导及工会干事。参加职工座谈会的有各类代表。公司工会、公司人力资源部、公司法务部主要负责人及有关人员全程参加上述会议。

9 日　马钢召开钢材产品客户交流会。来自汽车、家电、煤炭矿山、仓储物流、钢材加工、机械重工等领域400余家重点客户的850名代表参加会议。大会总结一年来的合作成果，共同分析当前市场形势，共同展望互利共赢的美好未来。与会人员共同观看了马钢宣传片和产品宣传片，多家客户代表先后在会上发言，对马钢产品和服务给予了充分肯定，并表达了加强与马钢合作的真诚愿望。

13 日-14 日　省国土资源厅对对马钢集团矿山示范基地进行验收。省国土、财政厅联合验收组，通过查看资料、实地对高村采场、白象山铁矿进行考察后认为：马钢集团自承担示范基地项目建设以来，通过开展极贫矿的研究利用工作，加强老矿山残存矿石资源回收利用，开展复杂水文地质条件下井巷掘进及采矿方法试验研究，提高了低品位矿产资源综合利用水平，在国内推进矿山节能减排、环境保护、生态绿色矿山建设等方面起到示范作用。

15 日　马钢召开《马钢集团化解过剩产能实现脱困发展人员退出分流安置总体方案（讨论稿）》《马钢集团化解过剩产能期间员工居家休养暂行规定（讨论稿）》［以下简称“两个《方案》（讨论稿）”］讨论情况汇报会。集团公司董事长、党委书记高海建，集团公司总经理、股份公司董事长丁毅，集团公司党委常委、工会主席张晓峰，集团公司副总经理唐琪明出席会议。公司有关部门负责人，各单位党政领导及工会负责人参加会议。会议由张晓峰主持。

16 日　马钢举行与泰尔重工项目合作协议签字仪式。市及马钢领导高海建、季翔、丁毅、钱海帆、蒋育翔、任天宝及田俊，泰尔重工董事长邰正彪，市直有关部门负责人，慈湖高新技术开发区及雨山区有关负责人出席签约仪式。马钢有关单位主要负责人及泰尔重工有关负责人参加签约仪式。

17 日　市委副书记、市长左俊到马钢埃斯科特钢有限公司考察调研。

18 日　集团公司董事长、党委书记高海建会见了到访的晋西集团董事长、党委书记、晋西车轴董事长张朝宏一行，双方就开展战略合作事宜进行了广泛而深入的沟通交流。集团公司总经理、股份公司董事长丁毅，晋西车轴总经理、党委书记孔炯刚，集团公司副总经理、总工程师苏世怀，股份公司总经理助理杜松林及两家单位的有关人员陪同会见。

19 日　马钢召开2016年度综合考核动员会。高海建、丁毅、杨阳、张晓峰、苏世怀、唐琪明、陈冬生、陈昭启、钱海帆、蒋育翔、陆克从、严华等集团公司副总师及以上领导，股份公司总经理助理、副总师以上领导出席会议。公司综合考核工作领导小组成员，公司综合考核组全体成员，机关部门主要负责人，各二级单位、子（分）公司主要负责人及负责党建工作和发展工作的科室部门负责人参加会议。高海建在会上作动员讲话。

20 日　省委副书记、代省长李国英一行到马钢调研，就化解过剩产能工作情况深入生产建设现场实地考察。省政府秘书长杨敬农，省政府副秘书长、政研室主任叶晓明，省经济和信息化委主任牛弩韬、省人力资源和社会保障厅厅长白金明，省国资委主任李明参加调研。市及马钢领导左俊、高海建、丁毅陪同调研。

△　省政府在马钢召开钢铁行业化解过剩产能调研座谈会。省委副书记、代省长李国英主持会议并发表重要讲话，省委常委、常务副省长吴存荣，副省长周春雨，省政府秘书长杨敬农出席会议。省政府副秘书长、政研室主任叶晓明，省政府副秘书长李必方，省政府督查室主任汪春明，合肥市市长凌云，马鞍山市市长左俊，省直有关部门负责人，马钢领导高海建、丁毅参加会议。

21 日　马钢与中国建材集团有限公司旗下的中国建筑材料科学研究总院签订战略合作框架协议。中国建材集团董事长宋志平，市委书记魏尧，中国建材集团副董事长、中国建材总院院长姚燕，省国资委副主任、党委委员叶传柏，市委常委、常务副市长周善武，市委常委、市委秘书长吴桂林，马钢领导高海建、丁毅、钱海帆、蒋育翔、陆克从、严华出席签字仪式。马钢有关部门、单位负责同志和耐火公司的部门职工代表出席签约仪式。周善武在会上代表市委、市政府向合作双方表示祝贺。

22 日-23 日　马钢召开集团公司十八届一次（股份公司八届一次）职工代表大会。马钢领导高海建、丁毅、杨阳、张晓峰、苏世怀、唐琪明、陈冬生、陈昭启、钱海帆、蒋育翔、陆克从、严华、任天宝及高海潮、张乾春、王炜、黄发元、杜松林、田俊、张文洋,省国资委第五监事会主席潘茂群及大会主席团成员在主席台就座。公司部分老领导,以及市中心医院、马建集团、康泰公司、港口集团、力生公司、钢晨实业公司党政工领导作为特邀代表,公司部分合资企业代表和公司有关部门专业人员作为列席代表参加了大会开幕式。集团公司党委常委、工会主席张晓峰主持开幕式。集团公司总经理、股份公司董事长丁毅向全体代表作了题为《坚定不移深化改革,坚持不懈做强品牌,开创马钢转型升级、健康发展新局面》的工作报告。

23 日　集团公司十八届一次(股份公司八届一次)职工代表大会举行第二次全体会议。经过全体与会代表的无记名投票,《马钢集团化解过剩产能实现脱困发展人员退出分流安置总体方案(草案)》《马钢集团化解过剩产能期间员工居家休养暂行规定(草案)》获高票通过。

24 日　马钢党委召开中心组“讲看齐、见行动”专题学习讨论会,深入学习贯彻《中共安徽省委印发〈关于在全省党员干部中开展“讲看齐、见行动”学习讨论实施方案〉的通知》及省委“讲看齐、见行动”学习讨论动员大会精神,在公司上下进一步推进“讲看齐、见行动”学习讨论。集团公司党委书记、董事长高海建主持学习会。马钢党委中心组成员出席学习会。公司党委办公室、党委工作部、党委宣传部、纪委、企管部负责人列席学习会。与会同志集体学习了《中共安徽省委印发〈关于在全省党员干部中开展“讲看齐、见行动”学习讨论实施方案〉的通知》,观看了电视片《看齐是党应对挑战、完成使命的必然要求》专题讲座。

26 日　马钢召开三铁总厂“高炉稳定运行 1000 天”表彰大会。马钢领导丁毅、陆克从及高海潮、田俊,首钢技术研究院副院长张卫东,三铁总厂党政班子及受表彰的 108 名先进个人出席表彰大会。

30 日　马钢党委召开中心组学习讨论会。会议传达了中央经济工作会议及全省经济工作会议精神,围绕“讲看齐、见行动”进行第二次专题学习讨论。集团公司党委书记、董事长高海建主持学习讨论会。马钢党委中心组成员出席会议。公司党委办公室、党委工作部、党委宣传部、纪委、企管部负责人列席会议。

本月　马钢党委全面部署开展“讲看齐、见行动”学习讨论。

本月　马钢签约加盟长三角品牌建设联盟。

本月　马钢喜获 2016 年度“中国质量诚信企业”称号。

本月　股份公司通过 2016 年质量、环境、职业健康安全、能源管理体系监督审核。

本月　马钢 1990 毫米超宽幅汽车板实现稳定量产。

本月　马钢成功研发高强度钢丝绳用高碳钢线材产品,填补国内空白。

本月　马钢海洋石油平台用 H 型钢获冶金产品实物质量“特优质量奖”。

本月　马钢集团“降低 IF 钢的夹杂物含量、高炉原料矿槽颗粒物污染控制技术开发与应用、电铲提升减速箱回油装置、低成本铝碳质耐火制品用防氧化涂料、新型大包滑动水口液压控制系统”等 5 个项目代表安徽省参加首届全国企业创新方法大赛并全部获奖。

本月　一钢轧总厂在 CSP 产线首次成功进行双线耐候钢生产。

本月　耐火公司“高挡渣率转炉闸阀砖、高附着性钢包包壁冷态整体修补料和优质合金钢模铸用莫来石流钢砖”等三项产品被授予“高新技术产品认定证书”。

本月　欣创公司通过了省质监局专家省质监局认证,取得检验检测机构资质。

本月　马钢老年大学喜迎建校二十五周年。

本月　市中院顾慧茹法官工作室在马钢揭牌。

概　述

图1　马钢(集团)控股有限公司组织机构图

图2　马钢(集团)控股有限公司党组织机构图

企业概况

【基本情况】 马钢(集团)控股有限公司(简称“马钢”“马钢集团公司”)位于安徽省马鞍山市,是中国特大型钢铁联合企业,A+H股上市公司,由安徽省政府授权经营。截至2016年底,马钢总资产859.43亿元,具备2000万吨钢配套生产能力;单位从业人员人数42209人,单位从业人员人均年收入65535元(不含合肥公司、长钢公司)。马钢集团公司前身是成立于1953年的马鞍山铁厂。1958年,马鞍山钢铁公司成立。1993年,马钢作为全国首批试点企业进行股份制改制,分立为马钢总公司和马鞍山钢铁股份有限公司,马鞍山钢铁股份有限公司成为全国钢铁行业第一家A+H股上市公司。1998年,马钢总公司改制为马钢(集团)控股有限公司。2016年,马钢形成了“钢铁产业、钢铁上下游紧密相关性产业、战略性新兴产业”三大主导产业,基本构建了“1+7”多元产业新格局。其中“1”是钢铁产业,“7”是7个非钢产业板块,分别为矿产资源业板块、工程技术板块、贸易物流板块、煤化工及新材料板块、节能环保板块、金融与投资板块、信息产业板块。2016年,主要专业设备有:焦炉8座;烧结机10台,计2491平方米;球团竖炉5座,计66.2平方米;炼铁高炉13座,计22400立方米;炼钢转炉17座;连铸机20套;轧机26套。

【生产经营】 2016年,马钢共生产铁矿石原矿2218.44万吨、铁矿石成品矿728.86万吨,分别比上年增加12.73%和12.92%;生铁1764.12万吨、钢1862.63万吨、钢材1767.39万吨,分别比上年减少2.04%、减少1.01%和增加3.07%;其中铁道用钢材10.47万吨,大型型钢173.61万吨,中小型型钢11.30万吨,钢筋559.58万吨,线材82.42万吨,厚钢板24.85万吨,中板45.85万吨,冷轧薄板5.89万吨,中厚宽钢带246.34万吨,热轧薄宽钢带121.11万吨,冷轧薄宽钢带264.13万吨,镀层板(带)145.45万吨,涂层板(带)8.73万吨,其他钢材2.02万吨。集团实现营业收入544.12亿元,比上年增加8.02%,主营业务收入526.66亿元;全年实现利润总额10.70亿元,归属集团母公司净利润1.67亿元。

【项目建设】 2016年,马钢在建主要基建技改项目共62项,其中2016年建成投产或进入试运行25项,按期推进37项,全年完成固定资产投资16.5亿元。重点工程中,二铁总厂4号高炉项目于2016年9月6日成功点火,顺利投产并快速达产,与其配套的烧结、料场、公辅及5号焦炉项目均按期投用。埃斯科特钢项目,棒材区一期工程厂房建构筑物已施工结束,进入局部整改、消缺阶段;一期使用的公辅介质系统压气和电系统已正常供应,其他系统进入施工收尾阶段;棒材区一期热绕弹簧钢生产线已完成设备安装,全面进入设备调试阶段。新建高速车轴生产线工程于2016年7月初开工建设。其他建设项目中,煤焦化公司一净化复合炉工程建成投产,冷轧总厂新增电解脱脂机组项目投入运行。

【科技创新】 2016年,马钢以科技创新推动深化产品结构调整。一是紧盯市场需求调整产品结构。马钢动车组车轮成功应用于中国标准动车组420公里高速交会试验;高速车轮通过CRCC认证并正式供货;防穿孔真不锈炒锅渗氮专用钢产品应用于苏泊尔电器,实现国内首发;EA1N车轴用钢首次进入地铁行业,实现国内首家地铁车轴用钢连铸替代模铸工艺的重大突破;成功开发2160MPa级镀锌钢丝绳用工业线材,填补国内空白、替代进口。全年汽车板产量超过200万吨,比上年增长30%以上,国内市场占有率提高至7.5%,主机厂占比达到45%。家电板312万吨,稳居国内行业前三位。硅钢55万吨,比上年增长19%,W470及以上高牌号硅钢增长38.6%。特钢产品进入风电、核电用钢等高端领域。二是加大产品认证力度。高速车轮通过中铁检验认证中心(CRCC)认证,新开发的3种GE机车轮通过AAR认证,德铁ET423车轮完成工厂审核。汽车板通过重庆长安乘用车、上汽乘用车、上汽通用、吉利汽车等重要主机厂认证;酸洗家电板通过美芝、艾默生等压缩机厂认证。H型钢产品通过欧盟认证(CE)扩证现场审核和韩国工业标准(KS)初次认证审核,特钢产品通过压力设备认证(PED)。三是强化科技创新支撑。发挥企业创新主体作用,加大研发资金投入,全年研发投入8.89亿元,占主营业务收入比重为1.61%。推行科研项目委托制,实施公司级科技攻关项目100项;加快“安徽省轨道交通轮轴工程研究中心”等重点实验室研发平台建设,承担省级以上科研项目11项,全年获冶金行业科技进步奖4项、安徽省科技进步奖5项、授权专利293项。积极运用“互联网+”等信息技术,推进SAP向云平台迁移,建立集团协同办公平台,提升了企业运营效率。海洋石油平台用热轧H型钢获冶金产品实物质量十大“特优质量奖”,轮轴事业部2个QC小组被评为“全国优秀质量管理小组”。

【节能减排】 2016年,马钢以“十三五”规划为导向,通过持续加大环保治理投入和管理力度,依托环境管理体系(ISO14001)和能源管理体系(GB/T23331),全面完成全年节能减排各项目标任务,主要节能减排指标创历史最好水平,环境绩效显著提升。通过了安徽省环保厅2016年污染物总量减排核查。SO_2吨钢排放水平较上年下降58%,烟粉尘排放水平下降44%。重点炉窑废气无组织排放次数较上年下降80%,全年高炉基本实现“零”排放,污染源在线日均值100%达标。2016年,环保设施同步运行率创历史最好水平98.98%,在线有效传输率98.53%;吨钢耗新水达到历史新低3.65吨,吨钢综合能耗完成597.4千克标煤。圆满完成G20环境管控目标任务。全年环境事故为零、行政处罚为零;政府季度监督性监测实现100%达标。马钢股份公司荣获钢铁行业“清洁生产环境友好企业”称号和2015年度安徽省“环保诚信企业”称号。能源管理体系通过认证机构认证。

【进出口贸易】 2016年,马钢完成进出口贸易总额14.04亿美元,比上年增长6.93%。进口8.89亿美元,其中,铁矿石进口1292.23万吨,进口额6.99亿美元;煤炭进口116.71万吨,进口额1.75亿美元;设备项目和备品备件进口计1539万美元。全年钢铁产品出口量122.03万吨,出口金额5.16亿美元;其中车轮轮箍出口2.41万吨,创汇3910万美元。

【企业管理】 一是确立新的战略发展定位。编制完成《马钢“十三五”发展规划》,明确提出以产品升级、产业链延伸、国际化经营为主攻方向,把马钢建设成为“独具特色的钢铁材料服务商”和“规范高效的国有资本投资运营集团”新的战略定位。2016年四季度,围绕规划目标落地,开展了首次战略执行评估,对战略行动计划进行滚动调整。二是稳步推进人力资源优化。坚持去产能与优化人力资源相结合,实施新一轮人力资源优化,集团全年优化人力资源6289人、优化劳务1593人,取得了员工总量和在岗人数减少、劳动生产率有效提升、全年人工成本和劳务费用显著下降等阶段性成果,马钢股份公司劳动生产率达到561吨/人,比上年提高18.9%。三是深化改革强化管理。深化卓越绩效管理。马钢股份公司被中质协授予第十六届“全国质量奖”。深化企业管理创新,全年有7项成果获省级以上现代化管理创新奖。实施授权组阁、竞聘上岗,部分公司中层管理人员、229名科级管理人员主动退出竞聘,133名职工通过竞聘走上科级岗位,289名作业长落聘、作业长总数下降23%。有序实施流程再造,整合组建新的二铁总厂、长材事业部,将彩涂板事业部并入冷轧总厂,长材事业部南区高线整合至特钢公司;实施石灰、轧钢磨辊间、资源综合利用、检修、采购、仓配、危运车辆、信息化管理、档案等业务资源整合。健全管理制度体系,推进企业管理制度规范化、标准化、体系化建设,全年修订发布管理类文件(标准)153份,其中新增管理类文件(标准)48份,公司“管理标准平台”共发布499份管理标准。深化企业内控体系建设,组织开展子公司风险评估工作,动态识别421项风险(含重要风险96项),有针对性地制订风险应对措施,把风险控制在可控范围内。强化资金管理,有效应对金融机构抽贷、惜贷、境外融资额大幅下降等不利影响,拓展融资渠道,优化融资结构,股份公司成功注册发行100亿元短融并顺利发行第一期20亿元,集团公司顺利完成股票质押回购融资10亿元。严格落实安全生产责任制,强化隐患排查治理,深入推进安全生产标准化,安全生产态势总体平稳。

【非钢产业】 2016年,马钢多措并举发展多元板块。围绕“先整合、后规划,引战投、活机制,抓协调、促融合,防风险、造氛围”工作思路,大力发展钢铁上下游关联性产业和战略性新兴产业,持续推进板块资源整合,完善市场化运营机制,积极融入全市产业发展布局,加快合资合作步伐,多元产业蓄势待发。引入战略投资者取得实质性突破,与科达合资组建售电公司并正式运营,与武汉洪福合资成立防锈纸公司,与宁波东力签订合资协议,与中建材、泰尔重工签订合作协议,引进中国物流控股店埠河;完成联合电钢重组、欣创公司增资扩股;加快推进工程技术集团与中建国际的合资合作。马钢奥瑟亚焦油精制一期、淮北临涣焦炭基地项目建成投产;有序推进欣创公司、张庄矿登陆“新三板”。全年多元产业营业收入、利润总额分别占集团总额的28%和31%。

(办公室)

2016年马钢集团公司主要工作综述

【概况】 2016年,是马钢成功扭亏脱困、打赢家园保卫战的一年。马钢以深入学习贯彻习近平总书记系列重要讲话精神,特别是视察安徽重要讲话精神为推动,在省、市的正确领导和大力支持下,紧紧围绕"聚焦两大战场、锐意变革突破"工作主题,牢牢把握产品升级、产业链延伸、国际化经营主攻方向,抢抓市场机遇,深化结构调整,提升精益运营,强化干部担当,顺利实现"集团盈利、股份盈利、合并报表不亏损"三大目标,夺取了"十三五"发展的良好开局。

【强化市场经营创效】 一是提高市场研判和经营决策能力。有效跟踪、研判、把握市场变化,累计两头市场趋势研判正确率70%;完善经营决策体系,积极抢抓市场机遇,全年两头市场对冲与上年同口径相比创效26.9亿元。二是构建面向市场的新型营销模式。创新营销机制,设立销售总监,推行销售承包制,实施分品种吨钢销售奖励;完善定价策略,细分市场、灵活定价;拓展销售渠道,主攻区域市场,扩大电商销售,优化出口布局;强化营销服务,召开首次技术营销大会,组建10个APQP小组,实施17个EVI项目,推行"五位一体"客服体系。全年开发新客户175个、板带直供比66%;电商平台销售钢材52万吨、出口钢材121万吨。三是贴近市场精益采购。联合供方打造安全、稳定、高效、可持续、有竞争力的供应链,推进内部供应链系统联动一体化。规范供方管理,推进重点供方三方、二方审核,实施分级动态评价,培育诚信战略供方;提升保供能力,强化系统联动,抢抓紧缺资源,实现矿石、煤焦等大宗资源低库存、安全保供常态化运营;深化采购降本,推行招标定价、对标定价、成本定价,通过聚量、竞争性采购实现最优性价比。

【推进产品结构调整】 一是紧盯市场需求调整产品结构。聚焦三大类十个系列产品,扩品种、促升级,全年产品结构调整比上年增效6.9亿元;品种钢比例45%,同比提高3个百分点;新产品开发销售量38.6万吨,同比增长38%。在轮轴上,开发车轮新产品135个、轮对新产品24个,高速车轮获正式订单436件,全年生产销售弹性车轮5700套、低噪音车轮6100件、轮对2200对。在板带上,全年汽车板208万吨(高强汽车板占比50%),比上年增长33%,国内市场占有率提高至7.5%,主机厂占比达到45%;家电板312万吨,稳居国内行业前三位;硅钢55万吨,同比增长19%,W470及以上高牌号硅钢增长38.6%。在精品长材上,埃斯科特钢一期项目弹簧钢生产线竣工投产,美标H型钢、高端汽车紧固件用冷镦钢、车轴用钢、弹簧钢、HRB500E高强抗震钢筋等新产品成功开发,特钢产品外销量同比增长35%。二是加大产品认证力度。高速车轮通过中铁检验认证中心(CRCC)认证,新开发的3种GE机车轮通过AAR认证,德铁ET423车轮完成工厂审核。汽车板通过重庆长安乘用车、上汽乘用车、上汽通用、吉利汽车等重要主机厂认证;酸洗家电板通过美芝、艾默生等压缩机厂认证。H型钢产品通过欧盟认证(CE)扩证现场审核和韩国工业标准(KS)初次认证审核,特钢产品通过压力设备认证(PED)。三是持续提升产品品质。紧贴客户需求,强化技术改造,优化工艺设计,抓好质量流程管控,落实质量叫停机制,强化工艺纪律检查,加强责任追溯和专业考核,全年吨材质量损失同比下降0.58元。四是有效发挥技术支撑作用。加快"安徽省轨道交通轮轴工程研究中心"等重点实验室研发平台建设,承担省级以上科研项目11项,实施公司级科技攻关项目100项,全年获冶金行业科技进步奖4项、安徽省科技进步奖5项;建立统一的知识管理平台,优化专利管理模式,全年获授权专利280项。海洋石油平台用热轧H型钢获冶金产品实物质量十大"特优质量奖",轮轴事业部2个QC小组被评为"全国优秀质量管理小组"。

【提升精益制造水平】 一是主动去产能。与党中央保持高度一致,积极响应国家供给侧结构性改革,认真谋划、精心组织、有序推进,关停合肥公司钢铁冶炼产线、本部1座高炉、1座转炉和2座电炉,退出炼铁产能222万吨、炼钢产能281万吨,全年钢产量同比下降22万吨,实现既去产能又去产量。二是强化铁前稳定均衡生产。按照"技术先行、管理跟进、文化转变、责任落地"的思路,完善高炉体检和预警机制,优化铁前资源平衡和组产模式,大高炉长周期稳定顺行突破1000天,累计铁水成本低于行业平均水平2.88元/吨。三是推进钢轧专业化生产。坚持以客户为关注焦点,以确保质量稳定和订单按期交付为核心,抓好生产计划、销售、制造单元三者联动,深化订单分级管理,优化产线分工,发挥冷轧脱脂线、热轧平整机组作用,优势产线产能得到有效释放。汽车板订单兑现率和条目兑现率分别为90.5%、83.5%。四是深入推进系统经济运行。强化设备状态把控,开展重点产线设备精度管理,探索关键产线设备综合效率评价(OEE),70条重点产线设备故障次数和时间同比降低11.9%和25.7%,股份公司荣获第十届全国设备管理优秀单位称号;推进备件材料"零库存"管理,全年降低备件资金占用1.3亿元;推进系统能源经济运行,在环保运行费用增加、精炼比增高、深加工增多的情况下,全年吨钢综合能耗降至598千克标煤/吨;直供电创效4.3亿元。五是深入降本增效。开展工序产线对标,全年比上年实现降本8.2亿元。优化日成本核算系统,实现“按日核算、精细管理、对比分析、事中控制”,做到重点产线全覆盖。

【推进多元产业增量增效】 围绕“先整合、后规划,引战投、活机制,抓协调、促融合,防风险、造氛围”工作思路,持续推进板块资源整合、完善三年规划和任期目标责任制,加快合资合作步伐、建立法人治理结构和市场化运营机制,明确领导分工和责任、积极融入全市产业发展布局,落实《子公司管控通则》、月度例会和情况通报制度,开展领导访谈、外出考察和经验分享,多元产业蓄势待发。引入战投取得实质性突破,与科达合资组建售电公司并正式运营,与武汉洪福合资成立防锈纸公司,与宁波东力签订合资协议,与中建材、泰尔重工签订合作协议,引进中国物流控股店埠河;完成联合电钢重组、欣创公司增资扩股;加快推进工程技术集团与中建国际的合资合作;有序推进欣创公司、张庄矿登陆“新三板”。全年多元产业营业收入、利润总额分别占集团总额的28%、31%。矿产资源业板块加强经营型矿山建设,引入市场化机制,增产量、提品质、降成本、争政策,全年成品矿同比增长9.3%,实现营业收入34亿元、利润总额5000万元。工程技术板块整合归并内部同业资源,参与4号高炉项目建设、总包合肥镀锌线项目,压缩劳务和费用,8月份实现月度扭亏,全年实现营业收入26亿元,同比减亏3900万元。贸易物流板块扩大服务贸易,开展保理业务,拓展贴牌业务,全年贸易板块实现营业收入38亿元、利润总额3800万元;物流板块完成股权整合,实施港口、仓储、运输、配送一体化运作,支撑钢铁产业物流降本7500万元,全年实现营业收入13亿元、利润总额4100万元。煤化工及新材料板块加快发展循环经济,马钢奥瑟亚焦油精制一期、淮北临涣焦炭基地项目建成投产,金马能源、盛隆焦化等合资企业实现良好收益,全年煤化工板块实现营业收入4.98亿元;深化耐材总包,强化粉末冶金产品创效,整合周边水渣资源,全年新材料板块实现营业收入11.7亿元、利润总额3600万元。节能环保板块加快专业化运营和资质能力建设,成功托管运营二铁总厂环保除尘系统,建成环境设施集中监控管理中心;积极开拓外部市场,投资建设山西煤炭瓦斯发电项目,中标城区水系治理项目和滁州天长市乡镇污水处理厂项目,全年实现营业收入5.4亿元、利润总额4200万元;信息技术板块全力推进云公司运营和市场推广,成功实施马钢整体SAP系统迁移和CSP轧机二级系统自主升级改造,开拓信息安全等级保护测评、两化融合、智能制造等新兴业务,全年实现营业收入2.8亿元、利润总额2400万元;金融投资板块强化产融结合,大力拓展电票业务,信贷余额同比增长23.3%,财务公司在全省率先获得中国银监会监管评级A类;资产经营公司积极盘活运作存量土地房产,拓展租赁业务,提高处置收益;投资公司实施定向资管计划降低马钢发债成本,积极参与新股申购。全年实现营业收入2.9亿元、利润总额2亿元。

【深化改革强化管理】 一是实施授权组阁、竞聘上岗。部分公司中层管理人员、229名科级管理人员主动退出竞聘,133名职工通过竞聘走上科级岗位,289名作业长落聘、作业长总数下降23%,实现了岗位能上能下、薪酬能升能降。二是有序实施流程再造。整合组建新的二铁总厂、长材事业部,将彩涂事业部并入冷轧总厂、长材事业部南区高线整合至特钢公司。实施石灰、轧钢磨辊间、资源综合利用、检修、采购、仓配、危运车辆、信息化管理、档案等业务资源整合。三是优化人力资源。通过重点抓好岗位优化、岗位竞聘、人员分流、劳务精简、政策和服务配套、专业化整合和业务归并六个环节,稳妥、有序、高效实施人力资源优化,取得了员工总量和在岗人数减少、劳动生产率有效提升、全年人工成本和劳务费用显著下降等阶段性成果,全年集团优化人力资源6289人、优化劳务1593人,股份公司劳动生产率达到561吨/人,同比提高18.9%。组建了人力资源服务中心,妥善做好落聘待岗人员的培训与转岗工作。四是加强战略管理和品牌管理。编制完成马钢“十三五”发展规划,开展了首次战略执行评估与滚动调整。全面加强品牌建设,制定落实十四项重点工作。五是强化资金管理。有效应对金融机构抽贷、惜贷、境外融资额大幅下降等不利影响,积极争取政策,拓展融资渠道,优化融资结构,股份公司成功注册发行100亿元短融并顺利发行第一期20亿元,集团公司顺利完成股票质押回购融资10亿元,确保了生产经营正常资金需求。六是扎实开展安全和环保管理。严格落实安全生产责任制,强化隐患排查治理,深入推进安全生产标准化,安全生产态势总体平稳。严格落实环保刚性要求,推进全流程清洁生产和节能减排,全年烟尘、二氧化硫吨钢排放量同比分别下降41%和63%,股份公司荣获中钢协“清洁生产环境友好企业”称号。七是机关效能大幅提升。制造部、设备部进驻现场办公,技术中心优化驻厂技术人员力量,有力支撑现场问题快速高效解决。深化管理人员下基层活动，与基层一线职工面对面交流，增进理解，凝聚共识，汇聚合力。以项目管理方式，争取国家各类政策资金20.5亿元，对当期盈利提供了有力支撑。

【凝聚共建美好家园强大合力】 一是深入开展理论学习和形势任务教育。重点学习习近平总书记系列重要讲话精神特别是视察安徽重要讲话精神、党章党规、准则和条例等内容，进一步增强“四个意识”。组织开展“两学一做”到基层宣讲、“百人宣讲到基层、千堂党课进支部”等活动，编印《学习与辅导》专题材料，选树“马钢尖兵”，进一步凝聚共建美好家园的思想共识。二是发挥党组织领导核心和政治核心作用。成功召开马钢第五次党代会，为企业未来发展指明了方向；深化矩阵式党建，对9家单位开展内部巡察，认真做好中央巡视组巡视“回头看”反馈意见和省委第五巡视组反馈问题整改工作；积极开展“双争”活动，党员示范岗、示范岗党员数分别增长200%和64%。三是深入推进家园文化建设。大力弘扬“感恩在心、胸有朝阳、公平正义、风清气正”家园文化，首次举行“9·20”升旗宣誓仪式，开展“家和万事兴”征文、“最美厂区”和“最佳四室”评选活动，营造了浓厚的家园氛围。四是不断深化民主管理。落实“依靠”方针，发挥“双向维护”功能，民主管理制度化、规范化、科学化水平持续提升。五是推进全员岗位创新创效。常态化开展提合理化建议活动，全年创效1.6亿元。广泛开展劳动竞赛、技能比武、“双五小”攻关等活动。六是关心关爱职工。通过互助帮困、金秋助学、送温暖等帮扶平台，发放慰问金870万元、慰问品65万元，让广大职工真切感受到家园温暖。

（周景程）

2016年党委工作

【基本情况】 2016年是马钢成功扭亏脱困、取得近年来最好业绩的一年，也是公司各级党组织深度融入和嵌入生产经营、积极发挥作用的一年。面对钢铁市场复杂多变的巨大考验，在省委省政府及方方面面的关心和支持下，公司党委深入贯彻习近平总书记系列重要讲话特别是视察安徽重要讲话精神，坚持发挥党委工作前置作用，以矩阵式党建为有力抓手，把党建工作深度融入和嵌入生产经营和改革发展各个环节，全力落实全面从严治党各项要求，为打赢家园保卫战、夺取“十三五”良好开局提供了坚强政治保证。

【加强理论武装和意识形态工作】 坚持以党的最新理论成果武装头脑、指导实践，全年召开党委中心组学习15次，认真学习、深入贯彻习近平总书记系列重要讲话特别是视察安徽重要讲话精神、党的十八届六中全会、中国共产党成立95周年大会、全国国有企业党的建设工作会议、省第十次党代会等精神，坚决贯彻、果断执行中央和省委省政府重大决策部署，在具体工作实践中不断锤炼党性。扎实开展“讲看齐、见行动”学习讨论，印发了活动方案，紧扣“四围绕、四查找、四确保”组织开展了3次公司领导班子学习研讨会，编印工作简报6期，推动学习讨论不断深入。加强意识形态工作，公司党委成立了意识形态工作领导小组，制定了党委意识形态工作责任制实施细则。深化舆论宣传，强化企业内部报纸、电视、网站及新媒体规范化管理，掌握舆论话语权和主导权，积极传递正能量。做好新形势下的统战工作，认真履行抓好统战工作的重要职责，全面落实“四纳入”“三带头”的要求，全力做好分内事、种好责任田。深化家园文化建设，坚持正面宣传引导，开展“9·20”马钢纪念日升旗宣誓、“马钢尖兵”新闻人物评选、“家和万事兴”征文等活动，营造了“感恩在心、胸有朝阳、公平正义、风清气正”浓厚氛围。

【扎实开展“两学一做”学习教育】 落实规定动作不走样，牢牢把握“基础在学、关键在做”的要求，强化组织领导，落实八项措施，开展专题学习教育、“双争”创建、知识测试、征文等活动，在全公司党员中掀起学党章党规、学系列讲话，做合格党员的热潮；创新自选动作求实效，坚持“四个结合”，以“宣讲到基层、凝聚精气神、持续转作风、同心筑家园”为主旨，大张旗鼓、声势浩大地开展“两学一做”到基层活动，组织“百人宣讲到基层、千堂党课进支部”，促进扭亏脱困、人力资源优化、矩阵式党建、家园文化建设等当期重点工作不断取得新成效。“两学一做”学习教育开展以来，公司中高层管理人员分赴642个基层党支部进行宣讲和督导，共讲党课1532堂次；对照“五查五看”，查找问题997个，已经整改932个；党员示范岗从318个发展到952个，示范岗党员数由3638人增加到5960人，分别增长200%和64%。

【持续改进作风】 持续深化“三严三实”专题教育整改，固化作风改进常态化工作机制，打造下基层跟班蹲点“升级版”，中层以上管理人员跟班蹲点974人次,收集基层意见建议1242条,有力促进了作风转变和工作改进。组织开展落实中央八项规定精神、省委“三十条”和公司改进作风相关规定执行情况的监督检查,查处违反中央八项规定精神的问题3起,涉及6人,分别给予诫勉谈话、经济处罚、责令作出书面检查等处理。深化作风督查,在元旦春节、国庆中秋等期间,公司派出3个督查组,重点查处节日期间违规使用公车、公款吃喝、购买商业预付卡等违规违纪行为,未发现违规违纪问题。

【加强领导班子和干部队伍建设】 坚持党管干部原则,坚持德才兼备、以德为先的用人导向和20字好干部标准,规范选人用人程序,全年提拔公司中层管理人员15人,交流84人。借鉴省委“双百”考核工作经验,在先行试点开展综合考核的基础上,制定下发了《领导班子和领导人员综合考核工作办法》及考核细则,在全公司范围内全面推行。深化干部人事制度改革,打破干部终身制,全面推行“授权组阁、竞聘上岗”,部分公司中层管理人员、229名科级管理人员主动退出竞聘,133名职工通过竞聘走上科级岗位,289名作业长落聘、作业长总数下降23%,真正做到岗上有压力、岗下有动力。加强后备干部队伍建设,优化队伍结构,加大培养力度,举办了1期中青年干部培训班。从严管理干部队伍,认真开展个人有关事项报告抽查核实工作,落实干部日常管理监督制度,全年函询15人次、提醒谈话20人次、诫勉谈话10人次、纠错整改69人次。

【重视人才队伍建设】 坚持党管人才原则,将人才工作纳入重要议事日程,成立马钢人才工作委员会,统筹推进人才队伍建设。盘活内部资源,以人才能力建设为中心,以分类分层管理为依托,以培养使用为目标,初步建立了涵盖公司主体专业、门类基本齐全的集团人才库。落实省委《关于深化人才发展体制机制改革的实施意见》,探索实施人才“双轨制”,全年引进1名线材控轧控冷工艺设计人才和1名材料专业博士,返聘12名员工,着力缓解公司人才结构性短缺矛盾。积极推荐高层次人才参加政府重点人才工程申报,3人获国务院和省政府特殊津贴、1人入选省特支计划、2人入选安徽省第五批战略性新兴产业技术领军人才、12人入选省国资委“538英才工程”、2个团队当选“马鞍山市高层次产业创新团队”。

【持续深化矩阵式党建工作】 把推行矩阵式党建作为解决党建工作“四化”问题的重要举措,聚焦生产经营和党建重难点工作,坚持问题导向,改进督查方式,细化督查内容,强化督促整改,狠抓20项重点工作任务落实;深化纵向职能,围绕市场和现场推进“六有”服务型党组织建设;拓展横向协同,坚持重心下移,创新思路,在特钢党委与埃斯科特钢党支部试点开展横向协作共建。加强基层党组织建设,党建工作经费占工资总额的3.37%、专职党务工作者占职工总数1.47%;按照“四同步”要求设置党的基层组织,新组建长材事业部等2个基层单位党委、国贸公司等3个直属党(总)支部;指导16家基层党委完成换届改选;抓好党员教育管理,全年发展新党员377名。

【扎实推进党风廉政建设和反腐败工作】 加强纪律教育,重点抓好党的《廉洁自律准则》《纪律处分条例》《问责条例》《党内监督条例》学习贯彻,强化广大党员特别是党员领导干部党章党规意识;加强执行党规党纪及公司重大决策部署落实情况的监督检查,坚决纠正有令不行、有禁不止行为,对16名中层管理人员进行问责,分别给予通报批评、扣发绩效年薪等处理。建立内部专项巡察常态化工作机制,成立党委巡察工作办公室和巡察组,采取“一托三”等方式,全年对9家单位进行了巡察,有效发挥巡察工作问题发现、预警、整改功能。建立分级分类防控体系,完善廉洁风险防控责任落实、动态监控、预警处置和检查评估机制,组织开展廉洁风险防控测试,基层单位测试覆盖面达95.9%。强化案件查办治本功能,全年审结案件13件,给予开除党籍处分9人,留党察看处分1人,党内严重警告处分1人,党内警告处分2人;解除劳动合同7人,行政记过4人;受到刑事处理10人。

【认真落实整改巡视反馈意见整改】 切实把巡视整改作为从严治党、强化管理的有利契机,认真学习贯彻省委召开的中央巡视组巡视“回头看”反馈意见整改动员部署大会和省委“四个专项整治”推进会精神,坚持态度从严、措施从实、进度从快,主动对号入座,认真对照检查,细化问题清单、任务清单、责任清单,明确时间表、路线图,建立工作例会、内部报告、督察督办、整改问责等保障机制,确保了中央巡视组巡视“回头看”反馈意见四大类22个问题整改任务、省委专项巡视马钢反馈意见11项整改任务按期保质保量完成。

【严格落实党建工作责任制】 成功召开公司第五次党代会,顺利完成两委委员换届改选工作。公司党委定期研究企业党建工作,印发了《马钢集团公司党委2016年矩阵式党建工作要点》《马钢集团公司党委2016年巡察工作意见》《马钢2016年党风建设和反腐倡廉工作重点任务分解表》等工作文件。深化“两个责任”落实，建立党委书记、纪委书记“两个责任”清单，实行领导人员述责述廉和落实“两个责任”定期报告工作机制；把贯彻落实党风建设和反腐倡廉工作责任制及“一岗双责”制度，与公司党委党群工作督查同步进行检查和考核，并将落实党风建设责任制情况纳入中层管理人员绩效考核，有3名中层管理人员因2015年度党风建设责任制考核受到扣减绩效年薪处理。实行党风廉政建设“一票否决”，全年对3家二级单位申报先进集体或先进基层党委予以否决，对6家单位廉政建设予以考核扣分。

【积极发挥党群组织作用】 深入贯彻中央《关于加强和改进党的群团工作的意见》及省委实施意见精神，结合企业实际，积极创造条件，支持群团组织开展工作，引导群团组织融入中心、服务大局、发挥作用。激发职工创新创效活力，征集合理化建议8530条，实施等级建议1804条、创效1.6亿元；青年“双五小”技术攻关立项结题365项；命名表彰职工岗位创新创效成果奖18项、马钢先进操作法8条；一批职工创新工作室先后被授予全国冶金行业优秀创新工作室、安徽省机冶系统创新工作室。关心服务青年成长成才，搭建“青年之声”服务平台，开展导师带徒结对子150对，为100名大学生职工提供购房首付款低息贷款；关爱困难职工，通过互助帮困、金秋助学、送温暖等帮扶途径，发放慰问金870万元、慰问品65万元。

（周景程）

董事会

【董事会工作】 2016年，马钢集团公司董事会依据《中华人民共和国公司法》《马钢（集团）控股有限公司章程》和《马钢（集团）控股有限公司董事会议事规则》以及国家有关法律、法规的规定，认真履行职责，坚持规范运作，有效发挥了董事会在公司重大决策等方面的重要作用。全年集团公司董事会共召开10次董事会议，会议决议主要内容有：

1. 审议通过《马钢集团公司2016年度全面预算方案》。

2. 审议通过《关于〈马钢集团承包经营管理方案〉的议案》。公司决定在各级管理层模拟市场化运营模式，以年度预算目标作为主要承包内容，“授权组阁、竞聘上岗、承包经营、年年考核、三年一届”。

3. 审议通过《关于电气修造公司划归工程技术集团的请示》。

4. 审议通过《关于为罗河矿业融资提供担保的请示》。公司决定为罗河矿向建设银行申请融资8250万元提供担保，同意矿业公司为罗河矿向财务公司申请融资8250万元提供担保，期限三年，免于反担保、免收担保费。

5. 审议通过《关于为矿业公司融资提供担保的请示》。公司决定为矿业公司向民生银行申请1亿元流动资金贷款提供最高额担保，担保期限三年，免于反担保、免收担保费；为矿业公司向徽商银行申请0.5亿元流动资金贷款提供最高额担保，担保期限三年，免于反担保、免收担保费。

6. 审议通过《关于欣创公司山西瓦斯发电合同能源管理项目申请立项的请示》。同意欣创公司以合同能源管理模式承揽山西七一新发煤业、潞安集团余吾煤业、华电公司石泉煤业三个低浓度瓦斯发电项目。项目投资期限6年，其中建设期1年，运营分享期5年。

7. 审议通过《关于拟出售工程技术集团上海住宅房产的议案》。

8. 审议通过《关于物流板块相关公司股权划转的议案》。将马钢国际经济贸易有限公司持有的安徽中联海运有限公司62%股权变更至马钢物流公司；将马钢集团公司持有的安徽马钢汽车运输服务有限公司100%股权变更至马钢物流公司；将马钢集团公司持有的马鞍山港口（集团）有限责任公司50%股权变更至马钢物流公司；将马钢国际经济贸易有限公司持有的合肥店埠河港务有限公司50%股权变更至马钢物流公司；将马钢集团公司持有的安徽省郑蒲港务有限公司23.33%股权变更至马钢物流公司；将马钢集团公司持有的马鞍山钢晨实业有限公司23.4%股权变更至马钢物流公司。以上股权变更采用划转方式进行，划转以马钢集团公司、马钢国际经济贸易有限公司2015年12月31日经审计的账面投资额为准。马钢国际经济贸易有限公司因购买合肥店埠河港务有限公司和安徽中联海运有限公司股权形成的债务一并划转。

9. 审议通过《关于合肥店埠河港务有限公司重组的议案》。根据2015年12月马钢（集团）控股有限公司与中国物流有限公司、中盐安徽红四方股份有限公司签订的《战略合作框架协议》，公司决定对合肥店埠河港务有限公司进行重组：合肥店埠河港务有限公司吸收合并中盐安徽红四方股份有限公司子公司诚通红四方,诚通红四方解散并注销。合并完成后,存续的合肥店埠河港务有限公司名称变更为中国物流安徽有限公司。重组后的股权结构为:中国物流有限公司持有40%,中盐安徽红四方股份有限公司持有30%,马钢物流公司持有15%,马鞍山港口(集团)有限责任公司持有15%。

10. 审议通过《关于调整所持安徽中联海运有限公司股权比例的议案》。公司决定对安徽中联海运有限公司股权比例进行调整:马钢单方面进行减资,将马钢物流公司所持股权比例由62%减至51%。

11. 审议通过《关于转让马钢联合电钢轧辊有限公司部分股权的议案》。根据2015年11月20日马钢集团公司、联合电钢(香港)有限公司、江苏共昌轧辊股份有限公司签署的《关于重组马钢联合电钢轧辊有限公司合作框架协议》,公司决定将持有的马钢联合电钢轧辊有限公司的部分股权挂牌转让。(一)转让标的股权。转让标的股权为马钢集团公司持有的马钢联合电钢轧辊有限公司17%股权,股权转让在依法设立的产权交易机构公开进行。该部分股权转让给第三方后,第三方仅享有股权投资收益。(二)其他股权转让。根据合作框架协议约定,同意联合电钢(香港)有限公司转让马钢联合电钢轧辊有限公司16%的非国有股权给江苏共昌轧辊股份有限公司,马钢放弃优先购买权。下一步,将按照国有产权转让的有关规定做好相关工作。

12. 审议通过《关于处置马钢联合电钢轧辊有限公司债权债务的议案》。根据2015年11月20日马钢集团公司、联合电钢(香港)有限公司、江苏共昌轧辊股份有限公司签署的《关于重组马钢联合电钢轧辊有限公司合作框架协议》中对马钢联合电钢轧辊有限公司债权债务处置相关条款约定,同意用马钢联合电钢轧辊有限公司设备资产抵偿积欠马钢重机公司的债务。下一步,资本运营部要做好债权债务处置的各项工作。

13. 审议通过《关于马钢幼教移交工作情况的报告》。根据2015年9月9日李锦斌省长到马钢召开精准帮扶调研座谈会精神,马钢幼教移交的各项准备工作已基本完成,公司决定正式启动移交工作。下一步,将按照市政府与马钢协商确定的《马钢幼教中心移交工作实施方案》《关于马钢幼教移交过程中有关具体问题的处理意见》,依照有关法律法规,妥善处理好有关具体问题,做好移交工作。

14. 审议通过《关于马钢股份公司为瓦顿公司融资提供担保的请示》。同意马钢股份公司为瓦顿公司向中国银行巴黎分行申请等值人民币不超过8000万元的流动资金贷款提供全额信用担保。期限一年,免于反担保、免收担保费。

15. 审议通过《关于马钢(香港)有限公司增加注册资本的议案》。同意马钢(香港)有限公司将25520万港元未分配利润转增注册资本。增资完成后,马钢(香港)有限公司注册资本增至26000万港元,马钢股份公司和马钢国际经济贸易有限公司分别持有91%和9%的马钢(香港)有限公司股权比例不变。

16. 审议通过《关于向马鞍山市雨山区城市发展投资集团有限责任公司转让埃斯科特钢有限公司部分股权的议案》。同意马钢股份公司向马鞍山市雨山区城市发展投资集团有限责任公司转让埃斯科特钢有限公司9%股权,马钢股份公司持有埃斯科特钢有限公司股权比例降为66%,股权转让基准日为2016年3月31日。

17. 审议通过《关于调整马鞍山马钢嘉华商品混凝土有限公司等三家公司部分委派人员的议案》。

18. 审议通过《关于终止向马建集团经营团队转让剩余国有股权的请示》。为规范国有出资行为,根据马建集团改制方案,批准终止向马建集团联合竞买团队继续转让其未认购的1737.5004万元国有股权,由集团公司与联合竞买团队签订终止股权转让协议。至此,集团公司将持有马建集团30.09%股权。

19. 审议通过《关于马建集团国有股权无偿划转的请示》。集团公司将持有的马建集团30.09%股权无偿划转至工程技术集团,划转以集团公司2015年12月31日经审计的账面投资额为准。

20. 审议通过《马钢“十三五”发展规划》。

21. 因工作需要,聘任邓宋高为董事会秘书;免去许洲董事会秘书职务。

22. 审议通过《关于为股份公司注册发行100亿元短期融资券提供担保的请示》。

23. 审议通过《关于投资公司与安徽科达机电有限公司合资成立电力公司的议案》。同意马钢集团投资有限公司与安徽科达机电有限公司合资成立安徽科达电力有限公司(以下简称电力公司)。电力公司注册资本20000万元,马钢集团投资有限公司对电力公司注册资本的出资金额为4000万元,占电力公司注册资本20%的股权。马钢集团投资有限公司需做好风险管控。

24. 审议通过《关于马钢重机公司拟与宁波东力组建合资公司的议案》。同意马钢重机公司利用马钢内部市场提供的机遇和外部专业化技术，与宁波东力股份有限公司组建合资公司安徽马钢东力传动设备有限公司，开展减速机维修等业务。该合资公司注册资本为1000万元，马钢重机公司占股比例为51%。马钢重机公司以土地及资产出资，不足部分以现金补足。

25. 审议通过《关于马钢集团公司拟转让马钢联合电钢轧辊有限公司17%股权项目资产评估报告的议案》。原则同意该评估报告。

26. 审议通过《关于马钢联合电钢轧辊有限公司拟以设备资产偿债项目支持评估报告的议案》。原则同意该评估报告。

27. 审议通过《关于物流公司申请购置2万吨级船舶的请示》，同意物流公司购置一艘2万吨级船舶。物流公司要按照内外结合的经营理念运作，先立足公司内部，逐步拓展外部货源，有效提升盈利能力；同时做好风险管控。

28. 审议通过《关于汽运大院汽车修理搬迁及钢构公司设备钢结构生产线搬迁项目的请示》。同意该搬迁项目立项。

29. 审议通过《关于商请江东控股集团公司提供担保签订互保协议及相关事项的请示》。同意集团公司与江东控股集团公司互保方案并签订《互保协议》。

30. 审议通过《关于宁波东力合资项目出资情况的议案》。同意该评估报告；根据合资项目注册资本和股权设置，马钢重机公司土地和资产出资不足部分以现金补足。

31. 审议通过《关于欣创公司增资扩股暨引进战略投资者的议案》。同意欣创公司通过增资扩股引进战略投资者江东控股集团有限责任公司（以下简称江东控股集团），江东控股集团以现金方式对欣创公司增资。（一）以2016年4月30日为评估基准日，对欣创公司资产进行评估，经评估净资产价值为22339.39万元，折算股价2.234元/股。（二）江东控股集团以现金的方式对欣创公司增资5000万元，按欣创公司每股价值计算，入股22381990股，增资后持股比例为18.29%。（三）马钢集团公司放弃本次增资。

32. 审议通过《关于加强全资和控股子公司董事会、监事会规范化建设的意见》。

33. 审议通过《关于姑山铁矿露天转地下项目立项的请示》。

34. 审议通过《关于国贸公司为其子公司上海马钢国贸公司提供担保的请示》。同意国贸公司为其全资子公司上海马钢国贸公司提供2000万元融资授信担保。

35. 审议通过《关于房地产项目部申请委托贷款额度的报告》。同意将房地产项目部委托贷款额度控制在9亿元，并调整现有利率为4.7%。

36. 审议通过《关于马钢集团公司2016年度预算调整的请示》。

37. 审议通过《关于股份公司拟与洪福公司组建合资公司的议案》。同意马钢股份公司与洪福公司组建防锈纸合资公司方案。

38. 审议通过《关于投资公司向江苏共昌轧辊股份有限公司增资的议案》。同意马钢集团投资有限公司向江苏共昌轧辊股份有限公司增资方案。增资完成后，马钢集团投资有限公司持有江苏共昌轧辊股份有限公司股份数为438.3万股，占增资扩股完成后江苏共昌轧辊股份有限公司总股本的3.9%。

39. 审议通过《关于安徽马钢自动化信息技术有限公司在深圳设立子公司的议案》。同意安徽马钢自动化信息技术有限公司以实物资产或现金方式出资并分步进行注资的方式在深圳设立全资子公司，稳步开拓外部市场。

40. 审议通过《关于马钢（慈湖）钢材加工配售有限公司级次提升的议案》。根据《省国资委关于马钢（集团）控股有限公司清理整合三级以下和非主业企业工作方案有关事项的通知》（皖国资产权函〔2015〕585号）要求，同意由马钢股份公司协议收购马钢（芜湖）钢材加工配售有限公司持有的马钢（慈湖）钢材加工配售有限公司92%股权，将马钢（慈湖）钢材加工配售有限公司由目前的四级公司提升为三级公司。

41. 审议通过《关于工程技术集团参与马建集团增资扩股的议案》。同意工程技术集团参与马建集团增资扩股。（一）本次增资扩股计划增加注册资本18600万元，增资扩股完成后，马建集团注册资本由目前的13000万元增至31600万元。其中，工程技术集团增资5596.74万元。（二）本次增资扩股采取由马建集团现有股东同比例增资方式，增资后各股东的持股比例不变。其中，工程技术集团持股比例为30.09%。（三）本次增资扩股，由各股东以实物资产或现金认缴，并于马建集团股东会作出本次增资决议后五年内缴付完毕。

42. 审议通过《关于欣创公司整合华阳设备诊断公司的议案》。同意安徽欣创节能环保科技股份有限公司(以下简称“欣创公司”)整合马钢股份公司持有的马鞍山马钢华阳设备诊断工程有限公司(以下简称“华阳设备诊断公司”)90%股权。(一)整合方式。由欣创公司以现金方式协议购买马钢股份公司持有的华阳设备诊断公司90%股权。(二)对华阳设备诊断公司进行评估。聘请中介机构对华阳设备诊断公司进行资产评估,以评估值作为欣创公司购买(马钢股份公司转让)华阳设备诊断公司90%股权的基准价格。

43. 审议通过《关于变更财务公司注册资本的请示》。同意以同比例增资方式增加财务公司注册资本金10亿元人民币;增资完成后,财务公司注册资本由目前的10亿元人民币(含500万美元)增至20亿元人民币(含500万美元)。

44. 审议通过《关于在兴业银行合肥分行开展股票质押回购融资业务的请示》。同意在兴业银行合肥分行开展股票质押回购融资业务,以马钢集团公司持有的8亿股马钢股份股票质押,融资成本不超过5.90%,期限1+1+1年。

45. 审议通过《关于核减账实不符土地资产的议案》。同意核减账实不符土地资产9055.06万元。

【董事会秘书处工作】 1. 做好董事会会务工作。完成了10次董事会会议的材料准备、会议记录以及各项会务工作。完成董事会决定事项和董事会决议共24份文件的起草和审签下发工作,同时做好文件资料的整理及存档等工作。为有关部门提供公司董事会决议或董事会决定事项等文件,为公司生产经营和改革发展服务。

2. 完成省国资委监事会主席一行到马钢参加省委对公司领导测评工作的联系、安排和接待等工作。

3. 完成省国资委监事会主席一行到销售公司和张庄矿、罗河矿调研的联系安排和接待等工作。做好省国资委监事会主席、监事到马钢出席集团董事会会议的联系、安排和接待工作。

4. 完成董秘处相关材料的撰写工作。5月-6月,按照公司巡察办要求,牵头协调党委工作部、企管部、法务部、资本运营部、股份公司董秘室(监秘室)报送《七个方面问题整改任务分解表》相关内容,完成集团董秘处承担的《七个方面问题整改任务分解表》相关内容的整理,对各单位报送的内容进行汇总、修改,完成向公司巡察办上报工作以及后续材料修改的协调配合工作。

5. 按照董事长要求,9月份,对集团公司子公司董事会建设情况及委派董事、监事情况进行了调研,完成调研报告的撰写工作。

6. 根据公司董事会要求做好相关日常服务工作。

7. 根据董事会秘书处工作职责做好相关管理工作。

(姜国强)

企业改革

【安徽马钢欣巴环保科技有限公司揭牌成立】 2016 年 1 月 30 日，由马钢欣创节能环保科技股份有限公司控股的安徽马钢欣巴环保科技有限公司揭牌成立。揭牌仪式在马鞍山市经济技术开发区举行。马钢集团副总经理蒋育翔、巴克曼亚太区执行总裁 Leigh Mann，市开发区管委会主任李强，集团公司相关部门负责人，欣创公司股东、高管人员等嘉宾出席了本次仪式。马钢集团副总经理蒋育翔代表集团公司致辞。

为促进马钢节能环保板块又好又快发展，马钢欣创公司与美国先进环保企业巴克曼实验室经过长期接洽，2016 年初决定合作成立安徽马钢欣巴环保科技有限公司。安徽马钢欣巴环保科技有限公司由安徽马钢欣创节能环保科技股份有限公司和巴联投资管理（上海）有限公司共同出资组建，注册资本 2200 万元。欣创环保占 55% 股份。欣巴公司整合了美国巴克曼实验室（Buckman Lab）和马钢集团旗下欣创节能环保的技术及优势资源，主要营业范围涵盖工业民用水处理产品、各类工艺化学品、工业与民用水质运营服务、环保及工艺技术咨询。下一步，欣巴公司将以托管运营马钢股份公司水质运营药剂为发展基础，建设欣巴公司自主药剂生产厂房，提升市场竞争力，逐步扩大外部市场份额。

（王希通）

【马钢人力资源服务中心揭牌】 在钢铁行业新一轮优化整合过程中，马钢不断推进人力资源优化工作，重点在岗位优化、岗位竞聘、人员分流、劳务精简、政策和服务配套、专业化整合和业务归并六个环节努力。为有效支撑公司对人力资源的系统优化、持续优化工作，给转岗、待岗人员提供转岗培训机会、打造再就业服务平台，促进人力资源优化工作的长期开展，集团公司在经过充分调研、认真筹划的基础上，决定成立人力资源服务中心。

2016 年 9 月 30 日上午，马钢人力资源服务中心举行揭牌仪式。集团公司董事长、党委书记高海建，集团公司总经理、股份公司董事长丁毅，共同为马钢人力资源服务中心揭牌。

马钢人力资源服务中心主要根据公司人力资源优化工作需要，以保障职工合法权益为前提，做到依法合规、人性化地做好待岗人员安置工作。一是负责进入人力资源服务中心的转岗人员的日常管理，办理转岗人员进出服务中心手续，负责考勤、评价、薪酬发放等日常工作；二是组织转岗人员培训，根据各单位岗位需求信息，有针对性地组织开展转岗培训，根据组织安排或个人意向，开展技能提升培训；三是负责转岗人员再就业管理，汇集各单位用工信息，组织转岗人员定向招聘或试岗，补充集团内的用工需求，同时搜集其他企业用工需求信息，及时公开发布，并积极争取政府相关部门政策支持，帮助员工自主就业或创业。

人力资源服务中心的成立，是马钢为持续提高劳动生产率、落实中央“去产能”总体要求和安徽省政府具体部署的重要举措，将为公司人力资源优化工作的持续开展提供强有力支撑，并在公司降低人工成本、调整员工结构、提高企业运行效率方面发挥重要作用。

（巩飞宇）

【马钢党委成立巡察工作办公室和巡察组】 为贯彻落实《中国共产党巡视工作条例》精神和中共安徽省委、省国资委关于进一步加强巡视监督的决策部署，强化问题发现、预警、整改功能，建立和完善问题发现、信息传导、整改落实工作机制，深入推进矩阵式党建工作，促进公司重大决策部署有效落实，发挥党组织对生产经营管理的监督保障作用，经公司党委常委会研究决定，成立公司党委巡察工作办公室和巡察组。

2016年2月28日,集团公司党委印发《关于成立巡察工作办公室和巡察组的决定》(马钢集发〔2016〕15号),明确巡察工作办公室是集团公司党委的工作部门,在集团公司党委的领导下,具体负责集团公司巡察工作日常事务管理及巡察的沟通协调、组织服务工作。巡察工作办公室与集团公司纪委合署办公,由集团公司纪委副书记担任巡察工作办公室主任,配备少量专职人员和兼职人员。

集团公司党委根据上级要求和工作需要设立若干巡察组。巡察组在集团公司党委领导下开展工作,其工作内容主要是党建、生产经营两个方面。党建方面主要包括:执行党章党纪情况;推进矩阵式党建工作情况;领导人员作风建设情况;践行"三严三实"情况等。生产经营方面主要包括:公司生产经营秩序监督检查;公司重点工作督导、督办、督查;关键工作流程的跟踪检查等。巡察组实行组长负责制,组长根据每次巡察任务由集团公司党委或巡察工作领导小组确定并授权,副组长协助组长开展工作。每个组配备5-8名工作人员,人员从集团公司巡察工作领导小组成员单位及相关专业管理部门抽调。

集团公司党委巡察工作办公室和巡察组的成立,为规范、持续、有效开展内部巡察提供了有力的人力支撑和组织保证,为推进巡察工作全覆盖奠定了坚实基础。

(鲁世宣)

【马钢调整优化生产制造体系】 面对经济新常态,马钢以提质增效为目标,聚焦关键产线、关键流程,推进产品升级、产业链延伸,实施一系列专业化整合,调整优化生产制造体系,进一步提升资源配置水平和可持续发展能力。

1. 强化资源协同效应,引领长材产业发展,设立长材事业部。为强化公司长材系列资源协同效应,规划引领长材产业发展,推进产线合理分工,做精做优长材产品,提升整体生产经营效率,增强线材、棒材、型材等产品的市场竞争力和影响力,2016年1月,马钢股份公司下发《关于设立长材事业部的决定》(马钢股〔2016〕3号),将第二钢轧总厂、第三钢轧总厂合并,设立长材事业部。长材事业部负责统筹优化公司长材系列资源配置,按事业部制单位要求管理产品的内部原料调度与外部市场采购、产品设计与工艺优化、生产组织、质量控制、设备功能与精度维护、产品销售服务等业务过程,提升马钢长材产品市场形象与盈利水平。

2. 保障新高炉建设,将一铁总厂与二铁总厂合并。为顺应国家去产能政策及实施供给侧改革的重大举措,根据马钢"十三五"发展规划,按照钢铁生产流程特点和规律,为了提高铁前系统整体协同效率,系统优化资源配置,为现有炼铁生产系统及在建新高炉项目提供人力资源保障及技术支撑,2016年4月,马钢股份公司下发《关于一铁总厂二铁总厂合并的决定》(马钢股〔2016〕16号),合并后的单位名称为"马钢股份公司第二炼铁总厂",简称"二铁总厂",不再保留"马钢股份公司第一炼铁总厂"的牌子。二铁总厂是归口负责股份公司南区铁前系统(覆盖烧结、球团、炼铁等工序)生产组织、质量控制等工作的生产制造单元,将按国家相关政策要求,有序淘汰落后产能,实现转型发展。

3. 打造高附加值长材基地,将长材事业部高线分厂等相关资源整合到特钢公司。鉴于长材事业部南区高速线材分厂生产线升级改造后的线材产品结构及市场定位变化,为延伸特钢产业链,促进特钢产业发展,提升线材产品档次和附加值,并对ASCO公司形成稳定的线材原料供应能力,2016年4月,马钢股份公司下发《关于长材事业部高线分厂整合到特钢公司的决定》(马钢股〔2016〕17号),将长材事业部高线分厂等相关资源整合到特钢公司。整合后,特钢公司按照《事业部制单位运行管理办法》要求,负责特钢产品、高速线材产品研发、生产、质量、设备等管理工作,并负责所属产品的市场开拓和销售服务等工作。

4. 发挥"集中一贯制"管理优势,将冷轧总厂与彩涂板事业部合并。公司板带制造系统自2014年整合以来,在制造部和冷轧总厂两家单位共同努力下,朝着流程高效化、生产精益化、产品高端化、服务终端化的方向迈进,板带产品生产、技术、质量、订单的"集中一贯制"管理逐渐成形,在提高订单兑现率,提升产品质量水平,满足客户需求等方面,取得了一定的成绩,为公司降本增效提供了支撑。为了更好地发挥板带制造系统"集中一贯制"的管理优势,进一步实施板带系统流程再造,提升产品品种结构效益,优化人力资源配置,提高管理运行效率,2016年4月,马钢股份公司下发《关于冷轧总厂与彩涂板事业部合并的决定》(马钢股〔2016〕18号),合并后的单位名称为"马钢股份公司冷轧总厂",简称"冷轧总厂",不再保留"彩涂板事业部"的牌子。冷轧总厂负责公司所有冷轧、镀锌、硅钢、彩涂产品的生产组织、质量控制、订单兑现等工作,负责相应产线的安全、环保、设备维护等专业管理工作。

5. 提高资源利用统筹度,推进石灰业务整合。为实现对公司现有10座石灰窑的集中管控与调度,提升专业化管理水平,提高资源利用统筹度,逐步释放公司现有石灰产能，强化战略协同，发挥规模效益，2016 年 8 月，马钢股份公司下发《关于对石灰业务实施整合的决定》（马钢股〔2016〕30 号），将原分布于长材事业部南区、四钢轧总厂、三铁总厂等单位的石灰窑群及相关配套资源，与公司现有资源回收加工业务合并，由资源分公司统一管理。资源分公司，原承担马钢各类冶金固体废物回收、储存、加工、分选、销售等任务；在接管石灰管理与运营业务后，将强化专业化管理，提高资源利用统筹度，以实现降低石灰生产成本，减少石灰外购量，强化冶炼用石灰的品质保证，提升钢铁主业产品竞争力等目的。

6. 健全物流板块全产业链体系，将仓配公司纳入集团公司物流板块管理。为进一步促进公司物流板块专业化管理、集约化运营、产业化发展，打造物流板块全产业链体系，提升效率效益，并按公司人员、资产分步重组的要求，2016 年 8 月，马钢集团公司下发《关于成立马钢集团仓配公司的决定》（马钢集〔2016〕128 号）。马钢集团仓配公司成立后，相关人员关系已转入集团公司，资产重组工作正有序推进，目前处于过渡期。针对过渡期和未来资产重组后的不同时期要求，明确了仓配公司现阶段为“物流公司下属分公司”的法律地位，仓配公司目前全称是“马钢集团物流有限公司仓配分公司”；并按照钢铁主流程采购供应服务一体化要求，兼顾工序服从、集团利益最大化及市场化原则，修订完善相关保产业务流程、推进规范仓配公司与股份公司的经济关系等相关工作。

7. 按“成熟一个、实施一个”的原则，推进相关辅助业务剥离整合及相应人员划拨工作。按公司统一要求，在公司各分管领导组织领导下，由专业管理部门牵头，在充分调研、反复分析利弊的基础上，按“成熟一个、实施一个”的原则，先后实施了一系列辅助业务剥离整合工作。一是企管部牵头，推进货车危运车业务整合工作，将股份公司 5 吨以上货车、危险品运输车两类车辆及相关人员集中至汽运公司；二是企管部牵头，推进公司信息化业务剥离整合工作，将各单位信息化业务及人员整合至自动化公司；三是公司办公室（档案处）牵头，推进档案业务剥离整合工作，将股份公司二级单位档案人员关系划拨至集团公司档案处；四是设备部牵头，推进检修维保业务剥离整合工作，将能控中心、港务原料总厂、长材事业部、车轮公司、检修中心五家单位部分设备维检人员关系，定向划拨至集团公司，具体由工程技术集团检修公司、自动化公司根据设备维检业务属性实施人员接收；五是企管部与行政事务部牵头，推进办公楼维保业务剥离整合工作，将原行政事务部承担的办公楼设备设施日常运行、维护业务及相关人员实施剥离，并移交工程技术集团设备检修分公司。上述剥离整合工作的完成，在一定程度上精干了钢铁主业，优化了人力资源配置，促进了劳动生产率的提升。

（杨召辉）

【马钢举行机关办公区域设备运行维护业务交接仪式】 2016 年 9 月 29 日上午，马钢集团公司举行机关办公区域设备运行维护业务交接仪式。集团公司董事长、党委书记高海建，集团公司副总经理唐琪明出席交接仪式。有关部门和单位负责人参加交接仪式。

马钢办公楼是公司生产经营指挥中心，于 2009 年 6 月 6 日正式启用。7 年来，在办公楼设备管理和运行维护人员的细心呵护下，大楼设施运行安全稳定，为各级员工提供了高效的办公环境，也为马钢树立了良好的企业形象。为进一步贯彻公司“产业分工、专业集中、人力资源优化”工作思路，提升专业化管理水平，经公司研究，决定将行政事务部承担的办公楼设备设施日常运行、维护业务实施整合并移交工程技术集团设备检修分公司。此次整合内容为马钢（机关）办公楼设备设施维保业务，行政事务部相关人员成建制划入设备检修分公司。整合后,行政事务部继续承担办公楼设备设施维保业务的监督、审核、评价等职能。

高海建在交接仪式上讲话。他表示,实施办公楼设备设施专业化管理是大势所趋,两家单位要以公司大局为重,充分认识到工作的重要性。设备检修分公司要以此次整合为契机,在大楼管理服务上实现突破,力争做大、做强、做成品牌。相关单位和部门要提供帮助支持,把工作做细做实,确保各项工作平稳过渡、实现顺利交接,把公司办公楼建设得更加安全稳定、经济高效。

唐琪明要求相关单位在整合期间维持正常工作秩序,积极做好衔接工作,保证各项职能平稳、有效履行。

仪式上,行政事务部与设备检修分公司主要负责人签署了《公司机关办公区域运行维检协议》。

(庞　湃)

综合管理

办公室管理

【文秘工作】 在公务接待方面,全年完成党委常委会、集团总经理办公会、股份公司总经理办公会、“1·20非钢产业工作大会”、“3·12 生产经营动员会”、全国质量奖首次末次会议、“8·27 竞争力分析大会”、“9·28 市与马钢融合发展大会”、“10·28 战略执行评估会”、“11·29 精益运营大会”等会议 1000 余次。接待了全总副主席、书记处书记阎京华、环保部赵英民、国家科技部王志刚、省委省政府李锦斌、李国英、刘莉等国家和省市领导 30 余次。参与接待国家发改委去产能督查组、钢铁煤炭行业去产能督查组、国家安监局去产能督查组、省政府去产能督察组等近 20 次去产能专项督查、调研工作。参与接待省住建厅、国家再制造中心等政府部门到马钢考察。参与接待宝钢、进出口银行、哈电动力等 200 余家企事业单位到马钢访问。

在督办工作方面,会同公司企管部门制订股份公司月度重点工作,并对其完成情况进行督办,以此作为各承办部门的年终考核依据,其运行效果良好。同时,积极督办集团总经理办公会议部署事项,认真跟踪各类专题会议布置事项的后续进展和落实情况,对公司重点工作的落地起到了积极督促作用。

在公文处理方面,坚持贯彻执行公司下发的《关于进一步精简公司公文的通知》,按照拟文有据,拟文质量过关,发文程序规范的原则,控制公司发文数量和规格,确保公文质量得到提高。全年共处理市级及以上外单位发来正式文件约 4818 件,制发公司各类文件约 589 份,较去年下降了 14.2%。积极组织实施公司协同办公系统建设,按照“全集团一套系统、一个平台、多个门户、多级应用”的总体建设思路,以公文处理业务为基础,集成工作流审批、日程安排、工作日志、内外部邮件管理、知识管理、报表管理等功能,并通过手机 APP 和微信实现所有功能的移动化,实现手机办公、微信办公,实现了一套系统,三种应用的整合。该系统已在线进行试运行(测试),将于 2017 年 1 月 1 日正式上线。

【调研信息工作】 在文稿起草方面,全年共起草完成公司各类文稿 447 篇,比上年增长 66.8%。一是起草马钢第五次党代会报告、职代会报告、“两学一做”学习教育暨党代会筹备工作动员会、公司“五一”表彰大会、庆祝建党 95 周年暨表彰大会、“3·12”生产经营动员会、“聚焦两大战场、提升精益运营”案例发布暨管理创新成果表彰会、股份公司竞争力分析大会等重要会议公司主要领导讲话材料。二是起草《马钢“十三五”发展规划》文本修改并上报省国资委、《公司战略规划实施评估报告》等公司战略管理专项材料。三是起草《马钢化解过剩产能实现脱困发展工作计划》《马钢“三供一业”分离移交方案》《马钢集团公司关于化解过剩产能实现脱困发展人员退出分流安置相关维稳情况的请示》等制度文件。起草向国务院第三次督察组报送去产能自查报告等去产能专项工作材料。四是起草《中央巡视组巡视“回头看”反馈意见整改方案》《关于做好中央巡视组巡视“回头看”反馈意见整改销号工作的通知》等巡视整改专项工作材料。五是起草《马钢股份公司“十三五”发展规划》及三年滚动规划,制作完成马钢全国质量奖现场迎审战略方面汇报 PPT 等全国质量奖申报专项工作材料。六是编印了《2014-2015 马钢集团社会责任报告》,并在全国工经联、省工经联平台发布,获评安徽省工业企业“最佳社会责任报告”。

在调查研究方面,聚焦公司重难点工作,深入开展调查研究工作,完成《去产能工作调研报告》《马钢党建工作调研报告》《马钢品牌建设调研报告》《国有企业基于矩阵式党建工作引领的问题管理实践》《国有钢铁企业以转型升级化解过剩产能》等调研报告,得到上级部门和公司主要领导肯定。

在信息服务方面,采编各类工作信息 2238 条,比上年增长 103%。编发《马钢信息资讯》11 期,开辟专栏对职代会报告作了深入解读。编发《马钢信息专报》134 期,比上年增长 17.5%。编发《信息编报》42 期,其中采编的《首钢三大抓手狠抓汽车板质量的经验做法》《仓配公司廉洁风险防控主要做法经验》专题信息得到公司领导批示转办。马钢获市政务信息工作先进单位称号。

【专业管理工作】 在保密工作方面,对公司涉密人员重新进行了梳理、核定和全面摸底,实行分类登记,形成台账。安装了公司涉密网络专线、所需的视频密码柜和红外线电子报警器。按照市密码管理局要求,认真开展了对密码电报管理的全面自查工作,完善了相关管理制度。

在信访工作方面,全年共受理信访总量 1136 件次,其中来信 33 件,来访 1103 人次;发生集体访 31 批 978 人次。与上年度相比,信访总量上升 22.8%,来信下降67.6%,来访上升34%,集体访批数上升82.4%、人数上升214.5%。处理市长公开电话447件,与去年相比上升8.6%。省、市交办的信访事项9件,均按时上报,报结率100%。保证了公司信访总体形势平稳、有序。马钢集团公司被省委省政府授予全省"信访工作目标管理优胜单位"称号,被省国资委授予马钢集团公司"2015年度省属企业信访工作优秀单位"称号。

在档案管理方面,数字档案馆(室)集成搭建了数字档案管理平台,完成了档案云平台环境集成部署和数据迁移。重点推进了股份公司档案资源整合工作,先后完成了股份公司18家二级单位档案人员整体划拨,实现了北区档案库房搬迁工作,档案人员、档案库房、档案资源和档案利用集中统一管理。全年共计接收、整编归档各类档案机关各类文书档案5233件(其中:集团公司3791件,股份公司1442件)、科技档案936卷、会计档案982卷、照片档案33卷1589张、荣誉实物奖牌21件、证书9件、奖杯1件。

在公积金管理方面,继续推进盛泰名邸经济适用住房的出售工作,至7月14日,该项目554套住房全部签售完毕,共向446名购房职工发放住房补贴22325528元,发放公积金贷款468笔、113597000元。为95套公租房统一配置了基本的家具、家电及生活用具,安置单身大学生职工197人。对长期沉淀在住房补贴账户上涉及6007名职工、557万元补贴资金的情况进行了全面清理、核查,回笼了沉淀的资金。

在车队管理方面,根据公司整合内部厂、线所带来的服务单元和外部条件变化,将三个车场缩减为两个,通过合理配置,高效调度,较好地满足了公司各类公务用车的需求。1-10月出动车辆14937台次,行驶154.76万公里。全队单车平均油耗11.31升/100公里,为历史最低。全年计划费用比2015年减少32万元。

在史志编纂及展示方面,较好地完成了省政府办公厅组织编纂的《安徽省情》第九卷马钢相关内容的编纂工作。较好地完成《中国钢铁工业年鉴》《安徽年鉴》、省冶金工业协会和《马鞍山年鉴》要求的年鉴材料供稿工作。完成了市统计局2016年版《马鞍山市情》有关马钢生产经营和改革发展概况及图片资料的报送任务。高质量地完成2016年版《马钢年鉴》的编印工作。2016年版《马钢年鉴》对"十二五"期间马钢的生产经营、改革发展、党建工作和精神文明建设等十个方面的情况进行了总结和回顾,不断完善集团公司、股份公司、集团公司二级单位和分(子)公司以及合资公司等各栏目板块,注重对马钢在2015年生产经营建设和改革发展方面所取得的成就以及大事要事进行大力宣传,重点突出了马钢改革与发展和全力应对市场严峻挑战等方面的内容。较好地完成公司第五次党代会相关展示布置工作及代表手册和各类证件等资料的制作任务,完成党代会主会场、讨论会场、办公楼各相关位置的现场布置工作。完成公司接待省市领导到马钢考察用10块展板的设计制作和现场布置工作。完成公司电话号码簿和办公室系统电话号码簿的印制工作。

在董事会秘书处工作方面,全年完成了10次董事会会议的材料准备、会议记录,以及各项会务工作。完成董事会决定事项和董事会决议共24份文件的起草下发工作。做好省国资委监事会主席一行到销售公司和张庄矿、罗河矿调研的联系安排和接待等工作。牵头协调相关部门,完成向公司巡察办报送《七个方面问题整改任务分解表》相关内容以及后续修改的协调工作。9月,按照董事长要求,对集团公司子公司董事会建设情况及委派董事、监事情况进行了调研,完成调研报告的撰写工作。完成上报省国资委2016年度集团公司"三重一大"事项汇总工作。

与此同时,驻京办、驻沪办较好地完成了公司相关接待服务工作。

【信访工作】 [此条目详见第137页"马钢(集团)控股有限公司"栏目中的专题条目]

【档案工作】 (此条目详见第120页"企业管理"栏目中的专题条目)

【党组织建设】 在"两学一做"学习教育方面。在机关党委的部署下,制定了《办公室"两学一做"活动方案》和工作计划,每月下达"两学一做"活动主题,并对各支部开展活动进行督导。公司领导在所在支部结合公司形势上党课。据统计,党总支所属5个支部集中学习20余次,公司中层以上管理人员上党课30余人次,参加党章、党规和系列讲话等知识测试300余人次,测试成绩达90分以上的占比100%。

在支部建设和党员管理方面,4月,办公室领导班子调整,在机关党委的指导下,进行了总支班子的增补工作。7月,制订《办公室所属支部换届改选的工作方案》,经机关党委批准,按规定和程序完成了5个支部的换届改选工作。分中心支部针对女职工多的特点,开展了"巾帼文明岗"活动,获公司2014-2015年度"巾帼文明岗"先进单位荣誉称号。根据公司党委矩阵式党建工作的要求,办公室党总支组织办公室中层管理人员、科级以上管理人员及全体技术业务岗人员在一、二钢轧总厂5个分厂进行了下基层蹲点劳动,全年下基层110人次,共收集意见、建议42条。完成了办公室党员的党费补缴工作,对办公室所有党员的党费进行了认真的测算,按期足额地完成了办公室党员的党费补缴工作。对第一支部、第三支部和分中心支部5名要求入党的积极分子进行了培养。

在干部队伍管理方面。5月组织办公室科级管理人员竞聘工作,草拟《办公室科级管理人员竞聘上岗实施方案》,有21名工作人员参加了竞聘,经过现场演讲、综合测评和领导小组评定,18人竞聘为科室负责人,同时对主动退出竞聘的科级管理人员的工作进行了合理的安排。下半年,经过群众推荐、组织考察,任命了4名科级管理人员。

【精神文明建设】 组织各类征文及比赛活动,先后有2名职工获得"家园文化"征文三等奖,1名职工获得"学习之星"季度奖,1名职工获得微信大赛三等奖,5名职工分获"女职工征文"一、二、三等奖,2名职工获得机关财务比赛三等奖。组织了机关合理化建议的收集上报工作,全年上报合理化建议25条。严格执行办公楼运行的各项管理制度。继续督促保持办公室整体环境卫生和各项劳动纪律的执行,全年共组织6次对办公室劳动纪律、环境卫生等方面的检查,并将检查范围扩大至办公楼以外的部门(科室),对存在的问题进行相应地督促整改。使办公室的环境面貌得到较好的改观。在历次机关卫生检查中都得到较好的评价。

(杨定国)

企业管理

【改革改制】 2016年,按照公司"做精钢铁主业,发展非钢产业"的要求,沿着专业化整合和产业化发展的基本思路,组织起草编制《长材事业部组建方案》《关于将一铁总厂与二铁总厂合并的方案》《关于将冷轧总厂与彩涂板事业部合并的方案》等一系列资源整合与改革调整的方案及文件,进一步促进了钢铁主业提质增效;大力推进股份公司采购与供应服务一体化相关工作,针对仓配公司管理隶属关系调整,进一步规范仓配公司与股份公司经济关系;组织或参与实施危运车及5吨以上货车等车辆、信息化管理、档案管理、轧钢磨辊间、检修等辅助业务剥离整合工作;会同党委工作部,积极推动集团公司股份公司两级部门机关及集团公司下属29家分子公司的内设科级机构和科级管理人员编制优化工作,经过现状摸底及调研、制订初步方案并征求意见、按公司要求修改完善等流程,最终由人力资源部以公司编办名义下发相应文件,并督促各单位执行;参与拟定2016年度已改制企业与集团公司、股份公司年度服务总协议,进一步明确各项业务的服务内容、费用标准与计价方式;积极跟踪学习国家关于国企改革文件精神,完成省国资委下达的各项调研任务与汇报材料;探索混合所有制与员工持股制度,参与公司新三板挂牌工作。

【绩效考核】 一是围绕公司年度预算,采取对标方式,修订和完善绩效考核办法,2016年初制订并下发了集团公司《经营绩效管理办法》、换版修订了股份公司《生产经营绩效管理办法》,通过政策导向作用,引导各单元和相关单位"密切关注市场","精确抓好现场",促进各单位全面对标挖潜、系统经济运行、产品结构调整、提升产品质量,不断提高公司竞争力。二是进一步修订专业管理考核办法,2016年修订并下发了财务管理、制造管理、设备管理等10个专业考核办法。三是结合公司重点工作制定了相关激励政策,如《聚焦现场突击队专项奖励办法》、《二铁总厂3#高炉大修工程项目专项考核办法》及集团公司2016年度按项目部制推进的重点工作、争取国家政策等激励办法,进一步推动了公司专项和重点工作的落实。四是进一步规范公司收入分配秩序,严格执行非现金发放规定,2016年将基建工程津贴、技术输出创收等单项奖励纳入了公司人力资源管理信息系统中发放,并制定了非现金发放流程。五是进一步完善公司中高层管理人员绩效评价体系,结合省委对省企业综合考核的相关要求,与公司办公室、党委工作部共同起草了《马钢集团公司各单位领导班子和领导人员综合考核工作办法(试行)》,并进行考核。六是在日常考核中,及时沟通,动态调整,加强对过程的测评和监控,对各单位出现的指标异常情况,及时组织相关人员进行讨论,针对存在的困难和问题,进行剖析,加强整改,以促进各单位经营业绩的提升,对一些需要公司层面解决的问题,整理相关专题调研材料上报公司,并组织落实。

【体系管理】 牵头组织开展2016年股份公司和各子公司的风险评估工作,共识别430个风险点。动态管理公司面临的各类风险,有针对性地制订风险应对措施,把风险控制在可控范围内。加强对子公司的内控体系的运行进行监督,有针对性地开展子公司的内控培训、辅导,提高各子公司的内控管理水平,按计划开展子公司内控审计工作。针对外部审计、内控自评、子公司内控审计等各类内控审计发现的内控缺陷,按流程归属明确落实责任,强力开展缺陷整改工作,并对各类内控缺陷的整改情况进行跟踪验证,持续改进内控体系的有效性,按季度完成《内控体系工作情况报告》报集团董事会。

【制度建设】 2016年,企管部共组织修订管理类标准171份,如《生产经营绩效管理办法》《工序满意度管理办法》《对标管理办法》《全员岗位绩效管理办法》《产品质量先期策划管理程序》《战略管理办法》《品牌管理办法》《知识管理办法》等,公司"管理标准平台"共发布510份管理标准。通过授权,公司内部员工可浏览、查询、下载。2016年,企管部进一步强化了公司管理的制度化、规范化、标准化,按照"制度编制、贯彻执行、改善提高"的指导思想,引导广大职工把"写所需、做所写、记所做"的精神贯穿到日常工作中,使得马钢的制度建设工作,伴随着公司的发展壮大,不断地向前进步。

【现场管理】 持续开展以"6S"为主要内容的现场巡查,牵头组织公司现场巡查组,每月随机到现场进行检查,各单位也在公司的要求及巡查组的督促下,定期(每月或每周)开展检查。通过持续的检查、整改,现场有了进一步改善和巩固;围绕股份公司创建全国质量奖的要求,牵头组织对各单位的现场进行了全面排查,并对重点单位现场存在的问题及时提出整改要求并督促整改到位,现场整治的成果受到评审组的好评;同时,针对厂区周边部分租借户违法生产、污染环境的情况组织进行了清理。继续强化对各类违纪违章事件和事故的管理力度,对部分单位"三反"工作的组织管理、制度管理、事故信息报告、事故处理、事故台账管理以及整改措施落实和对责任人处理、考核情况进行了检查;牵头和参加各类违纪违章事件和事故的调查处理。

【管理创新】 一是开展管理创新活动。2016年以全面推进精益运营为载体,围绕公司管理中需要研究和解决的重点、难点问题,积极推进企业管理提升和商业模式创新,确立公司级管理创新项目18项,各单位管理创新项目98项。进一步提升管理效率,提升创效能力。二是开展管理创新成果奖评审。召开2016年公司管理创新成果评委会,对45家单位申报的130项管理创新成果进行了集中评审,能控中心、检修公司、冷轧总厂被评为管理创新活动先进单位,轮轴事业部申报的《车轮产品全生命周期质量管理信息系统构建》等11项成果被评为管理创新成果一等奖,长材事业部申报的《以市场为导向,建立外购坯生产经济运行模式》等13项成果被评为管理创新成果二等奖,党委宣传部申报的《深化企业文化建设》等32项成果被评为管理创新成果三等奖。三是积极申报国家、省、冶金行业管理创新成果奖。2016年共获省级以上管理创新成果奖7项,其中《钢铁企业以提质增效为目标的全方位结构调整》成果获全国管理创新成果二等奖;《以提升国产铁矿竞争力为目标的经营型生态矿山建设》《产品横向一体化多功能小组管理模式探索与实践》2项成果获冶金行业管理创新成果二等奖;《国有钢铁企业化解过剩产能的实践》获冶金行业管理创新成果三等奖;《国有钢铁企业以转型升级化解过剩产能》获安徽省管理创新成果一等奖;《基于专业化管理和产业化发展的战略转型实践》《产品横向一体化多功能小组管理模式探索与实践》2项成果获安徽省管理创新成果二等奖。四是持续深入推进精益运营。挖掘各单位推进精益运营先进经验,筹备召开"聚焦两大战场、提升精益运营"案例发布暨管理创新表彰会,发布《关于表彰第十六届全国质量奖获奖组织和项目的决定》《关于表彰"推进卓越绩效模式、争创全国质量奖"先进单位的决定》及《近三年马钢获得的国家级、冶金行业、安徽省管理创新获奖成果》,销售公司、技术中心、冷轧总厂、计财部、欣创公司、张庄矿六家单位先后展示近年来在精益运营方面取得的经验成果,集团公司总经理、股份公司董事长丁毅在会上全面、系统地对两年来公司"聚焦两大战场、提升精益运营"工作进行了再回顾。

【对标管理】 一是组织修订《对标工作实施方案》。完善具体实施办法,明确对标目标、对标内容、对标方案、行动路线和进度计划。建立了对标工作领导小组,成立对标工作办公室,督促和指导各单位对标工作。在管理方式上进行了分层分类,即按照专业集中原则,形成了七个专业工作小组,财务经营、采购管理、营销管理、炼铁工序控制、钢轧工序控制、设备管理、节能减排类别。大幅度提升了对标工作的效率和专业化程度。二是组织召开股份公司竞争力分析大会。从经营指标、价格指标、成本指标、技术指标等多个方面对股份公司2016年上半年竞争力状况进行分析,并对下半年的销售采购、结构调整、制造秩序、研发服务、人力资源、对标管理、安全生产等重点工作提出了具体要求。通过全方位与行业领先企业及内部先进单位之间进行对标，找准差距和短板，公司各层级积极开展相关工作，持续改进，有序推进，进一步促进公司综合竞争力提升。三是2016年对标管理取得明显效果。2016年，马钢盈利能力大幅提升。1-12月份，马钢股份吨材利润108.48元，比行业平均高52.68元。

【关联交易管理】 一是梳理业务，对各单位申报的2016年度关联交易额度申报表，进行分类汇总，并按照业务类型进行分类识别，优化汇编2016年度关联交易额度控制表。二是审核关联交易协议日常补充协议，严控控制各单位关联交易实际额度。三是季度报告，关联交易直接关系到股份公司及关联单位的生产经营运行，及时汇总各类协议情况并上报至董事会审议，截至2016年末，矿石购销、持续关联交易、节能环保、后勤综合服务、金融服务五大协议均在额度控制范围内。

【信息化建设】 加强整体ERP系统运行管理、持续改进系统应用，支撑公司生产经营业务运行。配合公司机构调整、管理变革举措及业务提升要求，及时组织信息系统改造及新项目开发实施。完成了信息化人员整合工作。按照"十三五"信息化规划和年度工作计划，推进各项信息化项目工作。重点完成SAP系统升级迁移项目，成为钢铁行业里迁移至HANA平台的首例成功案例。集团协同办公系统成功选型"泛微"，结合手机APP应用，实现集团范围内的沟通、分享、协同的办公管理。信息安全管理方面，积极开展整体ERP系统内控测试与公司重要信息系统和重点网站安全自查，积极配合省网信办、市信息安全等保办开展的各项信息安全检查工作，保障IT运行环境安全可靠。组织各制造单元、销售公司、检测中心等公司信息系统重要应用单位开展系统应用应急预案演练，形成应急演练报告。组织软件正版化检查及统计备案工作。

（胡善林）

人力资源管理

【规划配置】 1. 人力资源优化工作。做好人力资源优化设计。在人力资源现状分析和劳动生产率比对分析成果的基础上，从优化的方法与路径，配套政策等维度展开人力资源优化设计。流程与体制方面：一是强化核心流程，精简转移非增值流程，通过流程再造，业务剥离、专业化整合，精干主业；二是精简组织结构，大力推行管理扁平化，减少人员重复设置，继续推进总厂机构整合，优化业务和管理流程。装备与自动化方面：一是装备规模化，淘汰落后产能；二是针对因自动化水平低，导致人员配置效率低的产线和岗位，通过设备自动化改造拓展岗位优化的空间。推行大工种区域化作业方面：打破原有工种和岗位界限，按照一专多能、一人多岗的思路，通过优化设计、合理归并、扩大岗位作业范围和内容，做好工作不饱和岗位的撤并工作。调整人员结构方面：在减少人员总量的同时逐步调整人员结构，减少各级管理人员及非生产性岗位人员，加强产品研发、销售、国际化经营等力量，补充新员工逐步改善一线员工年龄、素质结构。配套政策设计。相关配套政策方面：一是将工资总额与目标定员挂钩，推动各单位加大人力资源优化力度，减少在岗人员配置，先实施先受益；二是鼓励正式员工替代劳务，制定节约劳务费用奖励政策；三是引导员工提升技能与素养，制定大工种奖励办法；四是按照国务院及省市各级政府的要求，确定十项员工离岗安置政策。制订计划分步实施。下发了集团公司2016年人力资源优化实施意见，明确了集团公司人力资源优化的总体思路、"十三五"总体目标、2016年工作目标以及工作措施、领导机构、主要工作安排。按照五年规划，分步实施策略，2016年计划完成第一阶段目标，一是要挤过高的冗员水分，使公司劳动生产率得到明显提高；二是彻底解决历史沉淀下来的矛盾，让不胜任岗位人员离岗安置，为今后的持续优化创造条件。审核了股份公司各二级单位和集团公司分子公司、二级单位上报的2016年目标定员方案，对股份公司各二级单位下发2016年机构设置与岗位定员实施方案；对集团公司各分子公司、二级单位分别下发了人力资源优化实施方案的审核意见，具体确定了集团公司内各单位本轮人力资源优化目标。制定了人力资源优化工作计划，提出人力资源优化指导意见；利用媒体、座谈会等形式，广泛宣传，营造氛围，加强维稳；多次参与组织了公司人力资源优化推进会议，强化组织领导，建立例会制度，研究、协调优化中出现的问题。优化成果。2016年人力资源优化成果为7961人，实现了本轮人力资源优化目标。股份公司6269人，其中离岗安置1776人、转岗到新建项目806人、退休692人、在职死亡33人、业务剥离1040人、落聘待安置329人、清退劳务工1593人。集团公司其他子分公司、二级单位1692人，其中离岗安置762人、退休755人、在职死亡32人、自愿离职82人、落聘待安置61人。2. 化解过剩产能、争取政策支持。根据国家出台化解过剩产能政策,结合马钢去产能关停计划和公司"十三五"人力资源规划,对需安置职工人数及费用进行测算;确定安置对象范围,安置原则与方式,制定安置分流计划,形成公司去产能及脱困升级人员安置总体方案;统计、收集2016年已安置人员名单、安置途径及相关证明材料,制定奖补资金申请及使用流程,为公司申请奖补资金做准备。3. 机构与编制定员管理。根据公司有关决定,下达了调整机构及编制定员的通知,主要有:《关于规范分子公司、二级单位安全管理机构设置的通知》《关于物流公司及相关单位管理部门机构与岗位定员的批复》《关于监事会工作办公室技术业务岗编制的批复》《关于调整能环部、能控中心机构与技术业务岗位定员的批复》《关于制造部设立技术服务室及增加技术业务岗定员的批复》《关于调整科技管理部、销售公司、技术中心、长材事业部机构与定员的通知》《热电总厂增设机构及定员的批复》《关于调整股份公司信息化从业人员岗位定员的通知》《关于股份公司档案资源整合调整定员的通知》《关于轮轴事业部、长材事业部、检测中心检修业务整合调整机构与定员的通知》《仓配中心成立经营部的批复》。4. 劳务管理工作。整合劳务项目,降低用工成本。为应对公司严峻的经营形势,降低人工成本,持续优化生产性劳务。开展了生产性劳务评审工作,实行了劳务归口管理和严控费用计划,2016年劳务费用在2015年发生费用基础上减少了3800万元;整合优化劳务单位,明确利民公司为股份公司劳务总包单位。

【员工管理】 1. 规范员工离岗政策办理。人力资源优化政策办理窗口期开启以来,严格按照政策规定及时办理相关离岗手续。2016年底,共办理编外449人,保留劳动关系295人,协商一致解除劳动合同212人。2. 加强待岗员工管理及安置。人力资源优化工作中,滞留在各单位待岗员工处理是关乎人力资源优化成败的关键,根据统一部署,加强待岗员工日常管理工作,组织专项劳动督查。同时积极引导待岗员工选择离岗政策进行安置,股份公司待岗员工由最初的600余人逐步引导安置至100人左右。3. 新员工补充规划。按照规范化要求全面摸排梳理毕业生招聘工作流程,制定细致的可操作性方案和计划,确保招聘工作达到预期的效果。按计划完成高校毕业生招聘工作。2016年度高校毕业生招聘工作,通过组织校园专场招聘和网络招聘相结合,全年共招聘高校毕业生150余人,其中研究生60人,冶金、材料等重点专业需求基本完成。如期完成操维岗招聘工作。2016年度根据公司需要,共组织操维岗招聘两次,经过笔试、面试及体检等环节,两次共招聘安冶院等高职院校毕业生140余人人补充到操作维护岗位。4. 全员岗位绩效考核。一是做好2015年度绩效考核工作验收评估。2016年初,根据公司全员岗位绩效工作推进计划,员工管理科组织相关专家,对全集团各单位全员岗位绩效工作推进情况进行了验收评估,形成验收评估报告上报公司。还就验收评估中各单位存在不足予以反馈,帮助各单位进一步提升全员岗位绩效运行水平。二是制定2016年度绩效考核工作推进计划并做好跟踪。根据公司及部里要求,员工管理科制定2016年全员岗位绩效工作推进计划,并跟踪各单位全员绩效实施情况,做好2016年度评估的相关准备工作。5. 员工内部配置。一是完成相关业务整合的人员划拨工作。根据公司发展和改革的需要,员工管理科认真做好业务整合相关的人员划拨工作。冷轧总厂划入保卫21人、划入制造部4人、划入检测中心9人,检测划入冷轧6人;5T以上货车及危化品运输车辆集中划拨42人到汽运公司;长材部划入特钢公司281人;信息化整合划拨39人到自动化公司;检修集中第一批划拨138人,第二批划拨102人;档案集中划拨38人;仓配公司划拨到集团834人。二是按要求做好员工日常调动工作。根据公司内部各单位人员配置需要,各单位申请内部调动111个,根据调配会研究内部调动员工97人。三是根据需要做好内部招聘工作。根据相关部门和单位的需要,2016年组织市场部、财务公司等单位内部招聘,做好招聘的组织及人员的调动等工作。四是配合公司相关部门做好人员调动工作。2016年根据党委工作部等单位的工作需要,配合做好中层管理人员的调动及调整等工作。6. 相关制度建设及其他工作。劳动纪律管理工作。2016年为配合人力资源优化工作,员工管理科牵头,组织公司劳动纪律督查组对股份公司各单位进行了全覆盖督查,下发督查通报一期。同时做好各单位劳动纪律报表的收集工作。员工满意度调查及分析工作。根据体系审核的要求,开展员工满意度调查及分析工作,按期完成审核数据要求。员工离职办理工作。按照管理程序,做好各单位自愿离职及违规违纪解合的办公工作,2016年1至10月份办理自愿离职296人,因违规违纪解除合同15人。

【薪酬管理】 1. 工资总额管理。核定下达了集团、股份各二级单位2016年工资津贴包干基数。整理汇总了上年度集团、股份各单位职工收入情况、完税凭证材料以及各种津贴统计申报表等年报统计工作，为统计分析工作提供保障。2. 薪酬发放管理。整理集团、股份公司各单位年度工资总额审批发放数据，完成2015年度工资总额发放情况总结及分析报告。集团、股份公司55家单位（含两个机关部门及单位）月度薪资发放总额的审批发放与职工薪酬资金入户工作，2016年共审批工资总额28.11亿元，在岗职工人均工资62513元/年。其中，股份公司工资总额18.31亿元，在岗职工人均工资62286元/年。3. 巡查问题整改。根据公司集办发（2016）4号关于转发《2015年巡查发现问题的管理建议书》强化问题整改的通知，涉及薪酬管理的由人力资源部牵头，会同企管部、计财部、财务部、监察审计部，对《两公司薪酬非现金形式发放管理暂行办法》进行修订，并以企业标准体系文件，由集团公司颁布，进一步明确薪酬非现金发放审批程序。在执行过程中对各单位反应的问题和单项奖发放出现的情况进行汇总，并在薪酬栏目中新增加教育经费、工程津贴、技术输出、争取政策奖励栏目；对人力资源优化中出现的居家休养等人群，增加生活费栏目。

【人才开发】 1. 实行人才“双轨制”。一是强化体制研究和制度建设。加强人才双轨制制度设计，充分挖掘内部和吸纳外部人才资源的能力；在2015年完成《高级技术主管管理办法》和《退休返聘管理办法》基础上，2016年完成《首席技师管理办法》《技术技能津贴管理办法》和《马钢专家管理办法》等办法的修改和制定；为吸纳外部人才，2016年制定了《人才引进管理办法》；高层次成熟型人才和公司重要领域急需紧缺的专业人员，采用猎头、引智、退休返聘等人才引进的办法，2016年引进EVI关键人才2人，材料专业博士1人，返聘12名员工，其中原公司中层1名，高级技术主管1名，首席技师2名。至此，内外部人才的开发制度体系基本构建完成。二是关注难点求突破。公司对引进人才目前按照一事一议的基本原则，采取基本薪酬与绩效奖励相结合模式，根据公司同类人才匡算出引进人才的基本薪酬，以体现岗位价值和保障生活需求，其余的收入主要依靠绩效，公司与引进人才签订绩效合同，约定其绩效收益和条件，绩效合同既有项目合同制也有年度课题目标考核制；同样对内部高层次人才也推行绩效合同，依据合同也可以获得较高的收入；基本解决了内外部人才薪酬不同的矛盾。三是强化高端人才管理和开发。2016年，持续加强公司高级技术主管队伍建设，关注为公司解决重大问题的人才开发，在特钢和职能业务领域聘任了5名高管。开展新一届技术技能津贴评审，规定管理序列一律不得享受技术技能津贴，共有804名技术业务岗员工享受技术津贴，235名操作维护岗员工享受技能津贴。根据技能人才开发规划目标，以主线和基础工种为核心，继续开展高级技师考评，共有31名员工获得维修电工、连铸工等四个工种的高级技师职业资格。研究首席技师岗位配置，提出规划设想。面向公司征集需求，制定2016年引进人才目录，并将部分人才需求利用政府渠道，对社会发布。2. 构建人才库。为理清公司人才现状，盘活现有人才资源，有效挖掘内部人才的潜力统筹使用，并为引进外部人才提供支撑，2016年以人才能力建设为中心，以分类分层管理为依托，以培养使用为目标，初步建立了涵盖公司主体专业、门类基本齐全的集团人才库。人才库按照经营管理人才、工程技术人才、职能业务人才、高技能人才四大类，制定人才分层标准，突出公司主体专业、主体工种岗位，依据员工技术、技能水平以及对公司的价值贡献区分人才层次。坚持标准，业绩优先，突出人才的品德、能力、业绩和贡献，将在经营管理、科技研发、生产一线，具有领军才能和团队建设能力，做出突出贡献的优秀人才筛选入库。人才库的建设支撑了公司人才建设和为公司各类各层评审提供专家支持。3. 拓展人才通道。研究使用政府人才政策，为公司高层次人才打造发展第二通道。积极推荐高层次人才参加政府人才工程和各类专家人选推荐申报。2016年申报政府津贴，已经有3人公示，2人为国务院津贴，1人为省政府津贴，入选省特支计划1人，2人入选安徽省第五批战略性新兴产业技术领军人才，12人入选省国资委“538英才工程”，两个团队当选“马鞍山市高层次产业创新团队”，举办了“轨道交通轮轴技术发展高级研修班”省专业技术人员知识更新工程，近百名轮轴专业技术人员参加了为期三天的进修。积极申报获得市经济倍增计划人才补助等经济补助和职业技能提升补助。2016年共获得各级政府各类奖补资金94万元，为高层次人才开展自主研究创造了条件。

【培训管理】 1. 主要指标完成情况。2016年计划内项目210项，因各类原因取消5项，完成173项，因公司生产经营需要新增15项，实际计划完成率85.45%。公司级培训32306人次，其中管理岗受训1645人次，技术业务岗受训6584人次，操作维护岗24077人次。计划费用2307万元，实际发生2230万元。2. 主要培训工作。一是围绕生产经营重点工作措施，夯实扭亏增盈基础开展培训。着力提升营销服务水平，举办营销模式创新、营销价格管理、营销人员法律知识风险控制等培训153人次。加强资金控制，举办管理会计理论与方法、企业成本分析与控制、非财务经理的财务管理、企业财务风险分析、内部财务控制、财务报表解读等培训291人次。构建客服体系，开展客户服务及需求识别、制造过程审核、产品审核实战等客服培训40人次。加快产品结构升级，开展无取向高牌号电工钢产品在大电机行业的应用、冷轧脱脂、酸性湿平整工艺专题培训等培训100余人次。加快推进产品认证，实施内审员队伍能力提升、质量管理体系知识等培训培训350余人次。壮大非钢板块，支持多元产业发展，开展对外投资企业董事会秘书、物流与商务知识培训90人次。推进系统能源经济运行，开展掌握国家能源政策和节能新技术，提高能源管理水平等培训279人次。二是围绕提高技术技能人才创新能力，开展专项工具和创新方法培训309人次。举办TRIZ理论应用培训，推进马钢创新方法试点企业建设，促进创新方法在马钢的推广、示范与应用工作，安排2015年刚入职的大学生参与培训，让他们感受了生产一线的创新活力。三是围绕争创全国质量奖，开展卓越绩效模式企业自评师培训90人次，明晰了内部自我评价的标准，提高内部运行水平。四是开展大工种和新项目培训。围绕提高劳动生产率，在二铁总厂、能控中心、一钢轧总厂等单位实施大工种培训，共培训620人；配合股份公司新上产线需要，对二铁总厂、港务原料总厂等相关单位开展了高炉中控作业长、炉前工、高炉运转工、堆取料机工等12个工种岗位，约800余人次的培训。五是深化国际化人才培养。实施国际贸易业务导师带徒，选拔6名员工，实施为期一年的外贸导师带徒，该项目仍在进行中。在2015年国际化人才培养的基础上，举办小语种培训，共有193名具备一定英语基础的员工参加了德语、法语、日语初级培训。配合公司多元产业发展和提高汽车板产品质量的需要，在近几年入职的大学生中举办了两期韩语培训班，70名员工参加了培训。六是探索高层次人才培养。实施高层人才知识更新工程，面向高级技术主管和首席技师群体，举办了工业工程、创新方法等培训，高管和首席技师111人才参加了培训。七是深化"引导式"和"订单式"培养。根据前两年大学生引导培养的实践，2016年以51名材料专业大学生为试点，在岗位认知阶段实施集中培养，由教培中心作为培养代理人，制定统一的培训计划，统一部署，统一实施，提高岗位认知培养的效果，再分配到各专业厂开展工作文化的培养。探索操作维护岗入职培训前置化，摸索校企如何实现合作，学校教学、实习计划如何与企业需求对接。尝试提前签约，让已签约的高校生进入企业进行顶岗实习，缩短岗位适应时间，加速融入马钢。已在马钢自办的高中职学校实践订单式培养，2016年共有98人通过订单式培养进入马钢。3. 培训制度建设。修订《职工教育经费管理办法》，并对新办法的实施情况进行检查；建设内训师队伍，初步构建公司专兼职教师队伍。4. 职业技能竞赛。参加全国钢铁行业职业技能竞赛，在61家参赛企业中取得团体第五名的成绩。

【劳动保险】 1. 落实社会保险政策。转发市人社局《关于实行用人单位参加社会保险承诺措施的通知》(集人力资源〔2016〕9号)。根据市人社局答复下发有关女职工转岗提前退休代电话通知。转发市人社局《关于阶段性降低社会保险费率的通知》(集人力资源〔2016〕29号)，自2016年5月1日起至2018年4月30日止，基本养老保险单位缴费比例从20%降至19%，失业保险单位缴费费率由1.5%降至1%。转发市人社局《关于调整2016年度职工社会保险费缴费基数的通知》(集人力资源〔2016〕31号)，自2016年7月1日起进行调整。根据退休人员基本养老金调整规定，下发《关于调整内部退养人员退养工资的通知》(集人力资源〔2016〕46号)，自2016年1月起进行调整。为加强职工社会保险费征缴工作管理，下发《关于职工养老、失业和医疗保险费欠费情况的通报》(集人力资源〔2016〕54号)，并进行跟踪追缴。按省市规定，落实稳岗补贴3200多万元；缓缴部分社会保险6个月；企业按职工缴费工资之和的基数进行缴纳社会保险费，每月少缴190万元；降低了养老保险费费率1%、失业保险费费率0.5%，每月少缴330万元。按照省市国资委要求，组织开展2015年度国有企业职教幼教退休教师待遇相关申报工作，安冶、幼教中心和南山矿幼儿园分别为16、16和3名。2. 企业年金管理。由于公司2015年生产经营出现大幅亏损，公司下发了《关于暂停筹集企业年金的通知》(马钢集〔2016〕31号)，从2016年3月1日起，暂停筹集企业年金。召开了一年一度马钢企业年金理事会会议，审议通过企业年金管理工作事项。企业年金基金经第三方审计，未发现违规运作。截至2016年底，马钢企业年金基金净值为23.67亿元，报告期内投资收益率2.54%，增值5925.52万元，计划设立以来累计投资收益率

93.82%,计划投资运作以来年平均收益率为6.62%。11年来,收益率超过7%的有5年,4%-7%的有2年,低于4%的有4年。3. 各类人员审核。组织实施股份公司两批因身体原因不能正常顶岗且申请鉴定未达到编外条件的待岗人员病残评估分类评审工作,一类的无,达到二类的26人、三类的95人,未达到的21人。起草《马钢集团化解过剩产能期间员工离岗退养暂行规定》。截至2016年底,审批办理股份公司员工居家休养874人,集团公司员工居家休养477人,合计1351人。退休审核,截至2016年底,经市人社局审批1616人退休。劳动能力鉴定,申报因病、非因工市劳动能力鉴定530人,鉴定达到大部分丧失劳动能力及以上的326人。

(陶培西)

行政事务管理

【厂容绿化管理】 在对公司464万平方米绿化养护的基础上,今年本着节约的原则,采取绿化项目建设"一事一议",仅对刚性需求的绿化项目予以审批,全年完成绿化养护交接面积2.5万平方米。针对各单位新建项目施工和厂区检修保产的需要,及时开展现场勘查,办理绿地占用审批相关手续,全年共受理损毁占用绿地报告、办理许可证166份,损毁占用绿地11.2万平方米,移植苗木3700余株,恢复绿地面积4.5万平方米。在厂区道路监察、环境卫生管理方面,加强现场巡查,开展重污染区域环境卫生专项整治活动,加大清理整治力度,全年监察的厂区道路面积达到238万平方米,共协调处理违章违规事件5000余起,考核金额14.5万元,整改落实率达100%。接待全国绿化委的工作督导,督导组对马钢的绿化工作给予了高度肯定。

【爱国卫生管理】 大力推进"四室"建设,下发了《马钢"四室"卫生检查考核实施细则》,对"四室"建设情况进行全面的统计和梳理,目前全公司共有"四室"4900个。开展了以"四室"卫生为主的卫生宣传和专项整治系列活动,并定期巡查,按季通报。与相关单位联合开展"最佳四室"评选活动,展示了各具特色的"四室"建设工作。同时,以"四室"建设为抓手,全面动员各单位参与卫生创建活动,组织完成了16家省市级卫生先进单位和7家无烟单位申报和复审工作。

【后勤服务管理】 公司高度重视职工的后勤保障工作,将职工工作餐、企业补充医疗、职工健康管理、计划生育补助等政策落到实处。全年为4.6万名员工审核工作餐费用1.5亿元。同时,加强食品卫生监管,不定期到各食堂进行督查,确保工作餐质量。为员工缴纳大病救助金420万元,为2425名职工审核发放大病重症补助825万元、为13877名职工报销职工家属参保费155万元、为431名工伤职工报销了工伤"双超"费用88万元。制定下发《关于进一步加强马钢职工健康管理工作的实施意见》,对促进职工健康的一系列举措进行统筹管理。与市中心医院配合,对职工健康体检场所和软、硬件设施进行全面升级改造,启用了全新的体检信息系统,使马钢职工的健康体检条件有了大幅改善,截止11月底,全公司共有18029人参加体检,体检费用达669万元。联合市中心医院"慢病管理中心"启动"慢病健康宣讲"活动。积极推广"万步有约"活动,在"悦动圈"APP上搭建"马钢职工万步有约活动群",并举办"日行万步、科学健走"百人健步走活动。依法组织实施全面两孩政策,将新政策宣传到每一位职工,严格按照计划生育法律法规,落实职工相关待遇。

【办公楼综合管理】 10月份,设备运行维检职能划入设备检修公司,实现了人员、设备、物资、安全的平稳交接。为了保证办公楼安全运行,行政事务部、资产经营公司与设备检修公司签订了机关办公区域运行维检安全管理协议,明确办公楼安全和稳定运行的管理责任、权利和义务并及时建立一系列巡查、监督和评价机制以及工作情况反馈联系函制度。本着节约的原则,积极开展降本增效活动,控制大楼能耗,全年比上年度节约电费70余万元。固定资产维修方面,解决了办公楼内外部分设施的损坏、老化、锈蚀、渗漏等问题。会务中心的管理从硬件入手,在电话记录、会议安排、日常台账等细节上加以落实,并对重要会议实行报告制,全年服务会议1500余场、37000人次。办公用房管理方面,做到办公用房及时安排、合理分配,全年共调整了14家部室及单位办公用房100余间,拆装办公家具250套。元月份开始,马钢办公楼公共卫生由入驻单位分区域承包,行政事务部对每个单位的卫生包干区域的划分、责任期、卫生要求、工具发放等工作作了细致安排,并实行月检查、季考核,仅此项工作为公司降本80万元。

【公益支持管理】 在公司的定点扶贫工作中,与阜南县扶贫办共同申报《马楼村蔬菜大棚产业示范园》扶贫项目,项目总投资89.4万元,其中马钢援助30万元;开展“送冬衣冬被,暖马楼人心”活动,发动职工捐助冬衣冬被,累计向马楼村赠送新旧冬衣冬被1700余件;在马楼村小学开展“助力马楼教育扶贫,丰富留守儿童知识”活动,采购价值3000元的儿童读物,并发动职工捐赠各类少儿读物2000余本,建立马楼小学课外读物图书室;进一步落实干部包户工作,12月份,集团公司纪委书记陈冬生、集团公司副总经理唐琪明率马钢包户干部和协作单位负责人赴马楼村对帮扶的10户贫困户进行了“一对一”集中走访、入户帮扶,了解贫困户的想法和诉求,针对每户制定具体帮扶方案,在此基础上,针对贫困户普遍缺乏过冬衣被的情况,组织了包户干部和协作单位为阜南县马楼村贫困户捐衣捐被捐物。除此之外,公司继续组织职工无偿献血和“慈善一日捐”等公益活动,积极履行社会责任,全年共组织公司2630名员工参加了无偿献血、献血量达70万毫升,向市慈善总会一次捐助60万元。

(庞　湃)

法律事务管理

【基本情况】 2016年,集团公司继续推进马钢合肥公司转型发展项目。法律事务部组织合肥公司职工安置方案设计与讨论,起草项目报告、方案及相关法律文书;启动工程技术集团与宁波东力、表面技术公司与泰尔重工等合资项目,继续跟进OCI、南非车轮、ASCO特钢等合资项目,法律顾问参与项目提供法律支持服务;组织处理美国337条款调查、富顺船务仲裁等涉外法律事务;办理工商登记事务14件;办理临时授权委托152件;办理常年授权委托37件,注销25件;新刻制合同专用章7枚;完成各单位授权委托证书的年检、备案工作;办理各分子公司自行授权备案34份;审查各单位送审重大合同73件,出具法律意见400余条;审查公司及下属单位重大管理制度8件,出具法律意见41条;举办合同管理资格(持证上岗)培训3期,约225人参加培训;受理各类诉讼及仲裁案件100起,涉案金额总计约1.5亿元,另有25起案件,不涉及具体金额。目前结案50起,挽回或减少直接经济损失达3700余万元;办理破产案件1起,向破产管理人提出47万元的债务异议;办理各类非诉案件23起。其中,债权清收追回欠款约213万元;公示催告避免了票面金额100万元的票据权利丧失;办理执行案件6起;妥善处理协助法院执行案件,维护企业和职工权益。办理协助执行案件82起。

【重大法律事务(包括涉外事务)】 2016年,为做好项目风险防控,控制投资风险,法律顾问充分发挥法务管理的专业优势,法律事务部主动参与、密切配合,全力护航多项重大项目。一是参与ASCO特钢合资项目。合资项目继续推进,年初完成合营合同、章程及其附件的制订,法律事务部牵头完成合资公司MASCO特钢公司的设立登记工作。合资公司设立后,经股东会通过,马钢股份9%的股权转让给雨山城投,公司法律顾问全程参与谈判,完成股权转让协议、合资合同修改协议及章程修正版的拟定。二是参与南非车轮项目。公司继续推进南非车轮项目,法律事务部提交律所选聘和尽调清单。三是参与售电公司合资项目。为抓住国家售电侧改革的机遇,集团投资公司和安徽科达机电及其经营层共同投资设立科达售电公司,公司设备部及相关职能部门参与谈判协助完成合资公司设立,法律顾问全程提供法律服务。四是参与和菱公司防锈纸公司合资项目。根据公司安排,马钢和菱公司代表股份公司与武汉市洪福防锈包装化工有限公司就合资设立防锈纸公司组织多轮合作谈判,法律事务部、资本运营部、和菱公司组织人员赴武汉洪福开展尽职调查,法律顾问出具法律尽职调查报告,起草合资协议、公司章程等法律文书。五是参与合资成立美标H型钢钢材贸易公司项目。股份公司拟与厦门日上合资成立美标H型钢钢材贸易公司,销售公司牵头组织合资事项讨论会,法律顾问参与并起草出资人协议。六是参与宁波东力合资项目。工程技术集团与宁波东力公司合资项目,公司组织多次合作谈判及会议讨论,法律顾问参与并提供法律服务,协助审查合资协议、公司章程,起草安徽马钢东力传动设备有限公司股权转让及代持协议。七是参与表面技术公司重组项目。表面技术公司与泰尔重工合作事宜,丁毅、任天宝带领相关部门人员赴泰尔重工调研,开展多轮合作谈判及会议讨论,法律顾问起草尽职调查报告,起草表面技术公司重组有关保密协议。八是参与店埠河公司重组项目。合肥店埠河公司重组项目,公司组织多次合作谈判和公司内部各项会议,法律顾问参与谈判,起草各类协议,提供法律服务。九是参与工程技术集团与马建集团联合申报特级资质事宜。集团公司重点推进工程技术集团与马建集团联合申报特级资质,确定马建注册资本增加至3.16亿元,并多方洽谈引入战略投资者。法律顾问全程参与项目,起草各类报告、方案及相关法律文书。十是参与美国337条款调查案。针对美方原告提出的侵犯商业秘密指控,公司组织专业人员协助外聘律所准备材料,完成应诉答辩状、问卷回复及文件请求回复,并就证据开示工作准备相关文件资料。十一是参与欣创新三板上市项目。欣创公司拟申请新三板上市,公司多次组织项目讨论例会,相关部门共同商讨关于审计、评估、关联交易、债权债务账目核对以及股权激励方案设计等议题。十二是参与中辆合资项目。公司决定继续推进中辆合资项目,法律顾问参与项目讨论研究,并修改完善《出资人协议》等文件。十三是参与常州润和房产项目。公司继续推进常州润和房产项目,针对以房抵债有关事项进行磋商,法律顾问草拟房屋租赁合同转让协议,就新的房屋租赁协议进行了修改,起草股份公司、财务公司及常州润和房地产公司三方委托存贷款合同变更协议,并提供相关法律服务。十四是参与欣创公司PPP项目。经公司批准,欣创公司参与组建水环境治理PPP项目公司。法律顾问参与项目收益与风险的讨论研究,并对PPP项目合同、项目公司合资经营协议以及项目公司章程等法律文件进行了审查并提供法律意见。十五是牵头参与合肥公司转型发展项目。合肥公司转型发展项目进入攻坚阶段,法律顾问全程参与合肥公司职工安置规划,起草相关报告、方案及法律文书,协助物流公司、工程技术集团设立合肥分公司。

【纠纷事务管理】 一是受国家经济形势的影响,近年来各类经济纠纷、劳动纠纷显著增多。截至2016年10月31日,集团公司、股份公司共受理诉讼及仲裁案件100起,案件类型涉及劳动争议、买卖合同纠纷、建设工程合同纠纷、人身损害、财产损害赔偿、行政诉讼等,涉案金额总计约1.5亿元,另有25起案件不涉及具体金额。已结案50起,挽回或减少直接经济损失达3700余万元。二是受理破产案件1起,向破产管理人提出47万元的债务异议。三是受理非诉案件23起,涉及合同纠纷、人身损害赔偿、债权清收、公示催告等。其中,债权清收追回约213万元欠款;公示催告避免了票面金额100万元的票据权利丧失。四是受理执行案件6起。五是受理法院协助执行案件82起,妥善处理协助法院执行案件,维护企业和职工权益。六是继续完成典型案例汇编工作,按计划下发上半年《典型案件管理评析》一期,法律事务部根据案件办理情况向相关单位提出管理建议书,指导涉诉单位完成整改。

【工商登记及临时授权事务管理】 一是工商登记审批事务。随着政府"转职能"工作的深化,工商登记工作逐步由行政监管更多地趋向行业自律,但"自律"对企业依法办事的意识要求更高。今年以来,股份公司、集团公司办理工商登记审批事务共14件,完成"三证合一"换证工作,按照时间节点完成年报公示,并配合工商部门完成企业现场核查工作;指导协助子、分公司完成各类工商变更登记,集中组织驻外区域销售公司、加工中心法定代表人变更登记;协助欣创公司新三板上市工商材料准备工作等。二是临时授权委托事务。2016年集团、股份公司共办理临时授权委托事务152件,其中集团48件,股份104件。2016年的临时授权委托数量比往年显著增多,一方面说明公司对外经济交往仍保持高度活跃状态,另一方面也体现了公司授权委托管理的加强和规范经营意识的提高,有利于促进防范经营风险。

【合同管理】 一是内部规章制度及重大合同的审查或起草。根据《重大合同管理办法》,集团、股份公司共审查重大合同64件,出具法律意见380余条,包括集团公司为罗河矿提供担保的《最高额保证合同》,销售公司的《银企商合作协议》,车轮公司的质量保函,制造部的《职工通勤运输合同》等;集团、股份公司共审查《工序委托管理办法》《子公司财务风险管理办法》《马钢股份公司对外投资管理通则》等重大管理制度12件,出具法律意见60余条;经多方调研、论证,广泛征集意见,以及合同检查总结,股份公司完成《合同管理办法》的修订,并于2016年9月份发布。新版《合同管理办法》内容更具体,更切合实际,并增加了"考核与评价"部分。现集团公司的《合同管理办法》正在组织修订,目前正在调研中。二是开展常年授权委托和合同专用章管理。2016年度集团、股份公司共办理常年法人授权委托37份,注销25份;完成各单位授权委托证书的年检、备案工作;办理了桃冲矿、张庄矿、资产公司和销售公司等相关授权事项及人员的变更,办理各分子公司自行授权备案34份;新刻制合同专用章7枚,缴销合同专用章4枚,包括2枚磨损换刻,2枚重新命名。三是合同管理检查。2016年9月22日至9月30日,股份公司组织对下属12家子、分公司以及业务主管部门开展年中合同管理检查。检查结果将纳入年终经济考核,将对检查中发现的问题进行书面反馈,并要求限期整改,限期提交整改报告,对检查不合格的单位进行通报及考核。四是合同管理资格(持证上岗)培训。2016年8月17日至18日,举办

2016年度和菱实业公司合同管理培训工作,共有45人参加培训,39人参加考试并取得合同管理资格;2016年8月29日至31日,举办了第一期合同管理知识培训,10月25日至27日举办第二期的合同管理知识培训,两期培训共有180余人参加。

【商标管理工作】 2016年集团公司、股份公司共有62枚注册商标临近10年有效期,必须在有效期内完成商标续展。自年初起,法律事务部多方开展市场调研,经多次洽谈,以显著低于市场的价格委托商标代理机构办理商标续展工作。经过半年多的申请和审核,目前有效期在前的54枚商标已完成续展注册手续,取得了商标续展证明。后续工作仍在联系推进中。

【其他法律服务】 一是配合完成采购体系、仓配公司机构整合工作,梳理合同管理流程和机构变更相关法律事务。二是开展采购合同解除后法律风险的调研。三是为康泰公司铁矿石买卖事宜提供法律服务,起草最高额抵押合同。四是处理国贸矿石贸易纠纷相关事宜。五是起草马钢美洲有限公司的章程。六是就马钢国贸公司与富顺公司有关COA合同纠纷伦敦仲裁案裁决书第二轮相关问题向国贸公司反馈法律意见并进行讨论研究。七是处理投资公司受让香港立体车库股权相关事宜。八是参与工程技术集团上海11套房产处置的调研、论证、评审、处理。九是赴张庄矿就其与霍邱县天马矿业有限公司合同纠纷一事进行调查,并出具法律意见书。

(魏　茹)

安全生产管理

【基本情况】 2016年,公司按照国家、省、市对安全生产工作的各项部署,认真贯彻落实中央领导的重要指示、批示精神,强化落实安全生产责任,深入开展隐患排查治理,大力加强重点环节管控,全面夯实安全生产基础,保持安全生产稳定,实现了长周期安全生产。2016年公司职工无工亡;重伤事故3起,重伤3人;轻伤事故52起,轻伤52人。属地工亡事故5起,工亡5人。

【危险源管理和隐患排查治理】 一是开展重大危险源安全评估。为了加强对重大危险源的监控管理,根据国家有关要求,重大危险源每三年需进行一次安全评估,公司委托中钢矿院开展了安全评估。后又聘请了相关专家对股份公司5家单位21项重大危险源进行评审,并形成安全评审报告,根据评审结论股份公司重大危险源从原来的21项变为16项。通过此次开展的重大危险源评估工作,进一步提高了公司重大危险源的监控管理水平。二是开展金属冶炼和煤气专项治理。从1季度开始,公司根据省、市关于开展金属冶炼和煤气使用安全专项整治工作方案要求,制定下发了《马钢金属冶炼及工业煤气使用单位安全生产专项整治方案》,组织各单位开展排查治理。在专项治理中,公司共排查并治理危险性较大的隐患26项。三是开展有限空间作业安全专项治理。根据国家、省、市关于认真做好工贸企业有限空间作业条件确认重点工作专项检查的通知要求,公司制定下发了专项治理实施方案,统计有限空间作业693处,还组织专人对污水处理系统进行专项检查,起草发布了《有限空间作业安全管理办法》。四是开展涉爆粉尘安全专项治理。根据马鞍山市有关专项整治工作要求,公司立即制定了《马钢粉尘涉爆专项整治实施方案》,组织各单位开展粉尘防爆治理工作,在各单位自查的基础上,管理部门组织进行监督检查。股份公司涉及爆炸性粉尘的单位共6家,主要粉尘种类是煤粉、硫磺粉、镁粉。五是开展危险化学品专项治理。公司制定并下发了危险化学品安全专项整治实施方案,组织各相关单位开展专项整治工作,结合上半年度大检查,对各单位的专项整治工作进行监督检查,排查出5项较大安全隐患,其中4项隐患已整改完成。对于煤焦化公司轻苯储槽区域及其他区域操作平台、踏步走梯、防护栏杆腐蚀严重的隐患,已列入公司挂账督办的安全隐患进行专项治理。六是开展压力管道安全专项治理。为认真吸取8月11日湖北当阳市马店矸石发电有限责任公司高压蒸汽管道发生爆管事故教训,保证公司的压力管道安全运行,公司立即下发《关于加强压力管道定期检验和维护保养的通知》,要求各单位做好压力管道的检验和维护工作,并组织专人对公司压力管道进行了专项检查。七是确保隐患治理项目安全投入。今年公司投入安全费用1.57亿元,其中股份公司专门安排436万元资金实施9项安措技改项目,用于改善职业危害严重岗位作业环境,投入1340万元用于改善职业安全卫生设施、设备。八是对重点安全隐患实施挂账督办。对煤焦化公司2项安全隐患(炼焦分厂和一净化分厂部分设备设施严重锈蚀,影响安全生产)以及四钢轧渣处理区域作业环境恶劣,厂房设施腐蚀严重的安全隐患实施挂账督办,由公司另行给予专项投入,责任单位负责组织实施,并落实临时安全措施。

【重点环节安全管控】 一是加强重点领域安全管控。针对公司重点建设工程后期特点和产生的问题,公司切实加强了对重点建设工程的安全管控工作。公司领导分区域、分别带队对各施工现场进行检查;公司组织各专业部门,按照各工程进度,对二铁总厂4#高炉喷煤系统、热风炉系统、焦炭库工程等13项重点建设工程开展试车前专项检查,对检查发现的问题,均及时督促相关单位落实整改。各项目部分别组织开展全面的施工安全及试车前的安全自查和隐患治理工作,确保了公司结构调整、产品升级所需的各新建项目安全投产。二是加强重点时段安全管控。按照上级关于低温雨雪冰冻天气防范应对工作的紧急通知要求,布置各单位启动应对低温雨雪冰冻天气预案,开展专项安全隐患排查治理活动,落实领导及安全管理人员值班制度。对各单位领导带班值班情况,公司进行了夜间检查,由于措施有力,在冰冻雨雪恶劣天气情况下,公司的安全生产较为稳定。针对春夏连续强降雨的情况,根据省、市关于应对强降雨天气的有关通知要求,公司按照"早做准备、提前落实、防重于抢、有备无患"的原则,全力以赴做好防汛防涝工作;公司领导也多次带队到各防汛重点部位进行检查。各单位均成立了防汛指挥机构和防汛队伍,组织防汛抢险队开展了堤防查险、渗漏及管涌抢险实战演练;备足了各类防汛器材,随时跟踪雨情汛情,做好应对强降雨的各项应急准备工作,确保了汛期生产经营平稳有序。从7月下旬起,针对高温天气情况,公司重点组织各单位在前期工作基础上,进一步加强防暑降温相关工作,并下发了防暑降温工作专项检查表,布置各单位对防暑降温工作开展自查。在7月下旬至8月中旬,公司还组织人员深入各个防暑降温重点单位作业现场,开展防暑降温工作专项检查。通过检查发现各单位防暑降温措施总体落实情况较好,对于检查发现的少数问题,及时反馈相关单位并督促其整改。在高温天气期间,公司未发生人员中暑情况。在春节、国庆等节假日及G20峰会等重大活动之前,公司均布置各单位开展专项安全隐患排查;节日期间各单位负责人和安全管理人员落实安全值班和现场巡查,公司在节日期间每天对重点现场开展安全巡查,确保了节日及重大活动期间安全平稳。

【应急建设】 根据省有关要求,2016年公司在大力精简机构、压缩人员的背景下,专门在安全生产管理部新设立了公司应急管理办公室,负责策划、完善和协调公司应急管理体系运行,整合应急资源,提升响应能力。马鞍山市举办应急救援技能竞赛活动,马钢3支专业队(煤焦化公司消防大队、矿山救护队、能控中心燃气防护站)和一支兼职队参加比赛,此次竞赛马钢代表队取得了优异的成绩,消防大队专业队和马钢公司兼职队分别获得了团体第一名,同时还获得了多个单项第一名的好成绩,展现了马钢应急救援能力。国家安全监管总局、中华全国总工会、共青团中央、黑龙江省人民政府在大庆市举办了第二届全国危险化学品救援技术竞赛,安徽省安监局指定马钢派出一支救援队代表安徽省参加此次竞赛。在比赛中,马钢竞赛队与全国30个代表队进行了激烈的角逐,取得了第19名的成绩;这一成绩也将安徽省代表队在全国的排名向前推进了5个位次,首次进入第二梯队。通过竞赛交流活动,很好促进了公司专业应急队伍的能力提升。

【职业危害防控】 马钢加强职业卫生基础建设,认真组织开展了职业卫生专项检查,有三个单位被市安监局授予"职业卫生示范企业"称号。国家安监总局组织的职业病危害防治评估检查中,检查组随机抽取公司5家单位进行资料审核,2家单位进行现场检查,马钢的职业病危害防治评估工作受到检查组的好评,被市安监局通报表彰。按计划组织职业卫生服务机构开展了职业危害因素检测工作,共完成36个单位的职业危害因素检测工作,粉尘监测点550个,噪声监督点164个,高温点65个。加强职工职业健康监护,按计划完成职工健康体检工作,全年共安排37个单位职业健康体检人数19843人,其中接尘1158人,接噪9055人,高温8130人,无新增职业病人。组织召开检测单位以及重点单位参加的职业危害因素检测座谈会,总结存在的问题,讨论改进任务和方向;组织开展职业卫生管理制度检查工作,找出制度落实中存在的问题,针对问题制定整改措施,夯实职业卫生基础管理。对公司气体检测仪供应商进行调查评价,将评价情况提供采购部门作为采购依据。

【特种设备管理】 年初,公司制定了特种设备定期检查计划,按照计划完成了各类特种设备的定期检验工作,共检验锅炉34台,压力容器681台,压力管道5千米,起重机械902台,电梯69台,厂内机动车辆343台。配合新建项目投产,及时按规定做好相关特种设备的检验和使用许可工作。对特种设备作业单位资质审查材料进行复核,确认相应作业资质符合要求的单位,并在网上公布,作为各单位选择特种设备专业服务相关方的依据;组织开展了特种设备管理专业检查,查出问题79项,均得到了及时整改。

【安全宣传教育】 年初,公司编制下发了年度安全培训工作计划,按计划组织“三项人员”开展培训、取证和复审工作,7334名特种作业人员参加复审换证,举办危化品、矿山、生产经营单位负责人及安全管理人员资格培训班,共有843人参加培训,举办特种作业人员取证培训班,1331人参加培训。采取问卷调查的方式,对培训活动的效果进行总结评价,根据反馈意见,不断改进安全培训的组织和授课工作。公司编发了第一期事故案例汇编,作为基层安全教育培训教材,并且从2016年起,在专业机构的帮助下,进行系列化的安全教育培训视频教材的制作工作,用于员工安全培训,以提高员工对安全培训的接受效果。“安全生产月”期间,公司相关部门和单位举办了马钢家园“安全卫士”演讲比赛;“安全生产月”主题征文活动;组织开展“安全隐患随手拍”和“安全生产月”展板评比活动;开展“6·16”安全生产宣传咨询日活动;承办了全市“守护生命”安全知识大赛;拍摄“安全生产月”纪实片。公司组织有关单位和职工参加市举办的各项活动,并分别获得优秀成绩。

(郭佩琼)

能源环保管理

【基本情况】 2016年,集团公司通过持续加大环保治理投入和管理力度,依托环境管理体系(ISO14001)和能源管理体系(GB/T23331),全面完成全年节能减排各项目标任务,环境绩效显著提升。一是主要节能减排指标创历史最好水平。通过省环保厅2016年污染物总量减排核查;SO_2吨钢排放水平较去年降幅达到58%,烟粉尘排放水平降幅达到44%;重点炉窑废气无组织排放次数较去年下降80%,全年高炉基本实现“零”排放,污染源在线日均值100%达标;全年环保设施同步运行率创历史最好水平98.98%,在线有效传输率98.53%;吨钢耗新水达到历史新低3.65吨/吨,吨钢综合能耗完成597.4千克标煤/吨。二是圆满完成G20环境管控目标任务。在外部环境极为严峻的情况下,公司上下系统联动,确保公司正常生产经营秩序未受大的冲击,并圆满完成政府下达各项目标任务,得到上级部门充分肯定。同时为今后开展大型公共活动环境管控取得成功经验,并提高了各级人员的环保意识和管控水平。三是全年环境事故为零、行政处罚为零;政府季度监督性监测实现100%达标。四是股份公司荣获钢铁行业“清洁生产环境友好企业”称号。五是股份公司荣获2015年度安徽省级环境信用最高级——安徽省“环保诚信企业”称号,树立了良好的企业社会形象。六是能源管理体系通过认证机构认证。

【主要绩效指标完成情况】 1. 主要污染物排放总量指标同比大幅降低。2016年股份公司烟粉尘、SO_2、NO_X吨钢排放量(不含电厂)分别为0.46千克、0.5千克、1.06千克,较上年下降0.36千克、0.69千克、0.1千克,烟粉尘排放水平降幅达到44%,依托公司16套脱硫脱硝设施高效运行,SO_2吨钢排放水平较上年降幅达到58%;COD吨钢排放量为0.066千克,较上年下降0.030千克,氨氮吨钢排放量0.004千克,较去年下降0.001千克。2. 污染物排放达标,全年无环境污染事故发生、无政府处罚。2016年,股份公司污染物综合排放达标率完成99.71%,比2015年上升1.51个百分点;废气无组织排放月均16次,比2015年下降80%,全年三铁总厂两座高炉实现零放散;废气处理设施同步运行率98.98%,非同步运行时间比2015年下降79.5%,废水处理设施同步运行率100%,脱硫设施达标率99.51%,比2015年上升0.59个百分点。3. 工业固废综合利用率完成99.63%年度目标。危险废物100%安全处置。4. 吨钢综合能耗较去年下降3.9千克标煤/吨钢。2016年吨钢综合能耗完成597.4千克标煤/吨钢。以能源管理体系有效运行为管理抓手,持续开展能源经济运行,同时实施15项主要能源使用和23项节能攻关课题,确保吨钢综合能耗指标持续改进。5. 能源消耗总量较上年上升16.3万吨标煤。由于钢价回升及二铁南区南区3号烧结机、4号高炉今年先后建成投产,公司的现有产能进一步释放,2016年全年钢材产量较去年增加61.7万吨,导致能源消耗总量升高,股份公司2016年能源消耗总量为960.79万吨标煤,较上年上升17.96万吨标煤。6. 吨钢耗新水指标进步明显。股份公司2016年吨钢耗新水3.65吨/吨,较上年下降0.17吨/吨。新高炉采用密闭循环冷却水技术,循环水量及补充水量均大幅降低,同时六汾河零排放攻关项目的实施,也保障了吨钢耗新水指标逐步降低。

【能源环保管理】 一是坚持战略导向,做好顶层设计。编制完成集团公司“十三五”节能环保规划,明确规划目标及重点工作举措。顺应股份公司能源管控体系优化调整，进一步明确能环部、能控中心管理职能。2016 年初，集团公司以年度能源环保工作计划、重点工作推进计划、环保项目预算计划和环保目标责任书等形式，对主要目标、改进重点进行逐级分解，落实到相关责任部门和单位，实施过程监控运行，定期测量分析。二是认真开展建设项目环评、能评工作。贯彻落实新环评法和新的环保验收及其监测管理办法，加强与政府部门的沟通与协调，进一步优化流程、规范操作、强化内部审核。全年顺利完成 301 提标改造等 6 个新建项目环评工作；按照新法的要求对项目建设情况进行信息公开和试生产报备工作，完成焦化生化水处理提标改造工程环保验收。公司建设项目合规守法。按照政府相关要求对公司耗能总量较大的投资项目开展能源评估工作，主要有埃斯科特钢公司高端汽车和轨道交通零部件用棒线材深加工项目、轨道交通公司新建车轴项目、资源分公司钢渣处理项目等。通过项目能源评估提出合理的改进意见，使公司各投资项目更加合理和先进用能，降低能源消耗及能源成本。三是全力推进 4 号高炉系列工程环保验收工作。合肥公司环保搬迁项目是环保部审批项目，存在建设工期长，子项目多，实际建设内容与批复变化较大等众多复杂的问题，验收难度非常大，在公司的大力推进下，最终确定省厅验收，省环境监测站进行监测。能环部通过定期参加公司重点工程例会和项目部工程例会，提出项目实施过程中环保控制要求，解决重大环保问题；组织专项检查，梳理环保措施落实情况，查缺补漏，落实整改措施；完成公司内部现场预监测。通过多次与省环境监测站对接，计划 2017 年上半年完成整体验收工作。四是确保公司主要能源指标运行控制有效且合法合规。2016 年 6 月组织完成马钢公司钢铁能耗节能专项监察报告，同时顺利通过安徽省节能监察中心两天的现场核查，检查结论是：焦化工序能耗优于国标限额值要求，烧结、球团、炼铁和转炉炼钢工序能耗均完成国标的限额值。五是持续推进 ISO14001 管理体系有效运行。组织环境因素更新，开展公司级重要环境因素评价，制定目标、指标和管理方案；及时进行环保法律法规识别、传达和落实；定期评审文件执行情况；按照计划的安排，完成体系内审工作，完成环境管理体系换版培训取证工作。公司环境管理体系按照文件的要求持续有效运行。六是全面完成年度环保治理项目。针对省市突出环境问题整治要求，结合公司环保治理实际，2016 年共立项投资南区钢渣综合利用工程、物料堆场防尘网工程等环保治理项目 12 项，合计立项投资 11414 万元。除南区钢渣综合利用工程按公司要求延期至 2017 年 5 月完成外，其他项目均在年内全部实施完毕。二铁总厂 1 号烧结机电除尘提效改造项目在钢铁行业实现了临界脉冲电源、静电滤槽及其组合技术的三项第一，一举解决了烧结机头电除尘达标改造这一行业难题，比常规改造降低费用 800 万元以上，具有显著的节电效益，并且大大节约改造工期，又消除了常规改造结果不确定的风险。七是落实现场防控，稳定污染物达标排放。强化现场检查。全年下发各类整改通知单 52 份。对各单位存在的环境污染现象进行录像，并在环保例会上播放、点评，重大问题早调会通报。落实污染预防措施，实现常态化管理。针对各重点制造单元各类炉窑无组织排放、废水（气）排口、现场道路通廊等分别制定污染预防和应急响应措施，同时建立各职能部门联动协作机制。今年在省政府、环保部华东督查中心、长江水保局、市政府、市环保局等开展的各类环保督查、环境执法监测期间，现场环境受控有效，未发生超标排放现象。提升污染源在线管理水平。针对污染源在线设施管理维护难的突出问题，修订污染源在线监控管理办法，督促维保单位强化内部管理，强化过程监控，坚持实行小时抄表制，2016 年小时达标率同比大幅提升，日均值 100% 达标。提升炉窑无组织排放控制水平，利用环境信息化监控系统、开展以无组织排放为主要内容的污染源达标劳动竞赛，有效地促进了无组织排放的控制管理水平提升，高炉、焦炉、转炉累计月均无组织排放为 16 次，较 2015 年下降 80%，其中 10 月份达到仅 8 次历史最好水平；全年高炉基本实现“零”排放。确保危废安全处置率 100%。全面推行危险废物规范化管理制度，加强危险废物转移行为监管，消除危险废物管理环节中的各类隐患。拓展公司利用生产设施消纳危险废物的途径，针对废弃脱硫剂在烧结开展试验，完成了工业性试验，共消化公司废弃脱硫剂量约 1400 吨。组织协调冷轧总厂乳化液渣泥内部利用工作，提出的乳化液渣泥返烧结内部利用的实施方案，开展工业性试验，消化公司乳化液渣泥约 108 吨，为公司节约外委处置费用 200 万元以上。强化核辐射安全管理。严格落实国家核安全局、安徽省环保厅、马鞍山市环保局《加强核与辐射安全工作》的通知要求，组织相关单位和部门对涉源单位进行现场检查审核，总体情况良好。启动公司辐射安全许可证的延续申报工作，开展年度辐射安全检测报告，对有效期内的辐射安全防护进行工作总结，完成公司辐射安全许可证换证工作。

【能源管理体系建设】 马钢股份公司能源管理体系建成并按标准正式运行。自2015年10月9日能源管理体系试运行以来,公司能源管理方针得到有效贯彻执行、能源管理目标总体完成情况良好,能源管理体系持续改进机制有效实施。2016年5月23-27日北京国金恒信对股份公司进行认证审核,审核开具一般不合格报告8项,通过公司内部评审并组织相关单位积极有效整改,7月6日北京国金恒信通过了马钢股份公司能源管理体系认证并发证。为加强体系运行过程管控,确保公司能源体系运行的符合性与有效性,从而持续改进公司能源消耗指标,降低能源成本。2016年,能环部共组织三次能源体系内审,累计开具问题385项,针对直接影响生产质量、设备稳定等造成能源无效使用问题,开出不合格项4项。重点关注列入公司级主要能源使用的节能项目进展。项目进展较快,节能效益明显。如三铁烧结主抽风机变频改造、气体分公司循环冷却水系统节能改造、特钢公司浊环水系统变频改造、热电总厂乏汽回收项目等,其中三铁烧结主抽风机变频项目A机已于9月28日投入运行,节电效果明显,节电率20%,A、B机全年预期节电效益1000万元。

【圆满完成G20环境管控目标任务】 针对政府G20环境管控特别要求,公司上下高度统一,各部门、单位同心协力,圆满完成G20环境管控目标任务,得到上级部门肯定,维护了公司正常生产经营秩序。并取得一系列成果。一是基本形成大型公共活动环境管控成功模式。G20环境管控经验表明,采取的措施有效,效果明显,公司通过坚决执行管控要求,不仅没有影响公司正常生产经营,反而通过管控有效支撑公司生产顺行,为今后开展大型公共活动环境管控取得成功经验,并提高了各级人员的环保意识和管控水平。二是环境控制基础管理工作细化,责任到位,执行到位。各单位系统梳理环境风险控制点,细化目标值的分解落实,管控方案及预案针对性、操作性强,相关单位将主要管控目标及措施分解到各分厂、作业区直至重点岗位。并通过强化三级巡查制度、申报制度、通报制度等全过程管控,夯实了环保基础管理尤其是现场环境应急管控能力。三是多项环境管控工作举措有效。通过G20环境实践与大胆探索,转变传统观念,突破常规,多部门系统联动,以达标排放为重点,在强化环保设施(尤其是在线设施)运行维护和操作、生产组织与操作优化、优化作业方式以及环保应急响应等方面取得了成功的经验,尤其是围绕污染物小时值达标采取的措施扎实有效,实现了向生产要环保、向工艺要环保、向设备要环保、向操作要环保、向技术要环保和向管理要环保。四是实现环保重点难点工作突破。整个管控期污染物基本实现小时值达标突破,在管控期间,二铁烧结、球团几次开机期间,通过二铁与欣创公司密切协作,开机期间全部实现烟气SO_2小时值达标,为烧结开机期间烟气达标难点问题积累了一套行之有效的操作方案,实现了烧结机开停机实现小时值达标的突破;在污染源在线设施运维方面,公司建立的快速响应模式经实践证明行之有效,不仅做到了污染源在线日均值达标,还基本实现小时达标的严控要求;煤焦化公司在控制新区焦炉无组织放散方面一改以往被动局面,实现了焦炉清洁生产的突破。

【争取政府资金、政策支持】 积极跟踪国家、省、市新政策,遴选出10个重点项目,以"项目制"形式,责任到人、滚动推进。发挥团体精神,创造条件,寻求更大的资金和政策的支持,较好地完成年初的计划。一是积极环保专项资金支持。2016年获省、市环保专项资金到账3226万元;努力争取更高的排污费返还比例,公司以专题报告形式向市政府申请提高排污费返还比例(马钢股【2016】19号文),经"钢城一体,融合发展"多次对接,政府已同意将市级排污费返还比例由25%提高至45%。二是严格控制公司排污费。2016年度预算排污费为4575万元,鉴于公司2016年初的生产经营情况,能环部年初与市环保局反复沟通与协调,力争2016全年排污费控制在4100万元;全年股份公司共缴纳排污费3951.6万元,较好的控制排污费支出。三是争取政府黄标车淘汰和特种车辆延缓淘汰政策支持。积极对接市环保局,争取延缓淘汰政策支持。7月份,市环保局已解冻公司新车入户,并给予办理特种作业车辆年审,此两项政策落实有力保证了公司推进黄标车淘汰进程和公司正常检修保产工作特种车辆使用,截至10月底,公司已淘汰黄标车187辆,全面完成年度计划。四是高度重视初始排污权核定工作。国家实施排污许可和排污权交易制度,初始排污权核定对公司将来的发展起着至关重要作用。为争取更多的污染物初始排污权,能环部仔细研究核定方法,多方搜集支撑材料,分别编制了马钢股份公司大气和水主要污染物初始排污权报告。在核定过程中,与市环保局、省环科院多次商谈、争取,最终水主要污染物初始排污权量为:COD1640吨,氨氮164吨,取得满意的结果。大气主要污染物初始排污权量尚在核定中。

【基础管理】 一是积极创建钢协清洁生产环境

友好企业。为树立马钢良好的社会形象，践行“环境经营、绿色发展”的理念，落实公司“十三五”能源环保规划，实现资源节约、环境友好的可持续发展，提升公司的核心竞争力和软实力，能环部精心策划，积极准备，5月份启动钢协清洁生产环境友好企业创建工作，9月底，中钢协对10家申报“清洁生产环境友好企业”进行初评，4家推荐钢企马钢排名第一，10月底通过了专家现场审核，11月下旬进行了现场答辩，最终创建成功。二是积极争创环境诚信企业。环境信用等级评价是政府对企业环境信用进行综合评价定级，评定的结果对企业的社会形象、融资等产生巨大的影响。马钢首次参评，评审标准逐年提高，需提供的资料更加翔实，公司领导给予高度重视。能环部提前启动相关工作，认真准备各种资料，及时与省市环保部门汇报，消除各种不利影响，按时上报了相关资料，最终获得2015年安徽环境信用的最高等级“诚信企业”。

【节能环保宣传教育】 围绕国家节能环保法律法规政策要求，结合公司能源环保管理现状及需要，全年开展各类培训23次，其中：面向专职能源环保管理技术人员的公司级各类培训14次，共计193人，内容涉及法规新标准、国家政策、先进技术、企业内部专业管理流程；面向有培训需求的二级单位开展专业辅导培训7次，共计350余人，内容涉及环保法规政策、技术、在线设施管理、危废管理等内容；向公司级作业长、新招大学生开展普及性能源环保知识培训3次，人数350余人。积极开展节能环保宣传工作。为向广大员工传递国家能源环保新政、公司节能降耗、污染防治举措，公司为各级领导、部门、二级厂矿订阅《中国环境报》等主流媒体报刊。借助马钢日报二版开设《环境经营绿色发展节能降耗经济运行》节能环保专版9期，同时围绕专栏连续刊登的内容开展报纸竞赛答题活动，共收到单位组织和个人自行报送的答题卡1600份，收到预期效果。“6·5”环境日期间，以环境经营，绿色发展为主题制作展板在公司内部展出，从环保管理创新、技术创新、“十三五”规划与展望等方面宣传公司节能环保工作亮点。

（王　琼）

财务管理

【预算管理】 加强全面预算管理，狠抓分解落实。根据集团公司年度预算目标，分步落实各单位预算指标分解，实时掌握预算目标执行情况，将经营压力层层传递到各责任中心，确保年度预算各项保障措施落实到位。对各单位月度经营计划进行刚性考核；规范月度经营情况快报和分析制度；每月月初组织召开集团公司月度经营快报分析会；每月总经理办公会，对月度经营情况重点分析点评。对重点单位的经济活动运行情况进行跟踪、调研，掌握生产经营的动态变化，为经济活动分析取得第一手资料。及时调整因公司改制重组对预算的影响。做好经济活动分析，提供经营决策依据。积极配合公司为“十三五”战略评估报告提供财务资料，预测总体经济指标完成情况、“十三五”期间指标预计情况，并分析主导产业和战略新兴产业各项指标完成情况。正确评价集团公司在钢铁行业的竞争力情况，分析上半年集团公司特别是多元产业竞争的优劣势，为改善经营管理，促进转型升级和结构调整，增强公司竞争力提供财务支撑。

【资金管理】 坚持从严从紧原则，保证资金需求。对于公司职代会提出保证现金流的目标任务，财务部细化分解落实各项资金管控措施，确保现金流安全顺畅，确保生产经营和重点工程项目资金需求。严格现金预算管理，2016年集团本部现金流量预算资金缺口约8亿元，全部依靠增加融资来弥补。为减轻压力，根据现金预算和内部存款余额双重指标核定供应各单位资金，理顺公司与各单位之间经济关系，探索调整集团资金管控模式。坚持以收定支、量入为出原则。优先保障工资、电费、税金等刚性资金需求，优先保证生产经营资金周转，保证重点工程项目支出，压缩非生产性支出、非重点项目支出，严格控制对外投资，从严控制其他支出。多方拓展融资方式，确保渠道畅通。2016年融资工作遇到了前所未有的诸多困难，在债券发行受阻、新增融资难、部分银行抽贷减贷的情况下，财务部及时调整融资策略，拓展股票质押、交易所小公募债、融资租赁等融资渠道，挖掘内部融资资源，确保融资工作有序开展，千方百计确保现金流的稳定。本部财务费用全年比预算降低1.41亿元，降低率28%；集团财务费用比预算降低6.64亿元，降低率37%。

【税费管理】 争取财税优惠政策，合理减轻税负。积极与省财政厅、国土厅、地税局沟通协调汇报，争取国家政策资金扶持，2016年公司争取各项政策资金22.01亿元、增加当期利润8.98亿元。其中，争取国家各项财政补助、税费返还资金5.32亿元，增加当期利润2.84亿元。财税返还已成为公司降本增效的重要措施,增加了预算收入,弥补了现金流的不足。应对国家税制改革,顺利过渡衔接。2016 年 7 月起,国家对铁矿石资源税实施从价计征改革。马钢开采的铁矿石多属于《铁矿地质勘探规范》规定的低品位矿,并于 2011 年被国土资源部、财政部批准为国家首批矿产资源综合利用示范基地。为不增加税负,多次赴安徽省财政厅、地税局等部门沟通协调汇报,参加马鞍山市地税局与公司联合开展的相关调研,争取依法从低核定马钢铁矿石资源税率,并对马钢开采的低品位铁矿石给予资源税减免政策。从 2015 年 8 月行文省政府请求政策支持,至 2016 年 9 月,省政府批复同意公司享受相关资源税优惠政策,使公司本年度减少缴纳铁矿石资源税约 3000 万元。2016 年 5 月起,国家全面实施营改增政策。该政策出台一方面扩大了增值税进项税的抵扣范围,工程、外委劳务及财务费用等可取得进项税抵扣,有利于公司降本增效;另一方面导致工程、外委劳务合同方税负大幅上升,供应商势必要求提价转移税负。为减少对公司生产经营产生不利影响,财务部主动协助各单位做好相关测算工作,统筹应对政策变化;积极与财政、国地税部门沟通协调,开展专题培训和重点跟踪,切实做好税制改革政策衔接工作。全年增加增值税进项税抵扣约 6000 万元。

【资产管理】 加大内外投资管理,提高财务收益。积极开展梳理各项固定资产投资项目,加强投资项目评审,严格投资决策程序,确保重点工程建设支出;按月开展了对各单位固定资产投资重点项目进展情况的监测工作,及时监控项目进展和资金需求情况;协助投资公司开展新股申购;将集团公司持有的安徽马钢汽车运输服务有限公司、马鞍山港口(集团)有限责任公司、安徽省郑蒲港务有限公司、马鞍山钢晨实业有限公司的股权变更至马钢物流有限公司;安徽华塑股份有限公司、市中心医院的股权变更至投资公司;配合开展欣创环保公司、张庄矿拟在新三板上市涉及的财务审计和资产评估等相关工作;参与工程技术集团与马建资产重组涉及审计、评估相关工作。更新维护股权信息,完善产权管理。组织完成省国资委产权管理系统的变更登记和数据完善工作,对各单位填报的资料进行审核上报。完成了省国资委组织开展的省属企业产权登记专项检查工作,并对自查发现的问题进行了整改。加强国有资产监管,防止资产流失。组织对公司闲置机器设备、备品备件进行盘活,跟踪落实南山矿、工程技术集团盘活资产工作,对集团公司闲置、低效机械设备及备品备件盘活情况进行分析并提出建议报公司。从销售、调剂使用、报废等方面督促集团下属分子公司开展工作。

【清欠工作】 持续加大清欠力度,降低资金占用。财务部作为公司清欠办公室牵头部门,组织开展清欠工作,制定工作制度,分解落实清欠任务和责任,细化清欠措施,协调联合清欠,通报工作进展情况。为提高应收账款管理水平,发挥业绩考核的引导作用,合理确定考核方法,2016 年调整应收账款考核目标,由原来绝对值下降 10% 的考核方法调整为应收账款周转率下降 10%,总体目标为周转率 7 次/年,更加有利于各单位增加外部业务,增加营业收入。至 12 月末应收账款余额 16.2 亿元,比年初下降 2.7 亿元,下降比例为 14.23%;应收账款周转率为 7.56 次/年,比考核值高出 0.56 次/年,超额完成加速 10% 的清欠目标。

已发布《清欠工作管理办法》《关于进一步加强清欠工作管理的通知》,规范清欠工作管理方式,理顺工作程序,细化工作内容,涉及信息定期报告制度、法律援助、联动清欠等多项内容;有效解决公司内部单位之间互相占用资金严重的现象,尤其是单方挂账突出问题;提出"发票开具确认单"、严格收入确认条件等措施;规范以物抵账程序,并且强调坏账准备计提标准和要求。召开重点单位清欠工作推进会、专题会、现场会,提出多方抹账、价格折让、加大外销业务回款考核力度、法律诉讼、信用保险、信息系统控制等多种清欠方案;推动相关单位对山西新泰等单位的协同清欠工作。协调马钢内部各单位客户和供应商信息资源共享,利用马钢内部各种结算渠道,采取抹账等方式转账支付、直接划转,协助各单位清理长期未收回款项,减少坏账风险。

【风险监管】 财务风险互查互排,做好风险预防。为加强财务会计内控,提高财务风险防范水平,财务部组织开展了财务风险互查互排工作。先由各单位开展自查自排,并就自查自排出的财务风险点进行分析研究。4 月起,分别组织三个风险排查小组,开展对集团公司 25 家单位财务风险互查互排工作,就风险点情况逐项提出防范措施,形成分析报告并组织落实整改。制度执行专项检查,查找风险改进。按照公司经营绩效管理办法,为更好地履职履责,提升管理服务水平,强化制度执行力,从 4 月份开始,抽查集团所属单位,每月提交财务制度检查评价报告,提出其执行风险及相关改进建议。对照巡视巡察意见,逐项整改落实。按照《2015 年巡察管理建议表》,针对教育经费、职工福利费管理与使用中出现超范围使用、列支不合规等问题，财务部起草发布《职工福利费管理办法》，配合人力部修订《职工教育经费管理办法》，同时规定每年定期、不定期对管理办法执行情况进行检查，对存在的问题进行整改，不断加以完善管理。按照《省委巡视组反馈意见整改方案》，对十一个方面问题的整改任务，逐项对照涉及财务问题，认真研究，对于健全覆盖所有子分公司的风险防控体系、严格执行子（分）公司财务负责人委派制、切实抓好重大投资项目的前期研究、进一步严格和规范投资决策程序、清理银行账户、加强银行账户监管、严格银行账户审批程序、提高资金归集度和使用效率等方面细化整改措施，并持续跟进整改效果。

【年金基金】 加强年金基金受托管理，确保保值增值。编制并提交《马钢企业年金理事会2015年度报告》，提交并审议通过《关于与投资管理人续签投资管理合同的建议》《关于企业年金组合减资的建议》《关于马钢企业年金资产投资另类产品、养老金产品实行统一授权的建议》《关于调整企业年金投资策略之权益类止损线的建议》。做好受托管理，保证年金收益。对各投资管理人提交的协议存款、PPN（非公开定向债务融资工具）、信托计划、万能险、养老金产品、可交换债券等产品进行分析、评估并回复意见。填报马钢企业年金2015年年度报表。做好企业年金企业和职工缴费、向受益人支付企业年金待遇等。督促托管人和账户管理人及时无误地履行职责，对各管理人的合法性、合规性进行监督，对各年金组合进行业绩跟踪，按季度发送业绩函，以保证年金收益达到业绩基准以上。聘请利安达信隆会计师事务所有限责任公司对交由中国银行托管的马钢企业年金基金进行了2015年度财务审计。认真做好《投资管理合同》续签及报备工作，协调并监督托管人、投资管理人做好投资与风控管理。

【化解产能】 支持公司开展化解产能工作，配合做好财务事项。2月，按照国资委“省属钢铁煤炭企业化解过剩产能实现脱困发展调研提纲”的前期摸底要求，配合集团层面提供对财税、银行、资产（物业）等文件的理解及建议；8月，公司与市财政局、经信委、人社局协商签订化解过剩产能职工分流安置专项资金共管协议，并在财务公司设立专项资金共管账户，中央及省拨付专项资金8.12亿元已到账，化解过剩产能设备拆除及封存工作已完成并通过市里、省里及国家验收；化解过剩产能职工分流安置方案在12月公司职代会通过后报省人社厅审核备案，按规定管理和使用专项资金。

【重点工作】 确保现金流安全稳定，满足生产经营需求。按照职代会提出的保证现金流的目标任务，在2016年资金出现大额缺口、融资工作难度不断加大的情况下，财务部克服重重困难，面对困境，及时调整资金支付原则，调整融资规划与策略，在努力保持银行信贷规模不减的基础上，推动10亿元中期票据发行，创新股票质押融资方式，拓展交易所小公募债、融资租赁等其他融资渠道，有效利用内部融资资源，确保融资工作有序顺利进行，确保现金流的稳定，确保公司生产经营的资金需求。12月中旬股票质押融资10亿元顺利到账。牵头项目制开展“加大筹融资力度”工作12月已向公司申请办理结题。推动共享服务，优化财务资源。为进一步适应集团公司经营发展新形势，加快财务管理创新，助力转型升级，提升集团本部财务信息化水平，财务部积极推进财务业务整合，主导参加的集团本部信息化工作一直在有序开展。参与了企管部和自动化公司牵头的信息化软件选型工作，提交了集团本部信息化详细需求。目前，金蝶EAS项目实施工作正在进行当中，前期培训和需求调研已经完成，资料录入工作正逐步完善，项目将于2017年1月1日开始上线试运行。

【管理创新】 实施保险集中管理，维护整体利益。持续推进集团保险集中管理工作，2016年保费支出同比下降约1000余万元，实现了以较少保费支出取得较大保障的预期目标，获得公司2015年度管理创新成果一等奖。牵头组织相关部门提出2016年度保险招、议标工作方案并组织实施。重点关注职工商业保险后续管理、服务工作，充分发挥保险职能，切实提升职工保障。

【制度建设】 加强财管制度梳理，明确职责流程。为进一步提高专业化管理水平，不断完善健全财务制度建设，修订完善已有的财务制度，明确责任分工，满足当前公司发展的实际工作需要。本年度已发布修订及新拟管理文件7份，分别是：《担保管理办法》《委托贷款管理办法》《清欠工作管理办法》《职工福利费管理办法》、《资产评估管理办法》《产权登记管理办法》《子公司财务风险管理办法》。拟定《马钢集团公司国有资本经营预算管理暂行办法》并向省国资委备案，正在着手修订《马钢集团保险集中管理办法》。组织完成2015年度财务会计制度汇编，提供公司内部管理人员学习、查询。

【队伍建设】 开展人力资源优化，全员竞聘上岗。为进一步优化公司人力资源配置，解决员工结构不合理的矛盾,提高人均效益水平,按照公司总体部署,作为首批授权组阁试点单位,开展人力资源优化工作,目前已顺利完成经营管理团队及科级管理人员竞聘上岗工作。及时更新财务人员信息,实施动态管理。集团公司已完成对各分子公司的财务负责人员委派管理,委派的财务负责人员均能做到恪尽职守,代表公司在被委派单位独立行使财务监督权,认真履行分子公司日常会计核算、会计基础管理、税收筹划、资金管理、内部控制机制建设和重大财务事项监管职责,在贯彻落实集团公司财务管理、准确反映分子公司经营业绩、有效控制财务风险工作中,发挥着重要作用。按照管理办法相关规定严格执行,定期收集、统计、分析集团公司财务负责人员信息资料,对于未按管理办法执行的单位,督促限期整改。推进岗位绩效,激发全员活力。为充分发挥绩效管理的导向和激励作用,全面激发员工的活力,2016 年正式开始运行,分别科级管理岗、技术业务岗两个序列,围绕财务部重点工作任务并结合各科室岗位的职责,对各岗位的绩效评价关键指标给予季度评价考核,并将考核结果与月度绩效奖金挂钩兑现。注重知识更新,提高专业素养。组织推荐评选业务骨干,申报 2016-2018 年技术技能津贴职数,制定科技人员津贴评选实施方案。组织开展形式多样的业务培训,组织集团公司申报 2015 年高级会计师 7 人评审资料汇总报送。组织集团公司财务人员会计从业资格证到期换证工作。

(范　玲)

审计管理

【基本概况】 2016 年,监察审计部紧紧围绕公司"聚焦两大战场,锐意变革突破"工作主题,扎实开展内部审计工作,为加强公司管理,增强集团管控能力,提高经济效益,防范经营风险,发挥了积极的作用。全年共完成审计项目 34 个,其中任期经济责任审计 17 项、生产经营审计 6 项、建设项目审计 6 项、内控审计 3 项、跟踪及专项审计 2 项。审计发现问题涉及金额 3 个多亿,提供了有价值建设性意见 221 条,发现内控重要缺陷 10 项。

【任期经济责任审计】 按照干部管理权限和分级负责原则,坚持离任必审、凡审必严,对由公司管理的基层单位行政主要负责人经济责任履行情况实施审计,为公司改善经营管理、加强干部监督管理提供有价值的信息,并有计划地开展任中经济责任审计,推进经济责任审计全覆盖。2016 年,根据党委工作部的委托,共对 17 名中层管理人员开展任期经济责任审计。审计中揭示:1. 资金管理方面。财务科保险柜内存有一张盖有印鉴章的中国银行转账空白支票;银行承兑汇票有瑕疵且私存于财务科保险柜中;内部职工非法集资;大额现金支付。2. 津贴补贴方面。乱发各类津贴;教育经费、安全生产费、职工福利费使用不规范。3. 采购与销售管理方面。采购和销售未签订合同;租赁外部单位的设备实际结算价高于合同约定价;销售价格制定和授信管理不规范。4. 招标管理方面。独家采购,未经过招标或比价审批程序,缺乏相应审批流程;采购招标流于形式,中标单位与供货单位不一致。5. 劳务管理方面。劳务费支出不规范,部分劳务人员年龄超法定退休年龄。6. 固定资产管理方面。固定资产无立项审批和投资概算等问题。这些问题得到公司领导的重视,并要求各单位加快整改。

【生产经营审计】 发挥审计监督作用,积极开展生产经营审计,为公司生产经营决策提供参考。审计揭示:部分单位收入确认滞后,违反权责发生制原则;部分外委修理的备件出厂后未及时收回;个别维修工程、劳务作业未能履行招标程序;合同主体身份不明确,侵犯了总包方某环保公司的利益;个别单位未经公司批准进行大额、大量理财活动,期货套期保值业务不规范,薪酬发放和补贴等不规范;转供电、外供水及职工通勤车月票等收费业务,没有建立相应的内控制度等问题。

【内控审核】 加强集团管控,积极开展子公司内控审计,促进公司内控体系有效运行。监察审计部对股份公司 2015 年内控开展测试:发现 9 个缺陷,其中重要缺陷 1 个,一般缺陷 8 个。联合企管部、财务部、计财部、销售公司等单位组成内控审核组,先后对 5 家子公司的内控体系建设情况和运行情况进行审核和检查,发现内控缺陷 65 个,其中:重要缺陷:9 个,一般缺陷 56 个。分别提出了整改建议,要求各被审核单位按期保质完成整改,并将整改结果报内控办和监察审计部。督促子公司不断完善优化内控体系,促进了各子公司内控体系的有效运行,防范各类风险,提高经济效益,保证企业各项目标的顺利实现。销售公司和矿业公司的监察审计室分别对其下属子(分)公司的内控体系进行审核,监察审计部和企管部派人参加并给予指导。

【建设项目审计】 全年共完成6项工程审计,分别为车轮精品检测线项目审计、白象山铁矿竣工决算审计、和尚桥铁矿项目审计、合肥公司冷板项目、金海岸名邸二期索赔、硅钢二期项目。审计核减5440.69万元。审计发现:投资控制不严导致总包设备获取非正常利润500多万元,部分工程内容未实施,工程内容重复计算、部分材料不核价、高套单价、定额内容调整有误、压型钢板墙瓦核定价格偏离市场实际;招标比例不高、设备招标不完善、评标标准不明确、未细化;在项目管理中存在签证不规范、竣工结算拖延至今未审结。在公司某项房地产索赔审计中,披露了公司房地产项目存在重大风险事项,建议公司高度重视,尽快采取措施,防止出现更大的潜亏。开展建设项目的审计,有效地促进了项目规范管理,节省了投资费用。

【跟踪审计】 创新跟踪审计方式,促进审计整改,落实审计成果转化。监察审计部每季度向总经理办公会汇报审计及内控审核情况,并在会议纪要中明确整改责任。同时强化措施促进整改:一是及时报告。要求被审计单位在收到审计报告90天内将整改情况报送监察审计部适时核查;二是限期整改。企管部和监察审计部每季度联合下发整改通知,要求被审计单位在规定的时间内完成整改;三是现场督导。公司分管领导带队,组织相关职能部门到被审单位进行实地检查;四是组织约谈。对审计发现问题较多的单位,由公司主要领导对其主要负责人进行约谈,提高了审计的权威性和时效性,极大促进了审计发现问题的整改。

2016年跟踪审计21家、160个审计问题中,120个问题已经整改,26个问题正在整改或部分整改,12个问题未整改,2个问题未再发生。由于工程审计涉及外部单位,结果执行较难。2016年,工程跟踪审计实现突破性进展,已从施工单位追回573.43万元,施工单位承诺可以扣款434.41万元,合计1007.84万元,其中外部单位608.06万元,内部单位399.79万元。通过强化整改措施,监察审计部提出的绝大部分问题,得到了公司及被审计单位的重视并如期落实整改,取得了积极的效果,提升了企业效益。

【专项审计调查】 为进一步加强集团管控,维护公司利益,促进规范管理,根据公司主要领导的指示精神,监察审计部从2016年10月10日起,依据省国资委监管、信息披露等要求以及公司有关规定,对集团公司及其下属子(分)公司、部门等77家单位报送的2013-2015年聘请社会中介机构开展审计工作情况进行了统计分析。报告揭示了:1. 部分单位聘请的社会中介机构不在省国资委公布的备选库目录中;2. 聘请社会中介机构过多过杂,不利于加强管理,节约中介费用,维护公司利益;3. 部分单位违反公司各年度《非招标项目目录》及相关规定;4. 少数单位近三年聘请社会中介机构进行中介服务时,仍然执行多年前签订的合同,不能有效防范经济风险。建议:1. 建立公司审计业务会计师事务所备选库;2. 加强集中统一管理,建立考评退出机制,加大招标力度,节约中介费用;3. 加强合同管理,防范经济风险。报告引起公司领导的高度重视,并就此召开了由陈冬生书记主持,丁毅总经理参加的专题会,制定下发了《关于规范聘请中介机构开展审计等工作的实施意见》,规范了聘请社会中介机构管理。

【制度建设】 制定下发《马钢(集团)控股有限公司关于推进审计全覆盖的实施意见》及《关于规范聘请中介机构开展审计等工作的实施意见》,从集团公司层面提出工作目标和要求,优化审计工作环境。针对企业改革发展和经济结构调整,内部审计管理、重点任务、工作模式所发生的变化,及时梳理完善审计业务流程,修订《子公司审计管理办法》等制度,开展制度执行情况检查评审,逐步健全内部审计制度体系,提高审计工作规范性,强化制度执行力。

同时,组织骨干编制《内审操作指南》,完成资金管理、应收款项、存货、长期资产、采购管理、销售管理、清产核资、合资经营、内部控制测试、计算机辅助审计、工程建设、权益(债权人、所有者)等12项分类编制,并计划继续编制生产与外包、后续审计、废旧物资回收利用等分类操作指南,界定各分类操作指南的业务内容、程序以及审计方法,用以指导审计实践,提高审计人员的能力,实现操作指南对业务工作的全覆盖。

(张海宁)

工程管理

【重点工程项目进展情况】 2016年,工程管理部紧紧围绕公司职代会明确的“聚焦两大战场,锐意变革突破,众志成城奋力打好家园保卫战”的工作主题,深入开展“两学一做”学习教育与“讲看齐,见行动”学习讨论,切实推行卓越绩效管理模式,认真落实机关优质服务实践活动,全面贯彻公司竞争力分析大会精神,对内,强化管理抓节支;对外,盘活资源抓增效,内外结合、双管齐下,确保工程安全、质量、工期、投资受控,全面完成了公司2016年度基本建设工作任务。2016年公司在建主要基建技改项目共62项,其中2016年建成投产或进入试运行25项,按期推进37项,全年完成固定资产投资16.5亿元。

1. 公司重点工程。二铁总厂4号高炉项目9月6日成功点火,顺利投产并快速达产,与其配套的烧结、料场、公辅及5号焦炉项目均按期投用,缓解了长期困扰公司的铁水瓶颈制约问题。合肥镀锌线项目2016年3月复工,预计2017年3月开始热负荷试车,比计划工期提前近4个月,项目建成将会使公司深化板带产品结构升级的规划落地迈进一大步。埃斯科特钢项目,棒材区一期工程厂房建构筑物已基本施工结束,进入局部整改、消缺阶段;一期使用的公辅介质系统压气和电系统已正常供应,其他系统进入施工收尾阶段;棒材区一期热绕弹簧钢生产线已完成设备安装,全面进入设备调试阶段。新建高速车轴生产线工程:工程于2016年7月初开工,已全面进入设备安装,预计2017年元月热加区进行热负荷试车,建成后,将为公司加快高速车轴等高附加值产品的开发提供基础保障。

2. 公司其他建设项目:煤焦化公司一净化复合炉工程3月份建成投产;冷轧总厂新增电解脱脂机组项目、港务原料总厂K101、K102通廊安全隐患治理工程5月份按期投入运行;港务原料总厂2015年安全措施项目、马钢环境信息系统工程6月份完成并交付投入运行;煤焦化公司5号焦炉大修工程7月份建成投产;二铁总厂排渣能力及环保工程8月份实施结束投入使用;技术中心板带实验室改造、热电总厂老区烟气脱硫脱硝工程、二铁总厂(北区)高炉料仓安全隐患整改等公辅项目建设按期完成。港务原料总厂新建4T除尘站工程7月完成设备安装和调试,已投入运行;二钢轧总厂型材生产线大修改造工程已完成移动冷锯、矫直机的设备订货和安全隐患整改;车轮公司2号、3号车轮检测线技术改造工程以及新建弹性车轮生产、压装线工程完成设备技术谈判,进入招标采购阶段;二铁总厂2号高炉技术改造工程完成技术封口、已签订总包合同,已开展初步设计;铁前信息化系统二期工程7月份开始组织实施,根据现场实际情况,预计2017年一季度完成;四钢轧热轧平整分卷检查线工程目前完成成套设备的技术交流,已组织招标,现场开始土方剥离和桩基施工;检测中心理化一站扩能改造项目正在进行系统调试工作,工程全部结束,设备投入运行;检测中心焦炭自动取制样检测项目按期投用;煤焦化公司槽罐区大修工程年底完成;南区渣处理项目按期开工建设。

【项目管理工作】 1. 加强制度建设、规范工作程序。一是保障股份公司、集团公司工程管控体系有效运行。结合公司2016年管理机构和职能的调整,为提升和完善管理体系运行水平,在对现有管理制度进行评估的基础上,全面梳理股份公司、集团公司工程管理、总图管理、土地管理的管理过程和业务流程,制订了《工程管理部管理体系文件修订工作计划》,并有序地组织、推进计划的实施。形成了股份文件23份、集团文件15份的制度新体系。二是落实招标、评标工作的规范化操作。按照公司要求,在设备和建安的招标过程中招标人员坚持按规范操作、严格执行招标程序,强调工作纪律,主动接受依法监督。强化对合格分承包方的动态管理,采取抽查方式对分承方进行动态考核。原设备合格分承包方共计618家,2016年年审,未通过年审单位36家,经报公司批准给予取消;建安部分合格分承方名册共有106家单位,通过资质审验的合格单位101家。三是加强检查与考核,确保制度执行到位。根据公司统一部署,制订了《工程管理部管理制度报告情况检

查评价工作计划》,并按计划督办制度评价工作,已完成《工程建设项目招标管理办法》等 8 份制度检查评价报告提交公司;会同公司相关部门进行内部承接管理检查 3 次、工程质量检查 4 次、工程现场检查 4 次、项目试生产前安全专项检查 13 次。2016 年重点加强了检查发现问题的整改工作,经济考核 3 家单位,约谈 2 家单位,要求限期整改,并对重点问题的整改情况进行复查。

2. 进一步推进建设项目竣工验收工作,积极配合工程审计。一是项目的竣工验收。为进一步规范股份公司工程项目竣工验收的管理程序,推进竣工验收工作的有序开展,结合 2015 年竣工验收的推进情况,着手拟订了《股份公司基建技改项目竣工验收管理办法》,经公司各部门会签评审,现已正式发布。根据下达的年度督办竣工验收项目推进计划,本年度完成三铁 B 号烧结机烟气脱硫工程等 9 个项目的竣工验收,重点推进一能源总厂(现能控中心)十加压站改造工程、配送中心进口块矿烘烤筛分工程、马钢综合能源优化管控应用示范工程等项目的验收工作,按月跟踪项目竣工验收的进展情况,指导项目部进行竣工验收申请的编制,并协助项目部处理竣工验收过程中出现的问题。二是工程项目后评价工作。根据公司职能调整,配合监察审计部进行项目后评价工作。根据公司下达的 2016 年项目后评价计划,2016 年开展了三铁 B 号烧结机烟气脱硫工程初步后评价工作,召开了评价专题会,编制完成初步后评价报告并按期提交监察审计部。三是工程项目审计工作。组织完成车轮公司新建精品加工检测线项目的内部工程审计的资料提供、汇总,整理审计报告征求意见稿回复意见以及审计整改情况汇报材料;组织完成硅钢二期技术改造工程内部工程审计的资料提供工作;积极推进 1580mm 热轧工程内部审计的按期整改,完成整改情况汇报材料。

3. 推进矩阵式项目管理,确保工程建设目标的实现。根据公司重点项目建设目标,强化矩阵式项目管理模式,针对项目推进的各个“咽喉”,从资金保障、机构建设、工序协调等方面进行“介入”,增强项目的过程管控及日常协调,确保工程安全、质量、工期、投资受控。

4. 围绕公司战略布局,推进土地总图管理。一是加强政策研究,合理利用土地资源。围绕公司战略布局,主要从“去产能”政策入手,充分利用国家去产能对企业优惠政策,重点梳理、盘活公司闲置或者占用资金量较大的土地资产,编制完成《马钢集团公司去产能土地优化实施方案》。二是把握机遇,盘活公司存量土地资源。三是充分发挥协调职能,做好土地总图日常管理。强化与政府各相关部门的沟通与联系,认真解决了项目建设用地、征迁、交通、水利等方面的问题。

【主要业务工作】 1. 招标采购管理:全年完成设备采购 193 项,金额 17940 万元,其中通过招标、比价、顺标方式完成设备采购 168 项,金额 15222.37 万元,设备招标率为 92.8%(不含内部承接)。完成建安采购标段 86 项,金额 39300 万元,其中采用招标方式 62 项,金额 36967 万元,招标率为:90.6%(不含内部承接)。

2. 工程合同及造价管理:2016 年合同签订总数 267 份,合同总金额 45686 万元;报量审批 621 份,报量审批总金额 163047 万元;工程款支付总额 139947.461 万元。全年组织基建技改工程标底、结算(索赔)、检修(维修)结算造价编制累计 9.87 亿元。其中完成标底编制任务 67 项,确定标的金额为 9090.7 万元;办理工程索赔、开口合同结算 51 项,结算金额为 6710.3 万元;审核完成检修工程预算(含集团)2379 份,审批金额 38694.58 万元,审减率 30.63%。

3. 工程材料价格管理:一是完成《马钢建设工程材料信息价》月刊的编制、修订和发布,并据此同步对马钢建设工程材料信息价格库进行维护。二是接受并处理了《马钢建设工程工程材料信息价》之外的材料核价委托 240 余份,涉及集团及股份的多项工程,核定材料价格 3500 余条。三是对建设工程中影响造价比较大的主要材料市场价格进行跟踪、收集,并加以整理、分类,建立了钢材、混凝土等价格数据库,制定了商品混凝土月度信息价。四是建立甲供材数据库,为项目结算提供甲供材领料结算通知书 145 份,合计金额约 5000 万元。五是开展绿化工程苗木信息价的调研、整理工作,按月发布马钢绿化工程苗木信息价。

4. 总图及土地管理:一是盘活公司存量土地资源:2016 年充分把握雨山区招商引资需征用公司薛家凹部分地块的机会,积极与政府部门协调,一揽子解决了该区域及相关闲置土地近 150 亩,并确保马钢公司交易总额不“亏”钱,成交合同总价 5089 多万元,目前已回笼资金 2658 万元。以薛家凹土地转让为契机,协调督促雨山区购入马建闲置土地 60 亩,可回笼资金 1500 万元,并支付了欠马钢多年的 83 大院部分补偿款 773.8 万元;与花山征管局协调收回南山矿机压泵房的补偿费用 53 万元。二是土地管理及征迁工作:完成马钢重机公司和宁波动力土地作价入股以及土地过户工作;协调四钢轧北区渣处理用地征迁事项;协调处理慈湖河路、宁芜路铁路平交道口事项;完成马钢花山道口房征迁工作;完成张庄矿风井租赁、花山矿闲置土地租赁、安冶学院合作办学场地使用等土地审查工作。三是总图规划管理工作:完成4号高炉、烧结建设工程规划许可证办理;特钢公司用地、埃斯特汽车零部件优棒线材深加工项目办理土地证及前期规划、征迁等工作;协调表面工程公司与泰尔重工合资有关土地测量、变更相关工作;协调配合南区渣处理、焦油二期等项目总图规划事项。协调处理粉末冶金改大棚扩建项目、四钢轧热轧酸洗板成品库扩建厂房项目、马建预制厂增加厂房围护结构、湖北路加油站等规划图斑工作。完成马钢总图范围内移动通信铁塔统一管理事宜。

5. 工程资料管理:2016年全年共接收整理工程图纸2053套,17294份。共计发放图纸2141套,11357份。收发地勘报告、可研报告、方案设计等文本88套,876本。向公司档案馆移交竣工档案资料696卷。

6. 项目打包结算管理:有效推进已完成项目内容的结算工作进度。工程施工过程中,对已经完成的项目内容及时组织“打包”核算工作,以利于投资费用的控制和加快竣工项目的决算工作进度。2016年重点对所有未结算建安合同进行了梳理并按周进行推进,目前2014年以前合同已清理完毕并基本全部进行“打包”结算。

7. 各项迎审工作:配合公司完成全国质量奖的评审工作;完成能源体系认证审核的迎审工作,对认证审核提出的3项问题做好整改工作;落实公司下达的《省巡视组反馈意见整改方案》,制订整改计划、措施,明确责任分工,加强与各部门的协调和配合,跟踪整改进展情况,按要求汇总整改材料上报公司。

(胡　勇)

资本运营管理

【产业投资】 1. 组织完成多项对外合资合作工作。完成与中国建筑材料总院、瑞泰科技、中国物流、新誉集团、浙江东力集团、科达机电集团、江东控股、泰尔重工等企业集团签订合作协议,建立合资合作关系。完成马钢重机公司与宁波东力合资成立安徽马钢东力传动设备有限公司,该公司注册资本1000万元,马钢重机持股51%。完成为欣创公司引入战略投资5000万元。完成国贸公司筹建澳门子公司前期论证工作。完成与科达机电公司合资组建安徽科达售电有限公司项目。该公司注册资本2亿元,马钢投资公司持股20%,该公司于2016年5月18日成立。完成了财务公司增资履行股份公司总经理办公会、董事会审议程序,财务公司原股东同比例同步增资10亿元,增资完成后注册资本变为20亿元。完成履行自动化公司在深圳设立子公司有关决策程序工作。完成股份公司与武汉洪福防锈包装化工有限公司合资设立防锈材料科技公司工作,履行了提请股份公司总经理办公会、董事会,集团公司总经理办公会、董事会审议程序,并报请省国资委备案。全年共牵头16个合资合作项目方案论证和履行决策程序,签订对外合资合作协议11个,实现对外投资总额约3.7亿元(根据协议投资额度估算)。在对外合资合作过程中,为活化子公司经营管理机制,积极开展引进战略投资者工作,预计可以为公司(含子公司)融入资金3.2亿元(根据协议融资额度估算)。2. 有序开展境外子公司设立及境外投资项目论证和报告工作。完成了马钢美洲公司政府审批程序,提请省国资委核准、省发改委和商务厅备案。完成南非车轮项目、土耳其车轮项目、斯洛伐克镀锌线项目、乌干达钢铁厂项目、尼日利亚钢厂项目等项目的可行性论证工作并向公司提出决策建议。3. 完成修订《马钢股份公司对外投资管理管理办法》起草及印发工作。4. 积极做好股权投资管理工作,编制马钢2017年度股权投资计划,完成中联钢、联冶计控、河南金马能源、美洲公司、埃斯科特钢公司、国汽轻量化、香港公司等7家公司的产权变更登记工作。

【产业管理】 1. 完成亏损企业盘活重组工作。完成马钢联合电钢轧辊有限公司盘活工作。自合资公司投产至2015年底,马钢联合电钢公司累计亏损已接近资产净值的一半,年均达产率不足设计产能的25%,通过实施股权和债务重组、引入民营机制路径以盘活亏损企业。目前,合资公司在成本控制、市场开拓、营收账款等方面取得了显著改善。完成店埠河公司盘活工作。店埠河公司是马钢国贸公司和港口集团共同出资设立的合资公司。店埠河公司设立时取得一期130亩土地,后因资金等多种原因,该项目处于暂缓状态。2016年初,如合资项目仍不开工,政府将无偿收回项目用地。通过多轮谈判,引进中国物流集团投资该项目,成功盘活项目资产。完成物流板块股权整合。配合物流公司完成汽运公司、港口集团、中联海运、钢晨实业、郑蒲港等公司股权整合的工作。2. 完成公司多元产业工作会议和例会承办工作。全年共完成承办1次年度工作会议、7次月度工作例会,编印7期《多元产业月报》。月度例会从方案拟订、会议通知、会议组织、纪要撰写、问题跟踪和反馈等多个环节严格把关,共推动落实会议部署87项,协调解决子公司提出问题约30个。3. 完成非主业企业及四级企业清理整合工作。完成马建集团(含6家子公司)共7家公司的清理整合工作,完成马钢股份公司协议收购马钢(芜湖)加工公司持有慈湖加工中心92%股权,将其提升为3级公司事项。4. 做好对外投资企业股东大会、董事会等重大事项管理工作。全年完成审查30余家对外投资企业股东大会、董事会议案。5. 进一步加强子公司监管,完成监事会工作办公室筹备工作。根据省委巡视整改要求和集团管控规范管理需要,为建设公司专职监事队伍,自2016年6月份开始,资本运营部在方案起草、人员选用、培训学习、制度拟定、分工选派等方面开展了大量工作,截至12月初,15名监事已全部选拔到位,初步完成拟定子公司负面清单81项、起草《专职监事工作管理办法》和《专职监事履职考核管理办法》《专职监事工作手册》等规章制度,梳理相关管理文件44份。

【产业规划】 1. 根据公司管理职能调整,完成产业规划科设置及相关人员岗位调整工作。2. 完成产业规划工作。制定多元产业板块构建初步方案并报公司参阅;起草《马钢多元产业发展探索与实践》《规划引领、机制推动、过程协调,开创多元产业集群化发展专业化运营新局面》《多元产业战略评估报告》等重要专项材料。完成多元产业各子公司指标调整、优化方案,布置下一步审核、发布、宣贯工作。3. 承担全国质量奖申报重要部分工作。根据卓越绩效评价准则要求,承担《自评报告》战略部分的编写并参与现场模拟评审环节和现场评审,先后完成部门汇报材料和《子公司管控》专题汇报材料,有力助推全国质量奖申报工作。

【管理创新】 1. 及时总结经营管理创新经验。部门及时对所开展管理创新工作进行总结并申报成果,经统计获得国家级管理创新奖项1项,公司管理创新一等奖和三等奖各1项。2. 创新部门分工与工作安排方法,实施“矩阵式”工作分工。整体思路是:打破部门领导专业分工和业务科室界限,根据公司“1+7”共8个产业板块,每个部领导(包括经理助理)分管2个板块,同时设立4个业务组和5个监事组以对应部领导分工,极大地支持了公司多元产业日常管理工作。

(杨金宇)

科技管理

【技术创新体系建设】 根据公司“十三五”发展战略规划,组织编制了具有宏观导向性、针对性和可操作性的《马钢集团2016-2020年技术创新规划》。根据规划纲要,坚持“技术先行、创新驱动”的科技理念,强化技术创新体系建设。建立以企业为主体、市场为导向、产学研用相结合的技术创新体系,全面提升企业技术创新能力,培育企业核心竞争力,支撑公司“产品升级、产业链延伸、国际化经营”发展方向,驱动马钢转型发展。积极推进马钢“十三五”技术创新规划评估,完善技术创新的战略管理,实施战略目标的滚动调整和资源配置,发挥技术创新战略的关键支撑作用,实现卓越绩效的管理。推进企业技术中心建设与发展,发挥技术中心创新核心作用。推进公司企业技术中心的建设和发展,发挥企业技术中心在建立以企业为主体、市场为导向、产学研相结合的技术创新体系中的重要作用,为公司技术创新和发展奠定基础和提供保障。全面推广创新方法应用,提升企业技术创新能力。坚持自主培训与外聘专家相结合,普及教育与重点应用相结合,机制建设与基础能力提升相结合,以及现场推广与课题研发相结合,有序协调推进创新方法在马钢的应用。研究项目“推广应用TRIZ理论,提升企业技术创新能力”获得2016年度公司管理创新成果二等奖。

【科研攻关】 2016年,公司实施各类科研项目共计118项,科研项目资金总投入1.36亿元,其中国家项目2项,省科技重大专项5项,省市其他项目11项,集团公司管控项目25项,股份公司科研攻关项目75项。借助“马钢-ASCO汽车钢技术许可”和汽车板三期等重大项目的开展,有效提升了公司自主研发能力,攻克了生产中的关键技术难题,促进了产品开发和产品结构调整。进一步创新科研项目管理机制,在公司范围内公开发榜招聘技术攻关项目经理,解决公司车轮产品机探报警率和探伤废品率偏高的问题,破解企业技术难题,提升产品质量,提高用户满意度。研究政府科技政策,争取财政资金支持,紧跟科技体制改革步伐,把握科技政策方向和力度,充分利用创新型省份建设配套政策、产业转移若干政策、技术开发费加计扣除减免税等政府各项科技和产业政策,获得国家财政补贴资金支持。2016年集团公司共获得国家财政支持资金4653.9万元,其中国家省市科技项目财政支持1636.4万元。

【新产品开发】 2016年,公司秉承"技术先行、创新驱动"的科技理念,以项目为载体,以市场需求为导向,以"品种、品质、品牌"为指引,大力推进新产品开发工作,助推公司提质增效、转型发展。2016年股份公司新开发产品销售量达38.6万吨,完成年度计划29万吨的133%;实现销售利润2.33亿元,完成年度计划8000万元的291%;实现比较利润3.26亿元,完成年度计划2.5亿元的130%,新产品开发超额完成年度指标。在重点新产品上,开发了先进高强汽车板、功能型家电板、工程机械用热轧高强钢、新能源驱动电机用硅钢、镀锡基板等一批新产品。汽车板产销量2016年突破200万吨,与去年同比增长33%。合肥地铁1号线首次采用马钢的低噪音车轮,晋西车轴首次采用马钢的车轴钢制造地铁车轴。马钢自行设计研制、全面拥有自主知识产权的中国标准动车组车轮,在郑州至徐州高速铁路进行了综合试验,在世界上首次实现拟运营高铁动车组列车时速420公里交会和重联运行。2016年,股份公司申报了"高效电工钢M50W470H产品""600MPa级热镀锌双相钢"两项高新技术产品,顺利通过认定。股份公司开发的"高磁感无取向电工钢M50W600G产品""热轧屈服600MPa-700MPa级超高强汽车结构钢""40-45t轴重重载矿运列车用车轮""高强度拉杆用热轧圆钢""重载钩尾框用钢"五项产品,及马钢表面工程技术有限公司开发的"Ni-Co-W复合涂层连铸结晶器铜板""超音速喷涂沉没辊"两项产品,合计7项产品顺利通过省级新产品鉴定。这是马钢非钢产业板块的产品首次获得安徽省新产品鉴定,也是非钢产业板块技术创新及新产品开发能力不断增强的体现。组建EVI技术服务团队,积极推进EVI服务战略。按项目管理制,正式立项开展17项EVI项目,全年为公司新增订单11.73万吨,新增销售利润5164万元,10项EVI项目年底已具备结题条件。公司于11月2日召开了马钢首届产品技术服务年会,通过主题报告、专题交流、现场参观等,倾听用户心声、识别用户需求、展现马钢文化,搭建合作新平台、打造EVI新模式、开创发展新天地,竭力用品牌产品和优质服务为用户创造价值。

【科技创新平台建设】 推进科技平台建设,支撑创新发展。重点做好公司研发平台建设工作。"安徽省汽车用钢及应用工程技术研究中心"顺利通过省科技厅验收;"高性能轨道交通新材料及安全控制安徽省重点实验室"成功通过评审,继2015年度获得省、市连续3年每年200万元的配套资金支持。新建省级"安徽省轨道交通轮轴工程研究中心"获得省发改委200万马鞍山市50万元的配套资金支持。

【技术标准管理】 推进实施技术标准战略,主持制修订一批国际及国家行业技术标准,扩大马钢在行业的影响力和话语权。2016年由马钢公司主导提出的ISO5948国际标准修订项目,经ISO中央秘书处批准正式立项。国家行业标准方面,2016年公司制修订发布行业标准3项;组织制定并通过审定待发布国家标准3项、行业标准7项。

【知识产权管理】 调整专利管理模式。根据公司子公司管理通则,考虑到充分利用政府相关政策,针对各子公司业务特点和专利管理业务能力,视具体情况确定各子公司专利管理模式。自动化公司、耐火公司、矿业公司的专利工作由集团公司统一管理;其他子公司,由集团公司统一下达专利申报计划,作为专利绩效考核依据,由其自主组织申报,进行备案管理,责任自负,费用自理。除公司战略产品和技术产生的专利由集团公司和产生专利的子公司作为共同申请人外,其他子公司申请的专利,申请人为各子公司。2016年公司获国家局受理专利314件,其中发明专利176件,实用新型138件;授权专利293件,比去年增长20.5%,其中发明127件,实用新型166件。15项计算机软件著作权获得授权。组织高端电工钢专利分析省级项目实施,组织建立电工钢专题专利数据库和专利检索分析系统。研究掌握国内外钢铁企业在电工钢的材料、生产工艺、涂料、检测技术方面的专利布局和主要研发方向,为马钢开发高端电工钢产品提供参考性建议。积极争取国家专利费用减缓政策,节约专利申请费26万元。按照公司专利管理办法规定,对2015年授权的"一种耐低温H型钢及其生产工艺"等223件专利奖酬进行兑现。按照公司计算机软件著作权管理办法规定,对2015年登记的"马钢冷轧连续退火线活套控制软件V1.0"等16项计算机软件著作权奖酬进行兑现。

【科技成果管理】 2016年,有19个项目获冶金行业科技进步奖、安徽省科技进步奖和市科技进步奖,其中"薄板坯连铸连轧生产无取向电工钢技术集成与创新”等5个项目获得安徽省科技进步二\三奖，“细碎矿仓堵塞原因分析及成套助流装备研制”等4个项目获行业冶金科技进步二\三等奖，“高精度轻型薄壁集装箱拖车用H型钢产品的开发”等8个项目获马鞍山市科技进步二\三等奖，江波获马鞍山市重大成就奖，汽车用钢板开发及应用技术研发创新团队获市创新团队特别奖。马钢高品质整体机车车轮获得冶金行业2016年度市场开拓奖。

【质量管理体系及产品认证】 股份公司现拥有的35项体系和产品认证证书保持继续有效，已有证书保持率达100%。接受外部审核34次，其中管理体系外部审核5次、产品认证外部审核14次，组织接受二方审核16次，并开展专项内审8次。2016年新通过TS16949、欧盟ISO9001和铁道部CRCC等4项体系认证和韩国KS、欧盟PED等6项产品认证。质量管理体系顺利通过北京国金恒信管理体系认证有限公司对股份公司ISO9001质量管理体系的年度审核。车轮产品通过了AARM-1003和IRIS质量管理体系审核，还通过了GE、DB公司供应商资质审核。2016年，汽车用钢接受并通过了杭州汉德质量认证服务有限公司对马钢股份公司、芜湖加工中心、合肥加工中心和马钢（合肥）板材公司的ISO/TS16949：2009质量管理体系年度监督审核；重庆加工中心通过TS16949质量管理体系认证审核；推进VDA6.3过程审核标准的导入，邀请TUV汉德公司对马钢汽车用钢产品进行了现场审核；组织相关单位接受长安汽车、吉利汽车和上海乘用车公司的汽车板产品和汽车用紧固件用钢的潜在供应商二方审核，并顺利通过审核。在产品认证方面，广泛征集各单位的认证需求，及时组织开展产品认证，从而扩大公司产品的生产、销售范围，对公司的产品结构调整、降本增效起到了较大的帮助。打开高端产品市场，巩固产品国内领先地位。2016年马钢标准动车组产品通过了中铁检验认证中心（CRCC）产品认证，获得了国内标准动车组车轮产品的第一张CRCC证书；马钢客车、货车及机车车轮顺利通过CRCC产品认证的年度监督审核和CL65、CL70重载货车轮的CRCC认证。完成了MGV公司动车组车轮、动车轴产品CRCC认证不合格项整改和实物检测工作，获得CRH3型、CRH5型车轮的CRCC认证试用证书。按照新加坡三和建筑私人有限公司采购要求和YAMAL项目需要，开展了型钢、角钢、槽钢、热轧钢卷/板产品CE认证扩证工作现场审核并获得了认证证书；根据供艾默生酸洗板及锅炉容器板的PED认证需求以及特钢公司市场开拓的需要，开展了对SPHD-EM系列酸洗板、锅炉容器板PED认证和特钢产品检验文件EN10204认证审核并获得证书；通过了出口韩国H型钢产品KS初次认证审核，为公司H型钢多接订单多创效益、保持韩国市场的占有率提供了有力支撑；通过了特钢公司连铸圆坯EN产品认证现场审核等。二方审核方面，通过了国核（北京）科学技术研究院有限公司、道达尔公司、南京高精传动设备制造集团有限公司、晋西车轴、珠海格力电器股份有限公司、三昱（上海）新能源科技有限公司、吉利汽车公司、GE石油天然气集团公司、哈尔滨锅炉厂有限责任公司、GE风电集团公司等对公司进行的供应商资质审核，扩大了产品市场。科技管理部申报公司2016年管理创新课题《建立供应商二方审核标准》并开展了相关工作，策划对供应商二方审核的管理模式，发布《供应商二方审核管理办法》和检查标准，规范二方审核流程和程序。

【品牌建设和持续改进】 根据集团公司“十三五”发展规划提出的“大力实施品牌战略”和总经理办公会“全面启动集团公司品牌建设工作”的指示，按照“自上而下、总体策划、系统提升”的思路，对公司品牌建设工作进行了策划和推进。一是制定品牌管理制度。对品牌管理流程进行识别,明确了品牌定位与策划、品牌培育、品牌传播、品牌管理和品牌文化五大功能板块,初步设计了过程绩效指标,发布了《品牌管理办法》。二是成立品牌建设管理委员会。统筹策划、系统推进马钢品牌建设工作,定期研究解决品牌建设过程中的突出问题。委员会下设办公室,负责公司品牌建设的归口管理,日常办公机构设在科技管理部。三是举办品牌管理知识讲座与培训。邀请中国质量协会品质与品牌培育推广中心专家进行了品牌管理知识讲座与培训,共计81个单位、522人次参加了此次培训,涵盖了公司领导、各部门及各二级单位行政主要负责人和分管领导以及业务骨干。通过培训普及了品牌专业知识,提高了各层级管理人员和专业技术人员对品牌建设及品牌管理的认识。四是引进专业的品牌咨询机构。为全面导入工业和信息化部"品牌培育管理体系标准",高效推进马钢品牌建设升级工作,公司引进专业品牌咨询机构—中国质量协会品质与品牌培育推广中心,开展品牌咨询项目合作,协助马钢建立品牌培育管理体系。根据公司要求,科技管理部在内部广泛征求意见后提出目标和需求,与中质协经过多轮协商议定项目方案,签订了合同。五是深化创优创奖工作。组织申报中国出入境检验检疫协会举办的2016年中国质量诚信企业,并成功获奖。低合金高强度结构用热轧H型钢、海洋石油平台用热轧H型钢和钢筋混凝土用热轧带肋钢筋等三个产品通过了冶金产品实物质量"金杯奖"复评,汽车结构件用高强度钢新获得"金杯奖",海洋石油平台用热轧H型钢通过"特优质量奖"复评;船用结构钢板、家电用结构钢板、冷轧钢板及钢带、热轧H型钢、热镀锌钢板与钢带等五个产品通过了安徽名牌产品复评;热轧H型钢通过了"冶金行业品质卓越产品"的复评;冷成型用冷轧低碳钢板获得2016年度安徽工业精品称号。围绕公司重点产品制造流程,六是做好QC课题培育工作。以项目管理模式对其活动开展进行检查、指导,活动成果积极推荐参加国家、行业、安徽省等各级成果评比,展示了企业质量改进风采,为公司降本增效做出了贡献。车轮公司精品QC小组、车轮二区奋进QC小组被评为"全国优秀质量管理小组";中质协举办的第十四届"海洋王"杯全国QC小组成果发表赛,车轮公司精品QC小组获"优胜奖";冶金行业质量联盟全国"冶金行业优秀质量管理小组"评选,选派12个优秀QC小组参评,7个被评为"冶金行业优秀质量管理小组",5个被评为"冶金行业先进质量管理小组",其中4个QC小组被推荐参加"冶金质量联盟杯"优秀QC小组发表赛,分获一等奖1名、二等奖3名;选派3个QC小组参加安徽省质量管理协会"优秀质量管理小组"发布会,分获二等奖2名、三等奖1名;选派8个QC小组参加安徽省冶金工业协会举办的QC小组成果发表赛,获特等奖1名、一等奖3名、二等奖4名。

【科协工作】 2016年,公司科协工作以"增强企业技术创新能力""促进企业科学发展""提高职工科学素质""服务广大科技工作者"为目标和宗旨,重点开展了专家讲座、学术研讨等技术交流活动、举办科技周活动及全国科普日等群众创新活动,开展"讲理想、比贡献"竞赛活动、组织参加行业创新创意大赛和全国创新方法大赛、组织科技论文征集评选等活动。2016全年邀请外部专家和学者来马钢进行学术交流7场次;在公司内部开展专题技术讲座35场,约2000多人参加讲座;在矿山、炼铁、能源等领域开展学术研讨等;根据公司技术质量例会列出的重点、难点问题,开展技术培训27场次,约1000名技术人员参加培训。强有力地支撑了公司的技术发展、质量改进和生产稳定顺行。积极组织科技人员参加外部交流。利用钢铁协会、中国金属学会等学术交流平台,推荐科技人员参加全国和行业重点学术会议、发布论文。2016年共组织科技人员参加外部重点学术会议15场,征集各类学术论文66篇。联合设备部开展"设备系统服务生产经营,技术与管理创新成果"论文评选活动,并召开了设备系统"技术创新成果发布会"。联合工会和团委扎实开展了2016年"讲理想、比贡献"竞赛活动,各基层科协申报"讲比"材料25篇,评出10个项目参加公司现场演讲。推荐2名选手参加市科协"讲理想、比贡献"活动,分别获二等奖和三等奖。成果举办2016年科技活动周活动和科普日活动,活动期间重点开展科技政策宣讲培训、科技成果展览展示、健康知识讲座、专题学术交流、创新成果交流等活动共计30余项,其中1项活动获得了市科协优秀特色活动奖,马钢科协荣获马鞍山市2016年科普日优秀组织单位。组织参加由中国科协主办的全国首届企业创新方法大赛,取得一等奖1项,二等奖2项、三等奖2项;组织参加由中国金属学会主办的第二届全国冶金青年创新创意大赛,获一等奖2项、二等奖4项、三等奖5项。马钢获中国金属学会2011–2016年度先进集体称号。

(*秦玲玲*)

外事工作管理

【基本情况】 2016年,办理出国(境)团组63批256人次(其中包括公司领导16人次、境外工作17人次、APEC团组和集团公司领导多次往返团组)。办理外专邀请75人次;办理外专签证延期16人次;全年组织、安排公司重要外事接待活动66批。

【外事管理】 1. 根据公司实际情况,更新相关管理制度文件。制订并实施了《因公临时出国经费管理办法》(JT/M1510003第一版),使公司团组在外费用减少了二成;加大预算审核和外汇核销力度。履行对外邀请权,确保国家安全。2. 因公护照管理责任到人,严格护照收缴制度,履行领用审批手续,护照收缴率100%。3. 以外事促经济发展,积极推动马钢"走出去"项目的开展。督促项目单位对外派执行项目的人员进行培训。4. 积极与海外事业部加强沟通,共同制订海外部相关管理办法,增加了外事工作新内容。5. 随时掌握外方人员变动情况,主动与国家安全局、市公安局和市人社局联系,确保这些外国人合法有序在马常驻。为常驻外宾联络就医便利,形成快速通道。6. 保持公司涉外事件处理机制灵敏、有效,重点在于预防。对于来公司现场参观的外宾,强调"谁接待谁负责"的同时,也要求参观现场做好安全保护工作。7. 始终重视涉外保密工作,对重要外事活动都提出保密提醒。8. 发挥职能优势,做好外联工作。强化外事工作理念,为公司经营抓住一切贸易机会,同时在省外办指导下不断拓展工作领域,提高工作水平。

(尤峙峰)

保卫工作管理

【基本情况】 2016年,保卫部围绕公司决策部署,紧贴形势任务,强化责任担当,主动融入公司变革突破,主动服务于公司"两大战场",履职尽责,攻坚克难,为马钢打赢家园保卫战提供了有力支撑。全年保卫部共接报警176起。抓获各类违法违规人员3423人次,移交公安机关打击处理229人,其中120人被行政拘留、109人被采取刑事强制措施。看护铁路运输物资69.45万节次;押运公路物资2.87万车次。缴获各类物资约199.7吨。保卫部(武装部)先后荣获全市"抗洪救灾先进单位"、公司"先进基层党委"、"推进卓越绩效模式、争创质量奖"先进单位、"十二五"档案工作标兵单位。马钢人防办被评为全省"人民防空先进单位"。1人荣获"全国普法工作先进个人"、1人荣获"省属企业优秀党组织书记"、1人荣获"全市抗洪救灾优秀共产党员"。

【治安管理】 实施精准打击,屡破大案要案。先后破获"4·11"特大盗窃贵重合金系列案、"6·1"盗窃马钢电力案、"9·19"合同诈骗案等大案要案,全年共打掉20个犯罪团伙(其中盗窃团伙17个、诈骗团伙2个、涉枪团伙1个),有力震慑了犯罪。组织专项行动,主动服务生产建设。4月下旬,为保障4号高炉建成投产,组织开展了"奋战一百天,保4号高炉平安,展家园卫士风采'百日会战'"活动。10月下旬,针对公司资源供应紧张形势,适时组织开展了以打击偷盗焦炭等物资为重点的"惊雷"专项整治行动。另外针对奥赛亚焦油精制项目、埃斯科特钢工程以及二铁3号高炉大修工程,优化警力部署,增强治安防控能力,为生产建设提供了有力的服务保障。文明规范执勤,严把门禁出入关。全年门禁检查车辆656.6万辆次,验卡验证936.2万人次,查处违反门禁管理人员1708人次,查处违法违规人员移交公安处理23人,缴获各类物资16.33吨。

【维稳处突】 把维稳工作确立为第一要务,当作保卫工作的重中之重,全力维护公司大局稳定。高度关注涉稳动态,对可能激发矛盾的敏感事件、敏感时期,进行风险评估和预警预判。扎实开展马钢内部矛盾纠纷集中排查化解工作,定期收集上报矛盾纠纷排查情况,采取边排查边化解和集中化解等方式,协助相关单位处理好发现的矛盾纠纷,确保了大部分矛盾纠纷得以化解。针对一些倾向性、苗头性的问题以及可能出现的群体性上访,主动提前介入,落实包保责任,跟踪掌握事态发展趋向,做好政策宣传和教育疏导工作。建立规范应急响应机制,对一些群访、封门堵路等突发事件,及时采取稳妥有效的措施组织应对。全年,保卫部共收集各类维稳信息12条,上报省国资委群工处及市政法委维稳办、防邪办和国家安全领导小组信息共9条;成功处置马钢幼教、中保劳务、众博冶金公司劳务工群访、姑山矿村民封门堵路等各类涉稳事件11起;参与联调中心调解属地工亡、厂区意外伤亡事故等13起,有力维护了公司乃至全市的大局稳定。

【综合治理】　前移服务端口,强化考核管理,与13家综治委成员单位、49家二级单位签订目标管理责任书,分上、下半年两次对各二级单位目标管理责任书完成情况进行了督查。每月对各类治安问题和治安隐患进行督查,通过案情通报、约谈责任人、下发整改通知书等形式,深化以案促防,落实群防群治工作。先后在4家重点发案单位召开案情通报会,下发《治安隐患整改通知书》5份,考核扣奖5家单位;通报处理外协工26人,涉及用工单位12家、外协单位16家。公司综治平安建设顺利通过全市11大块综治检查验收,得到市政法委的高度评价。

【消防管理】　全年开展消防安全大排查大整治、重点工程消防安全检查、重点部位消防专项检查、季节性消防检查、"四不两直"检查等28次,共查出一般隐患问题479项,整改479项,整改率达到100%,并对"1·30"一钢轧总厂火灾事故发起了中层管理人员问责;对"6·1"煤焦化公司火灾事故进行了经济责任制考核。举办各类消防、爆破业务知识培训、讲座14次,受训人数达到600余人;保障保产、场平爆破作业88余次,使用炸药2750公斤、各类雷管3200发;集团公司矿山系统生产爆破共使用炸药3726.6吨,导爆管雷管69.5万发,导爆索25.9万米,保证了爆破作业安全无差错;组织现场动火消防安全监护193次;接处火警23起,成功处置各类应急事故,确保了公司重大火灾爆炸事故为零的目标。

【交通管理】　以事故预防为重点,广泛开展厂区交通安全宣传,多举措强化道路交通管控,排查治理道路交通隐患,持续开展专项整治。先后开展了货车专项整治、电动三轮车违章载人载物整治、抛洒滴漏专项整治、自卸货车举升互锁装置抽查等一系列整治行动。全年,在厂区各路段共查验各类交通违章车辆11600余辆次;办理占道施工、超长、超宽1417起。厂区共发生道路交通简易事故509起,伤人事故1起,无死亡事故,厂区交通安全形势总体平稳。

(吴　雄)

离退休职工管理

【老干部工作】　截至2016年12月31日,马钢离休干部人数254人,其中副厅级(含享受)以上待遇的有20人;退休干部610人,其中副厅级以上的有35人。2016年,适时组织离退休干部政治理论学习,先后举办了报告会、联谊会、座谈会、健康讲座。在保证"三个机制"健康运行的同时,确保了企业补贴、医疗铺底资金、特需经费、疗养费、防暑降温费和报刊费的发放。报销异地医疗费30万元;看望慰问住院、异地200人次;接待来信来访800多人次;处理丧事21起。配合市中心医院一起做好住院离休干部病房的搬迁工作;2016年是马鞍山建市60周年,市委老干部局组织全市离退休干部撰写建市60周年征文,中心组织参加,共有13篇论文获奖,并获优秀组织单位。组织参加全市离退休干部中国象棋、围棋赛,马钢选手包揽中国象棋赛前三名,参加全市离退休干部乒乓球赛,马钢参赛选手荣获第一名;配合公司办公室及党委工作部筹备、组织老领导参加公司第五次党代会的各项有关工作。组织部分马钢新四军老战士到濮塘烈士陵园,开展祭扫烈士英灵、重温入党誓词活动;组织公司老领导去张庄矿参观生产建设活动。给马钢第二位百岁老人王延文送上了鲜花、蛋糕和最美好的祝福。

【退休(内退)服务管理】　一是各项费用、报销及时办理发放到位。发放离退休职工企业补贴1.25亿元;为离休、100%建国前老工人、二乙人员发放2016年医疗预付金143万多元、新退休职工企业办理年金1381人。发放退休职工困难补助8027人、特困补助567人,一次性大病救助1573人109万元;发放外地退休职工困难补助37000元。报销居民医疗参保费38万余元。报销工伤就诊费21858.6元;发放异地离退休职工企业补贴1000多万元。做好去世老同志抚恤金差额发放、退休职工养老金调整纠正工作。

二是日常服务周到,基础资料日益完善。充分发挥站、片、组三级服务管理网作用,使各方面工作在健康轨道上运行。协助市社保做好了退休职工养老金调整工作。接收退休职工1381人。对70多名离退休职工进行了调站;对2700多名异地居住离退休职工进行了生存认证;为退休职工审批护理400多人次;邮寄各种资料2700多份。处理丧事683起。登门走访慰问38000多人次;接待来信来访来电56000多人次。车队安全行车7万多公里,出车1485次。

三是内退职工服务管理工作不断巩固。完成内退职工工资、年金、公积金和养老、医疗、失业个人缴费差额调整和生活补贴发放工作。发放内退职工工资530余万元。办理内转退114人。接待来信来访来电600多次;对9名重病困难家庭给予了补助86300元。

四是加强内部管理。按公司要求,将规范管理工作和经济责任制考核，实行《经济责任制考核》《离退休(内退)职工满意度调查》相结合，依据条件，严肃考核，查漏补缺，不断提高。

中心领导定期对各服务站服务工作进行检查考核。中心与站、科室两级年初签订年度工作目标责任书，定期听取工作汇报，进行检查，推广好的经验做法。

【工作调研】 中心完善了信息调研工作相关制度和工作网络，信息传递渠道畅通，兼职信息员积极提供各类调研稿件；宣传报道工作服务大局、扎实工作，全年编发《中心信息》3 期；在《马钢日报》上报道 166 篇、图片报道 71 余幅；马钢宣网、纪检网、办公网等发稿 10 余篇；在马钢电视台播发新闻及专题 20 余条次。同时，积极开展调研工作；根据省委老干部局的通知，中心组织工作人员对近三百名离休干部进行了调查，完成离退休干部统计及专题统计的上报工作，并将调查结果及时上报省老干部局；2016 年离退休中心对困难劳模进行摸底调查，上报全国、省、市、马钢劳模 256 人。为了解决部分大病退休职工的特殊困难，逐步提高他们抵御风险的能力，体现企业对退休职工的关心、关爱和照顾，集团公司拨出专款，中心组织工作人员去各服务站调查退休职工大病困难情况，根据调查摸底，起草了调研报告上报公司，经过公司领导批准，对一万多人进行摸底调研，对患重大疾病发生个人支付 4000 元以上的退休职工，按比例进行一次性救助，共计审核救助 1573 人，金额 109 万多元。按时完成并上报市委老干部局开展的全省老干部调研、信息的上报工作。

按照省、市和公司对退休人员社会化管理工作的总体部署，2016 年，通过深入细致的调查研究，系统地分析梳理了退休人员移交过程中可能出现的各类问题，离退休中心撰写了《退休人员移交相关问题汇报》《马钢退休人员享受的相关费用》《马钢退休人员移交社区社会化管理工作方案》等调研报告，向公司做了全面汇报，为公司正确决策提供了准确的依据，为下一步积极稳妥地推进退休人员的社会化管理工作奠定了基础。

【老年文化活动】 一是精神文明、文化道德建设成绩得以巩固。以创建省第十一届文明单位为抓手，按照“巩固、创新、发展”的工作思路，中心充分发挥两级组织网络作用，党政工齐抓共管，并把创建工作纳入经济责任制、满意度考核。综合治理、计划生育符合国家及公司规定要求；工伤事故发生率、职工犯罪率为零；文明环境达到净化、绿化、美化。组织开展 2016 年度离退休职工先进片长、组长和“马钢健康老人”评比活动。通过公开、公正、自下而上的评比，共评选出先进片长 27 名、先进组长 81 名、马钢健康老人 30 名。组织优秀离退休片长、支部书记参观了和县台湾农民创业园，亲身感受我市新农村建设的新成就，亲眼目睹城乡发展的新面貌；三八节组织离退休职工女处干、女片长、女劳模开展健康知识讲座活动；组织退休职工参加南京市老干部局台球邀请赛。春节、重阳节开展 10 多项文体活动，有 3000 多名老同志参加。21 个离退休活动室接待老同志 20 多万人次。

二是老年教育工作全面发展。2016 年，马钢老年大学建校 25 周年。在纪念“建党 95 周年”、“红军长征胜利 80 周年”、“马钢公司出铁 60 周年”、“马鞍山市建市 60 周年”、由省、市举行的一系列纪念活动中，马钢老年大学的老师、学员们积极参与、屡屡获奖，其中在“江南之花”合唱比赛中，马钢老年大学的合唱队代表马钢公司参加比赛，获一等奖，在马鞍山市总工会主办的“全市首届劳动者之歌职工合唱比赛”中，马钢老年大学合唱队荣获二等奖。5 月 27 日，马钢老年大学承办中国老年大学协会企业校委员会华东片第十四次会议，优美的教学环境、现代化的教学设施、科学规范的管理、丰富多彩的活动展示令宝钢、胜利油田、齐鲁石化、昌河飞机、兖矿等兄弟老年大学的领导们一致称赞。

2016 年，马钢老年大学入学人数持续增长，秋季学期仅校本部和东校区就达 4420 人次，三所矿山分校也健康发展，全校总入学人数突破 4600 人次，班级数 165 个；教师队伍建设稳定，目前聘用 78 位教师，不仅保证了本校教学活动需要，还为安工大老年大学、马钢矿山分校和市福利院的“校外班”提供了师资。马钢老年大学不仅做好教学工作，还加强思想政治工作，依托“学员党支部”平台，在老年学员中开展“两学一做”教育，聘请马钢党校教授举行辅导讲座，注重发挥学员骨干“自主管理、自主服务”的积极性，推进学校管理不断进步。马钢老年大学还注重社会效益，组织学员赴市福利院慰问演出，为周边单位的离退休职工提供学习机会。

【党建工作】 一是党组织的凝聚力不断增强。“两学一做”学习教育是面向全体党员深化党内教育的重要实践，是推动党内教育从“关键少数”向广大党员拓展、从集中性教育向经常性教育延伸的重要举措。离退休中心在全体党员中开展“两学一做”学习教育，坚持正面教育为主，用科学理论武装头脑；坚持学用结合，知行合一；坚持问题导向，注重实效；坚持领导带头,以上率下;坚持从实际出发,分类指导。以党支部为基本单位,以“三会一课”等党的组织生活为基本形式,以落实党员教育管理制度为基本依托,针对领导班子、党员干部和普通党员的不同情况分别作出计划安排。首先是学党章党规,明确基本标准、树立行为规范。其次是学系列讲话,加强理论武装、统一思想行动。第三争做合格党员,端正思想作风、解决突出问题。中心党委把开展“两学一做”问题整改同“四风”问题整改、不严不实问题整改贯通起来一起抓,教育引导中心全体党员干部讲政治、讲党性、讲担当,用实际行动展示共产党人的时代风采。各级党组织较好地坚持“三会一课”制度。适时下发“两学一做”学习读本和各种学习材料15000余本。为离退休支部书记订阅了“两报两刊”。在争创“四强”党组织、争做“四优”共产党员活动中,有2个先进党总支、9个“五好”离退休党支部、12名“四好”老干部、143名优秀共产党员和2名优秀党务工作者受到了表彰。举办了2期230余人参加的党员骨干轮训班。中心领导共16次分别到各自联系点讲党课。在全体党员中开展了党章常规知识和习近平总书记系列重要讲话知识测试活动,参加测试的党员有25000人次。组织在职党员赴濮塘烈士陵园开展重温入党誓言活动。为推动“两学一做”学习教育在中心基层党组织中深入开展,积极开展“两学一做”学习教育主题征文活动。接收新退休党员586人,有2名预备党员转正,1名积极分子吸收为预备党员,有2人列为入党积极分子。党费管理制度严格,手续完备,支出合理。

二是党风廉政建设得到加强。为推进反腐倡廉制度建设,对全中心副科级以上管理人员开展了廉洁从业教育,认真贯彻《安徽省预防职务犯罪工作条例》按照《省委巡视组反馈意见整改方案》和《中央巡视组巡视“回头看”反馈意见整改方案》的要求,做好问题整改工作;积极开展“酒桌办公”专项整治的宣传教育,使广大党员干部充分认识“酒桌办公”的危害性,自觉遵守厉行节约、反对奢侈浪费和廉洁自律各项规定,切实杜绝领导人员违反规定,滥用职权谋取不正当利益的现象发生;强化对《习近平总书记系列重要讲话读本》《中国共产党章程》《中国共产党廉洁自律准则》《中国共产党纪律处分条例》等内容的学习,以及其他党纪法规的宣传,引导中心科以上干部树立了正确的世界观、人生观、价值观;组织开展“学习系列讲话,加强党风廉政建设”专题讲座;进一步狠抓了《马钢改进工作作风,密切联系群众的规定》的落实;组织全体科级管理人员签订了《廉洁从业公开承诺书》。同时完成了中心领导《马钢中层管理人员廉洁从业公开承诺书》的签订工作;分别给予两名党员开除党籍处分和党内警告处分。组织开展“廉政教育”QQ网上答题、QQ网上宣传正反两个方面的小故事等活动;利用中心网站宣传廉洁文化。监督检查,筑牢思想道德防线。

三是综合治理、信访维稳工作成效显著。坚持领导接待日制度,发挥三级信访网络作用,实行“零报告”制,开通信访绿色通道,全年共接待来信、来访、来电1100余人次,办理上级批转件、市长电话9件,处理离退休职工来信15封;做好日常信访稳定工作,保证离退休职工信访渠道畅通,热情有理地做好信访解释工作。综合治理工作,参加公司信访、消防、综治治理举办的业务培训。每月进行一次安全、消防、卫生及经济责任制的工作检查,查隐患、促整改,通过检查督促促进工作,确保维稳成绩,配合公司做好了“综合治理宣传”“禁种、铲毒”工作。做好了“两节”“两会”等重大节日期间的维稳、安全工作。对邪教组织重点人员进行了稳控和疏导,确保了一方平安。

【荣誉】 2016年,离退休中心先后获省老干部信访工作先进单位、全省关心下一代工作先进集体、马钢先进基层党委、市老年教育工作先进单位、马钢人口与计划生育工作标兵单位、“2011-2015年度法制宣传依法治厂先进单位、维护稳定工作先进单位、治安综合治理工作先进单位”等荣誉称号。

(薛力兵)

档案工作管理

【基本情况】 2016年,马钢档案工作围绕公司“聚焦两大战场,锐意变革突破”工作主题,本着“优质高效、争创一流”的服务宗旨,积极推进股份公司档案资源整合,着力构建新型企业档案资源管理体系、利用服务体系和安全管理体系,为推进马钢发展做出了应有的贡献,较好地完成了全年目标任务。

【档案业务整合】 为了配合公司人力资源优化,促进档案专业化管理,公司档案处按照集中统一、区域管理的总体构想,根据公司主要领导批示精神,重点推进实施了股份公司档案资源整合工作。按照公司统一部署,股份公司38名档案人员于2016年6月底,整体划拨至集团公司档案处统一管理。按股份公司地理位置分布，划分南、北档案库区，作为公司档案馆分库。北区档案库房已于2016年11月完成了搬迁工作，档案人员、档案库房、档案资源和档案利用实现了集中统一管理。

【数字档案馆建设】 数字档案馆（室）建设取得了阶段性成果。集成搭建了数字档案管理平台，完成了档案云平台环境集成部署和数据迁移。在业务系统归档接口研发方面，先后完成了新、旧OA系统数据、标准管理体系平台推送数据、SAPFICO模块数据分析及配置集成。档案管理新系统已正式上线，基于公司宣网平台、OA系统平台和档案管理系统平台，逐步实现远程归档、查询和远程利用，实现档案信息资源共享。规范了电子文件移交与接收管理程序，实现增量纸质档案与电子文件同步移交。分步实现存量档案数字化。组织开展了1993-1996年存量案卷级文档的核对、扫描等相关数字化工作，核对、扫描永久长期卷831卷37027页，并同步建立相应目录和操作规范。组织开展了2001-2012年文书档案电子文件汇编工作，收集、整理电子文件17754件。

【档案资源建设】 2016年接收、整编归档机关各类档案6780件、5494卷，照片档案1589张，归档电子档案数据量46.25G。公司二级单位全年接收归档各类档案26316件、17654卷，照片档案1190张，底图12525张，归档电子档案数据量74GB。积极开展化解过剩产能专项档案收集归档工作。按照省档案局统一部署，公司档案处开展了化解过剩产能档案工作专项调查，安排专人对关停产线进行现场图片采集工作，拟写了专项档案收集归档指导意见，下发了《关于进一步加强化解过剩产能档案工作的通知》，明确归档范围和归档责任，落实专人管理，依法依规处置。进一步强化重点工程项目档案全过程跟踪、检查和指导。采用“一站式”服务工作模式，配合工程管理部办理工程备案手续，督办股份公司38个工程竣工项目核销与专项验收。跟踪拍摄、收集公司重点工程及重大活动、会议图片，整理归档照片1014张。

【档案利用服务】 2016年，公司档案部门利用企业档案资源优势，为工程索赔、资质申报、降本增效、维权审计、服务民生等工作提供了依据和参考，共接待查阅者6918人次，提供档案利用18886卷（件）。其中：公司档案处提供档案查阅1720卷（件）/346人次，较好地完成了巴基斯坦反倾销案实地调查、公司申报全国质量奖、省国资委对马钢测评等重要工作查阅利用服务。

【档案专业化管理】 编制了公司档案工作“十三五”发展规划，进一步推进档案工作规范化。深入贯彻实施《马钢档案工作规范》和《马钢档案专业管理标准》，组织宣贯国家档案局新发布的《归档文件整理规则》《会计档案管理办法》等标准规范，并将执行要求纳入档案专业评价考核标准，进一步强化执行考核力度，提高档案工作规范制度执行力。积极开展档案业务专项整治，主要整治内容有：特种载体（声像、电子、荣誉实物）档案管理；厂管项目、设备大中修项目档案管理以及转型、改革企业档案处置及归档工作。加强档案培训和业务交流，公司举办2期档案业务培训班，进一步提升档案人员业务技能。积极参加中钢协、省属企业档案工作协作组活动，并利用公司档案学会和档案业务协作组的交流平台，在公司档案系统内形成相互学习、共同提高的良好风尚。持续开展建设“业务好、服务好、协作好、绩效好、环境好”“五好”档案馆（室）工程。鼓励员工积极参与各类档案知识培训，不断提升专业知识及技能，在学习中提高业务知识，在工作中提升专业技能，争做复合型的档案管理人员。2016年有3名同志取得本科学历。组织参加工会女职工征文大赛，获得了二等奖；参加《马钢好故事》微信大赛获得公司三等奖。在档案系统内积极开展“奋力求生存，携手保家园”主题教育活动，结合档案工作特点，从小事做起，查找降本点，做好降本增效工作。

（查满林）

海外事业管理

【基本情况】 2016年，海外事业管理部在“管控到位，服务优先，发掘资源，寻求发展”的工作指导方针下，践行一岗多职，在公司海外战略规划的分解落实，海外公司归口管理与服务，集团层面外贸业务归口统计与分析，国际化人才培养等公司赋予的职责方面做出了许多开创性的工作，为公司海外事业的规范化管理奠定了基础。

【海外战略规划】 落实股份公司海外市场营销布局，完成在美洲和韩国的机构设立。韩国事务所与美洲公司分别于5月和8月完成设立工作、派驻人员已到位并正常开展业务。

【海外公司管理】 落实海外公司的归口管理，完善对海外公司的管理、协调、服务、保障和监督职责。

一是规范了海外公司人员回国及出差的报请假制度。全年办理海外公司员工回国及出差报批47人次,其中回国32人次,第三方出差15人次。二是对于人员派遣和召回形成了规范化的流程。2016年办理海外公司人事变更8人次,其中向海外公司输送经营管理人员5人,海外公司人员召回3人。三是完善海外党建组织体系构建,成立了海外党支部。及时制定并出台了《海外公司党建工作管理办法(暂行)》,加强海外公司的党建工作。四是针对海外公司的经营情况和面临的问题,以《海外管理动态》和摘要的形式,报公司主要领导,给予及时关注和解决。五是7月份开始,澳洲公司业务由海外事业管理部托管运营,工作进展顺利。

【涉外信息归口统计】 实现对集团层面的涉外信息进行归口统计管理。建立了集团公司、股份公司层面的外贸、外经信息定期上报流程。按月制作完成外贸进出口的统计分析报告和外经动态报告。

【外贸促进政策申报】 积极与政府商务部门对接,争取各项外贸促进政策的项目申报和兑现,2016年,共计获得省、市各项外贸政策支持资金人民币730万元。

【国际化人才培养】 创新思路,加快国际化人才培养,树立了国际化人才层级培养的工作目标。2016年,分别推出《马钢国际化人才岗位培养实施方案》与《马钢国际化人才岗位培养实施细则》《外派香港公司工作培训实施方案》,并联合人力资源部通过选拔落实借调顶岗培训6人,外派香港工作培训2人。

(俞　斌)

党群工作

组织、干部工作

【基本情况】 2016年,党委工作部认真贯彻党的十八大、十八届四中、五中全会精神和公司职代会、党代会精神,围绕公司制定的“聚焦两大战场、锐意变革突破”的工作思路和“全力推进精益管理、全面激发人的活力”的工作主题,切实做好党组织建设、管理人员选拔任用等管理工作,为公司求生存、保家园,转型升级、创新突围提供组织和人才保证。

【矩阵式党建工作】 一是持续深入展开矩阵式党建工作。在全面分析2015年公司推行矩阵式党建工作实践经验的基础上,发布了《公司矩阵式党建工作情况通报》,制定下发了《马钢集团公司党委2016年矩阵式党建工作要点》,明确了全年二十条重点工作任务,聚焦生产经营和党建重难点工作。协调做好矩阵式党建工作督查,改进督查方式,细化督查内容,提升督查实效。协调并参与矩阵式党建工作课题研究,总结工作经验,提升党建工作整体水平。坚持问题导向,督促有关单位、部门抓好问题的整改落实,进一步完善问题发现、传导、整改机制。

二是深化纵向职能工作线职能。依托“两学一做”学习教育,深入推进基层党组织规范活动。按照中央确定的创建服务型党组织“六有”目标要求,以服务市场和现场为重点,加强党组织建设。打造跟班蹲点“升级版”,公司中高层管理人员坚持每季度下基层班组了解情况,与党员职工谈心、开展宣讲和督查活动,公司党员领导干部下基层跟班蹲点93人次,中层管理人员跟班蹲点881人次,共收集基层意见建议1242条,有效改进工作作风。完善对基层党支部的考核评价办法,加强对基层党支部工作的指导和督促,促进基层党支部晋位升级。

三是拓宽横向协同工作线内涵。在坚持原有协同工作和专项督查的基础上,2016年将横向协同重心下移到基层支部,拓宽到工序衔接或地域相同的二级单位之间。创新思路,协调促成了特钢公司党委与埃斯科特钢党支部之间的横向协作共建,签署了共建协议,制定了具体协作计划。党委工作部积极进行筹划协调,拟推广到开展合肥公司党委与另三家驻合肥常设机构的党支部(党小组)之间的协作共建。

【基层党建工作】 一是建立健全党委领导班子。通过精细筹划、精心准备,顺利完成公司第五次党代会各项议程和党委换届工作,指导督促到16家基层党委(直属总支、支部)完成换届选举。在新建、重组基层单位时,同步组建党组织,批准成立长材事业部党委等2个党委、国贸党总支等3个直属党(总)支部,撤销了一铁总厂党委等3个基层党委,同时审批增补基层党委(直属总支、支部)委员13名、纪委委员6名。

二是开好专题民主生活会。认真开展了公司领导班子“三严三实”专题民主生活会会前准备、会议记录服务等工作,完成公司领导班子民主生活会方案、民主生活会召开情况报告、会议讲话材料整理、公司领导班子整改方案、整改任务落实情况通报等多项材料,起草下发了基层单位民主生活会方案,成立审核组,加强了对基层单位民主生活会督促和指导,保证了民主生活会质量,实现了预期的效果和目的。

三是认真做好党员管理工作。集中开展了以支部为单位的党员党组织关系集中排查工作,核查了公司所属全体党员信息,理顺了党员组织关系,健全完善了党员档案理顺党组织关系传递流程,全年及时接转党组织关系180人次。下发了公司2016年发展党员工作计划并具体落实到基层党委和直属总支(支部),2016年共发展新党员377名。抓好入党积极分子队伍建设,举办7期入党积极分子培训班,培训360名入党积极分子。在“七一”前夕开展了党内各类先进评选表彰活动,共表彰公司先进基层党组织45个,优秀党员和党务工作者131名;2016年春节及“七一”期间,公司党费共拿出45.2万元(含市委组织部拨9.8万元),对264名困难党员进行了慰问救助。

四是开展合资企业党建调研。2016年,按照《合资企业党建工作暂行规定》,对11家公司控股合资企业党建工作情况开展调研,分别当前党建状况、经验、存在的问题和困难进行调查、收集和分析,对共性问题进行归纳和整理,为公司进一步加强对合资企业党建的管理提供了依据。同时,对外方控股的奥瑟亚化工公司党组织设置与归属问题,与上级部门积极进行联系和协调,进一步明确工作方向。

五是完善基础管理工作。贴合实际,指导国贸党总支制定了《马钢海外公司党建工作暂行管理办法》。针对公司当前适应改革发展需要,机构和人员变动较快的情况,在原有党内基本信息管理系统和年报系统管理的基础上,对基层单位党组织和党员信息上报周期进行调整,加强数据完整性和准确性的核查,及时调整修改汇总统计结果。指导基层单位完成了2016年度党费交纳基数核算,确保党费上缴足额合规。

【全面推进中层管理人员“授权组阁、竞争上岗”】 一是注重顶层设计。起草了《“授权组阁、竞争上岗”工作实施方案》,明确了具体工作步骤。制定了《党委书记工作目标与岗位职责》《纪委书记工作目标与岗位职责》《关于明确“授权组阁、竞争上岗”中退出现岗位的公司中层管理人员工作安排的通知》和《关于科级管理人员竞聘上岗工作的指导意见》等管理办法。制定销售公司销售总监聘任协议。起草公司领导、督导组组长、组阁人讲话通稿。

二是精心组织实施。做好公司九个督导组的联络工作,为竞聘工作提供全面指导、支持和服务。多次具体组织召开督导组会议,学习公司领导讲话精神和相关文件要求;推动组阁人测评和经营(管理)团队成员竞聘工作;全程支持和监督科级管理人员竞聘上岗工作。与公司纪委配合,完成组阁人测评和经营管理团队竞聘统计和监督工作。共有69个单位和部门的403名公司中层管理人员和科级管理人员参与了经营团队“授权组阁、竞争上岗”工作。9名公司中层管理人员退出现岗位,8名科级管理人员通过竞争上岗,走上公司中层管理人员岗位,销售公司3名科级管理人员通过竞争上岗走上了销售总监岗位。22名公司中层管理人员助理通过竞聘重新行文任命。

三是持续总结提高。总结试点工作经验,进一步修改和完善“授权组阁、竞争上岗”实施方案,全面提高“授权组阁、竞争上岗”实施方案的科学性和可操作性。组织开展“授权组阁、竞争上岗”工作总结,提炼经验,分析不足,提出改进建议,为今后工作开展提供帮助。

【中层管理人员选拔任用等管理工作】 1. 选拔任用。完成股份公司2名副总经理人选的推荐考察、公示及聘任等工作。抓好新修订的《干部任用条例》贯彻落实,组织开展公司中层管理人员调整提拔、公开竞聘及试用期考核等一系列工作,配齐基层党委书记、纪委书记、工会主席。经推荐考察提拔了21人(其中:中层正职4人、副职11人,助理6人);调整交流84人;改非4人(中层正职2人、副职2人)。协助合肥公司完成转岗人员岗位调整。

2. 管理监督。做好公司中高层管理人员填报2015年度个人有关事项报告工作,并做好相关解释和说明。收集上报公司省管领导报告表,完成公司直接管理的中层及以上管理人员报告表信息录入工作。按照要求电脑随机抽查29名公司中层管理人员个人事项报告结果,经公司主要领导审阅后上报省委组织部。分批完成23名拟提拔公司中层及以上人选的个人有关事项报告表的填写及送审工作。加大经济责任审计力度,做好公司中层管理人员离任审计工作。转发省委组织部《关于进一步规范党政机关和企事业单位领导干部兼任社会组织职务审批管理的通知》,继续抓好公司各级领导人员在社会团队兼职的审批和整治。

3. 培训开发。落实党管人才原则,促进高层次人才开发。配合相关部门,完成公司“十三五”发展规划中公司中高层管理人才培养规划制定。协助相关单位做好省“115产业创新”团队、“538英才”、“特支计划”等人才项目申报工作。在征求相关部门意见的基础上,开展2017年度公司中高层管理人员培训需求调查和分析。做好上级调学人选推荐及报名等工作。根据年度培训计划,会同教育培训中心,分别举办了党支部书记培训班、财务和技术质量科级管理人员轮训班、党群工作室主任培训班和组工干部培训班,近300名管理人员参加培训。

4. 基础管理。做好公司中层管理人员档案资料审核、归档、整理和移交等工作。按照外事部门要求,及时办理因公和因私出国(境)政审工作。做好委派人员管理和服务等工作。参与股份公司申报全国质量奖材料的撰写、评审和现场审核等,做好内控体系和贯标工作。按照政策规定,做好干部来信来访联系接待工作,组织开展信访调查与回复。

【认真落实巡视反馈问题整改】 1. 制定整改方案。根据省委第五巡视组反馈问题整改工作计划,牵头组织纪委、企管部和公司办公室,抽调专门的工作人员,集中制定了公司《省委巡视组反馈意见整改方案》,对整改任务进行了分解和细化,针对十一个方面问题,制定了41项整改措施,明确了每项整改任务的责任领导、牵头和责任部门,以及完成的时间要求。同时,提供整改问题台账等资料,参与由公司办公室牵头组织的中央巡视组巡视“回头看”反馈问题整改方案制定。

2. 推进落实整改。根据公司分管领导安排,就省委巡视组反馈问题整改落实工作,具体组织和落实了两次专题汇报会,11个牵头单位分别就整改任务落实进展、存在的问题、进一步整改措施等情况,在汇报会上进行专题汇报。按照省纪委《关于统计报送巡视反馈问题整改和移交问题线索办理情况的通知》要求,按季度对整改任务落实情况进行阶段总结,填写整改任务完成情况报表,及时报送省委巡视领导小组办公室。对巡视反馈问题整改落实情况进行全面梳理，分析整改工作中存在的问题，并就进一步促进整改工作提出意见和建议。

3. 完成整改任务。在具体促进省委巡视组巡视反馈问题整改工作的同时，特别是抓好涉及本部门业务管理方面的整改措施落实工作，全面提升部门业务管理水平。对少数中层以上管理人员少报、漏报房产信息、规范选人用人工作程序等问题进行立行立改；对未按期换届的基层党委（直属总支、支部）进行了彻底的梳理和排查，下达换届要求，明确换届时间，将基层党组织按期换届情况纳入党委（总支、支部）书记抓基层党建工作述职评议考核，形成长效机制，不断巩固专项整治成果；规范完成不按规定交纳党费专项整治工作，下发“补缴党费通知”，明确补缴党费的计算方法，公司科级及以上党员干部的补缴党费已上缴市委组织部。中央巡视组巡视“回头看”反馈问题整改任务也已经全部完成，先后两次进行总结，具备条件销号材料已经及时规范整理上报公司办公室。

【参与推进公司“双百”考核工作】 1. 配合做好工作。按照省委《关于完善省委管理的领导班子和领导干部综合考核工作的意见》和《省属企业领导班子和领导人员综合考核工作办法》文件要求，做好省委综合考核组对马钢考核的协调工作以及考核相关资料的准备和上报。组织现场的综合考核动员大会民主测评和评议、现场资料查看、解答等工作。根据省委综合考核组反馈的意见，起草《2015 年度综合考核反馈意见整改情况》相关内容并督促整改落实，同时，将领导个人考核结果反馈给本人。

2. 制定考核标准。根据公司开展“双百”考核要求，参照上级“双百”考核的基本模式，组织制定公司对各单位领导班子、党组织建设等考核标准；制定公司机关部门“双百”考核标准和实施方案。参与公司“双百”考核办法制定工作。

3. 开展工作试点。制定基层单位领导班子及领导成员测评表，参加南山矿、汽运公司、设备检修公司、三铁总厂等试点单位考核工作，完成干部和党组织建设考核任务。总结试点工作经验，进一步完善党建考核指标和考核程流，为全面开展 2016 年度“双百”考核工作做好准备。

【科级管理人员宏观管理】 1. 指导竞聘上岗。下发《关于科级管理人员竞聘上岗工作的指导意见》，建立了督导组周例会制度，组织督导组加强对科级管理人员竞聘上岗工作的指导和督促，总结公司科级管理人员竞聘工作经验。在科级管理人员竞聘上岗工作中，229 名在职科级管理人员，因年龄较大等原因主动退出竞聘，占现有科级管理人员总数的 11.84%；133 名优秀年轻的管理人员通过竞聘由一般岗位走上了副科级岗位，86 人从副科级岗位走上了正科级岗位。

2. 优化队伍结构。按照“三减”原则，核定了股份公司各单位科级管理岗位编制，重新下达了集团公司及机关部门科级机构设置和科级岗位编制。配合公司机构调整和业务整合，加强科级管理人员编制审批。严格科级管理人员选拔任用程序，严格科级管理人员的任免审批。及时下发《关于鼓励非钢产业（含合资企业）吸纳公司机关人员的指导意见》，为机关部门科级管理人员优化创造条件。截至 9 月底，公司科级管理人员总数由 1934 人减少为 1799 人，精减人数占竞聘前科级管理人员总数的 6.98%；科级管理人员平均年龄由 45.97 岁降为 44.78 岁。

3. 推动交流轮岗。结合竞聘上岗工作，组织各单位加强科级管理人员内部交流轮岗，共交流科级管理人员 305 人次，占竞聘后科级管理人员总数的 16.95%。根据公司要求，以设备部、工程管理部、采购中心为重点，按照有利于干部锻炼成长、有利于风险防控体系建设和有利于工作开展的原则，在广泛征求相关单位意见的基础上，制定和实施了 2016 年度科级管理人员跨单位交流轮岗实施方案，共交流科级管理人员 13 人。

【发挥机关党组织作用】 1. 推进优质服务主题实践活动。为进一步强化服务意识，提高服务质量，以“共建共享马钢美好家园”为引领，改进机关工作作风为主线，以提升服务质量与效率为重点，以确保服务对象满意为标准，从 2016 年 9 月至 2017 年 8 月底，在公司机关范围开展优质服务主题实践活动，要求机关各部门管理职责为依据，结合实际制定部门服务承诺书，通过首问负责、限时办结、一次性告知、责任追究等方面责任落实，规范工作流程、办事程序，创新工作方式，着力营造文明、和谐、优质、高效的服务环境，积极树立机关部门的新形象。

2. 规范基层组织生活。扎实开展“两学一做”学习教育活动，编辑理论学习要点 36 条及 45 个学习思考题，落实机关中高层管理人员“两学一做”到基层宣讲活动，开展机关党章、党规、习近平讲话知识测试活动，机关 21 个部室 768 党员和 7 名入党积极分子积极参加了党章测试。以“三严三实”为主要内容，21 个直属党总支、支部组织召开了专题组织生活会，查找问题

125 条,制定整改措施 95 条。指导 1 个部室建立党的总支委员会,指导 5 个部室党总支所属党支部进行换届选举工作,调整和充实了 2 个党总支(支部)3 名委员。评选表彰了 14 个先进基层党组织和 44 名优秀共产党员,慰问生活困难党员 32 人,发放慰问金 27600 元。严格按照规定做好科级管理人员拟提人选考察工作,共考察 11 个机关部门 36 名科级拟提拔人选(其中:副科 20 名,正科 16 名)撰写考察材料 49 份。

3. 落实廉洁从业相关规定。落实"两个责任",坚定不移推进机关党风建设和反腐倡廉责任制落实,组织机关公司中层管理人员和科级管理人员签订了廉洁从业承诺书,向本单位党组织及全体员工作出公开廉洁从业承诺;开展公司中层管理人员开展执行廉洁从业规定自查工作,机关 21 个部门,63 名公司中层管理人员按照规定进行了自查;依照《党章》和《纪律处分条例》,对 2 名违纪违法党员作出了开除党籍处理。

4. 打造家园文化。组织开展了以《"变革求突破"—巾帼行动保家园》为主题的征文活动,征集论文 35 篇。开展读书征文活动,向女职工们推荐了《长安家风》《工匠精神》《突破》等书籍,定期组织开展读书心得分享活动。组织相关部室开展了"办公楼电梯意外事故救援""会堂消防应急防范""计量知识"及"女职工业务技能(会计)"等多项劳动竞赛。2016 年征集建议 362 条,经过评审认定有效建议为 340 条。春节前夕筹措 5.5 万元开展送温暖活动,共有 36 名困难职工得到了补助,为 18 名大病职工办理互助帮困资金申请,获大病救助款 11.47 万元,累计审核发放抚恤金 6.5 万元。春节前夕,成功主办了拔河、摸奖等机关迎新春系列活动,营造了浓厚的节日气氛。

【部门自身建设】 1. 强化理论武装。坚持每个月全体员工集中学习一次的学习制度,通过员工轮流就学习内容谈体会、谈心得等形式,改进学习方法,持续提高全体员工的学习兴趣、学习意识和学习能力,拓宽员工视野,提升员工思想理论水平和业务工作能力。组织相关人员在党群工作室主任和组工干部培训班上进行业务授课,在提升自身理论素养和业务素质的同时,促进组工干部之间的沟通与融合。

2. 优化员工队伍。结合公司人力资源优化工作,以全员竞聘上岗工作为契机,加强员工内外部交流轮岗。通过外部开展科室负责人交流,补充新鲜血液,调整人员结构,促进与基层单位之间的相互了解;通过内部岗位交流,进一步优化人员配置,丰富员工的工作经历,进一步提高员工的一专多能的岗位适应能力,促进员工的广泛协作和深度融合。结合人员素质、能力以及科室业务管理工作实际,建立 AB 岗位制度,以便工作人员因年休、下基层等原因不在岗时,及时为基层单位的同志办理业务。

3. 提升服务水平。按照有利于业务规范、有利于岗位锻炼、有利于进一步促进人力资源优化的原则,对相关岗位业务进行调整和归并,为优化业务流程、提高工作效率打下基础;梳理党组织建设、党员管理、干部队伍管理等制度(事项)34 项,修改完善制度 7 项;针对新增加的管理职能或办事程序相对复杂的业务管理,组织全体员工以流程图的形式进行梳理优化。

(徐乃文)

宣传思想工作

【基本情况】 2016 年,牢固树立"四个意识",以高度的政治责任感,坚持正确政治方向、舆论导向和价值取向,在多元中立主导,在多变中明方位,举旗铸魂打好主动仗,未雨绸缪下好先手棋,以超常规的举措、超负荷的付出,理直气壮抓导向,浓墨重彩著文章,凝心聚力保家园。保持政治定力,牢牢守住阵地;深度融入中心,服务马钢大局;坚持创新发展,主动担当作为;深耕家园文化,营造和谐氛围。鼓足精气神、唱响正气歌、传递好声音、汇聚正能量、画出同心圆,为马钢变革突破、扭亏脱困、逆境奋起提供了思想引领、舆论推动、精神激励、道德滋养和文化支撑。

【理论学习研究】 扎实开展党的十八届六中全会、中国共产党成立 95 周年大会、全国国有企业党的建设工作会议、省第十次党代会等中央、省委重要会议精神的学习宣传贯彻工作。认真组织学习贯彻习近平总书记系列重要讲话,特别是习近平总书记"七一"重要讲话精神和视察安徽时重要讲话精神。不断加强两级党委中心组学习,全年共组织公司党委理论学习中心组集中学习 15 次,并进一步强化对二级单位党委理论学习中心组学习的检查和指导。切实做好公司党委理论学习中心组学习秘书工作,收集、整理、编印各类学习材料 30 多种,购买发放理论学习书籍 2000 多套。认真组织开展"两学一做"和"讲看齐,见行动"专题学习讨论,开设了"两学一做"学习教育网站和"讲看齐,见行动"专栏,编印了"讲看齐,见行动"学习简报。组织开展了"百人宣讲到基层,千堂党课进支部"活动。

紧紧围绕公司重点工作,开展2016年度思想政治工作调研成果的征集和评选活动。向冶金政研会推荐6篇优秀政研论文,荣获1个一等奖,5个三等奖。

【意识形态工作】 认真落实意识形态工作责任制,印发了《马钢集团公司党委意识形态工作责任制实施细则》,成立了相应的领导机构和工作机构。督促指导各二级单位建立意识形态工作责任体系和组织机构。完善舆情监测研判制度,启动公司网络安全项目,建立了宣传部舆情监测值班制度,完善舆情收集汇总、分析研判机制,全年共编辑7期《网络舆情快报》和12期《每月宣传和舆情分析》加强快速回复反馈机制,全年对70多个网民的问题进行了督办回复。组织网评员、信息员有针对性开展网上评论和引导。对宣网上违规主帖和跟帖及时进行删除、锁定、屏蔽,对发帖人进行警告和约谈。组织召开了马钢与市社会网络媒体座谈交流会,建立舆情会商机制和舆情会商小组,针对重大、较大舆情开展会商研判,并及时有效应对。充分发挥一百个职工思想动态信息点作用,及时了解和掌握职工思想动态

【形势任务教育】 精心策划公司职代会、党代会、竞争力分析大会的专题宣传报道,编发了《职代会学习辅导材料》《职工代表宣传学习材料》《党代会精神学习材料》等,大力营造"聚焦两大战场、锐意变革突破"的浓厚氛围。紧紧围绕公司矩阵式党建、"授权组阁,竞争上岗"、人力资源优化、多元产业发展、产品结构调整、推行EVI技术服务模式、防汛保产等重点、难点工作,大力开展正面宣传,着力营造有利于公司深化改革,重点工作顺利推进的良好舆论氛围。强化典型宣传,树立正向激励的鲜明导向,精心策划开展了"奋力求生存、携手保家园"大型宣演活动和马钢"五一"表彰大会,多角度、全方位展现马钢群英的感人事迹和优秀业绩。开展了"马钢尖兵"新闻人物的宣传活动和"榜样·马钢尖兵"先进人物的推荐活动,及公司劳模、优秀党员、"马钢工匠"、"岗位之星"等专题宣传,编印了《家园卫士事迹集》进一步弘扬了正能量。

【对外宣传工作】 围绕营造有利于公司改革发展的外部舆论环境,主动对接新华社、中央人民广播电台、中央电视台、人民网等权威主流媒体,积极推介新闻线索,得到媒体的关注和报道,尤其是2016年7月24日,马钢时隔10年再次亮相央视《新闻联播》,使公司稳妥推进去产能职工安置工作和转型发展工作得到了社会广泛赞誉。围绕打响马钢产品品牌,开展了轮轴、汽车板、家电板、硅钢、H型钢等拳头产品的对外宣传报道。同时,认真做好公司节能环保、职工关怀、防汛保产等工作对外宣传,展现了马钢良好形象。2016年,共接待省级以上媒体40多批次,对外宣传发稿2000余篇。

【企业文化建设】 积极配合公司申报国家质量奖,认真做好股份公司企业文化内控测试工作。组织二级单位和机关部门开展子文化建设和特色文化建设。围绕打造家园文化升级版,组织开展了公司首次"9·20"升旗宣誓活动、"家和万事兴"征文活动、"讲述马钢好故事"微信新媒体创意大赛、马钢"最美厂区"投票、马钢"最佳四室"网络评选活动等,进一步增强马钢人的自豪感、荣誉感、归属感。拍摄制作了三个版本的《卓越马钢　精彩无限》宣传片和家电板、硅钢、特钢三个产品宣传片,印发了企业文化理念招贴画,开展了马钢企业文化建设职工问卷调查工作。进一步加强视觉识别系统项目建设检查和审核,印发了《关于规范马钢视觉识别系统项目建设和元素应用的通知》。启动了马钢工作服升级工作,开展了马钢旗帜征订工作。

【网络宣传工作】 进一步办好"宣网报道"、"一线传真"和"图片报道"栏目,讲述马钢好故事。开展"喜迎党代会"、抗洪抢险、全国质量奖、企业文化理念等专题宣传报道。举办"聚焦两大战场"好新闻竞赛和"高温下的感动"摄影赛。丰富完善马钢外网内容。认真做好新媒体订阅关注推广工作。制作发布马钢劳模H5专题短片21个,《"9·20"今天是你的节日——马钢》等H5作品、《图说马钢竞争力》宣传片等。印发了《关于进一步加强马钢网上宣传工作的通知》,严明网络纪律,规范网络秩序。建立马钢网站、"两微一端"开通的申报审批制度和关闭退出机制,解决一些网站、"两微一端"存在的"僵尸""睡眠"等现象。

【精神文明建设】 大力开展社会主义核心价值观宣传教育和公民道德、家庭美德建设,突出加强职业道德建设,组织开展了"道德大讲堂"活动、马钢第七届职工道德论坛征文活动。继续办好"文明大看台",协助各单位开展好"我们的节日""书香马钢阅读季"等各项活动。推动文明单位建设规范化、制度化、标准化,启动《马钢文明单位创建和管理办法》修订,督促各单位完善精神文明建设组织机构和工作机构,指导市级以上文明单位强化基础工作。开展了马钢第27届文明单位评比活动。认真做好安徽省第十一届文明单位和马鞍山市第十七届文明单位申报工作。认真做好好人好事的推荐申报工作,2016年南山矿周军、长

材事业部王陇陇分别被评为“马鞍山好人”,利民公司汪芳被评为“安徽省最美媳妇”,多名职工获得季度“马鞍山好人”称号。协助马鞍山市开展文明城市创建工作,马南线环境整治取得显著的阶段性成果。

(庆　辉)

统一战线工作

【统一战线工作】 2016年,马钢统一战线工作以党的十八大和十八届四中、五中、六中全会精神为指导,在上级统战部门和公司党委的领导下,贯彻落实党的统战方针政策,围绕公司年初提出的“以提升竞争力为核心,聚焦两大战场,锐意变革突破,众志成城奋力打好家园保卫战”总体工作思路,协调公司统一战线各方面的关系,把统一战线各方面的力量和智慧凝聚到提高企业竞争能力上来,为公司应对挑战、加速转型凝聚正能量,积聚攻坚合力。

一是认真做好省委综合检查组来马钢检查有关统战工作方面的迎检准备工作,按要求准备各类统战成员基本资料、党外人士选拔任用方面文件材料等。认真做好省委统战工作领导小组来马钢调研检查马钢贯彻落实中央、省委关于统一战线一系列重大决策部署情况的迎检工作,撰写汇报材料,准备各类资料等等。参加省委统战部举办的第三期培训班。做好省企业统战工作研究会换届一名副会长人选推荐工作,完成省委统战部党外干部及党外代表人士有关情况统计及党外知识分子情况统计上报工作。

二是参加全市统一战线学习贯彻党的十八届六中全会报告会,学习贯彻全国“两会”暨《中共安徽省委贯彻〈中共统一战线工作条例(试行)〉实施办法》精神辅导报告会。参加全市统战部长联席会。协调落实2名党派成员参加市委统战部举办的第三期民主党派新成员培训班。为市委统战部了解提供有关马钢党外人士情况。

三是支持并参与民主党派组织开展工作与活动。协助市委统战做好七个民主党派市委换届及涉及马钢进班子成员人选考察工作。协助民主党派市委完成马钢九三学社马钢基层委、民建马钢支部、致公党马钢支部、民盟马钢支部、民革马钢支部成功换届并给予一定的经费支持。协同民主党派市委做好党派成员发展把关工作,公司全年发展民主党派成员3名。支持并协调1名民主党派基层支部负责人参加党派省委举办的培训班。牵头并联合机关工会主办,农工党马钢科技支部、金家庄支部协办,为机关女职工举办了一场图文并茂的保健养生疾病预防专题讲座,80余名女职工参加了讲座,主讲的医生与女职工现场互动,解难答疑,取得良好效果。与民主党派市委及公司民主党派基层组织保持良性互动,参加农工党市委会成立三十周年纪念大会,九三学社马钢基层委、农工党马钢支部组织的考察采风活动等。

四是参加全市学习传达中央省委有关民族宗教工作会议和文件精神。贯彻落实省统战会议、民族工作会议精神,加强对少数民族人士的联系培养,向省委统战部、市民委推荐1名党外高知少数民族人士。参加全市宗教工作会议,根据市宗教局通知要求,省民族宗教工作领导小组来马鞍山调研座谈宗教工作,撰写马钢宗教工作情况材料,参加全市宗教工作座谈会并作为企业代表发言。

五是协助市侨联做好第七次侨代会的工作,完成3名委员候选人推荐、2名侨界先进个人、1名侨联系统先进工作者、21名代表推荐、参会工作。协同市侨联集中座谈慰问马钢11家单位12名在生产一线工作的侨眷。协调落实马钢侨眷参加市侨联召开的创业创新座谈会。了解关心困难侨眷。积极与公司有关部门做好有意向与马钢进行技术合作、钢材贸易的华侨侨商的咨询联系工作。协助市台联做好市台胞台属联谊会第六次代表大会的工作,完成20名台胞台属代表的推荐、参会工作。

六是上半年组织召开了马钢统战各界人士代表40人座谈会。传达学习了省国资委下发的《关于在全省统一战线成员中开展向潘建伟同志学习活动的通知》,通报了马钢职代会及公司情况。部分参会的各界人士也结合自己的工作进行了座谈,在公司经营管理、党派基层组织自身建设、开展专题调研等方面提出了一些意见建议。下半年组织举办了为期两天40名马钢统战各界人士代表参加的学习考察活动,传达贯彻党的十八届六中全会精神,宣讲公司生产经营形势,参观考察马钢自己的生态矿山张庄矿等。

七是完成公司省、市政协委员情况变化核查统计工作。根据市政协《关于开展市政协智库专家推荐工作的通知》等要求,向市政协推荐2名党外非政协委员人士智库专家人选,1名市政协文史馆研究馆员。

(朱晓宁)

纪检监察工作

【强化纪律和规矩意识】 深入学习贯彻习近平总书记系列重要讲话精神，认真组织学习贯彻党的十八届六中全会、十八届中央纪委六次全会、省纪委九届六次全会、省国资委党风廉政建设会议和省、市、公司党代会精神，按照公司党委工作部署，围绕变革突破，聚焦“两大战场”，突出问题导向，强化“一岗双责”，把党要管党、从严治党方针落实到“五位一体”建设的各方面和全过程，参与公司“授权组阁、竞聘上岗”、人力资源优化等重点工作督导，协调推进矩阵式党建、巡视巡察问题整改、基层单位领导班子和领导人员综合考核等工作。加强执行党规党纪及公司重大决策部署落实情况的监督检查，坚决纠正无组织、无纪律，有令不行、有禁不止行为，保证公司重大决策部署顺利贯彻落实，保证公司变革突破各项举措有效推进。

协调推进“两学一做”学习教育，把纪律教育融入其中，重点学习宣传贯彻党的《廉洁自律准则》《纪律处分条例》《问责条例》《党内监督条例》，强化党员干部特别是领导人员党章党规意识。认真执行党的政治纪律、组织纪律、廉洁纪律、群众纪律、工作纪律和生活纪律，通过道德“高线”引导和纪律“底线”约束，使各级党员干部心有所畏、言有所戒、行有所止。落实中高层管理人员问责制度，先后对发生事故、事件单位负有管理责任的中层管理人员16人次进行了问责，分别给予通报批评、扣发绩效年薪等处理。

【落实“两个责任”】 巩固和深化落实党风廉政建设“两个责任”的成果，健全完善“两个责任”责任体系，建立领导人员述责述廉和落实“两个责任”报告工作机制，协同党委工作部组织各二级单位党委书记、纪委书记提交上半年履职尽责报告。认真执行落实“两个责任”实施意见及考核、述责述廉和接受评议、约谈等办法，制定《马钢集团公司党风廉政建设主体责任和监督责任追究办法（试行）》，明确实施责任追究的原则、情形、方式、程序及结果运用，以及对落实“两个责任”不力的20种“负面情形”实施责任追究；分解细化责任，制定《马钢集团公司党风廉政建设党委主体责任和纪委监督责任清单（试行）》。

认真落实党风建设和反腐倡廉工作责任制，加强对各单位党政领导班子及公司中层管理人员执行责任制情况检查和考核，并纳入中层管理人员绩效考核，有3名中层管理人员因责任制考核受到扣减绩效年薪处理。实行党风廉政建设“一票否决”，对3家二级单位申报先进集体或先进基层党委予以否决，对6家单位廉政建设予以考核扣分。强化矩阵式党建横向监督保障作用，成立党委巡察机构，分2轮对9家二级单位、分（子）公司、合资企业进行了巡察，印发巡察工作通报，向公司党委提出巡察管理建议，并针对巡察发现“两个责任”落实不力等问题，由公司党委常委对被巡察单位党政主要负责同志实施约谈。牵头落实《关于落实省委办公厅内部通报1号的整改方案》，加强沟通协调和检查督促，促进问题整改，整理报送《马钢集团公司关于省委办公厅内部通报1号整改工作的情况总结报告》，受到省市检察机关肯定。

【作风建设督查】 加强作风建设宣传教育，通过文件、会议、马钢宣传网站、报纸、电视、微信等多种形式，将作风建设的要求传达到各单位和全体党员干部。倡导“感恩在心、胸有朝阳、公平正义、风清气正”的家园文化理念，提炼形成“勤勉廉洁、风清气正”的廉洁文化理念。发挥廉洁文化典型示范作用，广泛进行宣传和引导，营造勤勉敬业的良好氛围。

严格执行改进作风各项规定，在重要节假日、党代会期间重申和强调纪律要求，对加强作风建设严格执纪问责进行安排，并强化节前廉洁宣传教育，营造风清气正的节日氛围。元旦春节、国庆中秋等期间，重点对违规使用公车、公款吃喝、大办婚丧喜庆、购买商业预付卡等违规违纪问题开展督查，公司纪委、党委办公室、企管部领导分别带队组成3个督查组，对部分马钢员工相对集中居住的小区及周边酒店、超市，多次进行明察暗访，未发现违规违纪问题。加强纪律执行情况监督检查，查处违反中央八项规定精神问题3起，涉及6人，分别给予诫勉谈话、经济处罚、责令作出书面检查等处理。协调推进“酒桌办公”等专项整治，查处1起员工接受业务单位吃请的问题。

【预防职务犯罪】 加强人、财、物管理等重要领域和经营管理重点环节权力运行的监督和制约，落实党内监督各项法规制度。坚持党政主要领导上党课或反腐倡廉教育课，强化党性宗旨、党风党纪和社会主义核心价值观教育，编印《领导人员廉洁从业学习手册》，组织全体公司中层管理人员签订承诺书，形成廉洁从业承诺常态化管理。以考促学，充实反腐倡廉知识测试题库，组织拟提任人员、全体纪检监察人员和各单位重要岗位人员，参加反腐倡廉知识网上测试、《安徽省预防职务犯罪工作条例》学习和测试,累计逾7000人次。组织各单位党员干部进行观看《权力的禁区》、《歪风》等领导干部和基层腐败警示教育片,派员到耐火公司、商品混凝土公司等10多家单位进行党风廉洁教育专题讲座。

积极推进个案预防工作,选取袁方的个案剖析、部分职务犯罪案件实录以及党纪法律的相关知识,深刻剖析违纪违法案件产生的原因和危害,汇总中央纪委、省纪委向社会公开通报的典型案例,编辑印发2期专题简报,用身边的事教育身边的人,用昨天的事教育今天的人,促使广大党员干部受警醒、明底线、知敬畏。加强与市检察院协作,开展预防职务犯罪专题讲座。推进廉洁风险防控长效管理,组织开展廉洁风险防控测试和调研,编印简报专刊,供基层单位组织学习、交流和借鉴。马钢预防职务犯罪工作经验,在2016年省属企业党风廉政建设和反腐败工作会议上作了交流发言。

【纪律审查】 强化监督执纪"四种形态"在日常监督、信访举报受理、问题线索处置等各环节的运用,全年实施信访函询15人次、信访谈话20人次、诫勉谈话10人次、纠错整改69人次,占问题线索处置总数的96.19%。推进信访举报工作目标管理,协调委部监督力量,提高直查快办和初信初访办理质量,做好信访举报信息分析统计等工作。2016年受理各类群众举报184件,办结183件(含遗留7件)。完善纪律审查组织协调机制,坚决查处侵害集体利益、员工合法权益的不正之风和腐败问题,对3名涉嫌贪污问题的案件线索及时移送检察机关依法处理,配合市纪委、检察机关对2名涉嫌贪污、受贿案件进行立案审查。跟踪安庆系列案件处理结果,做好检察机关移交问题线索处置工作,指导基层单位案件处理。

加强案件审理工作,全年审结案件13件,给予开除党籍9人,留党察看1人,党内严重警告1人,党内警告2人;解除劳动合同7人,行政记过4人;受到刑事处理10人。按上级要求对2013-2015年被追究刑事责任的国家工作人员受处分情况开展了排查清理,并延伸排查到2010-2012年,防范受刑事追究的而未落实纪律处分情况的发生。

【效能监察】 聚焦公司中心工作,开展"强化机旁备件集中管理,提高备件使用率"的专项监察,发现股份公司现有机旁备件存放点过多、新机旁备件保有量偏大等问题,提出集中库房管理等6项管理建议。开展专项检查1次,专项调研2次,完成煤气外转供管理、可利用资源对外销售管理2项即时性效能监察,开展了四钢轧总厂渣处理C线因故停产期间外发钢渣存在问题的信访调查,纠正管理存在的问题,完善相关业务流程,为公司挽回经济损失58万余元。深化效能监察联络员制工作,加强对基层效能监察项目实施进行规范指导,采取区域联络的方式,对31家二级单位上报的33个效能监察项目进行规范性地指导,实现全覆盖。转变招标监督方式,纪委派驻人员不再介入招标具体工作流程,集中精力关注重大工程、资金额大的和招标中心认为有特殊性需要参与招标项目,开展监督检查和执纪问责,对评标过程中评委有重大分歧的参与监督检查,受理相关投诉。制定《招标监督管理办法》,开展了上半年招标管理制度执行情况的专项检查、下半年公司招标管理制度执行情况暨工程项目内部承接管理专项检查,检查12家单位。集团公司总经理对上半年专项检查6家单位主要负责人11人进行了约谈,对相关责任人进行了考核。

加强日常效能监察工作,促进规范管理,形成长效机制。会同工程管理部、企管部等职能部门加强重点工程建设项目的监察,开展季度工程项目建设任务承接管理工作及在建工程建设项目安全管理工作的专项检查,查出相关问题并下发通报。对65家新供方的企业生产能力,产品保证能力,装备水平,工艺过程、人员素质,产品检测、供货业绩等进行二方书面审核,开展必要的现场审查,未通过4家。加强对新产品试用评审工作监察,评审和同意48个新采购产品的初步或扩大试用,13个新采购产品的准入,消除了RH专用碳质脱氧剂和高牌号硅钢保护渣两个品种的独家供货。加强原辅料质量检验及质量异议督查,共开展督查15次,涉及18个品种,查处不合格5批次,并进行了商务处理。组织对环件、轮毂、车轮外委加工招标推进工作进行监察,要求轮轴事业部按公司相关规定办理招标委托等工作,杜绝自行招标。

【纪检监察机构自身建设】 加强两级纪委领导班子建设和纪检监察机构思想建设、组织建设、作风建设和能力建设,执行线索处置、纪律审查、责任追究情况报告制度,落实查办腐败案件和干部提名考察以上级纪委的"两为主"要求,加强对下级纪委组织建设、业务工作的指导。先后召开4次纪委会,研究部署纪检监察工作,对有关案件作出处理决定,讨论完善相关工作报告。加强对纪检监察人员教育、监督和管理,开展"先进纪检组织"评选,编印《纪委书记工作手册》,提高纪检监察人员业务水平和综合能力。

持续深化“三转”，把监督的切入点转变到对履行主体责任、岗位职责的监督上来，提高工作针对性和有效性。推进委部“基础管理年”活动，组织修订相关制度，完善反腐倡廉教育、信访举报、案件、效能监察等基础台账。加强委部机关形势和任务宣传教育，推进委部管理人员跟班蹲点、全员岗位绩效管理、人力资源优化、劳动纪律和现场管理专项整治等工作，完成委部管理团队成员、委部室副主任、科级员、技术业务岗位人员竞聘工作。开展“每室一题”研讨、优秀审计项目评选，全年有2篇论文在全国钢铁企业纪检监察工作研究会年会、中国冶金政研会论文评选中获奖，2项管理创新成果获公司三等奖。

（鲁世宣）

党委巡察工作

【建立巡察机构】 2016年2月，为贯彻落实《中国共产党巡视工作条例》精神和省委、省国资委关于进一步加强巡视监督的决策部署，强化问题发现、预警、整改功能，建立和完善问题发现、信息传导、整改落实工作机制，深入推进矩阵式党建工作，促进公司重大决策部署有效落实，发挥党组织对生产经营管理的监督保障作用，经公司党委常委会研究决定，成立公司党委巡察工作办公室和巡察组。明确巡察工作办公室是公司党委的工作部门，在公司党委的领导下，具体负责公司巡察工作日常事务管理及巡察的沟通协调、组织服务工作。巡察工作办公室与公司纪委合署办公，由公司纪委副书记担任巡察工作办公室主任，配备少量专职人员和兼职人员。

公司党委根据上级要求和工作需要设立若干巡察组。巡察组在公司党委领导下开展工作，其工作内容主要是党建、生产经营两个方面。党建方面主要包括：执行党章党纪情况；推进矩阵式党建工作情况；领导人员作风建设情况；践行“三严三实”情况等。生产经营方面主要包括：公司生产经营秩序监督检查；公司重点工作督导、督办、督查；关键工作流程的跟踪检查等。巡察组实行组长负责制，组长根据每次巡察任务由公司党委或巡察工作领导小组确定并授权，副组长协助组长开展工作。每个组配备5-8名工作人员，人员从公司巡察工作领导小组成员单位及相关专业管理部门抽调。

【完善巡察制度机制】 为规范巡察工作流程，提高巡察工作实效，公司党委在认真总结2015年巡察工作的基础上，根据《中国共产党巡视工作条例》和《中共安徽省委贯彻〈中国共产党巡视工作条例〉实施办法》，修订《马钢集团公司党委巡察工作实施办法》，进一步明确巡察工作指导思想、组织领导、对象和内容、工作程序和方式、工作要求和纪律。建立涵盖纪检监察、组织人事、企管、财务、审计、人力资源、法律等各专业管理信息传导、工作联系的巡察工作协调机制，实现资源共享，形成监督合力。制定《关于规范巡察移交工作的意见（试行）》《关于规范巡察整改工作的意见（试行）》，规范巡察移交和整改工作，促进巡察成果运用。研究制定《马钢集团公司党委2016年巡察工作意见》，明确巡察工作总体要求、目标和措施，推进巡察工作全覆盖。

根据巡察制度和公司党委工作部署，巡察办坚持融入中心，聚焦公司深化改革、生产经营工作大局，拟定了具体的实施计划、工作程序、工作重点，确立具体的巡察对象，制定系统的巡察工作方案。坚持一次一授权，从公司巡察工作领导小组成员单位及相关专业管理部门，选调政治素质好、业务能力强、作风过硬、敢于坚持原则的专业人员组成巡察组，并抽调中层管理人员后备干部和优秀的改非科级管理人员参加巡察工作，提高巡察工作队伍专业水平。上半年，公司党委成立了2个巡察组；下半年，公司在成立2个常规巡察组的基础上，又专门成立了1个专项巡察组。突出问题导向，上半年将省委巡视组反馈意见的整改情况、贯彻落实公司六大变革举措情况、领导人员作风建设情况和遵守集团公司规章制度情况等11个方面问题作为重点巡察内容，下半年又将落实中央巡视组巡视“回头看”反馈意见、四个专项整治与巡察发现问题整改工作有机结合起来，进一步提升巡察工作的系统性、针对性和实效性。

【组织现场巡察】 2016年5月3日和9月20日，公司分别召开了上半年、下半年巡察工作启动会，公司巡察工作领导小组召集巡察办、巡察组全体成员以及被巡察单位联络员，从巡察组成立、巡察前准备、驻点巡察、汇报反馈四个阶段，进行了具体部署，明确了具体要求。集团公司党委常委、纪委书记、巡察工作领导小组常务副组长陈冬生到会讲话，对开展巡察工作提出要求。会后，各巡察组专门进行了巡察工作分工和业务培训，签订保密承诺书，统一巡察组成员和被巡察单位的思想认识，落实公司党委巡察工作的总体精神和要求。

5月9日至24日,5月30日至6月15日,6月23日至7月8日3个时间段,第一、二巡察组分别对能控中心、耐火公司、港务原料总厂和一钢轧总厂、表面技术公司、新型建材公司进行了巡察。9月27日至10月17日,第一、二巡察组分别完成了对废钢公司和自动化公司的巡察,10月31日至11月4日,专项巡察组对桃冲矿进行了巡察。巡察组进驻被巡察单位,均按照程序召开巡察工作动员会,宣布巡察工作时间,公布信访举报电话、电子邮箱、来访接待和意见箱设置地点;公司领导陈冬生和巡察办负责人出席动员会,被巡察单位主要负责人代表各自单位作表态发言;《马钢日报》、马钢宣网及被巡察单位简报、网站以及公告栏同步公开巡察公告。驻点巡察期间,巡察组严格按照巡察方案,以不影响单位组织生产、不牵扯过多人员精力为原则,认真组织民主测评、专题汇报、个别谈话;结合前期摸排的问题线索及谈话交流中职工群众反映的问题,有针对性地调阅查看财务凭证、内部规章制度和相关资料台账;深入其下属单位、部门,了解问题线索、职工思想动态以及薪酬分配、市场销售、劳务用工等情况;公司领导陈冬生和巡察办负责人多次到驻点了解巡察组工作情况,掌握巡察进度,帮助巡察组解决难题,指导工作深入开展。

【巡察成果运用】　每个批次现场巡察工作结束后,各巡察组由组长牵头负责,组织全体成员对巡察情况进行综合分析研究,梳理巡察中发现的问题,对被巡察单位领导班子及成员作出简要评价,提出意见、建议,几经讨论修改完善后,形成《巡察工作报告》,分别向公司巡察工作领导小组、集团公司党委常委会汇报;根据审定结果,巡察组按程序向被巡察单位进行反馈,将问题移交有关部门处理,并督促检查被巡察单位整改情况。

对一些共性的、苗头性和倾向性的问题,巡察办加强工作研究和问题原因剖析,提炼管理建议,向公司党委提交建议书,并分解责任,督促整改,促进巡察成果转化。年初,巡察办就2015年巡察发现的带有一定普遍性的问题,向公司党委提交了30条管理建议,并从公司层面落实到责任领导和责任单位、部门。7月19日,公司党办印发《关于进一步推进巡视、巡察反馈问题整改落实工作的通知》,对《2015年巡察发现问题的管理建议书》落实情况进行了两轮督查,加强统计和分析,系统评估整改工作,查找整改过程中存在的问题,跟踪督促解决,进一步巩固整改效果。2016年底,巡察办又就全年巡察发现的带有一定普遍性的问题,向公司党委提交了33条管理建议。

（江　勇　鲁世宣）

工会工作

【群众性经济技术创新工作】　紧盯市场和现场,组织开展“当好主力军、建功‘十三五’”劳动竞赛。重点开展了生产稳定顺行和指标改进对标竞赛;质量提升和设备精度管理重点产线专项竞赛;EVI项目专项劳动竞赛等。持续推动合理化建议常态化开展、实施和转化工作,征集建议8530条;实施转化1804条,预计创效1.6亿元。命名表彰职工岗位创新创效成果奖18项、马钢先进操作法8条。一批职工创新工作室先后被授予全国冶金行业、省机冶系统及市示范性创新工作室。开展2014-2015年度劳动竞赛和作业区、班组升级竞赛考核评比工作。工会劳动保护工作进一步深化。面对夏季持续高温,公司工会先后两次拨发慰问金200余万元,同比增长42.8%。组织参加第八届“鞍钢杯”全国钢铁行业职业技能竞赛,在全国61家行业代表队中荣获团体第五名;组织22家单位近3000名职工参加40余个工种的“职工网上练兵”活动,不断提高职工岗位操作技能。

【企业民主管理】　坚持双向维护,源头参与,积极引导,推动公司各项改革依法有序进行。在公司实施化解过剩产能推进人力资源优化过程中,在公司党委领导下,公司工会精心组织、先后召开了3场座谈会,广泛征求对《分流安置总体方案》和《居家休养暂行规定》的意见和建议。经过充分讨论、修改完善后,提交职工代表大会以票决的方式通过。与此同时,召开职代会联席会,审议通过了《马钢集团公司职代会实施办法(修订稿草案)》等6个重要制度,切实将全心全意依靠职工办企业的方针落到实处。组织公司职代会换届工作,开展新当选职工代表专题业务知识培训。推进厂务公开,印发《2016年马钢厂务公开民主管理工作意见》,并将厂务公开工作实施情况纳入公司党委专项巡察。加强职工劳动权益维护工作。做好《集体合同》续签的调研、协商等组织工作,广泛征集职工群众的意见和建议。坚持完善劳动争议预防调解组织网络和预警机制,接待并处理3起职工劳动争议事项。落实“七五”普法规划要求,开展工会“万千百十”普法宣传活动。

【维权帮扶工作】　面对2016年初公司经营亏损及职工收入下滑的严峻形势,公司工会积极争取中央、省市、行业工会的专项帮扶资金，开展送“一份慰问金、一份慰问品、一份大病救助金”关爱慰问活动。两节期间，各级领导走访各类困难职工10510人次，发放各类慰问款物935万元。继续做好职工互助帮困工作，全年审核救助大病职工及家属566人，发放救助款471万余元，“金秋助学”活动救助职工子女44人，发放救助款20万元。互助保障计划缴纳互助金188万元，办理赔付507起85万元。职工疗休养工作继续向基层一线和先进模范倾斜，组织职工疗养10批次394人，休养46批次1427人。完成在档非因公死亡职工供养直系亲属477户502人次抚恤资格认证工作，全年审核发放抚恤金155万元。全程跟进商业保险宣传、理赔服务工作，全力保障每一名出险职工的切身利益。

【职工文化建设】 继续深化“奋力求生存、携手保家园”主题教育实践活动，广泛开展形势任务宣传，引导全体职工立足本职攻坚克难。年初举办了3场“奋力求生存、携手保家园——马钢的故事”宣演活动，2400余名职工现场观看，深受感染和教育。通过隆重召开“五一”表彰大会，大力弘扬了劳模精神、“工匠精神”。与党委宣传部等部门联合举办“马钢尖兵”新闻人物推树评比、“讲述马钢好故事”微信创意大赛、“9·20”马钢纪念日升旗宣誓等活动，激发正能量，唱响家园情。在《马钢日报》开辟“工厂纪事”“我的班组我的家”等专栏，精心录制《职工大讲堂》，引导职工聚焦两大战场，追求卓越绩效。结合建党95周年、红军长征胜利80周年和建市60周年等重大纪念活动，组织开展职工喜闻乐见的文体活动，进一步凝聚了职工团结奋进的力量。组织参加了省总“党在我心中”主题征文、“我与十三五”职工读书演讲网上展评活动；组织参加马鞍山市第二届职工运动会，荣获团体总分、奖牌总数、金牌总数三项第一。

【工会自身建设】 各级工会组织始终把学习贯彻中央精神作为首要政治任务，深入开展“两学一做”学习教育和“讲看齐、见行动”学习讨论活动，坚持用党的理论成果武装工会干部，教育职工群众，指导工会工作。广大工会干部按照公司党委“跟班蹲点”的要求，深入基层开展调查研究，及时掌握职工思想动态，切实帮助职工解决实际问题。2016年，按照《工会法》《中国工会章程》《工会基层组织选举工作暂行条例》和相关法律、法规的规定，在公司推进“授权组阁”工作过程中，工程技术集团、物流公司、国贸公司、轮轴事业部、铁运公司、废钢公司、长材事业部7家单位工会，针对人员变动情况，依法履行民主程序，及时调整工会组织成员设置，加强了工会组织建设。煤焦化公司、特钢公司、技术中心、南山矿、铁运公司5家单位召开了工会会员代表大会，选举产生了新一届工会委员会和经费审查委员会。物流公司和资源分公司2家新成立单位按规定组建了第一届工会委员会和经费审查委员会。与此同时，各级工会组织认真执行工会财经纪律，完善财务制度，扎实开展工会经费审查和工会主席离任审计，为工会各项工作提供了坚实的物质保证。

【女职工工作】 公司工会女职委围绕公司工作主题，以“聚焦两大战场，女职工在行动”主题竞赛为主线，全面推进思想引领、提素建功、维权关爱、组织建设四项行动，维护好女职工合法权益和特殊利益，引领广大女职工奋力拼搏，主动创新，为马钢家园建设添光增彩。

【荣誉】 集团公司工会连续十六年被授予全国“安康杯”竞赛优胜企业称号，荣获“全国市级工会财务工作先进集体”；职工互助保障马钢代办处荣获全国职工互助保障先进单位。

（张　伟）

人民武装工作

【基本情况】 2016年，马钢武装工作紧紧围绕公司“聚焦两大战场，锐意变革突破”工作主题，深入落实党管武装措施，扎实开展民兵整组工作，大力推进民兵军事训练，积极优化后备力量建设，广泛开展民兵参建工作，切实做好人防和防汛工作，较好地完成了全年各项工作任务。马钢人防办被评为全省“人民防空先进单位”，马钢武装部、设备部、长材事业部等3家单位荣获全市“抗洪救灾先进单位”荣誉称号。

【战备工作】 根据上级军事机关的部署，结合公司实际和担负任务，组织战备规范化建设综合整治，进一步规范战备秩序。一方面，按照上级军事机关的要求，补充配齐部分物资器材，加快战备基础设施建设。另一方面，围绕“稳、水、火、矿、震”五项应急任务，组织应急预案修订，抓好应急队伍的优化配置，切实做好应急处突准备。在2016年7月全市防汛形势最严峻的时刻，按照军分区的要求，以马钢快反排组成单位为基础，落实35名基干民兵组成应急抢险救援力量，随时待命支援郑蒲港防汛抢险。

【民兵整组工作】 按照军分区统一部署，完成了年度民兵组织整顿工作。马钢民兵整组工作根据军分区2016年基干民兵组建任务安排,公司基干民兵组建任务分为三类,包括:1. 应急队伍。马钢民兵应急队伍编为应急排、铁路护路分队和公路护路分队;2. 支援队伍。有伪装防护、防化救援、装备维修三类;3. 储备队伍。有作战勤务保障分队和后勤勤务保障分队两类。公司武装部根据上级军事机关的要求,完成了民兵工作管理系统、退伍军人管理系统、地方与军事专业对口技术人员管理系统和预编预备役人员管理系统的登记录入工作,并制作上报了马钢基干民兵花名册、马钢现役部队预编预备役人员(查找人员)花名册、马钢预备役部队预编人员(防化侦测员)花名册。

【军事训练工作】 以强军目标为统揽,坚持为战而训、按纲施训,强化训练作风建设,着力推进训练模式转变,提升实战化训练水平。根据武装部年度工作计划安排,9月份从相关单位抽调年轻优秀退伍军人担任教员,协助相关学校完成了学生军训任务。10月11日-31日指导南山矿武装部开展了民兵防化分队训练,参训人数为26人;10月13日-14日组织开展了保卫部(武装部)全体科级管理人员军事训练;11月4日-11日,指导能控中心武装部开展了民兵防化分队训练,参训人数35人。通过课目训练及演练,进一步检验了日常训练成果,提高了参训人员军事素质。

【国防教育及双拥工作】 大力开展战备教育、民兵光荣传统教育和依法服兵役教育。通过邀请教员到有关单位开展国防知识讲座等形式,落实"全民国防教育日"活动,进一步提高广大干部职工的国防意识。结合形势任务,着力抓好党的十八大、十八届三中、四中、五中、六中全会精神和习近平总书记关于国防和军队建设一系列重要论述的学习,以"三严三实"和"两学一做"学习教育为推动,深入开展民兵思想政治工作。结合公司开展的"矩阵式党建"工作和马钢第五次党代会的召开的契机,引导民兵干部勇于担当,在打好公司扭亏为盈攻坚战中当标杆、做表率。根据公司武装工作统一部署,扎实开展双拥工作。2016年"八一"期间对公司50名特困复转退军人进行了慰问,并走访了马鞍山军分区、马鞍山武警支队、马鞍山消防支队等驻马部队。

【人防工作】 坚持平战结合,全面推进人防建设。以打造"准军事化"机关为载体,按照"长期准备、重点建设、平战结合"的方针,扎实开展人防工程的维护改造工作。先后完成了马钢早期人防工程的专项治理、马钢人防"九一"工程2号洞除险支护及洞室被覆、1号洞口危房防水加固等工作,并通过沟通协调,争取到市人防办二十万元建设资金,对雨山战备医院进行了部分被覆,长度为37米。认真做好警报器的管理和试鸣工作。配合市人防办做好马钢集团公司防空救灾警报器的卫星定位工作。按照市国动委要求,顺利完成了"9·18"防空警报试鸣工作,马钢24台防空救灾警报器鸣响率达100%。此外,还配合矿院社区进行防空疏散演练,协助市人防办开展基层人防工作站的建设工作,对马钢人防应急救援专业队进行了整组改编。

【防汛工作】 2016年,长江流域发生了罕见的洪涝灾害,全市防汛形势极为严峻。入汛以来,公司防汛指挥部立足于防大汛、抗大灾,未雨绸缪,精心准备,先后组织开展了矿山尾矿坝安全度汛工作大检查、防汛物资清仓盘库、排涝泵房检查、河道清淤疏浚、组织防汛骨干业务培训、防汛应急抢险实战演练等备战工作。7月初,马鞍山市遭遇特大暴雨洪涝灾害,根据市防指通知,公司迅速启动防汛应急响应,全力组织应对,各驻防单位24小时上堤值守,开展巡堤查险、排险工作,公司防汛指挥部领导坐镇指挥,排除了六汾河漫堤险情,完成了市级防汛物资紧急调运、生产自救自助等任务,公司上下众志成城,夺取了抗洪救灾的全面胜利。马钢防汛工作得到了国家防总、市委市政府的高度评价。

(吴　雄)

保密工作

【基本情况】 2016年,马钢保密工作深入贯彻党的十八届六中全会精神,以生产经营建设为中心,严格落实各项保密工作职责,夯实基础管理,加强人防、物防、技防的防范体系建设,保证了国家秘密和企业秘密的安全,为马钢扭亏增盈,实现全年生产经营目标发挥了重要保障作用。

【保密机构体系建设】 根据公司党委的安排,公司保密委员会在年初召开的保密工作会议上,认真学习了上级保密委有关会议和文件精神,并结合公司实际,对保密工作面临的形势和存在的问题进行分析研究。公司各级领导以身作则,带头学习落实保密法律法规和有关文件精神,积极履行领导干部保密责任制和保密责任追究制,将日常业务工作同保密工作紧密结合,做到同计划、同部署、同总结、同检查、同奖惩。

公司高度重视保密工作组织体系建设。各单位也根据公司机构调整和各自专业领域的人事变动,及时调整了保密组织机构,明确了保密工作责任人,确保了保密工作的严肃性和连续性。

【保密监督检查】 一是细化分解责任。根据公司保密委员会第四十一次会议精神,公司保密办对全年保密工作的重点任务目标进行细化分解,制定下发了《2016年公司保密工作任务分解表》,推动各单位、各专业保密办将重点工作落实到人,明确各级责任体系。二是强化督促自查。根据上级保密部门关于开展保密自查自评督查工作的要求,公司保密办起草了《关于开展保密自查自评工作的通知》下发至各专业保密办公室及相关单位,明确要求组织实施。信息保密办也在专业领域里开展了信息安全自查,保证了公司信息安全与保密管理体系有效运行。三是重点专项检查。2016年公司党委将保密工作纳入对各单位领导班子和领导人员的综合考核中,对各单位的保密组织机构,涉密载体的管理及其他日常保密制度的贯彻落实情况进行全面细致检查。此项工作进一步夯实了各单位的保密工作基础管理,强化了公司保密制度的贯彻落实。

【保密制度建设】 各单位认真贯彻公司下发的各项保密规章制度,并结合本单位实际,修订完善了本单位的各项制度。如技术中心为切实做好公司技术秘密的保护工作,修订下发了《技术秘密管理办法》《学术论文发表管理办法》;信息保密办组织制订了公司内部重要信息系统、工业控制系统风险评估、安全测评、整改提升工作方案。

【保密宣传教育】 公司保密委通过征订《保密工作》,购买《红色往事:镌刻在党旗上的保密故事》《涉密载体销毁工作读本》等刊物,张贴《涉密会议、活动保密管理须知》(挂图)、《涉密人员保密行为规范》(挂图)等方式,提高保密宣教工作的灵活性和有效性。轮轴事业部将保密知识学习纳入中心组学习;技术中心对新入职人员进行保密培训;保卫部组织学习公司《保密工作管理办法》;科技保密办在二铁总厂、南山矿、技术中心等单位开展技术秘密管理讲座,并多次在教培中心对新入职的大学生进行入职保密讲座等;工程技术集团组织信息系统开发与运维人员学习保密文件,均取得了较好的效果。

【综合防范体系建设】 一是强化涉密人员管理。依照"以岗定人"原则,对公司相关岗位及人员进行了重新梳理和确认,确定了涉密人员范围。对新确定的涉密人员,签订保密承诺书;对离岗人员实施脱密期管理,并签订脱密期承诺书。二是注重技防管理。为使公司信息网络安全保护技术措施能有效改进和落实,公司启动了专业管理项目,提高公司网络安全防御和风险控制能力。利用计算机终端保密检查工具,对公司相关部门重要岗位的计算机按照设定程序进行了检测,确保无涉密信息上网。

【严格保密规定,确保信息安全】 在国家秘密的保护上,严格按照公司规章制度规范定密,填写定密定级审批表,依法管理涉密事项;严格控制密件传阅范围与办理时限,密级文件在收发、传递、使用、保管和清退等各个环节做到登记明确,手续清楚。办理完毕的密级文件能及时向公司办公室或上级保密组织清退,确保了文件资料的安全。

在商业秘密保护上,科技保密办严格执行公司《技术秘密管理办法》,对拟公开发表的论文进行严格保密审查。对各单位2015年公开发表的科技论文进行保密抽查,对抽查结果进行书面整改,对论文及作者进行技术评估与考核,杜绝论文泄密事件的发生。同时,还不定期对公文系统中传递的公文进行抽查,2016年重点对技术中心、轮轴事业部、冷轧总厂、一钢轧总厂、四钢轧总厂等单位的技术秘密管理进行抽查,并将检查结果在公司内部通报。另外,根据《马钢(集团)控股有限公司技术秘密管理办法》,科技保密办在全公司范围内开展了技术秘密创新奖申报和评审活动,根据审查结果组织评审出不同奖项。

(万　萍)

信访工作

【基本情况】 2016年,马钢公司信访办公室共受理信访总量1183件次,其中来信38件,来访1145人次;发生集体访32批1011人次。与上年相比,信访总量上升6.8%,来信下降60.4%,来访上升13.1%,集体访批数上升68.4%、人数上升126.2%。处理市长公开电话502件,与上年相比上升5.2%。省、市交办的信访事项9件,办理网上信访68件,均按时上报,报结率100%,至今没有省、市交办的信访积案。在职职工和离退休职工没有发生进京非正常访、进京越级访和集体上访,赴省上访人数与上年相比略有下降;省市交办的信访事项办结率达100%。全年公司信访办共编写《马钢信访信息月报》12 期、《信访信息动态》4 期,针对突发事件编撰马钢信访信息快报、专报 3 期。向省、市信访部门,省国资委报送马钢信访专题报告 2 件。在全省及全国“两会”、党的十八届六中全会、安徽省第十届党代会期间,出色完成了信访稳定任务,保证了公司信访总体形势平稳、有序,在职职工队伍和离退休职工队伍稳定。马钢集团公司再次被省委省政府授予全省“信访工作目标管理优胜单位”称号,同时被省国资委授予“2015 年度省属企业信访工作优秀单位”称号。

【主要工作】 1. 领导高度重视。年初,集团公司召开了 2016 年度马钢信访工作领导小组会议,分析今年的信访形势,排查信访突出隐患,并下发了《2016 年马钢公司信访工作意见》,对年度马钢信访工作做出了具体部署,明确信访工作责任。一是坚持公司领导接访制度的执行,针对出现的疑难信访问题,公司领导及时现场接访,共接待 8 批 456 人次。二是坚持为民办实事的思想,公司领导共阅批来信 25 件,占来信总数 75.8%;三是坚持领导处理信访问题决策制度,全年公司领导召开信访专题会达 36 次。

2. 关注信访热点问题。2016 年,在处理这些信访事项过程中,信访办做到及时掌握情况,实时关注动态,准确及时上报,为领导决策提供可靠依据,并认真按照公司领导批示办理,跟踪落实稳控措施到位,及时做好信访处理反馈。为妥善处置马钢在去产能和幼教中心整体移交市政府工作中可能引发的群体性上访等突发事件,根据《马钢集团公司突发事件总体应急预案》《马钢中高层管理人员群体性事件问责细则(试行)》,制定了《马钢集团去产能突发事件应急预案》《关于马钢幼教移交工作中信访突发事件处置的专项预案》和《马钢关于劳务优化整治工作中有关突发事件专项预案》,健全工作机制,落实工作责任,大部分矛盾纠纷得到及时化解,一些可能影响稳定的集体访得到有效控制。

3. 重视信访源头防范。信访办按照公司《关于建立马钢重大事项社会稳定风险评估机制的实施意见(试行)》文件要求,定期分析信访形势,进行信访问题排查,评估信访稳定态势,对重点信访事项落实领导包案责任制。对信访事项中反映较多的人事劳资、工伤待遇、职工住房、困难帮扶、厂区环境污染等问题,职能管理部门强化工作职责,严格按政策和规定办事,保持政策和规定的严肃性,避免因执行政策和规定不严谨而引发信访问题。公司在涉及职工切身利益的重大决策时,把信访稳定、风险预防放在首位,通过广泛宣传,让职工早知情。在重大决策实施过程中,如职工代表议案审核、困难职工的帮扶、劳务用工整合、幼教移交、人力资源优化等,通过信访渠道的早介入,及时接待来访人,解疑释惑,加强与职工的沟通。

4. 确保重点时期信访稳定。2016 年,根据国家、省、市对重点时期信访稳定工作的部署,公司信访办在十八届六中全会、全国“两会”、省“两会”以及省第十次党代会期间,选派 1 名信访办公室工作人员参加市接访劝返工作组,做好信访维稳和接劝返工作。对省、市交办的重点信访隐患和重点信访稳控对象,进行及时疏理,并依据《信访条例》相关规定,落实责任单位,包案领导,责任人,确保在重点时期不发生去省进京上访。同时,在重点时期,信访办公室坚持 24 小时值班制度,及时掌握公司的信访动态,实行零报告制度。由于公司领导重视,在各部门共同努力下,在重点时期,马钢信访形势非常稳定,没有发生越级上访事件。

5. 强化信访工作规范运作。2016 年,公司加强信访工作管理,强化信访基础工作,一是严格落实国务院《信访条例》《安徽省信访条例》和《信访工作责任制实施办法》。二是健全完善网上信访事项的办理,进一步规范信访工作程序。三是严格实行信访事项处理“三级终结制”。四是对信访人反映的问题,提出的诉求,认真给予研究,依法依规,妥善处理,做到职工、群众诉求合理、合规解决到位,生活困难的帮扶、救助到位,无政策依据,且不合理、不合规的思想疏导、解释到位。五是认真完成上级部门转办、交办信访件的处理工作。全年共向省、市信访局、省国资委、省信访局上报交办的信访件处理报结材料 9 件。六是及时完成“12345”市长公开电话办理,有效提高工作效率。六是严格执行国家信访局《关于印发〈信访事项网上办理工作规程(试行)〉的通知》(国信发〔2015〕29 号)要求,通过不断规范网上信访事项办理,切实提高工作质量、效率和公信力,全年共完成网上信访件办理 68 件。

(张　磊)

机关党的工作

【开展“两学一做”学习教育】 2016 年,根据公司党委《关于在全体党员中开展“学党章党规、学系列讲话,做合格党员”学习教育实施方案》精神,结合机关实际，党委制定下发了《机关“两学一做”学习教育实施方案》和《学习教育重点内容、工作节点计划》，从目标要求、学习教育内容、主要措施和组织领导四个方面对各党总支、支部提出具体要求。通过学习教育，把全面从严治党的要求落实到每个支部、每名党员，巩固拓展党的群众路线教育实践活动和“三严三实”专题教育成果，进一步解决党员队伍在思想、组织、作风、纪律等方面存在的问题，增强基层党组织的凝聚力和战斗力，为公司实现扭亏脱困、转型发展提供坚强的思想和组织保证。

认真落实公司党委两学一做领导小组文件的各项要求，完成机关“两学一做”学习教育纪实评价系统组建、管理、汇总上报等工作。组织落实机关中高层管理人员“两学一做”到基层宣讲活动，确保宣讲活动覆盖到机关所有党支部和部分基层支部。组织机关各总支和支部开展“双争”活动，边学边查找问题，立行立改。

【开展优质服务主题实践活动】 进一步强化服务意识，提高服务质量，努力打造公司满意、基层满意、职工满意，廉洁高效、作风过硬的机关，在公司机关范围开展优质服务主题实践活动。以“共建共享马钢美好家园”为引领，以改进机关工作作风为主线，以提升服务质量与效率为重点，以确保服务对象满意为标准，不断创新工作方式方法，着力营造文明、和谐、优质、高效的服务环境，积极树立机关部门的新形象。

要求机关各部门管理职责为依据，结合实际制定部门服务承诺书。各部室的服务承诺书部门职责、业务工作流程一起在本部门工作网站上或公告栏上进行公布，公开承诺，自觉接受基层单位、机关部门和职工的监督。通过机关矩阵式党建工作督查、满意度问卷调查、区域座谈会和设立意见箱等形式，督促各部门落实服务承诺内容。

【理论宣传教育】 一是抓党委中心组成员和职工理论学习。以党的十八届五中全会、习近平总书记系列重要讲话和公司职代会精神为重点，按季度编发了四期党委中心组和职工理论学习计划，编辑理论学习要点36条及45个学习思考题。组织党委中心组理论学习会(或扩大学习会)4次；要求各党总支、支部以三会一课制度为平台，建立学习教育的长效管理机制，做到学习内容、人员、时间和记录的“四落实”。

二是抓形势任务教育，凝聚攻坚克难保家园的正能量。各党总支、支部紧紧围绕实现公司职代会提出的全年奋斗目标，深入宣传“六大变革”的深刻内涵和重要意义，推动公司各项决策部署在机关的贯彻落实。全年发放形势任务宣传材料600余册。围绕公司市场和现场两大突击队，持续开展降本增效、强化市场营销、实施精益采购、加快产品结构调整等主题，开展了“家和万事兴”、《变革求突破—巾帼行动保家园》、“讲述马钢好故事”微信作品等征文和“南山杯‘聚焦两大战场’好新闻竞赛”活动，凝聚攻坚克难保家园的正能量。在开展“家和万事兴”征文活动中，党群科还荣获公司优秀组织奖。

三是抓党章党规、习近平系列讲话的学习，促进党员队伍素质的提高。为深入推进机关“两学一做”学习教育，检验党员学习党章成效，根据公司要求和“两学一做”学习教育计划安排，开展了机关党章、党规、习近平讲话知识测试活动。机关21个部室党组织768党员和7名入党积极分子积极参加了党章测试。由于党委高度重视，统筹安排，细致组织，从而确保了按时完成党章测试活动。党员通过支部组织学习和试卷答题，提高了思想认识，加深了对党章的理解，营造了学习党章党规的良好氛围。

四是充分发挥屏幕宣传阵地作用。利用办公楼一层大厅电视屏幕，及时将公司职代会精神和公司面临的严峻形势，传递到每一个干部职工。同时，认真负责地为机关9个部室播放幻灯片宣传内容12次53天，各部门通讯员积极围绕公司中心工作、降本增效、专题教育等活动进行宣传报道。2016年，机关21个部室的宣传报道稿件，发表在《马钢日报》等各类媒体上约有300余篇，每季度都超额完成了公司下达的宣传报道任务。

【党组织和党员队伍建设】 一是健全和完善党的基层组织建设。指导1个部室建立党的总支委员会，指导1个部室党总支所属党支部进行换届选举工作，调整和充实了3个党总支、支部6名委员。开展机关党建工作事项梳理。通过梳理、归类、合并和撤销相关工作事项和制度，分类建立了党建和群团二类39项主要工作；梳理党委现有管理制度25个，需要废止5个、需要修改5个。根据公司党委召开第五次党代会的要求，按照分配的代表名额及构成，党委组织所属党组织采取自下而上、自上而下、充分酝酿协商的办法，选举产生了公司机关出席马钢集团公司第五次党代会代表22名。

二是加强党员发展工作。结合近年机关党员发展实际，确定了“拓展源头，突出重点，建立机制”的党员发展措施，制定了党员发展程序表，帮助党务工作者理清发展党员的10道程序的逻辑关系。党委按照发展党员"十六字方针"的要求,严格发展程序,选送10名群众参加党校"入党积极分子培训班"培训。同时,对2名因贪污、受贿党员进行了开除党籍处理,纯洁党员队伍。

三是召开"三严三实"专题组织生活会。以"三严三实"为主要内容,21个直属党总支、支部组织召开了专题组织生活会,各直属党总支、支部严格按照会前征求意见,会上开展批评与自我批评,会后制定整改措施的要求和程序,查找问题125条,制定整改措施95条。

四是开展评先表彰和纪念建党95周年活动。为凝聚保卫家园的思想共识,发挥党组织战斗堡垒和党员先锋模范作用,党委开展了"2015年度先进部室评选和公司劳模推荐"及"2015先进集体、先进个人"评选表彰活动,评选出先进科室36个,先进班组8个,先进个人81名;评选推荐公司表彰的先进部室5个,劳模3名,以此激发广大职工萌发出一种奋起而前行的动力和工作热情。2016年是建党95周年,"七一"前夕,党委又集中评选表彰了14个先进基层党组织和44名优秀共产党员,营造了学先进、赶先进的良好氛围,使广大党员学有榜样、赶有目标。各党总支、支部结合实际,在"七一"前后也陆续开展了各种类型纪念活动,以"上一次党课,召开一次党员大会,过一次组织生活"为主题的教育活动,不断增强党组织的生机和活力;由班子成员带队,集中开展一次走访慰问生活困难党员活动,在经济、生活上帮助他们解决实际困难和问题,及时将党组织的关怀和温暖送到他们心里,进一步增强了党组织在广大群众中的凝聚力、战斗力和号召力。党委进行二次慰问生活困难党员32人,发放慰问金27600元。

五是开展党费缴纳标准核定工作。根据上级党组织有关部门要求,对2013年以来机关各直属党总支、支部党费收缴情况进行了自查,重新核定了党员应缴的党费标准,并按照公司党委要求,完成对机关科级以上(含中高层党员)党员进行补缴党费核查上缴工作,共补缴党费70多万元。完成了党组织和110余名党员信息库建设与及时更新工作。

六是结合"授权组阁、竞争上岗"工作,加强科干的组织考察。贯彻执行公司科级管理人员选拔、任用管理制度,严格组织考察工作程序。依据《机关部门科级管理人员选拔任用考察工作程序》要求,对11个部室36名拟提拔使用的科级管理人员进行了组织考察。其中:提拔为副科级管理人员20名,提拔为正科级管理人员16名,撰写考察材料36份(约32000余字)供用人单位使用。

【党风廉政建设】 以《廉政准则》贯彻落实为重点,以机关矩阵式党建工作为引领,融入中心工作,落实"两个责任",持之以恒贯彻中央八项规定精神,坚定不移推进机关党风建设和反腐倡廉责任制落实;继续实行领导人员和重要岗位人员廉洁从业承诺制,增强各级各类人员责任意识和防控意识的学习宣传教育工作。

在落实党风建设责任制方面,机关纪委一是在机关全面实行科级管理人员廉洁从业承诺制。今年,组织机关科级管理人员和公司中层管理人员签订了廉洁从业承诺书,同时向本单位党组织及全体员工作出公开廉洁从业承诺。二是围绕本单位承担的管理职责和制定的管理制度,认真履行了监督检查职能,促进了管理水平的提升。三是组织机关21个部门,63名厂处级人员执行廉洁从业规定自查情况统计汇总和上报工作。四是加强日常拟提拔科级管理人员任前公示监督工作。全年,共计对14部门42人参与组织考察,任前监督公示42人。五是按照公司廉洁风险防控管理工作要求,结合机关工作实际,在机关各党总支、直属党支部中开展廉洁风险防控管理工作,推进机关廉洁风险防控管理工作。机关各级党组织充分运用"制度+科技"手段,健全完善廉洁风险责任制落实机制、动态监控机制、预警处置机制和检查评估机制,把落实党风建设和反腐倡廉工作责任制与部室职能管理工作结合起来,规范重点人员、重点岗位、重要职能、重要事项的权力运行。七是认真执行党内监督各项规定,加强对人、财、物管理环节权力运行的制约和监督。

【机关群团、武装工作】 机关工会今年以来围绕生产经营管理、技术改进、降本等难点、热点问题献计献策,动员各部室人员参加合理化建议活动,将实施转化见效益工作作为合理化建议工作推进的重点。2016年征集建议362条,经过评审认定有效建议为340条,等级分布为:一级建议2条,二级建议8条,三级建议35条,四级建议73条,五级建议47条,一般性建议175条。

围绕公司生产经营和机关工作重点开展行之有效的劳动竞赛,明确竞赛目标,提出考核评比内容,规范操作。10月份机关"优质服务主题实践活动",开展了女职工业务技能(会计)竞赛。同时,把工作中的重点难点作为竞赛工作的切入点,将常规竞赛与动态竞赛相结合,先后在机关行政事务部开展了"办公楼电梯意外事故救援竞赛""会堂消防、应急劳动竞赛",计量处开展了"计量知识竞赛"及"现场劳动竞赛"等多项劳动竞赛,成效显著。为激发职工学技术、练技能、热爱本职工作,机关工会坚持每年为班组订阅各类专业杂志。

根据公司困难职工调查核实的通知要求,对机关各部室困难职工进行了摸底调查,及时更新机关困难职工档案;春节前夕筹措5.5万元开展送温暖活动,共有36名困难职工得到了补助。为机关1601名职工申请了互助帮困资金会员及缴费工作;为机关18名大病职工及家属办理互助帮困资金申请,全年申请大病救助款11.47万元。按时为机关11名抚恤人员办理抚恤证的核实、审批以及抚恤金的发放、转汇工作;定期走访高龄抚恤户,全年累计审核发放抚恤金65340万元。

组织开展了以《"变革求突破"—巾帼行动保家园》为主题的征文活动,征集论文35篇。3—9月开展了读书征文活动,精心选购图书,向女职工们推荐了《长安家风》《工匠精神》《突破》等书籍。建立机关职工之家、职工阅览室,为机关职工开辟了一个良好的学习环境,受到广大职工的欢迎。定期组织开展读书心得分享活动,向公司工会女工部推荐29篇《我的家风家训》《我的家教故事》文章,其中多篇文章获奖,机关工会获得优秀组织奖。

机关共青团工作以夯实团建为基础,开创机关团委工作新特色。一是对机关团的组织机构设置做了优化调整,按照部门性质和人员分布情况,将原有5个团支部整合优化为4个团支部。二是采取信息化管理,对机关212名团员青年个人信息及时进行完善建立台账。三是开展各项活动促团员青年岗位成才,通过组织团员青年参加清扫机关裙楼楼顶的学雷锋志愿者活动、机关青年第一届计算机操作技能竞赛、"双五小成果推荐、评审及交流"和"五四青年节"评比表彰等活动,提升素质,服务团员青年立足岗位成才。四是丰富团员青年业余生活。开展未婚青年联谊和户外拓展运动活动,增强了青年间的交流。五是开展推优工作。通过组建了青年党章学习小组、青年理论小组,并通过业余团校、团课、举办系列党课讲座等形式,加强团员青年的党的基本知识教育,增强团员青年对党的信念。注重与党组织紧密配合,衔接一致,协调一致,使推优工作成为发展青年党员的主渠道。共3名青年团员通过团组织向党组织推优。

机关武装工作以打牢基础工作为根本。一是努力做好民兵组织整顿工作。本着从实际、实战要求出发和相对集中、便于管理使用的原则,重新组建了一支由50名35周岁以下青年组成的机关民兵连;按照上级军事部门要求,组建了一支由20名基干民兵组成的"马钢民兵后勤勤务保障分队",圆满完成了2016年度机关民兵整组工作。二是努力做好拥军优抚工作。全年慰问机关复转退伍军人及军、烈属慰问金达22287元。

(苗高琪)

共青团工作

【基本情况】 2016年,马钢团委深入学习贯彻党的十八届三中、四中、五中、六中全会、习近平总书记系列讲话、公司职代会精神,按照公司党委和上级团组织的部署要求,切实保持和增强团组织和团的工作的政治性、先进性、群众性,加强思想引导、聚焦市场现场、服务青年成长、加强自身建设,团结带领广大团员青年为打好家园保卫战贡献力量。

【青年思想引导】 强化青年理想信念教育。组织动员企业团员青年认真学习党的十八届五中、六中全会精神、习近平总书记系列重要讲话精神。组织"两学一做"青年党员专题宣讲会,坚定青年党员的理想信念。抓好青年形势任务教育。结合人力资源优化等热点工作,以跟班蹲点面对面、报告会、座谈会、协作区分片活动等多种形式,层层覆盖青年。充分发挥榜样的示范带动作用。大力选树青年典型,评选马钢青年岗位能手,开展寻找"最美青工"活动,全年8人次获得全省"最美青工"称号。以活动塑造青年。联合科协开展"讲理想、比贡献"演讲比赛;运用新兴媒体手段,联合宣传部、工会开展"讲述马钢好故事"微信创意大赛;联合离退休中心组织新入职大学生代表与公司退休老领导重走矿山路;组织50余名青年职工代表参加公司"9·20"仪式,让青年感受、传承企业精神。组织"3·5"志愿服务活动、举办团干部读书活动、组织30余名青年参加江苏卫视《勇者大冲关》节目录制、开展单宿文明宿舍评选、"家园杯"篮球比赛,丰富青年业余文化生活,培育团队意识,引领青年向善、向上。

【青年岗位建功】 组织开展"聚焦市场现场·青年勇于担当"系列主题实践活动。加强质量观念教育,通过开展青年岗位质量因素分析、质量知识竞赛、质量事故图片展、青年质量标兵评选、岗位承诺等活动,引导青年严把现场质量关,努力以质量赢得市场;将降本增效工作与现场管理结合起来,与减少排放和物资回收结合起来,动员团员青年开展“我身边的浪费行为”自查、随手拍等活动;紧盯现场,拓展青年突击队服务内容;进一步深化青年“双五小”技术攻关活动。吸引更多青年职工参与技术创新、小改小革,全年基层一线千余名青年参加项目攻关,共立项结题365项。举办青年“双五小”成果发布会,为青年相互交流、相互提高科技创新水平搭建平台。深化“青”字号品牌活动。围绕企业安全生产,扎实做好青年安全工作,安全月期间,联合安管部、工会,组织“安全卫士”演讲比赛;推进“青安杯”竞赛,公司团委获得钢铁行业“青安杯”竞赛优胜单位。积极开展“青年安全生产示范岗”创建活动,切实将创建与降本增效等中心工作结合,建立有效机制。做好2015-2016年度“青年文明号”创建验收工作,引导青年打造一流岗位文明、岗位技能、岗位效益的青年团队。

【服务青年健康成长】　积极拓宽青年成长渠道。关注青年职业发展,持续开展导师带徒工作,在青年操作人员中,缔结了10个工种、100余名师徒对子,涵盖初、中、高三个等级,经理论、实践考核合格,57人晋升技能等级。组织青年参加公司、市级、省级、国家级技能比赛,承办马鞍山市“振兴杯”电焊工竞赛,自动化公司先后3人次代表安徽省在全国比赛中取得好名次,一批青年职工通过大赛历练成长。切实服务青年现实需求。组织“温暖度除夕”、困难青工慰问走访活动,关注青年中的特殊群体;与公司女工委联合开展“青春有约牵手马钢”青年联谊,整合社会资源与小马网合办“相亲饭桌”活动,为青年婚恋交友搭建平台。修订《马钢大学生职工住房首付款贷款基金管理办法》,继续开展大学生住房首付款贷款工作,全年为125名大学生职工提供购房首付款低息贷款。充分发挥桥梁和纽带作用,定期收集青年关心的热点问题,及时解疑释惑,定期向公司党委报送《青年动态》,为公司事关青年工作决策提供参考和依据。按照团中央要求,建设“青年之声”服务平台。

【团的自身建设】　加强团的组织建设。认真贯彻落实《中共中央关于加强和改进党的群团工作的意见》精神,不断完善团的各项工作。按照“有利于联系团员青年、有利于增强内在活力、有利于整合工作资源”的原则,努力构建与团员青年群体变化相适应的组织体系。及时根据企业结构调整和机构改革设立团的组织,实现对青年的有效覆盖。继续开展团支部、青年工作组主题活动竞赛,增强基层团组织活力。充分发挥协作区平台的作用,整合资源、优化管理、加强交流。加强队伍建设。继续按照坚定理想信念、心系广大青年、提高工作能力、锻炼优良作风的要求,加强团干部队伍建设。举办团干部培训班,开展各级团组织负责人讲团课活动,提高培训的针对性,不断丰富学习交流载体。坚持团要管团、从严治团,抓好团干部作风建设,认真开展“两学一做”主题教育活动。主动深入基层一线,开展团干部“1+100”活动,加强与基层青年职工的密切联系,与青年交朋友,听取青年意见,解决遇到的难题。做好《马钢日报》“青年之友”专栏的宣传工作,全年编印《马钢青年》杂志4期,马钢共青团网站各类报道1000余篇。加强对外合作交流,指导技术中心团委与奇瑞研发总院团委交流,举办“马钢·海螺”团建工作交流会。

【荣誉】　2016年,马钢团委荣获2015年度全国钢铁行业“青安杯”竞赛优胜单位、2015年度安徽省国资委团工委《青工在线》宣传工作“优秀组织奖”、2015年度马鞍山市“五四红旗团委”等荣誉称号。

（杨　成）

精神文明建设

综　述

【精神文明建设概况】 2016年，马钢精神文明建设紧紧围绕公司生产经营中心，努力融入、服务和推动公司生产经营和改革发展，讲述马钢好故事，唱响马钢主旋律，弘扬马钢正能量，激发马钢凝聚力，为公司“聚焦两大战场、锐意变革突破”营造了良好的氛围，为完成全年各项目标任务提供了坚强的思想保证和精神动力。

1. 深入开展理论教育工作。年初印发了2016年公司两级党委中心组理论学习安排意见。根据公司党委“两学一做”学习教育实施方案的要求，组织公司两级党委中心组和各级党组织、全体党员认真学习党章党规和习近平总书记重要系列讲话，组织开展“百人宣讲到基层，千堂党课进支部”活动。并围绕学习内容，紧密结合实际，及新任务新考验新要求开展“五查五看”专题讨论。党的十八届六中全会、中国共产党成立95周年大会、全国国有企业党的建设工作会议、省第十次党代会等重要会议召开后，组织公司各级组织迅速深入学习贯彻会议精神。起草公司《党组织意识形态责任制实施细则》，向上级组织报送了上半年和下半年意识形态工作总结。

组织广大思想政治工作者紧紧围绕公司转型升级、矩阵式党建、家园文化和人力资源优化等重点工作任务和难点热点焦点问题，深入开展职工思想政治研究工作，开展了2016年度思想政治工作调研成果的征集和评选活动。马钢第五次党代会召开后，编发了《马钢》杂志党建专刊，对公司第五次党代会精神进行深入解读，对第四次党代会以来党建工作进行了全面总结回顾。

2. 持续强化企业文化建设。大力培育家园文化，年初举办了“奋力求生存、携手保家园”2015年马钢的故事大型宣演活动，“9·20”马钢纪念日升旗宣誓活动，传承了马钢优良传统，营造家园文化氛围。开展了“家和万事兴”征文活动，并选出110篇优秀作品编印成书。组织开展马钢“最美厂区”“最美四室”网络投票。

积极参加马钢申报全国质量奖工作。完成了自评报告起草任务，制作了《卓越马钢》三个版本的宣传片，设计、印制和发放了4500套企业文化理念招贴画，开展了马钢企业文化建设职工问卷调查工作。为开好公司首届技术营销大会，满足公司销售工作需要，牵头拍摄制作了家电板、硅钢、特钢三个产品的宣传片。为进一步规范企业文化建设，印发了《关于规范企业文化宣传物的通知》和《关于规范马钢视觉识别系统项目建设和元素应用的通知》，对二级单位企业文化项目建设进行了检查。在全公司组织开展子文化建设和特色文化建设。根据不同要求，分别撰写了马钢企业文化建设情况，报送公司有关部门，供《中国钢铁工业年鉴》《省属企业工作报告》《马钢社会责任报告》《马钢年鉴》使用。

3. 精准开展对内对外宣传工作。紧紧围绕公司“聚焦两大战场，锐意变革突破”的全年工作主题，以推动公司重点工作，激发职工干劲为目标，大力开展宣传工作。认真开展马钢第五次党代会专题宣传，营造认真做好人力资源优化专题宣传，编发了人力资源优化工作宣传材料，印发了《关于做好人力资源优化工作思想政治工作的通知》，刊发了评论文章。开展了“两学一做”学习教育、党代会专题宣传，印发专题学习材料。广泛开展“马钢尖兵”新闻宣传人物活动，共评选36名“马钢尖兵”。从11月起，进一步组织开展了“榜样·马钢尖兵”申报评选活动，共评选表彰12名“榜样·马钢尖兵”。配合申报全国质量奖，开展卓越绩效管理专题宣传活动。广泛开展形势任务教育，公司领导带头下基层宣讲，编发形势任务宣传材料。策划开展了公司“五一”表彰大会专题宣传活动，开展劳动模范、先进党组织、优秀共产党员等典型宣传活动，编发了《家园卫士事迹集》。适应公司发展多元产业需要，组织开展发展多元产业领导访谈的专题宣传活动。

围绕公司重点工作、重点产品研发开展对外宣传，展示企业形象，打响产品品牌。2016年，新华社、人民网、中央电视台等主流采访了高海建董事长，报道了马钢去产能、调结构、保稳定情况，使马钢去产能工作得到政府和社会广泛认可。认真做好高速车轴生产线动工、奥瑟亚焦油精制工程竣工投产、埃斯科特钢开工仪式等项目重要节点的宣传报道。认真做好马钢节能环保、关爱职工、轮轴等新产品研发、防汛保产、节日生产的对外宣传。全年接待省级以上媒体40多批次，对外宣传发稿2000余篇。

4. 扎实开展文明创建活动。大力开展社会主义核心价值观宣传教育和爱国主义教育，职业道德教育，社会公共的教育。积极组织安徽省第十一届文明单位、马鞍山市第十七届文明单位和马钢第27届文明单位评比活动,认真做好组织、申报、审核和推荐等各项工作,27家马钢二级单位获评市第十七届文明单位,68家单位和机关部门被公司党政授予马钢第27届文明单位。

推荐两人、两集体分别参加全市2015-2016年“十佳道德模范”“十佳道德集体”评比活动,技术中心汽车板开发APQP组被评为“十佳道德集体”。广泛开展“书香阅读季”活动,组织两人参加全省“两学一做”学习教育“好支部、好党员、好故事”演讲比赛,在省属企业和马鞍山市分获三等奖。开展第七届职工道德论坛征文活动,评选表彰了31篇获奖征文。积极推介马钢好人,南山矿周军、长材事业部王陇陇被评为“马鞍山好人”。推荐两人分别参加“心动安徽最美人物”、全省“最美志愿者”评比活动。

5. 认真开展网络宣传工作。以马钢宣网作为网络宣传主阵地,努力办好“宣网报道”“一线传真”和“图片报道”栏目,着力讲述职工自己身边人身边事。根据公司的阶段性目标和任务,先后开展马钢尖兵、“喜迎党代会”、抗洪抢险、全国质量奖、企业文化理念等宣传报道。先后开办了“两学一做”学习网站,开辟了第五次党代会专栏,贯彻职代会宣传等专题。以图说、组图等形式开展宣传报道,编发了《图说我们的竞争力》《组图:暴雨冲不垮钢铁意志》等图文专辑。开展了南山杯“聚焦两大战场”好新闻竞赛和“高温下的感动”摄影赛等宣传。

认真做好新媒体推广工作,“马钢家园”微信关注粉丝20000多人。2016年,“马钢家园”微信号充分利用新媒体新手段,先后制作发布2015年马钢劳模H5专题短片21个,《“9·20”今天是你的节日——马钢》等H5作品,开展了“讲述马钢好故事”微信创意大赛,获得了网友好评和肯定。2016年马钢微信共发布各类信息900多条,网友互动留言6000余条。

(路　斌)

【“关心下一代”工作】 2016年,马钢关工委坚持以习近平总书记重要指示为引领,围绕公司生产经营和改革发展大局,深入开展“大学习、大调研、大讨论”活动,引导广大青工践行社会主义核心价值观,敬业爱岗,拼搏奋进,努力发挥“五老”优势,扩大关心下一代工作覆盖面;同时切实加强自身建设,倡导奉献精神,创新工作机制,使马钢关心下一代工作既做到了无缝交接又实现了创新发展。

1. 深化认识,履行职责,不负历史重托。新一届马钢关工委成员,大都是刚从领导岗位上退下的老同志,为此,马钢关工委从三个方面入手,引导班子成员尽快进行角色转换,履行职责,实现马钢关心下一代工作的无缝交接。一是认真学习习总书记重要指示,把握工作方向。马钢关工委深入学习习近平总书记关于做好关心下一代工作重要指示的精神内涵,明确了工作方向,增强了做好下一代工作的责任感和使命感。为推进工作,马钢关工委成立了宣传、联络、法治三个工作组,每个组都有各自的工作侧重点,既各司其职又协同作战。并印了一本《工作手册》,下发后,收到普遍欢迎。二是开展“大学习、大调研、大讨论”活动,明确工作主题。2016年,省关工委部署开展“大学习、大调研、大讨论”活动,马钢关工委积极响应,全力加以推进。马钢关工委先后深入南山矿、铁运公司、康泰公司、三铁厂、工程技术集团、罗河矿、轮轴事业部等单位和离退中心鹊桥站、雨山站、花山站关协进行工作调研。对调研中发现的导向性问题,都能进行认真的梳理,分析研究,为马钢关工委的工作决策提供依据。三是弘扬抗战精神、长征精神,增强奉献意识。2016年是抗战胜利71周年和红军长征胜利80周年。马钢关工委以此为契机,通过举办图片展,召开座谈会,撰写纪念文章等多种形式,大力宣传抗战精神和长征精神,同时组织马钢关工委委员参观西梁山革命烈士纪念馆、南京大屠杀纪念馆、三个必胜展览馆。通过这些活动,使大家认识到,幸福的生活来之不易,要使革命先烈们用献血打下的江山永不变色,就要切实加强关心下一代工作。

2. 融入公司改革发展大局,加强青工队伍建设。“急党政所急、想青工所想、尽关工委所能”是马钢关工委始终恪守的宗旨。中国经济进入新常态后,钢铁工业处于调速换挡期和结构调整阵痛期,导致青工队伍中的思想认识、行为方式、利益诉求都产生了许多新情况。2016年年初,集团公司党委常委、工会主席张晓峰来关工委进行工作调研时,通报了青工队伍不稳特别是大学生青工人才流失的现象比较严重的状况,要求马钢关工委发挥独特优势,在这方面开展工作。公司的关切就是马钢关工委工作的重点。为遏制人才流失,稳定青工队伍,马钢关工委展开了一系列工作。一是提高青工信心。马钢关工委认真谋划并组织发动基层厂矿关工委和关协组织,深入车间、班组和作业区,与青工结对子,交朋友,回顾马钢创业创新的光荣传统,激励青工在严峻的挑战面前树立信心、忠诚企业、奉献岗位,与企业共呼吸、共命运。2016年5月7

日，马钢关工委联手团委召开“新老大学生恳谈会”，来自生产一线的10多名大学生青工代表，面对面与马钢老一辈大学生进行座谈交流。恳谈会上，马钢关工委主任胡献余、李爱群、汤燕结合自己大学毕业后服务马钢、奉献马钢的成长道路，阐明了大学生只有坚定理想信念，与工人师傅打成一片，在实践中不断充实自己，才能实现社会价值和自我价值。他们寄语大学生青工坚定理想信念、忠诚企业，在企业产品升级、转型发展上施展才华，建功立业。大学生青工们表示，要以“咬定青山不放松”的情怀，主动作为、乐于奉献，让青春在岗位闪光。为传导正能量，加强青工社会主义核心价值观教育。马钢关工委会同公司党委宣传部、工会开展了第七届职工道德论坛征文活动，与新闻中心、法制办开展了“2016学法用法我先行”征文活动。这两次征文活动影响大，参与面广，进一步提升青工队伍的家园文化意识、岗位奉献意识、社会责任意识和法治意识。二是激励青工成才。为凝聚青工力量，激励青工成才，马钢关工委协同公司团委，围绕提高检修质量，解决工序配套、优化工业结构、理顺生产流程、控制成本费用等工作，在青工中开展自主创新活动，取得了百余项创新成果。自动化工程公司、轮轴事业部、三铁总厂、姑山矿等厂关工委指导青年职工制定“职业生涯规划”，搭建青工成才平台；四钢轧、重机公司、耐火公司等关工委积极开展读书活动、导师带徒活动，让有经验的老师傅手把手地传本领、授技艺，大力弘扬工匠精神；一铁总厂、一钢轧总厂、保卫部关工委配合有关部门将有激情有活力的优秀青工选择到重要岗位，给他们加任务、压担子。三是关心青工生活。在马钢关工委召开的“新老大学生恳谈会”后，针对大学生青年代表就大学生公寓的管理和服务提出的意见，马钢关工委领导第一时间前往康泰公司，与该公司领导进行沟通与协调，使大学生公寓的管理、生活配套设施及精准服务等问题迅速得到了解决。马钢关工委的领导还全程参与了大学生公寓文明宿舍的评选活动。三铁等厂矿关工委会同有关部门举行了“珍爱生命、关注健康”和应急救援知识讲座和演练。同时，在冬季到来前，为大学生青工送去了急需的棉被，四钢轧等关工委还牵头组织开展了“约会春天”“相亲饭桌”等联谊活动，为青工组建家庭牵线搭桥。

3. 发挥“五老”优势，扩大关心下一代工作覆盖面。马钢拥有一大批“五老”人员，是关心下一代工作的宝贵资源和重要力量。南山矿关工委紧紧围绕企业生产经营和生态矿山建设，多次组织“五老”人员深入一线，就矿山的资源开发、技术改造、安全管理提出了具体的建议，收到矿党政的一致好评，铁运公司关工委坚持把工作重点放在安全保产上，多次组织老同志们上机台、进班组，手把手向青工传授技艺。为发挥“五老”优势，扩大关心下一代工作覆盖面，马钢关工委大力拓展工作渠道，让“五老”人员在社会生活的各个层面发挥作用，贡献力量。一是服务于社区建设。2016年，离退休中心下属的8个服务站关协围绕青少年品质教育这个主题，寓教于学、寓教于乐，促进了和谐社区建设，为净化社会文化环境，促进未成年人健康成长，由马钢退休人员组成的网吧义务监督员们，忠于职守、不辞辛劳，受到了人们的尊敬。2016年10月，马钢关工委专门召开了“网吧义务监督员”座谈会，对他们进行了表彰和奖励。王家山、山南、花山等服务站关协还组织专家在社区开展“法律知识讲座”、“健康知识讲座”活动。二是服务于校园建设。鹊桥站关协与街道联合创办校外辅导站，深入开展“感恩教育”、“共筑中国梦主题教育”，花山站关协与和平楼小学共建教育基地和敬老基地，大力弘扬敬老爱幼的光荣传统。双岗站关协在校园里举办主题邮展，使学生们既开阔了眼界又丰富了知识。三是服务于家庭建设。王家山站、双岗站关协坚持开展“快乐四点半”和“平安驿站”活动。每到下午放学，他们就守候在校门口，把孩子们接到社区活动室，在辅助他们学习的同时，对孩子们进行环保讲座并普及防火防骗、防盗知识，此举收到双职工家庭的职工由衷的欢迎。为让公司“六一帮困”、“金秋助学”计划精准到位，各服务站老同志们不辞辛苦、逐户摸排，协助有关部门确定出资助对象。

4. 创建工作四个机制，增强马钢关工委工作活力。马钢关工委在实际中认识到，关心下一代工作的开展，必须主动加强与工会、宣传部、团委的协调配合，努力做到思想联通、组织连体、阵地联建、资源联用，共同搭台唱戏。2016年，马钢关工委在工作实践中，建立了四个机制。一是学习调研机制。学习和调研是做好关心下一代工作的前提和保证。深入调查研究是马钢关工委谋事之基、干事之需和成事关键，只有坚持调查研究，才能掌握真实情况，掌握工作主动权，提高工作的针对性。二是工作的对接机制。马钢关工委的工作既要尽心而为，又要量力而行。2016年5月，马钢关工委与宣传部、团委、工会举行工作对接会。会上，各方就全年将要开展的工作和活动进行了认真的谋划与安排。三是工作约见机制。马钢关工委工作落实在基层、见效在基层、收益在基层。为不干扰基层厂矿领导的工作,又能准确把握基层青工的思想动态,马钢关工委建立了工作的约见机制,不定期邀请厂矿关工委或联络员来关工委座谈,通报情况,交流经验,商定工作对策。四是工作通联机制。2016 年马钢关工委在办好《关心报》的同时,综合运用网络媒体平台,建立了马钢关工委 QQ 工作群,并在马钢宣网上设立了"马钢关工委网页"。这种通联机制的建立,便于外界了解关工委的工作,便于基层关协组织与马钢关工委的沟通和联系,提升了关心下一代工作的效果。

(汪　莉)

【人口和计划生育工作】 2016 年,马钢人口计划生育工作以科学发展观为指导,全面贯彻党的十八届三中、四中、五中、六中全会精神和公司职代会精神,深入落实国家《人口和计划生育法》《安徽省人口和计划生育条例》等相关法律法规,以实施全面两孩政策为重点,注重宣传倡导、政策引导和服务关怀,不断增强计划生育家庭发展能力建设,全年实现职工的人口计生政策知晓率、奖励政策兑现率、出生人口政策符合率 100% 和政策外生育为零的目标,圆满完成计划生育工作任务,荣获马鞍山市人口和计划生育综合治理先进单位。

1. 完善制度、强化考核,目标责任制管理稳步推进。公司高度重视人口计生工作,2016 年公司计划生育工作在公司人口和计划生育委员会会议的部署下,强化目标管理,落实目标责任。一是根据计划生育政策的调整,以《安徽省人口与计划生育条例》为依据,结合公司实际,修订了《马钢人口和计划生育工作管理办法》,调整了产假、政策性奖励等相关规定,进一步明确了相关职能部门的管理责任,为依法实施全面两孩政策提供了制度保障。二是公司分别与各单位和公司相关职责部门签订了《2016 年度人口和计划生育目标管理责任书》,明确了单位"一把手"负责制。公司相关职能部门施行综合治理,齐抓共管,将责任横向到边,各单位将责任延伸到分厂(车间),作业区和班组,以计划生育三级管理组织网络为依托,做到一级抓一级,层层抓落实,同时,在班组实行人口计生联保联带责任制,当事人负直接责任,将责任纵向到底。三是各级计生组织加强人口和计划生育工作的督查考核,自下而上,强化执行力。全年,公司计生办共组织了两次工作督查,并对每次考核都进行评分和排名,考核覆盖率 100%,通过强化过程控制,各单位的目标责任落实情况良好,实际工作效果均达到了预期,确保了各单位圆满完成目标任务。四是加强重点人群管理,坚持对无生育指标的育龄职工采取见面访视和孕环情检查相结合方式,强化了日常访视和服务工作。特别是以政策性离岗人员为重点,及时登记造册并将婚育信息通报到员工居住地所在街道,实施双向管理,信息通报率达 100%。

2. 突出重点、广泛宣传,计划生育政策人人知晓。全面两孩政策实施后,为了不断增强职工的国情和国策意识,公司各级计生组织加强正面宣传引导,通过多种多样的宣教形式,让职工践行国策由被动变为主动,形成良好舆论宣传氛围。一是召开季度工作例会,在专职计生干部中传达贯彻国家、省、市、公司的人口和计划生育工作相关会议和文件精神,让他们深刻领会全面两孩政策实施的必要性,认清形势,统一思想,以他们为先行,再以点带面进行政策宣传。二是举办由各单位专兼职计生干部参加的人口和计划生育业务培训班,根据工作需要和职工需求,以实用性培训为目的,组织大家学习了生育保险相关知识,为专兼职计生干部服务职工提供了新技能。三是在全公司范围内组织开展了"生育保险杯"人口和计划生育征文活动,活动得到职工的积极响应,共征集作品 120 余篇,并对征集的作品组织了评选表彰,其中,部分优秀作品在《马钢日报》进行专版刊发,营造了良好的舆论宣传氛围。四是各级计划生育组织除了利用各自的宣传媒体宣传全面两孩政策外,还以"5·29"协会活动日、"7·11"世界人口日、"9·25"公开信发表纪念日以及"12·1"世界艾滋病日等为契机,组织了形式多样的宣教活动,在职工中倡导社会性别平等和科学、文明、进步的婚育观念。《马钢人口和计划生育工作简报》作为固定宣传阵地,定期集中宣传和展示各级计生组织的工作,为各单位提供了一个交流工作、总结经验的平台。

3. 以人为本、优质服务,生育关怀计生深入人心。按照"老人老办法,新人新办法"的原则,做好全面两孩政策实施前后计划生育家庭奖励和扶助政策的衔接,切实保障计划生育家庭的合法权益。一是认真审核发放独生子女父母奖励。全面两孩政策实施后,为了确保独生子女父母的各项奖励发放准确到位,在奖励发放时抓住两个重点进行审核,一个重点是符合"老人老办法"的职工,另一个重点是全额和非全额放发的职工,通过认真审核,全年发放独生子女父母保健费 232 万元,为 1311 名退休职工发放一次性奖励 393 万元,为 1574 名职工报销学杂费 104 万元,为 1508 名职工报销托费 27 万元。二是认真处理各类来电来访。对政策咨询、独生子女证号查询、反映新政落实不到位的情况、查询奖励待遇是否享受等各类来电来访给予热情主动的接待,为职工积极处理各类问题,确保了新老政策的平稳衔接,全年共处理各类来电来访150余人次。三是围绕幸福家庭创建,公司计生办为患妇科疾病的女职工免费安排一次蓝氧治疗,各级计生组织为新婚、生育的职工送礼物,为子女考上大学的职工发放子女成才奖,特别是针对失独的计划生育困难家庭加大帮扶力度,除了每年进行慰问以外,还及时帮扶他们解决工作和生活上的困难,体现了组织上的人文关怀。

(庞 湃)

学习教育

【学习宣传贯彻党的十八届六中全会精神】 党的十八届六中全会是在我国进入全面建成小康社会决胜阶段召开的一次十分重要的会议。党的十八届六中全会专题研究全面从严治党重大问题,审议通过《关于新形势下党内政治生活的若干准则》(以下简称《准则》)和修订后的《中国共产党党内监督条例》(以下简称《条例》),对于深化全面从严治党,解决党内存在的突出矛盾和问题,有效应对党面临的"四大考验"、克服"四种危险",不断增强党自我净化、自我完善、自我革新、自我提高能力,具有十分重要的意义。

认真学习、深刻领会、坚决贯彻党的十八届六中全会精神,对马钢全面加强党的建设;充分发挥党的政治领导、思想领导和组织领导作用,把握好改革发展方向,管控好生产经营大局,保证各项工作落实,充分发挥党员干部以身作则、率先垂范作用,营造公平正义、风清气正的氛围,确保实现全年三个不亏损目标具有十分重要的意义。马钢把学习宣传贯彻党的十八届六中全会精神作为首要的政治任务,与"两学一做"学习教育和"讲看齐、见行动"学习讨论紧密结合起来,围绕马钢扭亏为盈、变革突破、转型升级的各项工作实际,认真谋划、周密部署、认真落实,在全公司掀起了学习宣传贯彻党的十八届六中全会精神的热潮。一是公司党委精心组织部署学习宣传贯彻活动。公司党委结合公司实际,印发了《关于认真学习宣传贯彻党的十八届六中全会精神的通知》(马钢集发〔2016〕75号),指出了深入学习贯彻全会精神的重要意义,明确了把握全会精神的方法和要求,提出了以全会精神为指导推进马钢各项工作的路径,掀起了全公司学习宣传贯彻全会精神的热潮。二是公司各级党组织认真落实学习制度。公司各级党组织把认真学习贯彻党的十八届六中全会精神作为全体党员和广大职工理论武装的重要内容,把《准则》和《条例》作为领导干部教育培训的必修课,推动全会精神入心入脑。公司两级党委中心组把党的十八届六中全会精神学习列入年度、月度学习计划,认真做好集中学习和个人自学的学习材料的准备。公司党委宣传部购买发放学习书籍1000余册,自行收集、选编学习材料20多万字。公司中层以上管理人员带头学习研讨、带头撰写理论文章、带头深入基层宣讲,为全公司理论学习树立了良好榜样。公司基层党组织积极利用党委中心组、党支部"三会一课"、党小组会等形式组织广大党员开展学习。三是广泛开展全会精神宣讲工作。公司邀请省委讲师团中心组学习处曹胜华处长,为公司中层以上管理人员进行党的十八届六中全会精神的理论宣讲。党委宣传部组织开展"百人宣讲到基层、千堂党课进支部"活动,组成百人宣讲团深入基层宣讲党的十八届六中全会精神,实现了全会精神宣讲的全覆盖。宣传部还举办了各界人士学习十八届六中全会精神培训班。四是开展形式多样的宣传活动。公司主要媒体开设党的十八届六中全会精神的专题专栏,及时集纳转载中央和省重要媒体的稿件和重要评论,及时报道公司广大职工对全会精神的热烈反响,反映各单位学习贯彻全会精神的实际行动。二级单位充分发挥厂报、厂刊、网站、宣传橱窗、电子屏幕等宣传阵地的作用,集中开展有声势、有深度、有影响的宣传活动。公司宣传工作者深入基层一线,深入挖掘、报道在学习宣传贯彻全会精神中涌现出的好经验和好做法。工会、共青团、女工等组织也积极开展全会精神的学习贯彻活动。五是紧紧围绕马钢改革发展的实际,贯彻落实党的十八届六中全会精神。公司党委以党的十八届六中全会精神为指导,坚定不移推进全面从严治党,全面加强和规范党内政治生活,全面落实党内监督责任,持续推进矩阵式党建工作,充分发挥党员干部率先垂范作用,聚焦两大战场,提升精益运营,有力推动了各项重点工作的,为马钢转型发展提供了强有力的思想保证、政治保证、组织保证和纪律保证。

(庆 辉)

【召开庆祝中国共产党成立95周年暨表彰大会】 2016年7月1日下午,马钢庆祝中国共产党成立95周年暨表彰大会在公司413会议室隆重召开。集团公司党委书记、董事长高海建在会上发表重要讲话强调,要深入学习贯彻习近平总书记在庆祝中国共产党成立95周年大会上的重要讲话精神,坚定共产党人的理想信念,不忘初心、继续前进;要全面落实“两学一做”学习教育和中央巡视组巡视“回头看”反馈意见整改工作,在学、做、改上下功夫;要凝聚全体员工进一步“聚焦两大战场,锐意变革突破”,全力促进马钢转型发展;要深入营造家园文化氛围,深化矩阵式党建工作,共建共享美好家园。

会议由集团公司党委副书记、总经理、股份公司董事长丁毅主持。

集团公司党委常委杨阳、张晓峰、陈冬生、钱海帆在主席台就座。集团公司副总师及以上领导、股份公司经理层、公司全体中层管理人员,公司全体高级技术主管,公司党委巡察工作办公室和巡察组成员,公司党委矩阵式党建工作领导小组办公室成员,公司“两学一做”学习教育协调小组办公室成员及部分党内先进代表等460人参加大会。

下午2时,庆祝大会开始。公司党委常委、纪委书记陈冬生首先宣读了《关于表彰2014-2015年度党内各类先进的决定》。决定指出,集团公司党委决定对姑山矿党委等10个先进基层党委,检测中心党委办公室等10个先进基层党委办公室,检修公司等10个先进政治处,能控中心纪委等10个先进纪检组织,南山矿高村铁矿党组织等45个先进基层党支部、组织,卜维平等81名优秀共产党员,戴慧生等50名优秀党务工作者予以表彰,并分别授予先进称号。

公司领导为先进集体和个人代表颁奖。受表彰的先进基层党支部和先进党员代表上台发言。公司党委号召各级党组织和广大党员,要向受表彰的先进集体和先进个人学习,大力宣传他们的先进事迹,按照新时期党建工作和“两学一做”学习教育的要求,切实加强思想政治建设,完善党内创新争优机制,勤奋工作、锐意进取。受表彰的先进集体和个人要珍惜荣誉,谦虚谨慎、戒骄戒躁,在新的起点上进一步发挥表率作用,团结带领广大群众与时俱进,再接再厉,为提升党建工作水平,推动企业转型发展做出新的更大的贡献。

2016年以来,公司上下以“聚焦两大战场,锐意变革突破”为工作主题,以“授权组阁,竞争上岗”为机制保证,取得了好于预期的经营绩效。上半年工作如何看待,下半年工作如何深化,是公司当前需要认真思考的问题,也是这次大会主题之一。根据会议安排,丁毅通报了公司上半年生产经营总体情况,总结了上半年工作中的十个亮点。他指出,上半年公司生产经营绩效的明显改善,既得益于公司上下思路正确、措施务实、行动迅速,更得益于积淀形成的文化引领、作风转变和家园认同。在经济下行需求减缓、竞争格局深入调整、环保刚性约束和资金日益紧张的压力面前,在复杂的内外部环境和新形势、新任务面前,公司上下要时刻保持头脑清醒,切实增强危机意识,树立系统思维,倡导变革精神,奋力打好全年不亏损的攻坚战。在对下半年主要工作进行部署安排时,丁毅要求,马钢下半年要着力强化十个方面工作。一是着力强化市场营销,二是持续推进降本增效,三是加快重点项目达产达效,四是大力推进品牌建设,五是提升多元板块市场化运营水平,六是持续优化人力资源,七是进一步强化资金管理,八是全力争创“全国质量奖”,九是严格落实安全生产责任制,十是各级管理者要保持良好精神状态。他要求各单位认真传达贯彻好此次会议精神,积极营造学习先进、超越先进的浓厚氛围,以“两学一做”为动力,科学谋划本单位、本部门、本岗位的工作,以奋发有为的精神状态,确保“股份公司不亏损,集团经营绩效持续改善”的全年目标顺利实现。

会上,高海建发表重要讲话。他表示,在中国共产党95周年华诞之际,公司以庆祝大会和表彰会的形式回顾我们党95年来走过的光辉历程,隆重表彰一批党建工作先进集体和个人,目的是激励和动员各级党组织和全体党员发挥党的光荣传统，增强党性意识，担当使命责任，为“聚焦两大战场、锐意变革突破”，实现公司全年生产经营各项目标做出更大的贡献。高海建指出，近年来，公司各级党组织在融入中心、服务大局的同时，开展了一系列富有特色的党建工作。当前，深入落实全面从严治党、“两学一做”学习教育、中央巡视组巡视“回头看”反馈整改意见、四个专项整治等中央和省委一系列重大战略部署和重要工作任务，对马钢各级党组织提出了新的更高要求，迫切需要公司各级党组织和广大党员勇于担当、率先垂范，充分发挥党组

织的政治优势、组织优势，抓好生产经营各项工作。高海建强调，公司上下要深入学习习近平总书记在庆祝中国共产党成立95周年大会上的重要讲话和习近平总书记视察安徽重要讲话精神，贯彻落实“不忘初心、继续前进”的要求，坚定共产党人理想信念，结合当前去产能、转型升级、人力资源优化等重点工作，做到真学、真懂、真用。要以高度的政治自觉抓好“两学一做”学习教育和中央巡视组巡视“回头看”反馈意见整改工作，在学、做、改上下功夫，严肃刚性要求，扎实开展“四个专项整治”。要深入营造家园文化氛围，深化矩阵式党建工作，持之以恒改进作风，振奋精神、保持激情、相向而行、携手奋进，为共建共享美好家园而努力奋斗。

（办公室）

创建工作

【马钢第27届文明单位名录】

保卫部（武装部）、离退休中心、新闻中心、教培中心、招标中心；矿业公司（机关）、南山矿、姑山矿、罗河矿、张庄矿；工程技术集团（机关）、设计研究院、重机公司、检修公司、表面技术公司、监理公司；财务公司、自动化公司、汽运公司、仓配分公司、耐火公司、资产经营公司、投资公司、物流公司。

销售公司、采购中心、检测中心、技术中心、铁运公司、港务原料总厂、二铁总厂、三铁总厂、一钢轧总厂、长材事业部、冷轧总厂、特钢公司、轮轴事业部、能控中心、热电总厂、煤焦化公司、气体分公司、废钢公司、资源分公司。

商品混凝土公司、康泰公司、欣创公司、粉末冶金公司。

办公室（党委办公室）、党委工作部（机关党委、团委）、党委宣传部、工会（机关）、企业管理部、人力资源部、行政事务部、法务部、安管部、能环部、财务部、工程管理部、资本运营部、科技管理部、市场部、计财部、制造部、设备部、董秘室（监秘室）、计量处、炼铁技术处。

（党委宣传部）

其他工作

【文联工作】 2016年，马钢文联以党的十八大和十八届六中全会、安徽省第十次党代会和马钢第五次党代会精神为指引，深入学习和贯彻落实中央文艺工作座谈会和中共中央《关于繁荣发展社会主义文艺的意见》精神，紧紧围绕公司职代会提出的“聚焦两大战场、锐意变革突破”工作主题，以变革求突破、以担当保家园，积极开展一系列形式多样、内容丰富的文艺创作和文艺活动，为公司改革发展、稳定顺行做贡献。

一是围绕主题开展工作。在中国共产党诞辰95周年之际,举办“两学一做”马钢职工书法作品展。根据公司要求,积极组织美术爱好者为公司设计“安徽工业互联网联盟”徽标。关爱他人献爱心,在2016年特大抗洪抢险之际,文联组织20幅书法美术作品参加7月20日“马鞍山市抗洪救灾书画作品义卖捐赠活动”。二是深入基层,服务于一线。在春节前夕组织书法骨干去二钢轧总厂、车轮公司、利民公司、一铁总厂、特钢公司、公司机关为职工义务书写春联,送文化到基层。与煤焦化公司、四钢轧总厂联合举办“高温下的马钢人”、“牢记使命——奉献马钢”摄影大赛。组织参加中国产业文联书法、美术、摄影展和全国总工会举办的“中国梦——劳动美”第三届全国职工书法作品展等大型全国性展览。

主要成果:1. 在全国总工会举办的“中国梦·劳动美”第三届全国职工书法作品展中,黄明、王鸿书法作品入选。2. 在中国文联主办的“创新、创业·时代之歌——全国企业书法美术摄影创作展示”系列活动中,朱飞祥、计长岭等4人书法作品入选,张良彬、刘宋平美术作品入选,毛学庆、肖红忠、胡健明等8人摄影作品入选。3. 在安徽省第20届摄影艺术展中,张克飞摄影作品获一等奖。4. 在全国冶金网络摄影大赛中,王少华获得一等奖,吴建华等5人获得三等奖,陶国庆等17人获得优秀奖;马钢摄影家协会获优秀组织奖。

2016年,程迎兵、王杰被中国作家协会吸收为会员。

(张悠炳)

马钢股份有限公司

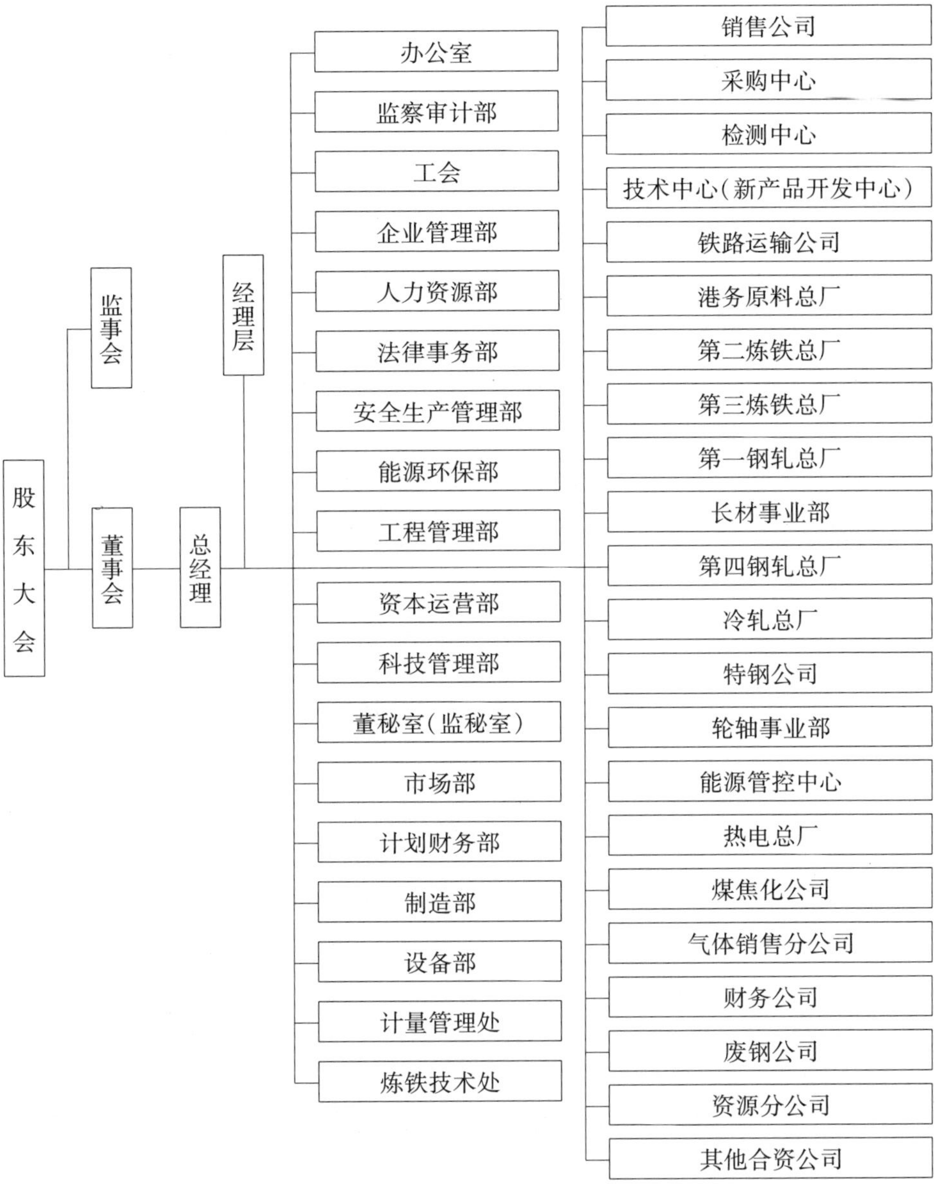

图3　马钢股份有限公司组织机构图

说明：机关部门中，办公室、监察审计部、工会、企业管理部、人力资源部、法律事务部、安全生产管理部、能源环保部、工程管理部、资本运营部、科技管理部为集团公司设置，股份公司挂牌，其管理职能由股份公司委托集团公司行使。

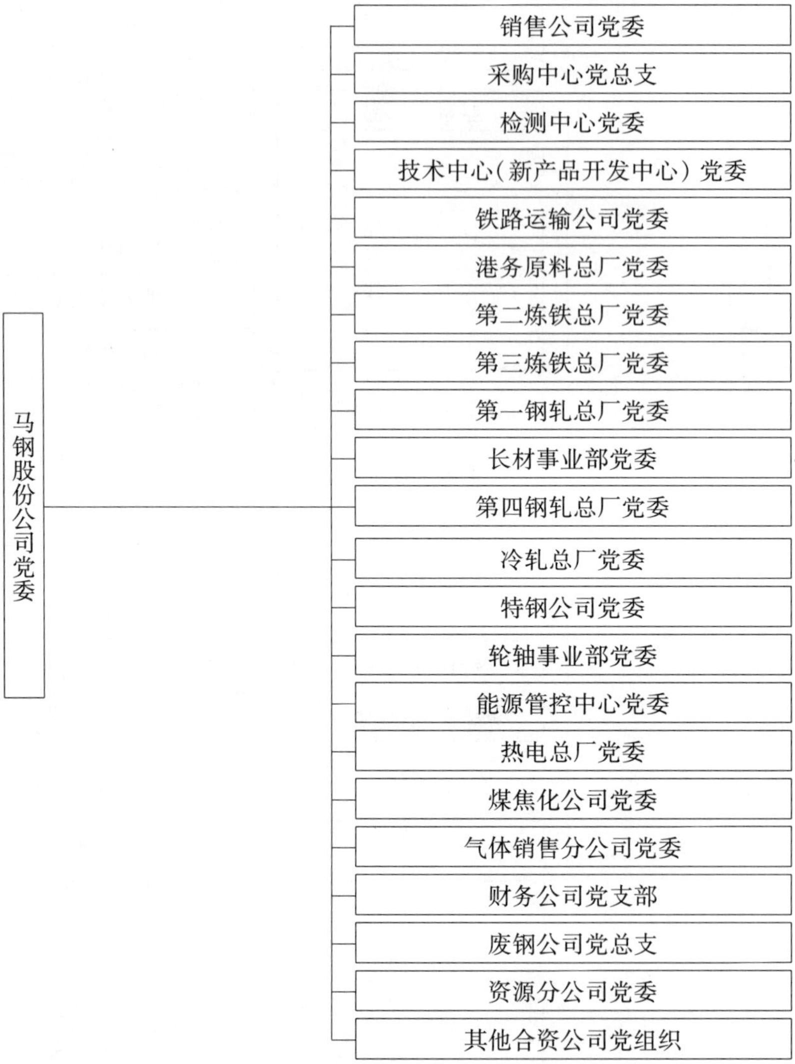

图4　马钢股份有限公司党组织机构图

说明:股份公司党委隶属于集团公司党委,日常事务由集团公司党委代行。

董事会

【股东大会】 2016年,本公司召开一次股东大会,即2015年度股东周年大会。

会议于2016年6月15日,在安徽省马鞍山市九华西路8号马钢办公楼以现场方式召开。会议议题是:

1. 审议及批准董事会2015年度工作报告;
2. 审议及批准监事会2015年度工作报告;
3. 审议及批准2015年度经审计财务报告;
4. 审议及批准聘任安永华明会计师事务所(特殊普通合伙)为公司2016年度审计师并授权董事会在2015年基础上决定其酬金的方案;
5. 审议及批准2015年度利润分配方案;
6. 审议及批准公司"十三五"战略发展规划;
7. 审议及批准公司章程修改方案。

此外,会议还听取了公司独立董事2015年度述职报告。

上述议题均获得大会批准,没有否决或修改提案的情况。

大华会计师事务所有限公司王海涛先生被委任为该次股东大会的点票监察员。公司境内律师北京市中伦(上海)律师事务所陈屹律师、王凡律师出席该次股东大会,并出具法律意见书。

上述内容刊登在2016年6月16日《上海证券报》及上海证券交易所网站(http://www.sse.com.cn)、香港联合交易所有限公司网站(http://www.hkex.com.hk)上。

(何红云)

【董事会日常工作】 一、2016年董事会共召开七次董事会议。董事会决议的主要内容是:

1. 批准修改公司《对外担保管理办法》;
2. 批准公司为全资子公司马钢瓦顿股份有限公司提供8000万元的信用担保;
3. 批准撤销汽车板推进处,将其工作职能及业务科室归并至公司相关业务单元;
4. 同意埃斯科特钢有限公司委派人员的议案;
5. 同意马鞍山马钢比欧西气体有限责任公司委派人员的议案;
6. 批准2015年四季度存货跌价准备、坏账准备变动的议案;
7. 通过公司2015年经审计财务报告;
8. 通过公司2015年税后利润分配的预案;
9. 通过董事会2015年工作报告;
10. 决定2015年审计师酬金;
11. 通过续聘2016年度审计师事项;
12. 决定董事、高级管理人员2014年薪酬;
13. 通过公司2015年度报告全文及年度报告摘要;
14. 批准公司2015年度内控评价报告;
15. 批准公司2015年度社会责任报告;
16. 批准修订《马鞍山钢铁股份有限公司金融衍生品套期保值业务管理办法》;
17. 批准公司办理贰亿美元以内的贸易融资,并相应逐笔办理远期结售汇,锁定美元融资到期还款的购汇汇率,美元融资金额根据实际矿石采购每单的支付金额办理;批准授权公司董事长或董事长授权计划财务部经理审批具体每笔远期结售汇业务,并与金融机构签订远期汇率交易相关合同;
18. 同意安徽长江钢铁股份有限公司调整固定资产折旧年限;
19. 批准能控中心301废水优化改造及新增电解脱脂机组污水处理改造工程项目立项及投资概算;
20. 批准检测中心理化二站实验室配套二铁4#高炉系统工程项目立项及投资概算;
21. 批准马钢高端汽车零部件用特殊钢棒线材深加工项目—埃斯科合营公司配套工程立项及概算;
22. 同意马钢轨道交通装备有限公司新建高速车轴生产线项目立项及投资概算;
23. 批准在总额不超过捌拾亿元人民币(含外币折人民币)的额度内,授权公司管理层向中国进出口银行申请借款等业务,并循环使用;
24. 同意马钢(澳洲)有限公司委派人员的议案;
25. 同意马钢(香港)有限公司委派人员的议案;
26. 同意德国MG贸易发展有限公司委派人员的议案;
27. 批准公司向马鞍山市雨山区城市发展投资集团有限责任公司转让埃斯科特钢有限公司9%股权;
28. 批准公司向马钢轨道交通装备有限公司增加注册资本6000万元;
29. 批准关于2016年一季度存货跌价准备变动的议案;
30. 批准公司2016年一季度报告;
31. 通过公司"十三五"发展战略规划;

32. 通过公司章程修改方案;

33. 通过2015年年度股东大会议程;

34. 批准二铁总厂2#高炉大修改造工程立项及投资概算;

35. 批准铁运公司购置320吨混铁车项目立项和投资概算;

36. 同意向马钢(合肥)钢材加工有限公司委派人员事宜;

37. 同意向马钢(合肥)材料科技有限公司委派人员事宜;

38. 同意向马钢(扬州)钢材加工有限公司委派人员事宜;

39. 同意向马钢(杭州)钢材销售有限公司委派人员事宜;

40. 同意向南京马钢钢材销售有限公司委派人员事宜;

41. 同意向马钢上海工贸有限公司委派人员事宜;

42. 同意向马钢(上海)钢材销售有限公司委派人员事宜;

43. 批准将国开行发展基金贷款中的6,000万元作为资本金一次性注入马钢轨道交通装备公司,作为"高速车轴生产线"项目专用资金;

44. 批准公司为全资子公司马钢瓦顿股份有限公司提供总金额为人民币1.7亿元的信用担保;

45. 批准马钢(香港)有限公司向马钢集团投资有限公司全部转让其持有的安徽马钢智能立体停车设备有限公司8.9367%股权;

46. 同意河南金马能源有限公司变更公司形式实施股份制改造的方案及相关事宜;

47. 批准公司与深圳市金奥博科技股份有限公司、安徽省马鞍山雨山经济开发区管理委员会之间的《项目用地使用权转让协议》和公司与安徽省马鞍山雨山经济开发区管理委员会之间的《雨山经济开发区化工集中区二期国有建设用地使用权转让协议》;

48. 批准公司与武汉市洪福防锈包装化工有限公司组建合资公司;

49. 批准2016年二季度存货跌价准备变动的议案;

50. 批准公司2016年未经审计半年度财务报告、半年度报告全文及摘要;

51. 批准第四钢轧总厂热轧平整分卷检查线项目立项及投资概算;

52. 批准轮轴事业部车轮产品生产线技术改造项目立项及投资概算;

53. 批准马钢南区钢渣处理综合利用工程立项及投资概算;

54. 批准马钢(合肥)材料科技有限公司增建第二条激光拼焊线工程项目;

55. 同意马钢股份公司技术咨询服务分公司委派人员的议案;

56. 同意鞍山华泰干熄焦工程技术有限公司委派人员的议案;

57. 批准关于2016年第三季度存货跌价准备变动的议案;

58. 批准公司2016年第三季度报告;

59. 决定永久性关停长材事业部北区2#转炉和二铁总厂北区11#高炉,并予以封存;

60. 批准《公司信息披露暂缓与豁免管理制度》;

61. 批准增加马钢集团财务有限公司注册资本;

62. 批准轮轴系统创新能力建设工程项目立项及投资概算;

63. 批准公司与控股子公司马钢(芜湖)加工配售有限公司签订《马钢(慈湖)钢材加工配售有限公司股权转让协议》;

64. 批准控股子公司马钢集团财务有限公司与马钢(集团)控股有限公司之间2017年《金融服务协议》;

65. 批准公司与马钢(集团)控股有限公司之间2017年《后勤综合服务协议》;

66. 批准公司为全资子公司马钢瓦顿股份有限公司提供1000万欧元(约为7351万元人民币)的信用担保,担保期限为1年;

67. 批准公司2017年生产经营计划;

68. 批准公司2017年投资方案;

69. 批准公司2017年资金计划;

70. 批准长材事业部(南区)铁水倒罐站项目立项及投资概算;

71. 批准2017年期货套期保值工作计划;

72. 批准马钢集团财务有限公司章程修正案;

73. 批准马钢集团财务有限公司2017年度理财产品投资业务经营计划;

74. 批准公司将持有的马鞍山马钢华阳设备诊断工程有限公司90%股权全部转让至安徽欣创节能环保科技股份有限公司;

75. 同意马钢(芜湖)材料技术有限公司股东佛山市

顺德区顺丰物资供应有限公司，将其持有的芜湖材料公司20%股权质押给广发银行股份有限公司佛山分行；

76. 同意马钢（金华）钢材加工有限公司委派人员的议案；

77. 同意河南金马能源股份有限公司赴香港上市的议案；

78. 批准公司与厦门日上集团股份有限公司、维钢国际有限公司共同投资设立马钢联合材料贸易有限公司。

二、2016 年董事会专门委员会工作情况

（一）审核（审计）委员会

审核（审计）委员会共召开四次会议，主要工作如下：

1. 与公司管理层和财务部门讨论公司未经审计的 2015 年度财务会计报表，就有关问题进行了解和沟通，同意提交公司外聘会计师事务所审计。

2. 与公司审计部门及外聘会计师事务所讨论 2015 年经审计的财务报告，并形成书面意见。

3. 定期听取公司关于内控相关工作的汇报，并就内控审计中发现的问题督促公司进行改进。

4. 审阅公司 2015 年经审计的财务报告，并与公司审计部门及外聘会计师事务所就 2015 年经审计的财务报告及有关问题进行讨论和沟通，认为公司在所有重大方面均遵循了《企业会计准则》的要求，并进行了充分的披露，不存在重大疏漏。

5. 经审议，通过外聘会计师事务所从事 2015 年度公司审计工作的总结报告。

6. 经审议，同意支付安永华明会计师事务所（特殊普通合伙）2015 年度报酬。

7. 经审议，同意续聘安永华明会计师事务所（特殊普通合伙）为本公司 2016 年度审计师。

8. 经审议，同意 2015 年度本公司及附属公司与马钢（集团）控股有限公司及其附属公司之间的关联交易，认为该类关联交易均为在日常业务过程中订立，按正常商业条款或不逊于向独立第三方提供（或由独立第三方提供）的条款进行的交易，该等交易根据有关交易的协议条款进行，交易条款公平合理，符合本公司及股东的最佳利益。

9. 对公司截至 2015 年 12 月 31 日对外担保情况，向公司管理层及外聘会计师事务所进行了解，审查了相关资料，认定公司对外、对子公司均未提供担保。

10. 审议通过了《董事会审核（审计）委员会 2015 年履职情况报告》。

11. 审阅了公司 2016 年第一季度未经审计的财务报告，认为公司在所有重大方面均遵循了《企业会计准则》的要求，并进行了充分的披露，不存在重大疏漏。

12. 审阅了公司 2016 年半年度未经审计的财务报告，认为公司在所有重大方面均遵循了《企业会计准则》的要求，并进行了充分的披露，不存在重大疏漏。

13. 审阅了公司 2016 年第三季度未经审计的财务报告，认为公司在所有重大方面均遵循了《企业会计准则》的要求，并进行了充分的披露，不存在重大疏漏。

（二）战略发展委员会

战略发展委员会共召开两次会议，会议主要内容是：

1. 审议通过《马鞍山钢铁股份有限公司董事会战略发展委员会 2015 年履职情况报告》；

2. 审议通过公司“十三五”发展战略规划，同意提交公司董事会审议。

（三）薪酬委员会

薪酬委员会共召开一次会议，会议主要内容是：

1. 按照相关规定，根据公司情况，结合相关董事、高级管理人员分管工作范围及主要职责情况，对该等人士 2015 年经营业绩进行了考核，并将考核结果提交董事会会议审议。

2. 审议通过薪酬委员会 2015 年履职情况报告。

（四）提名委员会

提名委员会共召开一次会议，会议主要内容是：审议《马鞍山钢铁股份有限公司董事会提名委员会 2015 年履职情况报告》。

三、董事会对股东大会决议的执行情况

公司董事会根据股东大会授权，决定了安永华明会计师事务所（特殊普通合伙）进行 2015 年年度财务报告审计、财务报告相关内部控制审计及执行中期商定程序的酬金。

公司运作遵守相关国家法律、法规、规章及规范性文件，决策规范、合理，生产经营正常运营。

（徐亚彦）

【董事会秘书室工作】 2016 年，董事会秘书室在公司领导下，以全力推进精益运营为核心，为公司规范运作做了大量工作，且通过加强与证券监管机构、证券中介机构的沟通，以及对投资者的服务，努力维护公司在资本市场的形象。

1. 股东大会及董事会工作。共筹备或承办1次股东大会及7次董事会会议、4次董事会审核(审计)委员会会议、2次董事会战略发展委员会会议、1次董事会薪酬委员会会议、1次董事会提名委员会会议,准备相关会议文件,做好与会务有关的组织、记录等各项工作,及时对董事会所决定的事项拟文、行文,并且按规定作必要的公告。在相关部门的配合下,向独立董事提供公司生产经营情况,汇报监管机构最新监管要求,为其履职提供便利。

2. 信息披露工作。就公司重大事项在境内外共起草或发布通函1份、公告36份,信息披露工作做到了及时、准确和完整。编制及披露2015年年度报告、2015年度社会责任报告、2016年半年度报告及2016年第一季度、第三季度报告,圆满完成了公司定期报告的相关披露工作。

3. 再融资相关工作。根据公司资金计划,配合计财部,于2016年8月在全国银行间市场发行了2016年度第一期短期融资券20亿元。同月,在计财部的配合下,完成23.40亿元公司债券的还本付息工作。

4. 关联交易工作。会同企管部,在公司其他相关部门配合下,开展2017年《金融服务协议》和《后勤综合服务协议》的相关工作,公司董事会将于12月29日开会审议。

5. 集团公司股票质押。为拓展融资渠道,集团公司拟将其持有的股份公司股票进行股票质押式回购交易融资,董秘室及时就相关股票质押融资涉及的上市公司信息披露与集团公司沟通,就所需资料及相关注意事项提出建议,并按进展先后起草、发布两份公告。

6. 制度建设情况。根据公司实际情况和现实需要,在遵守相关法律、法规、规章、规则及规范性文件的前提下,修改《公司章程》,并向香港注册处进行了申报。根据企管部关于制度执行情况检查的相关通知,对公司股东大会议事规则、董事会议事规则、监事会议事规则、董事会审核(审计)委员会工作条例、董事会战略发展委员会工作条例、董事会薪酬委员会工作条例、董事会提名委员会工作条例、董事会秘书工作制度、投资者关系管理制度、信息披露管理办法、内幕信息知情人登记制度等规则、制度、办法的执行情况进行检查,检查结果显示相关规则、制度、办法执行有效。

7. 规范运作工作。中国证监会安徽监管局接到部分股东投诉,就集团公司2015年度因资金面紧张未履行承诺增持股份公司A股股票的情况,拟对马钢进行现场调研,董秘室获悉省证监局调研计划后,及时与省证监局公司监管处的分管员联系沟通,在公司领导的支持和集团公司的配合下,认真准备汇报材料、相关背景资料并安排专人专门赴合肥提交相关汇报材料、背景资料。

8. 投资者关系管理工作。接待来访的投资机构15批,电话会议约49次,通过E互动回答投资者问题30人次,并认真负责地回复了许多中小股东来电;继续为马钢职工解决有关马钢股票的历史遗留问题,为职工或职工家属提供账户查询、咨询等服务。协助公司领导做好与中介机构的协调工作,使投资者和市场有关人士对公司有较为客观、公正、全面的认识。

9. 与企管部等一起,做好关联交易的日常管理及内部控制管理相关的工作;与资本运营部等一起,做好对相关子公司的规范管理工作。

(何红云)

监事会

【监事会工作】 2016年,公司监事会本着对全体股东负责的原则,认真履行《中华人民共和国公司法》和《公司章程》等相关法律法规赋予的职责,对公司依法运作情况和公司董事、总经理及其他高级管理人员履职情况进行监督,维护了公司及股东的合法权益。

一、监事会会议情况。

1. 根据工作需要,2016年公司监事会共召开了七次会议,对公司一系列重大事项进行了审议。

(1)审议通过公司2015年度财务报告和年度报告正文及摘要。

(2)审议通过监事会2015年工作报告和监事履职情况的报告。

(3)审议通过2015年度四季度存货跌价准备变动坏账准备变动的议案。

(4)审议通过公司2015年利润分配方案的建议。

(5)审议通过公司2015年内部控制评价报告。

(6)审议通过公司2015年度社会责任报告。

(7)审议通过2016年第一、第三季度报告全文及正文。

(8)审议通过公司2016年未经审计半年度财务报告、半年度报告全文及摘要。

(9)审议通过2016年度第一、第二、第三季度存货跌价准备变动的议案。

（10）审议通过关于公司给马钢瓦顿股份有限公司申请流动资金贷款提供授信担保的议案。

（11）审议通过公司关于子公司安徽长江钢铁股份有限公司变更固定资产折旧年限的议案。

（12）审议通过公司关于修订《金融衍生品套期保值业务管理办法》的议案。

（13）审议通过公司关于办理金融衍生品套期保值业务的议案。

（14）审议通过公司关于增加控股子公司马钢集团财务有限公司注册资本的议案。

（15）审议通过2017年《金融服务协议》。

（16）审议通过公司2017年《后勤综合服务协议》。

2. 本年度监事会成员列席了七次董事会和一次股东大会会议，对会议审议程序、表决事项、决议执行情况以及公司管理制度等方面进行了监督，促进了董事会议各项决议的正确落实。

二、履行监督检查职责，对公司运作发展发表独立意见。

1. 公司依法运作情况。2016年，监事会根据《公司法》《公司章程》的有关规定，对公司运作情况进行了监督。监事会认为：公司董事会决策程序合法有效，股东大会、董事会决议能够得到很好的落实，内部控制制度运行有效。公司董事、总经理及其他高级管理人员廉洁勤政、忠于职守，努力为公司的发展尽职尽责。本年度未发现董事、总经理和高级管理人员在执行职务时有违反法律、法规、《公司章程》或损害公司及股东利益的行为。

2. 检查公司财务情况。监事会结合本公司实际，通过听取公司财务部门的汇报、定期审计等方式，对公司的财务状况和经营成果进行了监督。认为：本年度公司财务制度健全，各项费用提取合理，财务运作规范，审计报告真实合理，有利于股东切实了解公司财务状况及经营情况；公司董事会编制的定期报告真实、完整地反映了公司的生产经营情况，不存在虚假记载、误导性陈述或重大遗漏，未发现参与年度报告编制和审议的人员有违反保密规定的行为。

3. 利润分配情况。经安永华明会计师事务所（特殊普通合伙）审计：2016年度，按照中国企业会计准则计算，本公司净利润约为人民币13.63亿元，加上2016年初未分配利润-14.89亿元，2016年末可供股东分配的利润约为-1.26亿元。由于公司2016年末可供股东分配的利润为负，建议2016年度不进行利润分配，也不进行资本公积金转增股本。

4. 募集资金使用情况。报告期内，公司没有发生新的募集资金情况，往年公司募集资金已按照募集资金使用计划使用完毕。

5. 关联交易情况。本年度发生的关联交易严格按照关联交易协议进行，交易公平合理，决策程序合法合规，信息披露规范，不存在内幕交易和损害股东利益的行为。

6. 对外担保情况。本年度的对外担保议案均符合国家法律、法规和企业会计准则，审议程序合法合规，未发现损害公司及股东利益的行为。

7. 内部控制评价报告。2016年，按照企业内部控制规范体系的规定，监事会对董事会建立和实施内部控制进行了监督。监事会认为：公司已按照企业内部控制规范体系和相关规定的要求，在所有重大方面保持了有效的财务报告内部控制。根据公司财务报告内部控制重大缺陷的认定标准，于内部控制评价报告基准日，不存在财务报告内部控制重大缺陷；根据公司非财务报告内部控制重大缺陷认定标准，于内部控制评价报告基准日，公司未发现非财务报告内部控制重大缺陷。自内部控制评价报告基准日至内部控制评价报告发出日，公司未发生影响内部控制有效性评价结论的因素。

8. 公司建立和实施内幕信息知情人管理制度的情况。报告期内，公司严格执行内幕信息保密制度，对内幕信息知情人进行备案登记，公司董事、监事及高级管理人员和其他相关知情人签订了内幕信息知情人承诺书，严格遵守了内幕信息知情人的管理制度，未发现有内幕信息知情人利用内幕信息买卖本公司股票的情况，未发生监管部门要求查处、整改的情况。

【监事会秘书室工作】 2016年，根据监事会工作部署，为公司监事能更好地履行工作职责做好相关的服务工作。

1. 负责监事会议会务工作。准备监事会议所需相关资料，做好会议记录和纪要的整理归档，并为会议决定事项拟文、行文。

2. 为方便监事更加了解公司的生产经营情况，对有关事项做出准确判断，收集整理相关资料。

3. 做好监事会与证监会、国资委、上交所、联交所以及公司有关部门的沟通协调工作，建立信息渠道，发挥桥梁纽带作用。

4. 关注和了解公司治理方面的问题，及时向监事会反馈情况，协助监事会加强监督。

5. 受理公司股东的来信来访,及时向监事会汇报。

6. 根据公司部署和本室职责,做好日常管理工作,完成领导交办的相关事宜。

(沐韵琴)

· 专业管理 ·

市场营销管理

【营销管理】 1. 稳步提升市场分析预测能力,支撑公司准确把握经营方向。2016 年,市场部对钢材价格月度预测的方向正确率达到 90%,平均偏差率也控制在 2% 以内。尤其在 2015 年末市场部对钢材价格已进入底部做出准确判断,2016 年一季度各钢厂还在犹豫中,公司已经开始提高同期销售价格,为公司上半年取得较好业绩打下基础。基于国家维持经济稳定、钢铁去产能和主要用钢行业复苏的预期,2016 年各类产品价格震荡回升,分析得出汽车板需求爆发和库存极低的结论,大幅提升公司板材产品定价,将市场预测转化为公司的产品定价和销售效益。通过稳步提升市场研究预测能力,有效支撑公司经营和产品销售,公司 2016 年钢材产品销售价格比国内行业平均水平高出 193 元/吨,较 2015 年全年高 76 元/吨,提升 117 元/吨,定价水平提升和产品结构优化是公司价格优势扩大的主要原因。

2. 深化产品结构调整,快速提升高效益及重点产品比重。一是按照公司快速扩大汽车板产品销售比例和产品结构调整的要求,市场部在年度预算中大幅增加汽车板销售数量,并每月按年度预算结构和月度边际利润水平,适时调整和优化钢材产品销售计划。公司 2016 年产品结构调整取得良好成绩,全年板带比提升至 66.3%,部分月份板带比超过 70%;全部钢材品种钢比例达到 45.6%,其中板带品种钢比例达 48.5%;全部钢材直供比例达 53.6%,其中板带产品直供比超过 66%。二是重点产品销售取得快速提升,产品结构得到深入调整。全年汽车板同比上年增长 43%,由 150 万吨提升至 215 万吨规模,全国市场占有率也上升至 8.1% 左右;家电板达到 315 万吨,继续保持国内行业领先优势;硅钢销量达 54.2 万吨,同比增加 19%,W470 及以上高牌号硅钢 12.6 万吨,同比增长 24.8%。

3. 创新营销模式,调整销售渠道,优化市场布局。根据产品规划目标和市场形势变化,市场部发布 2016 年钢材产品销售政策,调整建筑用钢材、中型材和 H 型钢等产品的销售模式和定价周期,进一步明确板带类产品的营销策略:即直供客户实行"月度锁定价"、流通市场客户实行"月度定价+二次调整"。加强营销策划能力,年前全面制订产品销售计划,不断优化销售渠道。通过大力发展直供客户和提升战略客户市场份额,扩大自销比例、贴近市场服务客户,培育稳定的专业经销商队伍,三个内销渠道相辅相成,共同抵御市场的波动和风险。其中,分(子)公司销售量达 449.5 万吨(含加工中心对汽车和家电直供客户销量),占全部钢材销量的比例为 33%,板带类直供销售比例更高。围绕公司产品市场定位和目标客户群,适时调整钢材产品资源流向,优化产品市场布局。汽车板以省内合肥和芜湖为中心,重庆和上海为两翼,面向全国市场进行销售;家电板优先供应省内战略客户和确保市场份额,同时配套供应战略客户在其他生产基地的部分市场份额;建筑用钢集中供应省内重点工程市场,型材也将销售市场逐步收缩至华东地区。2016 年,华东地区直供客户占直供总量的比例达 78.1%;其中,长材 81.9%、板材 77.4%。

4. 完善海外市场布局,积极推进国际化经营。在美国、澳大利亚、韩国等地增设分支机构,形成覆盖亚、欧、大洋洲和美洲的海外市场及业务布局,后期将进一步完善海外市场布局。为有效指导海外市场拓展,每月制定钢材出口计划,细化出口价格,发挥销售公司、海外公司、MGV 公司等平台优势,打响马钢产品国际品牌,扩大马钢轮轴、H 型钢、彩涂板、冷镦钢等高端产品海外市场份额。2016 年,公司钢材出口 122 万吨,占公司钢材产品销量的 9% 左右,产品销往欧美日韩等发达市场,积极拓展东南亚、中东等新兴市场。

5. 创新营销服务模式,拓展电商销售渠道。依托 APQP 组和"1+2"客服小组,全面推行 EVI 模式,由汽车板拓展到所有重点产品,与用户构建紧密的共赢合作关系。扩大终端销售,整合现有区域公司,形成加工中心、地区公司的多层销售终端。以上海钢铁交易中心为依托,大力发展网上钢材市场。公司全年电商平台销售量达到 47.1 万吨,占全部钢材销售的 3.5%,占板带产品的 5.2%,未来将继续上升至 10% 左右。

6. 加强客户满意度监测,不断提升公司顾客满意度和忠诚度。公司结合卓越绩效管理要求,加强客户满意度监测,围绕客户关心的问题持续改善。加强客户关系管理，梳理现有客户分布情况，结合销量、品种和价格对客户贡献和忠诚度进行全面深入分析，适度调整客户结构。探索客户管理经验，加强客户资源、准入、分类和退出管理，建立科学合理的客户贡献评价指标体系。2016 年公司顾客满意度从上年的 88.68% 提高至 89.40%，上升 0.72 个百分点，公司顾客满意度和忠诚度稳步提升。

【采购管理】 一是按照采购一体化的新要求，修订、完善管理制度。结合采购新形势和公司职能调整，对《原燃料采购管理程序》《原材料供应商管理办法》《原燃辅料采购计划管理办法》《指定供方管理程序》等程序文件的进行了全面修订。按照公司规范采购供应的独家议标业务管理流程，尽可能降低独家采购规模，降低采购成本的要求，新编写了《采购供应独家议标管理办法》。二是提高市场分析能力，不断修订预测模式。做好原燃材料市场分析，密切跟踪价格走势，定期出市场分析研究报告，为公司经营管理决策提供依据。三是在市场分析的基础上，结合采购部门信息，做好原燃料采购成本预测工作，完善采购指导价制度；在原燃料需求计划基础上拟订月度采购计划并跟踪计划执行情况；并按月发布原燃辅料市场指导价、自产矿、废钢等相关物料结算价格。四是采购价格管理定期化，标准化。每月定期进行采购对标工作并形成报告。包括含铁原料、燃料和合金废钢等主要品种。从行业数据，相关钢厂数据以及公司考核要求等多方面对标并提出相应的评价和采购建议。

【经营计划综合管理】 市场部每月以生产经营目标计划评审为平台，以产品边际利润分析为切入点，结合市场研判，积极做好生产经营目标计划管理，扎实推进品种结构调整和经济运行。

1. 经营计划的策划及过程监控。市场部紧紧围绕公司当期生产经营要素，在市场研判的基础上，精细测算产品边际利润排序，并据此优化资源分配，确定月度生产计划。同时，围绕月度经营目标，加强了对制造降本、结构调整、期间费用及库存控制等各子计划管控力度。从实际运行结果来看，各子计划的有效执行对公司经营计划的实现起到了很好的支撑作用，效果明显。2016 年，公司经营结果好于年度计划水平，实现利润 13.16 亿元。2016 年，铁、钢、材分别完成 1381.49 万吨、1464.27 万吨、1374.23 万吨，其中铁超计划 5.49 万吨，钢超计划 1.27 万吨，成品材欠计划 3.77 万吨，主要是全年板材效益优于长材，板带比较计划高了 8.63 个百分点，特别是冷系列产品超计划 107 万吨，成材率差异造成成品材产量减少。2016 年，制造降本未完成年度计划，欠计划 3.9 亿元；产品结构调整未完成年度计划，欠计划 1.0 亿元；期间费用完成年度控制计划，节约 3.4 亿元；物流费用完成年度计划，同比减少 2.1 万元，下降 6.32%。库存控制有效，在计划内运行。分子公司经营也取得了良好的经营业绩，2016 年各子公司归属母公司利润达 2.6 亿元，远超盈亏持平的年度计划目标。

2. 盘库管理。完善库存基础数据，盘活库存资源。按时完成了公司产成品、中间品、在产品及大宗原燃辅料的季度盘库工作和对各加工中心的半年度盘库。公司各类钢材库存账物相符，无盈亏，且库存均在公司控制标准以内。大宗原燃料有盘盈，截止四季度末，共计盘盈 2600 万元，各类库存总量均在公司控制标准以内。

3. 资源综合管理。一是结合市场变化及可利用资源销售工作的推进，完成了《2016 年公司可利用资源招标周期计划表》的制定及发布，大幅减少了续标销售，定价机制更加贴近市场，进一步规范了可利用资源的销售工作。二是对可利用资源从销售计划的制订、评审、执行实行全过程监控，可利用资源的销售工作有了明显改善，销售计划兑现率达到了 90% 以上；销售收入也有所提高，全年销售收入 1.26 亿元，同比增加 1400 万元。三是水渣包销。按照《水渣包销总体框架协议》精神，完成了水渣销售所有工作界面的划分，并与马钢嘉华签订了《2016 年度水渣包销协议》，执行正常。2016 年水渣销售利润额达 1.61 亿元。四是自用材管理。进一步加大了对采购中心申报外购钢材（在公司产品大纲范围内）计划的审核力度，极力协调使用自产材。2016 年公司生产维修及工程用钢材自给率达到 93.98%，创历史新高，为股份公司节省外购资金约 6500 万元。

【期货管理】 在钢铁产业链全面金融化的环境下，组建公司期货操作团队，通过套期保值交易规避市场风险，打造期现货结合的套保运营模式。2016 年，公司期货业务涉及的主要品种有铁矿石、热轧卷板、螺纹钢和焦煤，包括针对库存的卖期保值、规避价格风险的钢材卖期保值及原燃料买期保值。全年共实施了六个套保项目，操作了四个品种，合计 63.71 万吨，其中，铁矿石 29.32 万吨，焦煤 20 万吨，螺纹钢 10 万吨，热轧卷板 4.39 万吨；套期保值交易规模超过 6 亿元，有效规避了钢材价格下跌和原燃料价格上涨的风险。

（余　辉）

计划财务管理

【成本管理】 2016年,成本管理重点以服务生产经营决策为目标,提升成本管理水平,提升企业效益,开展了一系列工作。一是完善和深化月度生产经营计划的效益评审工作。2016年,钢材价格触底反弹,虽然产品均有边际效益,但如何让公司有限的资源实现最大效益,产品效益评估工作对公司销售接单和品种结构调整增效具有重要的指导意义,也是公司提高盈利能力的重要手段。为此,每月计财部根据采购部门提供的下月的原料预测采购价格以及销售部门提供的下月钢材销售价格,利用SAP系统和投入产出模型,准确评估物料的MB1版本成本以及细分到工厂、产品大类、钢种、物料层次的钢材边际利润,及时提供给业务部门,为公司的销售接单、排产、资源平衡以及优化品种结构提供依据。由于系统物料量巨大,主数据维护部门无法及时完成BOM的修订工作,造成部分物料的评估成本与实际水平存在一定差距,这些差距虽小,但会对销售部门接单造成一定的困惑,为此,计财部及时根据制造单元实际降本增效结果对估算成本进行修正,使其最大程度地贴近实际情况,为销售部门抢抓订单和产品结构增效提供有力支撑。二是开展效益预测工作。为及时反映当月公司的经营状况,每周进行周成本预测,每月15日、20日以及月底根据两头市场价格变化、品种结构完成情况以及二级单位成本完成情况进行效益预测及编制效益快报。三是加强成本核算与分析工作。计财部充分利用SAP系统强大的核算功能,每月按公司月结时间节点完成成本月结工作,认真分析上万张生产订单的成本,发现和分析异常情况,撰写月结报告,并通过成本管理QQ群及时与制造单元沟通,梳理和优化流程,督促其改正错误,不断提高核算的准确性。四是开展对标挖潜及降本增效工作。为最大程度地降低成本,在公司部署下,积极开展对标挖潜工作,按月及时撰写对标分析报告,通过与行业平均、行业先进对标及长钢对标,多种途径寻找降本增效空间。同时与各单位从采购降本、设计降本、物流降本、消耗降本、能源降本、系统降本等方面开展深入细致的工作,取得了明显效果,公司制造成本在行业中排名持续进步,全年比上年实现降本16.1亿元。五是积极开展日成本工作。由计财部牵头对日成本核算系统进行持续改进和升级,逐步由前期的"梳理问题、明确需求、制定规则、建立平台、支撑核算",发展到"按日核算、精细管理、对比分析、事中控制"。目前已覆盖铁前、钢后工序产线共61条主要生产线,并在合钢整体信息化成功上线后,覆盖到合肥板材的生产线。六是加强绩效考核和跟踪工作。每月及时收集汇总各二级单位的考核报表以及各职能部门的资料,计算各单位制造成本、边际利润、模拟利润、资金占用等指标完成情况并撰写部门绩效评价报告,及时报送企管部,为公司领导全方位、全流程整体了解各部门、各业务单元运行效果,及时调整经营策略提供数据支撑。七是信息化工作。优化了本部效益评估的数据抽取逻辑,大幅缩短了报表出具的时间、提高了产品边际效益计算的准确性。同时完成了合钢效益评审的系统建设工作,全程参与合钢、废钢公司整体信息化项目工作。

【资金管理】 1. 严格资金控制,提高资金使用效率。通过采购资金控制,按照"量入为出、以收定支"的原则,将采购资金的总额与销售收入挂钩以保证生产经营现金流。

2. 采用多种融资手段,努力降低资金成本。一是为解决2016年直接融资到期的资金压力,兑付到期的23.4亿元公司债券,年初即向交易所协会申报注册100亿元短期融资券。但由于受东北特钢、中铁物资等行业债务违约事件以及上年度公司大额亏损等因素影响,协会迟迟不予批准。通过反复提供材料和答询,公司领导亲赴协会约谈并带队分赴北京、上海两地各大金融机构现场路演推介,于6月底完成注册,8月成功发行了2016年第一期20亿元短期融资券,期限一年,发行利率5.45%,用于补充生产经营资金和置换或提前归还部分间接银行融资,调整融资成本和融资结构。二是因钢材出口收汇,累积美元存款,通过办理定存,将美元存款与人民币融资捆绑操作。2016年,将持有的2亿-3亿元美元存款存量通过询价竞标的形式,在不同的商业银行办理存款加融资的非标准工具的融资方式,为公司产生以下几个方面的利好:1. 产生大额的汇兑收益,全年约产生8087万元的收益。2. 在融资有难度的情况下,留存部分存款以保资金链安全。3. 通过在商业银行办理美元存款,可以新增银行的融资额度,同时降低融资成本。三是密切关注利率市场变化,适时开展低成本融资业务。针对电子银行承兑汇票期限可以达到一年的特点,以及2016年市场票据贴现利率一直较低的状况,积极寻求开展了以电子承兑汇票保贴或国内信用证押汇替代常规贷款的业务，累计开具了28.3亿元一年期的电子银行承兑汇票或半年期的国内信用证，并在商业银行进行贴现或押汇，平均年贴现率与同期一年期贷款利率有较大幅度降低，全年节约资金成本约2400万元，另外利用财务公司电子票据承兑功能，通过财务公司直接出具电子银行承兑汇票对供应商支付货款，每月1亿-2亿元的开票额度，全年累计开具约20亿元的电子银行承兑汇票，满足资金支付的需求同时减少了约4亿元的开票保证金占用。四是通过出口平台外移，利用出口钢材的业务背景，通过香港公司的NRA账户办理出口项下贸易融资，全年共办理9000万美元的融资总量，该项融资节约资金成本约为290万元人民币。五是以人民币远期信用证模式，开展进口贸易项下的境外融资。采用进口矿远期信用证模式通过香港公司在境外融资，2016年累计办理背对背信用证跨境融资约18.95亿元。六是关注人民币汇率市场变化，及时调整美元资产和负债比例，有效规避汇率风险。2016年，人民币兑美元趋于贬值，考虑到股份公司有120万吨的钢材出口量，销售增加美元收入，一直保持公司的美元资产大于美元负债，在人民币贬值的情况下，产生了大额的汇兑收益。同时为弥补进口跨境融资的降低缺口，通过办理美元贷款，加锁定汇率的一年期远期购汇合约的套期保值的形式，共办理一年期贷款7555万美元，贷款利息和锁汇成本的综合成本控制在基准利率以内，弥补资金缺口的同时，也锁定了汇率的波动风险。七是加大银行承兑汇票付款力度。为减少流动资金付款额度，采购单位与主要供应商单位协商，加大银行承兑汇票付款的力度，剔除银行承兑汇票背书的方式之外，公司2016年通过各家银行和财务公司开具银行承兑汇票约45亿元，缓解了融资压力，并有效地降低了利息支出。八是利用财务公司平台，提高存量资金收益率。借用财务公司资金集中管理的优势，通过分期分批，将存量资金采取定期存款和多批次七天通知存款，取得存量资金的增量效益，全年产生的利息收入比计划增加2300万元。

3. 配合公司内控管理，完善资金内控制度。一是认真做好关联单位往来额度控制及结算工作。二是完善资金集中支付平台操作流程，改进业务操作流程。三是加强内部控制制度的管理和完善工作。修订了《马钢股份公司应收款项往来客户授信管理办法》《马钢股份公司金融衍生品套期保值管理办法》，制定了《马钢股份公司计财部合同管理办法》。四是加强资金内控检查和银行账户管理工作。

【投资管理及资产管理】 1. 加强建设资金计划管理，统筹安排，严格按计划支付资金，保证公司重点工程项目的资金需要。以公司董事会批准的2016年固定资产投资预算为纲领，展开和实施项目投资管理工作。

2. 加强固定资产投资管理。一是组织固定资产投资项目的前期工作。组织二铁2号高炉大修等项目可行性研究报告审查会；参与四钢轧热轧平整分卷生产线项目的优化方案；对车轮公司检测线搬迁、技术中心研发系统升级改造等项目进行现场调研。二是办理项目备案、规划、环评、能评等手续。对高端汽车零部件棒线材深加工、二铁绿色生产高效利用、南区钢渣处理综合利用工程、四钢轧总厂热轧平整分卷检查线工程等项目进行了备案、能评等工作；协调棒材深加工项目的规划用地许可的办理等。三是参与项目的后评价过程管理。对2015年度重大项目建设和实施效果进行了一次全面检查，并向董事会做了检查情况报告。

3. 完善固定资产管理制度，做好固定资产入账、报废、外销、盘点等工作。一是按照公司的总体部署和各项目投产时间做好固定资产暂估入账工作。2016年新增固定资产约48亿元。其中公司重点项目约29亿元，厂管项目约19亿元。二是积极参与公司固定资产外销、报废工作。经与相关部门共同组织鉴定审核，将公司内部没有利用价值的淘汰设备对外销售，全年处置销售原值约8300万元、净值700万元的固定资产，实现销售收入700万元。全年报废的资产原值约21000多万元，净值约4500万元。三是配合相关部门做好今年固定资产盘点工作，及时发现处理固定资产使用和管理中存在的问题，使固定资产账实相符。

4. 积极争取财政补贴资金。多次赴省、市发改委、经信委等单位汇报马钢申报2016年财政专项补贴资金项目情况，并申报了2016年第二、三批国家专项建设基金；通过市经信委申报了工业转型升级专项资金；申报了市经信委“促进工业经济倍增企业转型升级”资金项目，并获得了200万元的补助，补助资金已到账；配合公司相关部门争取国家政策支持，先后争取到二铁2#烧结机烟气脱硫1259万元、焦化生化水提标改造496万元的国家、政府财政资金补助；配合能环部完成各项政府专项补助资金使用的审计和检查工作。

5. 积极参与并完成公司化解钢铁过剩产能工作。参与制定马钢2016年去产能工作计划，多次清查去产能涉及固定资产价值、与省市经信委、财政厅、国资委、人社局等部门协商去产能过程中的各项政策及条款，协调落实去产能奖补资金共管账户的设立问题,迎接国务院去产能督察组的检查,起草马钢集团化解过剩产能工作自查报告等。指导相关二级单位完成了去产能关停设备的拆除和封存,配合省国资委、市政府相关部门完成了对马钢2016年去产能关停设备的封存、预验收。

【税务管理】 积极应用国家税收优惠政策,大力开展税收筹划工作。一是应用出口退税政策,减轻企业税收负担。2016年,针对频繁升级的出口退税客户端系统不断优化维护,及时更新出口产品代码库版本,对符合退税条件的出口产品,积极向税务机关办理出口退税,2016年全年能够为公司获得免、抵、退税4.32亿元,降低了公司的增值税税负。二是展开了公司2015年度企业所得税汇算。汇算过程中加强税收筹划,充分享受税收优惠政策,为马钢减免企业所得税1570万元。三是关注增值税变动相关政策,努力降低公司税负。"营改增"之后,企业向境外支付劳务费时,替境外单位代扣的增值税,可抵扣企业的增值税,计财部积极组织申报,2016年全年可抵扣增值税250万元。四是充分利用市政府扶持政策,积极争取财政奖励。根据市财政局《关于调整市区城镇土地使用税标准后财政奖励政策的意见》,对企业增加的土地使用税,按一定的比例以奖励的形式予以返还。计财部按市财政局的要求申报奖励,2016年可获得财政拨付的土地使用税返还1.66亿元。

【会计基础工作】 1. 加强会计基础工作,保证公司财务报告的真实性、完整性。一是由计财部驻销售公司财务科牵头,税务科、资金科参加,完成了对十五个分(子)公司的财务风控及会计基础工作检查,出具了风险检查报告,在会计基础工作、会计核算、风险提示、税务核算等方面提出三十个问题点,要求分(子)公司整改,促使分(子)公司贯彻公司财务制度的执行,规避风险;由会计科牵头,组织相关业务科室对股份公司本部科室开展会计基础工作检查和财务风险互查互排工作,强化财务会计内部控制,有效控制财务风险。二是根据"营改增"后取消营业税这一变化,牵头对《马钢股份公司SAP系统财务核算管理办法》进行了修订,报公司审核后予以发布。三是组织编制了2015年度财务决算报告,按时公告和上报了年度财务报告;按省国资委年报要求完成了省国资委2015年年报系统的编制;完成24家钢铁业上市公司的2015年年报以及2016年半年报收集和财务指标的统计分析工作。

2. 协调相关审计工作。一是协助安永做好联交所、上交所关于2015年年报及2016年季度、半年度报告的披露及期后审核说明工作;二是根据安永会计师事务所出具给公司的《2015年度管理建议书》的内容,就相关的问题下发整改通知,配合各有关单位进行了认真整改,梳理、汇总反馈给安永审计。

3. 加强内部控制管理,不断提高财务管理水平。加强和规范企业内控管理,提高公司的经营管理水平和风险防范能力,根据企管部内控办的要求,对公司财务会计方面的内控制度进行了梳理,对梳理中发现的问题进行研究并做出了修订,配合公司、会计师事务所完成内部控制测试及整改工作。

4. 及时为公司的新增业务需求提供支持或提出财务处理意见。一是参加公司关于补充医疗保险基金管理、独生子女相关政策调整,以及差旅费报销文件的修订工作;二是围绕公司化解过剩产能提供会计处理意见,撰写马钢股份公司的《化解过剩产能过程中所涉及的会计处理问题》报中钢协,参与去产能职工分流安置资金共管账户管理暂行办法制订工作;三是参加各险种的保险集中招标、投保工作,不断完善保险合同的管理,促进公司保险理赔网络的构建。

5. 加强对外投资财务监管与风险防控。一是加强对外投资项目的财务管理:全程参与常州润和公司房产抵债工作;参与马合公司关停及人员安置工作,并在财务方面提供及时有力的支撑;根据国资委巡视整改要求,提升四级公司的层级,规范子公司的管理,组织马钢慈湖公司股权收购审计评估工作;参与对外投资股权的清理工作,牵头组织马钢智能立体车库股权与马钢投资公司的交易审计评估工作;全程参与欣创公司新三板上市准备工作;负责或参与多个公司合资项目的谈判和财务尽职调查等。二是进一步加强对外投资的日常财务管理:按季度报送子公司财务风险分析报告,并对子公司财务风险管理提出建议;对子公司的内控执行情况进行检查,并提交相应报告供公司参考决策;按计划进行日常财务风险检查,并对发现的问题及时下发财务风险监管函。三是参与子公司相关工作。参与金马能源公司的H股上市启动工作,配合金马能源公司启动收购金宁能源公司的股权收购工作;协调子公司配合安永审计工作;负责长钢、金马能源、马钢合肥、马钢嘉华等多公司的董事会议案审查工作;负责长钢420轧机报废事项的调研并提出处置意见。

6. 进一步提高财务信息化管理水平。2016年,在做好SAP系统各类财务主数据的日常维护与管理工作的基础上，积极优化 SAP 系统的财务应用，及时为公司的新增业务需求提供系统完善与支撑，如合钢整体信息化甩账工作支持、业务整合系统支持工作（先后有“合并二、三钢轧总厂，成立长材事业部”“货车、危运车辆业务整合”“一铁、二铁总厂合并”“彩涂板事业部并入冷轧总厂”“长材事业部高线分厂整合至特钢公司”“二铁总厂、三钢轧总厂、四钢轧总厂石灰业务整合至资源分公司”“仓储配送板块优化整合，仓配公司剥离至集团公司”）；SAP 系统升级和迁移财务方面的支撑工作；在法务部出具最新关联方清单后，根据集团账户组客户和供应商主数据新增申请，及时进行系统维护，提高了 SAP 系统的管理效率。

【统计管理】 一是为响应国家钢铁行业供给侧改革，关停马钢部分低效产能，核实马钢钢铁产量、产能等数据，整理提供先进和落后设备产能、企业生产运行情况等相关资料供公司决策。二是密切关注钢铁行业的发展动态，利用现有的统计信息网络，加强对统计资料的收集整理，将中钢协反馈的全国大中型钢铁企业产品产量、技术经济指标、经济效益指标、对标挖潜资料进行筛选、加工、分析，并及时反馈给公司相关部门和相关总厂。三是积极参与公司相关经营管理活动，主要有配合相关部门完成了公司创建全国质量奖、温室气体排放申报、马钢十三五规划数据与材料补充、公司 2016 年安徽名牌产品申报、2013－2015 年股份公司战略目标和 KPI 指标完成情况、创建清洁生产环境友好企业申报、短期融资券项目尽职调查和联合资信评级、编制《公司志》等工作、反倾销调查等。四是完成对国家统计局、中钢协会、国资委、省冶金协会、省统计局、市统计局等各级政府部门月度和年度报表上报任务的同时，积极配合有关政府部门完成定期、不定期的调研工作。五是完成各级政府部门布置的统计调查。

（王晓红）

生产、技术质量管理

【基本情况】 2016 年，公司生产制造系统紧盯“市场”和“现场”两大战场，充分发挥了整合后的优势，始终与以满足用户需求为前提，狠抓标准化管理和标准化作业，以工艺设计和质量控制为基础，进行制造过程最优化控制，在精益制造的理念下，生产组织、结构调整、产线专业化分工、精益管理等方面取得了全面的突破，实现合同兑现、质量稳定、生产顺行、经济运行。

【生产组织】 随着 4 号高炉的投产，产能从日产 37000 吨钢迅速跃升到日产 44000 吨钢的平台，铁钢平衡刚性趋强。公司充分发挥系统优势，强化铁水资源日计划、班计划动态平衡，确保生产、检修、能源介质的高效联动，建立了新产能下的高效生产模式。工序计划联动，按日细化确定工序用料需求平衡，保证了全工序连续均衡稳定组产，较好地完成了库存控制。快速适应订单结构变化和产线分工需求，建立以汽车板订单为切入点的订单月度计划预排，炼钢连铸月度计划预排，计划排程更加精益，管控能力进一步提升。

一是生产组织运行高效，产能取得了全面突破。铁前生产以高炉稳定为中心，精心组织，采购、生产、物流三方联动，确保在低库存下的原燃料安全保供和质量保障。公司大型高炉的稳定顺行突破 1000 天，铁水成本处于同行业较低水平，较好地支撑了公司产品的降本增效。全年生产组织围绕公司新建 4 号高炉的投产为主节点，精心筹划，从生产平衡、铁水调运、原料供应、能源保障等方面，通盘考虑，提前制定生产组织预案，并组织各相关部门和单位对预案进行充分论证，最终形成了科学缜密的钢轧生产组织及应急方案，促进了公司生产组织水平的提升。股份公司本部全年产铁 1381.49 万吨，比上年增加 4.33%。产钢 1464.26 万吨，比上年增加 4.4%；成品材产量 1374.23 万吨，比上年增加 1.84%，实现铁、钢、材产量的全面突破。

二是制造系统借整合优势，全系统推进产线专业化分工，支撑品种结构调整方面取得重大突破。2016 年，公司提出充分提升优势产品产能的目标，制造系统结合各产线的自身技术和装备相对优势，通过优化产线分工，挖掘产线潜力，取得了高效协同效应，促进公司板带生产走向专业化、高效化。其中一钢轧总厂全年 CSP 机组在品种钢以及薄规格系列产品的生产取得了较大突破，全年累计生产出口 SAE1006B22.17 万吨，耐候钢 SPAH2.22 万吨。其中厚度 2.5 毫米以下 20.95 万吨，占 CSP 商品材比例 45.4%。分别较 2015 年增加 15.84 万吨，比例上升 24%。四钢轧总厂热轧机组持续放量生产，完成了近 200 万吨汽车板基料、支撑了公司效益较好的冷轧产品增产 107 万吨的基料高效高质保供。冷轧产品品种钢生产取得突破，累计完成汽车板 142 万吨，其中品种钢占比 77% 以上。汽车外板月产突破 1.1 万吨，一次投料合格率稳步提升至 80% 以上。镀锌高强钢、薄规格宽幅家电板、冷轧宽幅汽车板，汽车板、家电板、硅钢产品在产量、生产过程控制上均取得了连续性的突破。各事业部锐意进取,突破改革,生产经营均完成公司既定目标。

三是精益生产取得系统性突破;借助能源、检修、生产管控合署办公,推进公司能源经济运行、高效生产。制造部强化了铁水资源到日/班组计划的动态平衡,确保生产、检修、能源介质的高效联动,建立了新产能下的高效生产模式。持续推进和细化工序用料需求平衡,较好地完成了库存控制、快速适应订单结构变化和产线分工的需求,计划排产更加精益,管控能力进一步提升。

四是强化过程设计和控制,提高制造能力。深入学习 TS16949 体系,利用 TS 体系思想指导过程设计,将“形似”逐步转变为“神似”。强化热轧工艺参数管理同时兼顾参数保密性要求,策划并实施发布了钢种组热轧质量计划。完善板带产品质量红黄牌预警机制,按月通报“红黄灯”预警产品,制定解决方案并跟踪落实,提高产品合格率。加强技术文件标准管理,组织制订和修订冶金产品的企业(内控)标准 19 个,组织修订、评审及发布工艺技术规程 75 项。做好客户需求识别,根据“外设计”进行“内设计”,持续将客户需求转化为马钢内部的各类标准,满足客户使用。2016 年,公司在钢轧系统确定了 50 个公司级“统计过程控制管理点”,其中板带制造单元 32 项,事业部单位 18 项,总厂级控制点 58 项,对生产过程进行监控,按照周分析、月评价、持续改进的模式进行管理,及时发现并解决异常情况。开展自评、季评和年度经验及成果发布会,促进经验交流、借鉴和学习,稳定产品的质量,提升制造能力。通过开展产学研合作项目促进质量改进,如《热轧板带材轧制稳定性研究》《热轧带钢氧化铁皮缺陷控制与优化技术研究》,全面推进稳定生产,持续改善产品表面质量。对外树立马钢产品形象,稳定客户市场,内控产品质量,实现降本增效,起到积极作用。

五是实现了由生产制造型向客户服务型转变的战略突破。2016 年初,公司成立客服中心,全面启动新客服体系建设工作,先后编制发布了《客服运行管理办法》和《产品外设计管理办法》,从制度和流程上确保为客户提供更加优质、个性化的产品和服务,积极响应了公司的战略转变。公司成立了 19 个“五位一体”客服小组,聚集研发、生产、技术、销售等人员,充分发挥团队合力优势,以制度化、模板化的客服运行体系,分别为奇瑞汽车、江淮汽车、上汽乘用车、昌河汽车、重庆长安、吉利汽车等 19 个主机厂及重点客户,提供售前、售中和售后全流程服务。积极与汽车主机厂开展协作 EVI 项目,共同开发汽车板,马钢汽车板已进入中高端汽车主机厂,如长安、东风、上汽等。在技术服务年会及客户交流年会上,客户对马钢产品质量的进步和客服工作取得的成效均表示充分认可,马钢产品质量获得客户普遍赞誉。

六是多措并举,持续推进成本管理,提升产品竞争力。发挥生产、能源、设备计划的联动效应,实现能源的高效利用。开展铁前、钢后主要产线日成本管理,对公司各产线日成本进行日分析、周通报、月小结,并制定考核指标。发现问题及时沟通解决,日成本偏差合格率显著提升,为目标成本管理提供有利基础大力开展原辅料、产品和工艺优化设计降本。扎实做好原辅料、机物料的新供方、新品种的试用工作,大力推进品种优化工作。组织开展了钢轧系统清单式降本工作,梳理形成行动计划 42 条,任务明确,责任到人,按月检查评价,持续推进。规范业务外包流程,降低非生产性费用支出。计划、工艺、设备联动,释放连退、酸轧机组产能,有效地降低了单位能耗。优化酸轧工作辊、支承辊换辊周期,通过提升轧辊换辊吨位,提升了机组产能,降低了辊耗成本。加强物流管理,保障生产正常运营,较大幅度实现物流降本。持续推进公司固废资源综合利用,实现经济与社会效益双赢。2016 年,实现与标准 BOM 成本相比降低成本 27.95 亿元。

【品种结构】 大力推进品种结构调整,做大做强汽车板、家电板、硅钢产品。2016 年公司汽车板产品连续刷新产量记录,并在 12 月份达到 24.6 万吨的新产能平台,不仅为全年完成 200 万吨汽车板夯实了基础,也为 2017 年 280 万吨汽车板任务提前进行了拉练。硅钢、家电板、合肥板材等产能提升显著,品种钢生产均取得了较大的突破。板带产品品种钢比例达到 50%,较去年增长了 117%。酸洗、冷轧、镀锌高强汽车板生产进入常态化,生产过程管控能力得到进一步提升。汽车外板实现最高月产 1.32 万吨。高牌号硅钢产量 10.5 万吨,同比 38.6%,为公司产品结构调整增效 6.9 亿元提供了支撑。

【订单管理】 在品种结构大调整下,订单管理为支撑销售单元接单和市场开发,顺应公司增加直供用户的需求,深入细化和创新订单分级管理机制。重点推进重点 A 类订单生产和保供,优先做好汽车板订单、直供用户订单、出口订单和有交货期要求的订单等 A 类订单的计划安排和原料保供,确保 A 类、重点客户订单兑现。做好小订单归并,减少“零交付”订单。

实施产品红黄绿灯预警管理，计划、工艺、质量联动，通过对生产过程的跟踪监控，不断进行工艺改进，提高产品合格率，提升订单兑现率。发挥系统优势，实现生产计划、销售、制造单元三者联动，支撑销售公司接单，根据生产实际灵活调整生产计划，在品种钢多、极限规格多、重点订单多、小订单多、试模订单多的情况下，酸洗薄规格高强钢生产量达 13.4 万吨，较 2015 年增加 7.36 万吨，同比增加 121.8%；四钢轧 RH 钢比例 59%，同比增加 11.5%。克服重重困难，依旧保证了订单兑现的稳定和提升，完成了公司计划目标。

【技术进步】 强化工艺技术管理，加大工艺技术攻关和质量改进力度，提高工艺控制能力。积极响应市场对产品要求的提升及用户的需求个性化，通过技术服务、MR 驻点等形式识别用户的特殊需求，形成“标准+a”的工艺及判定标准，以满足不同用户的要求。通过产品质量的先期策划，以工艺技术标准及信息化系统控制等形式落实工艺要求。大力组织开展工艺优化、技术攻关，解决生产现场技术质量难题，稳定产品质量，保障生产顺行，降低制造成本，有效改进质量不稳定产品的订单兑现和制造能力提升，如汽车外板实现最高月产超 12000 吨，且单工序一次合格率由 60%左右的水平提升到 80%以上，制造能力较大提升；高牌号硅钢通过炼钢、热轧、冷轧工序的一系列工艺优化和技术攻关，成分和性能指标大幅提升，并实现 M35W300 系列产品批量高效生产，终判合格率达 90.4%。薄规格高强钢生产稳定性取得较大突破，基本能满足销售需求。加强对合肥板材的技术支撑，提升合肥公司板带产品制造能力和产品质量。针对现场制造过程中的难题，制造部积极组织实验攻关，有效解决或改善了制约生产和质量的问题。如汽车外板纵向条纹、酸洗板表面凹坑、高强钢铸坯裂纹和断裂、高牌号硅钢边部划伤和孔洞、QSTE 系列酸洗薄规格高强轧制稳定性和表面质量、连退炉内跑偏、宽幅汽车板瓢曲、合肥板材薄规格表面斜纹、玛切嘉利 FE510D-TCL 边部分层等。生产、技术、质量、销售多方联动，生产过程控制水平提升。通过每日发布重点品种方式，有效联动生产、技术、质量多方，提升生产过程控制能力。

【质量控制】 以督查为手段，加强质量控制管理。持续开展质量督查，建立质量督查月度评价通报制度及跟踪整改。按期开展产品审核和制造过程审核。履行厂际间质量问题仲裁、现场检验监督、产品判定管理职责，在减少经济损失的同时，支撑了订单兑现的稳步提升。全年公司产品质量损失 8.26 元/吨，比上年下降 0.7 元/吨，产品质量异议 3.26 千克/吨，减少 1.49 千克/吨。

（卢学蕾）

设备管理

【基本情况】 2016 年，设备系统积极顺应公司生产经营形式变化，以“零故障”管理为目标、精度管理为载体，强化设备状态把控，科学经济高效检修，保功能、提精度，系统优化联动，拓展渠道，节能降耗，为设备安全稳定、产品质量提升、系统经济运行，提供了支撑。

【设备管理主要绩效指标完成情况】 1. 公司 4 小时以上设备事故次数 1.7 起/月，小于公司目标值 2 起/月。公司关键产线运行稳定，新增 4 号高炉及配套设备迅速投运保产。全年公司重点管控考核的 70 条生产线，设备故障次数和时间同比分别降低 24 起、7968 分钟，降幅 11.94% 和 25.71%。其中铁前高炉、炼钢转炉、轧钢冷轧区域、公辅主力机组设备运行稳定；一钢轧中板，长材南区棒材线，四钢轧 1580、冷轧 2 号酸轧线、1 号镀锌线、3 号镀锌线、4 号镀锌线等主要产品线故障同比明显减少，关键产线稳定性提升。2. 全年因设备功能精度影响产品质量事故 1 起，基本达到了全年零影响的控制目标，为汽车板产量突破 200 万吨做出了贡献。3. 设备经济指标达到或好于年初预定目标。设备修理费全年剔除新增因素控制在年度 12 亿元目标值以内。4. 通过备件计划控制、全面推行零库存采购、库存备件利库处置等手段，备件资金占用量继续降低。全年完成降库指标 1.4 亿元，超进度完成全年 10% 的降库目标。5. 全年主要生产线检修后 48 小时内事故达到公司控制目标。依据公司经营组产和设备状态，系统策划、规范施工，成功组织和实施了 36 项重点检修，通过检修恢复了设备功能精度，支撑了产品质量提升，实现安全、质量达标，工期、费用受控。

【检修管理及隐患整改】 无论是设备运行过程，还是检修实施过程，始终注重安全第一的理念，全年无重特大设备事故，无检修人身伤亡事故，各类隐患得到有效的监护和整治。一是成功应对各类季节性不利因素，做到提前策划，提前应对，效果良好，未发生雷击跳电事故，未发生厂区内涝事故，道路、铁路排水通畅有序。设备部被市政府评为“2016年度防汛排涝先进单位”。二是坚持设备隐患预防与治理常态化。先后组织液压系统、液态金属吊、工业建构筑物、三电、煤气、氧气、蒸汽、压力管道、外转供等多项专业检查;发现问题,及时整改;暂时不能整改的,制定专项预案,实时监控。在准确把握设备状态基础上,设备部适时调整检修项目,及时消除隐患,为公司生产安全稳定奠定了基础。三是预留专项费用用在刀刃上。重点确保安全、重要环保设施隐患整治投入,将隐患牢牢控制在掌控之中。在资金上保证钢结构防腐、抗震加固、防汛排涝、环保整治以及动力隐患等费用投入,四类项目全年预计投入6100万元。消除了对生产、环境特别是职工反映较大的影响健康因素。四是开展事故应急演练。9月份组织能控中心对新区焦电段3号井电缆隧道着火事故预案进行了演练,检验了各部门、各级人员的事故应急反应、协调和处置能力,弥补了不足,达到了预期效果。

【设备运行管理】 落实“融入”工作思路,调动生产、工艺、设备多方积极性,利用信息化手段,科学把握设备状态,适时检修,恢复设备功能精度,保证产品质量,围绕产品质量需求,开展技术攻关,设备维护变被动为主动。一是提高对设备状态的把控能力。设备精度管理工作进一步拓展,编制并实施了《精度管理第二阶段推进计划》,一钢轧、冷轧、四钢轧、长材、特钢等单位18条主要产品线全面开展精度管理。通过三方评价,及时恢复、调整、优化设备功能精度,有效支撑了产品质量。二是开展设备技术攻关和关键产线技术改进工作。依托设备技术高管、APQP小组活动、公司驻点技术组等,以问题为导向,快速解决制约设备稳定、质量提升、效率提升的瓶颈问题。三是持续推进设备总包运行模式。2016年开始,四钢轧连铸机委托马钢重机公司离检总包,铸机辊缝及大弧精度控制良好,设备保持高精度状态,大幅减少了因设备精度控制造成板坯质量问题。利用检修公司力量,开展TRT检修总包,降低修复费用,延长机组运行周期,二铁南区吨铁发电提升约2千瓦时,为公司在TRT维修核心技术的突破取得了宝贵的经验。委托马鞍山市特检中心开展锅炉、压力容器、压力管道检验总包,降低了检测费用20%。水处理药剂托管运营,提升水质保供能力。四是做好各种状态下的备件材料保供工作。贴近生产现场,融入检修现场,对重点产线优先支持,实现公司高炉、烧结机、板带等重点产线维护检修、抢修所需资材的经济高效保供。圆满完成了极寒天气、节日期间、防汛抢险等不利状态下的应急保供工作。五是支持了4号高炉及配套系统顺利投运。建设期,设备系统承担了公辅方案策划、供电系统的改造接入、TRT接入系统、设备安装调试工作。投运后,迅速完成了设备标准的审定发布、协力队伍快速介入、运行备件的及时准备等,保证了4号高炉及配套设备的正常投运。六是有计划推进设备“四新”技术应用。编制了控制系统及传动装置更新、淘汰高能耗电机、高能耗变压器滚动实施计划,预留专项资金统筹更新实施。

【动力能源经济运行】 2016年,动力指标实现年度目标。一是开展直供电、直购气集中交易增效。通过积极政策争取,与省发改委、发电企业等多轮交涉、商谈,成功地完成了股份公司2016年直供电(28.5亿千瓦时)三方合同的签订,协助和指导集团公司罗河矿、张庄矿、合钢板材、长江钢铁以及马钢矿业(16.3亿千瓦时)完成2016年直供电集中交易三方合同签订。通过设备系统精心调控,实现了用电计划兑现率±3%以内,为集团创效4.08亿元,其中股份公司年创造效益2.58亿元。组织开展天然气直接交易商谈工作,并以此为契机重新开展与港华天然气气价的商谈,签署了供用气合同。气价大幅降低,全年节约天然气采购成本200余万元。经多次协商,继续与BOC执行液体汽化优惠价格,避免气价调整支出费用648万元。氧气系统经济运行效果明显,实现降本增效1233.5万元。二是牵头推进“三供一业”移交工作。马钢对外转供电、转供水移交方案和费用,确定了分摊比例,政府40%、马钢40%、首创20%为吨钢能耗“破6进5”提供了支撑。

【修理费管理】 严格修理费使用过程中的评审、评价制度,控制和压缩费用支出。分清主次,保主线、主体设备,保产量、质量、效益,确保重点产线、关键设备的投入,如1580侧压机、冷轧焊机、打毛机、CSP振动台等等,适当控制非重点产线投入。

【备件、材料管理】 2016年,备件降本超目标完成。一是国产化工作进展有序。全年进口备件国产化项目175项,结题67项,直接节约备件采购资金3028万元。二是大力推进采购降本工作。按照“聚量、竞争、淘汰、联动”八字采购方针,打破常规,推行聚量招标,引入潜在优秀供应商竞争。通过各单位努力,全年实现采购降本6119万元,超公司采购降本计划400万元。三是购销联动工作开展有效。落实“互为市场互为供方”理念,拓展马钢重点产品的销售渠道和市场影响力,支撑了公司硅钢、特钢、车轮等产品的市场拓展和销售，全年完成销售额1000余万元。四是创新修复管理模式，在加大自修管理的同时，探索与专业厂合作模式，培育维修基地。成功策划了重机公司与宁波东力的合资合作，为减速箱修复再制造创造条件。

【固定资产管理】 持续完善固定资产管理流程，修订资产管理程序，加强固定资产实物管理。截至2016年底，股份公司资产原值708.57亿元，净值263.45亿元。

【行业对标工作】 为解决钢铁企业设备对标存在的统计口径不一致、产线数据无支撑、来源渠道不稳定、交流无平台、数据时效性差等问题，受钢协设备分会委托，马钢联合包钢等单位牵头开展“钢铁企业设备管理技术经济指标”对标工作，制定了《钢铁企业设备经济技术指标统计规范》，规范了统计口径，委托宝信公司开发对标数据交流平台。2016年4月20日，马钢牵头召开全国钢铁企业设备管理技术经济指标统计工作研讨会，6月16日在宝钢举办钢铁企业设备管理技术经济指标统计工作培训班，指导行业指标统计及报表上机填报操作。

【技术攻关与管理创新】 一是设备技术攻关活动深入推进。充分利用公司设备技术资源，2016年发布了42项设备技术攻关课题，完成结题31项，其中三铁总厂高炉炉底板上翘攻关等3个攻关课题项目申报了2016年度公司优秀攻关项目。二是管理创新有序开展。从设备稳定运行到设备精度管理，创新设备管理思想，提高设备管理水平，2016年设备部共提出设备管理创新课题12项，其中5项课题已成功实施并已申报2016年度公司管理创新成果。

【荣誉】 在卓越绩效管理申报全国质量奖工作中，股份公司基础设施管理作为主要关键过程被评审专家评为优势加分过程，为公司赢得了荣誉。G20峰会期间，强化环保设备管理，消除环保设备对环境的影响，圆满地完成了环境保障任务。2016年，马钢股份公司荣获第十届全国设备管理优秀单位，《设备精度管理》荣获第二届全国设备管理创新二等奖。

（夏其祥）

计量管理

【计量检测完成情况】 2016年，股份公司实现A类测量设备周期受检率100%、计量标准设备确认合格率100%、重要测量过程在线受控率100%、厂际计量仪表运行率98.1%。检定各类计量器具32481台（件），外委累计完成确认数为2513台（件），重新识别和设计了主要产线重要测量过程270项。全年实现各类物料计量检测132万车次，净重1.52亿吨，水、电、风、气等动力量实现100%计量。

【计量基础管理】 2016年，计量管理处紧紧围绕公司“聚焦两大战场、锐意变革突破”的工作主题，以“市场”和“现场”为导向，精细基础管理，创新管理模式，强化制度的执行与考核，突出体系源头的风险管控，运用现代技术，加速推进公司计量模式的转变，以锐意变革突破的意识，不断追求卓越，较好地完成预期的工作目标。一是编制2016年计量工作计划，明确了2016年测量体系管理目标，拟定计量重点工作及保障措施，部署计量监督工作安排，强化计量专业考核。重新梳理了20个测量管理体系的指定作业文件，对《计量人员管理办法》《测量需求和测量设备配置确认管理办法》《物质计量管理办法》等管理制度进行了修订。二是以公司“3号机4号炉”重点工程为突破口，通过“3号烧结机、4号高炉计量专业管理（首检制度）检查”、“产线测量过程控制的监督审查”、“测量设备维护相关方计量监督审查”、“马钢股份公司测量管理体系内部审查”等计量督查方式，强化《股份公司新建工程、技改项目测量设备配置管理办法（暂行）》《测量过程控制管理办法》《测量设备确认间隔期管理办法》《计量人员管理办法》《测量设备计量确认管理办法》等制度的执行。三是组织通过5年一次的马钢股份公司中启认证测量体系换证审核。四是及时完成整合单位的计量跟进服务工作，帮助生产矿解决计量问题。五是完成了公司“远程集中计量系统”的基础建设，初步建立了公司物资计量方式由分散到集中的转变，优化了资源配置，实现了马钢计量方式的颠覆性变革。六是突破体制束缚，实现管理延伸，成立了相关方工作室。重点对设备供方、服务供方等相关方实施计量监督管理，初步建立了测量管理体系源头输入风险的管控模式。七是在一钢轧总厂、四钢轧总厂推进商贸秤允差控制管理，以精准计量助力企业的效益提升。八是从人员、制度、流程入手，扎实内部管理机制，强化商贸计量监督，为公司“把好关口、守护利益、维护形象”。九是物资计量异议处理，延伸管理流程。在做到及时处理的同时，着重跟踪调研发货计量情况，帮助生产厂查清产生计量异议原因，并做好与客户沟通工作。计量异议数较往年大幅下降。十是建立公司计量例会常态化机制,并通过“5·20”世界计量日、《计量知识宣贯手册》、《计量工作信息》及计量专业知识培训、计量知识竞答等多种形式,不断提高各厂矿主要管理人员的计量意识和从业人员的业务水平,直接受益人员达300余人。

(阮　兵)

炼铁技术管理

【基本情况】 2016年,炼铁技术处按照公司铁前生产经营方针,发挥管理优势,以高炉生产为中心,将原燃料采购、库存控制、烧结、球团、焦化等工序紧密结合,系统联动,快速反应,实现了大型高炉全年无失常,取得大型高炉连续稳定顺行1000天的好成绩。

【技术标准管理】 按照公司技术文件管理程序的要求,进一步修订、完善技术标准及工艺技术规程。2016年共制定了2部、换版了9部工艺技术规程,制定了1个企业标准、修订了2个企业标准、修订了16个技术条件、2个管理标准。一系列管理标准的修、制定,推进铁前工艺管理的进一步规范。

【工艺技术管理】 通过工艺纪律检查和专项管理制度检查来推进制度、措施的落实。为此,总厂每周组织工艺纪律自查、公司每月组织铁前技术人员对铁前各单位进行工艺纪律和专项管理制度执行情况的检查。通过检查查找实际工作中不足之处、制度有待完善之处,对检查情况进行通报,对发现的问题提出改进意见,并在后续跟踪验证中复查整改落实情况,对落实不力或同类问题反复出现的给予考核。

【提高高炉驾驭能力】 2016年,继续将高炉体检制作为保高炉顺行的重要措施。在公司9座高炉全面推行相对统一的以操作参数权重计算得出的高炉顺行指数的高炉评价体系。以数字诊断结果,为炉况研判顺行维护提供可靠的量化依据。形成了班体检、日体检、周分析和月评价四级体检体系。为验证三个炼铁总厂落实高炉体检情况及体检效果,进一步推进高炉体检的优化、完善,炼铁技术处组织举办两届高炉体检经验交流发布会,重点在于检验体检和预警的效果,从有效性正反两方面进行案例分析。

【提升技术操作指标】 通过对不同级别的高炉选择对标企业实施对标管理,每月进行指标、成本对比,找出差距、分析原因,促进技术操作指标提升。2016年公司高炉燃料比为525千克/吨,较2015年下降0.5千克/吨,煤比135千克/吨,较2015年提高0.4千克/吨,在2016年行业燃耗指标整体呈现劣化趋势下,公司燃耗指标有小幅改善。A、B高炉原燃料条件未达到行业平均水平,但高炉利用系数、燃料比位于行业平均水平之上。1号、2号高炉原燃料条件达到行业平均水平。高炉利用系数、燃料比、入炉焦比、煤比、风温位于行业平均水平之上。

【特殊炉况处理】 积极组织二铁总厂4号高炉开炉方案、3号高炉停炉方案的讨论和评审;并在4号高炉开炉、3号高炉停炉期间,组织技术人员跟班跟踪炉况的操作。4号高炉9月6日点火开炉,至9月16日达产,产能以及主要经济技术指标快速提升,整个开炉过程安全顺利,高炉快速达产。3号高炉10月10日6∶30高炉停炉大修,停炉过程安全顺利,且料面降至指定位置。18∶00残铁口安全打开,总计放残铁140余吨,整个作业过程安全可控。

【配煤配矿】 为满足高炉稳定顺行需求,进一步加大配煤配矿技术管控,配煤方面:首先,稳定自产焦配比,通过减少配煤比调整推进自产焦质量的稳定;其次,强化焦炭平衡方案的制订和优化;此外,组织自产焦降低灰分攻关,进一步提高公司自产焦质量,为公司大型高炉稳定顺行提供条件。配矿方面:首先,在稳定匀矿烧结性能的前提下,优化配矿结构;其次,稳定混匀矿和高炉炉料结构,合理控制有害元素对高炉的影响;此外,以性价比优良的高品位国内球团精,提高球团矿品质。

【库存管理】 一是公司组织对进口矿、煤焦库存标准和单品种库存量进行评估,不断优化进口矿、炼焦煤库存标准。二是在保证生产稳定的前提下,制定铁矿石、炼焦煤相互替代及紧缺品种替代的应急预案。三是制定完善公司料场低库存配置与运行方案,减少因库存低导致的运行风险。在保证高炉用料稳定的前提下,煤焦库存4月份以后始终保持在28万吨左右,进口矿库存在4号高炉投产前基本控制在110万吨以下、4号高炉投产后基本控制在130万吨左右,较好执行了公司低库存经营战略,减少了公司资金占用。

【铁前信息化】 逐步建立融高炉、烧结、球团、焦化、料厂等于一体的铁前生产技术信息化综合平台;建立公司所有高炉运行状态在线监控平台;并实现铁、烧、球、焦技术资料公司内资源共享及一站式展现;建立铁前生产技术大数据库,充分挖掘数据分析功能,开发在线体检模型、预警模型;建立4号高炉二级系统及相关功能模块。为高炉操作调整提供技术支撑。

【环保控制】 2016年，进一步停用含硫高的外购球团精，烧结也不再使用伊朗粗粉、秘鲁烧结精等含硫高的粉矿，在进行烧结匀矿和球团配矿时，继续坚持先计算再配矿的原则进行配矿，铁前烧结与球团10套脱硫设施2016年硫排放均达到了新环保法烟气进口硫浓度的要求。

（李　嘉）

汽车板业务管理

【基本情况】 2016年初，公司借鉴韩国浦项"汽车板推进事务局"推进汽车板发展的成功经验，结合马钢实际，在汽车板推进处的基础上，整合成立了马钢汽车板推进机构——汽车板推进委员会及其办公室。汽车板推进委员会紧紧围绕公司赋予的职责，深入市场和现场，通过信息收集、统筹分析，以体系和系统中的问题为导向、以前瞻性和系统性为原则，聚焦体系中的"瓶颈"、系统中的"短板"，提炼改进项目或课题，按照项目管理的方式，明确项目责任单位，以督查督办为抓手，强化过程监控，使得公司汽车板经营业绩和文化建设得到了持续发展。

【主要工作】 1. 以战略规划为引领，实施"战略拉动式"发展。2. 以引智借脑为途径，充分借鉴、吸收国外先进企业经验，推进马钢特色的"汽车板战略文化"建设。3. 以强化过程管控为手段，促进汽车板业务高效协同、快速达成。4. 以APQP项目管理为载体，立足产线，出击市场。5. 推进汽车外板制造水平（精益运营水平）的持续提升。秉持全系统（含加工中心）以外板的稳定生产为"牛鼻子"和工作抓手来促进马钢汽车板精益制造水平的全面提升。6. 以用户的需求为切入点，推行汽车板EVI先期介入服务模式。7. 以提高顾客满意度为关注点，建立新型"五位一体"客服体系。8. 以提高人员素质为基础，推进管理体系内审员队伍建设。9. 以设备保障质量的理念，推进"设备功能及精度管理"。10. 以新工艺、新技术为方法，推进先进装备和技术理念的在线投用。11. 人才机制创新突破，以"市场化机制"引进马钢急需的有经验的高端人才，成效显著。

【工作成效】 1. 汽车板销量呈跨越式发展。2013年110万吨、2014年130万吨、2015年150万吨、2016年208万吨，国内市场占有率达到7.5%，进入了行业前五位。2. 新产品开发再现突破、品种结构不断优化、高强钢比例不断攀升。2016年成功开发镀锌600DPD和800DPD双相钢等17个牌号新产品，其中冷成型产品最高强度级别1000MPa。汽车外板销量7.3万吨，年均增长26.2%；高强钢销量70万吨，占汽车板总销量的35%，比上年提升5个百分点；冷轧系列（含镀锌）汽车板187万吨，占比87%，比上一年提升4个百分点；3. 2016年总边际效益约21.3亿元，边际效益贡献巨大。4. 导入EVI理念、实现营销服务向技术服务模式的转型。5. 新型"五位一体"客服体系彰显"以顾客的一切为关注焦点"。专职客户经理提供一站式服务，工厂代表紧贴客户现场，明确识别客户个性化需，为客户提供更加优质、个性化的产品和高效的技术服务，"售前、售中、售后"技术服务等方面做了大量的工作，顾客满意度明显提高。6. 上汽、东风、长安、广汽等中高端汽车主机厂认证取得突破，主机厂份额进一步提升，2016年达到45%。

（姚　辉　李雄杰）

·二级单位（含各分公司、子公司）·

销售公司

【主要经济指标】 2016年，销售钢材1474.8万吨（不含车轮），实现税前销售收入386.4亿元，较2015年相比销量增加53.1万吨，销售收入增加60.3亿元。其中销售板带材916万吨，出口118.5万吨（不含车轮），汽车板215万吨，新增板带终端用户170余家，直供比达到66%。通过现货中心线上销售钢材52.3万吨，销售收入18.88亿元。分（子）公司全年销售钢材449.5万吨，销售收入134.4亿元、通过剪切加工配送服务实现净利润2.6亿元。

【经营管理】 2016年，销售公司紧紧围绕公司下达的经营指标、重点工作，以创新变革为动力，通过全面推进矩阵式党建，优化人力资源结构，积极做好企业文化与精神文明建设，大力弘扬马钢价值观和马钢精神，推动了全年各项工作顺利完成。在经营发展方面，坚决贯彻执行公司职代会、生产经营动员会和竞争力分析大会的部署要求，围绕公司制定的"聚焦两大战场、锐意变革突破"的工作思路和"全力推进精益运营、全面激发人的活力”的工作主题,以贯彻落实“奋力求生存、携手保家园”降本增效行动纲领为工作主线,以提升效益为目标,牢固树立“用产品和服务创造价值”经营理念,重构营销组织,创新营销机制,调整优化营销政策和策略,推动营销人员转变观念,做到开拓在市场、服务在市场、创效在市场,充分发挥销售的引领作用,较好完成了全年各项销售目标。

一是创新组织机制,优化内部管理。按公司要求开展“授权组阁、竞聘上岗”,根据销售需要,设立了7个销售总监岗位,同时成立7个专业团队,对团队成员实行全员竞聘上岗,结合公司薪酬定额总量,分品种制定吨钢奖励幅度,激励市场开拓。强化销售人才队伍建设,调整销售岗位结构,使得直接服务客户的员工数量占比达到了90%,突出了技术营销和服务营销。营造家园文化,感召全体职工树立敬业爱岗、敢于挑战、敢于担当的精神面貌。系统地梳理提炼出竞争文化、服务文化、沟通文化、风控文化等四个子文化,净化和提升一代营销人的“精、气、神”。传承优秀销售文化。组织内部人员编写销售指导教材,目前已经编好了《马钢销售(分)子公司ERP系统应用手册(第一版)》,正在编写《马钢销售公司营销人员基本素养》《马钢销售公司板材专业化营销应用手册》,预计2017年上半年完成。全年以导入卓越绩效模式为契机,强化内部管理,使得马钢销售组织效率更高,分工更专业,服务更精准,提高了市场响应速度。

二是调整销售策略,提高了产品销售竞争力。优化产品定价方式。主要采取“日定价、月度调整定价和月度锁定定价”三种方式,并结合市场形势调整完善,目前月度调整定价和月度锁定定价的比重分别维持在50%左右,既满足了直供终端的采购特点,又兼顾了流通市场大起大落的行情需要。在三种主要定价方式基础上,还配套有招投标定价、一事一议定价、对标定价等,通过灵活的价格政策,最大限度锁住订单。探索“品种+品牌”营销。努力把马钢各类产品在行业中已取得的地位和品牌影响力,充分体现到销售量和产品价格上,提高产品盈利空间。并通过量、价扩大市场知名度,再拉动品牌地位的提升。调整市场开拓主攻方向。主攻中国最发达的长三角经济区域内的终端客户,同时借助长江黄金水道和江海联运,低成本辐射华南市场和中西部新兴市场,充分发挥马钢地理区位优势。马钢300公里优势范围内的终端客户达到450余家,占总直供客户数的50%以上。建设多元化的销售渠道,增强接单和议价能力。不能仅局限于现有大客户和战略客户,必须尽一切可能开发的客户,增加在行业内具有影响力客户和战略客户数量,实现渠道多元化,分摊渠道风险,抵御市场危机。热轧产品同中断四年之久的中集集团重新建立合作,酸洗产品同国内家电空压第一品牌芜湖美芝建立合作,硅钢产品同西门子签订框架协议。马钢钢材的终端客户总数达到1000家(其中板带约870家),其中仅板带产品2016年开发了170余家终端客户。产品直供销售占比稳步上升,板带产品直供比达到66%,充分展现了销售模式正在快速转型。

三是实施新型客服方式,提升了终端开发水平。按公司统一要求,积极落实五位一体、EVI、OTP等新型服务方式。2016年共开展了11个板带产品的EVI活动项目,这种崭新的技术营销方式将马钢服务水平推进了一个更高的层次。推广了OTP平台的应用,2016年4月份建成上线以后,销售公司全力推广使用,并在使用过程中不断发现问题持续优化平台建设。有11个车型120个零部件、共4230吨订单,通过OTP平台进行服务。注重对客户经理的培训,自主组织了4轮约100人次的内部培训,内容涵盖钢材工艺知识、销售人员素养、企业管理常识、财务法律常识、信息化工具运用等五大方面,提高了团队的综合素质。2016年12月初成功举办2017年马钢钢材产品客户交流大会,来自全国各地各行各业400余家重点用户,850名代表参会,这也是马钢历史上规模最大的一次客户交流会,展示了马钢与用户之间的良好关系。

四是调整产品结构,推动了公司产品升级。2016年汽车板销售量突破210万吨,较上年增长40%,国内市场占有率提高至7.5%,主机厂占比达到45%,自2007年汽车板投产以来连续十年高速增长,进入行业第五位。全年家电板销售312万吨,酸洗镀锌家电板和硅钢产品与行业内的重点企业全部开展了合作。硅钢全年销售55万吨,其中W300及以上牌号销售5.9万吨,同比增长117%。热轧结构钢销售集装箱板10.5万吨,市场占有率进一步提升,并成功开发了CSP薄规格集装箱板工艺路径。H型钢产品在国内高端市场的份额稳定在60%。全年出口钢材119.6万吨,销售收入31亿元;新开辟了土耳其、黎巴嫩市场,全年累计新开发35家客户。2016年总品种钢销售占比达到44%,同比增加6个百分点,新产品开发35万吨,同比增加24%。产品认证方面,汽车板产品通过了重庆长安乘用车、上汽乘用车、上汽通用、吉利汽车等重要主机厂的认证,主机厂客户数量达到25家。酸洗家电板产品通过了美芝压缩机、艾默生等主机厂的认证,并通过了欧盟PED认证。H型钢产品通过欧盟认证(CE)扩证现场审核和韩国工业标准(KS)初次认证审核。

【分(子)公司经营情况】 2016年,分(子)公司销售钢材449.5万吨,主营业务收入134.4亿元、净利润2.6亿元。在总资源供给减少情况下,销售汽车板116万吨、占公司汽车板总量54%,同比增幅90%;品种钢188万吨、同比增幅9.3%。控制分(子)公司经营风险,持续优化内控体系建设,强化监督力度。系统描述和分析了全部业务流程165个风险点,判定风险评估结果,制定风控措施,完善过程实施。会同公司监察审计部、计财部,完成全部16家分(子)公司内部审计工作,下发审计整改意见146条,并限期整改。对分(子)公司开展现场盘库工作和现场安全检查。强化对社会仓库的监管,确保了货物安全管理。

(荀　著)

采购中心

【主要经济指标】 2016年,采购中心紧紧围绕精益采购、安全保供两条工作主线,抢抓市场机遇,聚焦深度降本,强化内部管理。全面完成了公司下达的各项工作目标和任务。全年采购到货总量3993万吨。其中进口矿1686万吨;自产矿576万吨;国产矿50万吨;煤焦1169万吨;合金22万吨;各类辅料480万吨;各类材料10万吨。全年采购资金总金额274亿元。采购到货质量综合合格率92.43%;采购计划兑现率101.3%。

【资源保供】 2016年经历了市场剧烈变化、国家环保督查和去产能政策影响,遭遇了前所未有的水灾天气、铁路运力严重不足、公路治超等诸多制约资源保供的不利因素,全面实现了低库存安全保供目标。燃料、熔剂资源出现异常紧张局面以后,一是紧急动员,启动应急保供预案;二是全员出击,催发资源,三是系统联动,强化内外部协作,形成保供合力,基本保障了公司生产稳定顺行。同时,提前筹划,精心组织,确保了4号炉投产定制焦资源优质保供。合金资源受国家环保政策、锰矿资源紧张的影响,硅锰市场价格大幅上升,合金企业纷纷减产、停产,无法按时兑现合同。准确把握市场时机,在硅锰价格处于阶段性低位时,提前锁定资源并加大采购量,合金保供基本未受影响。矿石资源坚决贯彻公司低库存经济运行战略,紧贴生产现场,强化系统联动。在卖方市场条件下,通过艰苦谈判,锁定关键品种资源量。解决了COA合同的执行问题。以现货采购、港口借矿、换矿等手段弥补资源缺口,满足造堆需求。全年借矿171万吨,实现了120万吨的常态化低库存水平。

【降本增效】 一是推进系统联动,铁矿石采购竞争力稳步提升。对现货进口矿采取"避峰就谷"采购,强化内部系统联动。全年进口矿累计采购成本比普氏指数低1美元/干吨。在全国55家钢企对标中,2016年进口矿累计采购成本排名第7位,低于行业平均成本28.77元/吨,采购竞争力进一步提升。二是全力阻击煤、焦涨价,多措并举控成本。面对煤炭价格持续上涨的外部环境,依托配煤系统设计工作组,及时应对市场变化,实施联动降本。同时在物流运输方面,加大动力煤、无烟煤的车船结合、江海联运、内河运输等方式,有效降低了物流费用和采购成本。三是准确研判市场,提前锁定合金资源降本。硅锰、硅铁等品种实现降本约900万元,微碳铬铁、钼铁降本约1000万元。四是灵活运用采购策略,实现熔剂、辅料、耐材降本。全年耐材和辅料共降本约9000万元。五是全力推动招标降本。2016年共开展了741个项目的招标,中标总金额约14亿元。招标品种和范围进一步扩展和延伸,独家供应品种逐步减少。轧制油、脱脂剂、无铬钝化产品,实施吨钢计价招标,全年降本约1800万元;紧固件、电缆桥架、打捆钢带、耐磨合金球、吹氧管、彩钢瓦等材料实行价格联动招标;对高炉黄沙实施采购、仓储、运输、配送综合性总包招标;对工作服、照明灯具在集团和股份内实施统采分签、聚量招标等模式。

【供应链合作】 坚持以供应链建设为抓手,紧扣打造"安全、稳定、高效、可持续、有竞争力的供应链"工作理念,持续推动供应链多层次、多领域合作,从供需合作提升到工序合作水平,在关键领域实施EVI深度合作等。工序合作方面,创新定制焦的生产供应和工序紧密合作。一是股权合作。马钢参股投资临涣焦化二期建设,为4号高炉配套生产定制焦。二是路企合作、物流保障。三是高效对接、生产技术融合。EVI合作方面,在轧钢工序,与板前处理剂供方帕卡濑精共建联合实验室,共同进行技术研发和市场开拓。在炼钢工序,与巴西矿业、中信金属开展铌微合金化技术在马钢产品的研究与应用。咸阳宝石向马钢提供高强度镀锌钢丝绳用线材的技术指标,成立联合攻关项目组,为马钢高端工业线材开拓了良好的市场前景。互为市场合作方面。2016 年煤钢互保共销售钢材约 36 万吨。同时开拓供方市场 15 家,共销售车轮、环件、硅钢、彩板、家电板、酸洗卷、冷轧卷、H 型钢、82B 等 20 余种高端产品 10 万吨。国产化合作方面,积极利用供应商的技术和研发力量,推动国产化合作。超高功率石墨电极国产化率达到 70% 左右,实现年度降本约 370 万元;液压油、齿轮油国产化率达 80% 以上。

【基础管理】 供方管理方面,一是完善供方优胜劣汰机制。全年共引进有实力供方 111 家,淘汰实力较弱供方 119 家。二是建立供方分层次管理体系。对战略供方、重点供方、一般供方、备用供方实行差异化管理,积极培育战略和重点供方,实施重点供方集中采购,对具备条件的品种实施抽检或免检。三是加强供方动态管理。修订供方准入条件,强化供方准入资质审核和分级评价工作,适时评价"警示目录"供方。质量管理方面,加强源头质量控制,实行二方审核常态化,全年共对 42 家供方开展了二方审核。风险控制方面,新制定、修订《进口现货矿管理办法》《供方管理办法》等 11 个管理文件,规范业务运作。严格执行合同变更审批程序,及时修订合同条款,规避不必要的商务纠纷。严格执行定价小组、价格委员会定价制度,确保采购定价公开、透明。体系管理方面,积极配合公司创建"全国质量奖";建立能源管理体系;加强 IS09001、VDA6.3 和 TS16949 体系的宣贯和管理;2016 年共对内外部 38 次审核发现的 11 个整改项进行了有效整改。计划管理方面,强调计划管理严肃性,提高采购计划的准确性,减少误差;建立有效的计划变更渠道,实施容差调整审批制;建立重点原燃料合理库存管理标准,纳入日常绩效管理。人力资源管理方面,按照公司核定的科级机构和人员编制,平稳有序地完成科室整合和各层级人员竞聘上岗工作。

【党群工作】 开展"两学一做"学习教育。发挥舆论宣传导向作用,制定宣传报道考核奖励办法,全年各类媒体见报稿件共计 120 篇。参加公司"聚焦两大战场"和"家和万事兴"主题征文,分获一等奖和二等奖,被评为年度新闻宣传报道工作先进单位。选举组建三个党支部班子,完成党费自查、补缴工作,组织开展了民主评议党员工作。开展了廉洁从业专题讲座、参观监狱等警示教育活动,组织学习《安徽省预防职务犯罪工作条例》和测试,组织管理人员签订《廉洁从业承诺书》。推进矩阵式党建工作,全年参与供方准入和评价、价格评审、现场抽检等业务工作达 300 余次,对供方管理、采购合同、薪酬管理、审计涉及问题整改等方面组织进行了专项巡查。

(张维祥)

检测中心

【检验流程整合优化】 一是整合原燃辅料检验流程。对四个原料取样站进行重组,成立统一管理的新取样站,取样作业区由原来的 9 个精简为 5 个,并实施劳务替代 26 人,形成了"大工种、区域化作业"的劳动组织方式,取、制、检业务分设独立运行模式基本建成,原燃辅料检验流程再造实现新突破。二是优化理化检验流程。重点推进实验室流程短平化,实行采购验证化学检验集中管理,新区金相、高线检验归并物理站等,实现了检化验业务的相对集成化经营。三是统合钢轧综判业务。将南北两个钢轧检查站合并,强化钢轧检判业务,优化判钢信息系统,提高了综判水平。

【检验管理】 原燃辅料检验方面,建立外购原辅料异常检验数据预警机制,做好质量跟踪验证,开展球团矿转鼓、抗压强度结果比对工作。加强重点品种的检验管理,完善铝铁的检验组批规则和国内精取样规定,改进取样方式,提高样品代表性。细化检验判定时限要求,混匀矿检验时限由 10 小时降为 6 小时以内,为生产单元提供了准确及时的数据。全年检验外购原燃辅料 1738 万吨,质量扣减款 1782 万元。理化检验方面,开展质量控制活动,加大抽查、督查和仪器比对力度,加强检测信息的反馈与传递。开展硅钢检验、化学分析等旨在加快检验节奏、提升服务质量的劳动竞赛活动。积极做好特钢、油品等新增检验的管理,建立高炉铁水 X 荧光分析等工作曲线,保证了检验质量和周期。2016 年理化检验质量平稳,全年各类检验产值合计 1.8 亿元。钢轧检验和综判方面,持续推进车轮质量安全风险防控体系建设,严把车轮产品出厂关,检验车轮产品 237978 件,共发现危害性缺陷 25 件,检出不合格品 647 件。加强判钢系统日常管理,落实好主数据的核查、维护以及质量证明书的设计和维保工作,确保判定准确、及时。2016 年检验非板带类产品 446 万吨,判定"准确率"和"及时率"均为 100%。

【检验设施改造升级】 一是自动取样项目,完成并投入使用 9 套冶金石灰粉自动取样装置。加强新区焦炭自动取样机稳定性验证。同时,结合机动取样管理特点,配备使用执法记录仪,完善了取样现场的过程记录。二是实验室改造，结合中心推行的检验流程优化，按照区域、业务集中原则，推进3200立方米高炉配套检化验项目和新烧结风动送样项目，实现了1号-4号高炉生铁、炉渣自动分析，以及一铁生铁、炉渣半自动分析。推进二铁高炉铁样自动化升级，完成检化验一站硅钢扩能3500自动线和X荧光自动线项目。功能和水平满足了四钢轧的生产需求。三是信息化系统，建成整合后的取样和物理两站新信息化系统，开展ERP系统故障应急预案演练，对ERP系统实施了17项次变更需求。积极配合公司完成SAP系统升级迁移项目。设备管理与流程整合相结合，提高了装备水准、为中心走科技检测之路创造了条件。

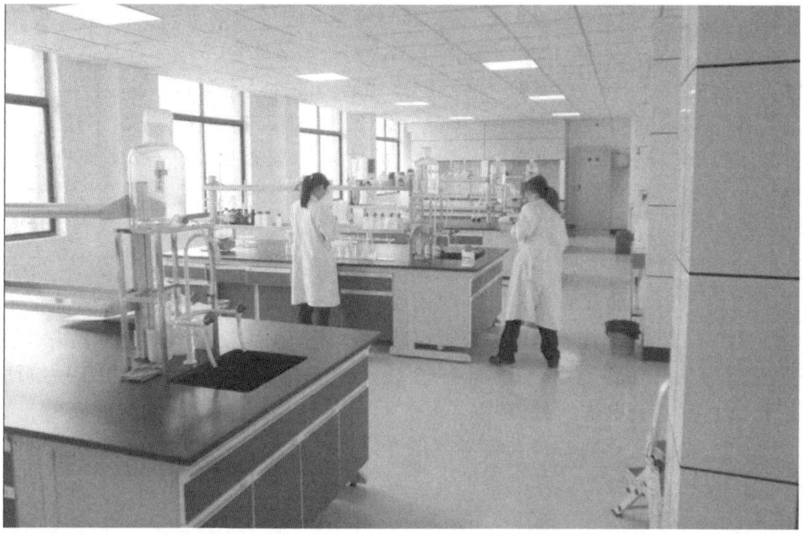

【企业管理】 一是推行卓越绩效管理。按照中心5年发展规划，加快内部流程再造和资源整合，初步实现了原辅料检验机械化、理化检验智能化和钢轧检验自动化的目标。培养了一批熟知标准、掌握程序的骨干力量，提炼了"实事求是，1是1、2是2"等检测特色文化。近年来，在检验量逐年增加的情况下，中心各项检验指标持续向好，检验准确率和及时率长周期保持100%。在全国质量奖现场评审中，中心卓越绩效工作表现突出，受得了公司领导和评审专家的一致好评。二是体系运行管理。实验室管理体系运行方面，顺应公司理化检验系统整合，从技术中心承接实验室认可体系的管理工作，修订了《质量手册》《程序文件》等，并获得了中国合格评定国家认可委员会（CNAS）对变更申请的认可决定。2016年开展了2次体系内审和1次管理评审，顺利通过了CNAS的监督审核。对19项新标准开展了技术确认，评审下达17项作业指导书，完成6项能力验证计划。质量和测量管理体系及产品认证方面，修订、完善中心443份作业文件，保证了文件的符合性和可操作性。开展了自我检查工作的执行力和有效性验证，配合公司完成了体系审核、产品认证、许可证认证检查以及商检等工作，共参与完成44次产品认证和体系认证。做好第二方产品认证检验工作，现场认证117次。通过了测量管理体系换证审核，初步建立中心能源管理体系和环境管理体系。三是职业健康和安全管理。成立了中心职业病防治工作领导小组，转岗职工安全教育率、特种作业人员持证上岗率均为100%。持续推进安全标准化示范班组创建和安全生产标准化工作，开展了应急预案演练和隐患排查治理，增强了职工的安全防范意识，实现了安全事故为零的目标。四是设备管理。着力做好备品备件和材料的采购管理，加强费用控制，严格申报把关，降低采购成本；建立健全机物料出入库台账，规范库房管理，定期开展巡查，防止材料及备件积压。积极使用国产备件、自加工备件替代进口备件。五是技术、管理创新。针对重难点问题开展技术攻关，实施公司科研攻关项目4项、中心技术攻关13项，采用课题后评价机制，有效验证了项目的可行性。鼓励职工立足岗位解决检验中发现的问题，开展岗位技术创新评比54项、QC活动19项，申报专利1项，评定13项技术秘密。发挥劳模和技术骨干的技术优势和传帮带作用，推动创新创效，凌晓霞、杨丽珠、耿广金和王健四个创新工作室卓有成效地开展了工作。推进5项管理创新活动的实施，取得了较好的效果。六是现场管理和督查。制定了中心现场管理工作计划，把现场管理纳入实验室"达标升级"竞赛活动中。召开了现场管理推进会，开展现场管理检查，并对查出的问题进行整改。督查工作以过程跟踪为抓手，深入检验现场。实施10次工艺纪律检查，确保了检验、判定符合工艺要求。

【人力资源优化】 一是精简机构、人员。完成了新组织架构转换，中心11个部站和13个检验站整合为6室8站，36个作业区精简为28个。制定了中心全员竞聘上岗实施办法，召开了聘用上岗动员会，采取

"组阁聘用"的方式,择优聘用上岗,并妥善安置60名落聘职工。二是强化业务培训。围绕中心重点工作、新项目和技术改造项目开展培训,自办培训班37期,培训人员1270人次,人员业务素质得到加强。三是开展全员绩效考核,合理设置关键绩效指标,完善岗位绩效管理办法,激励员工争先创优。2016年,精减人员80人,劳务替代46人,人力资源优化初见成效。

【党群工作】 一是开展"两学一做"学习教育活动。继续深化"党员示范岗、党员责任区"建设,建立责任区45个,党员群众结对子310对。各党支部积极组织参与党章知识测试,增强了党员的核心意识、看齐意识。二是加强家园文化宣教活动。召开"家和万事兴"主题座谈会并举办征文活动,开展向"最可爱的马钢人"学习活动。发布《检测中心特色文化理念及其诠释》。三是推行正激励,聚集正能量。开展"质量卫士"评比活动,评选出3名"质量卫士";表彰了一批先进集体和个人,激发了广大职工的工作积极性;开展"我为中心献计献策"合理化建议和增效节支专项活动,征集合理化建议95条;通过"争创红旗设备"等一系列劳动竞赛。四是关爱职工,保障职工权益。开展了春节慰问、母亲节和端午节慰问等多项关爱行动。高温期间为职工送去防暑降温用品,增强了职工的归属感和凝聚力。

(杨　彬)

技术中心
(新产品开发中心)

【概况】 2016年,技术中心紧紧围绕"聚焦两大战场,锐意变革突破"工作主题,以机制创新为手段,以EVI推行为契机,以平台建设为保障,凝聚广大职工砥砺前行,实现全年任务目标,有力支撑了公司生产经营。

【科研工作】 2016年,开展科研项目88项,其中国家省市项目10项,3项市项目顺利通过验收,获得公司新增立项项目14项,公司项目进度完成率87%;申报专利93项,完成计划的112%;授权专利40项,受理专利72项;发布国家标准1项,企业标准4项;申报技术秘密创新成果奖32项;获市级以上科技进步奖7项,"高精度轻型薄壁热轧H型钢产品开发"和"钢铁尘泥转底炉法环保处理应用及系列标准研究与制定"获冶金科技进步三等奖;"薄板坯连铸连轧生产无取向电工钢技术集成与创新"、"汽车轻量化用系列双相钢高效制造技术"分获省科技进步二、三等奖;"汽车用钢产品开发及应用技术研究创新团队"获市科技创新特别奖;"冶金二次资源综合利用技术研究产业创新团队"、"变频压缩机用高牌号硅钢研制创新团队"获第二批市高层次产业创新团队称号,2项新产品获省高新技术产品认定,5项新产品通过省级新产品鉴定。

【新产品开发】 实现新产品开发36.6万吨,比上年增长38%,创造销售利润2.1亿元,实现比较效益3.2亿元,超额完成年度计划任务。

车轮:350千米/小时标准动车组车轮完成60万千米运用考核,通过CRCC认证和铁总技术评审,配合实现420千米/小时交会试验。250千米/小时动车组车轮完成近60万千米运用考核;CL65K新品运用里程达10万千米;HPW-2车轮交付北美TTCI用于后续研究;自主开发的贝氏体车轮已运用4300余千米。

汽车板:冷轧、镀锌烘烤硬化钢和冷轧热成型钢实现批量供货;针对13家客户23个车型开展认证,完成零件认证755个,成功获取13万吨订单;重庆长安、吉利认证取得突破性进展,马钢成功进入两家主机厂供应商体系。

硅钢:开展变频压缩机与电动自行车用硅钢的稳定化生产;重点开发发电机用高牌号硅钢,实现小批量应用;马钢薄规格硅钢进入新能源汽车制造企业;成功开发取向硅钢冷硬卷与脱碳卷,生产取向硅钢原料超1.7万吨。

特钢:重点开发了地铁用车轴钢、超临界高压锅炉管用钢P91、核电转子用钢及汽车零部件齿轮和前轴用钢等,车轴钢和P91国内市场占有率已达40%以上。

型钢:相继开发美标船体结构、庞巴迪导向轨、铁道车辆等热轧H型钢9个新品种;完成出口北美、澳洲H型钢及Yamal项目用角槽钢等6个新产品的转产。

线棒材:开发出高品质冷镦钢、弹簧钢、高碳硬线钢、高强度焊丝钢、轴承钢、600MPa级高强度钢筋等新产品10项,汽车用冷镦钢进入上汽认证程序。

热轧结构钢:铁道货车高耐蚀型耐候钢通过生产资质认证,耐候性能通过铁科院检测评价;开发了耐酸油管用钢、高韧性焊接耐候钢、超高强钢Q960E和S451耐磨钢热轧基板;600-700MPa高强钢解决了铸坯和轧制裂纹难题,实现稳定批量。

家电板:开发功能型新产品,市场占有率稳居国内前列。酸洗板通过美芝空压认证;搪瓷钢形成系列,引领高端家电市场;第二代渗氮钢国内首发,并通过苏泊尔认证;高导电热浸镀锌产品实现升级,全面打开市场。

彩涂板:巩固电梯板技术引领优势,持续推出新产品;“杏白”彩板通过格力认证;深冲彩板通过美的空调认证。

镀锡基板:三片式饮料罐身用马口铁热轧基板和食品罐用轧硬基板实现批量,市场反馈良好。

【EVI推进】 全面启动EVI服务战略,以10个APQP项目组为主体,细致谋划、强化培训、规范运行机制,根据用户个性需求,加强驻点技术服务和技术交流。建立17个EVI技术服务项目,实现销售利润超5000万元。成功承办公司首届产品技术服务年会,马钢EVI服务得到广大用户充分认可,促进了与用户的深度融合,提升了马钢品牌形象。

【技术服务】 根据公司“推窗见炉台,出门进产线”要求,技术中心快速响应,组织70多名技术人员,派驻制造单元生产一线,支撑了现场难题高效解决。围绕高炉长周期稳定顺行,开展烧结系统料面风速测定和系统诊断,优化烧结铺底料方案;技术助推3号烧结系统OG泥接收系统的建立,积极推进4号高炉投产前后炉料冶金性能研究和炉渣性能跟踪,实现按期开炉和顺利达产;持续开展配矿研究,促进高炉千日稳定顺行。围绕炼钢工艺优化,钢水洁净度和铸坯质量控制攻关取得新进展;烘烤硬化钢窄成分控制技术、耐磨钢极低气体含量控制和铸坯中心偏析控制技术实现零突破;支撑特钢公司车轮钢生产,生产稳定性及质量控制水平显著提高;建立探废车轮夹杂物分析快速反应机制,超探报警率显著降低;采用ASCO工艺成功试制弹簧、曲轴、齿轮、连杆四个钢种,得到法方认可。围绕资源综合利用和节能环保,重点开展轧钢加热炉加热质量优化攻关,积极推进钢坯防氧化及防脱碳涂层新技术应用,支撑公司重点环保工程及固废利用。围绕对外经营,技术咨询服务实现收入1470万元,创利370万元,同比增长47%;江南公司/省一站营业收入357万元,同比增长12%,均超额完成年度目标。

【检验工作】 实现检验产值685万元,检验抽查合格率99.7%,及时率99.4%,客户满意度99分;完成公司特种设备检验检测3360台、压力管道25万米,计划完成率100%。全面实现检验质量和服务质量目标。支撑APQP项目组和EVI临时任务22项,各类质量异议和失效分析12起。开展12项检测方法研究;申报国家、行业标准各2项;参加国家标准工作精密度实验8项、CNAS各类能力验证9项;江南公司/省一站顺利通过省技术质量监督局换证复评审;启动检验技术研究所CNAS申报,以及特检机构换证迎审工作。

【企业管理】 在机构改革上,优化调整产品研究所,细化了支撑公司板带、长材产品业务单元的技术研发机构,畅通了支撑保障流程。根据公司总体部署,整合机关部门,完成科级管理人员和全员岗位竞聘工作。在基础管理上,加大重点工作督办力度;认真组织体系管理自我评价,开展管理文件适宜性辨识及机构调整后的换版,为公司产品认证提供支撑;加强保密管理,强化驻厂网络信息安全措施;落实现场管理,顺利通过全国质量奖现场评审。在绩效评价上,增设“EVI服务项目”“临时任务”等激励评价指标,强化责任落实,强化工序服从。在队伍建设上,通过校园自主招聘等渠道,积极落实增员计划;根据新入职毕业生专业发展和研究所需求制定培养计划,通过驻厂技术服务,承担研发项目等形式,促进他们快速成长;坚持举办技术大讲堂等培训,不断提升职工专业素质和操作技能。在平台建设上,“轨道交通轮轴工程研究中心”获省发改委批准建设,“安徽省汽车用钢及应用工程技术研究中心”通过省科技厅验收;相继开展试样

加工、理化和耐材检验、热浸镀锌模拟试验、板带实验平台建设,以及中试除尘、烧结杯试验系统升级改造;大力推进马钢轮轴系统创新能力建设。在设备管理上,编制了中心《检试验设备手册》,建立完善设备开动率、利用率等动态管理机制,不断提升设备管理水平。在安全管理上,扎实推进安全生产标准化体系建设,优化管理制度,落实重点专项和制度化安全检查,实现全年安全事故为零目标。

【党群工作】 扎实开展"两学一做"学习教育,用"钢筋混凝土模型"落实矩阵式党建与中心工作同谋划、共发展,以"支部建在项目组,党小组建在攻关组"活动推进纵向融入服务,以落实纪检巡察制度深化横向监督保障;通过党支部绩效量化评价、党员"六带头"等活动,提升支部战斗堡垒和党员先锋模范作用;深入落实党风廉政建设"两个责任",全年职工违法犯罪为零。成功召开工会第四次会员代表大会;坚持群众性经济技术创新,征集合理化建议86项;坚持民主管理制度,落实职代会提案10项;坚持开展文体活动,丰富职工文化生活。启动了与奇瑞研发院党团组织共建活动,促进了合作与交流。在文明创建中,江波荣获第二届全国"杰出工程师鼓励奖"、市"重大科技成就奖";李忠义、施立发、崔磊荣获第二批省属企业"538英才工程"奖;陈刚、张武荣获省"技术领军人才"奖;另有多名职工分获公司劳模,马钢尖兵、市先进科技工作者、杰出青年等荣誉。

(万　炜)

铁路运输公司

【主要技术经济指标】 2016年,完成铁路运输总运量4092万吨,劳动生产率2.24万吨/人·年;局车返厂率0.69%;厂车周转0.72天。主要设备检修:完成内燃机车大中修10台,完成普通车辆大修89辆,混铁水车年修52辆。主要指标:总成本3.88亿元,总收入3.98亿元;全年实现降本增效620万元,超计划140万元;综合能耗200公斤标煤/万吨公里;安全生产实现工亡、重大行车事故、重大设备事故、重大火灾爆炸事故为零,一般行车事故得到有效控制,万吨事故率0.0017,实现连续安全运行7256天。

【运输保产】 一是年初根据公司低库存组产模式和二铁4号炉项目施工涉及站场改造等现状及时调整运输方案,做好铁水调运、焦炭卸车、水渣装卸、南山下山和卷板运输等重点运输工作,保持运输保产的稳定。二是做好铁水的跨区调运工作。1–8月,日均调运量12趟24罐,比去年同期增加2趟4罐。9月份随着二铁4号高炉的投产,日均调运量达到15.5趟31罐,满足了四钢轧放量生产的需求。三是随着公路治超力度的加大,9月份起,四钢轧到冷轧的铁路卷板运输由2.44万吨/月上升到6.78万吨/月,保证了冷轧的生产。四是根据股份公司物流降本的需要,全年完成铁运替代汽运55万吨,合肥卷钢铁运替代水运,全年外发达到66万吨。五是做好焦炭集装箱专列运输组织工作,确保每月临涣焦化6万多吨定制焦运输,满足了4号炉投产后的焦炭保供需求。六是公司启动"热闷渣"环保改造项目,三钢站打渣线北线停用,针对渣线保产从三条线减为两条线,及时修订《三钢固定渣线安全生产操作规程》,调整相关运输方案,固化作业方式,渣锅保产基本稳定。七是组织超长H型钢平板外发运输,全年完成248辆计1.7万吨,支撑了H型钢进入铁道车辆市场。八是7月上旬连续强降雨造成宁芜铁路线马鞍山站两头运输中断,马钢库存告急。铁运公司积极做好路局协调工作,见缝插针,及时开通抢运马钢紧缺原燃料,并牵头内部各单位做好接卸工作,保证了原燃料的铁路到达。高效保产得到生产单位肯定。在前三个季度公司工序"满意度"测评中,铁运公司列14家被测评单位1次季度第一名,2次季度第三名。

【降本增效】 做好物流降本、修旧利废和节油降耗工作,全年完成物流降本340万元。核减路局综合服务费,减少支出269万元。开展修旧利废,节约费用80余万元。在铁路周转量同比上升4.48%的情况下,油耗同比降低61吨;积极拓展外部创收渠道,承接山鹰集团的铁路到达与发送5.3万吨,创收42.4万元。检修系统首次承担了长江钢厂9辆100吨铁水车大修工作,创收49.5万元;积极协助轨道交通公司共同开发冶金企业的轮轴市场,签订合同达265万元。

【设备管理和技术进步】 下发《铁运公司车间修理费管理办法》,细化成本指标分解,推行单台设备检修成本核算,提升设备精细化管理水平;不断改进检修工艺,提高检修质量。引进机车智能点检管理系统,完成了机车PMS系统升级改造,提升机车的中检质量,减少机车故障。引入车轴相控阵超声波探伤检测技术,加强了车轴裂纹筛查工作,提高监测的针对性和有效性;开展设备两级检查,提升维检质量。下发了《内燃机车维护保养评级办法》《铁路维修管理办法》，进一步明确管理界面，理顺管理流程，坚持和强化设备月度检查、考核，提高了设备设施的维护保养水平；同时在机务段开展了机车红旗设备评比工作；规范备件管理、推进备件及外委工程的招标工作。开展了机旁库的整治和定置管理工作，实现了库存信息共享。规范了备件及外委工程的招标管理流程，通过招标合同价较计划值分别下降10%、12.2%。此外，围绕“工期、质量、安全、费用”四大目标，顺利完成了4号炉项目总图运输工程。实施完成205国道拓宽工程相关道口的改造，还先后参与了慈湖河路道口改造等涉及铁路相关方案的审查和工程管理工作。

【安全生产】 落实安全生产责任。年初，公司下发了1号、2号文件，并召开了年度安全工作专题会议，与各站段签订安全生产责任书，明确各级管理人员的责任；有序推进了隐患排查治理体系、安全标准化体系、职业健康体系建设；认真开展安全专项活动和全国安全生产月活动，组织了全员安全生产责任制、安全操作规程等规章制度的学习、考试；持续开展铁运安全文化建设，加强宣传教育，以可视化教育培训为抓手，规范操作人员作业，制作了调车员和乘务员安全看板，道口员标准化作业PPT，引导员工查找工作中不良习惯和行为并及时纠正。组织了《马钢安全教育读本—工亡事故案例分析汇编》《冶金铁路运输典型事故案例》等相关案例学习，提高员工的安全意识。积极开展应急预案演练，开展了《一铁料台车辆掉道专项应急预案演练》《一厂站二铁北区10号高炉跑铁应急预案演练》等活动；在推动作业区、班组的联保互保工作，促进作业区自主管理的同时，组建了监控中心，利用视频监控检查作业人员标准化作业的执行情况。开展管理人员到基层蹲点、添乘、挂钩活动，加强现场巡查，进一步规范现场操作；强化事故、事件的分析，从严考核不放松，加大失职追责的力度。全年铁路交通事故总件数13件(厂内10件，路外3件)，其中行车责任事故7件。生产安全事故下降100%，事故总件数下降50%。同时实现了连续11年无人中暑的目标。

【企业管理】 开展与太钢、南钢、梅钢等同行的对标交流，找出自身存在不足，提出改进工作的方向。全年确定了45项年度重点工作任务和调研课题，完成了43项。持续推进质量、环境、职业健康和测量管理体系建设的同时，完成了能源管理体系建设并顺利通过外审；根据公司“授权组阁，竞争上岗”工作实施方案和人力资源优化实施方案的统一部署，完成了授权组阁和管理、技术、操作维护岗位的重新竞聘上岗工作，实现精简机构6个，压缩科级管理岗位4个，减员176人；建立创新工作室，调动员工学技术和参与技术攻关的积极性，全年完成技术创新成果61项、申报专利12项，其质量和数量都有所提高；试行了周工作例会和月度工作评价制度，有效推动了各项工作的落实；为提高公司物流管理水平，牵头研发铁路货票无纸化工作，目前已进入试运行阶段。此外，组织参加了“鞍钢杯”全国行业内燃机车司机竞赛参赛选手理论选拔及实作考试，实施了4号高炉投产配套人员培训；持续推进现场管理，做好全国质量奖现场评审迎审工作。

【精神文明建设】 深化两级领导班子成员深入基层一线蹲点工作。制定下发《铁运公司“两学一做”学习教育实施方案》。深入贯彻落实公司党委矩阵式党建工作，制定实施区域协作组年度督查工作计划，全面落实监督保障职能。组织签订了《铁运公司党风建设和反腐倡廉工作责任书》，持续强化“两个责任”落实，督促相关部室对党风廉政建设22项重点工作监管清单逐项进行梳理和优化，并制定下发16项监管细则，落实监管责任。开展了廉洁风险防控测试工作，对40个重点岗位人员进行了问卷测试。组织科级管理人员和重点岗位人员签订了廉洁承诺书。做好省级、市级、马钢文明单位申报和迎检工作。举办了调车员等技能大赛；组织197名职工参加全国网上练兵竞赛活动。建立了生产、设备、安全、党建等微信群，为促进相关工作的开展搭建了沟通、协调平台。同时，继续开展全员提合理化建议活动，全年共收到建议436条。稳步推进了“安康杯”“青安杯”竞赛活动。建立了270多名困难职工档案，申请了马钢帮困救助，发放慰问金18万元。扎实开展了送清凉、送温暖活动，配合市中心医院心血管科的专家，开展了职场高血压疾病防控工作，并建立健康档案。

【荣誉】 2016年，铁运公司先后获得了安徽省国资委关心下一代先进单位、2015年度马钢维稳先进单位、2015年度马钢先进集体、2014—2015年度马钢先进基层党委等荣誉称号。

（阮　健）

港务原料总厂

【主要技术经济指标】 2016年，水运自备码头进料948.76万吨,生产混匀矿1396.08万吨,外供总量4556.76万吨,分别比去年同期增长17.53%、11.52%、8.21%,混匀矿一级品率100%。全年设备事故故障停机率为0.11‰。

【生产组织】 围绕低库存条件下的安全保供,优化生产组织,以"物流跟踪制度"为抓手,建立严格的检查和考核制度,实现了影响烧结、高炉事故为零的目标。有效应对低库存条件下的生产,料场进口矿库存控制在90万吨左右,原料周转时间小于13天,有效地减少了公司库存资金占用和原料跌价风险。认真做好二铁4号高炉料场适应性改造工程的投产准备,针对料场适应性改造工程的瓶颈和限制性环节提出修配改意见,及时制定调试、生产方案,做好规程修订及岗位培训,确保了新上系统顺利投产。强化生产应急管理,面对年中的超强降雨,总厂干群坚守现场排除险情,保证了系统正常运行,为高炉长周期稳定运行提供了有力支撑。

【降本增效】 进一步推进能源管理体系建设。落实节能动态检查和节能目标责任评价考核,万元产值能耗11.74千克标煤/万元,完成公司下达的13.5千克标煤/万元年度目标。加强洒落料清理和固废资源的利用,全年回收使用杂矿3.6万吨,收集除尘灰2.22万吨,生产成品污矿2.65万吨,参与混匀造堆2.46万吨。落实总厂"分时用电"生产组织方案,做好用电负荷的避峰就谷,全年节约电费52.8万元。胶带总包管理工作平稳有序,全年节约胶带费用80.02万元。强化备件的修旧利废工作,废旧物资回收返厂成本53.74万元。工会深入开展合理化建议活动,征集合理化建议321条,全年创效130万元,创新创效成果5项,创效83万元。细化成本指标的分解落实工作,严控修理费、劳务费及其他管理费用,进一步推进了降本增效工作。深入开展"三反"活动,最大限度地降低因事故带来的增本因素。全年降本650万元。

【基建技改】 围绕四大目标4号高炉适应性改造工程顺利投产。以工期、质量、安全、投资受控为目标,精心开展适应性改造工程建设。一是加强项目投资跟踪和监督,实现了工程投资受控目标;二是全力推进工程建设,认真按工程网络节点推进,实现工程如期投产;三是按照《港务原料总厂适应性改造工程质量控制管理办法》,制定了质量保证计划与管理措施,确保了工程质量;四是落实项目安全管理责任,建立安全巡查制度,强化施工过程的安全监管和考核,实现了施工安全目标。

【企业管理】 认真落实公司的改革举措。总厂按"授权组阁,竞聘上岗"的总体工作要求,完成了机构整合、岗位优化及竞聘上岗工作。通过岗位和业务归并、大工种区域化作业等措施,提高了工作效率,同时立足自身,解决了新上系统的人员需求。围绕全年目标和重点工作任务,着力推行卓越绩效管理模式,根据管理流程和生产格局的变化,对全厂各项管理制度进行了修订和更新,提升了管理水平。坚持管理创新,职工创新能力不断提升,"邵世平创新工作室"获马钢创新工作室称号。以公司全国质量奖现场评审为契机,深入推进了现场管理工作。举办了22期639人次的适应性培训,148名职工参加了胶带机工等四工种技术比武,极大地提高了职工岗位技能水平。紧紧围绕《总厂2016年设备工作计划》,以系统经济保供为抓手,盘活现有资源,通过节能降耗等举措,保障总厂设备的稳定经济运行,强化设备管理,规范各项制度,设备管理水平进一步提高。以"零故障"管理为目标,强化设备状态把控,科学经济高效检修,保功能、提精度,两个外供生产线有7个月实现零故障并受到公司嘉奖。积极做好点检定修工作,全年计划检修9820项,现场维护5157项,确保了设备始终保持良好状态。全年设备可开动率99.40%,设备事故故障停机率为0.11‰。强化环境整治,新建了2T、4T、Z8、ZY4转运站除尘、1号高炉矿槽除尘,易地改造了C25、C29除尘,这些除尘设施的投入运行,使外一区域作业环境得到较好的改善。完成了"块矿烘干电除尘工程"项目并投入运行。加强了对环保设施的托管运营管理,除尘设施同步运行率99.92%。以总厂2016年安全生产工作计划为指导,将安全生产责任制落到实处。进一步完善安全标准化管理流程,全面推行作业现场和作业活动标准化。以"全国安全生产月"和"总厂安全生产月"等活动为契机,开展了多种形式的安全演练,提高了全体职工应急处置能力。加大对作业现场的安全巡查,相关方安全管理进一步加强。开展全方位安全隐患排查治理,全年共查出257项隐患并全部整改完毕,达到市隐患排查治理企业A级标准。做好季节性以及恶劣天气下的安全工作,有效预防了特殊时期安全事故的发生。

【技术进步】 《港务原料总厂精益物流实践》获公司管理创新二等奖。《一种大型移动机动力电缆防拉伤保护装置》《混匀矿堆积系统中皮带秤显示值误差变化的自动监测》获两项授权专利。

【精神文明建设】 在全体党员中深入开展"两学

一做”学习教育。坚持深入基层跟班蹲点，采取召开座谈会、个别谈话、讲党课等多种形式，进一步凝聚共建美好家园的思想意识。成功召开了总厂第三次党代会，并认真做好党代会的宣传工作。推进矩阵式党建工作，使党建工作与生产建设和改革发展深度融合。深入开展“三比三看，党员先行”主题实践活动，使之成为总厂党建的一个品牌。加强党风廉政教育，推进制度建设，强化落实“两个责任”，严肃执纪问责。协助公司党委巡察组驻厂巡察并做好问题的整改工作。深入推进家园文化建设，开展了“马钢尖兵”评选、家园文化征文和演讲等活动。注重舆论引导，积聚正能量，厂报、厂网、微信媒体宣传力度进一步增强。认真开展理论研讨，服务于总厂生产建设和改革发展。落实“依靠”方针，关心关爱职工，通过互帮帮困、金秋助学、送温暖等活动，为职工排忧解难，全年帮助困难职工240人次。共青团以“保卫家园创佳绩、砥砺奋进正青春”为主题，开展了一系列行之有效的活动，总厂团委连续5年被评为马钢“五四”红旗团委标兵，并获得全国钢铁行业“五四”红旗团委荣誉称号。

（胡静波）

资源分公司

【主要技术经济指标】 2016年，回收各类固废230万吨，其中钢渣166万吨；库供合格渣钢2.7万吨，生产冶金石灰110万吨；实现销售收入1.47亿元、利润3000万元，实现了安全生产五个为零的目标。

【业务整合】 按照公司整合决定相关要求，牢固树立大局意识，积极做好相关资产、业务、人员全面整合工作，在相关部门和单位的支持下，实现9月1日起全面整合的目标。与此同时，分公司脱离原仓配公司独立运行，迅速推进机构重组整合、业务全面交接、制度逐项梳理、文化有效融合等工作。一是本着“机构精简、人员精干”的原则，整合成立四室四分厂，顺利推进各项工作有序开展。二是建立石灰业务整合专题会制度，分公司领导、各部门负责人、石灰分厂作业长以上管理人员参加，并成立10个工作组，对业务整合工作进行定期总结分析，及时研究和协调解决过程中的问题。其间共召开9次大型专题会，各工作组联动，全力推进。三是加强与公司相关部门和单位对接，理顺业务关系和流程，确保石灰正常供应和公司生产大局稳定。四是推进石灰系统与回收系统及各石灰单元间相互融合，求同存异，共同发展。在各部门、各单位的通力合作下，经过相关人员两个多月夜以继日的奋战，业务整合工作顺利进行，整合效应逐步显现。

【生产管理】 在石灰业务方面，贯彻公司“守住质量、提升产量、降低成本、市场运作”方针要求，充分发挥业务整合效应，建立生产调度管控平台，坚持“月计划、周分析、日平衡”制度，统筹产品结构调整和厂际综合平衡，促进石灰产质量同步提升，全年石灰月均产量超过9万吨，综合指标均超过公司下达的标准要求；优化生产工艺，严格消耗控制，推动石灰生产成本进一步下降；实施块灰制粉改造工程，打通内供二铁北区粉灰通道，促进公司粉灰替代外购降本。在生产组织过程中，石灰单元克服原料质量差、煤气保供不及时等客观因素，强化工序服从和调整操作工艺，坚守质量不退步原则；各分厂坚持班班质量检查、拍照上传、跟踪服务；分公司实行石灰质量动态抽查，同时就质量现状主动加强与各生产厂沟通和对接。在回收业务方面，坚持“1+1+4”运行模式，即每月一次生产计划综合评审、每月一次大型生产安全例会、每周一次赴现场生产经营对接，细致抓好公司各单位日常生产和大中修中各类物料的回收保产和渣钢需求加工任务，促进资源高效回收利用；深化与利民公司的“五保两创一提升”劳动竞赛，促进“双确保”目标有效实现；强化回收增效，全年回收三铁瓦斯灰6万吨、氧化铁皮135吨，打捞港口集团矿粉480吨；优化外委劳务，全年劳务费用比上年节约488万元。在产品销售方面，以保产为前提、增效为目标，全面推行招标销售，灵活采用“现货+期货”相结合，最大限度地提升资源综合价值；针对公司紧急储备废钢和政府严格环保督查要求，打破常规，快速出货，创日出货量连续超万吨新高；针对石灰块灰富余，开展了块灰外销长钢工作。

【环保管理】 严格强化环保管控，持续改善环境质量。针对大气环境污染治理和废水达标排放等突出难题，念好环保“紧箍咒”，全面布防，多措并举，立体管控。一是严格抓好日常粉尘管控。对排运渣车辆实施严格的限超管理，对裸露的物料全面加盖防尘网，对来料热渣严格落实打水洒水制度，对脱硫渣严格实施按时滴水翻罐，对所有进场装卸车辆推行分档低速作业，有效抑制了扬尘和烟气污染。二是大力加强渣山污水治理。一方面，加强外部合作，制定严格的污染排放标准，推进污水治理托管运营，对所有外排废水统一实行加酸达标排放；另一方面，强化内部管理，对三渣山实施“南水北调”,推进一渣山废水循环,基本实现废水零外排。三是全力推进危废合规妥善处置。接管公司危废处置职能以来,克服人员紧张、经验不足等困难,强化学习培训,完善管理制度,推行一厂一策,加强厂际协调,推动危废处置工作步入合法、规范、高效的轨道。全年处置各类危废5000余吨,为公司节约外委费用2500万元。在G20峰会期间,全面加强环境质量管控,建立快速响应机制,24小时轮班值守,出色完成各项任务,赢得省市环保部门好评。

【工程建设和产业化发展】 一是加快实施马钢南区钢渣处理综合利用(一期)工程。按照“投资省、工期短、质量优、效益好”的总体要求,精心组织,成立项目经理部和相关专业管理组,建立周例会制度,在不到2个月的时间里顺利完成三渣山通电通路通水和场平工程,成功实施铁轨和挡墙爆破拆除,共挖掘清运渣土20多万吨。目前,工程进入全面施工和设备招标试验阶段。二是及时启动马钢北区钢渣综合利用项目。为统筹推进钢渣产业化和有效应对中央环保督查,提前开展了北区项目的环保改造工程,回收二分厂现场物料清理、防尘网建设、道路硬化等工作全面展开。三是积极推进资源产业化工作。在深入分析行业技术发展趋势和公司现状的基础上,根据形势变化,及时修编了冶金固废资源产业化发展规划。紧跟国家政策导向,与安工大合作,编制形成马钢冶金渣综合利用示范基地建设规划,并上报省、国家发改委。在产业化项目中积极探索混合所有制,并拟定初步方案。

【人力资源管理】 一是开展人力资源优化顶层设计。根据公司要求,成立人力资源优化工作领导小组,抓好整体方案设计,在认真开展人力资源现状摸排的基础上,完成岗位定员方案明细。深入贯彻公司关于去产能人员分流安置和居家休养政策文件,及时启动前期相关工作。全年办理居家休养的职工有5名,协议解除劳动合同的有3名,保留劳动关系的有2名,提前退休的有1名。二是推行全员竞聘上岗。按照“因需设岗、以岗定人、人员精简”原则,梳理确定123个岗位,全面完成各类人员逐级竞聘上岗工作。对紧缺技术业务岗和关键操作维护岗人员进行内部公开竞聘,先后11人应聘上岗。三是强化各类人员培训。适应业务发展需要,选派人员参加了公司举办的合同管理、协同办公、工会财务等业务培训班,聘请公司相关专家开展了设备、安全、营销等专业培训。围绕解决关键技术难题,组织相关团队外出学习考察。四是加强队伍管理。重点是加强科级管理人员和作业长管理,强化督查督办、绩效考核和执行力。

【基础管理】 一是大力推进贯标体系建设。在系统梳理各项管理和工艺制度的基础上,按照“写所需”,完成三大标准体系文件的编制和发布工作,共编制标准文件314份,其中管理标准145份、工作标准123份、技术标准46份。二是快速启动质量管理。随着石灰业务整合,按照卓越绩效模式,整合优化质量保证体系,推进质量标准化工作,实行日取样和检化验制度,加强工艺纪律检查,确保石灰质量稳步提升。三是扎实抓好安全管理。积极推进安全标准化工作,安全标准化体系基本建立;全面开展安全生产大检查和安全隐患排查专项整治,深入开展“百日攻坚”专项行动,加强各类危险源(点)监控,全年无安全事故。四是着力强化设备管理。随着石灰业务整合,成立设备管理室并逐步启动相关工作,建立设备台账,规范备件运行,完善点检模式,抓好弗卡斯窑大修和竖式破碎机修复改造工程。五是加快推进信息化建设。财务、生产、设备、人力资源等信息系统与公司全面对接,内部办公自动化(OA)平台、网站和腾讯通系统建立运行。六是积极推进管理创新。建立每周总经理办公会制度和重点工作督查督办制度,完善“周周检查、周周通报”制度,开展管理创新项目,获公司管理创新成果三等奖1项。

【党群工作】 一是强化宣传思想工作。深入学习贯彻习近平总书记系列重要讲话精神和高海建书记来分公司调研座谈讲话精神,扎实开展“两学一做”学习教育和“讲看齐、见行动”活动。二是发挥党建融入作用。以矩阵式党建为抓手,聚焦业务整合、重大决策、重点工程和热点问题,充分发挥党总支的政治核心作用、党支部的战斗堡垒作用和党员的先锋模范作用。三是深入落实依靠方针。深化民主管理和厂务公开,重大决策和重要决定,事先征求职工意见;对奖金分配等涉及职工民生重大事项,坚持向职工公开。四是狠抓廉洁从业工作。严格落实党风廉政建设“两个责任”,全方位全过程落实廉洁从业制度,强化重点部门、关键领域的监察审计工作,全年无违法违纪事件。五是着力营造家园氛围。大力弘扬“感恩在心、胸有朝阳、公平正义、风清气正”的家园文化,深入开展各级管理人员下基层活动,广泛传播正能量。切实关爱职工,为职工办实事、办好事,对各分厂“四室”进行了修缮,改善了职工工作和休息环境,开展了帮困和送温暖活动。

(周功烈)

第二炼铁总厂

【**主要技术经济指标**】 2016年，生产合格生铁744.94万吨，烧结矿977.1万吨，球团矿262.6万吨；自发电2.58亿千瓦时；高炉利用系数南区2.369吨/立方米·天、北区3.190吨/立方米·天；烧结机利用系数南区1.301吨/平方米·小时、北区1.480吨/平方米·小时，球团竖炉利用系数7.378吨/平方米·小时；无工亡、火灾、设备、爆炸事故。

【**生产组织**】 克服恶劣多变天气、原燃料条件变差等不利因素，提前应对，进退有序，全厂生产经营再创新成绩。一是高炉保持稳定均衡生产。针对2号、3号、10号高炉炉役后期操作难度大的客观现实。严格落实高炉体检制度，强化炉况、炉型特点分析，准确把握“攻守退”，高炉基本保持稳定均衡运行。4号高炉投产达产，总厂铁水产能迈上了950万吨/年平台。二是烧结生产形成新格局。克服环保达标排放压力影响，坚持“厚铺、慢转、烧透、筛尽”生产方针，严格标准化操作，强化生产过程管控，烧结矿产量、质量全面提升。随着新3号烧结机建成投产，实现了南区“三机对四炉”、北区“两机对三炉”的生产保供新格局。三是球团生产再攀新高峰。坚持以服务高炉为中心，克服脱硫工序对球团产能制约，强化生产操作管理，严格工艺纪律检查，提高工序配合，开展高效生产拉练，球团矿日产量达到8000吨以上，年增产球团矿14.5万吨。与此同时，喷铸、能介、供料、点检等单位，紧紧围绕高炉生产需求，开足马力生产，开展优质服务，为高炉稳定均衡高效生产提供了可靠保证。

【**降本增效**】 紧紧围绕公司吨铁成本南区再降99元、北区再降63元目标任务，深入开展对标挖潜。优化原料和炉料结构，合理搭配资源，全年原料降本1.3亿元。持续开展高炉增煤节焦攻关，面对燃料供给紧张、种类变化频繁、成分波动大及外购焦质量下滑等众多不利因素，科学制定消化方案，燃料比与上年相比下降了9千克/吨铁。烧结强化生产过程管控，紧盯每个生产细节，固体燃耗由上年的57.75千克/吨下降至55.02千克/吨。科学组织系统设备检修，严格备件审批，强化外委项目管控，全年节约设备费用1500多万元。梳理全厂劳务用工，优化区域整合，充分发挥职工主人翁精神，劳务费用减少675万元。全面推进成本细化分解，创建了成本控制点管理新模式，建立成本控制点587个，总厂成本管控能力全面增强。全年在克服部分高炉炉役后期操作难度大、外购焦大量使用、原燃料成本持续上升等不利条件，全年总厂累计降本增效5.38亿元，比上年多降本1.6亿元。

【**节能减排**】 加强自发电设施运行管理，全年自发电2.58亿千瓦时，尤其是南区TRT发电量大幅提升，其中新投产的4号高炉TRT吨铁发电超过50千瓦时。加大炼钢污泥、瓦斯灰等固废(危废)利用，增加效益7148万元。优化环保资源配置，南区除尘设施全部实现托管运营。强化脱硫设施运行管控，全厂7套脱硫设施综合脱硫效率高达84.78%，减排二氧化硫1.2万吨。

【**设备保障**】 圆满完成了1号、2号竖炉中修，成功组织了1号烧结机大修，快速启动了3号高炉改造大修，总厂设备检修科学合理。强化在线设备运行管理，严格点检标准执行，重点加强2号、3号、10号高炉炉役后期设备监护，总厂设备保障能力全面增强，“铁烧球”设备可开动率均大于98%，创历史新高。加大技术攻关力度，顺利完成了喷铸排渣间、1号高炉西排水、1号烧结机混合机、2号造球机与润磨机等项目改造，经济、环境效益显著。

【**新炉机建设**】 4号高炉系统工程是公司“十三五”开局之战。为能早日建成投产发挥经济效益，广大工程建设者们以强烈的责任感、使命感和只争朝夕的精神,精心筹划、科学组织、攻坚克难,谱写了一曲曲新炉机建设的动人凯歌。5月10日3号烧结机建成投产,5月30日焦炭库投入使用,7月12日喷煤系统正式生产,9月6日4号高炉顺利点火,一次性开炉成功,10天达产。新炉机系统从启动建设到全面竣工投产,仅用18个月,再一次刷新了"马钢大高炉建设新速度"。

【企业管理】 圆满完成了两厂整合。整合后,经过持续优化,分厂、车间也由原来的13个合并为12个,机关部室由16个整合为4个,实现了内部资源共享,职工思想稳定,各项工作健康有序。稳步推进人力资源优化。开展了业务管理岗、技术业务岗、作业长、操作维护岗人员竞聘上岗,18名科级管理人员和16名作业长主动退出竞聘,居家休养66人,解除劳动合同11人,编外43人,评残36人,22人转入预备岗。提前谋划去产能人员安置。压缩新炉机产线实际用工人数,仅招收新职工131人,比公司定员计划减少了156人,为北区去产能人员安置预留了较大空间。高质量通过了全国质量奖现场审核。成立专门工作小组,梳理管理流程,精心准备迎检材料,狠抓现场工作落实,迎检过程获得较高评价。加强制度体系建设。开展"三大标准"和规章制度修订,梳理管理制度357个、废除94个、修订246个、新增21个,工作标准、技术标准正在抓紧修订完善之中。安全生产责任制进一步落实。组织开展隐患排查治理工作,加大整改力度,建立了安全管理联动和自我评价机制。同时,"三反"管理力度不断加强,现场管理向深层次延伸。

【党群工作】 召开了总厂第三次党代会,选举产生了新一届党的委员会和纪律检查委员会,提出了今后三年奋斗目标和主要工作任务。巩固"两学一做"学习教育成果,持续完善矩阵式党建工作模式。加强舆论引导,组织专题宣传,成功举办了4号高炉系统工程建设表彰大会。强化廉洁从业工作力度,构建"四位一体"防控体系。优化新入职员工培养模式,鼓励青年职工岗位成才建功立业。深化职工创新创效活动,征集各类合理化建议622条。关心职工生活,新建了烧区浴室,修缮了铁区与球区浴室,改造了北区食堂,对大病、特困职工开展帮困。2016年,总厂荣获全国总工会"模范职工之家"、省(市)安全生产先进单位、公司先进基层党委和"五四"红旗团委等荣誉称号。

(石天顺)

第三炼铁总厂

【主要技术经济指标】 2016年,生产合格生铁636.5万吨;烧结矿846万吨;球团矿238.8万吨;生灰23.5万吨;水渣231万吨;发电20448万千瓦时。铁水质量合格率100%;燃料比511千克,煤比138千克;降本总额39101万元,吨铁降本61.43元。

【企业管理】 一是着力构建责任体系和执行力体系建设。对各单位的岗位职责进行明确设计和界定,强化绩效考核,特别是对各单位领导班子的指标都进行百分制量化;对总厂各单位领导班子的工作质量、工作效率评价与各单位承担的总厂经济责任制指标、专业考核、检查通报及各类工作计划、个人小结完成情况挂钩。为了强化落实,总厂充分发挥改非科干的优势成立总厂督查组,督查组对总厂责任体系、执行力体系及总厂各类制度的落实情况进行督查,督查组成员薪酬与督查业绩挂钩。二是坚持安全严格管理,确保安全生产,全年未发生重大以上安全事故。开展事故应急演练以及涉爆粉尘、冶金煤气、安全标志牌等专项治理;持续进行各类专项检查,确保每次的检查都有整改验证的闭环管理。2016年,顺利通过了安徽省安全生产标准化协会对总厂安全生产标准化二级企业复评工作;荣获全国"安康杯"竞赛优胜单位;炼铁团支部荣获全国钢铁行业"青安杯"最佳青年安全监督岗。三是坚持提高劳动生产率,活化人力资源。在人力资源优化的攻坚阶段,多次召开推进会并与部门、分厂协商落实新的岗位定员。同时结合公司的相关政策,做好减员分流的工作,完成了目标定员的任务。积极转变用工机制,累计员工共承担起了近十万平方米的保洁任务并逐渐使总厂劳务范围界面分配合理化、完善化。

【生产组织】 坚持加强生产过程控制,确保高炉长周期稳定运行。总厂认真持续开展高炉、烧结和球团的体检,逐步形成了各区域特色鲜明的日体检、周分析、月总结的高炉体检制度。在原来预警机制的基础上,建立了涵盖总厂内部所有生产组织、技术操作、质量管控及设备管理等12个体系文件的立体式预警体系实现了预警机制全覆盖;全年认真执行各种预案,充分发挥工序服从,确保了高炉预警制度落地,增强外界条件变化应对能力。生产紧扣高炉稳定顺行这一压倒一切的中心任务，通过坚持不懈对高炉生产的"盯防"和持续开展技术研讨，摸索生产规律，制订出一整套具有自己特色的技术路线。通过扩大部分高炉焦炭筛分优化入炉焦炭粒级；通过高炉技术组积极摸索操作规律，加快调整节奏，提升了高炉负荷，实现了不用外购焦的目标，还大量节约自产焦，实现了经济生产。

【设备保障】 坚持以事故管理为切入点，完善检修标准化。一是坚持事故 PDCA 规范化管理。坚持分析事故首先从制度、标准上查找部门管理责任，再从落实执行上查找分厂管理者责任，做到每起事故都必须有防范措施，每个措施都必须有整改期限及验证，验证结束后方可闭环。二是坚持"以高炉为中心，为生产服务"的理念，按照"维护精细、检修标准、运行经济、保障有力"的方针，继续推进全面规范化生产维护和检修标准化工作，确保眼睛向内，精细管理，适度修理。三是强化全员设备管理意识，树立"生产操作人员是设备的主人，点检是设备的第一责任人"的理念，加强对群检到位率的检查力度。坚持设备进行季度检查并要求及时整改。四是不断完善检修标准化工作，探索区域协力总包保产模式和协力保产单位奖罚基金制度，引导协力人员参与到点检过程中，促进协力单位的自主管理。严控修理费，充分利用点检及协力保产人员的优势，鼓励备件自修自制。五是不断加强科学的设备周期化管理，制定高炉热风及送风系统红外成像监控趋势管理制度。坚持对高炉槽下、炉顶上料系统、主皮带各部位轴承温度及炉顶油缸行程进行点检数据台账记录的趋势管理，避免了直接造成高炉减风、减氧设备事故的发生。全年两座高炉作业率均连续保持了99%以上的较好成绩，位居全国同一级别高炉之首。

【降本增效】 坚持对标挖潜，深挖潜力细降本。一是在高炉稳定运行的前提下，将各项成本指标细化、分解到责任单位，同时制定了详细的完成措施，坚持日分析、周总结，坚决杜绝仅靠事后分析的成本管理模式。二是破除"潜力挖尽"的思想，坚持摸索低 MgO 生产经验，提高烧结品位；坚持行业对标，瞄准行业先进水平，不断降低铁水完全成本。三是指标降本和结构降本同步走，通过高炉、烧结、球团联动配煤配矿优化，合理利用价格和价差，寻求最佳的结构降本；重点提升高炉操作指标，优化配矿、选取性价比高的原料，提高入炉品位，实现指标降本。四是固废利用降本。总厂除尘灰实现了内部全部使用，氧化铁皮、炼钢污泥、石灰石筛下物全部参与烧结配料。坚持全员降本，加强费用控制，在"全国重点大型耗能钢铁生产设备节能降耗对标竞赛"中，总厂 B 号高炉、A 号烧结机荣获全国年度创先炉、公司优胜炉机。总厂荣获公司增效节支先进集体。

【技术创新】 通过每日操作会及操作措施的PDCA，大大提高了操作技术，使高炉炉况稳定性有明显提高，煤比逐步提升至 150 千克/吨铁以上，同时加强行业对标，多方面分析 A、B 高炉与国内同级别高炉存在的差距，比对分析主次原因，并有计划地对提高入炉焦炭粒度、降低烧结矿 R2（1.95）和 MgO 含量（1.8），提高入炉综合品位以及尝试进行了喷吹煤粉经济性工业实验的验证并取得了明显效果。开展了 A 烧结机点火炉更新改造项目，实现了在保证其他烧结指标基本不变情况下，A 烧结机点火能耗较大幅度降低的目标。开展了 A 烧结机主抽变频改造项目，实现了 A 烧结机主抽电耗较大幅度降低的目标。开展了链窑球团"系统低风温、大风量热工操作"的技术攻关，窑头焦炉煤气使用量较之前下降 10% 左右，链球 FeO 指标稳定在 1% 以下。2016 年科协授权三批领衔项目共计 36 项。为进一步规范总厂技术管理，推动技术攻关，不断提升广大技术人员的技术创新能力，总厂成立了炼铁、烧结、球团、生产保供、设备运行五个技术组，不断摸索技术组的工作模式，为总厂高技能人才队伍和高技术人才队伍建设打下了坚实的基础，促进总厂技术管理迈上了一个新的台阶。

【节能减排】 坚持每季度环境自我评价工作，对不符合项进行处理和分析，对采取的整改措施实施和验证，力求持续改进、污染预防。坚持"六位一体"工作和环境监督员制度，全面落实总厂环境巡查制度，积极主动开展现场综合治理，除了日常巡查外每月增设1-2 次双休日和夜间巡查，通过巡查转发问题照片、监督整改、通报考核，夯实了总厂环境整治基础工作。坚持不断探索优化高炉燃料消耗结构，降低燃料消耗，提高煤气利用率，加强高炉原燃料管理，强化高炉节能操作以及高炉鼓风脱湿等节能技术应用，为高炉长周期稳定运行奠定基础。2016 年总厂通过了北京国信恒金管理体系认证公司能源体系外审工作。

【党群工作】 坚持深化服务型党组织建设，强化家园意识。开展党课宣讲并广泛组织管理人员下基层跟班蹲点，将党群工作重心延伸至一线。开展"围绕高炉稳定顺产 1000 天"思想大讨论的活动，推进总厂各项重点工作；开展"我为三铁献一计"、合理化建议征集、技能大赛、项目领衔、创新创效和"马钢家园文化建设"等活动。2016 年，总厂荣获了省模范职工之家,市、公司先进基层党组织,省工会财务优胜单位,女职委、人口和计划生育工作标兵单位、“五四红旗团委”标兵单位等荣誉。炼铁分厂荣获公司“工人先锋号”,A高炉运转作业区荣获公司标杆作业区,技术质量部取制样作业区荣获公司“巾帼文明岗”。总厂多名职工撰写的论文获得全国钢劳联第32次年会优秀论文一等奖。

(陈艳艳)

第一钢轧总厂

【主要技术经济指标】 2016年,产钢233.02万吨,其中,板坯65.41万吨、CSP薄板坯167.61万吨;钢材226.40万吨,其中,中板62.77万吨、CSP钢卷163.63万吨。钢铁料消耗1082.90千克/吨,钢坯合格率100%,中板合格率99.97%,热轧薄板合格率99.86%,中板成材率95.66%,热轧薄板成材率97.77%。

【生产组织】 以计划执行率、计划兑现率指标为中心组织生产,随市场变化不断调整组产模式,采取有效措施确保单、双线生产模式转换过程安全平稳有序,计划执行率、计划兑现率稳定提高,全年计划执行率97.5%、计划兑现率96%,分别高于公司考核指标2.5和3个百分点。深入推进精益生产的理念,强化生产过程监控和结果评价。以生产稳定性为核心开展技术攻关和劳动竞赛活动,狠抓各项事故纠正预防措施的落实与完善,各类事故处于可控状态。

【品种质量】 围绕质量改进目标,持续推进流程管控项目的实施,根据各工序需要监控的关键指标,按照日监控、月分析、持续改进的工作模式进行管理,各控制点的过程能力总体呈现上升趋势,有力支撑了产品质量的稳定与提升。“SPHC卷取温度合格率”在公司成果发布中获得三等奖。加强过程参数和生产节点控制,制定工艺优化试验方案,并组织技术人员现场跟踪,持续改进生产工艺,硅钢钢水的碳、硫等关键元素成分的内控合格率达到85%以上,钢水内部的夹杂物控制水平逐步提高。热轧工序调整了MGW1300的卷取温度,硅钢成品的性能指标已实现稳步提升,下半年硅钢性能综合改判率已降至2.5%以下,达到历史较好水平。吨材质量损失,中板线平均和平均先进水平分别比去年下降40%和34%,最好水平下降17.5%;CSP线平均先进水平和最好水平与去年相比,分别下降17.6%和15%。落实公司新品开发计划,全年共生产3个新产品,均为CSP产品。CSP品种薄规格开发取得突破,增强了CSP产品市场竞争力,拓展了总厂生存空间,为公司丰富产品结构、优化产线分工提供了支撑。在巩固ISO9001质量管理体系基础上,针对特定产品建立和完善相应质量保证体系,识别客户的特殊需求,建立满足各类产品认证要求和客户需求的质量保证能力。动态监控质量管理体系在总厂内部的运行状态,关注、改善薄弱部位和薄弱环节的质量体系运行效果。

【设备管理】 强化设备对生产的支撑,通过由“预防维修”模式向“预知维修”模式的转变,提高设备状态把控和故障诊断处理能力。做好设备故障、事故的闭环管理,定期开展针对性检查,对责任心差、违章操作、管理松弛造成的设备损失实行严格考核,坚决避免重复性故障的发生。开展CSP轧机F2、F3人字齿轮座齿轮轴齿面剥落、35千伏母排均压片打火的预防性维修,成功避免了重大设备事故的发生。1号转炉、3号转炉、CSP生产线连续获公司设备零故障竞赛优胜生产线。高度关注影响产品质量的设备问题,强调设备功能投用和设备精度控制对提升品种质量的支撑作用。阶段完成了CSP生产线设备精度管理工作,CSP轧机设备精度的恢复为SPA-H耐候钢1.5毫米及以下规格的稳定生产提供了强有力的设备支撑。总厂参与的《开展设备精度管理,为产品品质提升提供支撑》项目获得第二届全国设备管理创新成果二等奖。完善设备管理标准、技术标准和工作标准,建立关键生产线维检精度模型,及时解决影响产品质量的设备问题,保障设备应有的精度,实现设备稳定、经济、高效运行。按工艺要求和产品需求进行设备改造,提升设备满足生产工艺要求的能力。具有自主知识产权的CSP轧机二级控制系统改造升级取得成功,提升了轧制精度和产品质量,实现了从63毫米坯料到1.5毫米成品的跃变,开创了国际先例。

【降本增效】 以稳定生产、提升质量、调整结构、控制消耗为核心,以本工序历史最好水平和行业先进水平为目标,深入推进“日成本”管理模式。通过优化转炉操作,加大钢区回收以及推进吹气扒渣等措施,钢铁料消耗1082.90千克/吨;继续推进炼钢原料替代,并采取转炉总渣料下降、喂线机改造等措施,合金辅料比去年多降本2.61元/吨;通过提高成材率、精确控制剪切精度等措施,中板金属料净耗比去年多降本1.71

元/吨;通过减少轧辊磨削量等措施,轧辊消耗比去年多降本0.76元/吨。以合理用能和节约用能为宗旨,加大能源管理力度,并通过技术攻关和系统优化,探索、落实低产能条件下节能降耗措施。在产量大幅下降的情况下,吨钢煤气回收由去年的96.69立方米提高到103.51立方米,吨钢蒸汽回收由去年的59.44千克提高到74.72千克,炼钢工序综合能耗与去年相比下降169.88%,降本1609万元。积极推进降低备件库存资金措施,提高备件上机率,减少新产生的库存,并采取替代、修改等手段减少现有库存备件,库存比年初下降3455万元。加大回收备件自修和修旧利废工作力度,进一步扩大备件的修复品种,规范备件修旧的管理,全年备件自修节约费用1164万元,外委修复备件1874万元,超额完成公司下达的任务。降本增效工作按照公司下达的目标稳步推进,全年降本1.98亿元。

【企业管理】 建立了安全事故预警机制,及时通报各类重大事故并开展类似情况的安全检查,有效吸取事故教训,杜绝类似事故的发生。以安全生产标准化为准则,以安全示范班组建设为抓手,以岗位安全隐患排查治理为基本,以较大风险因素预控为重点,全力推动全员参与安全生产管理,进一步夯实了总厂安全管理基础。持续推进"防火墙"工程和消防安全"四个能力"建设,不断强化和落实消防安全责任。认真组织开展隐患排查整治,加强火灾易发部位管理,扎实有效落实防范措施。全年工亡、重伤、重大设备事故、重大生产事故、重大火灾事故、重大爆炸事故为"零",轻伤1人,年千人负伤率0.58‰。在去年底清退202人外部用工的基础上,继续优化工作内容、岗位设置和人员配置,彻底解决外部用工的历史遗留问题,大幅度提高劳动生产率,该项工作成为公司的样板。制定实施《一钢轧总厂人力资源优化实施方案》,实施全员岗位竞聘,工作内容、岗位设置和人员配置进一步优化,精减人员6%,职工爱岗敬岗意识和工作效率、工作质量明显提高。以岗位能力提高为主导,围绕降本、质量、产品兑现率等开展了精炼炉操作标准、直上板坯中包温度控制、CSP轧机新二级系统应用等培训,提高了职工的操作技能。认真落实综治工作领导责任制、目标管理责任制、重大问题责任追究制,在年终综合工作评比中,实行"一票否决"。充分发挥保卫部门的牵头作用,护厂队员日夜开展现场巡逻、蹲点守候以及接报警处置等工作,加大合金料仓、切头切边堆集暂放处、CSP地下电缆通道及连铸分厂地下油库的巡查频次,打击各种偷盗现象。建立劳务(协力)人员管理信息库,进一步加强厂区劳务(协力)人员管理。不定期召开"物资三单"管理会议,加强物资出入厂区管理,防止物资流失和被盗。

【党建工作】 认真开展支部"创先争优"活动、党员自身(身边)无事故、无违章的安全、质量双"两无"活动和"创党员示范岗,建党员模范责任区"活动。不断创新矩阵式党建工作方法,继续健全横向发现问题、纵向解决问题、纵横协同推进三个工作机制,把区域指导组督查与审计、效能监察、内部巡察、来信来访、业务检查有机结合,与厂务公开、党务公开制度有机结合,做到资源共享、系统联动。深入开展"学党章党规、学系列讲话,做合格党员"学习教育,采取个人自学、集中培训、专题辅导、集体研讨等形式进行学习,"学""做""改"融为一体,既完成学习教育的规定任务,又努力形成自身特色。积极配合公司党委第二巡察组对总厂进行专项巡察,逐条分解落实巡察组反馈意见,有针对性地梳理业务管理流程,找准根源,措施到位,边整边改,注重实效。并在矩阵式党建工作中对整改落实情况进行督查。对已完成的整改任务,适时组织"回头看",不断巩固整改成果。对需要较长时间整改和长期坚持的事项,紧盯不放,一抓到底,继续抓好深化整改。深入开展反腐倡廉教育,进一步建立完善监督保证机制。编制总厂廉洁风险防控汇总表,细致梳理风险防控点业务流程,查找薄弱环节,提前介入,变被动防守为主动干预。加强对原材料新产品试用情况全程跟踪检查,对影响质量、安全、效益、效率的关键环节进行有效监督。

【精神文明建设】 紧紧围绕生产经营中心,通过观看录像、征文、调研、读书活动等形式对职工进行保家园、求生存、谋发展的思想教育,弘扬提升正能量。围绕两个文明建设主旋律,紧贴公司和总厂大政方针,借助《一钢轧报》、一钢轧网站和公司的宣传载体,坚持正面宣传原则,宣传好人好事,做好宣传舆论工作。认真开展"最美一钢轧人"宣传活动,每月宣传两位"最美一钢轧人"新闻人物。开展文明规范建设星级竞赛活动,通过月度检查、季度考核的方式,及时发布检查通报,持续加大现场管理力度。抓住总厂生产重点工序关键指标围绕相关单位重点和难点指标开展了15项劳动竞赛,促进了产量完成和品种质量提升。继续开展合理化建议活动,炼钢分厂王勇等3人的合理化建议获省重大合理化建议奖。开展创新创效成果和先进操作法申报活动,热轧分厂王宏军申报的《调整立辊对中控制带钢楔形的方法》获公司先进操作法。

通过举办职工讲坛、“单点课”群众性互教互学等活动,为提高职工岗位技能提供了平台。围绕中心工作开展“岗位之星”评选、“巾帼示范岗”星级赛、群众性事故隐患自查整改、为一线职工送清凉等活动。组织团员青年积极参与提质增效各项工作,提高CSP设备稳定性、提高卷形质量、提高硅钢W1300钢种终点碳含量合格率等主题竞赛活动充分发挥了青年典型的引导作用。建立送温暖活动长效机制,做好困难职工的帮扶,维护职工的切身利益,坚持开展日常困难职工家庭走访慰问活动。积极开展拔河赛、中长跑等文体活动,总厂拔河队代表公司参加的全国拔河新星赛和公开赛,荣获男子600公斤级第三名和第一名,并获得体育道德风尚队荣誉称号。

(张　荣)

长材事业部

【主要技术经济指标】 2016年,事业部产钢428万吨、材407万吨。其中南区棒材99.4万吨、大H型钢82.9万吨、小H型钢57.4万吨,北区线材58.2万吨、棒材64.2万吨、型一12.8万吨、型二31.8万吨。全年钢铁料消耗南区1054.3千克/吨,北区1045.1千克/吨,铁钢比南区0.919,北区0.918。综合成材率南区棒材97.62%,大H型钢96.53%,小H型钢97.4%,北区线材99.02%,棒材102.99%,型一99.85%,型二99.54%。全年吨钢降本平均112元,相比BOM降本4.8亿元。销售收入92亿元;毛利润达8.5亿元,比公司计划1.2亿元净增7.3亿元,创净利润2.5亿元。

【企业管理】 紧密围绕“坚定信心,顺应变革,抢抓机遇,捍卫家园,为筑牢精品长材市场地位而努力奋斗”的工作目标,眼睛向内苦练内功,主动搏击抢占市场,砥砺前行,团结奋战,在全体职工的共同努力下,圆满完成了各项生产经营任务。降本增效、市场营销、人力资源优化等重点工作成效突显,受到充分肯定和赞誉。一是整合资源。在事业部成立之初,采取先合后整的办法,通过剥离、精简、整合相应的组织机构,逐步梳理优化业务流程,进一步强化长材主业市场竞争力。二是持续强化日成本管理。在逐步完善“日结算、日通报、日分析、日改进”规范机制的基础上,将北区日成本管理的经验做法移植到南区,使南区日成本管理体系逐渐从无到有,实现了分析、揭示日常生产运行过程中的各类问题,对南区的深入降本起到了积极的促进作用。三是继续加强现场管理工作。以“全国质量奖”迎审为契机,持续开展现场管理,在公司“最佳四室”评选活动中共有10个参赛作品获奖,其中6项获得公司“最佳四室”称号。四是稳妥推进人力资源优化。通过整合精简组织机构,优化业务流程,合并减少7个部室,1个车间,79个作业区。优化减少科级管理人员14人,作业长59人,操作维护岗354人,事业部人数由整合初的5319人优化为4633人,钢轧系统人均年产钢量提升122吨。五是加强环保管理工作。确保环境管理体系的有效运行,坚持开展环保巡查与环境监督员制度,加强对重要环境因素控制管理,实施对重要环境因素有效控制。六是狠抓安全管理。实现在岗员工接受安全教育率100%,南区顺利通过安全标准化二级企业达标复审,北区具备复审达标申报条件。全年未发生重伤以上人身安全事故,员工负伤率为1‰。

【降本增效】 南北区联合开展工艺纪律互查、炉机长竞赛等活动,管理人员、炉机长、技术人员多层次的深入实地学习交流,取长补短,为事业部降本持续推进夯实基础。南区大力开展减少化学升温攻关,减少钢水在吹氩站时间,降低出钢温度。经过攻关,转炉出钢温度降低4℃以上,年创效1000万元。北区炼钢系统建立辅料耐材计划消耗动态比对评价机制。通过控制合理炉型、优化操作、加强过程监控等措施大幅度降低钢铁料消耗,金属平衡消耗吨钢降低2.5千克。加强备件材料管理,严格控制修理费,设备费用支出有效压缩,全年设备费用同比降低1800万元。进一步推动能源经济运行工作。努力提高红送热装效率。推行多项节能措施,工序能耗同比降低4.9%。全年降本总额4.8亿元,年平均降本完成率达93.3%。

【生产组织】 生产系统紧跟销售节拍,加强沟通和衔接,形成以市场为导向,以效益为核心的产销联动的事业部模式。通过共享产销信息,统筹考虑事业部资源和组产模式的互融性,整合优势资源,根据各产线计划量、产能与公司外部资源情况,动态平衡内部总资源,科学管控组产,优化坯料配置,调控库存结构,使生产与设备、品种与质量始终处于过程受控、流程顺畅的局面,确保了产量和品种订单的及时兑现,有效满足了用户需求,实现效益最大化。

【营销服务】 建筑用钢材实施全零售式的自营销售新模式,年节约各项费用达7600万元。加大建筑材品牌宣传推广力度,先后与徽商银行大厦等7家重

强化设备状态把控,推进生产的融合,充分发挥保障作用。继续推行点检定修制,拓展机会检修,优化检修模型。修订完善“四大标准”,加强关键设备精密点检,确保设备安全可控。强化事故故障管理,关键隐患治理,开展设备技术攻关,提高设备运行效率。全年设备运行总体安全稳定,为生产稳定顺行提供了有效保障。

【文化融合】 针对事业部成立之初在企业文化建设存在的问题和困难,做出了有益的尝试和积极行动。广泛深入宣传“建成马钢精品长材基地”的事业部长期发展目标,宣传事业部的远景规划和实施步骤,以愿景团结人,以愿景激励人,为事业部后续文化建设打好了基础;在继承和发展的前提下,提炼形成了以“自强不息、追求卓越”管理理念为主的事业部子文化,夯实了文化体系的主柱;通盘考虑,建章立制,从顶层设计开始,规范事业部方方面面的制度和行为,在文化建设的核心内容“相同价值”取向上迈进了一步;通过全面推行日成本管控、管技人员跟班交流互动、搭建信息共享平台等方法协调了管理原则的一致性;开展首届“炉机长”技能大赛,突出关键岗位、关键工种的技能互访互学、深度交流,推动了产线之间操作技术的共同提升;整体设计、更换事业部铭牌、标识、展板,开展现场管理“互学、互查、互帮”活动,加深了职工身份认同感;成立四个矩阵式党建工作室,统筹优势资源、实现有效覆盖,产生良性联动,丰富了文化建设的内容;更新文化长廊、创办《长材周报》,起到了连接职工情感的桥梁和纽带作用,拉近了职工距离。

【党群工作】 深入开展“两学一做”教育,以“学”为基础,组织全体党员抄党章,系列讲话知识测试等。以“做”为关键,开展七一表彰大会、党员先锋岗评选、“两学一做”到基层宣讲、争创先进党支部和争当优秀共产党员等活动。持续推进矩阵式党建工作,党组织研究、部署、开展工作与生产经营工作实现同部署、同推动、同落实。结合南北区实际,策划制定矩阵式党建工作室实施方案。正确把握生产经营建设和改革发展舆论导向。开展家园建设读书交流活动,

点工程形成了稳定的供需合作关系,并与8家实力雄厚的钢贸商发展成为战略合作伙伴。型材在保留维护原有客户的同时,先后新开发广州永联、平煤股份等近十家终端型材客户。针对中车需求的造车材及重点工程Yamal项目,设立专门的客户经理。充分利用和调动现有分(子)公司的资源优势,开创了中型材移库销售的新模式。

【技术质量】 持续创新,科技支撑作用充分发挥。顺利通过全国质量奖现场评审,获得中国质量协会评审专家肯定。H型钢产品相继通过CE扩证现场审核和韩国KS体系现场审核,为H型钢继续扩大出口份额,增强国际市场竞争力打下坚实基础。全年H型钢出口总量达33.5万吨,占H型钢总销量的25%。海洋石油平台用热轧H型钢产品荣获中国2016年度冶金产品实物质量金杯奖中最高奖项“特优质量奖”。通过导入EVI模式,充分了解、识别客户新产品技术要求,为客户提供个性化服务,H型钢成功开发庞巴迪供上海地铁8号线导向轨专用H型钢,并相继开发俄标、美标、欧标等规格产品,完善Yamal项目用钢。新开发36U矿用钢产品并实现批量生产,首次成功开发极限规格工字钢,打入美洲市场。试轧成功第六代HRB600和HTRB630高强钢筋、高强抗震钢筋。国内首次轧制成功钛合金型材,为有色金属成型开辟新的工艺路线。相继开展了包括优化炼钢C成分控制目标等技术攻关项目64个,创效达800余万元。

【设备保障】 设备系统持续推进状态维修管理,

营造家园文化氛围;参加“点将论道”大讨论,为生产顺行凝心聚力。

(梁　军)

第四钢轧总厂

【主要技术经济指标】 2016 年,热轧汽车板及基料总量 193.5 万吨,冷轧、酸洗、硅钢基料 510 万吨,分别比上年增加 54.8% 及 19.72%;生产各类牌号硅钢基料 36.77 万吨,比上年增加 21.35%;生产 SAPH440-P、QSTE420TM-P 等高强酸洗汽车板基料 31.52 万吨。全年综合成材率 97.18%,比上年提高 0.2 个百分点。

【生产组织】 一是巩固优化炼钢“以连铸高效稳定生产为中心”,热轧“以精轧稳定轧制为核心”的生产组织模式,理顺各工序生产关系,使生产效率有了进一步提升。炼钢方面,严格实施钢水“四定”管理,重点开展连铸高拉速、恒拉速组产拉练,转炉出钢时间缩短 3 分钟,连铸机平均拉速提高 0.2 米/分钟,非计划停浇率 2.67%,比 2015 年降低 50%,生产稳定性大幅提升;RH 精炼月平均处理量达 38 万吨,RH 精炼比例达 59%,高附加值产品比例不断提升。热轧方面,通过缩短轧制时间、规范轧钢节奏、优化钢卷卷重等措施,有效提升轧机机时产能,换辊时间压缩 25% 左右,卷重平均提升 0.2 吨/卷,最高日产达 626 卷,使总厂高端装备的潜能得到进一步发挥。二是严格贯彻落实《安全生产法》和企业在安全生产方面的主体责任,不断加强制度和标准化建设,通过开展风险分级管控和隐患排查治理,提升管理体系的运行效率。总厂顺利通过安徽省安全生产标准化二级企业复评验收,炼钢物流分厂炉后作业区乙班被授予马鞍山市安全生产标准化示范班组称号。

【降本增效】 一是管理降本成效显著。坚持开展经济技术指标对标、日成本管理和降本攻关活动,通过优化高效组产模式、实施负能炼钢、减少加热炉能耗等措施,实现低耗高效运营。建立了日成本评价、通报制度,围绕金属料平衡、能源消耗开展攻关,实施日成本管控。能源降本有了显著进步,同比多降本 4320 万元。炼钢工序能耗为-9.35 千克标煤/吨,始终保持行业先进水平。二是技术降本持续进步。将钢铁料消耗作为重点关注指标,通过降低转炉喷溅、减少扒损和渣料消耗,取得了明显成效。转炉喷溅率控制在 3% 以内,铁水扒损由 2.3% 降低至 2.0%,渣钢回收率 22.1%,钢铁料消耗指标持续好转。1 号和 2 号连铸机在线调宽投入正常使用,每月可节约成本 180 万元。热轧从优化加热工艺、减少烧损、提高“三温度”命中等方面入手开展工艺降本,采取集中备料、集中组产模式,减少加热炉燃耗;通过提高设备控制精度、加强操作管理,减少切头切尾,制造成本不断降低。

【技术进步】 加强低合金高强薄规格酸洗板基料、冷、热轧高强汽车用钢、高牌号无取向硅钢等重点品种的产品设计和质量攻关,丰富拓展了高附加值产品结构,让有限的资源实现效益最大化。两条热轧线高附加值品种比例分别达 96.26% 和 71.18%,品种效益集中释放,为公司深化结构调整提供强有力的支撑。

【质量管理】 一是质量体系规范运行。始终按照“写所需、做所写、记所做、做见效”的要求,不断完善“三大标准”,ISO9001、ISO/TS16949 质量管理体系稳定运行。成立 MR 团队,以顾客为导向持续提高工序满意度和客户服务水平。对管理标准进行了系统梳理、修订,持续改善运行效果。把“做所写、记所做”的要求落实在生产过程中,有效实施质量流程管控。通过优化关键控制点的监控、规范工序质量检查、加大违规整改考核力度等措施,落实质量责任。全年,共接受外部审核 7 次、内部审核 5 次,顺利通过出口欧盟 PED 认证、ISO9001 独立认证和吉利汽车、芜湖美芝二方审核。二是产品质量持续改善。通过开展技术创新活动持续改善产品质量,全年总厂共实施技术攻关 75 项,形成 QC 成果 49 项,获得专利授权 17 项,解决了大量制约总厂产品质量提升的难点难题。《降低连铸结晶器卷渣》《火焰清理产能释放》等项目取得了良好效果,汽车面板冶金缺陷下降超过 50%。热轧改进粗、精轧立辊辊型,使板带翘皮缺陷得到明显改善。

【设备保障】 设备状态把控有效。坚持“运行有效、保障有力、系统优化、节能降耗”的方针,以“零故障”管理为目标、精度管理为载体,强化设备状态把控。以设备管理信息化平台建设为基础,强化设备事故、故障管理,全年组织了 5 次转炉炉役检修、2 次三机三炉检修和 2250 热轧生产线、1580 热轧生产线系统整修,确保了设备功能,提高了设备精度。完成各级设备技术攻关、改进项目 115 项,有力支撑了生产稳定、工艺改进、质量提升。全年,设备故障率 3.3‰,较好地完成了公司下达的设备运行指标。

【能控环保】 将工序能耗和重点能源单项指标纳入总厂关键绩效(KPI)考核,明确各部门、分厂的目标和责任。对转炉、精炼、连铸、石灰窑、2250热轧、1580热轧六大工序进行了能源对标挖潜,重新梳理识别能源相关变量和指标,确定能源绩效参数,实行每日核算、通报制度,能控绩效指标不断提升。坚持绿色环保、可持续发展。严格执行国家环保法规,认真落实公司能源环保控制计划,通过加强污染防治设施运行管控、提高设施完好率、强化生产操作和严格工艺纪律等措施,有效控制和减少污染物的产生。2016年环保验收合格率100%,污染物排放达标率100%,工业固废综合利用率100%,圆满完成节能减排工作任务。

【工厂管理】 一是人力资源优化初见成效。根据公司人力资源优化工作推进要求,制定了两级竞聘上岗实施方案,明确各单位主管领导为第一责任人,拟定了详细的应对预案。5月份,在公司二级单位中率先开展竞聘组阁,并实施了全员竞聘上岗。在竞聘过程中,纪委、工会全程介入,监督维护员工的利益不受侵害。各级党组织发挥了政治思想核心作用,做了大量耐心细致的宣贯和思想工作,化解矛盾、打消顾虑,妥善做好落聘人员的安置工作,确保人力资源优化工作稳步推进。在公司统一领导和部门具体指导下,顺利完成了全员竞聘上岗工作。优化科级管理岗位5个,作业长岗位28个,共整合优化了近200个岗位、离岗安置100余人,人力资源优化取得了初步成效。二是现场管理面貌一新。以星级现场管理创建为抓手,持续推进"两线四室"整治,将"环境经营、清洁生产"作为重点,不断改善现场作业环境。通过现场管理周例会及微信平台,持续推进"重污染区域环境专项整治""精益运营、清洁生产可视化"活动,特别是在劳务退出以后,按照门前三包和区域管理的原则,将责任落实到具体岗位、具体人员,员工积极承担起现场清扫、保洁工作任务,并纳入日常管理,做到日事日毕、日清日高,推动了清洁生产不断进步。

【党建工作】 2016年,召开了总厂第二次党代会,为未来五年的发展指明了方向。始终以问题为导向,开展矩阵式党建工作。按照"纵横结合、区域协同,分工合作、资源共享"的原则,强化党组织在生产经营建设中的"融入"和"服务"作用。围绕总厂生产经营中的重大事项、重点工作和重要活动开展横向协作,着力解决职工关心的问题。在"两学一做"学习教育中,总厂党委以"学"促"做",开展了三轮专项督导,突出各级党组织的责任落实。先后开展了"两学一做"到基层宣讲、"亮身份、作承诺、当先锋、树形象"等活动,总厂领导班子成员集中讲党课12场,听党课人数达到438人,为总厂上下同心同德、步调一致开展生产经营活动打下了扎实的基础。

【家园建设】 坚持"思想好、作风正、技术精、纪律严"的队伍建设总体要求,通过扎实开展跟班蹲点活动,不断深化民主管理,推进全员创新创效,以实际行动大力弘扬"胸有朝阳、感恩在心、公平正义、风清气正"的家园文化。全年共征集职工合理化建议和金点子638条,组织困难职工走访慰问39人次,发放慰问金19.41万元,使家园文化深入人心。2016年,总厂被评为公司先进集体,总厂党委荣获公司"先进基层党委"称号,热轧物流分厂党支部被授予省属企业"先进基层党组织"称号,李传艳被评为公司劳模,王二化荣获"马钢尖兵"称号。

(张海燕)

冷轧总厂

【主要技术经济指标】 2016年,完成产量462万吨,其中汽车板156.8万吨,家电板226.44万吨,300(D)高牌号硅钢产量6.25万吨。计划执行率98.30%,计划兑现率95.27%。多条产线产量创出历史新高。

【精益生产】 将精益管理、精益组产融入生产之中,先期精心策划、统筹安排生产计划,提升作业效率。对生产作业、外贸订单、重点品种等信息及时进行系统梳理,识别组产难度大的产品,提前制定有效措施,做到精准反馈到位、分解布置合理、落地跟踪有效。同时,强化生产管控,督促各机组按计划推进,提升机组生产稳定性。

【质量创新】 将市场对板带产品质量的高标准、严要求作为生产制造单元工作的重中之重。一是创建质量预警模式,建立和完善相应运行办法和管理制度。通过对产线机组质量控制能力的常态化监测,对质量结果进行趋势性预判,从而及时发现潜在的产品质量风险,快速找出问题症结所在,有的放矢,制定对策措施,最大限度地减少质量损失。二是推行MR(工厂代表)工作模式,选派质检经验丰富的员工进入客户现场,与终端用户零距离相互交流,了解和掌握市场行情,准确识别、及时反馈客户的特殊需求,确保各阶段的工作控制有效、持续改进;不断为用户提供优质服务,确保产品质量满足市场需求,进一步提升产品效益。三是建立矩阵式质量监控体系。将质量控制指标层层分解,落实到岗,责任到人。以合金化产品、连退汽车外板为切入点,实施"一卷一档"制,细化在线跟踪记录,提高质量监控能力,将用户需求落实在现场,并以点带面,逐步向各产线推行。加强质量监控管理,扎实推进质量管理体系建设,不断完善标准化作业,确保质量管理体系的有效运行。四是"软硬件兼施"实践产品"零缺陷"交货。不断完善质量检测硬件设施。先后在多条产线增设表面检测设备,有效识别在线产品表面质量。有效控制生产过程技术参数,确保产品质量的稳定。五是以公司技术高管牵头组织总厂二级模型团队开展技术攻关,有效地支撑了高效生产和新品开发,提升了产品表面质量。

【降本增效】　在生产过程中,全面实行"日监控、周分析、月评价"工作方法,形成PDCA循环,持续降本增效。每月结合实际运行状况,制定下发降本增效计划,层层分解到位。每日收集、整理、统计、监控日成本,坚持每周召开生产运行总结会和每月经济运行分析会,系统分析生产运行、质量体系管理、设备运行和安全环保、降本增效等情况,导出问题清单,制定措施,逐一整改。深挖工序降耗潜能,全面推进高效生产下的低耗运行。对镀锌退火炉、连续退火炉、罩式退火炉等重点耗能设施开展技术攻关,促进工序能源经济运行和综合利用水平持续提升。在生产过程中,优化组产模式,各机组合理提高小时产量,最大限度释放产能。合理安排计划停机和检修时间,充分利用低成本电能避峰就谷组产,实现能源效益最大化。强化能源统计分析、评价考核及日成本预测,实现能源经济运行全过程管控。在余热余能利用、电机系统节能等方面应用节能新技术,推动能源管理水平持续提升。全年能源降本6336万元,达到历史最好水平。创新备件采购管控模式,实现经济保供,合理优化库存,实行备件总包;材料费用精打细算,实施修旧利废,降低维修费用。通过全员、全方位的降本增效,全年共降本1.62亿元。

【品种优化】　根据市场需求,充分发挥整合优势,优化产线分工,利用共享资源,先后成功开发了取向硅钢、高强度汽车板、镀锌汽车外板、搪瓷钢、油桶用单色和双色涂层彩板和高端家电用板等新产品,进一步拓宽了市场空间。同时,围绕极限规格开发、产品质量提升、降本增效等方面的疑难杂症,集中精兵强将,组建技术攻关小组,开展系列技术攻关,一些困扰生产现场的疑难杂症得以解决,为释放产能,改善品质发挥了技术引领作用。积极开展QC、"双五小"、合理化建议等活动,形成全员参与技术创新的良好氛围,有力地促进了产品市场占有率。汽车板、家电板、电工钢、酸洗板等产品竞争力位居行业前列,品牌效应逐步凸现。

【设备管理】　以质量和产量为出发点,瞄准各条产线,对设备状态进行梳理,安排专业人员全程监控保产,确保生产平稳和设备精度可靠。不断建立健全设备管理体系,在管理标准的制定和完善、岗位工作梳理和技术标准的完善三个方面精准发力。加大事故预案及单点课的培训力度,开展设备、操作双向培训,全面落实全员规范化生产维护,设备管控能力切实得到提升,设备故障率明显下降,设备可开动率始终保持稳定。大力推进设备精度管理。制定发布设备能力管理办法,实现系统运行维护规范化管理。运用专家诊断软件系统,对15条生产线的设备功能精度进行分析评定,深入推进重点生产线关键设备的精密点检和测量数据录入工作。创建设备专业团队,合力攻克技术难题。为提高对产线设备和工艺技术掌控能力,在公司内外广泛召集专家学者、专业工程技术人员和优秀操作工匠等精兵强将,分别组建了九个设备专业团队。按照"APQP"模式,以"两个战场"需求为导向,制定工作规划,集中团队智慧,查找存在问题,不断探索在线设备稳定高效运行的新方法。

【企业管理】　一是以创建清洁工厂为切入点,全面推进现场的精益管理。推出系列举措,采取多种形式,逐步提升全员清洁生产意识。在污染源控制上,变末端治理为源头消减,变被动反应为主动出击,建立长效改善机制。建立健全自上而下的检查网络体系,定期检查监督,严格考核到位。大力实施作业现场环境改造,制定了现场管理推进计划,持续改善和推进。组成环境清理突击队,对卫生死角进行专项治理,促进了创建工作向纵深延伸。2016年荣获马鞍山市卫生先进单位及无烟单位荣誉称号。二是持续推进人力资源优化工作。率先完成了各层级人员授权组阁和竞聘上岗工作,并按照公司决定,顺利完成了与原彩涂板事业部的合并整合工作。不断激发技术人员、操作骨干的工作热情和创造性,激励员工敬业爱岗,钻研业务,岗位成才,评聘了122名"冷轧工匠",积极发挥榜样作用,带动一线职工立足岗位成才;加大培训力度,推进员工素养提升;针对重点、难点技术问题对员工进行专项培训;建立岗位绩效管理办法和绩效考核目标责任制,定期检查考核,每月编发《责任追溯简报》,对各类事故实行追责、考核,做到奖罚分明,举一反三,总结经验,汲取教训。三是持续完善安全管理体系,创建隐患排查治理信息系统,加大现场安全隐患排查治理工作;开展应急预案演练。2016 年 4 月,顺利通过了国家安全生产标准化二级企业审核认证。

【党群工作】 认真开展“两学一做”学习教育和“讲看齐,见行动”学习讨论活动。深入学习贯彻习近平总书记视察安徽重要讲话精神;深入营造家园文化氛围,富有特色地开展工作;深化矩阵式党建工作,把管党治党责任落到实处。两级管理人员深入生产一线跟班蹲点,与一线职工交流思想、解决问题。2016 年,总厂先后荣获省国资委授予的省属企业先进基层党组织称号、公司先进基层党委和公司 2015 年度先进集体等荣誉称号。

(李 军)

特钢公司

【主要技术经济指标】 2016 年,累计产钢 50.69 万吨,比上年增加 20.69%。轧钢产量 12.2 万吨,比上年增加 11.28%;高线产量 23.86 万吨。钢铁料消耗 1085 千克/吨钢,比上年下降约 4 千克/吨钢;炼钢工序能耗成本 277 元/吨(扣除铁水影响),较上年下降 9 元/吨;轧钢工序能耗成本 112.84 元/吨,较上年下降 6.27 元/吨;高线工序能耗成本 186.08 元/吨。

【新产品开发和技术攻关】 全年开发新产品 154 个(累计 434 个),约 15 万吨。产品进入轨道交通、能源、汽车、高端制造等领域。成功开发 GE 油气、GE 轨道、Vestas、FMC、美国 Flour、韩国斗山、金风科技、咸阳宝石等高端优质客户。350 千米/小时中国标准动车组用轮轴产品完成装车及载客运行和考核;高速动车组用车轮坯和车轴坯均获得实质性订单;新开发了 EA4T 地铁用车轴钢实现了批量供货,开发 RSA 系列车轴钢出口到韩国;车轴钢国内市场占有率突破 50%。超临界高温高压锅炉管用 P91,实现稳定、高效、低成本批量生产,年产量约 1.6 万吨,12 月份销售价格达到 10200 元/吨。汽车用钢市场开拓也取得新突破,以 22CrMoH、FM8T 为代表汽车齿轮钢成功进入华菱等汽车用户并批量供货。高速线材成功开发了 2160MPa 级钢丝用盘条,填补国内空白;60Si2Mn、55SiCr、C75S 等弹簧钢开发成功;线材 GCr15 轴承钢用户使用初步认可;10B21E、SWRCH35KE 系列 8.8 级紧固件用冷镦钢通过上汽 VDA6.3 过程审核,进入材料验证阶段。全年开展技术攻关 136 项,注册马钢 QC 小组课题 31 个;全年授权专利 10 项,新申报专利 22 项,其中发明专利 15 项,实用新型专利 7 项,超额完成了股份公司下达的专利申报指标。申报技术秘密 161 项,其中 6 项技术秘密荣获马钢年度技术秘密创新奖。

【市场销售】 坚持以直供销售为主,三方直供为辅,充分利用欧冶云商等电子商务平台实现销售的多元化、系统化。在优化布局上通过实行“1+4”的销售模式,设立上海、武汉、重庆、广州四个外部销售网点,加强与客户的沟通与服务。通过打造“一小时”响应用户的特钢速度,强化技术营销,形成了快速响应市场的机制,全面满足客户的个性化需求。建立“特钢公司全员销售”的机制,形成人人服务销售的氛围;销售人员奖金收入完全与销售业绩挂钩,不封顶、不保底,末位淘汰、全面实行绩效管理。以每周召开的特钢、高线销售专题会等形式,对原辅料、特钢产品价格走势等进行综合分析和研判,利用研产销的联动机制准确识别并满足客户需求。首次实现了全年外销量大于内销量的新格局。进入四季度,单月外销发货量创下 3.74 万吨历史新高;工业线材销售订单量逐月提高,10 月份销售量达到 3.85 万吨。极大改善了特钢初期“用户少,销售难”的局面,马钢特钢产品的良好口碑逐步形成。

【降本增效】 围绕年度降本目标,从生产、技术、设备、操作等逐项梳理细化落实举措。优化生产组织,以生产稳定顺行促降本,利用快换中包技术等措施,稳定提高生产效率,降低生产事故发生率。深挖工艺潜力,通过优化电炉出钢脱氧、提高电炉终点留碳水平、降低精炼渣量、合金替代等实现降本 24.76 元/吨钢;平均月热渣回收率达到 92%。在能耗上通过调整铁钢比,优化炉前操作,有效控制电炉电极电耗,优化除尘风机转速,电耗比 2015 年下降 6.85 千瓦时/吨;开展加热炉燃耗攻关,煤气消耗比 2015 年下降 0.135 吉焦/吨。对协力队伍的管理和优化,主要协保单位人工费用同比 2015 年减少 10% 以上。

【企业管理】 建立了独具特色的过程质量评价体系,识别出整个生产过程 78 项质量关键影响因素。通过建立日常质量评审制,使过程控制能力和产品质量得到持续提升。实施《质量风险抵押金制度》,设立质量风险控制点,将相关责任人员与控制点的绩效挂钩。通过微信平台每日发布过程质量信息、每周通报质量综述、每月发布质量月度分析、责任追溯简报及事故曝光台等措施落实质量责任。“特钢之星”和金

(银、铜)牌员工评选活动获得公司2016年度管理创新三等奖。积极推进人力资源优化工作,开展全员岗位竞聘,通过多渠道分流安置落聘人员38人次,建立了“一岗多责”“一专多能”的大工种作业模式。以全员岗位绩效评价为基础,逐步建立岗位动态管理模式。参照马钢“授权组阁竞争上岗”工作实施方案,对内实行层层生产经营承包,组阁人与班子成员及各分厂(点检室)、部门签订生产经营目标承包书。积极、稳妥地做好高速线材生产线整合工作。强化安全责任的落实,全年无重大生产、设备、火灾、爆炸事故;无工亡、重伤人身伤害事故发生。

【党群工作】 以矩阵式党建工作为引领,特钢公司党委与各党支部(部门、分厂、点检室主要负责人)签订了《党风廉政建设目标管理责任书》等三个责任书。坚持每月政工例会制度;开展“党员标准化作业示范岗”、参观新四军纪念馆、瞻仰革命先烈等活动;特钢公司党委与埃斯科特钢合资公司党支部开展横向协作共建,创新党建工作方式。以“三会一课”为重点的各项党建工作制度落实率达98%以上;成功召开了特钢公司第一次党代会、第一次工代会。扎实开展了“两学一做”“讲看齐、见行动”学习教育活动,两级领导班子开展“两学一做”到基层活动27场次。轧钢分厂党支部荣获市先进基层党支部、高级技术主管石玮获得省优秀共产党员称号。以“我与质量的关系”思想大讨论,质量知识竞赛、质量在我心中演讲比赛等形式,在职工中大力营造并形成“安全是生命,质量是饭碗”的主流意识和家园意识。全年用于帮扶困难职工资金逾4万余元;评选“特钢之星”150人,奖励资金8万多元。新建高线现场办公楼为“研产销”团队提供良好的工作环境和便利的工作条件;炼钢原料作业区获得公司最美优秀作业区荣誉称号。

(罗继胜)

轮轴事业部

【主要技术经济指标】 2016年,车轮公司完成热轧量13.71万吨,交库量12.49万吨,销售量12.75万吨,销售收入11亿元,内部利润2.2亿元。轨道公司全年销售轮对2154套,比上年增加1078套。

【生产组织】 2016年订单的严重不均衡,给生产组织带来很大压力,车轮二线的品种、规格数同比增加60%以上。制定细致周密的生产计划,最大限度地减少产品工序停留时间,产品的平均制造周期从23天缩短为21天。入库品种兑现率97.63%,比上年提高1.96%;5-6月份,轮对分厂通过生产拉练,生产能力得到很大提升,在两班制生产的情况下,月产量均超过500套,创投产以来月产量新高。

【安全管理】 强化安全基础管理,全年无重伤以上人身伤害事故,重大生产、设备、火灾、爆炸事故为零,千人负伤率2.9‰,同比下降35%;在岗员工接受安全教育率、特种作业人员持证上岗率均为100%。

【项目建设】 2016年4月29日,马钢首条高速车轴生产线开工仪式在轮轴事业部轨道交通公司举行,集团公司总经理、股份公司董事长丁毅宣布项目开工。该生产线建成后,将使马钢成为国内唯一一家具备从炼钢到高速车轴制造全流程一体化生产模式的企业。项目同步启动高速车轴智能制造质量管理信息系统建设,系统可实现车轴全工序制造过程跟踪。

【产品研发创新】 始终坚持以技术的差异化来服务市场,不断加大新产品的开发和技术创新力度,全年共开发车轮新产品、新规格135个,箍环新规格303个,轮对产品24个。完成《车轴磁粉探伤标准》《轮对压装技术标准》等5项企标的发布,参加ISO5948国际探伤标准的修订。装有马钢制造的中国标准动车组以420千米的时速成功进行交会试验,并完成60万千米运行考核;250千米/小时动车组已经完成50万千米的装车运行,状态良好。350千米/小时标动车轮获得CRCC证书。省科技攻关项目《动车组轮对-转向架总成国产化关键技术研究》完成验收。全生命周期质量管理信息化项目已基本完成,新MES系统基本具备单件跟踪能力。

【质量管理】 继续以IRIS体系为核心,不断深化“零缺陷”管理制度,质量管理向“预防为主”深入推进。质量月期间,对IRIS体系组织全条款内部审核,提高了IRIS成熟度;组织开展“高铁时代来了,我该怎么做”演讲比赛和“我为质量献一计”合理化建议活动,共收到合理化建议67条;新修订了《工艺纪律检查管理办法》;完成了《岗位作业指导书》编制修订工作;创新形成三级工艺纪律检查模式。全年共有24个小组申报QC活动课题,参加各类比赛4次,获奖5项,荣誉称号3个,其中精品分厂获得全国QC发表赛优胜奖;车轮二区获得全国优秀质量管理小组;全年共接受内外部审核24次,拥有的30张体系和产品认证证书持续有效;完成M1003换证审核及M107审核;完成德铁 EMU 车轮现场审核认证；轮对顺利通过质量体系复审，并且取得 TSI 认证资格，拿到了产品进入欧洲市场的通行证。客服团队建设初显成效，根据公司“竞争全要素，服务进终端”的要求，拓展用户服务的范围。加强向车辆设计部门的 EVI 导入，以及向铁路站段的终端服务，把原来处理质量异议的被动服务模式变为登门拜访的主动服务模式。建立了系统性的信息沟通渠道，掌握客户对产品在运用过程中的需求和使用状况，及时处理了 20 余起早期事故，在快速处置质量异议，提升客户满意度工作方面效果显著。

【设备管理】 以 IRIS 管理体系为标准不断强化设备的基础管理，以“设备为产品服务”为理念，一方面采取有效措施保障设备的运行精度和稳定性，另一方面有效控制设备的维护维修费用、能源动力及油品消耗。全年日常修理费（含大中修）5376 万元，比上年下降 1154 万元；工装件共发生 337.39 万元，比上年下降 274 万元；平均油耗为 13.92 元/吨，比上年下降 14.12%。通过强化设备标准化体系建设，多层次常态化开展设备管理制度及标准执行情况检查。新编了《机旁备件管理办法》，完成四大标准和三大规程的修订。将轮对分厂设备纳入轮轴事业部一体化设备管理体系中，同步完善轮对分厂设备技术文件的修订和编制，点检、维修能力得到保障，有效提升了轮对分厂的设备运行效果。

【现场管理】 以部分精品生产设备向南区搬迁为契机，本着“顶层设计，统一规划，分步实施，生产顺行”的原则，对现场进行了较大的整治。既突出了现代化的生产气息，又展现了车轮轮箍半个多世纪厚重的历史和文化底蕴。在全国质量奖现场审核及国内外多次重要参观视察中，得到了专家们的认可；其中，精品分厂取样组休息室荣获 2016 年度马钢“最佳四室”称号。

【品牌建设】 “马钢牌”轮轴品牌工作全面推进。成功举办了海外采购商大会；马钢轮轴网站正式开通；微电影作品《马钢车轮的故事——追梦》荣获全国品牌故事大赛二等奖；轮轴产品作为马钢的靓丽“名片”精彩呈现在德国柏林轨道展和徽商大会上；参加了在成都召开的第 18 届国际轮对大会，增进了国际技术和贸易的交流合作，马钢轮轴品牌知名度进一步得到提升。

【党群工作】 深入开展“两学一做”学习教育，认真组织公司及事业部领导“两学一做”宣讲到基层工作；引导各支部规范、常态化地开展“争创先进党支部、争创优秀共产党员”活动；工会积极融入生产经营，发动职工群众开展合理化建议、技能比武、劳动竞赛等活动；团委以加强团干队伍建设作为工作的重点，以各类团青活动为推手，引领青年建功岗位取得实效；武装保卫认真落实治安联防管理责任制，扎实开展厂区治安防控体系建设，实现了重大治安案件、火灾、交通事故为零的目标。

（黄　海）

能源管控中心

【主要技术经济指标】 2016 年，完成供电量 83.51 亿千瓦时，自发电 2247 万千瓦时；供应工业原水 1.99 亿吨、工业净水 1.22 亿吨、循环水 1.25 亿吨、生活水 0.27 亿吨、软化水 1651 千吨；年产冷风 154.03 亿立方米、压缩空气 26.28 亿立方米、蒸汽 758.41 万吉焦；加工输送高炉、焦炉、转炉煤气 1.17 亿吉焦、氢气 0.18 亿立方米；供应氧气 7.17 亿立方米、氮气 7.25 亿立方米、氩气 0.25 亿立方米。吨钢综合能耗 597.4 千克标煤/吨。

【安全保供】 充分发挥能源调度与公司生产调度、设备调度合署办公优势，全方位掌握公司组产方式和能源需求变化情况，精心设计并动态调整运行方式，确保了在线生产全过程跟踪受控，能源调度指令正确率 100%。全面推进标准化作业，开展以“两票三制”为核心的运行管理和标准操作，全年操作 40 万余次，误操作为零，开展工艺纪律集中检查 41 次，兑现考核 82 项，有力提高了现场执行力，全年生产操作责任事故为零。持续推进高炉风机体检制度，并推广运用到制氢系统、高炉汽机系统，实施重点隐患整改销案制，强化设备点检、维护，设备故障次数比上年下降率 35%。结合当期保产重点及用户需求，组织用户交流活动 86 次，先后走访了特钢高线、一钢轧总厂、长材事业部、冷轧总厂等制造单元，对用户意见、建议等逐项制定改进措施并及时反馈用户，有力确保了公司重点产线生产需求。推进安全生产标准化示范班组创建，11 号变电所以最高分通过了市安全生产示范班组考评。扎实开展安全预案演练，高度重视危化品、危险源的动态管理，切实提高系统本质安全水平，实现了工亡、重伤、火灾事故为零目标，中心连续保持安全生产金牌单位、消防安全优胜单位荣誉称号。

【能源动力管控】 完成了股份公司能源评审报告,确定主要能源使用清单、能源管理实施方案,建立了涵盖公司各主要产线的工序能耗档案。牵头修订了《能源经济运行设计管理办法》,扎实开展能源对标,先后赴唐钢、南钢、宝钢、长钢、武钢进行对标,实施23项节能攻关课题。着力推进能源系统精益运行,在水系统减排、煤气系统热值稳定、压气系统管网优化、供电系统需量控制以及减低各类能源介质放散、管(线)损等方面开展攻关,其中通过对煤气运行方式的优化,有效降低了外购天然气使用量,外购天然气成本下降2300多万元。吨钢综合能耗指标实现历史最好,4月份“破六见五”,下半年稳定在低于594千克标煤/吨考核目标的水平。优化完善能源信息化系统,整合优化原南、北区两个能源分析系统,开通了能源管控系统与LES、MS系统的信息传递通道,实现EMS数据的实时显示,提升了能源数据的准确性和各工序能源指标周分析的针对性。建成中心设备点巡检工作管理系统(PMS),并在全中心投入应用。全面加强动力运行管理,定期编制《动力介质经济运行目标计划》和《周能源平衡计划》,扎实开展月、周工作分析评价。修订完善了《动力系统专业管理办法》《动力介质供应管理办法》《错峰用电管理办法》《电网大面积停电事件应急预案》《动力事故应急预案》等公司级管理标准,先后完成了北区炼钢冷轧大系统检修、5号焦炉盲板作业、4号高炉烘炉投产、3号高炉大修、四钢轧2号转炉大修、CCPP机组检修、三气柜大修等20多个重点项目的能源介质平衡方案的编制和执行。加强外供能源用户管理,开展外供用户全面普查,对乱拉乱接进行了全面清理,形成了外供能源管理例会制度。

【降本增效】 坚持与历史最好成绩、行业先进指标对标原则,抓好降本任务分解。制定降本任务及各系统主要经济技术指标分解计划,全面深入开展月度经济活动分析,剖析指标增减原因,巩固成效做法,落实改进措施,严格评价考核。强化日成本管理,关注能源负荷变化及配置,每日统计分析关键指标,及时追溯和改进异常情况。推进重点降本措施52项,三空3号干燥机节能改造、荷花塘水源泵站节能改造等一批项目收到明显效果。组织开展专项竞赛,瞄准公司燃气、氧气、电力系统运行中的关键指标,对氧氮氩最低购买量、汽化量、基本电费和上网电量进行控制,通过竞赛活动开展,上网电量、天然气掺烧、氧氮汽化指标的进步,为公司创造经济效益3482万元,并完成直购电32.6亿千瓦时,超过预期计划目标。中心全年累计降本9694万元,超额完成公司下达降本增效目标。积极开展技术与管理输出,全年实现外部创收672万元。

【重点工程建设】 3200立方米高炉汽动鼓风机站项目及高炉配套公辅项目建设、调试工作有序推进。9月6日,汽动鼓风机正式投产向高炉供风,项目投运后实现了机组安全稳定运行,为公司缓解铁水资源不足,实现转型升级、提质增效提供了有力支撑。坚持推行项目部制管理,以消除在线设备隐患及保供瓶颈问题为重点,先后完成了特钢高线煤气热值稳定性改造、110千伏塘氧763电缆线路改造、三加压混合系统优化改造、北区风机房及高焦气柜等UPS改造、三厂区压气连通管系统优化改造、一硅钢脱盐水站增容改造、72号变电所110千伏改造、630厂房重大隐患加固改造、二钢三万柜、三钢五万柜、1000立方米风机房大修等重点检修工程。无人值守项目进展有序,十加压于8月29日完成无人化改造并正式运行。

【企业管理】 在公司率先完成人力资源优化第一轮优化目标。通过推进“授权组阁、竞聘上岗”,开展全员重新聘用上岗,在岗人数由2015年末的1642人减少至1351人,优化比例达到18%。强化教育培训工作,扎实开展各工种技能培训考核,全年培训考核近900人。创新导师带徒方式方法,采取技术技能专家与所在单位主管领导“双导师”制度,27名新入职大学生与导师相约结对。深入推进卓越绩效管理。突出强化卓越绩效模式的宣贯落实,全面梳理各项证实性资料,顺利通过了8月份全国质量奖专家组评审。坚持开展高级技术主管专题讲座,发挥技术引领作用。实施管理创新课题与精益运营课题融合,全年申报管理创新项目17篇。全面推进星级现场创建、“四室”专项整治,热力分厂铁前空压站更衣室获公司“优秀更衣室”。着力推动技术进步。全年实施技术进步课题96个,54个QC小组发布了成果,申报发明专利、实用新型专利22项、技术论文14篇。参加了公司“讲理想、比贡献”演讲比赛并获得了二等奖。严格落实环保刚性要求。实现了污染物排放达标率、危险废弃物安全处置率、环保设施同步运行率三个100%,各类污染事故为零。强化G20峰会期间环境质量管控,制定了环境保障方案,明确各级监管责任,完善应急处置预案,实行24小时连续管控,环保工作绩效得到明显提升,获得了公司及上级部门肯定。

【党群工作】 持续推进“两学一做”学习教育,扎实开展矩阵式党建工作,抓好各级领导干部“跟班蹲点”,有针对性地做好思想发动、舆论引导和典型宣传等工作，注重过程衔接与实际效果，扎实开展了“七一”表彰、命名“党员示范岗”、组织义务劳动及领导干部讲党课、到基层宣讲活动，推动中心重点工作全面展开。中心党委荣获公司先进基层单位称号。开展反腐倡廉常态化教育，认真整改落实公司党委专项巡察反馈意见，强化各级领导干部的党章党规党纪意识。积极打造家园文化升级版，组织首届“能控之星”评选并广泛宣传“能控之星”先进事迹，开展了给全体职工送生日蛋糕和贺卡的活动，启动运行站所“样板小家”建设活动，着力营造家园氛围。

（李　炜）

热电总厂

【主要技术经济指标】 2016年，完成发电43.8亿千瓦时，供热509.9万吉焦；实现内部利润4.81亿元，超公司内部利润计划3118万元；实现安全生产“六为零”，圆满完成了四届一次职代会制定的各项目标。南区和北区11号、12号、13号机组发电标煤耗分别为385.13克/千瓦时、280.76克/千瓦时、323.08克/千瓦时、382.56克/千瓦时。南区、北区厂用电率分别为10.57%、5.82%。

【机构调整】 2016年年初，公司批准热电总厂以事业部制模式运作，将原部室整合为综合管理室、生产技术室、设备管理室、党群工作室、发电一分厂、发电二分厂、运行保障分厂、综合保障分厂，在此之外单独成立经营室，负责总厂粉煤灰、沐浴水销售及对外技术服务等相关工作，形成“五室四分厂”的工作格局。11月，根据公司要求，原生产技术室更名为生产技术安全室。

【对外经营】 经营室成立以后，针对粉煤灰等副产品销售，采用多种定价措施并举的方式，保证生产稳定的同时，力求总厂及公司利益最大化，实现销售总收入800余万元。加强外部市场开拓，相继承担了亚斯特发电节能项目及芜湖新兴铸管电厂新建机组的技术指导、长钢新建发电机组及二铁新建烧结余热锅炉的调试、公司首台高温高压汽动风机的基建监督和调试保产，完成三铁烧结及长钢发电机组大修调试等任务，为公司创效200余万元。

【人力资源优化】 根据公司安排，3月，总厂开启了首轮人力资源优化工作。从政策宣贯到制度执行，从目标定员到竞聘上岗，步步推进、步步到位、步步见效，经过周密安排、整体策划、分步实施，圆满完成全员解聘再竞争上岗及富余人员再安置的优化任务。全年优化产生富余人员35名，完成52名职工政策性离岗安置手续。

【企业管理】 生产管理上，总厂继续以日成本管理为基础，持续推进生产计划值和内部利润的分解考核管理。在指标分析时，精确到每一个环节，细化到每一个因素，有针对性地提出问题、解决问题，降低成本、提高效益。在生产管理上，注重优化过程控制，外部加强与公司及相关单位的联系，内部强化“两票三制”等基础专业管理。2016年，总厂北区3条生产线首创年度无非停记录。检修管理上，总厂进一步完善检修标准和检修模型，推进检修作业标准化，在机炉大修中全面推行检修质量关键点控制和三级验收确认制，先后完成1号炉、4号炉、5号炉、2号发电机组的大修以及多台机组、多个辅助系统的小修，提升了设备总体健康水平。加强备件管理，完善备件计划评审制度；依托管控系统，历时1年开展机旁库整治，有效降低备件库存；推进备件国产化，降低采购费用。技术管理上，总厂充分发挥技术监督“事前预控、事中及事后可控”的全面监督、预警功能，扩大技术监督管理覆盖面，不断强化设备本质安全，形成了“区别于电力系统，领先于冶金行业”独具特色的“全系统、全过程、全员化”的技术监督综合运作体系。此外，定期开展经济分析和工艺纪律检查，监督影响生产安全经济运行的重要环节，适时开展技术改造，有效提高设备技术性能。全年申报技术专利6项，获得批复4项；发布技术秘密9项。安全管理上，总厂全面落实安全生产责任制，层层签订《安全生产责任书》，宣传树立安全法制观念。开展“八查八规范”活动，严厉查处“三违”行为，强化安全教育培训和考核。加强特种设备安全监督，建立安全预警机制，完成南区2号高炉煤气管道半包和焦炉煤气管道整体更换项目。继续推进安全标准化建设，实现安全标准化示范班组创建全覆盖，其中1个作业区荣获马鞍山市“优秀标准化示范班组”称号。2016年，总厂荣获国家“安全生产标准化二级企业”称号，并连续10次被公司授予“安全生产金牌单位”。

【党建工作】 认真开展“两学一做”学习教育活动。成功召开第二次党代会，为总厂未来发展指明了方向。开展《中国共产党纪律处分条例》《中国共产党廉洁自律准则》和《安徽省预防职务犯罪工作条例》等系列学习。领导班子成员严格按照“三严三实”民主生活会规定,开展批评与自我批评。组织作业长以上管理人员签订廉洁从业承诺书。结合总厂机构及岗位变动情况,选聘26名党风建设监督员、纪检监察信息员。全年发展7名党员,8名党员转正。

【家园文化建设】 通过《热电报》、宣传橱窗和板报,采取征文、访谈、报道等方式,多层次开展家园文化建设。利用网络平台,借助“最美厂区”“最佳四室”评选,展示热电厂容厂貌和职工精神面貌。全年刊发《热电报》55期,刊发稿件1100余篇,外发稿件120余篇。集中开展各专业劳动技能竞赛29场,征集合理化建议220条,获得安徽省重大合理化建议及优秀成果奖1项。总厂2个作业区分别获得公司“工人先锋号”“标杆作业区”称号。积极参加公司设备零故障、节能降耗、污染源达标劳动竞赛,获得“设备零故障优胜单位”称号。共青团继续开展“双五小”“导师带徒”及大学生技术课题调研等活动。积极宣传动员职工参加总厂、公司两级互助帮困基金。为143名职工办理了省在职职工意外伤害及重大疾病保险。全年探望职工及家属55人次,发放慰问金25700元。

(张大鹏)

煤焦化公司

【主要技术经济指标】 2016年,生产焦炭440.7万吨,化产品销售收入5.3亿元,降本2.6亿元。

【生产组织】 消化煤炭资源市场波动和三季度暴雨等不利因素,加强煤场动态管理,全年接卸洗煤559.8万吨、动力煤33.5万吨;认真落实股份公司要求,以高炉需求为关注焦点,稳定焦炭产量及质量。优化焦炭资源平衡和组产模式,为公司高炉稳定顺行奠定基础;干熄焦发电达5.2亿千瓦时;加强了化产系统管控,全年加工轻苯6.5万吨;提高了能介保供能力,锅炉效率、发电效率均保持较高水平。实现生产秩序均衡、稳定、有序、高效的目标,超额完成各项生产任务。

【设备保障】 持续开展设备星级竞赛,强化设备状态把控,提高重点产线设备保供能力,重点产线设备故障次数环比下降41%。严格控制材料备件费用,推进设备“零库存”管理,积极做好重点检修项目的组织实施。顺利完成了备煤翻车机定修、1-4号焦炉四车定位系统安装投用、苯加氢系统定修、321号配电所高压柜整体更新改造以及4号、5号干熄焦定修等数十项大中修和改造任务。

【安全管理】 建立健全安全管理体系,严格安全生产责任追究。修订完善了安全绩效奖励考核办法;实行安全绩效风险抵押金管理;完善了焦化安全信息管理平台,实施了动态管理和有效监控。举办各类安全培训班18期,开展了34场应急预案演练,提高全员安全意识和操作技能;形成了全方位安全网络体系,对老区焦油系统实施安全拆除,完成了5号焦炉大修、一净化复合炉等工程的安全监管。加强了消防安全管理,做好动火监护和火警的及时有效处置;消防大队代表安徽省参加全国第二届危险化学品救援技术大赛并获得佳绩。

【节能环保】 以《马钢2016年能源环保工作计划》为指导,建立和完善环境信息化系统,实现现场监控和在线监测全覆盖,严抓环保设施有效运行,提升了防控效果。全年排污申报率100%,环境污染事故为零;基建技改项目环评执行率100%。提高了资源的循环利用率,回收利用焦油渣5647吨,实现生化污泥处理1万吨,收集处置除尘灰8.4万吨。通过对一净化两用塔改造,二净化脱酸蒸氨系统的优化,以及新区脱硫备用系统的投用,出厂煤气指标大幅度改善;5号焦炉机侧除尘的投用,实现了6米焦炉机侧烟粉尘的

有效控制;上升管余热利用的研究和运用走在行业前列;老区生化改造后的不断优化运行,以及摸索了溶剂脱酚单元停运时生化废水的工艺变更处理,为工序产线保障提供支持。

【降本增效】 全年完成公司制定的70元/吨焦任务的85.7%。着力抓好从洗精煤入库、焦炭生产到化产销售全过程的成本控制,优化配煤结构降本,加强新老区生化药剂控制等。推进能源经济运行,密切协同生产经营建设与能源使用,调整优化各工序产线的能源消耗标准定额。新区、老区系统的稳定顺行,工序能耗分别为115千克标煤/吨焦、111千克标煤/吨焦,好于公司年初计划,同时加强了全厂的动力消耗控制,强化了炼焦系统热工管理,优化了制冷机的开停机,5号焦炉应用了上升管余热回收技术等。

【化产营销】 以市场为导向,有效跟踪、研判、把握市场变化,抢抓市场机遇。优化销售渠道,动态调整销售资源,增强抵御风险的能力,为公司组织生产提供了有力保障。通过招标中心平台,开展竞价销售,中标品种4个,中标数量5050吨。发挥苯加氢富余产能,全年共采购粗(轻)苯10625吨、洗油1784吨;全年化工产品销量为29.2万吨,化工产品外销收入为5.3亿元,化产外销收入完成股份公司考核指标。

【科技创新】 抓住生产经营的重点难点问题,持续推进科研项目有效开展,为公司焦炭保供、化产销售、降本增效等重点工作起到了支撑作用。通过攻关稳定了高炉槽下返粉;有效控制了新区焦炉倒焦问题;优化了1-4号焦炉四车联锁系统;焦炉煤气H2S及生化外排水指标也得以改善,为炼焦的下游工序提供保障。全年共获马钢及以上科技攻关奖励近30项,其中《干熄焦炉长寿命高效运行技术研究与应用》等8项科技成果分别荣获中国冶金行业、炼焦行业、省、市科技进步奖;提交专利30项,参与修订行业标准5项,征集各类科技论文80余篇。再次荣获中国炼焦行业“技术创新型企业”称号。

【重点工程建设】 5号焦炉大修工程克服了任务重、工期紧等诸多困难,仅用285天时间,于7月23日投产,工程增设了上升管余热利用、机侧除尘等新技术的应用;净化复合炉工程于5月25日投入运行,使得蒸氨废水指标、脱硫指标进一步优化,现场环境得到改善;焦油改造配套工程、老焦油拆除项目基本完成;一二净化系统合并、煤场筒仓等项目已完成技术筹备,进入立项阶段。

【多元发展】 紧抓马钢构建多元产业发展平台的机遇,积极谋划马钢煤化工产业发展。9月20日马钢奥瑟亚一期工程35万吨/年煤焦油深加工项目竣工投产,煤焦油深加工基地初具规模,焦油二期炭黑项目稳步推进;淮北临涣化工今年4座焦炉、1座干熄焦相继投产,从7月份起,每月为马钢的大型高炉提供定制焦近8万吨,优质焦炭生产基地也已初显成效,为马钢高炉焦炭保供提供支撑。同时积极寻求焦炉煤气综合利用、煤焦油深加工等战略合作及技术储备。

【职工队伍建设】 通过重点抓好岗位优化、岗位竞聘、人员分流、劳务精简、政策和服务配套、专业化整合和业务归并六个重点环节,稳妥、有序、高效实施人力资源优化,取得了员工总量和在岗人数减少、劳动生产率有效提升等阶段性成果。职工人数减少239人(在册职工减少112人,顶岗劳务减少127人);多渠道分流人员98人(其中:居家休养44人、编外16人)。协商进入方式到合资公司工作11人,技术服务或外派合资工作28人。以精干高效、服务、服从生产为原则,进行人员适应性调整。2016年作业长及中层管理人员全部实行“授权组阁,竞聘上岗”,其中19名科级管理人员主动让贤或积极转入其他岗位,13名职工通过竞聘走上科级岗位,交流调整中层管理人员33人次,优化了基层班子结构;选拔了16名近三年进厂的大学生实施“雏鹰计划”进行定制培养;在工程技术人员中评选了5名煤焦化的高级技术主管,推选出10名“青年学科带头人”;在操作维护岗中选拔5名优异的技能专家为煤焦化的首席技师。

【精神文明建设】 深入开展“两学一做”学习教育。切实加强党组织建设,召开公司第十二次党代会,公司两级党组织成功换届改选。开展“亮身份、作承诺、当先锋、树形象”活动。大力弘扬“感恩在心、胸有朝阳、公平正义、风清气正”家园文化,开展“奋力求生存、携手保家园”主题教育,组织“家和万事兴”征文、寻找“最美焦化人”等活动,参与“最美厂区”和“最美四室”评选。全年通过《煤焦化简报》、煤焦化网站刊发用稿1329篇;在国家、省、市和马钢等新闻媒体刊用新闻稿件569篇。建立健全惩防体系,强化内部管理监督制约机制,全年重点岗位管理人员交流96人次。深化廉洁风险防控体系建设,进行了《安徽省预防职务犯罪工作条例》知识测试、开展了廉洁自律和厉行节约活动、组织了“5号焦炉大修工程”和公司在建五大安全环保项目的效能监察。发挥纪检监察、信访、监督等纪检职能作用,健全网络体系,全年收集22条纪检信息,认真做好“查缺补漏”工作。认真落实党风廉政建设“两个责任”。工会组织深度融入生产实际,持续开展“安康杯”“战高温”劳动竞赛;积极探索“互联网+工会工作”新模式;开展困难职工慰问及“送温暖”活动,共发放困难职工补助7万元、“送温暖”资金12.2万元;开展退休职工“三个一”活动;开展全员岗位创新创效,常态化征集合理化建议337条;组织237名职工参加全国钢铁行业第二阶段集中“职工网上练兵”活动。共青团开展了“青年学科带头人”“雏鹰计划”“青年双五小”“导师带徒”等系列活动,引导团员青年为企业发展多做贡献。

(胡智慧)

气体销售分公司

【主要技术经济指标】　2016年,生产合格氧气6.76亿立方米,氮气7.13亿立方米,氩气0.09亿立方米。全年实现重大人身伤害事故(含属地)、重大生产事故、重大设备事故、火灾爆炸事故、环保污染事故均为零,岗位噪音控制达标,被公司评为2016年安全生产“金牌”单位。

【气体介质供应】　2016年,公司生产组织变化多,且适逢夏季暴雨、G20峰会以及新高炉投产等一系列特殊事件,主线生产调整频繁、管网压力波动加大、用气极不均衡,给分公司生产保供增加了压力和挑战,分公司根据公司不同阶段的生产需求,及时对保供系统进行分析和研究,确保组产模式最优、最经济。积极推进能源系统经济运行,建立日成本监控平台,组织开展运行机组劳动竞赛,认真落实跟班作业制度,调度管控积极发挥“龙头作用”,加强对公司氧氮氩供需平台的实时监控;机组操作人员积极主动增减负荷,尽最大可能提高机组有效供应量,不断提高操作水平,不断优化操作工艺,三万机组实现自动变负荷,困扰已久的四万机组冷开车操作得到优化。深入开展“零故障”管理,建立预警机制,强化设备点巡检,及时发现、处理多起重大安全隐患;对电控、仪控露天设备采取防水防雷措施,有效应对了夏季突发的连续暴雨。优化检修组织,实施“机会检修”,见缝插针,消除缺陷,恢复和保持设备性能。三万、四万主力运行机组连续稳定运行19个月、多次获得公司劳动竞赛委员会“优胜生产线”通报表彰。三万五制氧机组循环冷却塔及二万制氧机组性能提升改造成功通过测试。全年实现制氧机组运行有力、备用有效,设备事故、故障停机次数为数年来最低,是设备稳定运行最好的一年。

【降本增效】　2016年,公司对分公司实行了全新的绩效评价模式,由考核“成本”变为考核“利润”,全年21480万元内外部利润目标。分公司从创新考核机制入手,设立考核新元素,建立调度指挥与分厂联动的考核机制,强化对职能科室的考核,增设硬指标、实行正激励,引导和鼓励员工在做好保产工作的大前提下,不仅做好“降本”的“减法”,而且做好“增效”的“加法”。新机制激励了员工更加主动关注制氧机组和管网压力的时时变化,更加自觉积极地实施机组调控、操作优化。全年实现毛利总额21814万元,超额完成公司利润考核指标。

【气体营销】　分公司积极打造经营型营销,努力建设“马钢气体”品牌。彻底改变过去坐商模式,主动出击勇闯市场,积极参与市场竞争。壮大营销人员队伍,规范和提升销售服务,不断开发新客户。想客户所想,安装液体充填泵,加快充装速度,缩短了客户等待时间;为医用氧客户安装储槽远程监控系统,得到客户极高的赞赏。组建质量检验站,强化产品质量控制。建设氦氖气充装项目,为气体产品外销提供设备支持。医用氧开发取得较好业绩,实现月超300吨、年利润超200万元的历史性突破。2016年分公司实现销售利润6815.83万元,是近年来的最好业绩,超额完成公司下达的4800万元销售目标。

【新产品开发】　随着普通气体产品市场利润空间不断缩小,分公司把开发高附加值气体产品作为“增效”着眼点,充分发挥设备功能,利用现有基础设施,加快新产品开发,实现了氮气、氩气等灌装充瓶的生产能力,混合气研发已具备试生产条件,高纯氮、高纯氩项目正在紧锣密鼓进行之中,食品添加剂氮气的取证工作正在加紧推进。新产品的开发成功将为马钢非钢产业开辟新的收入增长点。

【安全管理】　分公司认真贯彻落实新修订的安全生产法,全面实施安全生产标准化管理,强化安全责任制的落实。加强对重大危险源的安全辨识、监控管理,对分公司两处重大危险源进行重新安全评价,细化安全措施,加大检查力度。持续推进隐患排查治理工作,完善隐患排查体系五项制度,隐患自查自报信息平台建设达标。拓展应急预案演练活动范围和领域,实行常态化管理,采取培训、现场、桌面三种形式开展了11项应急预案演练活动,切实提高员工防风险能力。大力开展安全标准化示范班组建设活动,已拥有市级示范班组1个、公司级示范班组5个、3个班组接受了公司级示范班组的考核验收工作。加大对外来施工队伍及检修项目安全管理,实施外来施工队伍准入管理,实行安全保证金制度,严禁无资质队伍及人员从事相关施工活动。依法完成《全国工业产品生产许可证》、移动式压力容器换证复审,重大危险源评估备案等一系列到期换证工作。

【人力资源优化】 2016年,根据公司部署,本着公开、公正、公平、透明的原则,分公司稳妥有序开展了人力资源优化工作,以宣传先导、组织保证、责任落实,层层推进,从分公司中层管理人员开始实施竞聘上岗,自上而下,科级管理人员、作业长、技术业务人员、操作维护人员分类逐级开展竞聘。从工作业绩、工作态度、技能水平等方面对参聘人员进行综合评价,择优聘用上岗。各级组织广泛发动,勇于担当,通过细致的工作、耐心的解惑,全方位的政策宣传赢得了广大员工的理解与支持,优化工作自始至终顺利推进,生产安全,职工稳定。优化后,科级机构减少4个,科级人员减少2名,作业区减少2个,作业长减少2名,22人政策性离岗。同时,分公司顺利完成了公司档案资源整合及危运车运输业务的管理交接。

【党群工作】 2016年,分公司党委以"两学一做"学习教育活动为主题,积极推进党的建设。扎实开展矩阵式党建工作,聚焦生产经营和党建重难点工作,强化党组织在生产经营建设和改革发展中"融入""服务""监督"与"保障"作用。分公司党委深入基层宣讲党课,严格落实"三会一课"制度。各支部按规定换届选举,规范党费缴纳,组织党员义务劳动、党小组承包绿地活动。坚持开展"供气双佳"评选、书香读书活动,宣传先进事迹、弘扬正能量。持续开展合理化建议征集活动,共收到职工群众合理化建议118条,111条获得等级评定。重组"蒋小林创新工作室",开展女工风采技能大赛等,搭建员工技术交流平台。选聘7名新一届优秀科技人员、4名技术能手。一成果获公司管理创新二等奖,一成果获国家专利授权。氧一分厂继续保持公司"工人先锋号"称号,三万作业区首次获得公司"标杆作业区"称号。关心职工生活,开展登山、拔河等广受欢迎、健康向上的文体活动,丰富职工业余文化生活,为283名职工安排了健康体检,筹集资金35000余元开展困难职工慰问工作。此外,分公司成功举办2016年全国冶金行业制氧年会。

(马咏梅)

财务公司

【经营概况】 2016年,财务公司积极应对集团融资困难、财务公司吸收存款大幅下降的严峻形势,以保集团资金支付为前提,持续提升资金管理水平、不断加大外部融资力度、努力稳定贷款规模,积极拓展新业务,着力提高资金使用效率。全年实现综合效益2.45亿元,其中报表利润1.44亿元,为成员单位节约财务费用1.01亿元,有力地支持集团实体经济发展。

【公司金融】 坚持"不抽贷""不压贷"原则,最大限度地稳步提升信贷规模,满足成员单位融资需求。全年累计信贷资金投放38.01亿元,其中新增贷款14.3亿元,办理票据贴现23.71亿元,下游供应商买方信贷0.06亿元。年末信贷资产55.17亿元,较上年增加27.86%,有效缓解了集团资金压力。同时通过提供优惠贷款、贴现业务和免保证金票据承兑服务,全年为成员单位节约财务费用1.01亿元。财务公司充分发挥保险代理优势,协助集团公司评价总结上年度财产险、货运险保险合同执行情况,完成2016年度各类保险品种招标工作。全年累计代收代付各类保费3617万元,比上年降低1098万元,降幅达23%,实现保险代理收入462万元。

【资金和投资业务】 加大对资金运营的考核力度,加强与成员单位信息沟通,不断提高资金运营精度,确保各成员单位及时支付,同时严格控制日常头寸资金在3%-6%以内,提高资金管理水平,提升资金使用效率。财务公司扩大主动负债,加大与合作银行沟通,年末共有12家金融机构为财务公司授信28.22亿元;首次办理债券质押融资、人行电票再贴现和电票转贴现,加上同业拆借业务共计融入短期资金约200亿元。融资能力的提升,对于解决资金短期缺口和平衡头寸起到重要作用。为提升日常备付资金收益率,财务公司仅用半年时间建立起完整的银行间债券市场投资业务渠道,自4月份起陆续开展利率债和信用债的现券买卖、银行间质押回购、基金公司货币基金和同业存单等业务,实现银行间债券市场业务全覆盖。全年投资业务累计实现收益3967万元,资金收益水平大幅提升。

【票据业务】 充分发挥财务公司电票融资及支付功能,缓解成员单位资金压力。与股份、集团公司签订最低存款余额监管协议放大电票开票量,全年累计为15家成员单位开立6个月以上电子银行承兑汇票40.44亿元,日均电票承兑余额达21.59亿元。为股份公司首次办理外部财务公司电票贴现3836.85万元,解决了股份公司持有大量下游客户财务公司电票沉淀带来的资金占用,促进了马钢产品的销售。财务公司为72家成员单位提供优质电票接入服务,办理电票业务37675笔,交易金额678.2亿元;同时为促进产业链合作,为有贴现需求的上游客户联系贴现银行、解答电票业务咨询,提高财务公司电票在外部的认可度,进一步增强电票的流动性和支付能力。

【资金集中】 以优质、高效的结算服务作为资金集中的坚实根基,全年为118家成员单位免费办理结算业务165308笔,结算金额2448.34亿元。为成员单位提供高于外部银行的优惠存款利率,全年吸收存款利息支出6061万元;创新资金归集模式,注重股权多元化子公司的资金归集,实现"一对多"资金归集模式。积极争取开立职工分流安置专项奖补资金共管账户,成功归集奖补资金8.14亿元;加强整个集团资金集中情况分析,了解未归集原因,采取及时沟通、日末及重要时点资金上收,减少外部银行留存资金等积极措施,2016年全口径资金归集逐月提升,年末资金集中度61.15%;可归集资金集中度保持在90%以上,最大限度提升了全集团资金使用效率。

【业务创新】 财务公司通过金融服务的不断创新推动集团产业的协同发展。一是丰富信贷业务种类。首次开展下游供应商买方信贷0.06亿元,为股份公司首次办理外部财务公司电票贴现3836.85万元。争取到首批试点延伸产业链金融服务业务申报资格,并完成了试点业务资格申报材料准备和初审工作。二是投资业务突飞猛进。首次办理债券质押融资、人行电票再贴现和电票转贴现。成功开展利率债和信用债的现券买卖、银行间质押回购、基金公司货币基金和同业存单等业务,实现银行间债券市场业务全覆盖。

【风险管理和内部控制】 按照"内控优先、制度先行"的原则,制定5类投资产品操作规程,编制财务公司投资业务管理制度,建立起完整的投资管理制度框架体系。完善13个管理类、10个业务类制度,进一步规范各项业务行为、完善内控制度。开展日常合规检查、信贷业务审查、各类风险隐患排查等工作,使风险管理融入公司管理和业务流程中,保障公司各项业务稳健、高效运行。

【人力资源管理】 认真对照《财务公司全员岗位绩效管理办法》扎实开展绩效考核工作;根据集团公司人力资源优化方案总体要求,顺利完成了经营(管理)团队组阁竞聘工作;制定实施科级管理人员和技术人员竞聘上岗工作方案,积极推进全员竞聘上岗和科干轮岗交流工作(交流面达75%),充分激发人的活力。注重加强员工综合素质的培养。组织23次内外部专业培训及1次案防合规知识测试;参加银行业合规知识竞赛,荣获团体三等奖;参与马鞍山市金融统计知识竞赛;《财务公司资金集中管理对马钢集团影响研究》等4篇论文参加市金融学会征选活动,荣获一等奖1个、鼓励奖3个;精选10余项涵盖公司业务与管理创新的课题,技术人员参与度达50%以上;总结公司经营经验与亮点投稿《中国冶金报》《马钢》《经济研究》等刊物。通过一系列的活动,激发出广大员工积极向上的工作、学习热情,提升了员工整体素质,推动公司各项经营目标的顺利实现。

【信息化建设】 不断加大信息化工作投入,构建成由两位科技人组成的信息化工作团队,分工协作、互为备角。全年共及时解决各类系统故障400余次,保障了财务公司日常经营;同时信息化工作团队,针对系统硬件即将服役到期的现象,展开研究、筹划,出具了硬件更新初步方案,提升了财务公司信息化工作主动性;委托自动化公司信息安全测评中心,对财务公司资金系统、网络安全等信息安全各个层面的10个大类进行模拟测试,测试结果为安全保护状况较好,为保障各项业务开展提供有力支撑。公司信息技术人员紧盯难点自主创新,尝试开发完成《票据承兑信息转换指令系统》,不仅自主研发进度快、业务适配度高、功能改善灵活迅速,还达到了外部软件公司无法比拟的开发效率,大大减轻业务部门票据承兑工作负荷,节约软件费用开支。

【企业文化建设】 以全面推进矩阵式党建工作为抓手,扎实开展"两学一做"学习教育活动,严格执行"三会一课"制度;党员领导干部"讲看齐、见行动",深入基层跟班蹲点、宣讲督导,"面对面、点对点"宣讲形势任务、改革举措,坚持正面引导,积聚正能量,坚定全体员工打好家园保卫战的信心和决心。组织开展徒步健身、羽毛球赛等文体活动,进一步增强团队意识,凝聚全员合力。

(孙志远)

废钢公司

【主要经济指标】 2016年,销售废钢153万吨,实现销售收入21亿元,利润总额2601万元。

【生产经营】 2016年,废钢公司面对市场向好的形势,抓住商机,精准实策,内抓降本、外抓增效,采购与销售两头发力。一是抢抓市场机遇,择机波段运作,狠抓采购降本。面对市场形势,一方面积极培养供应链,另一方面强化市场研判,看准价格走势和机遇,采取"一单一议"的采购模式,锁价优质废钢资源,实现了采购增效。二是盘好废钢资源,"走出去"开展对外销售。在做好对钢厂保供的同时,积极盘活废钢资源开拓对外销售渠道,通过议标、比价、谈判等方式,把优质废钢卖出了好价钱。全年废钢外销量1.45万吨,实现了外销收入1799.89万元,盈利524.51万元。三是坚持低库存运行,增强保供效能。重点是实行直供模式,增加直供比。以选择质量稳定的供应商为前提,对一、三、四钢轧总厂的废钢采取了水运直供模式,不仅保证了公司在低库存状态下没有发生断供,而且减少了废钢进分厂的二次装卸、短倒数量,降低了物流成本。全年直供量73.60万吨,占保供量比例66.90%,降低费用809.6多万元。四是加大初级废钢转换,提高分选加工增值能力。一手抓内回废钢的分选加工工作,积极参与马钢各单位大、中修废钢回收和服务工作,如与利民公司合作,联合投标,成功拿到港务料场老1号、老3号取料机拆除标;针对国家黄标车统一报废,与汽运公司、诚兴基地达成协议,拆解报废汽车(已拆解800吨。),受到业主单位好评。一手抓初级废钢的外采,通过分选、加工实现废钢的增值。全年废钢加工量12.5万吨,实现增值2821万元。

【质量控制】 首先是建立质量管理前移的工作机制,在供方准入、评价和退出制度上严格按"章"办事,保证供方符合"规则"要求,从"源头"上抓质量。其次是制定企业标准,提升企业技术水平。2016年制定《马钢废钢企业标准》,并于3月30日股份公司发布执行,使废钢的质量管理有"法"可依。第三是强化废钢质量过程控制,把好"进出"质量关。建立了"三查、一公开"监管机制。"三查":一是废钢质量巡检及对废钢质量管理的各个环节进行巡视检查,强化废钢质量管理。二是直供废钢实施码头监装检查,制定了详细的工作流程,明确了工作职责,使码头监装工作规范化操作。三是矩阵式党建的监督组对废钢检验的判杂开展分选抽检,以验证检验判定的可靠性,强化检验对质量的控制力。"一公开":质量检验数据的在现场实时公开,接受供方监督。

【基础管理】 一是逐步完善SAP信息化系统的运行。2016年1月1日,公司SAP信息化系统正式上线运行。在股份公司专家指导下对SAP系统进行了维护,调整了设计与实际的差异,对主数据、BOM存在的问题进行了梳理、改进,确定了问题处理措施,利用SAP系统的模块实现废钢公司采购、生产、检验、加工、销售、结算管理功能,使得废钢公司信息化系统逐步趋于成熟。二是切实搞好设备维护,保障生产稳定顺行。开展一分厂4号桥吊,二分厂4号龙门吊的大修工程。工程对全车机械,电气进行更换及维护保养等。三是改善基础设施建设。针对料场基础设施改善进行了投入,对二分厂1号料场地坪及挡墙修理、对一分厂爆破区域地坪进行硬化,以及4号料场进行地坪改造,解决基础设施不完善,局部地坪未硬化的问题。四是加强备件、材料管理。按照强化基础、及时保供的要求严格把关日常备件、材料计划申报、急件供应工作,确保设备检修、大修等工程项目的正常运转。

【人力资源优化】 按照股份公司的部署,稳妥推进人力资源优化工作。一是加强组织领导。公司成立人力资源优化工作领导小组,负责人力资源优化工作具体方案的讨论制定、组织实施、宣传动员、政策引导等方面的工作。二是加强宣传动员。组织员工学习《股份公司人力资源优化实施方案》和相关的政策性配套文件,加强宣传和正面的引导工作。召开动员会,贯彻股份公司实施人力资源优化的意义和作用,解读政策文件和实施方案。三是全员重新竞聘上岗。确定了分层推进,有序实施的指导原则,制定了科级管理岗位、作业长、技术业务岗位和操作维护岗位竞聘实施办法,分步实施,精心操作,层层有序推进,保证了人力资源优化工作的顺利完成,实现了优化目标。

【家园文化】 深入推进和改进合理化建议工作,围绕降本增效不断加大力度、挖掘深度、提高建议的质量和实施转化率,完成建议20条,其中生产经营管理类建议15条,累计创效百余万元。开展互助帮困,关爱职工落在实处。采取职工支付一半、工会补贴一半会员费的方式,动员职工参加互协保险;对3名困难职工进行了帮困申报,其中两名职工获困难救助1.48万元。开展“送温暖”活动。慰问困难职工19人,发放“送温暖”慰问款2.2万元。

(潘建军)

马钢集团矿业有限公司

马钢年鉴

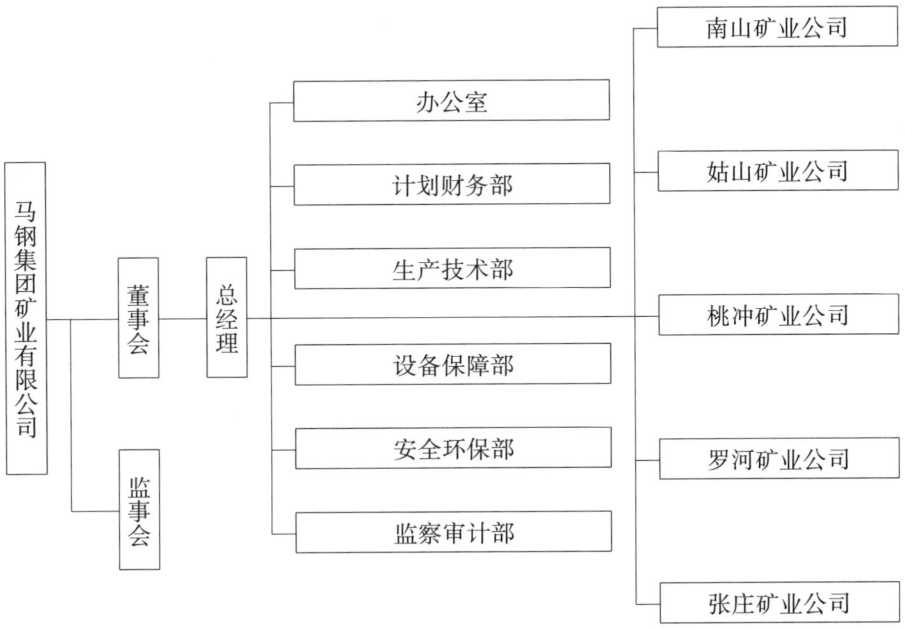

图 5　马钢集团矿业有限公司组织机构图

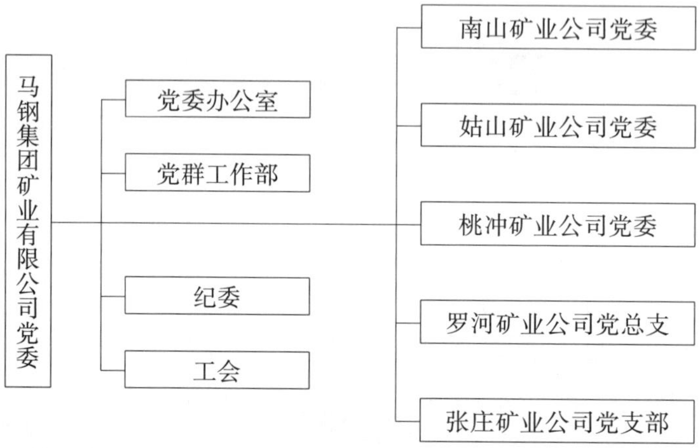

图6　马钢集团矿业有限公司党组织机构图

董事会

【董事会工作】 1. 2015 年 12 月 8 日，召开马钢集团矿业有限公司第二届董事会第六次会议。会议审议通过以下决议：

会议研究同意对罗河矿业有限责任公司按照出资比例提供担保，即提供 1.65 亿元额度的流动资金贷款授信担保，上报集团公司审批。

2. 2016 年 1 月 6 日，召开马钢集团矿业有限公司第二届董事会第七次会议。会议审议通过以下决议：

会议同意桃冲矿因水泥厂拆除计提固定资产减值准备，要求桃冲矿进行资产损失核销处理，具体程序按照马钢（集团）控股有限公司《资产减值准备及资产损失核销管理办法》办理。

3. 2016 年 1 月 29 日，召开马钢集团矿业有限公司第二届董事会第八次会议。会议审议通过以下决议：

（1）审议通过公司 2016 年生产经营预算指标。

（2）审议同意变更马鞍山矿山研究院爆破工程有限责任公司股权的议案。

中国冶金矿山企业协会原拟增资的 15% 股权拟改由中钢集团马鞍山矿山研究院有限公司持有，即占总股份的 66%，马钢集团矿业有限公司以现金和设备方式增资 1360 万元，持股 34%，原总股本 4000 万元保持不变。爆破公司设董事会，董事会由 5 名董事组成，其中甲方推荐 3 名，乙方推荐 2 名。爆破公司设监事会，监事会由 3 名监事组成，其中甲方推荐 1 名，乙方推荐 1 名，职工监事 1 名。

（3）审议同意张庄矿业有限责任公司调整实收资本的议案。

张庄矿业有限责任公司目前报表实收资本 7.94 亿元，现增加实收资本 3.54 亿元，调整后实收资本 11.48 亿元，资产负债率为 50%。

4. 2016 年 2 月 22 日，召开马钢集团矿业有限公司第二届董事会第九次会议。

会议指出，面对当前矿价持续低迷，公司生产经营异常困难的严峻形势，一是要千方百计降成本；二是要千方百计争取政策支持。会议形成以下决定：

（1）降本减亏是公司当前最重要的工作，各单位要采取有力措施，确保成品矿成本与去年同比再下降 10%。

（2）以承包经营为契机，进一步转变观念，推进改革创新，对各单位实行放权、让利、搞活。

（3）严格执行资金计划，在普氏指数为 45 $ 的前提下，南山矿生产经营资金自求平衡。公司每月补贴姑山矿生产经营资金 620 万元，每月补贴桃冲矿生产经营资金 440 万元，结余部分可留存使用。

（4）新建工程项目严格按照相关程序办理。

5. 2016 年 4 月 11 日，召开马钢集团矿业有限公司第二届董事会第十次会议。

会议原则同意南山矿和尚桥铁矿采场排岩项目，近期开展可研评审，拟定项目资金筹措方案，上报集团公司审批。

6. 2016 年 5 月 6 日，召开马钢集团矿业有限公司第二届董事会第十一次会议。会议审议通过以下决议：

根据马钢集干〔2016〕4 号文件精神，决定聘任王文潇为公司总经理（法人代表）；根据总经理的提名，决定聘任赖永兵为公司副总经理，聘任任文田为公司副总经理，聘任李雷为公司副总经理。

7. 2016 年 7 月 8 日，召开马钢集团矿业有限公司第二届董事会第十二次会议。会议审议通过以下决议：

（1）同意开展张庄矿挂牌“新三版”工作。建议集团公司就张庄矿矿业权处置问题向省国土资源厅请示。建议马钢投资公司加快张庄矿挂牌“新三版”工作进度。

（2）同意桃冲矿老虎垅石灰石矿资源整合方案。同意老虎垅石灰石矿新增的 900 万吨资源按照评估结果向省国土资源厅缴纳约 700 万元矿业权价款。

8. 2016 年 10 月 20 日，召开马钢集团矿业有限公司第二届董事会第十三次会议。会议审议通过以下决议：

（1）研究凹山总尾矿库环境影响区域避险安置项目立项事宜。同意向集团公司申请该项目立项。请求集团公司为该项目申请 1.005 亿元专项建设基金通过全额担保。请求集团公司承诺在矿业公司不能按期足额支付基金投资收益和回购股权的情况下，由集团公司及时支付基金投资收益和回购股权。

（2）同意公司向中国民生银行股份有限公司马鞍山分行申请额度为人民币柒仟万元的综合授信，该融资由民生银行以其自有资金或以其代销的资管计划/信托计划等所募集的资金提供。

9. 2016 年 11 月 28 日，召开马钢集团矿业有限公司第二届董事会第十四次会议。会议审议通过以下决议：

(1)会议原则同意姑山铁矿露天采场坑底处理研究、和睦山铁矿接替资源工程项目，要求姑山矿加快前期工作。

(2)会议同意张庄矿年终分红方案。

(3)会议同意张庄矿井下无人驾驶项目立项。

(4)会议原则同意罗河矿500万吨扩能项目立项。该项目资金筹措另行研究，加快推进前期工作。

(5)研究矿业公司管理理念。

(6)会议研究同意矿业公司《内控手册》更新事项。

(7)审议通过矿业公司2017年预算方案，上报集团公司批准。

(8)会议原则同意南山矿凹山选矿厂节能减排升级改造项目，要求该项目实行总体规划，分步实施。按程序上报集团公司批准立项。

(毕家华)

监事会

【监事会工作】 马钢集团矿业有限公司监事会成员列席董事会历次会议，并充分发表意见和建议。

(毕家华)

·专业管理·

矿业管理

【基本情况】 2016年，矿业公司坚持以降本增效为工作主线，聚焦市场、现场，通过强化市场观念和服务意识，深化产品结构调整和资源综合利用，深入开展对标挖潜，积极争取国家政策支持，全力打好家园保卫战。取得了好于预期的经营业绩，全面完成了年初预算目标。全年生产成品矿751万吨，石灰石133万吨，熔剂白云石72万吨；实现销售收入35亿元，利润总额7400万元。

【生产管理】 1.面对2016年初铁矿石价格急剧下跌，年中防大汛和战高温、凹山采场、姑山采场边坡塌陷等不利因素，矿业公司坚决按照集团公司的整体部署，盯市场，抓现场，成立了高管现场服务突击队，对各分子公司生产技术工艺疑难点问题，认真分析梳理，提出整改方案，现场实施改造、调试。各矿山积极发挥主观能动性，将技术创新与管理创新相结合，将经营矿山与整体采矿理念相结合，注重工作的前瞻性、整体性和可实施性。在生产中充分发挥现有生产能力，不断提升新产能的贡献，根据市场变化和自身生产优势，调结构促增效，力争效益最大化。在2016年2月份矿石价格处于低位时，对姑山、桃冲矿实行阶段性停产。3月份抓住市场好转的预期，努力安排各矿山满负荷生产，成品矿产量达到64万吨，利润193万元，实现月度扭亏为盈。4至8月均创出64万吨以上的月度高产，连续月度盈利。到10月份，矿业公司实现累计扭亏为盈。同时发挥露天矿和废石量大的优势，做好废石的资源化和综合利用，全年销售废石402万吨。在全面完成全年成品矿生产任务的基础上，矿业公司为保证股份公司高炉稳定顺行，不断提升产品质量，产品质量综合水平显著提高。1-9月份，10类成品矿综合铁平均品位61.40%，同比提高1.27个百分点。

2.矿业公司不断增强市场意识，积极开拓销售市场及新品种开发工作。针对公司内部生产铁精矿供大于求的状况，积极开拓销售渠道，6月份与长钢签订了张庄精矿长期保供协议，运作良好。同时，根据市场需求积极协助张庄矿做好块矿的生产及销售工作，顺利完成技术标准及定价机制，效益及前景良好。加强客户沟通与交流，提高服务质量。以客户需求为导向，通过不定期走访，了解市场变化，满足客户需求。针对下半年凹精质量问题，积极组织调研、整改及开展质量专题会等工作，解决实质性问题，确保成品矿销售工作正常运行，同时抓好日常质量管理工作。

【降本增效】 矿业公司围绕全年生产经营任务，把降本增效工作往更深层次推进。一是细化组产方式，注重产品结构调整，按照边际贡献来组织生产，哪里有边际贡献，哪里就增产增效。二是以降本为问题导向，全方位深化各项降本措施，瞄准行业最好水平，开展对标挖潜，同时，总结矿山系统内部好的经验和做法，固化成果，全面推广。三是抓住国家供给侧改革契机，积极争取国家税费、直购电等政策机遇。2016年1-10月已争取各类财政补贴及地方税收返还12项共计2785万元。最大程度争取国家减税政策幅度，“营改增”及资源税改革预计减少成本4800万元。积极争取直供电优惠政策，全年减少电费支出约8000万元。

四是做好资金管理，努力开拓融资渠道，适时推进商业汇票支付手段，适度弥补资金缺口，确保生产建设资金需求。在年初生产经营形势异常严峻的情况下，通过积极努力，从中国银行取得流动资金贷款2亿元，保证了生产经营资金不断流，同时坚持稳健的资金政策，实行以收定支，在银行抽贷1.6亿元的情况下，依然保持了生产经营的稳定顺行。同时，积极探索新的融资方式，积极推进与平安租赁的融资活动，为姑山露转井工程取得融资资金。五是以提高效率、改善质量为前提，通过市场倒逼机制，采用工序成本精细化核算，进一步降低合同采矿单价。六是发挥绩效考核的激励导向作用，认真贯彻落实集团公司决策部署以及矿业公司职代会精神，用市场倒逼和承包经营的方式，制定《马钢矿业公司2016年经营绩效考核办法》，年初与各矿山承包负责人签订《经营目标责任书》，通过健全以业绩为导向的薪酬激励和约束机制，充分调动广大干部职工积极性，确保2016年经营目标的实现。

【工艺升级】 面对严峻的市场形势，矿业公司立足自身，积极转变发展模式，充分发挥自身优势，从工艺技术改造、创新发展模式、非矿产业（资源综合利用）等方面入手，着力“五化”和“五矿”建设。通过实现工艺连续化、装备智能化、生产清洁化、运营精益化和队伍精干化，致力打造经营矿山、智慧矿山、科技矿山、绿色矿山及和谐（平安）矿山。

【强化管理】 一是建立内部市场化运营机制和人力资源优化工作取得阶段性成果。矿业公司按照集团公司“授权组阁、竞聘上岗、承包经营、年年考核、三年一届”为原则，建立内部市场化运营机制。建立了矿业公司生产经营“周评价”制度，以五个矿山采选主要工序生产线为评价对象，重点设置四个维度：财务运营指标、生产技术指标、主体设备运行指标、安全环保指标，并分别给予不同权重。各单位以1300分为基础，对每条主要生产线相关维度指标进行逐一分解评价，汇总得出最终评价数据。真正做到了周评价、月检验、季度统计。周评价数据每周公开，矿业公司及各矿山通过周评价体系的建立，能够快速掌握每周各矿山及主要生产线的生产经营运行情况，也可以通过横向学习借鉴，促进矿山系统整体协同发展和提高。继续抓好人力资源优化工作，一方面继续优化清理外部用工，减少外部用工费用；另一方面推进机构、岗位整合，优化生产组织，实现人力资源优化配置，按计划完成了全员竞聘上岗工作。人力资源优化工作取得阶段性成果。二是“三标一体化”建设工作稳步推进。为进一步健全和完善矿业公司管理体系，切实提升矿业公司整体管理水平，根据集团公司部署，矿业公司全面启动“三标一体化”建设工作。6月30日，矿业公司“三标一体化”建设工作启动大会后，相继完成了实施方案的制定、组织机构的成立、合同的签订等项目准备工作以及矿业公司机关、罗河矿管理体系的初始评审工作，进行了矿业公司中高层及内审员培训，对罗河矿进行现场审核，对桃冲矿进行初始评审。目前管理手册的编写、内审工作的策划等工作正有序开展。三是全面实施“十三五”规划。牢固树立经营型矿山的发展理念，继续深化完善各项制度改革和管理创新以适应新形势发展。充分发挥资源优势和技术优势，进一步抓好降本增效措施的落实，着重做好技术降本、优化资源配置和产品结构的调整。积极推进矿山资源利用，推进绿色矿山建设，保护矿山生态环境，增强矿山自身内在动力。不断提高成品矿质量，坚定不移提高劳动生产率。坚持智能矿山建设理念，加大科技投入，以机械化换人、自动化减人，降低人工成本。充分运用信息技术手段，实现采矿的机械化、自动化，运输系统的无人化，井下固定设施无人值守以及掘支机械化，有效提升矿山科技保障能力，加快提升高村铁矿、和尚桥铁矿、白象山铁矿、罗河矿、张庄矿的大型矿山竞争力。四是坚持不懈抓好安全工作。持续开展安全生产标准化工作，有效运行现有安全生产标准化体系，完成11个独立生产系统一级安全标准化企业的换证工作，开展新建矿山安全生产标准化建设。健全安全管理责任体系，完善相关管理制度，强化安全培训教育，坚持隐患排查治理长效机制，加强重大危险源监控，全面做好风险管理。认真落实建设项目安全、环保和职业健康“三同时”制度，特别是做好建设矿山试生产及安全设施竣工验收各项工作。积极做好阶段性停产矿山的停产、复产期间的安全工作。在外来施工单位所有班组中开展班组安全管理标准化建设。五是持续强化管理创新工作。围绕公司重点、难点问题，积极探索，努力创新，取得了优异成绩。在马钢管理创新成果评比中，马钢矿业荣获一等奖1项，三等奖3项；在全国冶金企业管理创新成果评比中，马钢矿业创造的《以提升国产铁矿竞争力为目标的经营型生态矿山建设》成果荣获二等奖。

【重点工程项目建设】 1.张庄铁矿。2015年10月份完成了二系列设备联动空试，1号副井井筒装备和提升系统安装已完成，正在调试；采矿综合楼主体结构已完成待验收；选矿厂双系列生产调试部分收尾完善工程完工并已验收;临时尾矿库至新环水泵房段的Φ477回水管道安装已完成;井巷工程中华冶压风供水系统工程、回风井扩刷工程已基本施工完成;生活区污水处理站已完成施工,选矿厂区总图道路及水沟等零星工程正在施工,目前单体工程验收已基本结束,单体工程结算和资料归档正在进行,为项目竣工决算、最终竣工验收作准备。2.高村资源综合利用项目。2015年8月31日进行了半连续系统带负荷联动试车,之后进行了修配改,11月底试验场地建成,12月22日进行了全系统联动试车;除尘系统2016年2月完工,并调试并整改完毕。2016年4月初因采场边帮滑坡,造成2号皮带通廊几个基础位移而停产,通过一周的处理施工完毕,项目已进入试运行,目前正在进行资料归档、结、决算和竣工验收准备工作。3.桃冲矿姑山采场露天转井下项目。完成项目设计方案的比选、-200m斜坡道及盲回风井标段的工程量清单及控制价的编制、主副井工勘议标,大临设施的施工、开展了防治水和井巷工程施工技术研究前期准备。

【技改项目实施】　组织实施了"高村资源综合利用生产线稳质增产的技术攻关"等19项技改攻关项目,以技术创新与技术改造为支撑,使矿山竞争力再上台阶。各单位也积极发挥主观能动性,将技术创新与管理创新相结合,将经营矿山与整体采矿理念相结合,在生产中充分发挥现有生产能力,不断提升新产能的贡献。南山矿开展了凹山选矿厂节能减排升级改造项目的前期工作,"凹山总尾矿库环境影响区域避险安置"项目获得专项建设基金支持。加快推进凹选碎矿系统前移的研究论证及设计工作,加快实现高村采场矿岩"一体化"工艺,加快两库闭库研究以早日使用凹山坑,解决两库复绿问题;姑山矿着重在采矿工艺、装备等方面加大研究和创新,千方百计降成本。白象山矿、和睦山矿达到初步设计产量。桃冲矿在强化生产组织、优化生产工艺,保持生产稳定的基础上,持续开展边、残矿回收工作。罗河矿加快完善选厂三系列技改项目及井下配套工程,最大限度发挥浮选和三系列作用。张庄矿在充分发挥现有工艺优势基础上,不断提高资源综合利用水平,做好地下开采低成本采矿课题研究,实现新的突破。

(陈蔚健)

·二级单位·

南山矿业公司

【主要技术经济指标】　2016年,南山矿完成采剥总量2816.17万吨,生产铁矿石1252.21万吨,生产铁精矿313.17万吨。采出矿石平均品位20.28%,其中高村19.60%,凹山22.63%,和采20.47%。原矿成本35.20元/吨,其中高村36.94元/吨,凹山38.91元/吨,和采32.59元/吨。铁精矿成本338.96元/吨,其中凹选343.60/吨,东选314.48元/吨,和选338.75元/吨。铁精矿平均品位63.90%,其中凹精63.47%,东精64.06%,和精64.52%。实现销售收入146132.60万元,实现内部利润5505.63万元。

【生产经营】　2016年,南山矿以"服务铁厂、服务高炉"为宗旨,以"保精矿质量达标,促球团品位提高"为生产组织的中心和重心,面对采场采出品位低、限量保质生产、城门峒闭库、连续强降雨和设备修理任务重等生产组织中的诸多困难和挑战,以勇于担当的精神,带领全体干群团结一心,奋力拼搏,发挥资源综合利用系统的作用,通过"四品联动"机制,改善两选入选品质,通过适时、适度技改,精心操作和管理,确保了凹选"提质稳产"、和选"稳质增产"、东选"稳质稳产"的实现。

一是劳动竞赛扎实开展。坚持服务大局导向,聚焦精矿质量,不断总结开展劳动竞赛的经验方法,完善激励机制,针对性地开展"多元化"劳动竞赛。针对股份公司对铁精矿品质的要求,公司将劳动竞赛活动指标、进度等进行量化考核,开展了以"保产量,稳质量"、"特殊时段提高外运精矿品位质量"、"强化精益运营、深度对标挖潜"等为主题的劳动竞赛,形成了阶段突击型、常态长效型和重点攻关型三位一体的特色劳动竞赛模式。通过劳动竞赛的杠杆作用,进一步激发了广大职工的创造热情和积极性,为完成全年生产经营任务贡献了力量。

二是生产组织均衡稳定。凹山车间通过采取分层回收等技术措施,在确保安全的前提下,实施了凹山南帮地质环境治理工程,全年回收可利用资源成效显著。东选通过做好不同性质矿石入选工作,稳定了东选产能。全年生产成品矿28.35万吨。高村铁矿通过运输系统优化、加快采场西部推进、发挥半连续工艺、工业试验场作用，实现了经济采矿。全年完成采矿量577.71万吨。徽祥公司管理逐步完善，保产有力。铁运通过增开车组班次、实施铁路系统技改、排土场南150米铁路升级改造，努力提升铁路运输质量和总量。凹山选矿厂围绕稳定产能、产品质量、系统经济运行，通过实施限量保质组产模式、碎矿系统改造、污水系统改造和磨矿系统攻关，千方百计稳定精矿质量和产量。全年生产成品矿154.51万吨。同时做好5号大井恢复试运行工作，为凹山坑排尾做好准备。和尚桥铁矿通过采选系统融合联动、加大废弃物利用、优化采场空间，全年利用资源达553.84万吨。和尚桥选矿厂通过开展碎矿系统、筛分系统、原矿圆筒仓加固修复等技术攻关，优化工艺，提高产能。全年生产成品矿101.65万吨。动力车间通过加强变电所和泵房的运行管理和输配电设备、设施维护，发挥马钢创新工作室对降本的支撑作用，保障了生产。尾矿车间通过合理组织生产、严格尾矿安措项目落实、注重过程控制，提高专业管理水平，确保了“两库一坑”安全运行。8月底启动了城门峒尾矿库闭库相关工作。酸水车间通过开展酸水中和管道清垢、消除酸水处理隐患，保证了酸水库安全稳定。

三是科技创新支撑有力。围绕生产中心，开展了高村资源综合利用生产线稳质增产、和尚桥采场提高入选矿石品质、和尚桥铁矿排岩工艺优化、东选碎矿除尘系统合格作业、东山坑水资源平衡利用、两选过滤系统生产顺行、和选实现辊磨闭路生产、凹山选矿厂作业系统优化等一系列技术攻关，为生产提供了技术支撑。取得授权专利14项。《中细碎矿仓堵塞原因分析及成套助流装备研制》获冶金行业科技奖二等奖；《电铲提升减速箱回油装置》获首届全国企业创新方法大赛二等奖；《KQ型矿仓粘壁棚料堵塞清仓系统的开发与研制》获省科技奖三等奖；两项科技成果《凹山采场高陡边坡稳定性雷达监测技术研究与应用》《东山选厂提质降杂三段磨选工艺的研究与应用》通过马鞍山市科技成果鉴定；《降低和尚桥选厂入磨粒度的技术攻关》获得马钢公司优秀技术攻关项目二等奖；《高村铁矿资源综合利用工业应用研究》获得马钢公司优秀科研项目三等奖。30项“双革”成果分获集团公司一、二、三等奖。

四是设备管理精益精细。通过扎实推进设备系统TnPM精益管理，设备点检定修持续加强。和尚桥选厂推进精益TnPM设备项目试点通过矿业公司阶段性验收。通过开展凹选高压辊磨机大修、高村半连续排岩工艺和干选试验场设备修配改、东山老旧自磨机改善性修理、和选GK筛持续完善改造、高采电铲设备就地电容补偿等，提高了在线设备运行效率。通过采用计划目标管理推进修旧利废工作。全年共计修旧1472件套，创造修旧价值823.5万元，节省成本费用672.4万元。通过开展备品备件国产化替代工作、扩大自主维保和自营修理范围，既降低了设备修理费用，又锻炼了职工队伍。通过配合做好“头顶库”治理项目和凹山选矿厂节能减排升级改造项目设备选型、高村半连续设备修配改、城门峒尾矿库设备设施盘点、5号大井和隔膜泵房启用工作，为生产经营建设提供了设备保障。2016年，全矿设备完好率96.69%，采掘、运输、磨选设备作业率分别为85.74%、76.67%、95.06%，均居较高水平。

五是物资采购高效保供。通过加强制度建设、规范物资招标程序、严把采购质量，进一步提高物资采购管理水平。通过开展网上采购、准时化采购、进口备件国产化采购、“专家”采购、盘活库存物资、助力降本增效。通过全面推行钢球承包采购、实行汽柴油采购随行就市、推进矿用汽车轮胎小时消耗制招标、絮凝剂承包采购、皮带承包采购、石灰招标采购、建立炸药年度议价机制等大宗物资降本措施，大幅降低了物资采购成本。全年物资库存降至4940.72万元，大宗物资采购比同期降1484.67万元，其中汽柴油降91.07万元，钢球降499.85万元，炸药降124.47万元。

六是降本增效深入开展。认真“贯标”，坚持推进精益运营，打造经营型矿山。通过有效利用废岩资源、规范用电管理、加强采供管理、节约工序消耗、压缩非生产性开支，全面推进降本增效工作，确保生产稳定、成本可控、效益稳定；通过开展形式多样的劳动竞赛、群众性经济创新活动，进一步树立职工的主人翁意识，增强职工劳动积极性。通过制定合理有效的考核办法，奖金分配向一线倾斜，向工作业绩突出人员倾斜，职工奖金收入较预算的800元/月有所提高。同时抓住国家供给侧结构性改革契机，积极争取资源税减免、直供电、营改增等政策支持。其中直购电优惠返还4289万元，资源税税负同比降低2071万元。

【改革与管理】 2016年，南山矿按照“对标股份，精益运营”的要求，以落实巡视整改任务为抓手，以“三标一体化”建设为契机，夯实基础管理，强化专业管理，发挥各级管理者的能动性。

一是强化安全环保管理。南山矿深化安全标准化和隐患排查治理体系建设，创新工作方法，严格落实企业安全生产主体责任,全年发生轻伤事故1起,重伤及以上事故为零,实现了全年安全生产目标,时隔9年再获马钢集团安全生产金牌。坚持以“三反”管理为底线、现场管理为基础、安全标准化为抓手,创新班组安全管理方式。通过注重发挥凹山爆破班(现高村爆破班)等模范班组的引领和示范作用,将安全管理落到一线、落到岗位。4个生产单元通过了“安全生产标准化一级企业”延期评审复核。2个选厂通过了“安全生产标准化一级企业”验收。3个班组被中国安全生产协会评定为全国安全管理标准化示范班组。通过隐患排查治理“百日攻坚”活动,开展防暑降温、职业卫生、危险物品、高陡边坡、厂房钢结构腐蚀、高处防坠落等专项检查,提高隐患排查治理实效。通过开展和尚桥采场主动行洪专项应急预案演练和边坡坍塌等现场处置方案演练,检验和提高应急处置能力。通过启动实施凹山总库环境影响区域避险安置项目、城门峒尾矿库闭库工作、开展民爆器材库房安全现状评价、制定高村铁矿边坡局部滑坡应急处置方案、制定丁山区域固废充填及复垦绿化治理方案,以提升重大危险源的本质安全性。同时加强环保设施在线监测,确保各排放口达标排放。遵循自然规律,开展凹山排土场生态修复治理、矿区的环境治理,夯实生态矿区建设的基础。

二是人力资源优化稳步推进。以产线升级、发展循环经济、作业模式优化为着力点,稳步推进人力资源优化工作。撤销了政治处、工程管理科、机动物资科,成立了党群工作部、设备保障科。新设立了循环经济建设办公室。制定了《人力资源优化实施方案》,圆满完成了政策宣贯、全员竞聘、落聘人员安置等工作,实际优化282人(计划270人)。同时还积极做好安置分流和落聘人员的思想教育及转岗培训,做好去产能职工安置政策解释、舆论宣传和思想政治工作,组织9名科干承担专门接待和维稳工作,确保做到生产与人力资源优化两不误,双促进。在人力资源优化过程中,认真落实集团公司授权组阁、承包经营工作部署。8个主体单位按照“授权组阁、承包经营”的模式由基层单位领导组阁,确定副职人选。通过正职竞聘、组阁竞聘、副职竞聘三轮竞聘,完成了93名科级管理人员竞聘上岗工作,减少5个岗位。有11人主动退出竞聘,6名副科级管理人员通过竞聘提任正科级管理人员,7名技术业务岗人员通过竞聘提任副科级管理人员。有24名科级管理人员交流了岗位。

三是现场管理持续加强。将马钢开展的“两线四室”专项整治融入倡导的“家园文化”,通过改善工作环境,增强职工的主人翁意识,将文明创建的触角延伸到生产第一线,覆盖到所有班组,彰显国有企业管理中的以人为本。南山矿被授予首批市十佳幸福家园;和尚桥选矿厂星级文明创建成效明显,盥洗室、浴室分获马钢最佳盥洗室、浴室;凹选3号泵房班休息室获马钢优秀休息室。

【重点项目建设】 2016年,在马钢及政府相关部门的支持帮助下,在抓好当前生产经营的同时,南山矿重点突破,发展循环经济。重点推进向山生态镇暨南山矿区循环经济产业建设。向山生态镇暨南山矿区循环经济产业建设已纳入雨山区“十三五”发展规划。成立了循环经济建设项目部,下设循环经济办公室,矿镇合署办公。结合去产能的要求,编制了去产能与产业发展的规划纲要。组织了“向山独立工矿区凹山尾矿总库环境影响区域避险安置项目”(“头顶库”治理)、“凹山选矿厂节能减排升级改造项目”(碎矿前移项目),已经集团公司批准。开展了“南山矿区至港口胶带运输通廊”“生活区供电改造”“城门峒尾矿库复垦产业规划”等一系列事关南山矿未来并拉动区域发展的项目前期工作。这些项目的逐步落实,不仅能解决当期生产和安全的难题,还将促进马鞍山市采石河、慈湖河上游生态的修复,将为南山矿区新产业和社会的发展开辟道路。

凹山地质环境治理工程圆满结束。该工程自2011年4月开始至2016年9月结束,历时五年。五年来,工程设计治理总量1914万吨,回收可利用资源594万吨,实际完成治理作业总量2088万吨,回收可利用资源1250万吨,分别为原设计的1.1倍和2.1倍,折合铁精矿粉约291万吨,累计潜在效益5.46亿元,同时还有效提高了矿区地质环境承载能力,增加了尾矿坑容积750万立方米,节约远期建库费用约3亿元。为今后更大范围、更深层次的矿区地质环境治理及行业示范推广提供了参考和借鉴。

此外,高村半连续工艺系统逐步完善,高村国家级铁矿资源综合利用示范基地建设工作通过国土资源部验收。

【花山留守处情况】 2016年,花山留守处一是继续做好苗木生产销售工作,积极承揽马钢矿山绿化工程,创收增效。全年销售苗木1000多株,销售额达6万元。二是牢固树立“服务为先”理念,强化供水、供电、供气等各项内部管理,保障各项服务功能正常有序运转,保持职工队伍稳定。三是严格费用管控工作,各项费用在控制计划之内。四是切实做好绿色生态蔬菜基地建设和资源看护工作。

【精神文明建设】 2016年，党群工作深度融入。一是认真学习宣传贯彻党的十八大和三中、四中、五中、六中全会和习近平总书记系列重要讲话精神特别是视察安徽重要讲话精神、党章党规、准则和条例等内容，增强“四个”意识。二是加强思想宣传引导和形势任务教育，开展了“打破惯性思维，变革突破保家园”解放思想大讨论，征集大讨论文章100余篇，征集政研论文70余篇，为打赢家园生存保卫战奠定了思想基础。三是深化矩阵式党建工作。全年围绕干部作风建设、降本增效、工程管理、质量管理、安全管理、薪酬管理、“两学一做”等16个重点督查项目开展督查，共发现整改各类问题36项，落实工作建议22项，制定管理制度8个，有效推动了管理水平的提升。四是按照集团公司巡视反馈意见，制订了公司10个方面问题整改方案，促进了内部管理。五是强化党风廉政建设工作。突出监督执纪问责，强化“两个责任”落实，深化廉洁风险防控体系建设，为生产经营和改革发展提供了纪律保证。

深入开展“两学一做”学习教育。一是突出以领导干部为重点，充分发挥引领示范作用。以中心组学习、党课专题会、专题报告辅导、学习测试、知识竞赛、主题征文等形式，丰富学习教育内容。《践行“三严三实”，锤炼干部队伍，为建设经营型矿山提供坚强政治保证》党课获全省党员教育“三项活动”一等奖。活动期间各级党组织下基层宣讲37场次、讲党课230次。二是以“四强”领导班子建设为重点，发挥支部堡垒作用。强化融入服务意识，创新党建工作。活动期间查找问题95项、整改问题94项。三是以“四优”为重点发挥党员先锋模范作用。结合实际，深入开展党员“两无”“党员示范岗”“党员奉献日”“党员抗洪抢险突击队”等一系列活动，引导广大党员做到了党性强，业务精，讲奉献，有作为，成为组阁经营的引领者和推动者。

关心关爱职工。成功召开了第十二次工代会。通过发挥卜维平技能工作室的引领和辐射作用，开展创新创效、合理化建议、职工职业资格认证、组队参加“鞍钢矿业杯”技能大赛，提高职工技能。认真做好集资房建设的后续工作，启动了南山矿属地内不配套住房、私建住房的排查摸底工作。树立依法治企的理念，妥善解决了幼儿园停止招生问题。推进了“两电分离”工作，石马村电网正式移交。通过送温暖、金秋助学等形式，广泛开展困难职工帮扶工作，全年发放慰问金90多万元。

【荣誉】 2016年，南山矿先后荣获安徽省劳动竞赛先进集体、安徽省“安康杯”竞赛先进集体、马钢矩阵式党建工作先进基层单位、集团公司先进纪检组织、市抗洪救灾先进单位等殊荣。高村铁矿国家级绿色矿山试点工作通过省级考评，上报国土资源部评估、命名。卜维平省级技能大师工作室升级为国家级技能大师工作室。朱青山荣获第三届全国优秀爆破企业家，张瑞获全国钢铁行业“青安杯”竞赛先进个人，卢德胜获省国资委优秀党务工作者，陈于海、林震源入选省属企业“538英才工程”领军人物，卜维平被评为马鞍山市优秀党员。

（王传龙）

姑山矿业公司

【主要技术经济指标】 2017年，生产成品矿185.72万吨，是矿业公司计划的113.94%，实现销售收入8.45亿元，比计划增加1.2亿元。利润考核比计划减亏9986万元，全年盈利207万元。上缴税金1.2亿元。

【降本增效】 一是提高产量质量，降低制造费用。由于低矿价，根据集团公司安排，姑山矿2月份阶段性停产。3月份恢复生产，用11个月的时间超额完成了全年的生产任务。同时为适应市场需要，狠抓产品质量，提质降杂，在满足客户需求的同时也大大提高了经济效益。二是梳理各类合同，降低合同单价。全年对合同采矿、外协劳务以及设备物资等所有合同进行了梳理，重新谈判，压缩单价5%－10%，大幅降低了外协费用支出。通过优化井下生产工艺设计，降低外委作业量等措施，降低外委劳务费用。全年成品矿单位外委劳务费143元/吨，与上年相比下降了13元/吨，降低成本2500余万元。三是减少采购成本，降低物资消耗。采取直供电、避峰就谷、提高功率因素等节约电费措施，全年节约动力成本2148万元。通过招标采购、比价采购以及优化库存等措施降低采购成本。全年设备物资采购总量1.05亿元，库存1630万元，月均库存下降281.05万元，大大降低了成本和资金占用，保障了生产高效运转。四是加大对外创收，增加业务收入。积极利用政策，争取政府及相关政策补贴。争取了土地税返还1143万元、公租房配套补贴200万元、直供电退补1447万元。加大利用现有的人力和设备资源实施“走出去”战略,承包南山矿和尚桥、高村工程,产值718万元。承担张庄矿选矿协力保产工程,创收600万元,承包张庄矿尾矿池工程,产值645万元。五是强化自营工程,减少费用支出。为降低成本,减少费用,鼓励各单位实施自营工程。自营工程有项目、有计划、有目标、有决算、有考核。全年龙山(白象山)选矿厂、和睦山铁矿等10个单位共完成自营工程16项,替代了工程技术外委,实现内部结算价348万元。六是坚持降本督查,降本成果斐然。为对降本工作进行认真总结,固化降本措施,积极探索降本工作新方法新思路,交流各单位之间降本工作一些好的经验和做法。公司降本督导组加大对各单位降本工作督查力度,实施月度督查,召开降本增效经验交流会,下发降本增效督查通报9期。各单位在完成财务下达的财务指标的基础上,再节约成本452万元。通过采取以上强有力的措施,全年成品矿实际完全成本452元/吨。与计划相比,下降27.92元/吨,降低可比产品总成本5193万元,为公司实现扭亏打下了坚实基础。

【生产管理】 一是白象山推动产能快速释放。进行技术革新,推广运用分段空场嗣后充填采矿方法,大大降低成本。探采结合,控制疏干,实施低水压高压注浆。对采准工程、开拓系统和生产系统进行优化,开拓与采准工程稳步推进。通过充填工艺优化和能力的进一步提升,加强对各生产作业流程的管理,产量逐步提高。全年共采出原矿182.89万吨,生产成品矿98.42万吨,产能快速释放,成品矿超设计能力。尤其是11月份创出了成品矿10.35万吨的高产纪录。二是和睦山精益采矿稳产高产。加大生产组织协调力度,强化配矿、保证入选原矿品位和磁性率。精益采矿、合理采准,保证矿石货源的有效衔接。从原矿出矿部位调整、C80晾晒场地及堆料棚的作业管理、筛分工艺的进一步优化、高压辊的保障等方面,实现了稳产高产。尤其是产品质量的保证,“和精”深受市场的欢迎。全年共采出原矿92.24万吨,生产成品矿44.83万吨。三是姑山露天井下精心组织。最大限度回收露天采场现有资源,同时提升挂帮矿各采区的出矿能力。加强采、运、碎生产组织管理,集中生产,提升效率。精心组织富矿生产,精确采矿,分爆分采,确保块矿产量。全年共采出原矿61.12万吨,其中挂帮矿43.90万吨,生产成品矿42.88万吨,其中姑精15.04万吨、姑块27.43万吨。四是选矿生产工艺精益求精。白象山系统。通过工艺的不断完善,白精产量由2015年日均2700吨提高到2016年日均3300吨,品位平均在64%以上,同时降低了精矿水分。和睦山系统。破碎进行了适应水分大、黏度高潮矿的改造。针对和睦山原矿性质的变化,对粗粒干抛磁选机进行优化。和精全年平均品位达到64.71%,金属回收率达到90.83%。红矿系统。随着露天原矿量逐步减少,灵活组织生产,充分利用受矿槽、粉矿仓、中矿仓调节生产,尽量让球磨集中生产,开机避峰就谷,最大限度地降低生产能耗。五是运输系统稳定顺行。针对新形势下铁路运输的特点,铁运系统努力做到用最低的成本、最经济的运行方式保证原矿、成品矿运输。考虑到运输成本、生产组织等因素,生产系统合理安排,加大了汽车运输量,全年成品矿运输总量达201万吨(含水)。进一步组织协调好成品矿外部市场的运输任务,为稳定并拓展长钢市场提供保障。六是辅助单位保障有力。汽运队较好地完成了块矿加工内部倒运及外运铲装任务,全年倒运矿粉和块矿5万吨、外运装车16万吨。承担职工通勤任务,全年出车1万台次。减少车辆修理外委,全年减少外委修理费6万余元;机制公司认真做好备品备件、钢球加工服务工作,全年生产钢球1253吨,超额完成生产计划,全年实现产值750万元。行政科加大对液化气的发放管理力度,增收节支近50万元;加强生活区用电管理,加大电费收缴力度;对姑山生活区住房清理整顿,清理住房140余套。全年完成创收430万元,超额完成指标任务,发生费用280万元,较年度指标节约80万元。

【技术攻关】 一是针对疑难问题,进行研究攻关。组织开展了复杂富水难采矿床高效开采前景研究、原矿可选性试验研究和宽级别物料抛废试验研究,为公司进一步提升效率、降本增效提供了技术储备。组织实施了白象山铁矿南部独立富矿开采技术攻关、姑山采场残矿回收技术攻关、稳定白象山选厂精矿品位技术攻关、和睦山选矿系统提精降杂技术攻关等5个矿业公司级技术攻关课题。组织完成了降低白象山精矿水分、优化白象山选矿厂尾矿处理工艺、和睦山充填工艺优化等8个姑山矿业公司级技术攻关课题,取得了良好的经济效益,为公司安全高效优质低耗生产奠定了基础。二是利用研究成果,大力推广应用。加强了地下矿山采矿方法、支护技术、充填技术等研究成果的运用,发挥技术引领作用。白象山铁矿在井下各中段大力推广分段空场嗣后充填采矿方法,全年使用新采矿方法采出原矿50万吨,节约采矿费用500万元;和睦山铁矿积极在采矿变形巷道中推广基于时效性的支护技术，节约了大量的二次修复费用；白象山选矿厂积极推广高压辊磨闭路工序干抛研究技术，可抛出占原矿总量5%的粗粒尾矿，年创经济效益390万元；通过控水和加药技术解决了白象山选矿厂尾矿大井跑混的问题，保证了产品质量的稳定。三是坚持成果总结，不断提高成长。2016年组织申报了专利8项，全年获得国家专利局授权的专利有13项，其中4项为发明专利，比2015年的5项多了8项；主持的《复杂地下环境在用采矿方法平稳转换技术研究》获安徽省科学技术奖三等奖，主持的《白象山碎、磨工艺优化技术研究》获马钢创新成果三等奖，主持的《白象山高效采矿及生产防治水关键技术研究》获2015年度马钢优秀科研项目奖一等奖。四是完善项目手续，规范矿山建设。完成了姑山露天采场挂帮矿二期50万吨/年采矿工程安全设施和项目竣工验收；取得了白象山铁矿200万吨/年采矿工程安全生产许可证和竣工验收备案批复，目前正在进行环境设施验收；办理了和睦山110万吨/年采矿权证，完成了和睦山110万吨/年采选技改扩能工程的初步设计和安全设施设计的审查，编制了矿产资源储量核实报告，已通过安徽省储量评审中心及国土厅验证及批复；完成了姑山铁矿矿区范围的划定，并取得了矿区范围划定批复；开展了尾矿库土地征迁工作，取得了安徽省林业厅的林权使用批复。

【企业管理】 一是常抓不懈，安全管理不放松。与各二级单位签订了"安全责任书"，明确安全生产的责任和义务。加大外来单位管理力度，确保外来单位安全生产平稳运行。严格重大危险源（点）的安全管理，全年共检查出大小隐患150余项，逐项整改。积极开展安全标准化示范班组创建活动，铁运车间乘务班被授予"全国安全标准化示范班组"称号。组织开展并完成了尾矿库、和睦山铁矿、姑山露天采场一级标准化企业复审工作。根据国家安监总局要求，加强了井下自救器使用管理，从9月1日起，井下作业人员必须佩戴自救器。制订井下"六大系统"运行管理制度，规范"六大系统"运行管理。切实做好职业卫生工作，完善所有有职业危害的岗位告知牌，对所有接尘人员进行职业健康体检，对离岗人员进行离岗体检，新员工进行岗前体检。2016年，公司被集团公司推荐为市职业卫生示范企业。重视环保工作，定期对公司生产系统除尘情况进行检查，发现问题，督促有关单位及时处理。投入240万元对龙山选厂、白象山选厂除尘设施进行了改造。二是稳步推进，人力资源再优化。根据集团公司统一安排，平稳推进人力资源优化工作。制订了《姑山矿业公司人力资源优化工作实施办法》《姑山矿业公司员工聘用工作指导意见》，通过培训学习、文件宣传、不胜任岗位人员摸底、离岗政策选择意愿征求、全员竞聘上岗等一系列工作，至8月底，完成优化人员115人，超过矿业公司下达的113人指标。重点做好了张庄矿选矿项目部人员抽调、集中和分流、安置等人力资源配置工作，保证了职工队伍的稳定。三是强化管理，设备物资保障好。重点监控设备控制指标达标。全年主体设备计划检修兑现率为99.58%、设备甲级维护率为98.21%、设备综合完好率为99.37%、主体生产设备综合完好率为98.64%；重大设备事故为零。全年物资采购（含工程）1.048亿元，发出1.053亿元，库存1630万元，控制在财务计划以内；实施了峰、谷、平用电考核，完善了工序用电计量体系，规范了能耗统计；通过招标、比价、议标等形式，切实降低采购费用。在白象山选矿厂试点推进TnPM管理，通过精心组织，共同努力，实现了项目预期目标，员工素质、现场作业环境得到了明显提升和改善，在线生产设备作业率及作业效率得到了大幅提升。四是以人为本，竞赛活动助发展。融入中心工作，开展群众性经济技术创新活动。2016年针对生产经营建设中的重点、难点和关键环节，紧紧围绕产量、质量、成本、设备保障等，两级工会组织先后共开展了"大干11月份，白精产量冲刺10万吨"等12项劳动竞赛，调动了职工积极性，促进了公司的生产顺行。开展了卷扬工、磁选工、钳工等七工种职业技能竞赛活动。深化岗位创新创效活动。李明军创新工作室被省机冶工会命名为"示范性职工创新工作室"、荣获"全国冶金行业优秀职工创新工作室"称号，肖挺创新工作室被市总工会命名为"劳模创新工作室"；征集合理化建议243条，其中一级建议4条、二级建议5条、三至五级建议102条。五是重在落实，现场管理再强化。继续以"6S"为基础，强化现场管理。通过月度、季度检查、考核，情况通报、专项整治、领导约谈等种种措施和办法，尤其是现场管理"回头看"工作，保证了现场管理工作真正落在实处。围绕"季季有重点""月月有安排"，现场管理在设备见本色、定置管理、"两线四室"等方面都有了突破性的提高。开展了白象山铁矿、白象山选矿厂现场管理专项整治工作，努力打造白象山精品生产线。以现场管理为抓手，推动了公司各项基础管理工作，助推了降本增效，促进了公司安全生产。六是完善机制，综合治理促稳定。建立了以班组、工段、厂矿为基础的三级综治管理网络；坚持每月对消防、民爆等安全工作进行检查,切实做到"消防安全自查、火灾隐患自除、主体责任自负"。以完善治安防范体系为立足点,做好采排两场的治安巡查,严格落实门禁管理制度,完善治安防范网络,确保矿区的治安稳定;以坚持互利共赢为支撑点,做好矿乡共建工作,积极协调与当涂县、示范园区等工作关系。做好农务工作,减少农务纠纷赔偿65万元,为矿山的生产经营保驾护航。

【精神文明建设】 按照党建工作"深度融入"的要求,公司党委坚持把矿山的党建工作贯穿于生产经营的全过程。一是扎实开展"两学一做"学习教育。根据集团公司党委的要求,结合矿山实际,制订了姑山矿业公司《关于在全体党员中开展"学党章党规、学系列讲话,做合格党员"学习教育实施方案》,建立了"两学一做"学习教育纪实评价系统。5月份公司领导分别到所在党支部、跟班蹲点的单位讲党课。根据集团公司党委认真开展"两学一做"到基层活动要求,10月份公司领导再次走进基层,到13个总支、支部进行宣讲。在"学"的基础上更强化"做",公司两级党组织通过组织义务劳动助推降本增效、开展劳动竞赛促进产能提升、评选姑山尖兵树立先进典型,将"两学一做"学习教育融入中心工作,力求取得实效。

二是切实加强党风廉政建设。认真落实党风廉政建设"两个责任",做到把党风廉政建设与生产经营建设工作同部署、同落实、同检查、同考核。深入开展形式多样的党风廉政教育,组织56名科干参加了马钢党风建设和反腐倡廉知识网上测试,合格率达100%;分两批组织55名科级以上干部、重点岗位人员参加了雨山区法院、当涂县法院职务犯罪案件审理旁听;邀请集团公司纪委领导开展了"公司廉洁从业暨两学一做"专题教育,增强了广大党员干部的自律意识。三是深入推进矩阵式党建工作。为扎实推进矩阵式党建工作,打赢低矿价下姑山家园保卫战,制订了《姑山矿业公司2016年矩阵式党建工作要点》,进一步完善公司党建工作的"矩阵式"工作模式。以问题为导向,结合公司中心工作,开展了职代会、党委工作会议精神落实、劳动纪律管理、人力资源优化、职工薪酬分配等4个专项督查,督促相关部门和基层单位对督查发现的55个问题进行了整改。同时加强对基层支部开展矩阵式党建工作的指导,督促区域协作组间加强学习交流,进一步促进矩阵式党建工作。

(陈吉胜)

桃冲矿业公司

【主要技术经济指标】 2016年,生产成品铁矿27.85万吨,挂帮矿项目部采矿47.25万吨,石灰石133.71万吨,云粉71.72万吨,石灰石、白云石产量创历史新高。选矿钢球单耗仅为0.33千克/吨,金属回收率高达86.33%,均处于全国同行业前列。实现营业收入19589.48万元,上缴各项税费3521.00万元。老虎垅石灰石矿利润247.11万元,青阳白云石矿盈亏基本持平。完成了集团矿业公司下达的经营目标任务,减亏3258.61万元。

【生产经营】 1.主业生产。长龙山铁矿面对井下资源枯竭,采场点少、面广、战线长,两班三班制混合生产模式,纵跨5个分层同时生产的不利因素,认真谋划,科学组织,大胆探索,有效应对,成功实践了"两班三班制混合生产模式"。坚持常态宣传、演练完善、管理流程细化,新的生产组织方式得到确立,工效得到提高,2016年,班提运处理量比上年三班制提高13.64个百分点。"吃干榨尽"思路开花结果。持续开展边、残矿回收工作,全年回收边矿、残矿19.03万吨,占采矿总量的44.57%,有效地缓解了主采场的生产压力。挂帮矿项目部模拟市场化绩效管理考核,激发职工的积极性,在2月份临时性停产、10-11月份采矿方法优化部分矿房停产的情况下,生产铁矿石47.25万吨,全年完成计划的105.00%,消化了87名员工工资463.64万元。长龙山选矿厂克服原矿含泥量多、品位波动大等困难,强化调度管理,加强设备、工艺管理,突出关键工序质量点控制,优化产品结构等措施确保了成品矿产、质量的稳定和生产的有序进行。运输车间克服了运输设施、设备严重老化,桃荻线路不安全因素增加等困难,加强管理,统筹安排,全年码头发运量70余万吨。铁矿石生产系统的稳定高效顺行,为矿业公司完成2016年生产经营指标奠定了坚实的基础。

2.辅料生产。石灰石产品紧紧围绕市场,以销促产。立足现场,强化内部管理,提升工效,推行班组兼容,优化作业时间,强化工艺管理,2016年,破碎机台时产量同比提高53.77吨/小时;建材产率达到42.21%,超计划3.21个百分点,为石灰石产品的盈利提供了有力的支撑。优化市场布局,提升"行商"质量。地销市场得到固化,外部市场开拓成效显著,石灰石产品进入宝钢、南钢市场，覆盖范围涉及建筑、水泥、电厂、钢厂等，市场布局不断完善，各级市场销售比例更趋合理，生产调节更加灵活；加大市场调研，开发市场需求，先后启动土夹石、废石两个新产品的采场直销，在市场经营探索中增加了新的利润增长点。全年生产石灰石133.71万吨，创历史最高产量。青阳白云石矿对内加强采场管理，优化破碎和筛分系统生产组织，提高设备工作效率；根据股份公司需求，调整产品结构；苦练内功，开源节流，从青通河码头发运云粉9.02万吨，节约物流成本20余万元；对外协调各层级政府的关系，为矿山生产营造良好的外部环境，保持了生产平稳、高效。全年生产白云石71.72万吨，产量创历史新纪录，盈亏基本持平。

【企业管理】 1.安全工作。2016年实现了安全生产“五个为零”目标。一是认真开展安全生产教育和安全宣传活动，组织了126人（次）参加各类安全培训，2次全员安全教育考试、1次全体科级管理人员专项安全考试；组织开展了“长龙山铁矿井下采场冒顶事故”和“青阳白云石矿突发环境事件”应急救援演练，提高全体人员的安全生产意识和技能。二是持续开展了反“三违”和隐患排查治理活动，开展各类安全检查96次，查出隐患669项，648项完成整改。三是组织开展危险源辨识和风险评价工作，共辨识各类危险源394个，对8个一、二级风险的危险源由矿业公司领导包保，确保重大危险源处于受控状态。四是做好季节性安全生产工作。面对繁昌地区47年来特大暴雨灾害，第一时间紧急转移长江边运输车间生活区进水受灾的36户职工家属；消除码头趸船重大安全隐患，全力协助地方政府抗洪排涝，切实承担社会责任。五是安全生产标准化有效运行。通过长龙山铁矿等3个独立系统的安全生产标准化现场复评，长龙山选矿厂电工班等2个班组获得“国家安全管理标准化示范班组”称号，班组建设成果再添“国字号”。六是认真落实外来单位及人员两个管理办法，加强对外来施工单位及人员的安全管理。收存安全保证金44万元；强化现场监督检查、考核，发放考核奖7.44万元，奖励135人次，违章扣款1.59万元，有力地调动和促进了外来施工单位做好安全生产的积极性和主动性。

2.降本增效工作。一是科学高效组产，提高系统的运行效率，以稳定顺行、稳产高产促降本增效。二是调整产品结构。矿石系统加大边际贡献较大的粉（块）矿生产，与预算比提高17.06个百分点；石灰石矿提高附加值高的建材产量，产率与计划比提高3.21个百分点，下半年开拓了土夹石、废石两个新产品的采场直销，全年实现利润247.11万元。三是深入开展对标挖潜活动。加强采、选工艺管理和指标控制，减缓井下铁矿石资源短缺对指标影响，主要指标达标率80%，采矿炸药、电力单耗处于行业前列。四是压减生产性支出。对外委合同标的额在2015年基础上全面压缩；整合全矿各类用工，降低各类劳务费用279.82万元。五是盘活资源、政策降本。积极利用财税政策，取消相关房产税缴纳等费用，水泥厂减亏307.27万元；下半年，争取国家减费立税改革优惠政策，减征资源税、资源补偿费308.29万元。六是加强设备和动力管理。分区供风和避峰用电，节约电费57.84万元；完成修旧利废257个项目，节约修理费用136.46万元。七是严格控制非生产费用支出。招待费、差旅费、小车费与预算比分别下降12.31%、5.21%、28.68%。2016年，公司全方位立体降本增效取得了重大成效：铁矿石完全成本472.41元/吨，与预算比下降了114.09元/吨；云粉完全成本53.13元/吨，与预算比下降了7.51元/吨，比上年下降9.20%；石灰石完全成本24.94元/吨，与预算比下降了5.71元/吨，比上年下降18.71%。全年与预算比降本4479.51万元。

3.人力资源优化。按照人力资源优化目标要求，积极谋划人力资源优化工作，9月份人力资源优化工作顺利完成。优化在岗员工76人，超优化目标5人；6名生产服务岗员工通过竞聘走上技术业务岗位；采取压缩劳务工由全民工替代等方式，压减劳务用工118人。依据《桃冲矿业公司科级管理人员竞聘上岗工作的实施方案》，经过基层组织推荐、本人自愿报名、公开推选竞聘候选人和矿业公司经营团队审核等工作后，共有39名职工参加了桃冲矿科干竞聘，通过公平公开竞聘，36名职工走上科级管理岗位。为消化人员大幅减少的压力，积极推行“大岗位、大工种”运行；优化生产组织，强化生产过程管控；扎实开展全员绩效考核，提高工效。同时加大劳动纪律管理力度，对违纪行为严格考核、通报；在15个岗位设置了指纹考勤机，实现制度约束和技术管控相结合。

4.内控体系建设。在全矿范围内开展了内部环境、风险评估、信息与沟通、内部监督等4个公司层面的控制流程和控制资金管理、采购管理、业务外包、生产制造流程等8个业务层面的流程检查，自查和2016年集团矿业评审结论，对纳入评价范围的各流程均已实施了内部控制，达标率97.57%，不存在重大缺陷，达到了公司内部控制的目标。

5. 管理创新工作。创新驱动推进矿山发展的长效机制基本形成,2016 年以“聚焦两大战场,提升精益运营”为主题的 15 个管理创新项目,涉及生产经营、降本增效、安全管理、结构调整、和谐矿山建设等方面,为矿山在困境中求生存、谋发展发挥了积极作用。

【精神文明建设】 1. 党建工作。在“两学一做”学习教育中,将“关键在做”落到实处。矿业公司领导班子通过下井带班、到联系点调研蹲点、“两学一做到基层”等形式,与职工零距离接触、面对面交流,广泛听取职工群众的意见和建议,2016 年,领导班子成员跟班蹲点 75 次,收到意见和建议 113 条,解决问题 89 个。加强制度建设,夯实党建基础。制订了中层管理人员风险抵押考核办法、后备科级管理人员管理办法等制度,修订了党支部“达标创先”百分法考核办法,进一步规范了组织建设。借助党员安全“两无”、党员责任区、党员示范岗等平台,发挥党员先锋模范作用,使矩阵式党建收到实效,涌现出马钢尖兵曹家树等先进人物。不断深化宣传思想工作,大力宣传先进典型和取得的新成绩,为生产经营鼓劲造势。有线电视播出新闻稿件 704 篇,《马钢日报》以及省部级报刊录用稿件 167 篇,召开了第十四次思想政治工作研讨会,展示了矿山政研新成果。

2. 群团工作。根据生产经营的重点和难点,工会以“高效工作在岗位,增效节支做贡献”为主题,开展了“出矿一条龙”小指标、白云石超产、石灰石超产等 12 项指标的劳动竞赛和“安康杯”竞赛活动;为推动岗位创新创效提供技能支持,组织了钳工等工种技能竞赛,有力地配合了生产经营和改革发展工作。共青团围绕矿业公司生产经营建设和改革发展大局,开展了“青安岗”和“青年岗位建功”等活动,组织了“美好家园·共建共享”主题征文,激发青年职工岗位成才的积极性和主动性,助其成长成才,更好地融入矿山生产经营建设工作中。

3. 民生工程。加大矿区环境综合整治力度,提升矿区环境质量,被评为“马钢最美厂区”。先后分三批对 74 户困难职工家庭申请安置入住马钢廉租房;办理了 2015 年度职工市场购房住房补贴 40 人,发放购房补贴和退房款 313.73 万元;开展了第六批符合登记条件的 32 人(28 户)住房补贴登记工作;矿区腾空房重新分配安置职工家庭 30 户。对 5 栋危旧平房实施拆除,完成江边洪涝灾害后的生产、生活区域的环境整治。关停液化气站,将液化气“暗补”改为“明补”,福利费的使用更加公开、公平、公正。持续实施送温暖工程。春节期间为 1015 人次的困难职工、职工遗属等送上 39.82 万元的慰问补助,重阳节慰问 80 岁以上的老人 109 人,发放慰问金 2.02 万元。坚持工余开展文体活动,丰富职工业余生活,增强了矿山的凝聚力。

(孙宗荣　赵士童)

罗河矿业公司

【主要技术经济指标】 2016 年,处理原矿 264 万吨,生产成品矿 113 万吨(其中,磁铁精矿 91.6 万吨、红铁精矿 3.6 万吨、硫精矿 15.1 万吨、块矿 2.7 万吨),销售成品矿 116.68 万吨(其中,磁铁精矿 91.5 万吨、红铁精矿 4.32 万吨、硫精矿 17.66 万吨,块矿 3.2 万吨),实现销售收入 5.08 亿元,实现利润总额 4056 万元。

【降本增效】 生产降本方面:原矿单位生产成本

76.80 元/吨,比 2015 年的 110.84 元/吨下降 30.71%;铁精矿生产成本 286.04 元/吨,比 2015 年 394.61 元/吨下降 27.51%;铁精矿运输费用 62 元/吨,比 2015 年的 88 元/吨下降 29.5%;财务费用 3628 万元,比 2015

年的4682万元下降22.5%。政策增效方面:一是完成选厂三系列技改工程、普惠制岗位补贴、公租房补贴申报工作,累计获得政府补贴资金470万元;二是落实营改增和资源税费改革政策,全年抵扣增效1000万元;三是积极申报采空区治理补贴;四是协调推进直购电工作,争取电费返还,全年用电降本982万元。

【企业管理】 以矿业公司"三标一体化"建设试点单位为推动,细化落实安全环保工作责任,严格安全环保检查考核和隐患排查治理,全年安全环保形势保持稳定,未发生环保投诉事件和重伤以上生产安全事故,罗河铁矿一期工程职业病危害防护设施通过竣工验收。深入现场开展巡查,加强信息沟通对接,生产调度指挥能力得到提升。优化工艺设计,着力技术攻关,全年围绕采矿、选矿、穿爆、充填工艺等方面开展科研攻关10余次,技术指导服务生产作用有效发挥。强化物资供应和用电管理,扎实开展修旧利废和主体设备点检竞赛,生产保供和设备管理工作得到加强。全年签订采购合同623份,合同金额6023.63万元;安全供电1亿千瓦时,缴纳电费7000万元。严格工程预决算和验收管理,选厂三系列技改工程、小选厂块矿改造工程投入生产,充填站工程试生产,采矿公租房即将投入使用。全年完成工程投资3789万元(含安措工程投资2441万元)。强化各类费用管理,积极拓宽融资渠道,保证资金需求,全年累计贷款55650万元(其中归还61750万元),开具承兑汇票7344万元。公司贷款余额比2015年末减少6100万元。加大市场化销售力度,强化计量、运输和销售货款回笼,全年货款回笼率97%,有力保障了公司资金的安全运行。优化定员定编和人力资源配置,推进岗位整合,全年累计优化调整岗位60人次;开展中层管理人员竞聘上岗和技术(业务)主管评聘,全年提拔转岗科级管理人员3人、评聘技术(业务)主管15人;增强职工获得感,职工全年收入较2015年平均上升10%左右。强化现场管理,大力开展现场环境治理,矿容矿貌明显改观。健全社会治安综合治理体系,平安和谐矿区创建工作取得新成效。

【党群工作】 公司党委认真学习党的十八大、十八届三中、四中、五中、六中全会和习近平总书记系列重要讲话精神,坚决贯彻落实集团公司、矿业公司决策部署。一是强化形势任务宣教,深化家园意识培育,通过报纸、内网、微信、宣传栏积极开展目标措施、先进典型宣传,全年开展形势任务宣教50余次,选树先进班组1个、先进人物2人。二是认真开展"两学一做"学习教育,深入推进矩阵式党建工作,学做并重,知行合一,党建工作进一步融入中心工作。三是强化党风廉政建设,严格落实党风廉政建设"两个责任",增强党员干部的廉洁自律意识,全年未发生违纪违法问题。四是组织开展党员安全"两无"和"争创先进党支部、争当优秀共产党员"活动。五是发挥群团组织作用,积极维护职工合法权益,扎实开展群众性技术创新活动,全年共征集合理化建议118条,申报"双五小"项目38项。其中,1个项目获集团公司一等奖,4个项目获集团公司三等奖。

(张　政)

张庄矿业公司

【主要技术经济指标】 2016年,生产原矿360万吨,精矿110万吨,建材60万吨,实现销售收入4.73亿元,利润3200万元。精矿品位稳定在66%以上,各项指标满足客户要求。安全生产平稳有序,顺利完成安全设施"三同时"竣工验收,全年重伤及以上事故为零。

【生产经营】 紧贴市场需求,张庄矿按照全资源综合利用的原则,对选矿工艺进行优化改造,成功开发了块矿、块尾等系列新产品。张庄矿已初步形成精矿、块矿、块尾、建材四大系列产品。全年生产块矿2.56万吨、块尾19万吨、各类建材产品60万吨,实现销售收入2000多万元,提升了企业的盈利水平和市场竞争力。

【技术创新】 技术创新取得新的突破,积极申报国家级高新技术企业。全年完成专利申报9项,《大型地下矿山无尾排放技术攻关》项目顺利结题,《特大型地下铁矿全资源化绿色开发关键技术研究与示范项目》申报省级技术创新奖。2016年,张庄矿被确定为安徽省"两化融合管理体系贯标试点企业"以及"工业和信息化领域标准化示范企业"。成立了争取国家政策工作领导小组,采用项目模式运作,积极争取国家政策资金。2016年在营改增、能源环保、科技创新、人力资源、财政补助及税收返还等方面累计申报了19个项目,申请补助资金5200多万元,已到账资金2136万元。

【企业管理】 按照集团公司、矿业公司的整体部署和安排,积极稳妥地完成了经营管理层、科级管理人员、车间主任、技术业务岗及操作维护岗等全员竞聘上岗工作。3名科级管理人员退出科级岗位,1名正科降为副科,1 名技术业务岗员工选择居家休养,3 名操作维护岗员工按照末位淘汰解除劳动合同。人力资源优化取得实效。按照精简高效的原则,优化人力资源结构,提高全员劳动生产率。全年人均精矿产量达 1800 吨,人均创效 14 万元。深入推行全员绩效考核,创新分配体制,将月度奖金分为基本奖、安全奖、满勤奖、绩效奖四个部分,按 2∶1∶1∶6 的比例计奖。其中绩效奖占 60%。实行动态管理,每月制定公司月度重点工作计划,并将计划设为各单位关键业绩(KPI)指标,月底由绩效考核领导小组组织验收,验收结果应用于当月奖金分配。推动了公司重点工作和其他各项管理工作的顺利进行,提升了公司经营管理效率和水平。参与的《以提升国产铁矿竞争力为目标的经营型生态矿山建设》获中钢协 2016 年度冶金企业现代化管理创效成果二等奖。

【荣誉】 2016 年,公司 2 名职工荣获六安市劳动模范称号;2 名职工荣获“马钢尖兵”称号;5 名职工荣获公司标兵称号;10 名职工荣获公司先进工作者称号;4 名职工被评为公司优秀共产党员。

(徐光荣)

马钢工程技术集团有限公司

马钢年鉴

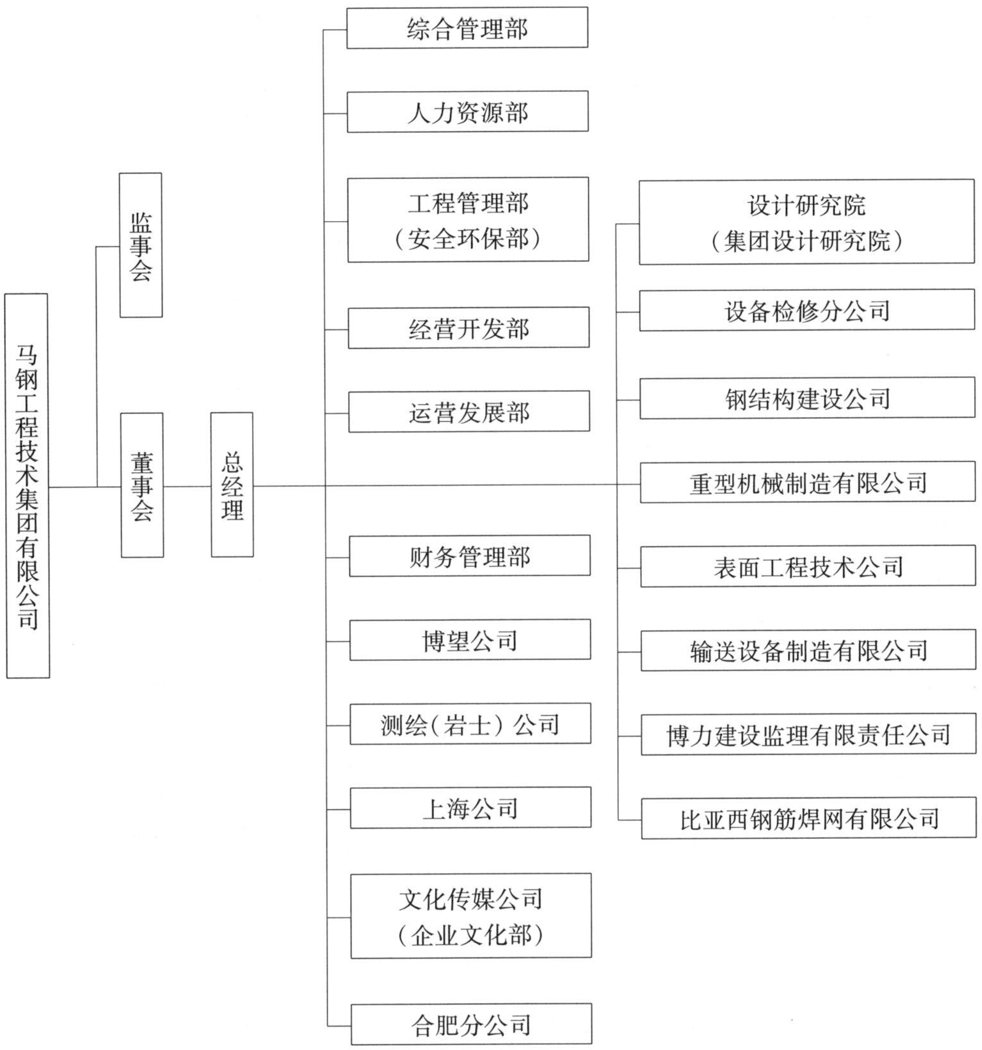

图 7　马钢工程技术集团有限公司组织机构图

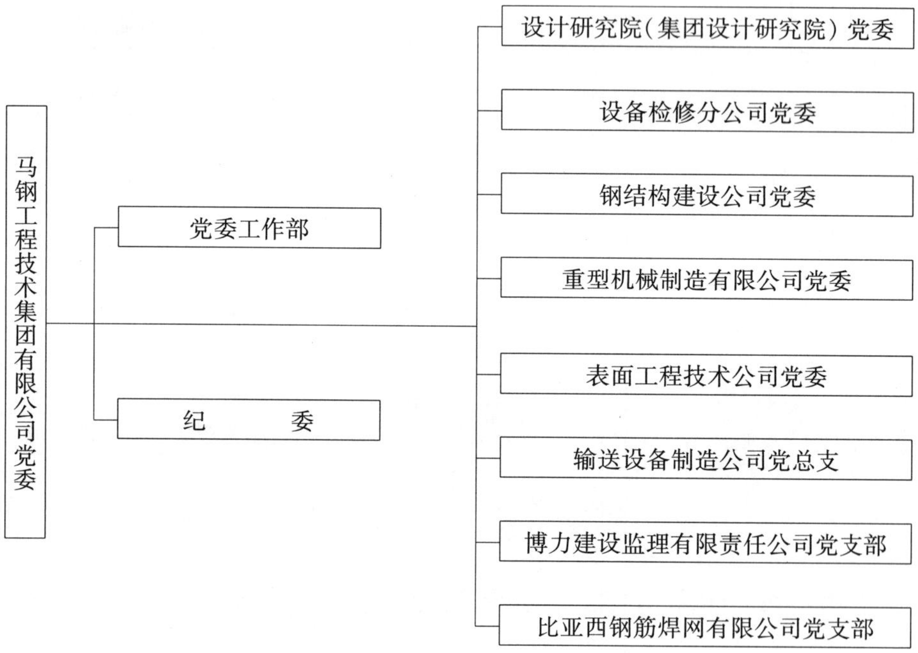

图 8　马钢工程技术集团有限公司党组织机构图

董事会

【董事会工作】 2016年，工程技术集团董事会紧紧围绕生产经营、运营管理、改革发展等重点工作，主要通过召开公司董事会作出决议，注重依法决策和科学决策，不断提升决策效率和决策质量，促进了企业生产经营和改革发展。

1. 2016年1月15日，工程技术集团召开第二届董事会第八次会议。会议审议通过了《关于调整安徽马钢比亚西钢筋焊网有限公司等三家公司部分委派人员的议案》；审议通过了《关于成立工程技术集团博望分公司的议案》（公司名称以工商登记为准）。

2. 2016年3月1日，工程技术集团以通讯方式召开第二届董事会第九次会议。会议审议通过了将电气修造公司100%国有股权划入至工程技术集团；审议通过了委托检修公司管理电气修造公司，电气修造公司党、工、团组织划归检修公司党、工、团组织管理；审议通过了电气修造公司暂按工程技术集团子公司方式运营，其规划发展及业务管理等纳入检修公司统一策划，经工程技术集团批准后实施；审议通过了《关于对输送公司委托贷款的建议》，工程技术集团通过马钢财务公司给予输送公司800万元委托贷款。

3. 2016年3月24日，工程技术集团以通讯方式召开第二届董事会第十次会议。会议审议同意将工程技术集团位于上海市杨浦区的9套住宅房产（建筑面积998.83平方米）和9个住宅房车位采用市场化方式出售，房产评估及出售手续按照马钢公司相关要求办理。

4. 2016年4月12日，工程技术集团以通讯方式召开第二届董事会第十一次会议。会议审议同意聘任夏会明为工程技术集团总经理（法人代表），聘任许洲为工程技术集团副总经理，聘任程建国为工程技术集团副总经理，聘任吴芳敏为工程技术集团副总经理，聘任陈孝文为工程技术集团副总经理，聘任张平远为工程技术集团副总经理，聘任陶明华为工程技术集团总工程师，免去张宏亮的工程技术集团副总经理职务；审议通过了《关于计提坏账准备、固定资产减值准备的请示》；审议通过了《工程技术集团2015年度财务报告》；审议通过了《马钢集团设计研究院有限责任公司章程》；审议同意工程技术集团和马钢重机公司向马钢集团公司分别提供总额为8000万元的流动资金贷款，贷款期限为一年，可提前偿还，利率为基准利率（4.35%），委托贷款手续费为本金的0.1%；审议通过了《关于马钢重机公司拟与宁波东力组建合资公司的报告》。

5. 2016年6月28日，工程技术集团以通讯方式召开第二届董事会第十二次会议。会议审议通过了《关于马钢工程技术集团钢结构公司设备钢结构生产线搬迁工程立项的请示》；审议通过了《关于马钢重机公司出资与宁波东力组建合资公司的请示》；审议通过了《关于安徽马钢东力传动设备有限公司董事会、监事会成员（马钢方）的建议名单》；审议通过了《关于成立工程技术集团合肥分公司的议案》（公司名称以工商登记为准）；审议通过了《关于输送设备公司变更营业范围的请示》；审议通过了办理银行贷款和进口押汇的报告。

6. 2016年8月4日，工程技术集团召开第二届董事会第十三次会议。会议审议通过了《工程技术集团2016年上半年经营完成情况以及下半年经营计划》；审议通过了《工程技术集团上海住宅房产评估结果的报告》；审议通过了《马钢集团公司委托贷款的议案》；审议通过了《关于成立马钢电气修造公司董事会的议案》；审议通过了《关于调整重机公司和表面技术公司董事会的议案》。

7. 2016年9月20日，工程技术集团召开第二届董事会第十四次会议。会议审议通过了《工程技术集团关于马鞍山钢铁建设集团有限公司增资扩股的议案》。

8. 2016年12月25日，工程技术集团召开第二届董事会第十五次会议。会议审议通过了《关于设立设备检修公司为子公司的议案》；审议通过了《关于转让马鞍山马钢表面工程技术有限公司股权的议案》；审议通过了《关于重机公司15吨、20吨电炉生产线资产提取减值准备的议案》；审议通过了《关于重机公司15吨、20吨电炉生产线资产报废处置的议案》；审议通过了《关于工程技术集团营业执照经营范围变更的议案》。

（赵家星）

监事会

【监事会工作】 2016年，工程技术集团监事会按照年初确立的工作思路与目标,不断加强队伍素质建设,改进工作方式、方法,通过强化日常监督,紧密结合公司实际工作,注重协调落实,正确行使监事会相关职能。

(赵家星)

·专业管理·

工程技术管理

【主要经济指标】 2016年,工程技术集团完成营业收入26.66亿元(含监理公司),实现利润总额4675万元,净利润4370万元(含上海房产销售利润约2000万元,设备检修公司维保价格补差收入约3000万元;考核口径,不含收取的土地使用费等考核扣除项,不含计提的坏账准备,下同)。设计院实现营业收入8.87亿元,利润总额3510万元。设备检修公司实现营业收入5.89亿元,同比增长8000万元,利润总额494万元,同比增长1245万元,实际减亏创效1.3亿元。钢结构公司实现营业收入6.56亿元,利润总额1530万元。重机公司实现营业收入3.12亿元,利润总额-2797万元。表面技术公司实现营业收入2.18亿元,利润总额1266万元。输送设备公司实现营业收入1.33亿元,利润总额178万元。监理公司实现营业收入0.13亿元,利润总额151万元。比亚西公司实现营业收入1.79亿元,利润总额345万元。

【重点工程项目建设】 一批重点工程项目取得良好实施效果,高炉热风炉、冷轧脱脂线、3号高炉大修工程总承包,喷煤、焦炭库施工总承包等项目圆满完成。新炉机项目成功实施,由工程技术集团施工总承包的马钢4号高炉B标段、3号烧结机等系统技改工程,在保证工程质量的前提下提前完工,新炉机项目合计实现毛利约400万元,施工总承包项目合计实现毛利约3000万元。工程技术集团开展的重点工程项目建设,有力地为公司产能匹配、质量提升奠定了基础。工程技术集团在认真总结已承揽的11项重点工程项目管理经验的基础上,充分发挥各单位专业优势,对4项新工程进行试点运作项目管理新方法。对二铁总厂3号高炉大修项目,以设备检修公司为主,钢结构公司、设计院为辅组建项目部,工程技术集团本部派出专人进行项目管理。对马钢合肥公司镀锌线项目,以设计院为主,专业单位参与,由工程技术集团高效组建项目部实施EPC总承包项目管理,运用新的考核办法,目前项目进入设备调试阶段。对埃斯科特钢总承包项目,以设计院为主,设备检修公司承担专业工作,在工程技术集团的统一领导下实施专业化项目管理。对安徽丰源集团6500万元建筑施工项目,由马建公司、钢结构公司、设备检修公司等专业力量组建联合项目部,工程技术集团统一实施项目管理,单独考核。

【专业化整合】 大力实施资源资产专业化整合,优化布局,着力提升发展内涵。优化钢结构和检修资源配置,将原冶建公司分别整合至钢结构公司和设备检修公司,3个单位整合成2个单位。完成股份公司辅助检修单元的整合,将电气修造公司集中整合至设备检修公司,实现检修业务同比增效1190万元。集中优势资源打造优势产业,充分发挥多元产业间优势互补和协同效应,推动产业转型升级。新业务拓展有序推进,以整合优势赢得外部市场新突破。

【资质升级增项】 抓好工程技术集团资质升级增项,增强市场开拓能力。在公司大力支持下,对马建公司进行资源重组,将工程技术集团与马建公司资产和人力资源整合,充分发挥各自优势。工程技术集团抓住取得特级资质的关键性机会,4月份启动与马建公司联合申请建筑工程施工总承包特级资质工作,获得圆满成功。工程技术集团本部(含设计院)资质升级增项有序开展,升级钢结构工程一级,增项建筑幕墙工程二级、建筑装饰装修工程二级等专业承包资质,增项城乡规划编制乙级、市政公用行业道路工程专业乙级、市政公用行业桥梁工程专业乙级、风景园林工程设计专项乙级资质。

【内部管理】 在设计、施工、总承包等业务领域开展"三标"一体化换版工作,梳理管理、作业等业务流程,分工修订编制新版"三标"管理体系文件,管理体系运行顺畅,产品服务质量控制有力。平稳实施人力资源优化,工程技术集团本部及所属分(子)公司人力资源优化完成阶段性工作,完成人力资源优化机构设置,岗位设计和目标定员,完成科级管理人员竞聘上岗。工程技术集团机关人力资源优化目标10%,实际减少101人,完成13%;外部用工费用同口径减少目标15%,实际减少1770万元,完成16%。人力资源优化政策性离岗201人,占总人数的3.74%。稳健开展清欠工作,去年11月末应收账款余额比年初下降1.6亿元,资金风险进一步降低。积极争取银行授信,获得各类授信额度共计2亿元。推广使用财务公司电子承兑汇票支付，缓解资金压力。完成上海房产处置，超额实现处置收益。

【党建工作】 深入学习贯彻中共马钢集团公司第五次党代会精神，加强服务型党组织建设，积极推进矩阵式党建工作。围绕重点工程管理监督、大修项目管理监督、制度梳理及执行力监督、干部作风监督、巡视整改落实监督、"两学一做"学习教育等重点工作监督6个方面梳理11个整改项目，定期召开工作例会。按区域相近、人员熟悉、业务衔接的原则，建立合肥板材公司镀锌分厂党支部与工程技术集团合肥分公司党支部协作区。自觉践行"三严三实"要求，严格落实反"四风"规定。深化廉洁风险防控体系建设，认真落实党风廉政建设党委主体责任和纪委监督责任。强化责任意识，积极开展巡察发现问题、内控审核及审计发现问题的整改落实，组织召开专题整改落实工作会议，对照整改清单，逐条逐项研究制定整改方案，按要求完成整改工作。组织开展"两学一做"到基层宣讲、"两学一做"优秀党课评选等活动。贯彻落实加强国有企业党建工作部署，强化基层党建工作责任；扎实抓好党的组织建设，选好配强基层党建班子，指导所属分（子）公司党委开展换届选举工作。以党章和党性党风党纪教育、"三重一大"等管理制度的宣贯解读为课题，对工程技术集团机关及所属单位科级管理人员进行集中轮训，组织大型专题讲课3次，参加培训293人次。加快工程技术集团内部产业板块融合发展。大力弘扬"感恩在心、胸有朝阳、公平正义、风清气正"的家园文化。运用报纸、互联网等媒体手段加强企业文化宣传。健全企业民主管理，关爱职工，切实维护职工合法权益。

（赵家星）

·二级单位·

设计研究院（集团设计院）

【主要经济指标】 2016年，设计研究院（集团设计院）实现营业收入8.85亿元，利润总额3590万元（含上海房产销售利润约2100万元）。完成高阶段设计106项、施工图设计205项（含子项），完成设计图纸21320张，折合14336.5张甲1图纸，完成EPC总承包项目12项。

【市场开拓】 积极抢抓内部市场机遇，承接马钢罗河选厂技改工程等内部设计项目73项，合同总额1352万元；承接马钢南区钢渣处理综合利用工程等内部EPC总承包项目11项，合同总额14596万元。努力提高外部市场业绩，承接俄罗斯MMK公司带式冷却机工程等外部设计项目60项，合同总额1377万元，设计院外部工程设计合同总额首次超过内部；承接淮钢一轧冷床改造工程等外部EPC总承包项目3项，合同总额1605万元。围绕转型发展积极开拓外部市场，开发国内外潜在工程项目，支持上海公司参与海外项目竞标，参加外部投标项目47项，跟踪洽谈项目89项。加强与老客户沟通回访，保持良好合作局面，市教委、上海立谊环保、淮钢、梅钢等一批老客户均有项目签约。在精心做好内外部业务的同时，根据经营范围和业务能力，积极开展个性化业务服务，最大程度发挥多元产业、特色产品和技术服务的优势。充分利用BIM技术，承接合肥市清溪净水厂PPP项目三维设计服务。

【重点工程项目建设】 以实施好重点工程项目建设为抓手，力争在质量提升、业务拓展、品牌打造等方面有所建树。外部市场重点工程设计项目按计划完成，山西大同东田矿业4000吨/天超级铁精粉加工厂工程、安徽动力源科技6号厂房工程、宿马现代产业园区三期保障房工程等17项重点工程设计项目相继建成投产。内外部市场EPC总承包项目取得良好业绩，新增电解脱脂机组工程、港务原料总厂适应性改造工程、二铁总厂4号高炉热风炉及渣处理工程、精品车轮加工检测线搬迁改造工程、枞阳县井边铜矿无主尾矿库隐患综合治理工程等项目陆续建成并交付使用，合肥板材公司连续镀锌线工程、马钢南区钢渣处理综合利用工程、埃斯科特钢工程等项目正有序推进中。

【科研技术创新】 以技术创新为生命线，积极开展技术攻关，有力支撑了企业转型发展。开展业务建设项目33项，实施技术研发项目16项，通过马鞍山市科技局认定8项，技术研发投入2550万元，抵减所得税197.05万元。申请专利34件，其中发明专利17件；获得授权专利27件，其中发明专利5件。获两化融合、促进工业经济倍增等政府各类奖补资金151.65万元。获2016年度全国冶金建设行业优秀工程设计一等奖1项、二等奖2项、三等奖3项。获工程勘察设计行业"十二五"期间实施信息化建设先进单位和省工程勘察设计协会2015-2016年度"优秀会员单位"等荣誉称号。获安徽省BIM培训基地授牌，获评安徽省 BIM 技术示范工程 4 项。

【资质升级增项】 围绕市场拓展和企业转型需要,在维护现有资质的同时,积极开展资质升级增项工作。支持马建公司做好申请建筑工程施工总承包特级资质相关工作。增项城乡规划编制乙级、市政行业道路工程专业乙级、市政行业桥梁工程专业乙级、风景园林工程设计专项乙级资质,入选安徽省固定资产投资项目节能评估机构备案名单。

【运行管理】 修订和发布新版质量、环境和职业健康安全管理体系文件,“三标”管理体系运行顺畅。掌控设计过程质量,对设计过程的策划、评审、输入进行质量监测,产品质量控制全面有效。采取分类考核原则,收入与业绩相统一,有效规范和指导经营单位进行年度经营绩效考核。安全生产常抓不懈,积极宣传安全生产法律法规,建立工程项目安全生产责任制。组织对 EPC 总承包项目部开展安全生产管理的监督检查,对项目管理人员进行安全生产教育培训。

【人力资源优化】 贯彻落实公司人力资源优化要求,多渠道安置政策性离岗员工。全面开展“授权组阁、竞聘上岗”,完成设计院授权组阁后的机构设置、职责划分、人员配置等工作。做好资质所需人员的保障工作,对设计、施工资质所需的专业和人员进行配置。开展优秀科技人员申报工作,评选产生 83 名 2016-2018 年度优秀科技人员。注重人员素质提升,积极组织员工参加各类学术交流和教育培训。

【党群工作】 持续深化矩阵式党建工作,在全体党员中组织开展“两学一做”学习教育,以及“讲看齐、见行动”学习讨论。组织开展党委换届工作,完成基层党支部换届选举工作。坚持和完善诫勉谈话、廉政谈话、从业承诺等制度。组织各级管理人员签订廉洁从业承诺书。强化责任意识,积极开展巡察发现问题、内控审核及审计发现问题的整改落实,组织召开整改落实工作专题会议,对照整改清单,逐条逐项研究制定整改方案,按要求完成整改工作。根据机构调整和人员变动情况,适时调整基层工会。围绕生产经营开展“双五小”“三八红旗手”等共青团和女工活动。做好职工困难帮扶和送温暖工作,慰问职工 34 人次,发放慰问金 2.25 万元。

(赵家星)

重型机械制造有限公司

【主要技术经济指标】 2016 年,完成产品总量 2.08 万吨,其中机械产品总产量 2 万吨;钢锭产量 0.08 万吨;产品销售总量 2.13 万吨;销售总额 3.18 亿元;其中机械产品全年销售总量 1.96 万吨;销售总额 3.11 亿元,钢锭产品销售总量 0.17 万吨;销售总额 0.06 亿元。全年实现销售收入 3.27 亿元;内部利润完成-2798.59 万元;机械加工件产品一次报检合格率 98.35%,铸造厂一次报检合格率 91.94%,结构分厂一次报检合格率 95.62%。千人负伤率 5.71‰。

【生产经营】 2016 年,重机公司面对严峻市场积极应对,紧紧围绕“强化管理提工效,深耕市场促效益”的工作主题,通过开展授权组阁和全员岗位竞聘、优化生产流程、深入推行量化考核、深挖资源潜力等工作,努力提效、增量、减亏,确保了职工收入稳定。2016 年,消化销售存货带来的当期亏损 600 余万元,全年亏损额较 2015 年大幅减亏。

1. 巩固提升内部市场,积极开拓外部市场。2016 年,内外部市场任务承揽总量为 1.5 万吨,产品结构持续好转,维保收入上升明显。资金风险控制较好,应收款总量持续下降。11 月末,应收账款由年初的 2.39 亿元降到 1.72 亿元,货币资金较年初增加了近 30%。内部市场方面:以四钢轧总厂、冷轧总厂、长材事业部、一钢轧总厂、二铁总厂、三铁总厂等为营销重点,新制和修复大量备件,产品结构呈多元化发展。铁钢轧备件全面开花,大中修备件循环往复,CSP 摆动剪进口减速机箱体修复、2250 粗轧机主传动轴修复等高难度设备再制造赢得用户好评。在线检测和精度恢复业务快速拓展,打造了具有重机特色的服务品牌。截至 11 月底,累计为四钢轧总厂、冷轧总厂、一钢轧总厂、合钢板材在线检测轧辊辊系约 120 组、轧机 43 架,精度恢复轧机轴承座 203 件。外部市场方面:面对严峻的市场形势,2016 年我们巩固了与中冶华天、马钢工程技术集团等重点客户的战略合作关系,承揽了宣钢矫直机、宁夏钢铁高速线材、淮钢线材、造球机等项目;持续保持以来料加工方式承揽商品锻件,降低资金风险。

2. 技术维保业务向精细化、专业化管理推进。一是建立技术服务预警体系,优化、固化“磨辊保运行”的备辊、机床状态预警,建立了连铸结晶器、扇形段、辊组等联动预警。二是启动维保成本管理，对磨辊间和连铸机机物料、轴承及综合成本等进行动态管理。三是通过对连铸扇形段棍子轴承、结晶器铜板等进行专项攻关与优化，实现吨钢成本大幅下降。四是通过辊修流程和辊面修复工艺的优化，保证了辊组质量的稳定，实现了线上扇形段过钢量持续提高。五是开展了“学标准、学案例、规范操作”等业务培训，持续提升员工专业技能。

3. 加强生产计划的科学性管理、深入推进量化考核。一是加强计划的科学性管理，提高生产计划可执行性。以满足客户需求为前提，通过周生产落实计划，不断动态调整内外生产资源，使生产计划更趋合理。在合钢抢修件、宣钢矫直机和瓦顿项目以及四钢轧年修备件的生产组织上，排定的计划与实际生产基本相符，体现了生产计划严谨可操作性有基础。二是表面工程分厂、重型加工厂在去年量化考核取得实效基础上全面深化。2016 年，重点推进结构分厂的量化考核，在合钢镀锌线等项目实施中，项目兑现情况有了明显提高。铸造厂加强量化考核推进，覆盖全岗位，形成了井然有序的生产状况，曾连续两个月项目兑现率达 100%。三是抓好生产组织基础管理，结合内控手册修订，修改完善入库报产等生产管理制度和流程，强化生产管理与考核，提高生产计划的执行刚度。四是深化项目负责人制，强调项目全过程管理，提高项目兑现率。以项目负责人和区域负责人相结合，弥补专业上的不足。今年总体项目兑现情况有所改善，重点项目兑现率较上年度同比上升 3.4%，机械加工件产量 14510 吨，同比上升 17.6%。

【企业管理】 2016 年，重机公司面对严峻的生产经营形势持续开展降本增效工作，围绕人力资源优化、去产能、盘活各类资源、加快资金周转、降低各类成本、减少资金占用等开展工作，为企业生存发展奠定基础。

1. 开展全员竞聘上岗，持续优化人力资源。根据马钢集团公司统一部署，在完成重机公司经营管理团队授权组阁工作后，从 5 月初至 8 月底，以两级机关精简 10%，劳务用工及费用减少 15%，优化班组设置压缩班组长职数为目标，以科级管理人员竞聘、人员现状分析和编制定员、技术业务岗和分厂职能人员竞聘、操作维护岗竞聘、离岗人员统计分析及安置五个阶段开展人力资源优化工作。完成竞聘后，较 2015 年末，科级管理人员减少 24%；两级机关人员减少 15%。劳务工减少 43%；离岗安置人员共 62 人。

2. 稳步推进去产能工作，盘活各类资源。根据马钢集团公司对重机公司 20 吨、15 吨电炉实施关停设备拆除处置的部署和要求，重机公司加强组织领导，积极谋划、稳步推进去产能的相关工作，分别于 2016 年上半年和 11 月中旬完成设备拆除及资产处置工作。针对去产能，通过产业转型，充分发挥各类闲置资源进行产业转型发展。一是与宁波东力组建马钢东力传动设备有限公司，将原轧辊厂房、土地及部分闲置设备整体评估入股合资公司。二是将原 20 吨电炉厂房改造转型为车轮预加工生产线。盘活存量库存，加快资金周转。一是对库存钢锭、连铸坯、废钢、废旧木模、闲置木材等进行销售，实现存货变现，降低库存，增加货币资金量。1-12 月份累计完成存货销售 1207 万元，收回资金 1207 万元。二是整合二级库房，实行集中管理，做到人员集中、库房集中、物资归集，建立完善各类物资登记建账，盘活各单位库存、实现资源共享、维持库存低位运行、减少采购资金占用。

3. 大力开展降本增效工作。一是在采购方面，梳理、规范采购管理流程，物资采购招标比例达 65% 左右，价格下浮 12% 左右，全年实现采购降本 350 万元。

二是在降低能耗方面,加强各种介质消耗的监控,适时预警、检查、整改,煤气、水、压气消耗得到有效控制。全公司用水量由7.5万吨/月降至2万吨/月,用压气由7.5万元/月降至4.5万元/月,煤气消耗基本稳定。三是通过规范外协计划和内协生产管理、做好协议材使用及工序降本、加强内部物流管理等多方面工作降低生产成本。

【技术质量】 发挥技术优势,强化质量管理。科研攻关方面,完成超大型圆环类锻件锻造、合钢热镀锌线光整机设备制造、大高炉冷却壁开发等技术研发,轧机导卫导向改造已成功应用于2250热轧并推广至1580热轧。坚持工艺纪律检查及监督管理工作,加强工艺执行情况考核与激励,积极做好现场工艺技术服务,为稳定产品质量提供支撑。质量管理方面,重点开展以操作自检、工序自检为重点的全员质量管理工作,加大"三级检验"及实物质量检查的考核力度。机械产品实物质量尤其是成套设备及铸件产品表面质量有所提升。

【党群工作】 2016年,重机公司围绕生产经营管理的难点和重点,做好督查,落实党委的主体责任和纪委的监督责任。一是继续加强和深化对工程、工序外委、物资及设备备件采购和资金等领域的管理,先后制定下发了《物资采购管理办法》《工程外委和物资采购检查考核管理办法》《供方评价与管理办法》等规章制度对采购管理进行规范,每季度进行专项检查并下发通报进行整改。二是加强党风廉政建设,签订党风廉政建设责任书、科级管理人员签订廉洁从业承诺书,每季度下发党风廉政建设学习教育材料,组织收看廉洁从业教育视频等。三是开展廉洁风险防控工作,及时调整风险防控体系、风险防控识别表,调整了党风信息监督员队伍,加强对党风信息监督员的培训。四是开展效能监察,对二级库整合进行立项,加强过程跟踪,项目有序推进。五是及时做好信访工作,保证了3起信访件按时办结。六是认真开展各类津贴补贴发放情况自查和"酒桌办公"专项整治工作。七是以矩阵式党建、"两学一做"学习教育为抓手,党群齐心共建重机家园。坚持月度矩阵党建工作组"片会"制度,围绕15项重点工作,人力资源优化,降本增效,现场管理,量化考核等方面沟通交流,以问题为导向,加强问题发现、落实整改工作。坚持月度"两学一做"、矩阵式党建、政工例会制度,通报工作开展情况,协调解决各单位提出的问题;制订计划,健全组织,明确责任,扎实开展"两学一做"学习教育。先后开展了"党支部书记讲党课竞赛"主题活动、各级领导跟班蹲点、党员"亮身份、作承诺、当先锋、树形象"、"两学一做"宣讲到基层、党员安全"两无"、党员示范岗等活动;坚持开展"六比六看"争创先进党支部竞赛;围绕生产项目开展降本增效劳动竞赛;围绕党风廉政建设和效能监察开展工作。各级工会组织围绕生产项目开展劳动竞赛;立足关爱职工,坚持开展高温慰问、送温暖等活动,举办"高温下的重机人"主题摄影展,征集职工合理化建议176条。

(邹　唯)

设备检修分公司

【主要技术经济指标】 2016年,共签订合同5.5亿元,较上年增加1.24亿元。实现收入5.48亿元,较上年增长1.78亿元。公司首次实现盈利183万元,超额完成考核指标2000余万元,较上年增效3300余万元,消化政策性亏损1.13亿元。

【维检总包】 强化日常保产,做好专业总包。维保方面,一是着力提升维保服务能力,变被动为主动,将"月度设备运行分析会""月度故障统计分析""无过错连带责任考核"等管理方法变为常态化管理,进一步完善以四班运行绩效为核心内容的量化考核;二是强化新4号高炉维保工作,落实好新增区域维保组织架构、运作模式、班制安排、主要维检界面及维保任务,开展各类适应性培训;三是加强主动巡检,提高快速响应能力,设备故障时间同比上年度降低10%。2016年,业主满意度进一步提升,共收到业主单位的褒奖锦旗8面,受到各种表扬20多次。检修方面,通过提升维保服务水平赢得业主单位的认可,积极承揽维保区域内的外委大中修任务,在股份公司放量生产、人力资源空前紧张的情况下,充分发挥主观能动性与无私奉献精神,加大区域互动与协作,圆满完成了多项重大检修项目,尤其是二铁总厂3号高炉大修、合钢酸轧线失火抢修更是赢得了各方好评,也为公司降本增效、减少资金外流做出了积极的贡献,全年共完成检修产值11700万元。专业总包方面,扎实推进TRT专业总包工作,并取得了较好的效果。自实施TRT专业总包之后,仅二铁总厂(不包含原一铁总厂)2016年全年同比上年就多发电818万度。

【市场开拓】 积极开拓内外部市场,在做好保产、检修的同时，通过内部挖潜，精心组织、科学调配各种资源投身重点工程建设，争创精品工程。内部市场方面，圆满完成了新4号高炉、3号烧结机、冷轧脱脂线、长钢余能发电等重点工程项目。尤其是合钢镀锌线电气安装工程，通过自我加压，对标世界先进标准进行施工作业，打响了检修品牌，赢得了良好口碑；长钢余能综合利用项目更是创造了全国同类项目的最快安装速度，不仅加强了与中冶华天工程技术有限公司的合作，还为公司顺利完成锅炉安装一级资质取证工作打下了坚实基础，同时还实现了培养人才和实力提升的双重目标，提升了企业软实力。外部市场方面，先后承揽了马鞍山市立白蒸汽管道项目、江阴兴橙钢厂线材酸洗项目、5号焦炉项目、苏州电厂60兆瓦汽轮机B修项目等。2016年，共承揽股份公司之外的工程项目5681万元，其中马钢以外市场合同额1904万元。

【机构改革】 检修资源与业务整合方面，整合划入了工程技术集团原冶建公司5个车间（部）及2个机关部门共383名正式员工及1100名劳务人员，股份公司原能控中心能源保障分厂、轮轴事业部、长材事业部、检测中心、马钢机关行政事务部共247名正式员工。内部优化整合方面，对部分车间、机关（部）进行了优化整合，原炼铁维检部和铁前维保部按维保区域界面组建新的铁前维检部和炼铁维检部；原南山项目部、张庄矿项目部合并成立矿山维检部；对成建制整合划入的原能控中心能源保障分厂更名为能源维检部；原技术管理部并入生产管理部，成立生产技术部；成立综合管理部和党群工作部。新的运营管理模式，进一步提升了公司的专业化水平，资源效率及系统效能大幅提升。

【管理提升】 按专业板块差异化考核，运用“当量人力资源”计算法及完全利润考核原则，测定各单位利润考核指标，并坚决“鞭打慢牛”，鼓励各单位充分利用现有资源，深挖潜力，促进实现量效齐升；建立目标责任体系，体现贡献与收入完全挂钩的原则；管理人员奖金系数根据管理幅度、难度差异化设置，并紧紧与单位绩效高度关联，与所辖职工收入关联，形成目标一致、利益一致的有效激励；设立劳务费管控及安全生产单项奖励政策，激发各单位降低使用劳务费的积极性和抓好安全生产的主动性。奖金分配公开、透明，考核公平、公正，充分调动了全公司各级人员的积极性。认真组织并顺利完成了“授权组阁、竞聘上岗”及全员竞聘上岗工作。组建了公司新一届经营管理团队；89人竞聘上科级管理岗位、145人竞聘上作业长岗位、146人竞聘上技术业务岗、2015人竞聘上操作维护岗；10人申请协商一致解除劳动合同；58人申请居家休养；19人办理保留劳动关系；26人申请编外管理。公司人力资源配置得到进一步优化，工作效率大幅提升，据统计，员工日平均有效工时达5.5小时。

【基础管理】 安全管理方面，深化班前“安全六分钟”制度，深入推进安全标准化示范班组创建，加强检修及施工现场的安全组织与管理，落实外来单位及人员安全管理责任，为生产顺行提供了支撑作用。加大安全管理奖惩力度，进一步提升全员安全防范意识。现场管理方面，深入推进现场管理，积极开展星级现场创建及“最佳四室”评选活动。钢轧维检部、钢一车间分别荣获马钢“五星级”和“三星级”现场称号；钢五车间转炉机械作业区钳二组被评为马钢“最佳更衣室”，钢四车间型钢电气维修组被评为马钢“优秀休息室”。技能培训方面，以“单点课”等形式深化全员培训，提升队伍整体技能水平。大力实施兼工种激励政策，化解人力资源紧张的矛盾，提升作业效率，公司一专多能的持证工人已达225名。启动“工匠基地”培训计划，策划实施160余项培训任务，焊培基地已经成为第一个示范。

【技术创新】 推进技术创新和技术攻关活动，全年共组织收集、评审、修改、申报专利8件，技术攻关3项。9个职工“创新工作室”继续发挥培育人才、创新创效的平台优势，共推出技术创新成果21项，岗位创新创效成果30项。加强资质申报，成为马鞍山市第一家锅炉安装一级资质企业，标志着公司已经具备安装任意规格参数锅炉的能力。

【党建工作】 扎实推进“两学一做”学习教育。开展聚焦“四型”合格党员活动：一是要做热爱家园、精忠敬业的合格党员，不断提升维保服务水平；二是要做搏击市场、创新创效的合格党员，推动检修公司转型发展；三是要做好学上进、技能精湛的合格党员，力争造就一流工匠队伍；四是要做胸有朝阳、正己悦人的合格党员，切实发挥先锋模范作用。深化矩阵式党建工作，进一步加强党委主体责任和纪委监督责任，深入开展设备材料管理及工程项目分包外委的两个专项治理活动，通过深入自查自纠，厘清了存在的问题，规范了相关管理程序与制度，筑牢了防腐的篱笆。规范推进换届选举工作，19个党总支（支部）及下属7个党支部全面完成换届。认真做好党员发展工作，发展新党员21名，预备党员转正20人。做好党费收缴整改工作，完成了全体党员新的缴费标准的测算。积极开展“双争”活动,发挥76个“共产党员责任区”的辐射作用。加强管理人员团队作风建设,着力倡导践行“一线工作法”。持续推进“闪光检修人”典型选树宣传活动。深入发动职工开展合理化建议活动,共征集806项,其中有效建议628项,等级建议177项,已经实施157项。持续深化精神文明建设,坚持做好常态化的宣传报道和网站宣传工作,开辟了微信公众号宣传平台。坚持关爱职工,积极发挥互助帮困基金的作用。

(刘宏卫)

表面工程技术公司

【主要技术经济指标】　2016年,公司牢牢把握“变革担当转观念,技术引领争突破”的工作主题,紧紧围绕“创新求进,转型升级,建设技术服务型企业”的目标,充分发挥表面技术专业优势,努力开拓市场,生产经营稳中有进,较好地完成了集团下达的考核指标,全年实现销售收入1.91亿元,比上年增长10%,实现利润1266万元(考核口径),首次突破千万元。

【生产经营】　2016年,公司围绕项目工期,生产系统贯彻“生产围绕营销,全局围绕生产”的组产理念,以满足客户需求为导向,加强生产管理、强化服务职能的同时强调补位意识,以最快的速度消除生产环节中出现的各种瓶颈制约因素,使生产管理系统始终处于高效运行的模式中。对临时性的急难项目,采取灵活用工方式,满足工期需要。对常耗保产备件,下沉保产责任,由责任分厂会同营销部了解现场使用、消耗、储备和检修信息,及时补充成品、半成品、毛坯和二类机电,避免出现漏备少备等意外情况。开通ERP系统精益生产模块化管理功能,通过完善模块数据归集方法,使系统能够及时追踪每个项目的过程信息。开通修旧件“回收单”模块,改进提高修旧件物流和生产过程信息流的跟踪与管理。制定下发《生产保障管理办法》,落实保产责任,提高生产计划的刚性管理。利用月度大型生产调度会和每周两次的生产平衡协调会,及时解决生产过程中出现的各种问题,通过微信等各类信息平台及时检查和通报生产重点及进度。全年重点产品连铸辊完成562组,锌鼻子备件保供完成修旧16套,喷焊辊新制及修复完成了609根,耐磨板完成2011平方米、212吨,电镀辊完成5485根。超音速喷涂辊的数量有了大幅度增加,其中沉没辊、稳定辊完成109组,其他超音速喷涂产品完成91根。修旧及新制4D中间罐13台套,制作过程推进有序,焊缝质量稳定提升。合钢镀锌线项目,完成101项、873.8吨,按照项目工期交货,受到项目部好评。

【技术创新】　2016年,表面技术公司在股份公司设备部的协调下,四钢轧大铜板和CSP铜板的试用取得突破,得到用户认可,为今后扩大应用奠定了基础。两支试制炉辊即将上线使用,新制高炉泥炮在线使用良好,H型钢轧机机架精度恢复项目获得广泛赞誉,公司关注的车轮检测线机械手开发进入后期调试阶段。广泛开展研企校企战略合作,与西马克和清华大学的合作已明确落实,与普莱克斯的合作也已经启动。电镀技术改造取得预期效果,TOPCROM电镀毛化技术的引进也在持续接触和研究过程中,完成了激光强化和激光毛化技术的初步调研。

科技创新成果显著,全年专利申报6项,完成集团公司考核指标,当年授权专利13项,其中5项发明专利,8项实用新型专利。获马鞍山科技进步三等奖一项,获省级新产品2项,省级高新技术产品3项,公司级技术创新1项,岗位创效表彰奖励2项。积极争取政府各项产业政策和资金支持,全年到账财政资金469万元。

【企业管理】　全面推进质量振兴工程,建立健全产品质量控制标准,识别并受控质量过程,加大巡查考核力度,以EVI理念积极介入产品售前售后服务,提升产品使用满意度。加强对重点项目合钢镀锌线、重点专业产品、批量件产品的检验把关工作,以及产品外观和涂装包装等质量控制。定期巡视工艺执行情况,完善产品标识和质量溯源管理,产品质量异议、产品质量事故同比下降40%以上,完成年初下降20%的指标。进一步规范完善了物资计划、采购、质量等管理制度,结合公司巡察组提出的整改要求,修订了物资采购管理办法。按照招标中心的规定,明确了招标、比价、独家采购三种采购方式。严格执行公司招标中心的文件规定和采购审批流程,对招标、比价、独家采购做了严格界定,对独家议标采购方式进行严格控制,通过招标比价节约资金220余万元。加强了材料采购的计划管理,严格执行对申领计划的审批程序,全年共取消、削减、替代计划109项。积极开展盘库利库工作,全年库存下降35%。针对贵重金属和原材料价格不断上涨的情况,提前采购铜板毛坯、合金粉末、电镀镍块贵金属材料,提前锁定价格,全年规避涨价风险60万元。坚持“以收定支”,合理存量,全年资金存贷收益超过百万元。开展多种形式的清欠工作,组织业务人员上门催讨,借助集团公司“清欠办”的影响力,积极办理三方抹账。对评估风险较大的两家单位提起诉讼均取得胜诉,公司应收账款较年初下降近2000多万元。完成了“授权组阁、竞聘上岗”工作,科级管理人员原有26人,通过竞聘22人获聘科级管理岗位。贯彻落实公司去产能、优化人力资源配置、持续提高劳动生产率的总体要求和工作部署,开展人力资源优化工作,优化机构设置和岗位定员,制定竞聘上岗实施方案,共有30人选择离岗居家休养,6人协商一致解除劳动合同,1人转岗退休,6人办理大病编外,通过上述途径减员分流43人。规范劳务用工范围,采取多种形式,压缩劳务用工数量,全年减少劳务用工40%。贯彻落实“安全第一、预防为主、综合治理”的方针,建立健全了各类突发事故的应急机制,提高了应对突发事故现场处置能力。全面落实安全生产责任制,实施安全风险抵押金制度,确保了全年安全生产“七个为零”目标的顺利实现。

【精神文明建设】 持续深化廉洁风险防控管理工作,加强对工程项目建设、设备物资采购、各类物资使用及消耗管理。持续开展劳动竞赛、劳动保护、互助帮扶送温暖、员工幸福计划活动。深入推进反腐倡廉工作,两级党组织深入开展“两学一做”“讲看齐,见行动”活动,注重联系群众服务群众,坚持领导干部跟班蹲点工作制度化、常态化。接受公司党委巡察并做好各项整改,以党风建设和反腐倡廉工作的新成效,为企业稳定和生产经营建设提供有力的政治保证。2016年,公司先后荣获省科技厅高新科技企业、马钢公司工会女工工作先进单位,表面修复厂喷涂班组荣获马钢公司标杆班组、女职工陈莉荣获马钢公司劳动模范等荣誉称号。

(车小求)

钢结构建设公司

【主要经济指标】 2016年,完成经营收入6.62亿元,实现利润1538万元。

【机构整合】 2016年,原冶建公司、钢构公司实现全面整合。通过机构设置、职能定位、管理人员竞聘等基础性工作的逐步推进,使得各项管理得到快速有效开展。

【企业管理】 加强制度建设,重新定位业务单元,再造管理流程,对各项规章制度进行分类梳理,排定发布计划,现已发布各类管理制度197项,有效地促进各项工作统一、规范、有序的运行。大力推进精益运营理念,革除“干着算”的粗放管理陋习,逐步向“算着干”转变,做到事前有计划、过程有管理、事后有评估,整改有措施,全过程可控,干事有效益。通过召开月度经济活动分析会,各单位紧紧围绕经营目标和工作计划,重点对标分析,拿出问题解决措施。通过分析点评、统一思想、促进交流,运行效果不断显现。结合《人力资源优化实施方案》,在两个机关合并的基础上进行人员竞聘,机关优化率为30%、制造单元优化率为25%,实现了机关精简、充实基层、人员优化的目标。

【风险管控】 一是做好合同评审,特别是外部合同项目,结合公司自身特点和当期生产经营状况,加强对客户需求和风险的识别,在风险可控的前提下确保实现公司有绩效。二是强化合同管理,制定《合同管理办法》,规范合同文本,明确合同主体责、权、利,实现合作共赢,风险共担。三是加强分包管理,明确合作原则,对分包单位进行集中清理,重新核定供方准入。四是制定《厂内制作内部控制价》,并纳入马钢招标平台招标,有效加强价格内控。

【市场开拓】 整合后部分作业单元划出,内部检修市场大幅萎缩;配合汽运公司搬迁,设备制造厂(东区)整体搬至开发区,严重影响当期生产。面对各种困难,公司上下不等不靠,及时调整经营策略,由公司领导牵头拜访马钢内部客户,持续开发外部高端客户,全方位推介公司及业务特点,管理部门及制造单元,深入用户现场,想业主所想,提前主动介入,获得业主认可赢得市场,经过共同努力,圆满完成年度经营指标。

【重点工程】 完善生产管理体系、加强综合协调,克服时间紧、机构整合、人员变动、业务交叉管理等诸多困难,安全、优质、高效完成马钢二铁3号烧结机及4号高炉系统、料场适应性改造、合肥镀锌线系统、电炉埃斯科一期等重点工程。泰国轧钢厂房钢结构制安工程、印尼科达煤制气工程等海外项目,经过努力得到外方业主认可;新疆天龙、山西兴华等项目管理和作业人员都做出了艰苦努力。

【生产经营】 设备厂克服搬迁影响,主动盘库、整治现场、开发高端设备制造,取得良好的经济效益;制作分厂转变观念,主动开发市场,推动成本管理意识提升,经营效益不断提高;房屋集成中心大力开发彩瓦等特色业务,逐步介入马钢内部检修市场;建安工程部克服机构变动等困难,加强日常管理和项目结算;吊装物流部克服黄标车报废、车辆老化等困难,做好重点工程和内部单位的吊装、运输保障工作。

【检修维保】 一是二铁4号高炉建成后产量增加、运行压力增大,混铁车修理厂通过实施"热检加冷检"点检模式,建立点检数据库,克服车辆老化和在线率高的困难,保证安全平稳运行。二是加强协作、做好各项检修和保产工作,全年完成各类大中修、维保200余项。炉窑工程部强化内部管理、致力技术创新,确保二铁新炉机、3号高炉大修、长材事业部型二加热炉和弗卡斯石灰窑等内部检修项目稳步实施,高炉直吹管、沟盖等耐材保产业务顺利进行。长江钢厂加热炉检修等外部检修业务也积极拓展。三是焊接中心充分发挥品牌和技术优势,勇于开拓,承揽特钢公司铜水冷套等高端焊接修复任务,得到业主高度认可。

【营销管理】 受市场需求下降和价格波动剧烈的影响,H型钢加工销售量有所下降,但通过建立电商销售平台,形成以传统销售为基础,电商销售为补充的双向销售模式,销量提升效果逐步得到体现;通过对部分长期库存材采取让利销售策略,降低库存、促进资金回笼。全年销售量4.6万吨、加工量1.8万吨,实现销售收入1.65亿元。

【技术质量】 全年增补8项焊接工艺评定,申报专利10项,5项专利获得国家授权;《转炉炉壳穿孔焊接修复工艺创新》获得安徽省冶金行业、马钢QC成果一等奖;《加热炉炉墙浇筑吊模施工工艺》每年节约100多万元的施工成本,还缩短了工期;在获得日本、美国焊接认证的基础上,完成加拿大和欧盟体系的认证,为海外市场开拓奠定基础;配合工程技术集团完成钢结构专业承包一级资质申报;马钢新区全干熄焦工程荣获市优质工程"翠螺杯"称号,已申报安徽省"黄山杯";马鞍山市奥体中心工程获得安徽省钢结构协会"皖钢杯"金奖。完善质量管理三级网络,完成三体系四标准换版,体系运行持续有效;不断提升员工质量意识,强化过程质量管理和考核,使得产品质量得到提升;开展"质量约谈回头看"等系列专项活动,有责必问,有错必究,有效促进质量管理。由于质量管控出色,日本三得利项目得到日方业主认可,二期项目正在洽谈。

【安全环保】 整合之初立即启动安全生产责任制建立,确保安全生产有序进行;通过发布安全、环保、消防管理制度汇编,完善安全管理体系文件。同时以安全生产标准化为抓手,大力推行安全标准化班组建设,上报马钢三个班组。通过组织学习、专业咨询等方式,已投资80余万元建设油漆涂装废气处理装置,减少生产对环境的影响。

【降本增效】 材料库整合之后,在不影响生产的基础上,机动物资部积极盘库、整库,主动控制材料库存总量,库存材料已从年初的7320吨降低到12月底的3692吨,盘活库存资源,减少了资金占用;同时加大与材料供应厂家洽谈直供,转变材料采购方式,不断降低采购成本。

【党建工作】 公司党委加强矩阵式党建工作,两次调整工作区域,扩大相互交流,取得良好效果。各级管理人员通过跟班蹲点,深入基层一线,开展座谈、调研等活动,主动为基层解决实际问题。通过两轮督导,"两学一做"学习教育活动不留盲区,实现全覆盖。召开专题研讨会和经验交流会,提升各党支部整体工作水平。公司领导深入基层上党课20多次;各党支部带动全体党员争创"四强四优"。"七一"期间,对先进党支部、优秀党员进行表彰。开展"弘扬家园文化、建设崭新钢构、我为钢构献一计""抄党章、迎七一"书法展等活动。突出宣传报道,《马钢钢构整装迈向新征程》《"盯"紧现场拓市场》等稿件展示钢结构新面貌。严格落实党风廉政建设责任制,与各单位及关键岗位人员签订《责任书》强化责任意识,完善廉洁风险防控,开展预防职务犯罪教育;对设备制造厂搬迁项目进行效能监察,对炉窑办公楼还建项目进行审计,充分发挥监督作用。广泛开展合理化建议征集、劳动竞赛等群众性经济工作,"彭清兵创新工作室"成功升级。做好职工大病、困难职工慰问等活动。共青团开展"五四"评先、"双五小"成果评选、发布等活动。

(黄松祥)

输送设备制造公司

【主要技术经济指标】 2016年,承接任务总量7599.62吨,总价10054.96万元(其中备件项6905.5吨、9409.7万元),完成计划的80.5%,是上年的67.9%;分厂入库产量7006.1吨,分厂入库产值7283.92万元,分别完成上年的106%和100.7%。销售收入13300万元,完成计划的106.3%,是上年的102.7%(其中马钢公司外部销售1810.65万元,是上年的61.5%）；利润总额-380万元（含土地费）；安全生产稳定顺行。

【生产经营】 在马钢集团内部，以输送类等特色产品为主导，克服降价等不利因素，稳定炉箅条、托辊、滚筒、输送辊等备件，备件年度销售额首次突破8000万元；做好内部输送设备现场技术服务，续接了铁前系统卸车机、喷淋装置、圆盘给料机；集团矿山系统协议制供货范围扩大，“短平快”项目增加；提前与南山矿进行和采头顶库工程输送机技术交流，与张庄矿就输送设备维保项目开展商务洽谈。外部市场上，稳定了南方路机、德国西玛格、振华港机、广州嘉燧、淮南煤矿等用户的备件与工程。强化售后服务工作，在二铁新炉机系统、港务料场系统、高村半联续、合钢镀锌线、振华港机等工程项目建设、维护期间，技术、营销、分厂等组成的售后服务人员，深入项目现场，化解难题，体现输送设备公司以顾客为关注焦点及合作共赢的服务意识和经营理念。

【技术创新】 新高炉两条B1800上料主皮带输送机成功开发生产，高品质交付用户并稳定运行，使公司首次成为高炉主皮带设计制造商，提升了公司的市场影响力；南山矿高采甲带给料机、港务料场旋转输送机、二铁总厂PDX32圆盘给料机、新高炉矿槽落地式重型卸料小车及宽带高速非标托辊组开发生产，延伸了输送设备产品系列；新型动态疲劳试验机与压陷阻力试验台开发试制，为产品结构调整升级，积累了经验，储存了持续开发的能量。积极申报专利技术，完成了头部收缩输送机用自动收缩装置、高炉矿槽用积料式溜槽、高炉冷却系统新型喷淋装置等十项专利申报。

【企业管理】 内部生产组织以新高炉主皮带、合钢镀锌助卷器、料场改造系列输送设备等重点工程为抓手，工程项目与备件内外兼顾，强化工期、质量、成本控制，实现安全稳定顺行；及时更新行车、带锯床及设备点检保养，大修台车电阻炉，完成落地镗铣床等数控设备精度调校及防火整改、办公楼消防系统修复；修订《输送设备公司安全生产责任制》，层层签订责任书，强化三级安全教育，完善应急救援预案，开展员工应急处置演练，落实三级安全检查制度。持续推进降本增效工作，制定生产经营和成本费用计划，压缩管理费用，盘活存量资产，降低存货资金占用，清理应收款，收回淮南矿业唐家会工程超信用期400万项目款；推进内控体系、风险防控等专项工作，完善物资采购、外委外协等管理制度，充分利用马钢公司招标平台规范运作；制定输送设备公司《2016年重点工作任务分解表》，继续开展全员岗位绩效评价；编制新产品、新技术及工程技术人员项目负责制管理考核办法，开展优秀科技人员、技术能手申报，一人获得优秀科技一等津贴，多人获三、四等津贴，两人获得技术能手二等津贴。通过质量管理体系内外审核，适时开展新版质量管理体系、公司管理制度及转岗等培训工作。按照马钢集团整体部署，深入推进人力资源优化工作。完成经营管理团队组阁和全员竞聘上岗，对子公司组织机构和工作岗位重新梳理、优化，明确机构设置及科级管理岗、技术业务岗和操作维护岗编制定员，对少数不胜任者进行妥善安置；加大劳务替代工作力度，转变用工方式，推行业务外包，精铸分厂率先完成，劳务用工数量明显下降。

【精神文明建设】 深入开展理论学习和形势任务教育，重点学习习近平总书记系列重要讲话精神特别是视察安徽重要讲话精神、党章党规、准则和条例等内容，进一步增强“四个意识”。组织开展“两学一做”学习教育活动。发挥党组织领导核心和政治核心作用，党总支和基层党支部均按期换届，党总支和基层支部按规定配备了党务人员。按照上级党委要求，组织开展了党员组织关系集中排查工作，建立健全了党员及党组织信息系统数据库。深化矩阵式党建工作,充分发挥党建纵向嵌入和横向协同效应。持续推进“两线四室”整治,为职工营造健康、和谐、优美的工作、生活环境。积极开展“送温暖”活动和职工互助帮困活动,全年支付帮扶资金近2万元。关心女工生活和身心健康,为公司女职工购买了重大疾病保险、进行CTC检查,参加马钢计生委主办征文活动并荣获一个三等奖。积极参与马钢组织的“我行我秀”女职工才艺微视屏比赛并获得三等奖。坚持开展“金秋助学”活动,资助4名职工子女共计资金7000元。关心新入职大学生的生活和成长,拟定了新入职大学生第一年入职培养计划,同时给予新入职大学生安家补助,对近年来入职在校期间申请贷款至今未还清且家庭生活困难大学生给予生活困难补助。加强企业民主管理工作,组织开好职代会,积极落实好会议提案、“创三组”活动、“安康杯”竞赛、女工和计生等项工作。积极做好综治维稳工作,慎重、客观地处理信访等具体事项;加强治安保卫和消防管理工作,全年无火灾事故,治安保卫效果良好。

(胡文婷)

监理公司

【主要指标】 2016年,完成(上报)监理产值1307万元,上缴利润151万元,完成集团公司下达考核指标的100.7%。全年监理工程项目78项,未出现一起监理责任的质量安全事故,工程监理质量合格率100%,监理合同履约率100%,工程监理顾客满意度达95分以上。

【企业管理】 1.抓市场开拓,拓展市场空间。受钢铁行业产能过剩和外部市场恶性竞争的影响,市场开拓工作难度进一步加大,面对内外两个市场的不利局面,努力拓展市场空间,为公司的生存与发展打下了坚实基础。对于马钢内部市场,根据工程信息,及时主动与项目主管部门和项目建设单位联系,做到早介入、早谋划、早服务。2016年,承揽了马钢内部建设工程全部监理任务。对于马钢外部市场。认真贯彻“走出去”的发展战略,通过各种渠道了解信息,筛选信息,积极参与投标。同时,利用外设分公司作为支点,构建市场开拓网络。建立健全了市场开拓激励机制,形成人人参与市场开拓的营销局面。2.抓现场管理,提高管控能力。一是实行总监负责制。明确总监为项目监理的第一责任人,充分发挥了总监在项目管理上的骨干作用。同时,通过总监使得公司各项管理制度得以贯彻和执行。二是开展项目检查。2016年,公司开展了事业部和公司两个层面的项目检查工作。通过检查,发现问题、解决问题。三是推进项目监理部标准化管理工作。为更好地适应外部市场需求,促进现场管理上台阶,本年度加大推进公司工程项目定置化管理工作,良好效果,但是,定置化管理工作在各项目监理部开展得还不平衡,仍需努力推进。3.抓技术质量,提高监理作业水平。技术质量工作是做好监理工作的前提和基础。一是继续做好质量管理体系建设工作。为适应公司人力资源优化后的组织机构变化,确保公司质量管理体系策划文件适宜、有效并持续改进,本年度完成了公司质量体系相关文件修订和换版工作,并于8月15日颁布执行。12月初,通过了方圆认证公司审核评审。二是加强监理内业监管。公司业务主管部门按照项目管理办法严格审批各项目监理部的监理规划、评估报告等日常内业管理文件,确保监理工程内业管理工作处于受控,努力提升公司技术管理水平。4.抓人力资源优化,提高劳动生产率。按集团公司“授权组阁、竞聘上岗”的总体要求,公司开展了机构精简、岗位优化、全员竞聘上岗等工作。通过人力资源优化工作的有效开展,科级机构由原来的7个压缩到5个,机关管理人员压缩了18.18%,全年共办理提前退休手续3人、居家休养手续3人。人力资源优化整体工作平稳有序。5.抓内部管理,增强企业实力。一是完成了资质升级工作,2016年公司市政公用工程监理乙级晋升为监理甲级。二是抓教育培训工作,满足了公司管理工作和现场工作需要。三是实行工作目标责任制。公司与机关各部门和监理事业部签订工作目标责任书,细化工作目标,明确责任,实施奖惩。四是突出财务在生产经营工作中的作用。以财务预算为纲领,通过分析预算执行情况查找生产经营中存在的或倾向性的问题,提前预防,及时纠偏。2016年,重点加大了过程财务风险防控,加强了对大额资金的运作和管理,及时清欠应收账款。同时,以成本为中心,以项目为单元,开展单项成本核算工作。五是常态化做好降本增效工作。首先,重视经营工作,加大市场开拓力度,做好增效工作。其次,重点做好外部工程资金清欠工作,做到无超账龄工程项目。再次,从优化人力资源、控制使用劳务派遣人员数量和压缩非常生产性开支等方面做好降本工作。六是按计划完成了档案资料归档工作。本年度，共完成 2015 年度文件汇编 521 件、文档 84 件、2016 年度科技归档资料 30 卷、荣誉奖牌 1 件、证书 3 件，完成了年度计划的 90% 以上。

【主要成果】 2016 年，未发生一起质量安全事故，无业主投诉和不良记录。新增工程质量奖 4 项，即：马鞍山富马科技园项目监理创建示范工程获年度市监理示范工程称号、和县经济开发区公租房 6#楼工程获市“平安工程”称号、马钢新区全干熄焦工程获 2016 年度市级优质工程“翠螺杯”称号、马钢新区后期结构调整四钢轧工程获 2016 年度冶金优质工程奖称号。11 名职工分别获马鞍山市优秀总监和优秀监理工程师称号。公司荣获 2015 年度马鞍山市优秀监理企业荣誉称号。公司继续保持了安徽省和马鞍山市“守合同、重信用”单位称号。

【党群工作】 一是认真组织开展“两学一做”学习教育，重点学习习近平总书记系列重要讲话精神特别是视察安徽重要讲话精神、党章党规、准则和条例等内容，增强“四个意识”。二是不断深化矩阵式党建，创新党建工作方式，提高党建工作水平，通过跟班蹲点了解职工的诉求和愿望。三是不断加强干部队伍建设和管理，坚持党风廉政建设和落实反腐倡廉工作责任制，做到廉洁从业。四是不断创新工会工作方式，深入推进家园文化建设。关心关爱职工，开展了金秋助学、大病住院探望和丧亲职工吊唁等活动，“六一”儿童节为未成年职工子女发放读书卡活动，切实让广大职工真切感受到家园的温暖。五是坚持民主管理，落实“依靠”方针，不断提升民主管理制度化、规范化和科学化。

（檀言来）

比亚西钢筋焊网有限公司

【主要经营指标】 2016 年，主要产品产量焊网 62,998 吨、成型钢筋 656 吨、冷轧带肋钢筋产品 3,786 吨；实现销售收入 17952 万元，较上年下降 10.52%；利润总额 345 万元，较上年下降 33%；上缴税金 585 万元。

【企业管理】 2016 年年初，检察机关查出了以徐尚华为首的贪腐窝案，案件涉及销售部门的主要管理人员。为了不影响公司的经营运作，马钢及工程技术集团及时选调人员，并补充了销售高管，以实现在管理上的衔接。新管理层上任首先统一思想，树立信心，将案件对生产经营工作的影响降到最小。同时，在积极协助检察院对案件办理的同时，深刻反思以往工作中存在的问题及导致腐败产生的根源，从管理、制度上进行梳理，按照相应的法律、法规及政策要求开展工作。各项举措的实施不仅实现了工作上的平稳交接，还理清了新的工作思路，鼓足了广大员工的干劲，树立了员工振兴企业的信心。考虑到上海分公司近几年不佳的经营状况，年初经董事会审议通过对其进行关停，在确保经营业务延续性的基础上整体进行清算。首先，按照政策对相关人员在做好思想工作的同时实施了妥善的补偿、安置，实现了平稳过渡。同时，对相关的资产进行了退租、搬迁、变卖、处置，整个过程按计划有序开展，上半年该项工作已基本完成。

【市场营销】 2016 年，焊网产品的销售和市场依然面对恶劣的同质化竞争环境，公司市场营销系统通过多年合同管理办法的实施继续防范潜在的经营风险。在人员大幅波动的情况下，管理层审时度势，统筹安排，在稳定队伍的同时，提出了大区负责制，权力下放、责任下放；同时，年初就对销售的考核办法进行了修订，收入根据绩效上不封顶，充分调动一线销售人员的积极性，全年合同签订量较上年有了大幅上升，至年底，除已兑现发货的合同外，在手还未执行合同量 6.3 万吨、钢筋 0.98 万吨，为 2017 年工作的开展奠定了坚实的基础。

【基础管理】 在对公司贪腐案件反思的同时，在根源上审视原因，制度的不健全、操作的不规范是其主要方面。为此，结合马钢公司审计和检方提出的建议从最敏感的采购招标入手进行制度建设和规范操作：对备品备件及办公用品的采购在以往数据的基础上实行分类管理，大宗采购及大宗运输实行集中招标，简化以往的询价、审批流程，降低费用的同时，提高了运作效率；零星费用的采购及运输的询价实行管办分离，提高公开透明性的同时，降低了经办人员承担的风险，堵塞了流程上的漏洞。在新政实施的半年时间里，备品备件及办公用品（除零星采购）采购金额同比下降 7.6 万元，降幅为 7.9%；吨公里运输费用（截至 9 月 21 日运输新规出台前）同比下降 6% 左右。在做好日常降本工作的同时，打破原有的思维模式进行创新。线材原料占成本的大头，以往采购量的 70%-80% 是依赖于马钢，价格固定且相对偏高，零星采购由于不具备规模优势加之汽车运输，到货价竞争力不强。在对多个生产厂家进行实地走访调研后，于 2016 年 8 月份推出了大宗外购加水路运输的操作模式,使平均吨采购成本降低70元,全年大宗外购量达到6876.66吨,从马钢采购占比已由1-7月份的75.6%,下降为8-12月份的50.9%;9月21日运输新规出台,对于运价敏感度极高的焊网产品也承受了运费上涨所带来成本的大幅增加,为此,销售人员积极与工地协调,物流运输探寻铁路运输的可操作性,11月份完成了两单共计299吨到广西柳州的焊网铁路发货任务,吨运输成本降低了61.09元/吨,降低运费18265元。

(朱文生)

其他二级单位

新闻中心

【主要指标】 2016年,《马钢日报》出报250期;电视播出马钢新闻250期,新闻视野52期,各类专题50部;记者站对外发稿省级以上报刊见报140余篇,其中各版头条42篇,头版头条12篇。报纸、电视作品在各级新闻评比中获奖。其中《八十四小时跨国行动》、《马钢在韩反倾销案中笑到最后》获全国冶金行业新闻一等奖、中国企业报协会新闻奖一等奖。《马钢动车轮以420公里时速助力中国高铁腾飞》获全国企业电视好新闻评选消息类一等奖。"马钢文化名人系列"专栏,在全国报纸副刊评比中被评为优秀栏目。

【新闻宣传】 1.主题宣传更加强势。报纸、电视和新媒体联手互动,多形式迅速传达、组织学习和宣传党的十八届六中全会、中国共产党成立95周年大会、全国国有企业党的建设工作会议、省第十次党代会等中央、省委重要会议精神;开展了家园文化宣传、贯彻职代会精神宣传、矩阵式党建工作宣传、聚焦两大战场宣传、"五一表彰大会"宣传、"9·20"系列活动宣传、公司第五次党代会宣传等;认真做好"两学一做"学习教育和"讲看齐、见行动"学习讨论的宣传报道工作。

2.重点宣传更加融入。融入两大战场,聚焦马钢生产经营、转型发展、降本增效、人力资源优化、去产能等重点工作,开设专栏,媒体联动,主动出击,把握导向。比如,开辟专栏全方位多层次及时全面报道人力资源优化工作,尤其是报纸撰写的《关山飞度敢为先》《关山虽初度,更需再扬鞭》两篇评论员文章,进一步坚定了改革信心,营造了良好的改革氛围。在申报"全国质量奖"过程中,主动作为,在做好专题宣传的同时,连续撰写了五篇通讯,从节能减排、精益运营、设备管理、技术创新等方面全方位展现马钢的成就;在紧迫的时间内拍摄制作了三个版本的《卓越马钢精彩无限》宣传片;同时为公司汽车板、轮轴、家电板、特钢等产品宣传片的制作整理了大量的视频资料;为公司荣获"全国质量奖"营造了良好的舆论氛围;开辟了《对话高端谈发展,多元产业开新篇》栏目,采访多元产业七大板块的公司分管领导,请他们谈形势、提思路、讲举措、谋发展,为马钢多元发展营造了良好的氛围。

3.新闻策划更有深度。以家园文化为引领,以新闻策划为抓手,中心领导带队深入基层一线,深度挖掘典型,做到周周有重点、月月有策划,先后对姑山矿降本增效事迹、马钢抗洪抢险、铁前系统长周期稳定顺行、"9·20"马钢纪念日系列活动、4号高炉建设投产、二铁总厂3号高炉大修、三铁总厂大高炉稳定运行1000天等先进事迹、突出成就、重大事件节点进行了深度报道。同时精心策划了"家和万事兴"征文讨论活动,在全公司引起了强烈反响,进一步营造了和谐家园的良好氛围。

4.评论言论更见高度。发挥评论优势,大幅增加评论言论数量,针对公司重点工作部署、职工关心关注的热点问题和家园文化建设等问题,提供分析和观点,倡导主流价值,打造思想高地。先后采写推出了《鼓荡变革风、众桨开大船》《两大"战场"见高低、狭路相逢勇者胜》《强势作为敢担当、众志成城保家园》《关山飞度敢为先》《弘扬"工匠精神"、共建美好家园》等一系列有影响力的评论。

5.典型宣传更显新意。2月4日,与宣传部和工会以及有关部门合作,组织策划了三场宣演活动,影响热烈。以鲜活、生动为要求,先进人物报道形式进行了创新,"劳模风采"栏目,采用了一副大照片+人物姓名及职务+人物事迹简介的报道形式,将主人翁充满"正能量"的形象直观醒目地呈现在了广大读者面前。"马钢尖兵"栏目采用了文字+图片+尖兵心语的报道形式,特别是"尖兵心语"这一栏目元素的配置,使人物报道更加形象生动,提升了报道的关注度,让受众"看得下""听得进""跟得上"。同时,开辟"岗位星座""马钢大工匠""马钢文化名人"等栏目,全面展现马钢人的风采,进一步弘扬了正能量、传递了正能量。由报纸副刊部和电视专题部联袂推出的"马钢文化名人系列"至今已经做了17期;"马钢大工匠"至今也做了12期;在全国报纸副刊评比中,"马钢文化名人系列"被评为优秀栏目。

6.资源整合更有力度。整合全公司宣传系统人员、资源、载体,以联合、联手、联动的方式,统一调配现有各类宣传资源,建立精干高效的"大宣传、网格化"工作模式。创新宣传方式,大力推进媒体融合,进一步发挥报纸、电视和马钢新媒APP、"马钢家园"微信平台等新媒体的联手联动优势,合力廓清线上、线下两个舆论场。

【基础管理】 1.推进变革,强调执行,定规立制激发活力。根据公司改革思路,中心坚持责任导向,倡导"做好了才叫做"的理念。强力推行层级管理、绩效管理和人力资源优化等工作,进一步明确职能界面,明晰业务流程,分清管理层次,严格责任追究,并加大考核力度,用制度管人、以流程管事,力争做到硬伤不出手。同时,进一步完善稿件纠错、好稿评选、岗位之星评选、技能津贴评选等激励措施,充分调动员工工作积极性。

2. 守住底线,强化管理,队伍建设持续加强。一是严守政治纪律。按照全面从严治党要求,加强自身党的建设,讲政治、强党性、敢担当、勇创新、严律己,推动宣传思想工作队伍强起来。坚持党管意识形态的原则,要求全体职工在宣传思想工作中要讲党性、讲政治、讲大局,按照铁一般的信仰、铁一般的信念、铁一般的纪律、铁一般的要求,增强“四个”意识,做到“守土有责、守土负责、守土尽责”。二是明确底线红线。要求每个岗位和人员列出三个清单,即任务清单、责任清单和负面清单,明确底线和红线,做到工作任务项目化,工作机制流程化,工作过程可视化,工作结果量值化。三是持续深化走转改。要求采编人员定期跟班到基层,蹲点到一线。最热、最冷、暴雨、大雪,矿山、炉台、轧线,哪里艰苦哪里就有记者的身影;节假日,记者放弃休息奔波在生产现场,大年三十上炉台,长假期间下矿井,每周六采访股份公司生产视频会等等;在稿件选用上,向短、实、新的作品倾斜,出了一批“有温度”“原生态”“滋味足”的好作品。四是切实端正学风。开展读书活动,引导员工向书本学习,向实践学习,解决“本领恐慌”,努力营造“书香媒体”的氛围。

(戴　虹)

教育培训中心

【概况】 马钢教育培训中心成立于2009年8月。中心以安徽冶金科技职业学院、安徽马钢技师学院的人员及资产为基础,保留原“安徽冶金科技职业学院”“安徽马钢技师学院”“马钢党校”“马钢高级技校”“马钢卫校”的牌子。中心的三大任务是:员工培训,高、中职学历教育,管理研究和科研开发。中心占地面积26.67万平方米,总建筑面积15.2万平方米,固定资产总值1.3亿元,建有10个计算机机房、3个多媒体语音室以及数控、汽车、电气等50多个实验室、20多个校外实习、实训基地。中心设有“国家职业技能鉴定所”,可以组织冶金、机械、电气、计算机等近100个工种的中高级技能鉴定。图书馆藏书21.4万册,安装了图书计算机管理系统,建有电子阅览室。以教学管理系统、办公自动化系统、“校园一卡通”系统为主要内容的统一校园信息门户已经基本建成。《安徽冶金科技职业学院学报》是经国家新闻出版署批准的具有CN和ISSN刊号的刊物,《马钢党校》是具有准印证号的出版物。

【员工培训】 紧紧围绕“聚焦市场现场需求,持续提高培训效果”的培训主题,主动开展培训需求调查,实现了统筹谋划早,分解落实早,培训启动早,以年度重点项目为引领,以适应市场、改善现场为目标,在项目设计方案中遵循培训规律,合理增加体验式教学份额,引导培训内容贴近生产实际,合理配置项目资源,提升培训运行效率。圆满完成了公司各类培训任务,中心荣获2016年第十二届中国企业培训创新成果金奖。

【TRIZ创新方法培训】 持续推进TRIZ理论培训,通过实施普及宣贯、导入培训、推广实践、机制建设,使创新方法在马钢取得突破,为公司技术创新、降本增效发挥了作用。在11月份举办的“首届全国企业创新方法大赛”中,马钢集团5个项目代表安徽省参加此次全国总决赛并全部获奖,其中一个项目获得了第一名的好成绩。

【教学管理】 强化教学基础管理,进一步健全教学规章制度。加强教学资源调配工作,规范学生成绩管理,积极推动考试管理与考风考纪建设,开展“以赛代考”,推进学院考试制度改革。以教学资料、课堂听课为检查重点,认真组织了期初、期中、期末教学检查。根据2016年全国职业院校评估要求,开展了安冶学院适应社会需求能力评估、上报数据,撰写自评报告并发布了人才培养年度质量报告。参加各级技能竞赛获佳绩。加快校内实训基地建设,完成了护士工作站和老年护理实验室建设工作。与马鞍山市最大的联合运输企业——市联运(集团)公司开展校企合作,凭借其人才、资金、技术优势,建设了安冶学院汽车驾驶实训基地。学生在全国、省市各类技能大赛中取得优异成绩,获得4个一等奖,5个二等奖,13个三等奖,学院获“优秀教学组织奖”。其中机械系学生黄炜田经层层选拔入选CAD机械设计竞赛项目国家集训队。

【管理研究】 组织教师开展马钢决策咨询和应用型课题研究,中心参与的《马钢矩阵式党建工作的探索与思考》荣获公司管理创新成果一等奖。编辑出版了1期马钢矩阵式党建专刊。承担了“马钢矩阵式党建探索与实践”“马钢家园文化建设”两个课题项目研究，形成了研究报告。

【党建工作】 2016年7月，筹备召开了中心首次党代会，部署了今后5年全面加强党的建设的工作任务，选举产生中心第一届党委和纪委班子。12个基层党支部也按要求和规定程序进行了换届改选。举办了一期入党积极分子培训班。全年发展预备党员45名，16名预备党员按期转正。护理系党支部荣获公司“先进基层党支部”荣誉称号。在集团公司的指导下，顺利完成了“授权组阁、竞聘上岗”工作。

【“两学一做”学习教育】 2016年5月，召开了“两学一做”学习教育动员会，印发了《“两学一做”学习教育实施方案》，对重点工作进行了安排，完成了各项规定动作，组织开展了“两学一做”下基层宣讲和督导活动，中心领导深入各支部，召开座谈会，听取对中心建设和发展、对领导班子和个人的意见和建议，对支部“两学一做”进行督查，并结合公司和中心的形势任务进行宣讲。12月，认真开展了“讲看齐、见行动”学习讨论。

【人力资源优化】 按照公司人力资源优化实施的要求，精心组织，敢于担当，制定中心员工竞聘上岗工作实施方案，经摸底调查、方案制订、综合测评、组织公示等环节，全面完成2016年中心人力资源优化总体目标。全年有高教系列1名副教授、3名讲师、2名助理讲师，政工系列3名高级政工师、5名政工师、1名助理政工师晋升职称。

【后勤保卫工作】 认真做好保障和安全工作，开展了“爱国卫生月”“法制宣传月”“综治宣传月”等活动，开展防火、防盗、禁毒宣传，认真开展了安全大检查，维护了中心教学、生活秩序的稳定。中心荣获2015年度马钢治安综合治理工作先进单位、马钢禁毒工作先进单位、2011-2015年度马钢法制宣传依法治厂先进单位等荣誉称号。

（祖晓敏）

自动化公司

【主要技术经济指标】 2016年，实现收入2.79亿元，比2015年多完成2069.06万元，比上年增长8%；累计实现利润2484万元，比2015年多完成208.8万元，比上年增长9.18%。全年回笼资金3.3亿元，应收账款下降2048万元，应收账款周转率为3.06次，比上年加快13.8%。严格落实安全生产责任制，加强安全标准化体系运行，切实抓好安全生产工作。全年实现工亡、重伤、重大设备和重大火灾爆炸事故为零的目标。

【存量业务】 一是创新维保模式，助力精益运营。全力克服维保区域不断扩大等困难，创新维保模式，强化“突击队”作用，提升协同作战能力，确保“平时稳得住，紧急时冲得上，关键时打得赢”，深得广大维保客户的信任与支持，全年共处理各类仪控故障4918次。开展专业化深度维保，强化巡检力度，提升服务质效，规范化维保取得阶段性效果。二是按期保质推进项目建设。集中专业技术力量，科学组织现场实施，高效完成公司生产厂各类基建技改、大中修和年修工程。先后参与完成一钢轧CSP二级系统升级改造项目、4号高炉系统工程、第三钢轧总厂高线自动化系统改造等重点工程。全年累计签订内部工程359项，合同金额1.94亿元。三是拓展外部市场显成效。在全力确保马钢内部保障有效的前提下，以“立足马钢，服务社会”的发展思路为引领，大力开拓外部市场，进一步保持、提高外部市场占有率。先后实施欣奕华公司液晶屏生产线调试项目、中国科学技术馆“信息之桥”展品更新改造项目、马鞍山市中级法院信息系统安全防护整改、马鞍山市平安城市四期项目等工程。全年累计签订外部工程29项，合同金额2536万元。

【增量业务】 一是全力推进云公司的运营和市场推广。认真全面梳理集团公司现有信息系统，制定云平台迁移清单，精心组织实施，全年累计完成88套马钢管理应用系统的迁移工作，其中马钢SAP系统升级迁移成功，在冶金行业“首开先河”，具有行业示范意义。中国联通皖南数据中心落户安徽祥云。二是大力拓展新兴业务市场。在“中国制造2025”国家战略指引下，成立信息咨询服务中心、智能制造事业部，为各类用户提供信息安全等级保护测评、两化融合咨询服务以及智能制造技术服务。目前各项新业务已取得初步成效，在淮南平圩电厂实现信息安全等级保护测评工作的首战告捷，成功启动马钢股份公司两化融合咨询服务，自主集成的搬运机器人已在国家科技馆得到成功应用。三是积极开展产学研合作。与安徽工业大学签订“面向工业企业的质量大数据分析云服务平台”“机器人视觉识别关键技术研发”等产学研项目合作协议，在工程实践、人才培养及科技创新等方面进行优势互补，不断提升综合研发实力，增强市场竞争力。

【基础管理】 一是全力推进体制、机制创新。为进一步提高运营效率和服务质量,完成公司组织机构的重新规划、调整工作,管理部(室)精简了50%,为板块化业务推进奠定基础。在机制创新方面,与工程分公司、电子维修中心分别签订承包经营协议,充分调动了职工的工作积极性;制定《工作项目化激励管理办法》,分别与马钢集团信息化试点项目等6个项目负责人签订《项目责任书》,进一步激发了职工的工作热情。二是建立健全各项管理制度。积极举办管理制度研修班,不断提高公司管理者的政策水平和执行力。组织开展体系文件的修订更新工作,有序推进实施。强化合同管理,开展合同法律法规等相关知识的学习、宣贯工作,组建合同管理专门力量;重新修订《合同管理办法》,完善合同管理的监督约束机制。三是持续推进人力资源优化。加强员工管理与培训工作。完成信息化业务人员、港务原料总厂仪表维保业务相关人员的整合工作,接收相关人员共计50名。完成自动化公司人力资源优化工作,优化比例15.4%,超额完成集团公司下达的10%优化目标。制定、下发《2016年职工教育培训工作计划》,全年按计划组织实施各类培训32项,选派员工参加集团公司专项培训82项,共计培训976人次,培训计划兑现率达91%,进一步提升了员工综合能力水平。

【科研管理】 一是加强科研项目管理。全年投入研发费共计2340.6万元。"信息安全运维服务""云计算大数据"通过省经信委专项扶持资金项目评审并获100万元扶持资金。"面向工业企业的质量大数据分析云服务平台"被列入省级重大专项。马钢冷轧连退线系统集成研发、冶金行业基础能源管理系统(EMS)研发分别获得马鞍山市2016年度科学技术三等奖。二是推进知识产权工作。全年共计申报专利14项,取得软件著作权共计15项。三是进一步提升科协工作水平。全年注册QC课题25项,其中申报马钢重点课题2项。成功举办2016年度QC成果发布会,12项成果获得表彰。自动化事业部系统控制二室QC小组获得"冶金行业优秀质量管理小组"称号;电讯分厂通讯机房QC小组荣获"安徽省优秀质量管理小组"称号,撰写的《提高接入点传输成环率》QC成果报告,荣获"安徽省2016年优秀QC小组成果发布三等奖"。四是做好企业资质管理工作。自动化公司技术中心通过省级企业技术中心认定。获得工业化和信息化两化融合管理体系贯标咨询服务机构资质,公司荣获2015年度"安徽省信息化与工业化融合示范企业"称号。

【党群工作】 一是扎实推进"两学一做"学习教育活动。通过中心组学习、专题会、座谈会等多种形式,确保学习质量与效果。充分利用自动化公司网站、微信平台等宣传媒介,引导党员开展自主学习与互动交流,扩大学习教育覆盖面。开展"两学一做"到基层宣讲工作,全年宣讲7次。二是持续推进矩阵式党建工作。强化两级领导班子成员责任意识和廉洁自律意识,进一步规范从业行为,杜绝"四风"现象。组织党员、一级风险岗位人员前往市党风建设廉洁教育基地学习近300人次,筑牢廉洁自律、拒腐防变的思想道德防线。效能监察紧紧围绕公司生产经营中心工作,全年立项6项,完成6项,确保公司各项工作有序进行。充分发挥公司微信公众号等新媒体作用,加大形势任务宣传力度。全年稿件刊登自动化公司内网、宣网、《马钢日报》、马钢电视等媒体共计700余篇(条)。其中《马钢工匠驯服洋设备展现真功夫》等两篇稿件刊登在《马钢日报》头版头条。公司荣获"马钢2015年度先进集体""马钢2015年度新闻宣传报道工作先进单位""2015年度马钢治安综合治理工作先进单位"等荣誉称号。三是群团活动蓬勃开展。通过开展"春雨行动""家和万事兴,立足本岗位,为马钢家园做贡献"主题演讲比赛等活动,营造浓厚的家园氛围。深化厂务公开,全年征集合理化建议270条,采纳实施230条,实施率85%。重视职工福祉,落实帮扶机制,完成大病救助、慰问困难职工累计7.85万元。"电讯分厂客服作业区收费组"被命名为"2014-2015年度公司巾帼文明岗",自动化公司工会女职工委员会荣获"2015年度女工工作先进单位"称号。完善共青团组织机构建设。青工陈萌参加第十二届"振兴杯"全国青年职业技能大赛,取得全国第九名的好成绩。科技人员程鹏荣获"安徽省江淮工匠标兵"称号。

(王驾宇)

招标中心

【主要技术经济指标】 2016年,承接招标业务4450起,累计招标总金额53.16亿元,累计降本增效达5.64亿元。其中:招标采购50.52亿元,节约采购资金5.27亿元,节资率10.43%;竞价销售2.64亿元,超预期收益3644.26万元,收益率13.79%。招标项目数持续增长，比上年增幅26.78%。较好实现了公司设定的招标总额50亿元计划目标。

【重点项目】 二铁高炉大修方面，快速响应3号高炉大修系列招标89起，组织骨干力量、提前深度介入，为高炉按期停炉大修提供有力支撑。规范开展2号高炉EPC总包，首次在公司重点工程上实施公开招标，不仅确保项目投资依法合规，而且严控项目质量与成本，实现了公司的项目要求。轮轴特钢板块中，以保证工程"安全、质量、工期"为前提，有序承接了新建高速车轴生产线工程招标31起。规范开展了高端汽车零部件用特钢棒材项目招标32起，为公司"十三五"规划及产品结构调整打下坚实的基础；合肥公司转型上，高效承接了合肥镀锌线系列项目招标71起，稳妥开展了合肥公司原燃料（存货）处置的公开销售竞价；各类物流项目中，在上年进口矿、钢材水运招标的基础上，实现了水运物流招标全覆盖，全年再获降本达亿元以上。公路运输招标内涵更广，公司外地加工中心销售物流、张庄矿成品矿运输也纳入招标平台；合同能源EMC项目上，充分发挥招标平台优势，组织公司各领域专家队伍，立足长远、共商大计。在热电总厂、气体分公司、能控中心以及轮轴事业部等EMC项目中，较好实现公司预定目标，确保了公司节能效益的最大化；公司各类保险招标中，摸底调研，逐个突破。尤其是职工商业险，在前期赔付远超保费的压力下，仍取得了"保费不变，内容不变"的成果。公司保险三年滚动式集中招标，累计为公司节约保费支出超亿元。年度支出比例同比三年前，下浮超过了70%。

【企业管理】 将标前策划、标中操作、标后回访与"两大战场"紧密融合，促进招标管理水平上台阶。精心修订了公司年度非招目录，上门提供制度宣贯解读，支撑采购供方公开引入渠道，积极参与公司招标制度检查，修订换版中心各项管理制度；积极支撑互为市场联动采购，规范开展产权及资产评估交易，调研设计成立招标公司的产权方式与运营方案；积极引入卓越绩效模式，全力参与公司全国质量奖创奖，持续优化招标流程，以季度合规性审核、案例分析等活动改进提高；加快推进电子招标投标平台后期建设。在公司的支持下，与第三方紧密合作。按照"沉淀马钢特色、满足流程需要、符合法规要求"的总体要求，精心设计，快速推进，为保证2017年上线运行奠定基础。

【阳光工程】 2016年4月，以中心搬迁至公司办公楼为契机，建立各开评标室数字监控系统。积极配合公司纪委派驻制的"新思路、新要求"，不断改进评标专家工作机制。外部交流上，积极参与省招投标协会各项活动，引领省属企业招标特色发展与实践。招标中心以良好的口碑，被推荐、选举为省招标投标协会第二届副会长单位。与市公共资源交易监督管理局建立了友好的互信互访机制，与省产权交易中心建立了密切的业务合作关系，为后期"取资质、谋市场"积累了资源。同时，继续维系了成立4年多来，未发生一起实质性投诉的阳光成效，在公司内外树立了良好的"马钢招标"品牌形象。

【企业文化】 积极营造"感恩在心、胸有朝阳、公平公正、风清气正"的家园文化。以"两学一做"主题教育为重点，以矩阵式党建为抓手，加强党建工作。积极响应公司"授权组阁、竞聘上岗"，开展各级竞聘。按期举办"周末大课堂、市场分析、岗位技能竞赛、案例分析、管理创新"等特色活动，全员参与、共享知识、展现才华。管理创新项目再获公司二、三等奖。继续以"马钢宣网、《马钢日报》、中心网站、招标简报"为阵地，大力展示降本增效成果、积极展现重点工作成效，投稿及用稿率同比2015年翻番，多篇文章在《中国招标采购管理》《安徽省招标投标》《马钢经济研究》等专业刊物上发表，彰显了马钢招标的专业水准。

（王志刚）

汽车运输公司

【主要技术经济指标】 2016年，完成总收入3.2亿元，实现利润总额3700万元，其中：运输总收入2.09亿元，修理收入2800万元，其他经营收入8300万元。

【运输主业】 一是优化运力配置，强化运输主业。面对股份公司深度降本和组产不均衡，对公司保产运输模式和组产方式产生的巨大冲击，公司上下积极应对，主动抢抓机遇，实现创收增效。二是优化运输组织结构。根据各区域组产不均衡的现状，整合相近性质的运输任务。对原三、五分公司进行整合成立了新的第三分公司，并对运输保产布局进行了优化调整，实现了高效指挥生产。紧跟集团公司大物流整合推进步伐，积极做好相关汽运新业务的承接工作。对股份公司5吨以上货运车辆和危运车辆业务进行整合，实现了人、车顺畅交接和运输保产的稳步衔接。三是优化运输组产方式。密切关注股份公司铁前、钢后组产动态，制定预案，平衡运力。采取来回配载、副班运输、任务承包等多种组织形式,提高了运行效率。实施跨区域、跨分公司的协同保产,发挥了规模运输优势。全力做好二铁4号高炉投产运输任务承接工作,确保了新高炉系统各项保产稳定顺行。四是积极开展增量创收。全力组织好各项临时性、突击性运输任务,主动承担资源公司大块钢渣倒运,积极做好新增石灰、4号高炉水渣、水转汽张庄精等运输任务。同时充分发挥现有运力作用,对于股份公司生产计划调整临时增量保产任务,积极组织,全程管控,确保增量任务全部由内部优化自有运力承担。

【辅业经营】 积极探索新方法、新思路,拓宽盈利渠道,实现多元业务协同发展。整合汽车修理资源,主导制定了《马钢集团公司车辆修理管理办法》并积极加以落实,推进集团公司修理业务总包。新增了集团公司部分单位车辆维保业务。公司推行修理业务模拟市场化运作项目获集团公司"管理创新成果"三等奖。连续九年被评为"省汽车维修一类企业AAA级质量信誉单位",连续三届获得中国汽车维修行业协会"全国诚信企业"荣誉称号。报废汽车拆解厂继续实行精拆细分的拆解模式,强化资源管控,加大分类营销力度,取得了较好的经营效果。全年共拆解报废汽车342台,上交废钢2784吨。红旗南路加油站以市场为导向,积极主动关注油价行情,实行错峰采购。适时开展促销活动,扩大销售市场,"翼支付"电子支付功能的开通、与保险公司联动互惠车主活动和危运公司、六分公司加油点的正式运行,提升了油站的经营效果。此外,执行集团公司的决定,完成了综合贮油站燃油仓储配送业务的整合托管工作,现已正常保供运行。危运公司在做好南山矿爆破器材运输保产的基础上,完成了马钢股份危险品车辆的业务整合工作,并全面承接了气体分公司液氧的外送、煤焦化苯残渣和洗油的倒运以及各二级厂矿的柴油、瓶装氧气的配送等危险品运输业务。市场化竞争获取了奥瑟亚煤化工项目的产品运输专线业务,增添了新的经济增长点。旧车交易中心不断加强市场管理,积极应对二手车市场政策放开出现的问题,及时调整经营对策。同时,积极拓展新车销售业务,抓住黄标车淘汰、车辆年度更新的机遇,做好车辆营销工作。加强小汽车租赁业务经营管理,先后与多家单位和个人签订了长期租赁合同,汽车租赁业务有了进一步拓展。

【企业管理】 1. 夯实基础工作,提升管理水平。全面加强基础管理工作,为公司稳定生产、降本增效奠定了坚实的基础。一是开展人力资源优化。以"减总量、优结构、提素质、增活力"为目标,持续开展人力资源优化,提高全员劳动生产率。按照集团公司统一部署,组织开展了全员岗位竞聘工作,员工优化率达到11.5%,完成了集团公司下达的人力资源优化减员的目标。二是强化岗位绩效管理。落实全面推行岗位绩效管理的要求,对岗位绩效评价指标和实施细则进行了重新梳理,重点做好考核结果的运用、评价指标的操作和客观评价的量化。修订完善了公司全员岗位绩效考核办法,建立了适应公司发展要求的岗位绩效考核体系。三是加强对标体系建设。本着"瞄准自身运营短板,学习同行业领先优势"的标杆原则,公司先后派出两支学习考察组赴攀钢和鞍钢同行运输企业进行学习交流,围绕影响生产经营发展的突出矛盾和薄弱环节,抓住关键要素,找出自身问题,开展对比分析,提出改进措施,加强了对标体系建设,推进了降本增效工作的深入开展。四是持续抓好专业管理。强化各级人员安全生产主体责任的落实,加强了自卸车、半挂车运行和危险化学品储存、销售、运输环节的人机本质安全管理。举办了交通法律法规知识竞赛,增强了职工的交通安全意识。认真履行车辆管理职能,对集团各单位专用车辆管理使用情况进行了专项检查。统筹抓好黄标车报废更新工作,集团公司共计报废黄标车187台,更新139台,圆满完成了市环保局、交警支队下达集团公司的黄标车淘汰计划。大力推进车辆升级改造,共投入资金2408万元,改造车辆201台次。不断推进设备物资、工程检修等集中招标采购工作,降低采购成本。坚持问题导向,不断强化合同管理的制度刚性。持续优化修理费、备件材料、燃油、轮胎等消耗指标。制定了集GPS监控、物流信息发布、运行调度、业务分析于一体的信息化调度系统方案,推进了公司汽运物流信息化的进程。

2. 2016年,公司认真落实集团公司关于原汽运公司大院搬迁工作的部署,在时间紧、任务重、不停产的情况下,顺利完成了公司机关、汽车修理厂、危运公司的搬迁任务,受到了集团公司的好评。同时,为适应公司后续发展和保产布局的新要求,对第四分公司进行了整体搬迁。

【党群工作】 深入推进矩阵式党建工作,扎实开展"两学一做"学习教育。认真落实基层党委换届选举工作制度,召开了汽运公司第九次党代会。健全党的基层组织,调整充实了基层党支部班子,完善了基层党支部考核评价机制。按照马钢"授权组阁、竞聘上岗"的要求,开展了科级管理人员竞聘上岗工作。加强企业文化和文明创建工作,对企业文化宣传进行了统一、规范布局。开展了“提升服务能力,全力保卫家园”文明创建主题实践活动,组织评选“文明和谐家庭”,汽车修理厂职工杨贵钧被评为“感动诗城”2015年度人物。深入开展“五个增效”劳动竞赛和合理化建议活动。充分发挥“查飞创新工作室”的示范和引领作用,积极推进基层班组技术创新工作。全力做好帮扶救助工作,完善多层次职工帮扶体系。共青团组织开展了“聚焦两大战场,携手保卫家园”主题活动和各类义务劳动,开通了团员青年微信群,积极引导团员青年融入中心、服务大局,为建设美好家园贡献力量。

(刘 刚)

耐火材料公司

【主要技术经济指标】 2016年,生产耐火材料6.44万吨,销售耐火材料6.41万吨,营业收入7.27亿元,其中自产销售收入2.12亿元,外部收入5405万元,实现净利润2000万元,营业收入和净利润比上年增长18%和187%。主要生产设备可开动率95%,工序能耗41千克标煤/吨料,产品综合合格率97.09%,千人负伤率为零。

【生产经营】 推进耐材全面总包业务平稳过渡和聚量降本,通过强化组织领导、组建了六个总包项目管理团队等,建立完善总包运行的管理组织体系,深度融入各总包项目业主单位生产全过程,努力扩大自产高附加值产品的市场比例,保证了对总包现场的优质服务。同时,制定《耐材总包业务管理办法》《耐材总包业务综合管理办法》,并通过效能监察项目,加强制度的管理与监督,在为股份公司实现大幅降本的同时,实现了总包业务的平稳过渡和安全稳定运行,改善了总包运行效果。围绕完成集团公司绩效指标,全方位开展降本增效工作。公司内部各生产工序全面实施产品生产工序委托加工模式和检修外委;实施“避峰填谷”生产模式,降低生产用电,月均降本5万元;开展砖型改进、配方优化和废品利用等技术降本措施12项,实现降本330万元;继续监控原辅材料采购成本,大幅降低各类采购费用,原辅材料采购累计降本380万元。8月份实现了废旧耐材的统一回收。同时,通过了马鞍山市2016年第一批企业研发费用税前加计扣除评审,为公司减税109.78万元。公司连续五年获“马钢安全生产金牌单位”称号。

【科技进步】 以创建高新技术企业为突破口,推进技术进步。共实施转炉挡渣闸阀砖产业化、中包永久层浇注料试用、SMC渣线砖技术优化的研究及应用等多项新技术的研究和实验,取得较好效果,增加了双高产品的市场占有率;耐火公司申请制定的《加热炉用高铝质锚固砖》行业标准和《莫来石流钢砖》行业标准由工信部公告发布;“莫来石流钢砖的开发与运用”获安徽省科技进步三等奖;转炉挡渣闸阀砖产业化研究获马钢创新成果三等奖;授权三项专利;申报一项马钢技术秘密;向集团公司提交了新兴高端耐火材料产业化研究报告;全面修订《生产技术操作规程》并完成五大类产品生产许可证换证工作;荣获高新技术企业称号;三项高新技术产品被认证;公司获马钢多元产业创新发展奖。

【企业管理】 建立规范高效的子公司管理体系。一是以内控审核与审计、专项巡察及各类专业检查发现问题的整改落实为抓手,以修订和完善耐火公司内控体系为主线,进一步梳理管理流程,理清管理思路,规范管理行为。通过“三标一体化”规范各项制度管理,公司获“马钢技术标准管理创新先进单位”称号。二是通过经营团队、管理团队的竞聘上岗,理顺各层级的工作和管理职能,并以党风廉政和效能监察为平台,建立完善公司内部三级防控体系,促进“两个责任”落实,加强管理团队的勤政、廉政意识,达到管理高效的目的。三是管控经营风险,内部开展产线产品制造成本测算,大幅度降低在产品的资金占用,外部通过跟踪客户资信动态变化,适时主动收缩业务规模,并采取多种业务手段清欠和回笼货款,保证公司资金流的运转。四是以战略合作与共赢的方式,保持与武汉重工、宝钢特钢等流钢砖大客户及中冶华天、北京凤凰、中钢设备等设计院所的有效合作,保持国内市场稳定;利用已经取得的自营进出口权,逐步完善自主出口业务流程,使包括雷法钢铁在内的国际市场得到拓展。积极推进人力资源优化工作。在宣贯马钢人力资源优化动员会精神基础上,精心组织,稳步推进,完成了组阁人测评、经营(管理)团队竞聘、科级管理人员竞聘上岗和全员聘用上岗等全部工作。18名符合公司政策选择离岗安置的相关手续已办理结束,完成了人力资源优化目标。同时,通过对“工序、业务、区域”整合、正式工替代劳务、取消顶岗劳务、消除混岗等方式进一步加强了劳务用工管理。自4月份将工序合同改签为“业务承揽(外委加工)合同”后,减少人员近100人,月均减少费用近20万元。进一步规范了管理,规避了风险,使项目和费用更加清晰、可控。引进战略投资者,马钢集团与中建材总院签订了合资合作协议。

【精神文明建设】 进一步加强党建工作,弘扬家园文化。一是认真落实马钢"两学一做"学习教育理论学习计划,扎实开展"两学一做"学习教育。二是以积极态度配合做好专项巡察相关工作,针对专项巡察组的反馈意见,以问题为导向,建章立制,认真整改。三是召开了耐火公司第十次党代会,制定了今后三年耐火公司和党建工作发展规划,选举产生了公司新一届党委和纪委领导班子;认真组织学习贯彻马钢第五次党代会精神。四是采取多种形式学习传达全国国有企业党的建设工作会议精神及《习近平在纪念长征胜利80周年大会上的重要讲话》精神,传达学习高海建董事长在马钢党委中心组学习会上的讲话,准确把握国有企业党建的重要意义和目标方向。五是聚焦重点深度融入,进一步加强矩阵式党建工作,加强党风廉政建设,促进"两个责任"落实。六是进一步加强企业文化建设,开展共建、共享的家园文化意识教育,公司获"马钢最美厂区"称号。

(孙　俊)

国际经济贸易有限公司

【主要经济指标】 2016年,实现销售收入38亿元;实现利润总额4053万元;全年未发生重大财务坏账和经营风险事件。

【风险防控】 通过日常评价和年度评价,进一步优化供方、客户结构。开展合同自查工作,对合同检查出现的问题限期整改,后期跟踪。对现有业务风险点进行梳理,严把采购销售合同条款,进一步完善贸易管理流程。无论是转口贸易还是现货贸易仍然以优质客户为主,积极做好货权管控,对现有仓储单位及码头进行风险评估,实现盘库的常态化管理。较好地规避了贸易业务风险。

【贸易经营】 依托现有贸易平台,坚持贸易业务"做强、做实、做持久",在稳固原有业务的基础上,不断探索贸易业务的新模式。与矿山签订长期合同,为扩大贸易打下了良好的基础。进一步扩大贴牌渠道,贴牌工作取得了较大的进展。加强对直供用户的开拓,积极拓展铁合金贸易。酒水集中采购销量上升29.5%。在密切关注国家宏观经济政策以及世界经济形势的同时,依据境内外的利差、汇差,结合业务平台,以及资金使用情况,探讨新的创利模式,全年收益1400万元。由于传统的贸易模式越来越局限,借助于灵活运用套保工具,期现结合,有利于降低经营风险,进一步做强做大服务贸易业务。

【市场开拓】 利用国贸公司在海外市场积累的良好口碑和信誉,同时充分利用马钢的贸易结算和融资优势,扩大服务贸易份额。利用股份公司应付账款担保,稳步扩大销售业务,首次进行了智利粗粉代理进口业务。抓住市场有利时机,进口铁矿石服务贸易量再次突破200万吨。

【子公司管理】 积极办理中联海运、店埠河股权划转到物流公司的股权转让相关事宜。确保转让工作平稳、有序;完成上海公司三证合一换证工作以及扩大经营范围的调研工作。财政扶持方面,经网上申报和管委会审核,公司一次性通过自贸区财政扶持资格认定。

【党群工作】 开展"学党章党规、学系列讲话,做合格党员"学习教育,推动学习教育从"关键少数"向全体党员拓展。结合国贸实际,突出"做"的主攻方向在努力创造企业价值上。海外支部成立后,将海外公司党员组织关系进行了梳理,2016年共转正了3个预备党员。工会开展了劳动竞赛活动,为困难职工及时发放困难补助,安排全体员工体检,通过对员工多方面的关怀,增强了企业的凝聚力和员工的归属感。

(王挺松)

资产经营管理公司

【主要经营指标】 2016年,实现营业收入17739万元,其中:房产租金收入4643万元,土地租金收入8683万元,营业外收入4277万元,外转供电收入136万元;实现考核利润5473万元,超目标利润2681万元;全年重大安全伤亡、设备、火灾事故为"零"。

【资产经营】 2016年是"十三五"开局之年,资产经营公司围绕公司"聚焦两大战场、锐意变革突破"的工作主题,以盘活集团公司低效、闲置存量资产为突破口,努力提高资产经营收益。一是提高土地、房产租赁收益。按照市场化原则,实现内部土地有偿使用;利用闲置房产进行招租，提高康泰公司托管资产租金上缴比例3%；提高原深圳办事处房屋租金50%，对深圳红岭大厦1栋16A座房产占用人进行清理后重新出租。二是推进收购深圳粤海马公司股权。拟先收购粤海马公司25%股权，再通过集团吸收合并注销粤海马公司，将其房产权属变更至集团名下，后待深圳实施旧城改造机会再择机出售，利用拆迁房产增值，合理避税，使集团收益最大化。三是核减账实不符土地资产。向省国资委申请核减集团公司已不再拥有使用权的账实不符土地资产，共计38项，480470平方米（折合720亩），账面价值9055万元。对力生公司土地使用纳税的面积、费用进行核对，协商市地税部门核减税费133万元。四是推进去产能土地处置。利用国家关于钢铁行业去产能的优惠政策，根据集团公司第一批去产能土地计划安排，正在开展原向阳中学、粉末冶金公司二期预留地等的退出及资产评估工作。五是推进汽运公司大院搬迁事宜。加快汽运公司收储土地变现，在2016年3月已收回全部补偿金1.246亿元。会同汽运公司和工程技术集团在10月底完成工厂搬迁，现已将该地块移交市国土局，便于国土局组织房屋拆除和挂牌出让，实现土地增值收益。六是协调宝庆村4万平方米土地转让事宜。经协调，马建公司已与雨山区政府签署了宝庆村4万平方米土地转让协议，为马建公司盘活了土地，也解决了当期改制的遗留问题。七是争取海口清欠房产拆迁补偿。努力争取利用海口房产被列为棚户区改造项目的契机，盘活变现。八是寻找商业合作机会盘活资产。积极寻求与市文旅集团、深圳会慧科技公司等企业合作，在养老、大健康、文化旅游和智慧城市产业上，寻求资产盘活途径。

【安全管理】 落实安全生产责任制，进一步建立健全安全和消防管理体系。一是将明确的安全责任和管理纳入托管服务协议中。二是联合康泰公司开展托管资产综合性安全检查，发现安全隐患立即整改。三是对托管经营性资产、中转楼（老旧平房）、宿舍楼等各重点部位进行定期督查，明确责任，限期整改落实，尤其2016年强降雨，导致漏雨、边坡等隐患，及时维修整治，确保了资产的安全使用。

【现场管理】 一是加强资产管理。将土地巡查纳入日常工作，通过巡查发现违占马钢土地和违建行为，及时处理。其中会同楚江分局制止了粉末冶金公司东侧院墙被村民非法拆除后强行占用土地的行为，确保了集团公司资产权益和粉末冶金公司正常的安全生产。二是规范单身公寓管理。根据《马钢单身公寓管理办法》规定，历时2个多月，对集团公司近70家单位现居住在单身公寓内的职工情况进行了复核、确认、造册，进一步理清了单身公寓入住情况，保证入住人员进退有序。2016年底继续为符合条件的退住人员发放租房补贴，共计发放182人次38.79万元。

【工程项目管理】 以施工安全为重点，以工程质量为根本，以现场管理为手段，全年实施维修工程项目67项，工程管理中，认真落实《集中招标管理规定》等工程招标规定，对“教培中心实训室消防改造工程”等20万元以上符合招标条件工程，一律委托招标中心实施集中招标，节约资金60万元。

【“三供一业”分离移交】 拟定《马钢集团公司“三供一业”分离移交工作方案》报省国资委，积极与市住建委、经信委、首创水务和供电公司对接，实施改造和推动移交工作。维修基金全部移交市住建委，总额1.33亿元，涉及4.7万户，移交后马钢不再承担已售房改房的维修和相应的管理责任。

（张 宣）

投资有限公司

【主要经营指标】 2016年，投资公司围绕资本市场投资、股权投资运作这条主线，积极推动马钢企业挂牌“新三板”，积极探索集团层面资本运作，通过定向资管计划护航马钢发债，通过开展网下新股申购、投资可转债/可交换债等项目，全年实现投资收益6547万元，实现考核利润6100万元，全面完成集团公司下达的目标任务。

【网下新股申购】 抓住新股申购新政策的市场机会，组织精干力量，认真细致地做好新股申购的核查、询价、申购、缴款与出售全流程管控，参与全部新股的网下申购。全年获配新股140只，出售其中的116只，实现盈利1008万元。

【护航马钢发债】 为配合马钢发债，帮助提高发行成功率，降低发债成本，投资公司与多家券商合作，通过定向资管计划，在银行间市场开展马钢债投资。利用自有资金4.5亿元，通过资管计划定向购买马钢发行的债券，并通过质押回购方式，加杠杆循环融入短期低成本资金，增加债券持仓规模，在护航马钢发债的同时，争取实现超额收益。

【挂牌“新三板”】 为抓住国家加快发展多层次

资本市场的机遇,帮助一批成长性好、发展潜力大的企业通过上市做大做强,投资公司按照“成熟一家,培育一家,孵化一家,收获一家”的原则,加快推动马钢企业挂牌“新三板”工作。欣创公司引入江东控股增资入股5000万元,逐一清除挂牌障碍,即将向股转系统递交挂牌申请;正式启动张庄矿挂牌工作。

【股权项目投资】 合资设立售电公司。与科达机电合资设立售电公司,取得安徽省第一批售电公司牌照,正式开展售电业务,预计2017年销售电量75亿千瓦时,成为安徽省售电量最大的售电公司;投资入股江苏共昌公司。为配合马钢联合电钢引进战略投资者,推进混合所有制改革,实现减亏扭亏,间接做出贡献;收购马钢智能车库公司8.94%股权。

【集团资本运作】 联系国内知名券商,与集团公司高层就钢铁行业去产能政策,配合资本运作实现再融资等话题,进行深入探讨与交流;认真梳理权益性融资方式,研究集团公司发行可交换债、股份公司定向增发的可行性;与多家证券公司以及人保资本进行接触,探索资产证券化的途径与方法。

【资本市场投资】 实施债券加杠杆项目。2016年一季度,马钢债交易价格下跌,进入理想投资区间。从4月中旬开始,累计购入5.35亿元马钢债,债券到期兑付,获得投资收益490万元,年化收益率6.9%;出售申万宏源部分股份。密切关注申万宏源限售股解禁后的股价走势,趁大盘反弹之机逢高出售153.83万股,获利1057万元;投资可转债/可交换债。有选择的实施一级市场申购和二级市场直接购买,实现投资收益210万元,尚未出售部分账面浮盈280多万元;现金管理项目,实现收益1300多万元。

【队伍建设】 加强员工专业培训,鼓励员工以自学为主、工作中学习为主、学以致用为主,先后有9人取得基金从业资格,7人取得证券从业资格,2人取得中级任职资格,2人到金长川资本现场学习培训一个月,1人被评为“马钢尖兵”。全体员工参与投资项目的筛选与评估,每位员工充分表达意见,在最大限度降低项目风险的基础上,达到相互学习、相互借鉴、共同提高的目的。

(季海俊)

物流公司

【主要经济指标】 2016年,物流公司累计完成物流降本12880万元,其中物流招标降本4712万元、物流优化降本8168万元;累计完成营业收入7232万元,盈利1002万元,其中外部市场创利201万元;比集团公司下达的年度预算指标3200万元(含物流优化降本和利润)超额完成5169万元,完成指标262%。马钢物流板块各单位累计完成营业收入16亿元,实现利润6433万元。全年为股份公司发生实物物流量5266万吨。其中:原燃料到达总量4010万吨(水运2301万吨、铁运1290万吨、汽运419万吨)、钢材外发总量1256万吨(水运486万吨、铁运135万吨、汽运508万吨、外贸127万吨)。

【基础管理】 一是健全完善管理制度。积极推进建章立制工作,制定下发了《经营绩效管理办法》《合同管理办法》等多项管理办法,制定完善18项企业管理制度。规范董事会、监事会管理,召开五次董事会,并邀请监事会成员列席会议,会议审议通过:1.中联海运公司申请购置一艘2万吨级船舶;2.引入中国物流公司,并完成店埠河港务公司增资重组工作;3.设立马钢集团物流有限公司仓配分公司;4.成立马钢(合肥)物流有限责任公司;5.新增物流公司经营范围等五项议案。二是人员配置趋于合理。因业务拓展需要,公司仍处于人员配置阶段。现在岗人数54人,其中科级管理人员25人、技术业务岗26人、操作维护岗3人。对工作量不饱和的岗位,采取兼、并、合的方式,取消或减少岗位设置。按照一专多能、一人多岗的思路,通过优化设计,扩大岗位工作范围和内容,促进人力资源高效利用。在聘用上岗过程中未能上岗人员,物流公司本着以人为本、依法合规、维护员工合法权益的原则,引导其结合自身实际选择政策性离岗或转岗安置,保证工作秩序稳定,确保人力资源优化目标实现。

【物流管理】 一是物流降本成效显著。采购物流降本实现7126万元。原燃料水运价格通过招标实现降本2098万元,通过商务谈判降低港口作业费,以及优化物流方式降低物流费用,实现非招标降本5028万元。销售物流降本实现5267万元。其中水路招标运输价格平均降幅20.47%,降本2693万元;公路短途招标运输价格普降3%，降本250万元；公路长途招标运输价格平均降幅24%，降本230万元。铁路运价普降50%以上，降本1479万元。内、外贸各码头作业费下浮共计降本615万元。其中：钢材外发降本明显，5月铁路运价下浮政策相应出台，上海路局管内运价普降50%以上，累计降本1278万元。

二是精心策划物流招标。通过召开承运方座谈会、公司领导带队走访等方式，认真剖析物流优化方案，实现采购、销售水运物流联动招标，顺利完成了2016年原燃料国内航运招标工作。实现进口矿北方航线降幅15%，南方航线降幅12.6%，可门航线降幅19.6%，江段降幅29.6%，整体平均降幅15.7%；煤炭水运平均降幅达20%；熔剂水运平均降幅16%。

三是周密组织港口谈判。强化一体两翼港口布局，以货量倾斜加深与战略港口合作关系，从而取得量价优惠。引入舟山武港等具有相对竞争力的新港口，利用其新进入马钢市场报价低的契机，压低传统重点港口作业费。利用宁波+明州煤炭物流业务、宁波港全程物流等业务组合的方式，压低主业务费用。2016年度原燃料中转物流费用同比综合下浮20%。签订《长江港口装卸中转合同》，港口装卸堆存费由12.4元下降至10.72元，降幅达13.5%。长江码头累计卸载无烟精煤46496吨、喷吹用烟煤32296吨、动力煤6471吨，合计85263吨，节省卸船费用14.3万元。

四是物流管理水平提升。编制股份公司月度内、外部物流运输计划并跟踪其执行情况，积极协调卸船、卸车和原料保供出现的各种问题。维护《煤炭库存跟踪表》《大宗辅料计划兑现进度跟踪表》和《进口矿库存及资源动态报表》，坚持每日统计库存、用料及到达兑现情况并及时发布，全程跟踪库存变化情况，督促库存控制目标完成。研判市场价格走向，调整煤炭库存量。紧盯煤炭价格走势，积极组织卸船，提升库存2万吨，为公司增效100万元。采用提前借矿回运模式，全年借矿达200万吨；采用烟煤大船进江、过驳回运模式，推行进口焦煤减载直达运作方式，减少港存损耗；继续优化熔剂总包管理模式，降低物流费用。开辟钢材集装箱运输，开通了马鞍山至广州钢材集装箱运输，共计运输6600多吨。

五是确保物流稳定顺行。2016年7-8月份，长江流域发生罕见洪涝灾害，公司积极启动应急预案。采用汛期油耗补贴方式，增强船舶组织与调度协调性；采取大船进江分流方式，提高进口矿回运速度；深入一线赶赴各港口协调督促装船，解决运力组织、卸船过程中出现的问题，确保紧急品种不断料；G20峰会期间，为减少水运禁航给钢材外发造成的影响，积极调用一切适航船舶，确保货物及时交付客户手中；全国公路治超工作全面开展，经公司多方协调，销售物流外发克服治超带来的影响，保障了公司生产稳定顺行。10月份，铁路运输车皮需求增加，协调现有车皮应用到紧急运输线上，对于无法满足铁路运输需求的选择改变运输方式。

【市场开拓】 设计优化港口集团物流优化方案、和菱包装带多式联运方案、淮南动力煤水运方案、超长H型钢火车运输方案、润滑油基础油火车运输物流方案；开展张庄矿铁精粉回运全程物流总包业务，全年运输总量66.5万吨，创效66万多元；承揽中钢耐火公司物流服务业务；利用仓配分公司仓储、装卸、运输优势，全年接卸车皮141节，创效约8万元。积极拓展第三方物流业务，全年签订货物运输合同70多份，钢材运输量达3万多吨，分别运往四川乐山、上海、广州、舟山、苏州、常州、吴江、合肥、铜陵、芜湖等地，涉及汽运、水运和多式联运，创效20万多元。创新超长H型钢铁运发运项目，采用铁路运输替代汽运，制定完善铁路装车方案，申报新型实用技术专利。全年运输2.2万吨，创效98万多元。与淮南矿业开展动力煤运河直达项目，全年运输16万吨，创效56万多元。与乌鲁木齐市隆成实业公司开展润滑油接卸运输业务，研究设计汽运油罐车转运方案，已接卸40车润滑油，创效3万多元。

【信息化建设】 成立物流信息化调研工作组，对股份公司的采购水运物流、铁运路企联办、销售物流信息化现状进行调研，完成《马钢物流信息化规划调研报告》编撰。完成WEB版“马钢物流水运平台”功能开发向物流供应链前端延伸和马钢水运平台APP开发。落实马鞍山市物流标准化试点方案工作安排，提交马钢物流信息化(一期)项目建议书和马钢公司科研项目《水运物流链作业协同平台》申报材料。设计完成《物流公司物流监控调度大厅系统建设初步设计技术方案》报公司评审。

【党建工作】 开展“两学一做”学习教育活动，把谋划“两学一做”学习教育与深化“三严三实”回头看相结合，突出问题导向。要求全体党员从严从实谋划、部署和落实好“两学一做”学习教育工作。充分利用远程教育等网络平台效应，引导党员、干部自主学习。

（张征波）

仓配公司

【主要技术经济指标】 2016年,完成各类炉料出入库总量2150万吨,物资出入库总金额45亿元,废旧物资回收销售总额6400万元。实现全年炉料、物资保供安全运行无事故。

【改革发展】 2016年,仓配公司在人力资源优化、劳务用工、业务流程乃至企业文化等方面,全力推进改革创新。一是"授权组阁、竞聘上岗"工作圆满成功。通过授权组阁、竞聘上岗,仓配公司领导班子成员全部高票当选,科级干部先后有两批8人主动让贤,1名新人入队,共减少科级管理人员10名。13名作业长中有6人因职数减少落聘。二是持续深入推动人力资源优化。按照公司推进工作总体部署,领导班子分片包干进行宣传督导,通过实行退出岗位奖励政策、强化转岗培训等多种手段,顺利完成了优化任务。职工在岗总人数681人,与年初在岗人数878人相比,减员197人,比例达22%,同时清退劳务人员55人,综合减员比例达27%。三是运用经济杠杆,助推劳务替代。依靠公司给予的劳务返奖政策,成立劳务替代专项奖励基金,对劳务替代工作进行单独考核和奖励,并公开承诺政策3年不变,极大提高了职工参与热情,一些参与劳务替代的职工奖金收入已超过同作业区职工一倍以上。通过替代,全年共实现削减劳务费用达530万元。四是推行订单式培训。针对一线特种作业需求,向主管部门提出"培训订单",自己集中开班,大规模进行特种作业人员培训达200人次以上,已有300多名职工持有各类特种作业操作证达400余个。四季度业务技能大比武中,有近250名职工参与,涌现出一批技能尖子,有效激发了职工学技能、比技能、用技能的工作热情。五是积极推进大工种区域化作业。对业务流程、组织架构进行优化整合,2016年,先后有辅料站等三个整建制基层车间、6个作业区、30多个班组被整合或撤销,在机构"瘦身"的同时,配送业务流程也实现了优化,大工种区域化作业成效显著。六是按照公司物流板块产业化发展规划,配合有关部门,积极开展仓配业务流程的梳理优化,理顺经济关系,明确工作界面。2016年9月1日仓配公司正式自股份划拨到集团公司,生产经营各项工作始终保持稳定运行,实现了仓配与物流公司、仓配与股份公司各相关单位之间业务流程的无缝对接。七是实现对外经营零的突破。仓配公司成立后,即谋划经营业务。前期已投入较大资金,对以配送中心为主的相关库房和设备进行了初步完善。通过招揽马钢内部单位以及社会用户,积极开展了仓库、料场、房屋的租赁业务,2016年经营收入达100万元。

【生产保供】 在铁前生产保供中,以高炉长周期稳定顺行工作为中心,持续加强对焦炭、块矿等原料的仓储加工以及配送工作,严格执行供应计划,努力做好生产保供过程的动态控制管理,重点围绕5号焦炉大修、4号高炉投产等公司重点工程,积极做好自产焦、外购定置焦的接卸入库,组织萤石、锰矿筛分,以及水运灰石的晾晒和防雨覆盖等工作。尤其在7月份,因连续暴雨造成南北铁路中断,高炉生产原料一度告急,仓配公司迅速启动应急预案,克服困难狠抓水运、铁运炉料的到达接卸,及时组织内倒、优化资源调配,为恶劣天气下高炉生产顺行做出了贡献。在钢后生产保供中,针对生产单位的用料需求,认真组织合金、辅料等供应安排。持续加强库存管理,依据公司生产数据,设置库供物料的最低储量红线,并制订紧急预警及替代保供方案,确保低库存状态下物料保供顺畅。在物资供应中,按照公司对备件、材料供应零库存的总体要求,形成有效的快速反应机制,确保物资全时段、全天候供应。对材料仓储配送流程进行优化设计,重新布局材料入库点,改变了材料集中存放配送中心再进行二次倒运至供应站的做法,大部分材料按区域由供方送料到相应供应站,由供应站配送到用料单位,发挥了区域供应站紧贴生产现场的区位优势,二次倒运减少,降低了物流成本,提高了配送效率,同时,盘活了配送中心的库容资源,为社会化经营创造了条件。在备件管理上,严格执行公司各项备件出入库管理规定,优化业务流程和库区设置,持续做好无库存备件、协议制总包备件的入库验收管理,并按照公司总体工作部署,对各厂机旁备件库实施统一管理。

【降本增效】 努力推动降本工作的系统化、常态化,对降本指标进行层层分解,与绩效考核紧密挂钩,结合实际采取有效措施,全年实现降本2370万元,完成降本指标的247%。一是加强与公司职能部门、主线生产厂协作、配合,深入开展塔粉筛分焦炭、废旧物资回收、沉积散落料回收等工作,形成仓储与资源回收、采购、生产等单位的联动降本系统。塔粉筛焦、包装袋回收等项目全年实现增值420多万元。二是优化物流线路及运输方式,推行一次配送,减少内部倒运,努力降低物料损耗和内部物流成本。实现汽运费降本340万元。三是加强设备日常维护，积极开展修旧利废，全年降低修理费、机物料消耗、水电气等设备费用300万元。四是严格控制办公费、差旅费、招待费等各项费用开支，全年节约费用达120万元。

【企业管理】 对原仓配中心、物资公司原有制度进行了全面梳理、归并，进一步提高了规章制度的有效性和符合性，共制定发布仓配公司各类管理制度129项，并在全公司范围内组织开展了制度学习及考试。推动专业管理的常态化和实效化，持续加大检查监督考核力度，各专业部门实行周周检查、周周通报，沉下身去深入一线，到现场查问题，帮基层解难题。各类专业管理检查累计达200余次，考核70人次，其中科干8人受到通报批评。全年科级管理人员在绩效考核中被扣罚达3万余元。在安全管理方面，通过开展安全标准化工作及安全标准化示范班组建设，备件中心通用站通用一组获得马鞍山市首批安全示范班组称号，成为马钢11家市级示范班组之一。深入开展隐患排查治理工作，不断加强对危险源的管理和控制，组织应急预案的演练10余次，有效地提高了职工处置突发事件的能力。签订了207名职工劳动合同附件《职业危害告知书》，并按期进行健康体检，保障职业危害职工的身体健康。不定期开展安全大检查工作，杜绝了重特大安全生产事故的发生。在设备管理方面，全面修订完善设备管理制度，夯实设备管理基础工作，合理调整维修费用指标，加强大中修项目管理，重点加大重型起重设备改造力度。投入较大资金整修物资板块的库房及办公休息场所，并进行网络、监控、空调等配套设施的更新改造，全面改善了职工作业及休息环境。进一步加强以点检、专检带动群检的检修模式，推动全员设备管理。2016年主要设备可开动率达99.92%。在环保工作方面。坚持“环境经营，绿色发展”理念，认真落实公司节能减排工作计划，提升现场环境绩效，确保全年环境目标实现。特别是在G20峰会期间，针对各炉料站开放式料场易扬尘的特点，采取路面洒水、料堆覆盖等有效措施，确保了环境空气质量有效管控。在体系管理方面，按公司要求进一步修订完善管理文件，各管理体系运行稳定。广泛开展了法律法规、标准以及体系文件的学习培训，管理过程控制有效。在现场管理方面，扎实推进“6S”管理，使职工工作、休息场所环境都有了较明显的改观。持续开展“两线四室”工作，通过周检查、周评比的长效化工作机制，加强检查督促，及时协调解决基层在工作中的实际困难，努力推动该项工作深入开展。在治安保卫方面，扎实开展综合治理，持续推进平安单位创建工作，加强物资“三单”管理，积极配合公司打击偷盗行为，避免资源流失。

【精神文明建设】 认真开展支部“晋位升级”、党员安全“两无”及“创党员示范岗”等活动。不断创新矩阵式党建工作方法，建立健全横向发现问题、纵向解决问题、纵横协同共同推进的工作机制，把区域指导组督查与安全管理、效能监察、内部巡察、两线四室等有机结合，与厂务公开、党务公开制度有机结合，做到资源共享、系统联动。机关党群部门与基层各支部进行有效对接，机关党员到基层单位义务劳动，帮助基层单位回收清理焦炭散落料、加工筛分焦炭回收混料，清淤水沟等；设备保障部、生产配送部等积极帮助炉料一、二站进行焦炭、氧化铁皮筛分机改造，使筛分质量大幅提高。深入开展“学党章党规、学系列讲话，做合格党员”学习教育，党委书记、支部书记讲党课，党委班子成员分片包干进行指导，党群部门开展专题辅导培训。深入开展反腐倡廉教育，进一步建立完善监督保证机制；组织106人次参加反腐倡廉知识测试；为182名“关键岗位”人员建立信息档案；为机关60多名关键岗位人员制作“廉洁警示牌”；加大对关键岗位进行监督监察，将“保管员廉洁风险防控”作为立项课题；同时认真梳理保管员岗位在行使权力过程中存在的廉洁风险，降低保管员在行使权力过程中发生廉洁问题的风险。做好宣传舆论工作，全年外发稿件接近400篇。开展合理化建议活动，全年收到建议83条，采纳落实10余条。弘扬马钢家园文化，对49户职工在高考升学考试中取得优异成绩的职工子女进行了奖励。建立送温暖活动长效机制，做好困难职工的帮扶，维护职工的切身利益，全年看望和慰问困难和大病职工66户。

（徐今来）

·集体企业·

利民企业公司

【主要经济指标】 2016年，实现主营业务收入6.33亿元。其中建安施工产值2.78亿元，协力保产劳务2.95亿元，生产贸易6000万元。生产微粉45万吨，销售固废资源30万吨；全年新增固定资产562.50

万元,其中新增设备120台/套、建筑物260平方米、生产车辆10台。

【劳务总包】 股份公司劳务总包工作启动后,成立劳务总包工作领导小组,全面领导、组织劳务总包工作。相关部门和单位深入现场调查了解作业范围、人员安排、劳动强度等,全面掌握翔实的劳务总包第一手资料;制订应急预案,调备人员和设备,建立了一支后备应急队伍,确保协力劳务保产有序稳定;积极主动解决劳务总包对接和分包过程中的各种问题,在规定的时间内完成了劳务总包合同的签订工作。

【市场开拓】 建安各分公司在依托马钢市场的同时,积极实施"外出"战略,并取得较好成效。铁路分公司外部市场施工产值和利润所占比例持续增长,继续在建安各分公司中处于排头兵位置;特机分公司先后承接了福建宁德核电站、广西河池龙滩水电站、山东临沂山东铝电、安徽芜湖发电厂等行车检修、改造等工程项目,实现了产值和利润双丰收;管道分公司和水电分公司在合肥公司环保搬迁公辅配套区域安装工程中大显身手,提升了业绩;道桥分公司凭着良好的管理和优质服务,站稳了淮北临涣焦化市场,继2015年1号焦炉炉顶翻修后,2016年又拿下了2号焦炉集气管清扫工程项目。

【贸易转型】 星火微粉通过与嘉华合作,使矿渣微粉生产线实现满负荷生产。通过协调分时用电和对热风管采用保温材料加固保温,减少热量排放等降本增效措施,全年减亏50%以上。同时,星火微粉获得由北京航协认证中心颁发的《质量管理体系认证证书》,为星火产品质量稳定夯实了基础。商贸公司积极向农产品和实体经济转型,一年内,"占岭兰芽"牌茶叶完成注册商标到市场销售,被评为"安徽省十大品牌名茶"和唯一一家"安徽省最具竞争力品牌"。同时,商贸公司与马鞍山丰源公司合作开发的"提锌项目",实现了当年建设、当年投产、当年见效。

【党群工作】 按照集团公司党委要求,认真组织公司全体党员开展"学党章党规,学系列讲话,做合格党员"学习教育。公司党委中心组先后13次召开了"两学一做"专题学习讨论会,基层党支部也较好完成了"两学一做"学习教育任务。召开"三严三实"专题民主生活会,通报了上年度民主生活会整改任务落实情况,进行了对照检查,开展了批评和自我批评。认真落实《关于落实党风廉政建设党委主体责任和纪委监督责任的实施意见》及考核、述职述廉和接受评议、约谈等办法,以及集团公司"两个责任"追究办法和纠正"四风"等制度规定,着力解决发生在职工群众身边的不正之风和腐败问题。严肃落实主要领导的第一责任和班子成员的"一岗双责"。

(汤　莉)

合资公司

马钢年鉴

·控股公司·

马钢(合肥)钢铁有限公司

【主要技术经济指标】 2016年,公司落实工信部化解过剩产能任务,完成了冶炼生产线关停及人员分流重要任务的同时,不断优化板材品种结构,推进公司生产经营工作持续发展。全年酸轧产量99.3万吨,比上年增长36%;退火卷产量95.4万吨,比上年增长35%。高附加值产品比例逐步增长,全年汽车板比例达到40%以上,其中12月份汽车板比例高达70%以上。2016年公司合并利润-24292万元,比上年减亏40637万元,其中钢铁主体利润-18093万元,比上年减亏9630万元;板材公司利润-6563万元,比上年减亏30529万元;供水公司实现利润545万元,比上年增加692万元。

【分流安置】 冶炼生产线关停后,为积极稳妥推进分流安置,维护好职工切身利益,公司组织召开了近百场次不同层级、不同群体的座谈会,广泛听取并收集对分流安置方案的意见和建议,并及时向市分流安置工作组反馈,对分流安置方案进行修订完善。期间共印发2期马钢(合肥)公司快讯专刊和专题宣传导读手册进行宣传和解读,取得了职工的理解和认同,2016年2月17日职代会高票通过职工分流安置方案。按公开、公平、公正的原则,依次开展了内退退养、马钢及其子公司招聘、市属国企招聘、公益性岗位招聘、自主创业等分流安置工作,6月16日分流安置工作基本结束,4886名职工均得到了妥善安置。

【企业管理】 1.冶炼生产线关停后,公司立即安排专职队伍,配合合肥市产投集团,监督冶炼区域资产的看护工作。根据集团公司与合肥市政府指示,完成了部分流动资产的处置。2.板材公司克服部分生产骨干流失、职工思想波动大等困难和压力,集中精力推进板带生产经营工作,促进了公司可持续发展。一是完成了板材公司管理体制重组,实现了板材厂向板材公司治理模式的转变,建立完善了公司组织框架,成立了5个部门和6个分厂,明确了工作职责,完成了各部门、分厂人员配备,各项工作有条不紊地对接。工业供水公司全部股权已转入板材公司,并于年内完成了委托运营。二是重新制定和修订了TS16949体系管理文件及部门文件,完成了内部审核年度计划、实施计划和内审报告编审批工作,10月份完成了管理评审计划编审批。三是全力推进降本增效工作,全年3次调整降本计划并取得预期效果,单位变动加工成本300.1元,与上年实际比,降低69.9元/吨。生产部门通过优化组产方案,强化调度指挥,有效释放了产能,订单条目兑现率稳步增长,冷硬卷合格率、连退卷合格率均比上年有所上升,吨材质量损失比上年下降1.31元。

【新产品开发】 大力开展新产品开发,做好新产品技术评审、工艺参数维护、试制及工艺优化工作。2016年先后组织开发了M250WK、SPCC-SY、SPCC-1B-B(D)、CDCM-MK2、M280VK-1、MCJD5等钢种。

【工程建设】 镀锌线工程项目建设按时间节点持续推进,至2016年底项目土建、钢结构主体工程基本完成,设备到货接近90%,中间段设备安装完成60%;入口段电气安装已基本完成,出口段电气完成约80%,中间段电气完成约50%,公辅系统电气完成约70%,安全、质量、进度及投资均处于受控状态。

【员工福利和权益保护】 以人为本,关爱职工,提高收入水平和福利待遇,增强职工对企业的归属感;优化和调整绩效考核机制,发挥收入分配的激励作用;增加远郊补贴;新增交通车运行线路,职工食堂全面开放早餐供应,方便职工生产生活;继续开展大病救助、困难帮扶和慰问等工作,全年为公司会员员工(子女)办理了大病救助81人次,救助金额40.4万元;慰问员工405人,慰问金额41.87万元;为女员工安排一次妇科体检;为全体员工办理了意外伤害保险。

(朱道林)

长江钢铁股份有限公司

【概况】 安徽长江钢铁股份有限公司是安徽省重要的建筑用钢材生产基地,公司位于马鞍山市当涂县太白镇工业园,主营业务为黑色金属冶炼及其压延加工与产品销售。公司主导产品“荣恒”牌热轧带肋钢筋为“安徽名牌产品”。2011年4月27日,公司与马钢股份公司联合重组,纳入马钢公司总体发展规划。截至2016年底,职工4300人,总资产62亿元。

【主要经营指标】 2016年,生产烧结矿627万吨、铁383万吨、钢398万吨、材396万吨,实现销售收入81.31亿元,上缴税金2.72亿元,利润总额3.36亿元。

【生产经营】 2016年,在国家对钢铁行业优化升级和去产能的背景下,长钢面对经济下行的压力和严峻的市场行情,紧紧抓住供给侧改革等有利时机,围绕安全、环保、质量和效益,狠抓生产稳定,持续挖潜增效,推进节能减排,提高产品质量和市场竞争力,取得了长钢有史以来最好的经营业绩。公司上下积极作为,根据市场变化,适时找出生产经营中的短板,科学高效组织生产,深挖各条产线潜能。自3月份起,紧紧抓住钢材市场阶段性回暖的有利时机,科学判断价格走势,因势利导组织生产,充分释放产能。坚持以高炉为中心,强化高炉的规范操作与管理,确保了高炉长周期稳定顺行;通过增加炼钢冷料入炉量,做低铁钢比,最大限度提高了钢产量;轧钢生产系统依据市场用户需求,合理把握生产组织节奏,及时消化库存钢坯,提高产线的作业率和成材率,为铁、钢、材生产产量突破历史新高提供了保障。7月底建成钢材中转库,顺利完成钢材铁路外发,进一步节约物流成本,10月上旬完成510废钢库项目建设,扩大了废钢采购处理能力。提前开展了2017年大中修工作,为冲刺410万吨钢目标创造条件。通过持续开展对标挖潜活动,企业多项经济技术指标不断改善,年初开展了炼铁加大低硅冶炼操作攻关,全年节约焦炭量6144吨、降本达930万元;炼钢系统通过实施转炉渣料模型生产模式,石灰、白云石及钢铁料消耗等指标明显改善;轧钢生产环节紧盯产品质量,提高了综合成材率;球团提高配加炼钢污泥造球比例,全年节约300余万元;机修加大修旧利废和技术改进力度,最大程度减少外委项目;同时严格控制备品备件的采购,降低备件吨钢消耗。

经营方面,销售部门牢牢把握效益最大化的经营方针,坚持以效益为核心,积极拓展销售渠道,把有限的资源向主市场、效益高的区域流动和倾斜,在力保产销平衡的同时,达到效益最大化的目的。2016年重点工程用量稳步提升,全年销售量约112万吨,占销售总量的28.6%,公司钢材相继进入杭黄铁路、武汉轨道交通2号线、8号线等重点工程,进一步提升产品知名度和美誉度。同时,以市场需求为导向,满足客户需求为着眼点,优化资源结构,开发出口材,由国内走向国外市场,出口非洲阿尔及利亚1800余吨钢材,填补了公司出口市场的空白。采购部门密切关注市场动态,强化市场研判,适时调整采购策略、把握采购节奏,对物流运输及库存进行梳理,强化管控及调整能力,有效降低了采购风险,在确保稳定供料的前提下,最大限度地实现了降本。

【节能环保】 在加快产品结构调整,努力增加企业效益的同时,公司围绕钢铁企业产品制造、能源转换、社会废弃物消纳处理三大功能,坚持“减量化、再利用、资源化”原则,深入推进节能减排,强化技术创新和管理支撑,努力构建以低能耗、低污染、低排放为基础的经济发展模式。近两年先后完成老区3号高炉出铁场除尘系统改造、煤气布袋除尘器改造、煤气脱盐脱水改造和1号烧结机尾除尘器改造等一系列的节能减排工程,一个环境友好型、资源集约型的长钢已经初步形成。2016年只用了不足6个月的时间完成余能综合利用项目,创造了同类项目建设新速度。公司自发电比例近50%,在无焦化同行业中属于先进水平。公司还首次争取直供电政策,直供电合同电量为8亿千瓦时,创效6500余万元。同时还顺利完成G20峰会环保管控,形成全公司范围内完善的环保管控方案。

【荣誉】 2016年2月,公司荣获“马鞍山市节水型企业”称号;4月,公司荣获省2015年度“环保良好企业”等级;9月,荣获“全国质量诚信标杆典型企业”称号;10月,荣获“2016第二届中国大宗物资电子商务百家联盟企业”称号;12月,荣获“2016‘百年匠星’中国建筑业特色品牌优质材料设备供应商”称号。12月,公司“荣恒”品牌荣获“安徽名牌”“马鞍山名牌”称号。2016年,公司“荣恒”牌热轧钢筋获“西本新干线优质商品认证品牌”称号。

(林伟)

粉末冶金有限公司

【主要经营指标】 2016年,生产海绵铁17460吨、还原铁粉13776吨,销售产品16128吨(其中还原铁粉14818吨),销售收入6266万元,实现净利润547万元。

【生产经营】 针对销售发货计划量大于生产量,公司上半年迅速启动新系统2号精还原炉生产,将隧道窑每天进车数逐月提高到17车,于6月份形成了“一窑两炉”生产格局。进一步稳定“一窑两炉”生产与质量,强化隧道窑的工艺控制,稳中求进,确保了公司主体设备隧道窑自投产以来一直稳定顺行。生产对销售的支撑、保障作用有所提升,品种兑现率、产品库存结构明显改善。随着销售龙头的带动,公司抓住四季度黄金生产时机,开展了生产与销售系统劳动竞赛,

12 月份生产还原铁粉 1870 吨,创造了历史新高。保持了产销两旺的良好势头,实现了年度经济效益比上年再翻番。

【市场营销】 一是突出快速去库存。销售部以提升销量和保资金回笼为重点,价格上实行随行就市,积极开发新客户,全面促销库存的 2000 多吨海绵铁、MT40.30 粉及主产品还原铁粉,还原铁粉实物库存从年初 1383 吨下降到年底 400 吨。二是积极抢抓市场机遇。紧紧抓住雾化粉涨价的时机,合理利用价格策略,推进客户使用还原铁粉切换工作。11 月份、12 月份销售还原铁粉分别达到 1572 吨、2009 吨,持续创造了公司单月销售最好业绩。三是强化客户的个性化服务。公司主动从技术上帮扶客户,在满足客户个性化需求服务上做了大量细致有效的工作。对客户质量异议,建立了快速响应机制,迅速给予妥善处理,得到了客户的理解与信任。全年联系走访客户 100 余家,成功开发了 10 余家新客户,拓展了在西南等地区的销售业务。两家代理商在四季度销售业绩抢眼,增加了客户群,客户满意率达 98.74%,实现了全年销大于产,销售的龙头作用得到显著发挥,进一步巩固了马钢铁粉品牌的竞争优势。

【企业管理】 在各级领导和全体员工中牢固树立了稳定的质量就是最好的质量管理理念,顺利通过了质量管理体系换证的全面审核。对每起质量波动都认真分析,改善产品压缩性、氢损等指标,把好工序质量关,提升了掌控水平。强化产品成本测算,将每吨还原铁粉的单位电耗、每吨海绵铁产品的煤气消耗等单耗,在班组、工段给予公示。本着先进先发的原则,强化产品库存管理,尽量确保产品质量不过期,减少返回生产的损失。加强了备件库的管理,减少资金占用和开支,基本实现了备件费每月不超过 8 万元的控制目标。加强对原材料市场的研判,合理采购,适时调控大宗原料库存,规避了价格上涨的风险,降低了存货成本。继续推行多渠道降本,电耗从 580 元/吨下降到约 450 元/吨,煤气由 8 吉焦/吨下降到约 6 吉焦/吨,氢气也基本低于考核指标 40 立方米/吨,主要消耗指标电耗、煤气、氢气呈逐月下降趋势并维持在较低水平。

【节能技改工程】 6 月,公司启动了还原铁粉大修二期工程。围绕高效、优质、节约,努力使项目建设达到流程顺畅、质量稳定、环境友好、节能降耗。顺利完成了氢气、氮气管网改造。新窑建设按节点推进,预计 2017 年 4 月投料生产,有利于公司产能持续上台阶,实现规模效益。抓紧调试新系统球磨机、合批机,努力改善了设备保产状态。一期技改工程如期收尾,新原料线、新装罐机完成试车和修配改,并投入使用,确保了内部组织生产的良性循环。

【技术创新】 3 月,公司单独成立了技术质量部,加强了技术引领企业发展的力度。继创建为安徽省高新技术企业,公司技术进步持续发力,与安徽工业大学校企合作,成功申报为马鞍山市技术中心和粉末冶金工程技术中心,“家电用高等级还原铁粉”被评为公司第二个安徽省高新技术产品。公司发布了“精还原生产工艺优化”等 8 项技术进步和降本增效项目立项,为新品研发、优化工艺、降低消耗做出了贡献。新开发了 100.24、80.23 还原铁粉产品,提供给用户试用。借助与六安佳瑞的合作,释放了隧道窑产能,完成对外加工营业收入 100 万元,摸索了矿粉生产还原铁粉工艺、开发软磁材料用粉产品的经验。对马钢集团确定的高铁刹车片、磁性材料用粉、超细粉三个科研调研项目,形成了结题报告。抓紧实施预混合合金粉项目的前期准备工作,积极寻求与北京钢铁研究总院等院校合作,拟通过引进技术的方式开发预混合合金粉,为实现打造国内一流金属粉材服务商的战略目标提供了技术支撑。

【和谐企业建设】 围绕“转型升级求突破,开拓市场增效益”工作主题,公司进一步完善了风险点内控体系建设。突出关键绩效,修订了经济责任制考核办法。着眼于激发人的活力,对全体中层管理人员进行了年度考评,奖惩兑现。完成了安全标准化三级达标验收,对安全生产上存在的问题,抓紧做好整改。深入开展了“两学一做”“讲看齐、见行动”学习讨论活动,开展了三次专项知识测试。公司合资以来首次进行了先进党员表彰,全体党员佩戴党徽上岗,组织赴泾县参观了革命传统教育基地。及时开展送温暖工作,公司领导于春节期间走访慰问了退休老领导、各级劳动模范以及生活困难职工。为全体员工缴纳了互助帮困资金会会费。对员工生日赠送贺卡与蛋糕券。在效益提升的前提下,员工收入平均增长 12%。坚持厂务公开,营造出马钢家园文化建设的良好氛围。

（蒋忠根）

嘉华商品混凝土有限公司

【主要经营指标】 2016 年,生产销售商品混凝土

36.93 万立方米;实现销售收入 1.13 亿元;实现税前利润 453.08 万元;上缴各种税费 728 万元。顺利完成了公司董事会下达的主要经济指标。安全、质量事故为零,无重大设备、人身事故发生,计生、维稳、综合治理等均达到考核指标。

【转型发展】 公司先后对住宅产业现代化、废石利用的可行性进行调研、论证;对混凝土产业链的延伸产品或相关产业进行深入的探索和研究,在此基础上,经公司相关会议研究达成共识并报股东核准,在不投入资金的前提下,在较短的时间内实施了"灌浆料、湿拌砂浆、混凝土外加剂复配和以技术管理与质量控制等无形资产重返合肥混凝土市场"的四个项目。至年末,前三项已经先后投入生产并产生了可观的经济效益;"重返合肥混凝土市场项目"正按照集团公司有关部门制定的路线图有序推进。

【授权组阁】 按照集团公司的统一部署,对所属两个分公司、5 个机关部门实行了全面的"授权组阁"。2016 年 4 月,在铜陵分公司对经理级、主任(主管)级进行了"授权组阁、竞聘上岗",通过制定切实可行的方案和周密的部署,采取民主推荐、测评打分、组织研究认定的方式确定分公司授权组阁人,再由组阁人制定本单位的组织架构、岗位设置并报公司审批后,进行分公司组织机构调整、人员竞聘。按照实施方案和计划,首先对全公司的经理级管理人员进行竞聘,紧接着由新任经理级管理人员进行组阁,全面实行主任(主管)级管理人员的竞聘。至 8 月底,除财务经理(马钢委派)外,公司机关职能部门和各分公司全部完成了授权组阁工作。通过此次授权组阁和管理人员的竞聘,使公司的职能部门和各分公司的组织机构得到了进一步的优化,且对管钱、管物等风险岗位的人员交流面达到了 100%,全面提升了全体员工的服务意识、服务能力和服务水平。

【机构调整】 为优化、完善和规范管理机构,全面提高管理效率,公司按照"国有控股,民营机制"的管理思路,于 2016 年 7 月份对机关职能部门和马鞍山分公司的机构进行了调整:公司设五部一室两个分公司。即:生产部、营销部、采购部、信贷部、财务部、办公室、马鞍山分公司、铜陵分公司。撤销了原生产部和马鞍山分公司,铜陵分公司原建制不变。新设立了公司营销部、采购部。同时,对党总支下属的三个基层党支部进行了全面的调整,撤销了原合肥分公司党支部和马鞍山分公司党支部,铜陵分公司党支部不变。新成立第一党支部和第二党支部。并及时配齐了各单位的党政领导班子。在人力资源优化方面,向市场和现场倾斜,精简了公司办公室和财务人员,合理调整相关人员的岗位配置,撤销了部分岗位,强化了富余人员的转岗培训。

【安全质量】 公司本着"安全第一,预防为主"的原则要求各分公司每周召开一次全体员工参加的安全例会,并有针对性的结合一些事故案例认真总结事故教训,杜绝各类事故的发生。为了公司整体质量工作的正常运行,公司相关部门加强了对各分公司的技术业务、质量工作的指导与管理。严格控制混凝土生产过程中的每一个环节,从而确保混凝土质量。2016 年下半年,公司以"质量月"为契机,全面强化质量管理工作,严控"质量风险"。

【物资采购】 自 2016 年 3 月份起,公司的大宗原材料采购首次登上马钢集团公司的招标平台,自此混凝土使用的所有原材料全部委托给马钢集团公司招标中心进行集中招标采购。2016 年 7 月,经过与马钢热电厂相关部门人员的多轮洽谈,双方达成了优质粉煤灰供应的战略联盟,成功签订了粉煤灰直供协议。由此标志着合资公司混凝土原材料采购方式实现了由原先的中介曲线供货到厂家直供的华丽转身。这种采购商业模式的改变,不仅稳定了单项物料资源,同时又保证和提高了原材料的质量,且大大降低单位采购成本。经测算,2016 年的原材料采购成本比上年总体下降了 40%,单方混凝土降本 20 元,截至 2016 年 11 月,共计降低成本 582 万元,从而极大地提高了混凝土产品的竞争力。

【设备管理】 按照当地政府"淘汰黄标车"的要求,公司于 2016 年先后淘汰了 21 辆车(其中混凝土运输罐车 18 辆,混凝土输送泵车 1 辆,双排座车 1 辆,公务用车 1 辆)。为解决当期混凝土运输车辆严重不足问题,克服资金紧张的困难,采取买租结合的方式以解燃眉之急;同时,通过采取购买二手车和不足的部分在马钢内部租赁的方式,破解了单位公务用车之难题。这样,既降低了成本,又提高了效率,并且达到了使用者满意和群众满意。

【党群工作】 认真开展"两学一做""宣讲到基层,凝聚精气神,持续转作风,同心筑家园"活动。公司主要领导深入 3 个基层党支部进行了"两学一做"理论宣讲。各分公司党支部结合本人思想实际和所在党支部的工作实际,统一党员思想和行动,为全面完成公司的各项目标任务奠定坚实的思想基础。公司工会以"工会自身建设和维护员工合法权益"为主线,努力探索、及时总结和发现合资企业工会工作中的新经验和新问题,努力开拓创新。开展以“节油、方量、安全、质量、回款”为主题的劳动竞赛,使合资企业的生产经营指标得到了进一步的优化。积极组织开展系列活动,丰富员工业余文化生活。每2年为职工开展一次健康体检;对生活困难职工进行慰问。共青团开展了“青安岗”竞赛活动,激励员工爱岗敬业,岗位成才,为公司建设和发展做出新贡献。

(童红武)

嘉华新型建材有限公司

【主要经营指标】 2016年,公司生产矿粉127万吨,委托加工生产矿粉155万吨,合计销售矿粉282万吨,实现销售收入3.89亿元,利润2168万元,上缴税金1814万元;安全生产和产品质量达到目标要求。

【整合发展】 在集团公司及有关部门统筹下,以控制资源为龙头,以扩大市场份额及提升经营绩效为目标,先后于2016年1月、3月、7月签订合作协议,通过新型建材公司提供原料和负责销售,合作企业负责来料加工的方式,新型建材公司完成了利民星火建材公司50万吨/年、合肥清雅建材公司70万吨/年、当涂中天新型建材公司120万吨/年,合计240万吨的产能整合,新型建材公司运营规模从120万吨提升到360万吨,马钢嘉华矿粉品牌影响及矿粉市场的协调能力得到显著提高,为区域产业协同和融合发展作出了贡献。

【高炉保产】 2016年,完成马钢522万吨水渣保产任务,尤其是春节销售淡季和汛期,千方百计确保车船或中转场地充足,外运外发顺畅,无缝衔接,并尽可能规避懈怠和滞涨带来存储和短倒费用增加,确保了高炉顺行。另外,新型建材公司提前落实运力和接受单位,为二铁总厂4号高炉投产和快速达产提供了有力支撑。

【生产经营】 一是大力开拓市场。加强销售渠道建设,加强行业协同,促进良性互动,月销任务由10万吨增加到30万吨,给整合产能开辟出稳定出路,尤其在水泥厂、合肥和武汉市场份额大幅上升的表现尤为出色。二是严格价格秩序。努力确保营销方案贯彻执行,促进经济效益得到有效保证。三是统筹水渣资源分配。为打造良好市场环境和各加工点产能释放综合平衡、创造条件,且发挥体量较大优势,组织加工点填空补缺,确保重点客户和价格相对优势地区供货,提升销售收益。四是适时安排错峰检修,将周期性检修和设备故障抢修对产量的影响降到最低限度。

【降本增效】 在深入调研加强协同的基础上,在集团公司指导下和招标中心实际运作下,2016年度马钢水渣公路运输招标实现同比降幅37%,2016年度马钢水渣水路运输招标同比降幅29%。生产方面,新型建材公司紧盯台时产量、电容器投用率,全力提高能源利用效率,同时,通过加强技改措施节能,使供水水泵和罗茨风机改造后能够根据负荷灵活调整供电,节电率10%-20%。2016年度,本部产线电耗指标达42.54千瓦时/吨产品,较2015年度43.1千瓦时下降0.56千瓦时;煤耗指标与上年持平,机物料消耗等也控制在预算范围内。

【企业管理】 根据整合发展和规范化建设的要求,结合马钢第二巡察组专项巡查和马钢计划财务部财务风险检查、马钢内控联合审核小组等方面的诊断反馈意见,狠抓建章立制和薄弱环节整改。2016年,新型建材公司先后对子公司董事会议事规则,员工流动调整和干部选拔任用管理、薪酬分配等4项制度,以及采购、合同、销售、盘点、财务等18项管理办法有序展开修订、审核、发布,对内控缺陷进行了针对性整改,有效提高了企业治理水平和防范风险能力。

(徐　平)

和菱实业有限公司

【主要经营指标】 2016年,实现营业收入25989万元,利润总额2819万元,超额完成了利润总额1500万元的年度经营责任目标。全年板卷包装1414万吨;生产捆带7079吨,对外销售捆带2146吨;对外开平24917吨;均创历史新高。销售国内车桥3501根,销售车轴含出口7686根,取得较好业绩。由于包装价格下降,减少包装收入4673万元,为股份公司降本做出了贡献。

【生产经营】 2016年,和菱实业公司紧紧围绕“聚焦两大战场,锐意变革突破,众志成城奋力打好家园保卫战”工作大局,全力推进“六化一提升”经营管理重点工作。1.以市场化运作为前提,巩固合作共赢的基础。坚持“工序服从”思想,落实甲方现场管理和清洁工厂需要,协同配合做好全国质量奖现场评审工作,获得甲方高度认可并颁奖;适应公司生产模式和营销模式变革要求,每年两次持续走访终端用户,征求包装意见,提高包装实物质量,打造马钢包装品牌。服务于公司人力资源优化的需求,新接了冷轧总厂平整入口拆带打捆、南北区20台行车操作、四钢轧热轧3个修复点、2个地辊取样点、特钢工业用材和埃斯科特钢包装等业务,新增200人的新岗位,及时完成了马钢保产任务。包装克服困难满足甲方产能提升的需要,包装量超预算191.8万吨。加强与服务单位的交流。指导合作方进行捆带的规范检验、合理使用和选用,以诚信赢得信任。积极推介车桥产品,合理报价,稳定质量,做好售后服务,以互惠原则合作;围绕产业链进行对外合作洽谈,按照集团董事会决议,配合公司做好防锈纸项目上报省国资委备案、新公司章程、出资人协议起草等双方合作的各项工作,根据授权委托要求,积极稳妥推进合资公司成立等相关准备工作。

2. 以一体化运营为模式,提高相关业务运行质量。在上一年度模拟事业部运作的基础上,捆带项目进一步明确核算形式,全面完善一体化经营及操检合一模式,不仅在马钢冷轧、热轧、H型钢等区域现场提供自产捆带,外部市场销售也取得了良好的效果。基本满足了国标对应32毫米宽度的全系列(650兆帕~980兆帕)捆带产品,适应客户统一采购的要求;外部销售区域覆盖合钢板材、淀川盛馀等省内企业基础上,又拓展到梅山钢铁、柳钢、华菱集团以及太原、天津、武汉、靖江大明集团各加工中心等新客户。捆带业务盈利34万元,同时供应内部包装并支撑降本178万元。车桥项目于2015年11月启动一体化经营。一年来,车桥生产采取了高能耗工序启动避峰就谷生产、车轴热处理集中生产等生产策略;所有生产工序尽可能实行“一专多能”“操检合一”;通过市场信息的及时反馈、销售订单的快速响应、生产组织的不断优化来解决低库存与销售之间的矛盾;提出车桥轻量化整体方案并抓紧论证和实施,加快中置轴轿运车用车桥研制和组装(含空气悬挂)步伐;成功进入江淮专汽、华菱星马的采购体系,纳入长久集团潜在供应商考察目录;实施了抛丸机搬迁和除尘设备由干式改湿式的改造工程,彻底解决了抛丸工序污染问题。车桥应收账款总额从2015年底的1063万元降低至833万元,降低230万元。车桥业务超额完成预算指标,实现大幅减亏的目标。继续利用开平设备承接社会业务,为公司增收创利。主动出击寻找用户,充分发挥开平生产线的能力,积极拓展对外开平业务;按照“开平加工+仓储服务”的模式,与客户建立紧密的合作关系。开平加工总量是去年全年2.55倍,包含对外开平在内的其他业务盈利113.3万元。

3. 以标准化建设为抓手,构建质量管控全覆盖新平台。坚持标准化体系建设不动摇。一是通过了北京国金恒信管理体系认证公司“质量、环境”一体化体系的年度监督审核。修订了《质量手册》更新为F/0版,修订了《文件控制程序》等21个程序文件,累计新增文件10个,修订文件39个(次),使体系文件保持适宜性。完成了《采购类包材技术要求汇编》和《采购类包材检验规程汇编》的编写、评审和发布。二是通过了安徽省安全协会“安全标准化”二级达标复审。三是车桥质量体系通过了上海恩可埃认证有限公司的审核,取得了ISO/TS16949:2009认证证书。四是作为第二排名单位参与了冶金标准化委员会《捆带用冷轧带钢》的起草工作,公示期已满,将于2017年4月1日实施,将会提升公司在全国钢铁包装行业的影响力。五是通过了马钢指定供方的体系审核,质量、现场6S等工作均获得甲方和客户的赞誉。标准化建设为公司安全和质量管控夯实了基础。特种设备和特殊工种工作人员100%持证上岗;没有职业病、火灾发生;重大设备事故为零、伤亡、重伤为零;包装、车桥、捆带产品一次检验合格率均达到了99.6%以上的质量控制目标,全年未发生重大质量投诉事件。

4. 以规范化外包为要求,逐步理顺派遣用工关系。根据新的《劳务派遣暂行规定》和《劳动合同法》的要求,结合《作业区外包模式的前期探索及顶岗分流方案的设计》,全面推进规范用工及业务外包的工作。一是元月份通过马钢招标中心完成对外公开招投标,完成了与中标劳务公司签订《工序委托合同》。二是按照同工同酬的要求,逐步做到合同制员工和外协工相对集中和分离。三是分期选拔和培养外协基层管理队伍,引导和促进劳务公司逐步接手一线管理,缩短外包过渡期。2016年10月公开选拔18名外协基层管理后备人员,其中6名人员初步具备作业长能力;2016年12月开展了第一期基层管理培训。通过工序外包,规避同工不同酬的矛盾,规避劳务派遣用工比例10%的限制,实现持续降本和灵活用工,逐步从繁杂的现场管理中解脱出来,集中精力专注于新材料、新包装、新设备、新技术、新工艺和新产品的研发,专注于管理提升和产业链的延伸。

5. 以信息化技术为支撑,全方位提升经营管理水平。结合生产经营实际，提出了以金蝶K3为平台的ERP系统升级方案，选用了通达OA办公自动化系统，构建信息化技术运用新平台。一是在公司已有的“物流”“资金流”“信息流”三流合一信息平台基础上，根据业务需求变化进一步调整，更加细化关键数据的获取并加大数据的分析力度，实现信息化和管理创新的有效融合。二是按照管理成本思想，着手改造日成本管理系统，着重对材料消耗进行及时控制。三是利用OA办公自动化系统，提高内部行政流程的规范性和流转效率。四是按照要求向市经信委提交了《马钢和菱信息化与工业化融合(2016)》材料，并被成功的认定为马鞍山市两化融合示范企业。信息化平台成功运用指导了生产和供应链，提高了原料成材率、大幅度降低原料及产品库存，缩减部分管理岗人员，节约了人力成本，提高了管理效率。

6. 以流程化评审为载体，构建“四位一体”经营风险防控体系。加强业务评审、规范业务评价工作，汇集了多方面意见，提高了经营风险防范的力度。一是启动内控风险评价和自评工作，完成并上报了2016年风险识别报告，修订发布了2016版《和菱实业公司内控手册》。二是配合公司审计部门的年度审计，以外部审计促进各项管理工作的制度化、规范化，并在OA办公自动化系统中以流程的形式固化下来。三是邀请法务部专业人员进行法务知识讲座和专项培训考试，各级管理及关键岗位人员40人参加了法务知识培训和考试，39人通过。四是制定《和菱实业公司推进廉洁风险防控管理工作实施方案》，重点围绕思想道德、岗位职责、业务流程、制度机制、外部环境五类廉洁风险，通过深入排查风险，提出了明确防控对策，提升了整体防控水平，促进了各项管理工作的稳步提升。2016年公司完成了经营范围及董事的变更；完成了营业执照、组织机构代码证及税务登记证的“三证合一”工作。结合自身工作实际建立工作督查新模式，推出了“月度重点及专项工作计划、完成及督查工作”方案，按月度汇报、总结、分析未完成工作的原因、整改措施及完成时间节点。

7. 以提升技术创新能力为手段，提高企业参与市场的竞争力。围绕公司三年发展规划和发展方向，加快推进新材料、新包装、新设备、新技术的“四新”研发工作，增强创新能力。一是有力推动2016年“四新”研究工作，并在经济运行分析会后做每月一题的“四新”课题研究成果专题汇报。二是以技术委员会，技术质量部与实验室、质检站，培训基地、工程技术人员三级层次推动技术创新工作，借助社会力量，以科技创新为手段，不断提升公司产品参与市场竞争力和持续发展能力。三是紧紧围绕钢铁产品包装防锈、防护和捆扎技术，以及包装新材料的研发和包装设备等方面开展科研活动，提升《马鞍山市钢铁包装工程技术研究中心》水平。四是邀请科技部领导做科技立项报告，引导广大工程技术人员开展科技立项工作。2016年申请专利23项，授权专利9项，办理了4次专利资助的申报工作，共计申请专利资助7.65万余元；通过法律途径，解决了包钢万融金属包装公司的专利侵权。“山地桥”牌商标获得2016年度马鞍山市知名商标和安徽省著名商标再次认定；提交了市知识产权示范企业验收材料，和菱实业通过了市知识产权示范企业考核验收。

【精神文明建设】 一是开展矩阵式党建。按照马钢集团《合资企业党建工作暂行规定》和《马钢集团公司党委关于矩阵式党建工作的实施意见》要求，制订了《和菱实业开展矩阵式党建工作实施方案》，使党建工作积极发挥“融入”和“服务”功能，落实“监督”和“保障”责任。二是加强中心组学习。学习党的十八届六中全会精神、习近平总书记系列重要讲话、视察安徽和建党95周年大会上的重要讲话；开展“讲看齐、见行动”学习讨论活动，领会精神实质；制定了8条经营管理举措，贯彻马钢第五次党代会精神，确保经营目标实现。三是推进班子建设。两个党支部于8月按照《党章》规定及时做好支部换届选举工作。认真贯彻民主集中制原则，严格经营层分工负责制，及时向公司分管领导汇报重要工作，按照公司章程重大事项提交公司董事会研究决策。按时召开了党员领导人员民主生活会，开展批评与自我批评，推进党内民主，增进共识、推动工作；对征求的23条群众意见，做到了有措施、有整改、有回复。四是坚持“三会一课”制度。组织全体党员开展了“瞻仰濮塘烈士陵园，重温入党誓词”活动和党章、党规、系列讲话知识测试活动，增强党员意识；与主管以上管理人员进行集体谈心，提出“努力学习、注重修养、敢于担当、真抓实干、保持廉洁”要求，互勉共进；对“四个专项整治”方面存在的问题，提高认识，落实责任，逐一查找整改；开展党员组织关系集中排查，有9名党员的入党材料经过核实完整入档。五是抓好重点工作。按照集团党委的部署，扎实开展“两学一做”学习教育。全面贯彻公司变革要求，完成“授权组阁，竞聘上岗”工作。持续开展管理人员“跟班蹲点”，切实改进工作作风。加强党风建设,落实党风廉政建设“两个责任”。认真履行社会治安综治的职责,切实做好社会治安综合治理目标管理责任书落实工作。落实“依靠”方针,充分发挥群团组织作用。

(杨　健)

康泰置地发展有限公司

【主要经济指标】　2016年,实现主营业务收入2.58亿元,利润1650万元,上缴税金1388万元。

【企业改革与管理】　一是坚持发挥好三年发展规划的指导性作用,不断完善企业“三会一层”治理结构。通过定期参加非钢产业例会和按月、按季度上报公司生产经营情况,以及集团公司领导的不定期下基层座谈等方式,进一步畅通了与集团公司大股东的沟通联络渠道。按照集团公司部署,结合发展混合所有制经济的总体要求,与中航美丽城乡环卫集团有限公司和马鞍山市花山区政府探索性地开展了合作的前期接洽。二是对照中央巡视组“回头看”反馈意见中涉及的14条整改任务清单逐项落实,按照省和马钢“四个专项整治”工作部署,认真开展自查自纠。专门组织了对各子分公司的专项督查,及时纠正了企业生产经营上的管理漏洞;建立起季度政工例会制度,认真落实领导班子下基层蹲点制度,增强了矩阵式党建工作的主动性。三是更加科学地改进了“分灶吃饭”的经济考核模式,正式推行分层分级考核模式。采取公司总额拨付、各单位自行开展内部差别化考核分配的方式,积极倡导将绩效与薪酬紧密挂钩,不断完善激励制度,采用更为灵活的分配制度,逐步拉开了分配差距,有效地调动了职工的工作积极性。四是组织开展了内控体系的测试和自查,完成了《康泰公司内部控制手册》20项缺陷的整改工作。加强了企业日常风险的评估,重点把风险管理与各项经营管理活动特别是关键业务环节紧密结合,全面落实三级财务报表制度,建立起矿石贸易、现金收缴的风险防控制度,逐月编制风险防控报表,按季度编制财务分析报告,提高了风险预警、反应能力和管理水平。五是深入活化用人机制,拓宽了选人用人渠道,强化了职工队伍建设。通过民主推荐和测评,评聘了2名业务技术主管和6名业务技术主办;在全公司范围内组织开展中层管理人员竞聘上岗,共有4名职工通过竞聘走上了中层管理岗位,6名职工进入了后备干部人才库,拓宽了干部选拔渠道,增强了全体干部职工的上进心和危机感。进一步加强人才梯队建设,组织10名中层管理人员参加南京大学MBA学习,并按照企业发展需要招聘了一名高校毕业生。六是深入强化“一岗双责”的制度落实。全面推行《安全绩效抵押金管理办法》,制订并实施了《施工现场安全管理考核办法》及考核细则,完善了服务区域突发事故应急处理机制,组织开展了“全国安全生产月”、消防知识培训、现场消防演练、“安全模范班组”等安全教育及创建活动,提升了全体职工的安全生产责任意识。根据《老楼危楼安全排查整治工作实施方案》的要求,组织开展了公司所辖区域各类房屋的排查、统计、上报工作,建立起安全巡查和隐患上报制度,全年解决安全隐患200余件,重点对解放路13号楼、钢城花园、康泰佳苑三栋公寓等十几项较大安全隐患实施了整改,解决了孟塘、北塘路等地区的用电隐患,充分保障了辖区内居民的安全。七是切实迈出了信息化建设的步伐。正式上线了“康泰资产信息管理系统”,对资产信息资料进行了全面核实并进行集中采集录入,实现了资产的动态管理。对公司现有的各类信息系统进行了统计和调研,初步掌握了信息系统的运营状况,按照集团公司统一部署,积极推进了马钢集团协同办公系统分步上线运行工作,为全面推进企业信息化建设做好了铺垫。

【房地产开发业务】　一是配合集团公司项目部全面完成了“盛泰名邸”和“金海岸名邸”竣工工程的结算核销和项目盘点工作,妥善处理了金海岸名邸二期停工带来的相关问题,大幅度降低了索赔金额,维护了集团的利益。开发业务将更多关注点放在代建项目的拓展上,成功将矿内36号~39号小二楼改造工程纳入花山区棚改立项计划。二是抓住马鞍山市房地产行情回升之势,加快去库存的步伐,加大集团项目部项目的销售力度,积极推出特价房、以房抵款、棚改购房等营销措施,通过房产会推介、纸质媒体广告、道路移动广告加大了项目宣传力度,全年共销售房屋178套,销售面积2.5万平方米,合同金额1.17亿元,回笼资金8879万元;不仅全面完成盛泰名邸的销售任务,金海岸名邸一期住宅的销售量还比上年同期提高了2倍。

【物业服务业务】　一是坚持业主满意度调查和客户回访、评价制度,定期召开联席会议,营造了良好的共治共享环境。狠抓服务标准化建设,顺利完成了物业管理ISO9001:2015标准换版升级以及环境、职业健康安全体系外审工作。努力优化居民生活环境、规范市场管理,投入资金348万元完成物业整治项目共计28项,配合政府完成了鹊桥路面积水部分下水管网更换和山南小区雨山护坡下滑修复工程。实施了王家山小区违章建筑的拆除,顺利推进了政府投资的6000万元整治工程的实施,成功取缔了天天市场的外围自发市场和新岗市场南面自发市场,建立起对新岗市场的长效管理机制。二是紧盯市场需求,将业务范围触角延伸至市区外部,物业服务全年新承接住宅项目4个,非住宅项目7个,共计159.13万平方米、合同金额1486万元,与上年相比,新拓展服务面积提升了2倍,新签合同金额提升了3倍,其中非住宅物业项目成功拓展了广德县人民政府政务服务中心、马鞍山国税大楼等服务项目,专门设立广德物业分公司对广德地区的项目进行管理,建立起与政府部门良好的业务合作关系。

【房产经营与管理业务】 一是认真履行服务协议,落实好管理责任。全年共完成托管资产修理项目25项合计355.5万元,深入开展市场调研,认真对王家山、东岗、山南等地区的转租现象进行了排查和清理,实现了与市场租赁价格逐步并轨,采用房产抵押的方式解决了长期欠租问题,对较大闲置资产进行分割租赁,在租赁市场不景气的情况下仍然提高了租金收入20万元,保证了天天市场标准化改造321.9万元的政府投入资金全部到位,尽职尽责地实现了辖区内资产的保值增值。与此同时,妥善安置了马钢新招150余名大学生,通过开展文明宿舍评比、"家园杯"篮球赛等文体活动以及宿舍硬件设施优化,营造出更加温馨和谐的住宿环境,让入住的单身大学生感受到了"家园"般的温暖。二是按时间节点,有序推进了金安小区、八三大院、红艺村等拆迁项目安置的后续工作,并将已完成的项目资料进行系统整理后归档。协调土地部门完成了辖区房改房、拆迁安置房、货币化房屋土地分割证的办理,对20多项挂账资产进行了现场实物核对。按照集团公司的部署,顺利实施了217号、218号中转楼的整治。三是进一步加强水电日常管理工作,积极配合相关单位有序推进"三供一业"分离移交的实施工作,完成了马钢八三大院、七区廉租房高层、机运大院等地区的二次供水改造移交,为马钢节约资金91.1万元。积极应对年初"霸王级"寒潮,及时抢修辖区内爆裂、漏水的供水管道、水表等设施设备共计650余处,开展了对消防管网的渗水查漏工作,不仅有效解决了住户的用水问题,还大大减少了水损。按照"早准备、抓落实、重防范"的防汛工作原则,切实做到了对辖区内各处设施、下水管道的雨前排查、雨中检查、雨后复查,安排专人赴现场指导防汛排涝工作,全面落实防汛责任制,尤其加强了对七里甸和孟塘等老旧住宅区以及地下车库的防汛检查力度,及时协调处理了因地下管道不畅造成的小区路面积水情况,确保辖区安全平稳地度过汛期,也保证了住户财产安全。

【建安贸易业务】 一是积极推进项目部自建模式的建立。成立了物业整治自建工程项目部,实现了自建项目全过程管理,项目利润提升了百分之十。对施工班组的劳动力工效进行重新评估,分别将白蚁班和花卉班调整为白蚁防治项目部和花卉经营项目部。严格工程管理,实现有效控制,做到事前有计划,事中有跟踪,事后有反馈,全面掌控了各分项工程进展情况,大大提升项目运营质量。二是建安业务努力拓宽外部市场渠道。与十七冶相关业务单位开展业务合作洽谈,在投标形式上加大和外协队伍联合投标的力度,不仅在安徽欣创、合钢公司、宿马工业园、二铁总厂等马钢内部市场取得项目突破,还中标了1035万元的和县印象滨河10号、11号楼项目,实现了外部市场规模的提升。物资贸易业务也在矿石贸易上取得了可喜的成绩,全年销售收入比上一年度增长近一倍。

【精神文明建设】 按照集团公司部署,开展了"两学一做"学习教育系列活动,设立"党员示范岗、模范责任区",组织开展了"优秀共产党员、先进人物"事迹报告会、"两学一做"宣讲到基层、"向雷锋同志学习志愿服务"等多种形式的活动。积极配合市、区政府完成文明城市省级复检的迎检工作,确保了辖区无丢分,彰显出企业良好的社会形象。完成了"单身宿舍行"专题片的拍摄,大力弘扬家园文化。在集团公司举办的"我型我秀"女职工才艺微视频评比和"马钢第七届职工道德论坛征文"活动中分别获得二、三等奖。组织全体职工进行了体检,举办了两届"健康家园"快走友谊赛,认真落实关怀帮扶机制,全年共慰问、帮扶职工约65名。坚决维护好职工的合法权益,根据《2015年度利润分配方案》要求,完成了职工现金红利以及改制三年后退出的职工股权收益发放。根据企业经营效益的实际情况,合理调整了职工岗位薪级系数。

（俞　琛）

欣创节能环保科技股份有限公司

【主要经营指标】　2016年,实现营业收入5.5亿元,利润5168万元;外部市场营业收入0.6亿元,占比为10%。

【改革发展】　2016年7月底,成立欣创公司合肥分公司,利用欣创公司的技术优势和分公司的地域优势,开拓合肥地区市场业务,分公司已托管运营马钢合肥供水公司,并积极介入马钢合肥板材公司的水质托管工作。2017年2月,收购马钢华阳诊断公司90%股权,利用环境监测CMA资质拓展第三方环境监测业务。推进与南京大学环境设计研究院组建合资公司,重点在水系治理、大气治理等领域省内外市场布局。2016年7月底成功引入江东控股集团有限责任公司5000万元投资,优化了公司的股本结构。在集团公司支持下,2016年6月,正式启动欣创公司挂牌新三板工作,2017年3月底递交申请,可望于2017年上半年挂牌新三板。

【企业管理】　持续加强制度建设,制订了《市场开拓管理办法》、《鼓励员工创新创效管理办法》等12项管理制度;为适应即将挂牌新三板,经股东大会、董事会批准,汇编下发了《董事会议事规则》《股东大会议事规则》《总经理工作细则》等10项规范现代企业治理结构的管理制度。"三标一体化"管理体系运行一年,组织内审自查自纠,年底顺利通过上海质量体系审核中心的"三标一体化"外审。按照集团公司党委统一部署,切实落实"两学一做"学习教育规定工作。结合内控检查、贯标外审检查主要业务流程,推进矩阵式党建工作;合肥分公司党支部与马钢合肥板材公司党委结成横向协作对子,开展党建交流,提高党建工作水平;编制《欣创公司廉洁风险防控工作手册》,建立欣创公司廉洁风险防控体系。

【重点工程】　工程管理标准化模板已经初步形成,实现了安全、质量、设备管理全过程受控。采用劳务外包形式,推行检修防腐工程外包的新模式。经过努力,如期高质量建成二铁南区的3号烧结机烟气脱硫、4号高炉除尘、港原4T除尘、5号焦炉除尘、港务块矿烘干等一批环保工程项目。尤其是二铁南区的3号烧结机烟气脱硫项目,积极配合烧结试生产全过程脱硫,实现同时设计、同时开工、同时生产、同时验收。二铁总厂排渣间、港原块矿除尘等工程克服了高温、多雨、工期短等种种困难,圆满完成建设并一次投产成功,创造同类工期最短的纪录。

【专业化托管运营】　以标准化建设为主线,优化环境设施托管运营。成功托管运营二铁总厂的全部环保除尘系统,进一步巩固并扩大了股份公司的环保设施托管运营业务。建成环境设施集中监控管理中心,采用现代信息化集成技术对离散布置的除尘设施实施集中监控管理,努力实现环保设施托管运营的集约、高效、低耗。围绕G20峰会环境管控,加强操作监控、加强现场环境整治、加快排除现场故障,较好地满足了污染物排放小时均值达标考核新要求,通过管控,历练了队伍,积累了经验。以集控中心管理制度、规程建设为抓手,强化环保设施托管运营业务的基础管理,努力完善日常操作、巡检、点检、维护制度,逐步推行"操检合一"的专业化运营模式。

【技术进步】　一是公司设计能力进一步提升。自主完成煤焦化公司推焦水封除尘、港务原料总厂块矿烘烤电除尘工程等三十余项除尘项目设计。为二铁排渣间、马钢高村选矿除尘项目等14个项目提供技术服务工作;同时远赴缅甸,克服困难为海螺缅甸MCL自备电站脱硫项目提供了近200日的现场服务。二是公司获得在环保领域取得建筑工程施工、市政公用工程施工总承包三级资质、环境工程设计(大气)乙级和环境第三方检测CMA资质;能源服务领域获得工业领域电力需求侧管理服务机构资质。通过了高新技术企业复审;相继获得市、省企业技术中心称号;获得"马鞍山知识产权试点单位"称号;继2015年后,再次入选省节能环保产业"五个一百"名录(多项)。三是2016年承担马钢科技项目1项、公司科技项目9项。完成了省、市科技计划项目验收材料编制及项目结题验收,获得马钢2015年科技创新成果奖。研发成果"高炉原料矿槽颗粒物污染控制技术开发与应用"代表马钢参加首届全国企业创新方法大赛决赛。整合欣巴公司资源,优化检测方法,开展焦化废水提标技术攻关。全年新申报各项专利8项(发明专利3项)。截至2016年12月,公司共计获得各项专利31项(含受理),其中发明专利15项、实用新型专利15项、著作权1项。

【市场开拓】　与中冶华天等组建联合体中标马鞍山市中心城区水环境综合治理PPP项目,已经注册成立项目公司,该项目建设费用达到近35亿元(不含后期运营维护费用);成功中标省滁州天长市乡镇污水处理厂EPCO总承包项目。山西瓦斯发电项目顺利开工。公司采用合同能源管理模式承揽的山西三个低浓度瓦斯发电项目,项目实施采用一次性签约、分步实施、滚动发展的方式进行。先期开工建设“七一”煤矿瓦斯发电项目,可望在2017年4月份并网发电。2016年8月初获得工业领域电力需求侧管理服务机构资质后,立即对外开展业务,先后与马鞍山市马鞍山力通钢缆、安徽润基水泥等公司两公司签订服务合同。已顺利启动多个电力需求侧平台项目建设。

(王希通)

华阳设备诊断工程有限公司

【主要经营指标】 2016年,实现营业收入1184.8万元,利润277万元。

【生产经营】 1.设备诊断工作。利用振动技术监测、诊断以及动平衡处理设备合计约3028台次,也是历年最多的;同时撰写各类诊断报告216份。对马钢股份公司高炉系统、马钢冷轧总厂连退线、马钢BOC公司电气设备系统等进行了15次红外测诊断,发现了大量设备缺陷,保证了关键设备的安全和产品质量。利用现场动平衡技术,对马钢股份公司、南京钢铁集团、扬子石化等马钢内外部单位设备进行了现场动平衡校正,共计校正55台次。对马钢冷轧总厂进行了6次大规模测试,泄露测试面积达约5700平方米,总测试工作量达到60天,取得了良好效果。2.无损检测工作。公司无损检测工作正常开展,体系建设与人员配置比较完善。全年进行新辊监测672根。在役辊检测10227根次,在役辊磨削10次后对工作层及硬度要进行一次复检,工作层复检了1364根,硬度复检530根。共做失效分析13次。备件入库验收检测20项,共6890件;检测钢铁包230台,检测行车6台次,吊钩吊具320套。对四钢1号、2号和3号转炉进行了检测。3.液压元件再制造完成了基础设施建设,初步建立了液压元件再制造的工作思路和流程设置,相应的也完成了相关技术人员的配置。2016年与马钢完成合同金额总计120余万元。并已和安徽华塑集团(化工行业)签订了首批近1000个液压阀,金额近50万元的再制造合同。

【技术研发与交流】 2016年获得6项专利授权,其中2项发明专利、4项新型实用专利。开发的冶金特种车辆轮对轴承智能检测与诊断系统获得中国设备管理协会授予的第二届全国设备管理创新成果一等奖。年中启动CNAS国家实验室申报工作,参加中实国际实验室能力验证3次,相继完成NILPT-0838、NILPT-0839火花源原子发射光谱测定低合金钢中化学成分的测定。

【企业管理】 全年无安全事故发生。整合欣创环保在环境监测、设备诊断等综合能力,2016年10月底,完成质量手册、程序文件、作业指导书及记录文件的编写工作,以扩项的方式取得环境检测的第三方检测CMA资质;同时以该资质为基础,扩充大气和水污染监测队伍,持续开展业务能力培训,打造一支专业、成熟的大气、水环境监测及设备诊断队伍。

(王希通)

埃斯科特钢有限公司

【基本情况】 埃斯科特钢有限公司是由马鞍山钢铁股份有限公司、马鞍山市雨山区城市发展投资集团有限责任公司和法国著名特钢公司——阿斯科工业公司(简称ASCO),在马鞍山市设立的一家中外合资企业。其中,马钢股份公司出资占66%,法方Ascometal出资占25%,马鞍山市雨山区政府出资占9%。2016年3月4日,埃斯科特钢有限公司正式成立,中文注册名为“埃斯科特钢有限公司”,英文注册名为“MASCOMETAL Co.,Ltd.”,注册资本为3200万欧元,投资总额为9000万欧元。公司经营范围:开发、制造、贸易和进出口用于汽车和轨道交通行业的线棒材精加工产品;为用户提供个性化销售及售后服务及相关技术支撑。主要产品为弹簧及稳定杆用钢、轴承用钢(滚动体、轴承圈)、齿轮用钢、冷镦钢用光圆、变速箱零部件用钢,产品规格为Φ1-Φ25精线、Φ16-Φ90精棒。

【项目建设】 埃斯科特钢有限公司高端乘用车和轨道交通零部件用钢项目工程分两期建设。一期计划于2017年7月底建成,生产和销售量达到20万吨,其中包括一条年产3万吨的热卷弹簧和稳定杆用银亮材产线、一条年产15万吨的高档汽车零部件用棒材深加工生产线与一条年产2万吨高品质线材深加工生产线;二期计划于2018年底建成,增建一条9万吨棒材深加工线和一条11万吨高品质线材深加工线,最终实现年产40万吨总生产规模,销售产值达40亿元。在工程建设方面:2016年4月下旬至2016年年底,完成了南区棒材深加工生产区域近35000平方米的厂房建设,近2万米管道及电缆铺设,能源供辅介质基本就绪。同时,完成了厂区道路绿化等基本建设,南区棒材深加工生产区域一个现代化的厂区已初见雏形。在设备调试方面:公司用10周的时间就完成了法国ASCO谢拉斯工厂七条弹簧和稳定杆用银亮材生产线二手整体设备的拆除,及151件包装、63个集装箱的运输和通关,开创了马钢二手设备引进的先河。在与厂房建设交叉同步进行的不利条件下,在不到三个月时间内完成了七条生产线主体设备的安装就位,并且ICB线于2016年11月18日基本具备试生产条件,受到了市、区及马钢股份领导、法方专家的高度称赞。在新设备购置方面:公司完成了线材罩式炉、退火炉及线材气封闭环形酸洗线的采购合同签订。2016年年底,合同签订项目已进入详细设计工作阶段,线材拉拔设备也进入公开招标阶段。与此同时,黑皮棒材精整线、银亮棒材生产线及棒材调质热处理线的设备引进技术谈判也在紧锣密鼓地进行中。

【生产经营】 2016年11月18日,法国七条搬迁线之一的ICB弹簧钢生产线于正式试生产以来,针对国内外汽车零部件厂家用户需求,开发了多个规格的弹簧悬架用钢银亮材产品,并于12月27日,实现第一批试样订单交付芜湖中瑞用户。

【质量体系建设】 针对高端乘用车和轨道交通零部件制造商对原料质量的苛刻要求,公司策划构架了以ISO9001质量体系、TS16949汽车质量体系、OHSAS职业健康安全体系及ISO14001环境管理体系为核心的埃斯科特钢质量管理体系。编制了相关程序文件36份,并进行了宣贯落实。为2017年1月通过管理评审和质量体系第一阶段审核做好准备。

【市场开拓】 公司分别与中国特钢协会、中国轴承协会、中国弹簧协会、中国紧固件协会建立了联系。并深度走访了上汽、广汽、东风汽车、本特勒、穆贝尔、蒂森克虏伯、辽阳弹簧公司、中国弹簧、人本轴承等数十家潜在的目标用户。在2016年年底前,公司已启动上汽、索非格合格供应商认证前的技术资料准备工作,中瑞弹簧公司已进入材料送样试制验证阶段,为埃斯科特钢的产品销售打下了一个良好的开端。

【人力资源管理】 一是按照合资公司员工队伍精干高效的原则,以内部招聘和社会招聘相结合方式择优录取员工,并和相关高等院校建立用人合作机制,为优秀专业人才进入公司提供保证。二是建立薪酬激励新机制,以岗定薪,推进管理人员能上能下机制和员工绩效考核体系,并通过岗薪制设计等各项有效措施开发人力资源。三是加强员工技能培训,通过各类技能比武、专业技术人员授课、公司内外技术交流等方式,促进技能水平共同提高。2016年,公司开展各类有针对性的培训、技术交流80余次,有力地促进了公司员工整体技能水平的提升。

【党群工作】 2016年10月8日,马钢集团公司党委正式批准了公司成立直属党支部。同时,为充分发挥公司矩阵式党建工作优势,加强横向协作深度融入和服务中心的作用,根据马钢集团公司党委关于开展矩阵式党建工作的精神和相关文件要求,2016年11月3日,埃斯科特钢党支部与特钢公司党委签订矩阵式党建横向协作共建协议。通过建立横向区域协作,加强党建活动融合交流,进一步提升了公司党建工作水平,促进了公司生产经营建设和各项管理工作迈上了新台阶。

【企业文化建设】 公司以先进“船文化”为引导,进一步拓展、丰富、延伸马钢家园文化的内涵,促进全体员工形成与公司“同舟共济”的“船文化”意识。同时,在公司员工中广泛开展读书活动,向员工赠阅《企业就是我的船》《把信送给加西亚》等企业先进文化书籍,大力培育公司员工“自我驱动、善作善成”的工作理念,搭建员工多种成才通道,为形成高效和谐的企业团队、实现员工和公司双赢,营造浓厚的企业文化氛围。

(吴　辉)

祥云科技有限公司

【主要经营指标】 2016年,签订销售合同额311.80万元,实现销售收入84.72万元。

【市场开拓】 2016年,公司对接销售项目81项,签约21项。公司始终坚持差异化的竞争策略,通过对目标市场的细分及目标用户的需求分析,制定了主营业务规划及配套的营销策略。公司主营业务划分为混合云服务、行业解决方案、IDC业务、工程服务四类信息服务业务。一是在行业解决方案方面,通过与行业知名企业商合作,共同研发本地化的行业解决方案,并在相关企业中推广。二是在IDC业务方面,通过与电信运营商、互联网行业知名用户的合作,在数据中心服务领域开辟 IDC 业务。基于马钢集团与中国联通安徽省分公司签署的战略合作协议，中国联通皖南数据中心落地祥云公司。三是在工程服务方面，依托云平台向客户提供网站开发、智能停车场、视频会议等工程服务。四是在集成类工程服务方面，探索云服务平台和集成业务融合的商业模式，不断丰富信息服务能力。全年共与三家公司签署了战略合作协议。

【产品研发】 实行产品经理负责制，分配负责人。已有五类 IaaS 产品和五类 SaaS 服务，其中 IaaS 产品包括云主机、云存储、云数据库、网络安全服务和机柜租赁，SaaS 服务包括桌面云服务、视讯云服务、网站云服务、文档云服务和灾备云服务。

【运维管理】 2016 年，公司正式提供 7×24 小时运维值守服务，并设立热线电话。运维值守服务包括基础设施、IT 设备、平台系统的巡检及受理用户故障申报。强化设备点巡检及保养维护，借助开源监控管理工具，搭建公司自主研发的集中监控管理平台，准确、及时了解系统运行状态。制定故障应急预案，建立故障处置流程，提高运维保障能力。为完成马钢集团 SAP 系统迁移至云平台工作，公司采购专用的 SAPHANA 硬件平台，同时为 SAP 系统应用服务器配置专门的虚拟化平台，在集团公司及相关部门的协调配合下，成功完成 SAP 系统向 HANA 平台的切换。为进一步保证云平台的完整性，公司持续进行云平台完善工作，全年完成公司私有云平台产品的采购及部署工作；完成共享存储及视频存储的采购工作，为公司生产类系统提供存储空间；完成 C 列机柜行级空调采购工作，完善基础设施系统。

【科研项目】 2016 年，完成《服务于两化融合的工业云关键技术研发》《网络虚拟化应用研究》项目的申报工作；配合自动化公司完成《工业企业云服务创新平台》项目的申报工作，上报至省经信委；与自动化公司、安徽工业大学合作的《面向工业企业质量大数据分析云服务平台》项目，获 2016 年度安徽省重大科技专项立项；公司申报的《2016 年度第二批省企业发展专项资金项目——云计算平台建设》项目，获政府拨付专项资金 50 万元；公司申报的《服务于两化融合的工业云关键技术研发》项目，获马钢集团拨付研发经费 10 万元。

（童　琨）

欧邦彩板科技有限公司

【历史沿革】 马钢股份公司为开发彩涂板市场，进一步增强马钢彩涂产品的市场竞争力，决定在开发彩涂类产品的同时开发覆膜板类产品。2015 年 5 月 18 日，由马钢股份和江苏欧邦塑胶有限公司（下称“江苏欧邦”）共同投资设立了马鞍山马钢欧邦彩板科技有限公司。公司注册资本 5000 万元，由马钢股份公司控股，股权比例为 67%。

【法人治理】 公司董事会由五名董事组成，其中马钢推荐三名，江苏欧邦推荐二名。公司监事会由三名监事组成，其中马钢股份、江苏欧邦各推荐一名，另一名为职工监事。公司内部机构暂设立销售部、制造部、财务部、综合管理部四个职能部门。

公司 2017 年度股东会决议批准以下事项：

1. 同意股东二期认缴出资缴纳时间延期一年，即由 2017 年 2 月底延期至 2018 年 2 月底。

2. 同意经营范围增加仓储服务、建筑材料经营项目。

3. 批准《公司章程修正案》和《出资人协议修正案》。

4. 批准新建保温装饰一体板生产线项目方案。项目计划静态投资总额为 221.13 万元。

【公司投资】 1. 根据马钢股份公司固定资产项目投资计划〔2015〕007 号文，马钢股份公司立项投资 780.37 万元，对马钢欧邦公司的生产经营厂房，进行简单生产配套公辅设施的适应性改造（项目编号 AD201551301）。2. 为进行开平剪切生产，公司用自有资金，购置济南泽业机床制造有限公司生产的 ZSL-2.5×1600 纵剪线和 ZFL-2.5×1250 飞剪线各一条，合同价款 410 万元。2017 年 6 月验收，入公司固定资产。

【主要技术经济指标】 2016 年，实现销售收入 3103 万元，其中：钢材贸易销售收入 3069.4 万元；剪切来料加工收入 13.2 万元；仓储服务收入 20.4 万元。经营效益为亏损 14.2 万元。

【市场运营】 1. 公司生产经营紧紧围绕彩涂板、覆膜板二大类产品，开展终端产品的新产品开发、企业行业标准的编制、技术咨询及产品的开平剪切、仓储销售配套服务。开发彩涂电梯板、电缆桥架彩板、高档家电彩涂板、覆膜板。2. 公司联合浙江泰升节能科技有限公司,开发用于建筑外墙的金属覆膜保温装饰一体板,用于替代建筑大理石外墙砖,该产品对比传统的建筑外墙材料具有环保、多功能、轻量化、长寿命、综合性价比高、施工便捷、造型美观等七大优势。产品受到业内市场的欢迎。3. 在"一体板"产品开发过程中,得到了马钢、市政府的大力支持;得到了美国杜邦公司的积极支持,与公司签订了《技术合作协议》。4. 深圳建安集团对建筑用覆膜"一体板"产品非常认可,高层领导专程到公司交流合作事项,表示积极推广使用公司开发的"一体板"产品。

【技术管理】 公司参编了工信部委托企业《国家建筑装饰用氟碳覆膜金属板》编写的行业标准。公司委托代理机构进行建筑用覆膜"一体板"产品的商标注册、专利申请及产品各项检验报告,同时开展了高新技术企业的申报工作。在彩涂板产品技术推广方面,公司参编了由中国工程建设标准化协会电气专业委员会组织的《钢制电缆桥架工程技术规范》。

(周凯波)

马钢(慈湖)钢材加工配售有限公司

【经营概况】 2016 年,钢材加工量 26 万吨,销售总量 83 万吨,比上年增加 11.08%。销售收入 18.65 亿元,实现净利润 7000 余万元。

【市场开拓】 一方面,要求营销人员发展新客户,制定每月客户发展目标,紧紧抓住市场的每个环节,缩短与终端用户的距离;另一方面,优化营销策略,紧盯市场行情变化,抓住每一个市场机遇。公司长期合作的零售和终端用户超过 1000 家以上,全年新增合作单位 302 家。

【客户服务】 始终把提升服务作为占领市场的利器。不断增强销售、生产、发货等环节的服务意识,提高客户服务水平。一是实行一对一专人服务,实行客户经理负责制,让所有客户都有自己的客户经理,负责为客户提供全流程的服务。二是对终端客户,提供"私人订制"全程服务,帮助客户从制定产品方案,到实时跟踪技术评审、合同签订、生产、质检、物流交货等各个环节,确保及时满足客户需求。三是利用交易平台,开展线上贸易,扩大市场影响力。四是加强客户档案建设,定期更新档案内容,并进行抽查跟踪,通过"走出去、请进来"等多种形式了解客户需求,及时纠错纠偏,不断丰富服务内容,提升服务质量。

【经营管理】 持续坚持制度化、规范化。一是对现有管理制度逐条梳理,将其中不适用的去除,空泛的修改细化,力求实用、规范;针对管理真空的环节制定新的管理制度。二是在制度建设的同时,不断对管理和业务流程进行优化,使之更贴近市场,更有利于管控。三是加强检查监督,对照制度检验实际工作,发现问题,及时整改。四是加强风险防控,把风险防控工作落实到每一项工作中,加强对过程的风险管控,防微杜渐,杜绝风险。

【党群工作】 定期召开党员干部"两学一做"教育学习,充分依托党支部、工会力量,组织劳动竞赛、球类健身等活动,丰富职工业余生活。通过培训学习,提升职工劳动技能。了解职工疾苦,帮扶困难职工,营造积极向上的企业文化氛围,充分发挥员工的主观能动性和积极性。

【荣誉】 2016 年,公司荣获销售公司"先进集体"称号。

(褚佩文)

马钢(合肥)钢材加工有限公司

【主要经营指标】 2016 年,销售钢材 66 万吨,比上年增加 44.62%,完成工序加工量 24.73 万吨,比上年增加 30.23%,实现销售收入 20.9 亿元,比上年增加 49%,两方直供终端比达到了 89.9%,比上年提高 15 个百分点。2016 年,公司成功扭亏并实现税后利润 3094 万元。

【市场开拓】 针对合肥及周边地区客户的相关特点,提出了围绕汽车和家电客户群体,以"做大份额、做精品种"作为开展工作的方向,分别确立了"既有市场充分挖潜、新兴市场加强开拓、潜在市场及时跟进"的营销策略,取得了较好成效,全年总销量较上一年度增加 20.36 万吨,其中汽车板和家电板销量增长 24 万吨,较好地执行"做大份额、做精品种"的工作思路。在汽车板领域,充分挖潜江淮及其三大配套厂需求,成功开发了众泰、长安两大主机厂。在家电板领域,除继续稳固与格力、美的、富士康的合作外,在合肥美的暖通、冰柜、美芝冰压上的供货份额分别达到了 85%、90% 和 100%,同时将触角伸到了彩涂基板领域,并成功开发了合肥海尔。而新品种方面则成功开发了美芝硅钢、美的洗衣机镀锌等。

【客户服务】 围绕着汽车板和重点家电客户的"五位一体"和"项目责任制"服务体系,不仅有效解决了重点客户的点对点的服务问题,而且也让整个服务效能达到了最大化。同时,着力于建设一流的汽车、家电服务商。加工中心新成立了技术品质部,一改过去的仅负责质量异议处理,还把掌握客户的现场工艺、服务客户现场、协助客户解决用钢问题等也纳入了工作职责内。通过这些服务手段,在市场拓展方面取得了可喜的成绩,通过点对点、面对面地与客户沟通、交流,在赢得主机厂的信赖、争取客户订单的同时,还解决了一些尚处萌芽阶段的质量异议问题。2016 年,客户现场服务和回访次数达到了 995 次,质量异议同比减少 92 起,吨钢赔付比上年减少 5.03 元/吨。

【经营管理】 在内部的管理创效、降本增效上也做了积极有益的探索和实践。通过规模增加,摊薄固定费用,通过强化管理,降低内部消耗,通过效率提升,增加企业效益。全年吨钢制造成本同比下降了 20 元/吨。一是月人均产量由 2015 年的 148.94 吨,提升到今年的 202.74 吨,增幅高达 36.1%。二是通过库区优化、照明改造,吨钢用电成本由 2015 年的 9.92 元下降到 2016 年的 8.31 元,降幅达 16.2%。三是现场通过木托盘回收、铁托盘替代、自制钢带等,吨钢的包装成本由 2015 年 25.13 元/吨下降到现在的 22.26 元/吨,下降了 2.87 元/吨,降幅达 11.4%。

【党群工作】 组织党员开展"两学一做"教育学习活动。充分发挥党员干部带头模范作用,积极引领各项工作规范化、精细化管理。年底针对困难员工展开积极的帮扶及送温暖工作。

【荣誉】 2016 年,公司荣获陕西重型汽车有限公司"优秀供应商"、江西昌河铃木汽车有限责任公司"优秀供应商"、临沂众泰汽车零部件制造有限公司"优秀质量奖"。

(褚佩文)

马钢(合肥)材料科技有限公司

【主要经营指标】 2016 年,激光拼焊板生产 57.74 万件,销售 56.1 万件;落料线生产 297.69 万片(3.65 万吨),销售 275.3 万片(3.38 万吨),实现营业收入 1.85 亿元、税后利润 1107 万元。

【客户服务】 全面推行"五位一体"服务模式,强调"客户第一、我为客户服务"的理念,营销与质量人员"1+1"为客户服务。及时为客户解决现场问题,保障客户的连续生产,为客户提供"增值"服务;技术质量部协同营销部,以客户为关注焦点,以客户的需求为出发点和落脚点,整合马钢总部的资源,在生产保供、质量保障、物流配送等方面,给客户提供了强有力的支撑,获得了客户的认可,进一步增加了客户对马钢整个服务体系的信心,业务量也随之攀升。

【经营管理】 在极力拓展渠道提升盈利能力的同时,努力降本增效。针对呆滞物料,进行了高代低以及套裁使用减少损失;自行制作了铁质托盘、工具柜、检测平台、存放架等 34 种生产辅助设施。集中精力加强现场管理,在安全、6S、生产效率、设备保障、质量管控、队伍建设等方面投入了极大的精力、人力与物力,以标准化、规范化代替随意化、经验化。严格执行马钢财务管理制度,保证财务工作的规范性与有效性,从财务监督作用带动业务工作的规范性与严谨性。通过 ERP 系统来规范各级人员的操作规范性并严格授予不同岗位相应的权限。

【荣誉】 2016 年,公司荣获合肥市"数字化先进车间"称号。

(褚佩文)

马钢(金华)钢材加工有限公司

【经营情况】 2016 年,加工钢材 7.36 万吨,销售钢材 19.21 万吨,实现销售收入 5.89 亿元,实现净利润 1810 万元。

【市场开拓】 大力加强开发直供用户的力度,2016 年新开发直供用户达 15 家,稳定合作的直供用户达 44 家,销售直供比例达到 90%,其中部分用户为高附加值产品用户。加大镀锌产品特别是锌铁合金产品在金华周边市场的销售力度,全年销售镀锌产品约 2.66 万吨,马钢镀锌产品在永康地区取得了一定的品牌效应。加大汽车板销量力度,全年累计销售汽车板 3.73 万吨,较 2015 年销量增长 27.7%。

【内部管理】 一是优化营销服务,重组营销机构。为了适应公司营销模式的转变,配合产品结构调整,成立了家电和冷轧中心,实现专业营销和技术营销,更好地服务用户。同时,营销部划分市场开拓小组和内部服务小组,明晰职权,提高工作效率。二是技术品质工作单独成立部门,除了处理产品质量问题,还负责客户档案的建立与更新,为营销部门个性化营销做好辅助工作。三是优化分配制度,加大考核力度。通过与民营企业交流,部分引入浙江民营企业的管理制度,减少固定收入,加大变动收入,奖金向重点岗位倾斜,实行岗位公开竞聘。

【党群工作】 2016结合“两学一做”教育学习,多次组织党员开展民主生活会,发挥党员先锋模范作用,增强企业员工凝聚力。

【荣誉】 2016年,公司被老板电器公司授予“最佳服务奖”。

(褚佩文)

马钢(芜湖)加工配售有限公司

【主要经营指标】 2016年,销售板卷26.7万吨,净利润3871万元(其中包括投资收益2087万元)。全年销售各类汽车卷板22.04万吨。

【市场开发】 汽车板方面,开拓了一批如安徽讴神、科正模具、元山机械、丰业迪睦斯等汽车板终端客户。非汽车板方面,克服种种困难完成芜湖美芝酸洗板验证调试工作,在7月份协助总部完成供方审核,最终形成合格供方并进行小批量供货。同时加大开拓周边家电及配套厂,新开拓一批如芜湖厨卫、合肥鹏贤、嘉善银信等非汽车板终端用户,并形成稳定销售渠道。

【客户服务】 为了更好地将马钢产品推广给客户,满足不同客户对不同产品的要求,承担了大量的调试料加工送样工作。2016年克服了规格多、尺寸小、品种杂等多方面不利因素,先后为7家主机厂及5家汽车配套厂进行调试,累计规格多达246个,从几千克到几吨不等。

【经营管理】 一是降本增效工作取得成效。由于公司原料未到、奇瑞临时计划调整等原因,在原料无法正常满足或浪费较大时,将奇瑞切下的余料,切成奇瑞常用规格及周边配套厂所需规格,进行二次利用,综合成材率大幅提升。二是建立资金、物资风险防控体系。依据公司防控体系建设,加强外部仓库监管与管理,防范风险放在第一位。根据公司要求完善物资和资金的防控体系,规范合同签订和发货的授权流程,修订完善落料线废料管理制度。加强公司ERP操作规范的监督及管理,协助公司总部推动ERP各项的改进工作。三是加强现场管理。全面提升公司现场管理,设置专人管理,做好定置管理,区域划分责任区,长期监督改进,改善公司现场环境,提升公司综合竞争力。四是完善技术质量相关管理制度。定期组织开展模修、模修人员理论知识、现场操作及安全培训;加强过程检查,对违反工艺纪律及质量标准要求的进行严格考核;编制产品过程质量控制计划,指导检验人员进行检验,提高对关键尺寸的检控能力。五是规范员工的三级安全教育,减少和避免员工、设备安全事故的发生,完成年初确定的安全生产目标,全年未发生中、大设备和人身安全事故。

【党建工作】 积极开展“两学一做”学习教育活动,使广大党员树立正确的世界观、人生观、价值观,不断强化思想品德修养,发挥共产党员的先锋模范作用,有力地促进了企业的健康发展。积极开展精神文明建设活动,开展送温暖活动,帮助困难职工,提高企业凝聚力。

(褚佩文)

马钢(芜湖)材料技术有限公司

【主要经营指标】 2016年,销售板卷40.16万吨,净利润1819万元。

【市场开发】 汽车板方面,2016年,市场价格震荡上行,充分利用汽车板品种齐全和价格上涨的优势,加大汽车板销售力度,努力开拓市场,新开拓了一批如寿光万龙、鑫元实业、元山机械、丰业迪睦斯等重点汽车板终端客户。非汽车板方面,南通万高电机及其新工厂威格电机的W470硅钢替换首钢、宝钢产品,已经形成批量供货。同时加大对电器柜等五金用钢市场的开拓,新开拓一批如辛柏机械、灵浪电器、火祖烟具等非汽车板终端用户,并形成稳定销售渠道。

【客户服务】 为了支持公司新品和新客户开发,承担了大量的调试料加工送样工作,先后为奇瑞汽车、凯翼汽车、通用汽车、吉利汽车、北汽昌河等进行多批次调试料供货工作。

【经营管理】 一是继续做好降本增效工作。从冲压材料采购、切头和冲压废料回收利用、废旧钢带重复利用和余退卷冲压利用等方面降本增效。二是建立资金、物资风险防控体系。加强外部仓库监管与管理,防范风险放在第一位，根据公司要求完善物资和资金的防控体系，规范合同签订和发货的授权流程，修订完善冲压废料管理制度。三是加强现场管理，全面提升公司现场管理，设置专人管理，做好定置管理，区域划分责任区，长期监督改进，改善公司现场环境，提升公司综合竞争力。四是完善技术质量相关管理制度。定期组织开展模修、模修人员理论知识、现场操作及安全培训；加强过程检查，对违反工艺纪律及质量标准要求的行为进行严格考核；编制产品过程质量控制计划，指导检验人员进行检验，提高对关键尺寸的检控能力。五是规范员工的三级安全教育，减少和避免员工、设备安全事故的发生，完成年初确定的安全生产目标，全年未发生中、大设备和人身安全事故。

【党建工作】 积极开展“两学一做”学习教育活动。以“激发员工活力、全面精益运营”为党建目标，以“纵横两条线”为具体抓手，积极整合资源，大力推进协作，有力地促进了企业的健康发展。开展送温暖活动，帮助困难职工，提高企业凝聚力。

（褚佩文）

马钢（扬州）钢材加工有限公司

【主要经营指标】 2016年，加工钢材量12.68万吨，销售钢材量34.98万吨，净利润1716.14万元。

【市场开拓】 为了适应严峻的市场形势，全力推进产品结构由家电板、热轧板向汽车板转变的工作。在山东汽车板市场的开拓上与多家客户建立了长期的合作关系，同时扩大扬州及周边地区汽车主机厂的供货份额。硅钢方面也取得了突破，以仪征西门子公司为代表，经过多方沟通和努力，同时也在销售公司和技术中心的大力支持下，已正式成为客户的供应商之一。冷成形钢的市场开发，随着总部MCFC钢种的面世，公司积极在客户群中寻找可替代冷轧使用的优质群体，已在九洲电机、南京国电等客户群体中投入使用。热轧系列，公司开发了一些冷弯系列用户，以M470LW牌号为代表，订货量稳定。

【客户服务】 为了保供终端用户，采取了多项措施，第一，为满足用户的试模或试用要求，克服困难，以满足要求为目标，打消客户的后顾之忧；第二，全力保障交货期，做到销售、加工、配送等各个环节争分夺秒；第三，改造加工设备、提升现场环境、提高包装标准、培训车间工人，全方位高标准提升公司的加工能力；第四，完善售后服务体系，凡扬州地区内的终端客户提起质量异议的，品质部人员及营销人员必须在一个小时内到达现场并处理问题。

【经营管理】 现场管理方面，作业区严格按照安全生产规程操作，要求所属作业区的班长对员工的标准化作业、安全意识进行培训。管理创新创效方面，一是加强木材、自制钢带、自制锁扣、护角、原包装旧防锈纸的利用，大大降低了包装成本，合计节约76万元。二是在社会仓库的仓储费用方面，通过吨降的形式，全年合计降本约24万元。三是港口码头作业费方面，合计降本约30万元。四是木材费用方面，合计降本约2.4万元。

【党群工作】 根据上级党组织“两学一做”工作要求，开发区党工委指定专职人员不定期到企业指导党群组织工作，开展互帮互助活动，学习习近平总书记系列重要讲话，领悟中央文件精神。企业在注重经营生产的同时，也时刻关心企业职工，发挥企业的社会效能。积极配合开发区组织员工特别是党员捐款受灾地区，参与政府的群体活动，上门慰问企业特困职工。为激发全体职工工作热情、激励员工发挥创新才智，组织生产骨干外出参观、学习、交流。定期评选“岗位能手”“岗位之星”，并对创收突出的节能增效个人及班组进行嘉奖。

（褚佩文）

马钢（广州）钢材加工有限公司

【主要经营指标】 2016年，钢材加工总量16.93万吨，销售总量30.42万吨，净利润2153.92万元。

【市场开拓】 2016年，在较好的市场状况下，仍然坚持市场开发工作，走访了多家终端用户以及经销商，积极扩大马钢产品在华南地区的客户群体，巩固马钢地位，以应对未来可能出现的行情下滑。

【客户服务】 为响应总部汽车板战略部署，成立了汽车板推进小组，有针对性的布局华南汽车板市场。一方面加速推进与广汽研究院的认证对接；另一方面针对区域内的汽车板经销商进行摸排，识别用户，加速了解市场，为2017年马钢公司汽车板放量做准备。

【经营管理】 为加强汽车板销售力度，更好地服务用户，2016年引进TS16949质量管理体系，依照体系的要求在全公司范围内开展了学习,将文件要求落实到实际工作中,并细化到了制度、流程的每一个环节以及每一名员工,为进一步取得证书奠定了坚实的基础,力争在2017年完成TS16949质量管理体系的审核。在强化原有的风控措施以外,针对ERP系统内所有合同价格审核进一步细化。所有经营业务全部在ERP系统内运作。根据生产需求,对部分月度采购的计划进行重新招标,对急需采购的备品备件依照多家询价的方式,采取低价采购,并执行先送货后结算的方式进行。根据公司提出降本增效的策略,先后采取减员增效、加大木架回收力度、逐步更换节能灯、降低包装纸采购成本、大力使用劳务工等措施,同时还针对设备维修采购加大询价力度进行降本,通过上述降本增效措施,2016年全年累计降本增效52万元。

【党群工作】　坚持公司运作与党建工作并重的原则,开展"两学一做"教育学习,组织全体党员对党章进行了集中、系统的再学习,并开设了"学习贯彻习近平总书记系列重要讲话精神"的相关课程。

(褚佩文)

马钢(重庆)材料技术有限公司

【主要经营指标】　2016年,实现钢材加工7.96万吨,销售28.42万吨,净利润1404万元。

【市场开拓】　2016年国家整体经济回升、矿价大幅推高以及成材的低库存效应使钢材行情逐渐回暖,公司把握时机,快速确认重庆地区以冷轧产品为主的区域定位,采用灵活的对外政策,抢占市场配额。全年销量比上年上升9.75万吨、汽车板销量比上年上升9.21万吨。2016年新增终端客户3家〔重庆思也其钢材配送有限公司、银讯阪和汽车部件(重庆)有限公司、成都泰鸿汽车零部件有限公司〕,新增贸易商3家,新增商业零售客户20家,为进一步市场推广奠定了基础。

【客户服务】　一是实行专属客服经理负责制,负责为客户提供全程服务。二是帮助客户从制定产品方案,到实时跟踪技术评审、合同签订、生产、质检、物流交货等各个环节,确保及时满足客户需求。三是努力提升服务水平,实现点对点驻厂服务,五位一体,获取客户需求并及时帮助客户解决问题。四是完善客户档案并进行抽查跟踪,通过"走出去、请进来"等多种形式了解客户需求,及时纠错纠偏,不断丰富服务内容,提升服务质量。

【经营管理】　一是完善制度管理。修订完善了《人力资源管理作业流程》《采购作业流程》《文件管理作业流程》《销售订单与交付作业流程》《客户服务作业流程》。2016年,顺利完成TS16949第三方机构的外部认证审核,取得了德国汉德公司发放的证书。二是积极开展"降本增效""回收再利用"工作,将平时生产中收集的废旧包装耗材二次使用,减少了包装耗材的采购量,全年降低包装耗材采购费用约15万元。三是加强资金、物资风险防范。2016年配合总部开展了内控管理的检查工作,特别对合同管理进行了自查和整改;资金的支付严格按照相关的制度和规定,严控审批程序;严格遵守银行账户管理、票据管理、结算管理、融资管理等规定,合理有效调度订货资金,统筹管理和运作资金并对其进行有效的风险控制。四是优化ERP系统。实现了采购、销售、生产、财务等系统数据双向传输,真正做到销售、财务"精细化"管理,同时在ERP系统操作设置各岗位不同的权限,进行职务分离控制,确保不相容职务互相分离、制约与监督。

【党群工作】　根据上级党组织"两学一做"工作要求,定期开展互帮互助活动、学习习近平总书记系列重要讲话、领悟中央文件精神。要求每位党员全面理解党的纲领,牢记党的宗旨,毫不动摇地履行党员的权利和义务,保持政治本色,在思想上、政治上、行动上与党中央保持高度一致。工会了解职工疾苦,帮扶困难职工,营造积极向上的企业文化氛围。

【荣誉】　2016年,公司荣获重庆市北部新区"AA级劳动关系和谐企业"、重庆市安监局"2016年安全生产先进单位"称号。

(褚佩文)

·参股公司·

比欧西气体有限公司

【概况】　马钢比欧西气体有限责任公司是马钢股份有限公司与比欧西(中国)投资有限公司(林德集团)共同投资经营的合资企业,双方各占50%的股份。公司于2005年2月16日正式注册成立,占地约2.67万平方米,员工32人,总投资8.2亿元,是当年安徽省投资规模最大的外商投资企业之一。公司为马钢新区建设500万吨钢规划的公共辅助配套设施，拥有2套世界先进水平的40000Nm^3/h空气分离装置，通过管道向马钢新区提供氧气、氮气、氩气等气体原料，并提供相关的工程和技术服务。

【主要经营指标】 2016年，实现销售收入559537万元，实现税后利润16638万元，顺利完成了预定目标。全年供气可靠性达到100%、设备可靠性达到99.93%，实现了为马钢股份公司生产保供的目标，全年无重大伤亡事故，无重大环境事故及重大产品质量事故。

【生产经营】 公司设备运行稳定，全年共生产管道氧气629629KNM^3，管道氮气718272KNM^3，管道氩气24614KNM^3，液体氧气18870608NM^3，液体氮气18534928NM^3，液体氩气4056450NM^3。产品质量全部达到了合同要求。氧气放散率0.4%、液氧损失率0.1%，均小于目标值，$SPC=0.809KWH/NM^3$（液氧产品单位电耗）创投产以来最低值。各项指标完成较好，达到成本节约的目标。2016年，公司核心管理工作持续向以关注装置经济运行和强化执行力为主要管理目标的方向转变，继续以简单有效的工作原则，优化以信息化为主要管理手段的生产管理体系；继续建立和完善“过程执行监控体系”，完成工作过程评审与绩效管理的有机结合，全面提升了各项工作的执行质量；继续贯彻以计划维修PM为主，以隐患管理为核心、以SAPPM为管理枢纽的设备管理理念，及时发现消除隐患，保证设备稳定和生产顺行；持续开展工艺过程研究，全年完成技术变更及工艺改进13项。这些项目的实施，弥补了管理和技术缺陷。

【安全管理】 重点加强对检维修工作许可制度和“承包商管理程序”的执行监督，全年工作许可证执行的符合率达到了99.65%，全年承包商现场作业安全管理符合率达99.5%。此外，通过专题培训、安全技术知识学习、安全小组会议、安全通告、安全宣传等形式继续加强员工安全、健康、环保和质量控制方面的培训工作，开发和优化了各类应急预案，并扎实有效地开展了演练工作，推进安全生产工作。

【财务管理】 2016年，在接受投资双方的监督，及时准确地提供双方管理所需资料，满足投资各方的管理要求外，在马钢股份公司有关部门的指导下，进一步完善各类财务分析报表，为生产经营提供财务分析及指导；积极向花山区政府争取税收奖励政策，全年取得350万元的税收返还；按“三标一体化”修订和补充现有的财务管理制度，更好地对公司的资产进行管控；合理安排资金，为加入马钢财务公司“现金池”做好前期准备系统，使冗余资金获取更高的收益；2016年实现净利润1.66亿元。按照董事会决议，将2015年实现的净利润1.58亿元全部进行了分配，按股东双方投资比例各分配50%，并于7月全部付给股东双方。

（杨金宇）

江南化工有限公司

【主要经营指标】 2016年，实现销售收入5246.66万元，完成目标的72.12%，比上年下降270.98万元，降幅4.9%。实现净利润958万元（不含高企所得税返还147万元），上缴税金901.47万元。

【生产经营】 2016年，生产工业炸药10614.71吨，全员人均年产工业炸药95吨，与上年基本持平。积极开拓外部市场。在确保马钢集团矿山保供和配送服务同时，把做好服务、积极开拓市场作为营销工作的重点，稳定老客户，同时开拓山东和江苏等新市场。全年销售工业炸药10567.924吨，比上年下降65.934吨，降幅0.62%。其中主要客户：马钢集团矿山4576.452吨，占总销量43.3%，比上年下降456.508吨，降幅9.1%；霍邱民爆公司2143吨，增加324.85吨；三联民爆马鞍山分公司1021.272吨，增加305.544吨；南京梅山矿业345吨，减少311吨。

【技改工程建设】 1.年产14000吨工业炸药生产线技改工程。针对乳化粒状铵油炸药产能不足，按照工信部安全生产司批复，将胶状乳化炸药和乳化粒状铵油炸药14000吨产能合并。因项目是国内首创，与马鞍山矿院合作研发乳化粒状铵油炸药生产线的工艺和装备，新建乳化粒状铵油炸药生产工房，运输廊道，成品装车台，及附属道路、防护工程、防雷工程等。6月6日初步设计评审后，在规划和施工图未完成前，就进行基础工业部分施工，因6-7月份连续雨天，工程建设受阻，7月底完成土方工程和基础部分。针对施工过程中发现工房南山体结构复杂，经马钢矿业公司专家论证，由专业施工单位对山体进行了护坡。在施工中，克服雨天多、地质结构复杂等困难，同时在生产区内建设和生产，按照安监局监管要求，只能利用非生产日和生产结束后，错开生产时段建设施工，10月底完成了土建施工；12月中旬完成了设备安装调试；

2017年4月,通过了省国防科工办组织的试生产安全生产条件考核。

2. 总库区布局调整及新建库房项目建设。项目包括新征土地1.97万平方米和新建5座工业炸药库房及配套工程的建设,项目投资概算约1500万元,其中征地费约770万元,建设费约680万元,其他费用约50万元。针对征地性质发生改变,建设总费用将增加530万元,经多方努力,市政府同意项目建设总费用由市、区财政补助2/3。目前已完成了征用林地征迁和清场工作,正按流程办理土地招拍挂工作。

3. 重点项目有序推进。4项年度重点创新计划,除1项跨年度计划正按进度实施外,其他3项全部完成,计划完成率100%。其中"乳化粒状铵油炸药生产技术与装备"控股集团重点创新项目,获1项实用型专利。

【企业管理】 一是人力资源建设不断深化。开展岗位竞聘,组织了安全生产技术副总经理竞聘上岗。全员签订了劳动合同,缴纳了社会保险及公积金,为危险作业岗位人员和常外出人员购买了安全生产责任险和雇主责任险。员工培训工作常抓不懈,2016年培训涉及专业技能类、职业素养类等4大类培训共23场,参加培训482人次,人均培训25课时数。档案达标建设达到优秀水平。二是体系工作不断完善补充。按年度审核计划,内部审核1次,管理评审1次,完成了质量、职业健康安全、环境管理体系认证换证审核。三是项目申报取得了可喜成绩。完成了7个申报项目,另3个正在审核中,到位资金117.33万元(不含高新技术企业),取得省市区授予荣誉称号7项。荣获"国家高新技术企业"称号,获市技术改造设备专项补助资金28万元。

(陈蔚健)

皖宝矿业股份有限公司

【基本情况】 2016年,公司紧紧围绕"降成本、提效益、保生存、促稳定"的经营管理思路,认真谋划、扎实推进各项工作,全方位开展降本增效,着力改善企业盈利能力,稳定了公司经营。全年生产冶金辅料"两石"成品矿214万吨,完成预算的102.4%,比上年增长14.8%;生产生石灰28.6万吨,完成预算的79%,比上年增长28%。实现冶金辅料"两石"销售225.4万吨,完成预算的93%,比上年增长19%。销售生石灰31.3万吨,完成预算的87%。比上年增长48%。实现销售收入23945万元,完成预算的81%,比上年增长8%;实现利润总额-271万元,剔除资产处置因素,比预算减亏225万元。

【企业管理】 一是深入开展形势任务教育,努力增强全员的危机意识、使命意识,强化责任、积极应对,着力改善企业经营管理基础。年初,针对钢铁行业经营形势和公司面临的经营困难,确立了"提效益、降成本、保生存、促稳定"的经营管理思路。推行了以技术为先行,以销售为龙头,以现场为支撑,在向市场要效益的同时,努力向管理要效益,采取灵活销售和柔性化生产方式,抓好盈利能力提升各项精细化管理措施的落实,强化市场开拓,加速管理反应速度,力争实现公司不亏损或少亏损的奋斗目标。充分利用职代会、经营分析会,以及党群组织各种活动平台,积极开展形势任务教育,向广大员工讲透形势,讲明困难,讲清目标,讲实举措,开展了安徽皖宝首届职工绿色运动会,努力营造上下同欲的干事氛围。在公司领导班子层面,建立月度重点工作计划,实行周沟通交流、月点评、年考核的工作机制,增强了协同作用,强化了工作落实。全年,在经营管理方面,诸如块灰恢复生产、秀山矿2号矿层资源变废为宝的技术攻关、火工品直供、茅坦矿资产处置等涉及运销、生产、技术、降本增效、经营管理等方面共安排了105项公司级重点工作,除5项时间节点未到外,完成93项,完成率达到93%。改善了公司的经营状况,推动了事关公司持续经营的各项重点工作的陆续解决。

二是调整产品定价机制,实行灵活经营,快速反应市场,稳定了产品销售。坚持月度调度例会经营机制,以销售为龙头,实行销售拉动生产,生产有力支撑销售。改变全年一次定价机制,全年共召开了10次定价会议,及时调整部分产品价格,快速反应市场,千方百计稳定与扩大产品销售。面对辅料销售价格大幅下跌的市场行情,争取到了"封顶保底"和跟标等销售价格政策,稳定了宝钢生石灰销售。全年,生石灰销售31.3万吨(其中:粉灰27.0万吨,块灰4.3万吨),比上年增长48%。抓住马钢远大石灰石矿停产之机,适时扩大马钢石灰石销量,全年石灰石销售53.0万吨,比上年增加44.8万吨,其中销售秀山矿2号矿层石灰石7万吨。积极开拓了湛江钢铁辅料市场,销售辅料"两石"12.1万吨;恢复了宁波钢铁辅料销售,销售辅料"两石"24.5万吨,比上年增加12.2万吨;积极拓展社会贸易,销售辅料“两石”44.7万吨,比上年增加39.8万吨。全年销售辅料“两石”225.4万吨,比上年增长19%,销售生石灰31.3万吨,比上年增长48%,产品销售得以稳定并实现一定幅度增长。

三是推行精细化管理,合理组织,柔性化生产,矿山生产高效,石灰加工达标运行。秀山矿2015年3月6日正式投入生产,依据采场状况,2016年计划安排采剥总量320万吨,原矿生产100万吨。考虑秀山矿采场上端资源状况复杂,开展了补充勘探工作,绘制了资源状况品质图,做到了技术先行,科学指导采矿。尤其是对2号矿层开始了综合利用,2号矿层石灰石销售马钢7万吨;并用其配矿成功试烧了粉灰。全年,秀山矿累计完成采剥总量394万吨,超年计划23%,原矿生产量131万吨,超年计划31%,其中11月份当月生产15万吨,超过了设计产能。积极开展技术攻关,大胆创新实验,努力探索与改善生石灰加工工艺参数。通过成功试烧积累了秀山矿2号矿层石灰石煅烧和40毫米以下小粒径石灰石煅烧经验。通过“请进来,走出去”方式,以及组建技术小组等方式,不断提升了员工岗位技能。完善生产过程中台账记录,实施精细化管理,改进石灰生产及工艺管理,主要工况参数及原燃料单耗达到甚至优于设计指标。公司单窑最高生产能力已达225吨/天(设计指标为200吨/天);CaO含量平均90%(设计指标为90%);实际活性度(国标)大于320(设计指标为300);实际煤耗平均为132千克/吨(设计指标为145千克/吨),实现了石灰加工达标生产。石灰分公司具备了达产、达标生产的能力。

四是发挥技术指导作用,开展技术攻关,解决了块灰生产难题,改善了公司营运效益。调整公司管理职责分工,将业务部门管理质量模式调整为专业部门管理质量,并要求质量管理部门既要到现场又要走市场,强化了质量管理。成立块灰生产攻关小组,总经理亲自任组长,集中公司技术、生产、运销力量,拟定工作计划,纳入月度重点工作管理,全力推进。从4月份开始,进行了为期两个月艰难的块灰试烧技术攻关,质量指标达到宝钢股份的标准,6月份成功试供宝钢股份,经三个月扩供运行检验,10月份进入稳定供货,年内共销售块灰4.3万吨。这标志着皖宝冶金辅料生产能力质的变化,宝钢冶金辅料供货基地的地位得到进一步夯实。

【降本增效】 广泛动员,深入挖潜,努力降本增效,公司盈利能力得以不断提升。出台合理化建议活动实施方案,成立工作推进小组,设立专项奖励基金,鼓励员工积极献言献策,共征集合理化建议104条,采纳38条。同时采取倒逼机制,强化成本控制,引导各部门全方位、全过程深入挖潜,降本增效。全年实现降本增效2187万元,大大超过往年降本增效实绩,降本力度和降本效果均为历年之最。一是降低采矿、燃料、物流配送采购价格,传导经营压力。全年,降低采矿成本130万元;降低煤炭采购成本147万元;降低公路运输、水运、配送费用566万元,合计843万元。二是通过技术攻关,恢复块灰销售,年内销售块灰4.3万吨,与粉灰相比,增利66万元;通过秀山矿2号矿层资源综合利用技术攻关,销售2号矿层石灰石7万吨,增利37万元,合计103万元。三是改变产品港口发运方式,全年产品港口直发率达到41%,节约港口费用114万元。改变石灰分公司用电方式,7月12日开始实行需量用电方式,每月节约固定电费1.34万元,共节约9万元,合计123万元。四是探索火工品直供,经多方寻求与努力,成为池州市除池州海螺水泥股份有限公司外唯一一家火工品直供的矿山企业,8月26日开始火工品部分直供,每吨价格下降2500元,吨矿成本降低0.22元,减少火工品成本44万元。五是合理安排资金使用,成功处置茅坦矿资产,降低财务费用100万元;从严控制重点可控费用,节约费用48万元,合计148万元。六是优化矿山生产组织,提高效率,降低营业外支出166万元;扩大“两石”销售量,实现增量增利760万元,合计926万元。

【安全管理】 围绕落实安全能环管理体系这一主线,扎实开展安全管理工作。层层分解落实安全职责直至一线岗位,并在年初签订了“岗位安全目标管理责任书”。新建了《项目施工安全管理制度》,对现行的29项安全制度进行了有效性评价,完善了安全管理制度体系。如期通过了秀山矿环保设施竣工验收、秀山矿安全质量标准化二级认证;完成了秀山矿、石灰分公司、棠溪矿职业危害因素检测工作;补办了茅坦矿环保设施竣工验收手续。重点推进生产协力单位的规范性管理。首次明确了协力员工的准入标准、协力管理归口部门、项目协力施工分级管理要求;促使协力单位规范了管理制度。开展了工作区域的危险源辨识;首次开展了协力单位安全管理能力的评价工作;优化了协力安全责任协议、协力员工岗位培训方式;推进了检修协力的集中采购,形成相对稳定、集中、专业的检修模式等,协力管理得到了集团督导组的现场肯定。2016年,公司安全生产形势平稳,实现了全年安全生产无事故的目标。

【资产处置】 成功处置了低效资产。在资源公司和相关部门的支持下,按相关程序规范完成了茅坦矿资产处置工作。9月份处置价款全部到位,实物资产进行了交接,10月份人员分流安置完毕。茅坦矿资产处置矿权转让正在等待安徽省国土资源厅批复,作为转让方的相关事务已全部完成。茅坦矿资产处置是公司应对2016年辅料行业严峻经营形势的重大举措,不仅顺应了地方非金属资源产业政策调整的需要,而且精干了公司业务,推进了有保有压发展战略的实施。

(陈蔚健)

郑蒲港务有限公司

【基本情况】 郑蒲港是以集装箱装卸运输为主导,并兼顾大重件、件杂货物的综合港口物流中心;未来将由港务管理功能向物流链管理功能转变,具备现代港口物流的功能,即港口装卸、中转换装、仓储配送、出口加工、电子商务等港口物流链功能;大力发展综合物流、保税物流,打造大宗物资集散及电子商务中心;实现货物通江达海、各种运输方式衔接顺畅、内外贸结合的多功能综合型现代化港口物流基地。2016年,面对艰难的经营形势,公司坚持以生产经营为中心,适时调整经营策略,完成了董事会下达的各项目标任务。

【主要经济指标】 2016年,完成集装箱吞吐量9772标箱,件杂货吞吐量8858.26吨,散货吞吐量32101.32吨。其中件杂货、散货吞吐量比上年分别增加21.33%、116%。

【降本增效】 深化降本增效,建设节约型企业。2016年,为打造节约型企业,坚决杜绝不合理开支,公司经营层采取了一系列措施,降本增效取得明显成效。一是优化了港口设施设备维修保养、操作使用及物资采购流程,提高了资产管理水平。二是定期组织对公司的费用支出项目等进行分析,制定可控成本费用考核指标,落实责任单位、责任人,通过一系列降本增效举措,2016年度费用比上年同期减少76.98万元。

【安全管理】 严格进行安全生产管理,进一步完善和规范了安全生产管理制度,加强安全教育培训,严格执行安全生产检查,及时进行安全隐患排查及整改治理工作。2016年全年无生产安全责任事故发生,重大设备损坏为零。

【生产组织】 合理组织生产,不断提高作业效率。一是优化生产运行组织,完善集装箱装卸工艺,实现了从江船作业到海船作业的顺利过渡。二是加强设备管理,保障了设备的完好率,全年设备完好率在98%以上,满足了生产的要求。

【市场开拓】 寻求突破,打开生产经营困局。由于郑蒲港务公司投入运营,打破周边港口平衡,特别是集装箱装卸业务,竞争相当激烈。3月份,由于南京港的非理性竞争,郑蒲港唯一的干线船公司洋浦中良海运有限公司停止与郑蒲港合作,集装箱业务中断开展。加之,郑蒲港直接经济腹地正在形成过程中,尚未形成货源生成能力,公司运营十分艰难。面对经营的困局,一方面,公司经营层积极探索开通郑蒲港江海直达航线的可能性。在新区政府和股东方的大力支持下,9月份,郑蒲港与安徽华泰港航海运公司合作,开通郑蒲港直达广州(中途停靠泉州港)的江海直达班轮。同时,将郑蒲港作为母港,从广州港上行至武汉、合肥周边货物将全部从郑蒲港中转,开通郑蒲港至武汉、郑蒲港至合肥港区支线,保证郑蒲港至广州港干线无缝对接,初步摆脱了经营困境;另一方面创造条件,开展件杂、散货业务。

【一期工程竣工验收和口岸建设】 1.为确保郑蒲港一期工程竣工验收按既定时间完成,组织开展相关专项验收以及工程决算审计工作。一期工程竣工验收于2016年7月10日顺利通过市港航局初步验收,2016年7月8日顺利通过省交通厅组织竣工验收。2. 2015年9月5日,国务院批准马鞍山港口岸扩大开放郑蒲港区。市政府明确要求2016年完成国家验收实现对外开放。为保证按照要求完成验收,郑蒲港按照时间节点倒排计划,稳步推进,2016年3月30日顺利通过省级验收,2016年7月5日顺利通过国家验收,2016年8月14日交通运输部对外公告,从此郑蒲港区正式对国际船舶开放,按时完成市政府提出的对外开放的要求。3.国家质检总局于2015年3月17日批准马鞍山郑蒲港建设进口肉类指定口岸。市政府明确要求2016年完成国家验收。公司经营层积极推进进口肉类指定口岸建设,严格按照市政府要求推进相关工作,2016年10月18日顺利通过省级验收,2016年12月16日顺利通过国家验收。

【队伍建设】 抓好职工队伍建设,提高员工素质。公司十分重视员工队伍建设,从能力素质、责任心入手,通过目标设置和双向沟通,帮助员工改进工作方法,引导员工不断增强工作主动性,提高自我管理能力,从而使整个企业管理水平得到进一步提升。为进一步提高员工素质，打造一支不断学习、能打硬仗的员工队伍，公司组织员工参加各类培训，不断增强员工的技术水平和管理水平，提升员工的职业素养和团队的核心竞争力。公司获得2016年度“安徽省劳动竞赛先进集体”称号。

（张征波）

港口（集团）有限公司

【基本情况】 马鞍山港口（集团）有限责任公司（以下简称“公司”）是从事集装箱、大宗件杂货、散货集疏运为一体的现代化综合性港口，在装卸、仓储、配送、保税、外贸进出口代理等方面为客户提供专业的物流服务。公司下辖马鞍山扬子江物流有限公司、马鞍山中理外轮理货有限公司、马鞍山太平府港口有限公司等控股子公司，参股中国马鞍山外轮代理有限公司、安徽省郑蒲港务有限公司、中国物流合肥有限公司、马鞍山天顺港口有限责任公司、安徽中联海运有限公司等，是马鞍山港核心港口企业、国家AAAA级综合服务型物流企业、安徽省五星级物流企业、安徽省名牌产品称号企业、高新技术企业、国家级服务业标准化试点企业、省级标准化服务业示范企业，公司技术中心被认定为省级技术中心。根据中国港口协会统计，公司劳动生产率、货物吞吐量等主要经济指标均为长江港口企业前列。公司通过了质量、环境、职业健康安全管理体系认证，通过了安全标准化认证，推行卓越绩效管理体系，并先后荣获“全国物流行业先进集体”、“安徽省质量奖”、“马鞍山市长质量奖”、“全省模范劳动关系和谐企业”、“安徽省文明单位”等荣誉称号。公司紧紧抓住国家实施长江经济带战略和马鞍山市打造江海联运枢纽中心、实施“以港兴市”战略的机遇，明确“建设现代港口物流企业”的发展目标，确立“全国内河领先的码头运营商和现代港口物流的服务商”的发展定位，树立需求方经营战略观念，坚持“港口+物流”的经营模式，发展“规模增长+供应链服务价值增长”的盈利模式，走转型发展、创新发展、融合与协同发展、安全绿色发展之路，实施转型升级发展战略、创新驱动战略、现代物流战略、融合协同发展战略和品牌战略等，努力为马鞍山市构建江海联运枢纽中心提供支撑，并实现公司稳健发展。

【主要经济指标】 2016年，公司全面完成各项经营任务，完成装卸自然吨2056万吨，实现利润总额739万元；其中母公司完成装卸自然吨1980万吨，实现利润总额886万元。

【转型发展】 一是“港口+物流”经营模式进一步巩固。开辟张庄矿精粉水运物流业务，全年完成65万吨；启动冷卷装集装箱项目，利用该航线辐射其他集装箱市场；探索物流配送新业务，开展元明粉配送物流业务等。二是外贸直航增长良好。2016年共有65艘外籍轮停靠港口集团码头，出口货物吨数共计22.68万吨，比上年增长65.5%，为外籍轮开航以来年度最高。

【基础管理】 1.安全管理。2016年，安全工作聚焦现场管理，完善制度，落实责任，加强培训教育、检查监督与整改，全年未发生重大人身、机损、火灾、水上交通事故，安全生产平稳运行。7月份，长江马鞍山段遭遇了1998年以来的最大汛情，最高水位达11.18米，市防指将防汛应急响应提升到Ⅰ级。在持续高温、洪水、特大暴雨等恶劣的环境下，全港员工不畏疲劳，连续作战，顺利完成防汛排涝任务；同时打破常规，在保证安全生产的前提下，全力保障马钢原料供应，实现了防汛、生产两不误。2.设备管理。开展设备三级保障管理；开展大型设备安全装置集中整治工作；加强基础设施现场监管、安全检查及隐患整改工作；加强设备现场管理。2016年，设备三小时以上故障率同比下降34.05%，综合能耗在全国港口企业中排名第4位。3.人力资源管理。贯彻“控制总量、优化结构、提升素质、满足需求”的方针，开展人员配置工作；完善考核分配机制，开展三公司模拟市场薪酬考核试点，激发员工积极性；承办第七届马鞍山市青年职业技能大赛，开展高技能人才考评工作。截至2016年底，公司共有高技能人才186人，其中技师60人。2016年，劳动生产率水平比上年提高2.25%，职工人均收入有所提高。

【企业创新】 1.管理创新。推进卓越绩效标杆示范企业建设，启动对标管理工作，构建竞争力指标体系，建立了经营指标、成本指标、价格指标、技术指标、市场占有率指标等五个板块共28个指标，全面与其他长江港口企业进行对比，寻找改进的空间，提高公司竞争力。2.技术创新。制定完善《科技创新成果奖励办法》等创新制度；推进“港口节能照明”“通用门式起重机可编程逻辑控制系统”等项目成果的应用；开展LED投光灯在卸船机上应用的试验；推动产学研合作，启动第三方物流平台项目。2016年，实施科技项目16项，取得9项实用新型专利权、3项软件著作权。

（张征波）

马钢建设集团有限公司

【基本情况】 2016 年,公司紧紧围绕"深化内部改革、加速经营转型"工作主题,积极应对严峻挑战,凝心聚力,众志成城,坚定信心,强化措施,全力推动资质升级,积极开拓市场任务,强化施工过程管控,狠抓资金清欠落实,确保了施工经营正常运行和企业大局稳定。全年实现营业收入 17.18 亿元,完成 2016 年计划任务的 72.8%。经营性亏损 580 万元。

【企业资质管理】 资质升级取得了历史性突破。一是特级资质申报成功。公司积极争取省、市、马钢集团、马钢工程技术集团等各方支持帮助指导,于 4 月 11 日启动了升特工作,通过各个专业组共同努力和极大的辛苦付出,成功取得了建筑工程施工总承包特级资质和建筑行业设计甲级资质。二是实现"两升一增"目标。地基与基础工程和建筑装修装饰工程两项资质成功升级为专业承包一级,取得了建筑幕墙工程专业承包二级增项资质。资质升级有力提升了公司的综合实力,推动了市场开拓、产品结构转型,为公司可持续发展注入了强大发展后劲。

【市场开拓转型】 市场开拓探索了新领域。面对严峻的市场环境,公司针对外部市场条件苛刻,垫资项目风险大的实际,积极拓展内外部市场。一是努力争取马钢内部市场。通过与马钢工程技术集团紧密结合,承揽了马钢轨道交通公司新建高速车轴生产线厂房及设备基础工程、马钢埃斯科特钢、汽运公司搬迁、四钢轧平整生产线技改等项目。二是以现场拓市场积极承揽外埠业务。承接了京唐公司二期全连续铸轧工程、河北永洋特钢脱硫脱硝工程、宁夏钢厂 60 万吨高速线材工程等一系列外埠工程。三是努力推进市场转型。把市场开拓目标扩大到水利、市政、环保等相关领域,承揽了市博望河水环境整治工程,积极探索淮北烈山区凤凰花园政府安置房开发建设项目,对接六安市政府与社会资本合作的 PPP 投资建设项目,为公司市场转型打下了坚实基础。

【施工生产管理】 施工生产管理亮点频现。润合家园工程项目合同履约较好,获得市级安全标准化工地;马钢新炉机工程收尾保障有力,为后续工程结算的顺利推进打下了坚实基础;合钢镀锌线工程克服了罕见多雨天气的不利条件,项目管理得到了业主、总包的肯定;宁夏钢铁厂高线工程克服了远征、地方资源条件不足的重重障碍,较好地完成了主要节点任务;博望河水环境整治工程克服了汛期长、洪水影响大等诸多困难,基本达到业主和总包企业工期要求;马钢埃斯科特钢、高速车轴、汽运公司搬迁等项目获得了业主单位和马钢工程管理部领导的认可。辅线单位汽车修理厂、门窗公司、混凝土公司、物流公司面临经济下行不景气的市场条件,不等不靠、外拓市场、内抓管理,辅助生产按期交付较好,保持了生产大局的稳定。公司全年无重伤、工亡、重大责任设备、火灾、交通事故,千人负伤率为零。技术质量成果斐然,成功申报省级企业技术中心,取得省经信委等八部门资格认定;3 项专利获得国家级实用新型专利;完成省级技术规程"FRP 加固混凝土结构"撰写;润合家园 3 号楼获得市级"建设工程施工质量标准化示范工程";康泰家园 1 号楼和马钢新区干熄焦项目获得市级优质工程"翠螺杯"奖;马钢新区全干熄焦工程获省"黄山杯"奖。

【经营审计管理】 经营管理稳步推进。一是狠抓老大难项目的结算清欠。公司针对部分外地工程结算滞后的实际,继续对老账、难帐进行梳理清欠,完成了包钢、京唐一期、芜湖三山、合钢薄板、东营垃圾焚烧等一批量大时间长的工程结算,同时辅以律师函、法律诉讼等措施,全年处理经济诉讼案件 17 起,合计案值 6710 万元。二是强化经营过程管理。扎实开展项目审计,加强对施工队伍的资质资信、资源保障、施工进度、安全质量、合同履约及农民工工资支付等方面的综合评价;修订印发了《项目联合经营管理办法》,确定了项目联营基本条件和联营运行程序,规范了公司对联合经营工程项目的管理;组织制订了《工程项目内部分量及资金分配的规定》,明确了主体单位、专业队伍在工程施工过程中、竣工后、结算后的报量结算职责分工,内部分量和资金分配的规定和程序。三是规范合同管理。从减少合同纠纷、规避经营风险入手,严格职责权限、加强流程管理,修订了《合同管理办法》《工程劳务分包招议标管理办法》和《工程分包合同版本》,对招议标程序做了进一步简化,三个工作日即完成招标程序,对符合马钢集团内部承揽项目有关招标规定的项目一律委托马钢招标中心招标,全年签订工程劳务分包合同 192 项,合同签订金额 2.51 亿元。

【财务资金管理】 财务资金运营保障有效。2016 年公司资金来源严重不足,资金链极度紧绷,面对困难局面,公司上下联动,强化在建工程资金收入、重点清欠项目的资金回笼、银行融资贷款保存量求增量的协调工作，合理平衡安排施工生产、职工生活和历史欠款三个板块资金。一是全面落实项目资金清欠责任制。推进全年资金清欠计划，在依靠自身努力的基础上，请求马钢集团公司有关领导协调解决马钢已完工及结算项目按合同约定付款，同时帮助推进包钢等外部项目资金清欠，全力缓解生产经营和职工生活资金平衡极度困难状况。二是努力探索新的融资方式。面对银行融资依靠自身信用融资极为艰难的实际，在取得马钢集团公司支持的同时，加强与非银行金融机构合作，积极为承揽垫资额纳入财政预算的政府项目做好融资准备。三是强化日常资金管理、成本费用控制与税收筹划工作。强化资金的动态管理，严格项目资金运行台账、资金收支日报表制度，持续改进基层单位会计基础工作，全面清理和确认已结算项目毛利及损益，着力做好“营改增”政策下新项目税负平衡及各层面基础管理工作的衔接实施，资金运营保障工作稳健有效。

【精神文明建设】 党建工作扎实有力，荣获“市级非公企业党建工作示范点”荣誉称号。一是发挥党组织领导核心和政治核心作用。成功召开公司第一次党代会，提出了“围绕中心服务大局保障有力”的党建总体要求，为全面加强公司党的思想、组织、作风、制度和反腐倡廉建设，不断提高党建工作水平、保障企业生产顺行提供了强有力的政治保证。二是扎实推动“两学一做”主题教育。根据统一部署，公司从应对危机挑战、助力企业走出困境的工作实际出发，通过开展“两学一做”宣讲骨干培训班、三次专题党课、三次专题讨论、手抄党章、系列讲话及党章党规测试系列活动，以理论学习坚定党员思想信念；广泛组织党员投身党员示范岗、党员先锋号、临时堡垒工程创建、岗位服务承诺等活动，以实践特色推动措施落实，涌现出了博望河水环境综合整治、马钢南山矿业公司和尚桥采场、马钢合肥连续镀锌线等项目党员骨干不分昼夜参与抗洪抢险战斗、战高温挥汗如雨抢工期的感人事迹；通过“两学一做”学习教育，公司进一步完善了两级领导班子成员深入基层定点调研制度，反思突出问题，理清工作思路，管理人员思想观念有了较大改善，职工队伍凝聚力进一步增强，活动取得了明显成效，有力推动了全年工作的扎实开展。三是正面引导凝聚力量。通过《马建集团报》、公司门户网站等自媒体不断深化形势任务教育，提振信心，凝聚士气，深入开展合理化建议、劳动竞赛等活动，为职工岗位建功创效搭建平台。四是切实保障职工权益。加强和完善职代会规范化建设，畅通民主管理渠道，坚持发展依靠职工、发展为了职工，努力确保职工工资发放。五是关心关爱职工。通过互助帮困基金、金秋助学、大病救济、泰康大病保险、市总员工意外伤害互助保障计划等平台加大帮扶力度，帮助困难职工度过生活难关，全年108人次职工得到住院赔付保险金额共计54.84万元，全年共走访、慰问生病和家庭困难员工240人次，发放救济金15.5万元。六是努力培育和谐稳定的发展环境。各级党组织结合实际深入细致地开展职工思想政治工作，加强信访维稳，妥善化解各类矛盾纠纷，确保企业改革创新、转型发展的各项措施平稳实施和发展大局稳定。

（王秀勤）

钢晨实业有限公司

【基本情况】 2016年，面对急剧变化的外部形势，公司快速响应，及时调整经营策略，创新经营模式，抓住市场机会；实现扭亏为盈，超额完成预算目标，取得了“十三五”发展的良好开局。全年实现销售收入9.39亿元（不包括铜陵远大矿业公司和欣创环保公司）。

【项目开发】 积极开展项目开发工作，大力拓展企业发展空间。考察了芜湖长信及二氧化碳回收、华东车辆检测站项目，对酸洗板加工、含油危废资源利用、售电政策及行业发展等项目进行调研，签订了太阳能发电项目，启动了鑫源钢铁加工配送合作项目，推进了和县危废项目。各实体不断加强新市场、新渠道、新产品的开发力度，增强了企业发展后劲，为有效转型打下了坚实基础。公司在市场开发方面产生了2个一等奖、2个二等奖、3个三等奖。通过与省、市发改委、经信委、商务局、质监局、开发区等政府部门及相关中物联、省物联及咨询机构积极沟通协调，研究政府各类相关扶持政策。经过多方努力，积极争取，全年获得相关扶持10余项，为企业发展提供了有力的政策支持。

【企业管理】 组织开展融资工作，加强资金调度，确保资金需求，降低融资成本；根据营改增相关政策，下发了“营改增操作指引”，落实税务筹划方案；按年初制定的年度计划，开展了各实体业务费用、预算等专项审计工作；对合同及授权管理等制度执行情况进行了专项调查，在强化公司内部控制、提高执行力、规范运作方面发挥了重要作用；完成了EAS系统财务合并报表设计工作,优化了高达商贸、物流系统功能流程,重新对BI系统进行调研开发;物流园公司启动实施了全面质量管理体系认证工作;深入开展安全生产工作,坚持每月对各生产实体进行安全巡查,对巡查出的问题及时反馈各实体整改,制定下发了《公司伤亡、险肇事故管理办法》。为增强企业发展后劲,高度重视校招工作,直接进学校宣传企业、招揽人才,取得了较好效果;为激发职工工作积极性,调整了钢材分公司、绿能公司、物流园公司、报业分公司相关骨干考核方案,进一步完善了中层的经济责任制考核、营销的提成考核、操作工的计件考核以及管理人员的绩效考核等四级考核体系,取得了良好效果;加强职工培训,有针对性地对各类人员进行专业培训,全年累计培训达402人次。

【和谐企业建设】 通过职工大会、座谈会、微信新媒体等多种形式,改变工作作风。开展全员提合理化建议活动,全年征集合理化建议96条,其中:二级建议2条,三级建议14条。以“五四”青年节为契机,开展了为期一天的“我与钢晨共青春”为主题的团支部素质拓展及创意宣传活动,组织开展“两学一做”“手抄党章、用心领悟”活动,成功申报了2016年非公有制企业“双强六好”党建示范点创建先进基层党组织。关心职工疾苦,做好患大病职工慰问及意外伤害职工保险理赔工作,开展了“送温暖”活动,安排了2014-2015年度优秀职工疗休养,组织了职工喜闻乐见的文娱活动。公司共有21人获得“2016年度先进个人”称号,5人获得“2016年度优秀员工”称号。

【钢材分公司】 深入研究马钢、长钢销售政策,决策前移下沉,创新经营模式,加强业务力量,不断调整经营策略以适应形势的变化,在现货及工程销售上获得较高毛利;通过优化组织机构,严格执行公司授权、合同等管理制度,调整营销考核激励办法,加强骨干职工专业知识培训,组织运转高效有序。

【物流园公司】 应对形势变化,抓住马钢合肥公司停产、长材事业部及马钢物流公司设立机遇,及时应对马钢降本招标及钟村库等挑战,始终以打造仓储、钢贸两个平台为抓手,仓储客户数突破150家,引进板材、热卷、亚新线材等新品种,与欧冶合作开展金融监管业务,交易大楼入住率达85%,运输配送市场化业务比例大幅提高;成功开拓煤焦化、新区无烟喷煤等保产运输业务,10月份单月运输量达8.4万吨,实现自2012年以来单月最高运量记录;通过优化内部流程,小车集中管理也走向正轨,运行良好。

【神马公司】 为应对辅料业务终止、矿粉业务锐减的不利局面,及时调整贸易品种,增大废钢贸易量,并努力拓展机座新业务;精心维护新兴铸管、萍钢、长钢等外部市场,与供应商开展战略合作,稳定货源及供应渠道,废钢销售大幅攀升,效益显著。

【报业分公司】 面对新兴移动媒体的迅猛传播,传统纸质媒体的持续衰退,《马鞍山日报》及《益寿文摘》报社新增设备等诸多不利因素,及时调整市场开发策略,坚持自主开发与同行合作并行,成功取得《扬子晚报》滁州版、《益寿文摘》周一、三版、《中国食品报》周刊、15种社区报和校报及商业书版业务。商业制版、淘宝店铺等新业务取得了新突破,启动了字帖开发工作,积极探索业务转型,进行了报纸广告、书版印刷等方向的转型研究。

【润滑油分公司】 经受成品油价差空间因股份公司降本要求无条件下调、危险废物环保处置受资质影响步履维艰、回收劳务费用严重短缺等考验,协助中石化召开各类技术交流会议,积极推广并做好高附加值产品的替代工作;在稳定原有危废处置品种的基础上,新增了车轮公司磁探废液、检测中心的含铬废液的新品种处置业务;氧化铁皮回收业务在人员持续减少的情况下,积极与业主及协作单位合作,确保按时保量完成回收任务。

【绿能公司】 及时调整经营思路,着力聚焦丙烷,推进“煤改气”项目开发,通过与环保局、锅炉厂、锅炉安装队合作以及电台广告推广等方式,跟踪十余家潜在客户,及时抓住市场机遇,全年落实了五个“煤改气”项目,成为2016年市场开发亮点;加强内部管理,及时调整生产组织及考核方式,充分调动职工的积极性和创造性。

【铜陵远大公司】 严格按照政府要求进行安全整改,终于复产,矿权整合也在努力推进中。

【氢业公司】 产供销在更高水平上达到新的平衡,全年业务量大幅提高。

(吴　娟)

力生集团有限公司

【主要经营指标】 2016年,实现服务经营收入3.47亿元,实现利润总额104万元,完成了年度服务经营目标,实现工亡、重伤、食物中毒等重大事故为零。

【主体服务】 坚持“打造行业领先的公共服务品牌”目标，持续改进提升工作餐服务。推进完善工作餐制作标准化管理，实现工作餐“原料采供、菜谱设计、原料切配、菜肴配比、制作工序”五统一，确保了工作餐质量稳定均衡提高。升级食品监督检验中心，检测项目达到17项，严格供货质量验收、检测、监督、考核，确保了食品安全。建立大师工作室，开展工作餐菜肴研发创新、技术攻关，组队参加中国烹饪协会创新淮扬菜竞赛和安徽省第七届烹饪职业技能竞赛，参赛作品取得1项特金奖、2项金奖、1银、3铜的优异成绩，赢得了荣誉。深入开展绿化环卫浴室服务质量提升专项活动。通过改进作业计划制订、量化作业标准、完善现场管理检查机制、强化责任体系建设，实现绿化环卫浴室现场服务质量“标准提升，效率提升，质量提升”，高质量地完成了马钢争创全国质量奖、国家环评检查和杭州G20峰会等各类厂区环境保障工作。强化服务软硬件建设。开展了“舌尖上的马钢”美食评选活动，承办了诗城名厨联盟第三届年会，提升了公司餐饮知名度，扩大了品牌影响力。新上桶装纯净水全自动洗桶机，提高了工作效率，保质保量生产防暑降温用品。更新了服务设施，投入405万元资金，更新了清扫车、洗扫车、垃圾车、洒水车、工作餐配送车辆20台，提升了装备水平，保障了服务经营。

【市场经营】 加力开拓外部餐饮市场。总结、分析托管食堂成功经验，实施不同的管理模式，中标马鞍山市政府机关食堂、市政公园酒店，托管市政务服务中心、中冶华天、十七冶机关、十七冶医院、食药局等单位食堂13家，公司托管食堂达到40家。园林工程建设公司针对马钢内部绿化工程市场极度萎缩的实际，全力以赴拓展园林绿化外部市场，加强协调，发挥优势，先后中标“和县林业局绿色长廊苗木栽培工程”、“博望区丹阳镇工业园区工业路、富民路绿化工程”等外部绿化工程。暖通工程技术公司针对股份公司维保费用压缩，全力开拓暖通工程市场，先后拓展了马钢能控中心办公楼、南山矿职工培训中心暖通工程市场。食品饮料厂针对高温酷暑天气，全力保障股份公司防暑降温服务，积极向矿山、长江钢厂、市属企业延伸，饮料、纯净水、茶叶等防暑降温用品市场份额有新的提升。旅游酒店单位采取网络营销、全员营销、与旅行社、会务公司合作、现场发放宣传单等多种形式加大市场营销力度，开拓了团队市场。徽谷商贸、幼儿教育等单位适应市场变化，多方开拓，努力降本增效，实现收入、效益同步增长。

【企业管理】 持续优化人力资源。通过提高绿化环卫作业定额、规范作业作息时间、优化浴室管理、食堂兼岗作业、优化工作流程、实行区域配送等方式，全年共优化岗位约150个，其中，绿化环卫岗位54个，浴室(综合楼)岗位37个，食堂岗位59个，在岗员工的劳动效率得到进一步提升。改革主体服务管理体制。适应股份公司机构整合，将原10个行政科整合为5个后勤服务区，精干了机构，提高了管理效率和效益。强化刚性管理。全年检查发现问题59家(次)，考核29家(次)，整改11家(次)，考核中层管理人员30人次，有效推进了职工服务意识、服务态度、服务水平不断提升。强化劳动纪律专项检查和督查。适应管理要求，进一步修订完善《员工管理手册》，强化劳动纪律日常管理，建立员工签到、考勤、去向登记、请假“四同时”考勤制度，劳动纪律检查实行常态化，严肃处理违纪人员，全年共处理违纪人员30余人次，其中，解除劳动合同14人，追究单位领导责任6人次，树立了清风正气。扩大集中采供管理，食堂零星采购实现集中采供70%以上，经济实体单位大宗物品采购实现集中采购50%以上，降低了采购成本，提升了经济效益。优化资金管理。实行资金限额管理，强化债权清理，提高资金使用效率；盘活存量资金，尝试开展资金运作，提高资金收益。加强税收筹划，以营改增为契机，加强政策研究，统筹谋划，依法合理纳税，降低了税费成本。

【改革发展】 以争创“市长质量奖”为契机，积极导入卓越绩效管理模式，开展全员培训，完善管理体系，提升管理绩效，公司首次申报马鞍山市“市长质量奖”并通过专家组初审，入围现场评审。明晰公司发展战略，制订了《力生公司服务业发展规划(2017—2021)》，明确了以做强、做大团膳服务业为主战略，以稳健、较快发展“一骨干、两新兴、三重点”业务为支撑，协同并进，跨越发展，力争打造现代公共服务品牌企业的总体战略目标。稳步推进公司后续发展。根据市场发展要求，成立松鹤养老产业投资发展有限公司、锦绣物业管理有限公司；和省投中安健康投资管理有限公司协力合作，共同开发养老产业。加强与银行授信合作，拓展融资发展渠道。积极寻求公司发展政策支持，争取省、市质监局支持，成功申报安徽省服务业标准化试点单位；争取市人力资源奖补政策，再次获得马鞍山市政府援企稳岗补贴。

【精神文明建设】 公司党群组织紧紧围绕企业中心工作，深入加强党组织建设，认真开展“两学一做”学习教育活动，为实现全年工作目标提供坚强的政治保证。深入加强“三创”党建品牌建设,持续深化党员“三创”和学习型党组织建设,组织开展“尽职筑基石,担当兴事业”主题实践活动,开展“七一”表彰、党课进基层、“舌尖上的马钢”评比、“战高温、勇担当、保服务”系列宣传报道以及绿化专业知识培训,深入融合服务经营,积极发挥党建助力发展作用,公司党委被评为雨山区先进基层党组织。深入加强干部队伍建设,加强了集团班子建设,提拔2名高层副总;根据工作需要,对15名中层管理人员进行了提拔、调整、交流;完善干部管理问责机制,制定下发《中高层管理人员问责管理办法》。深入加强企业文化建设,通过公司网站、《力生信息》、《员工管理手册》、板报、宣传栏、企业文化宣传海报等多种形式,在全体职工中切实加强力生企业文化精神的宣传学习。深入加强品牌文化建设,开展公司商标申报、产品条形码注册;统一设计产品包装,设计制作了“生辉”月饼和卤制品包装盒;改进优化公司网站设计,着手制作公司宣传片、宣传手册,展示提升了企业形象,推动了公司产品和服务市场化、品牌化。深入加强党风建设和反腐倡廉工作,落实两个责任,对重要岗位人员进行廉政约谈和廉政监督。深入加强员工队伍建设,开展灶头厨师、宴会菜肴、糕点制作等培训工作,强化灶头厨师和技师的考核、实行末位淘汰;深化联合办学,首届60多名力生冠名班学生到公司顶岗实习;加强人才引进,新招聘餐饮管理、园林等专业6名大学生。深入加强群团组织建设,围绕公司服务经营和重点工作,组织开展劳动竞赛、合理化建议活动;组织职工代表开展《员工管理手册》执行情况专题巡视活动;完善帮扶机制,切实为困难职工提供帮扶救助。

(刘向阳)

盛隆化工有限公司

【主要经营指标】 2016年,生产焦炭223万吨,甲醇24.55万吨,焦油9.48万吨,轻苯3.18万吨,实现销售收入46.13亿元,实现利润2.75亿元。

【安全环保管理】 修订完善了安全环保管理制度,强化责任落实,实现了全年安全生产。继续保持建厂以来未发生一起重伤以上人身事故纪录,实现了安全“六为零”的目标。一是安全管理体系建设全面覆盖。全面推进了安全标准化建设,形成完善科学的安全管理体系,做到安全管理工作有章可循,有法可依。通过加大安全费用投入使用,努力改善安全生产条件。扎实开展安全绩效考核,将安全质量标准化、安全管理、重点工作落实等纳入考核范围,严格奖罚,认真组织开展安全培训,广泛开展事故案例警示教育、应急救援演练等系列安全活动,营造浓厚的安全文化氛围。同时强化了安全现场管理,保障了安全生产责任落实到现场。二是隐患排查治理载体形式丰富。自5月初,按照枣庄市安监局《关于启用枣庄市企业隐患自查自改系统软件的通知》的要求,积极创新开展了“互联网+安全管理”的管理模式。设立了专职的管理部门,指派了专职管理人员,建立了隐患排查治理考核奖惩制度,激励全员开展隐患排查治理。通过该系统的启用,极大地减少了管理过程的中间环节,同时员工绑定微信,实现隐患通知及时流转,整改完成后通过“随手拍”功能上传照片。便于随时查阅整改进度、即时督办,实现了隐患排查制度化、整改进度可视化、整改流程规范化、台账整理无纸化,提高了隐患治理效率,有效地杜绝各类事故发生。三是生产装置实现全面自动控制。涉及危险工艺的生产装置全部实现安全自动控制,控制系统集中于生产调度中心。对焦化装置、甲醇装置、综合罐区等重大危险源,定期进行安全检测检查,全方位进行监控,生产设备及重大危险源实现了生产装置ESD系统自动控制、自动停车和温度、压力、流量、液位等参数DCS控制自动调节及联锁保护。全厂所有重大危险源点全部安设气体泄漏报警装置,共计安设359处监测点,采取委托第三方监管运行的办法,充分发挥科学合理的监管作用。四是系统会诊和专项治理相结合。聘请化工行业和机电行业的专家开展专业化的安全管理服务,将技术难度大、容易出故障影响安全生产的装置实施技术承包,专项会诊有偿服务。对重点危险源装置定期开展专家查隐患活动,形成了定期会诊和排查治理隐患制度。在各类检查中,对发现的隐患问题实施内部挂牌督办机制,在督办期间挂钩单位绩效工资,确保问题100%整改。五是环保治理纳入常态工作落实。针对炼焦行业的气味、粉尘、冒烟等突出问题,以星级岗位竞赛考核为抓手,全面开展三个方面治理:确保设备见本色,创建无烟焦炉,打造无尘厂区。选择与专业研发机构合作,加大了烟气脱硫脱硝治理,率先在全国焦化行业实现了达标排放。厂区气味治理与济南钢铁化工公司合作,利用系统负压密封和收集处理;焦炉修补借鉴了马钢技术,在实践过程总结提升,转化为适宜盛隆公司自身的技术等。

六是实现二期项目合法生产经营。针对环保验收门槛加高,经过努力,二期 130 万吨焦化 15 万吨甲醇项目,先后完成了厂内的水、气、声、渣、放射源等各专业的治理。通过环保方面的投入,项目已符合验收条件,完成了项目环境现状影响评估工作,通过了专家审核,取得了环境竣工验收备案证书,二期项目已实现了合法生产经营。通过与地方政府积极协调,枣庄市已将制约公司发展的区域环评问题,列入市长重点督办事项。进入今年以来,在国家环保治理政策严厉的状况下,全年共迎接地方部门及以上环保检查 20 余次,由于环保工作扎实,盛隆公司没有减产、限产。

【生产和设备管理】 一是狠抓生产组织和调度管理。按照董事会制定的生产任务目标,年初将全年生产任务层层分解,严格考核兑现。坚持"合理、均衡、有序、高效"的原则,实现了生产组织更加科学,促进了生产管理水平提高。坚持调度闭合管理制度,按时认真组织召开生产调度会、协调会,及时解决生产中出现的问题,对各项工作任务采取"日调度,周分析,月总结"的考核方式,督促检查安排工作任务的落实完成情况。二是优化生产全过程工艺管理。完善了公司的生产技术、工艺操作等管理制度,按照制度严格执行。根据原料及库存情况,及时、合理调整配煤比例,在确保焦炭质量合格的前提下,尽量降低入炉煤成本。同时严抓焦炉操作管理,减少或杜绝塌煤现象发生,保证均匀生产。每天对煤炭、焦炭、化产品及时分析化验数据,针对异常指标或现象及时采取措施,努力提高化产品回收率。通过强化各项管理措施,使焦炉管理取得了进步,工艺控制更趋稳定。三是提高设备维护和操作管理。抓好设备的点巡检和维护保养力度,从设备的操作工到设备的维修工,做到操作认真、巡查仔细、维护到位,预防突发性故障,消除设备隐患;同时提高重要关键设备的检维修质量,保持设备的良好运行状态,延长设备的使用寿命,实现了生产设备安全、稳定、长周期运行。全年以一期甲醇压力容器检验、二期甲醇压力容器检验等项目为主线,分别在 2 月份、7 月份组织了全厂设备大修,为焦化、甲醇关键生产设备的稳定运行提供了有力保障,2016 年创出焦炭和甲醇生产历史最好水平。四是抓好重点技术改造项目。年初研究制定了技改计划和方案,落实责任单位、人员和完成时间,定期召开技改项目协调会,重点落实技术改造项目,2016 年共完成小改小革成果 30 余项,经济和社会效益显著。按照年度技改计划,重点技术改造项目得到稳步实施有序推进。用时短短 51 天,完成了二期焦炉预一粉、二粉、筛焦楼除尘设备改造。彻底解决了三处粉尘外溢扬尘问题,保证了二期项目环保评估工作的顺利通过;针对化产一期投用年限长的两台制冷机,制冷量逐年衰减,设备故障率上升的实际,经过技术和参数的比对分析,5 月份增配一台制冷机,满足了生产所需制冷量;利用 7 月份大修时间,对 1 号、2 号两台脱盐水站除氧水大多级泵变频器改造,保障了甲醇关键设备的正常运行;新增了一套氧气产量为 10000 立方米/小时的液氧汽化装置,解决了空分制约生产的瓶颈问题,满足了公司单套空分停车时的生产需要。

【经营管理】 2016 年,公司面对严峻的市场形势和前所未有的困难,不断开辟新市场、扩大市场覆盖面、抢占市场份额,实现了全年经济效益逆势增长。一是有效保证煤炭采购质量。坚持与大集团合作,取消贸易商及中间环节,确保享受到最优惠的采购价格,稳定供货渠道,保证煤炭质量。在煤炭行情低迷的情况下,减少采购量,尽量维持低库存。在市场上扬期,提前锁定低价订单,迅速调整加大煤炭库存量,最大限度的针对市场情况利用库存能力,降低经营风险。二是牢牢把控市场行情脉搏。面对严峻的市场形势,公司以市场为导向,及时走访、了解用户需求,针对不同客户的需求对产品结构进行了调整,生产准一级焦炭,丰富产品层次,满足不同客户需求。同时不断优化销售半径,适时调整生产经营策略,在市场起伏波动时期,坚持差异化生产、差异化销售方式,抢占市场份额,牢牢把控市场,实现利益最大化,确保了公司产、运、销基本平衡。三是不断创新营销运行方式。在煤价、焦炭价格上涨时,合理调整库存,通过调剂发货量,有效利用产品价格下行到上行转变的好时机,获取最佳经济效益。同时采取以货易货的贸易形式,向沙钢集团出售焦炭的同时,采购沙钢煤炭资源,并以焦炭换取煤炭的经营模式,减少资金占压。四是明确责任加大回款力度。在持续缩紧的困难融资环境下,积极采取多方式、多主体拓宽融资渠道,有效地缓解了资金压力。同时努力挖掘企业内部资金潜力,盘活存量资产,加快货款回收,将回款任务层层分解,责任到人,加大往来款清收、催收力度。加强资金管控,资金使用按计划统筹安排,提高了资金使用率。五是拓展新商机和市场空间。面对化工行业低速增长的趋势,通过下沉销售渠道,延伸销售市场向贸易渗透,在江苏张家港玖隆物流园注册设立了盟利达公司,重点开展煤炭焦炭及化产品物流贸易等业务。通过盟利达贸易公司平台走出去,特别是在2016上半年,在价格上行前外购4万吨焦炭,实现利润700万元,全年共通过盟利达对外贸易实现利润1560万元。另外,进一步拓展合作空间,与齐鲁能源合作,共同做大与日钢的焦炭业务,增加了话语权,争取到量价挂钩的最优政策,实现了效益增收。

【降本增效】 坚持全厂服从市场,生产服从销售,其他服从生产的原则,牢固树立"降本没有旁观者,增效没有局外人"的理念。从生产和经营的源头抓起,强化全员、全环节、全过程成本控制。坚持开展清仓利库、修旧利废、节支降耗、挖潜增效等活动。一是全员发动开展降本增效。公司制定了"降本增效"实施方案和相关文件、制度,通过全面梳理节约挖潜、降本增效项目,明确目标、明确措施、明确责任领导和责任人,明确推进时间节点,明确奖罚措施,明确跟踪督查考核机制,把降本增效指标细化到个人,形成人人有指标、有任务的责任机制,并将降本增效活动纳入班组日常管理工作中,与车间、班组二级经济责任制考核有机结合起来。二是建立降本目标考核机制。年初修订下发了《2016年经济责任制实施方案》,将各车间材料设备费用在2015年吨耗费用指标基础上分别降4%-14%考核,促使各车间从自身抓"降本节支、挖潜增效",严格控制生产成本,不断提升成本管理控制水平。三是深入开展加工自制工作。控制公司设备维修、零星工程等费用支出,提高内部检维修及自主施工能力,进一步降低生产成本,规范内部市场化结算管理,制订下发了《关于设备维修、内部工程自主实施管理办法》。在确保维修加工质量、保证生产所需的情况下,坚持"能修理的不外委,能自制的不外购,整台报废的利用部件,部件损坏的利用零件"的原则,鼓励各单位开展自主施工,减少不必要的外委费用。四是控制降低各类消耗费用。材料费用、修理费用、运输费用、财务费用等都比去年同期有了较大幅度的降低。设备材料费比上年同期下降4000余万元,修理费用比去年同期下降263万元,财务费用比去年同期下降760万元。水、电、蒸汽等分工段捆绑考核,吊车使用、工程车辆、空调维修等费用计量考核。通过放通焦改造等措施降低了铲车使用费用,全年预计工程车费用共计减少106万元。五是推行材料采购递降机制。通过对材料采购扩大招投标、优化客户群,来降低采购价格,实行每单对比递降机制,使公司材料配件综合采购价格比去年均降15%。对大型机组、核心的设备、关键部位的设备备件坚持原厂家采购,对化工原料、材料,坚持定产品不定厂家的方式,灵活运用采购机制,保证了产品质量,降低了采购成本。六是实行了内部市场化管理。对洗煤厂采用以生产洗煤为主、劳务承包为辅的多种经营创收形式,经过核算,在有效益时,开足马力保洗煤;在没有效益时,组织职工开展劳务承包。实行自主管理、独立核算、多劳多得、盈余结转、以丰补歉的综合结算模式,月度根据生产经营及劳务承包情况兑现当月职工收入。彻底改变了过去"吃大锅饭、旱涝保收"的弊端,减少了劳务外委费用,提高了企业人工成本效率。

【企业管理】 充分发挥混合所有制企业的独特优势,调动方方面面积极性,渡难关,保生存,求发展。一是广泛学先进提升内部管理。为提升做好薪酬管理、检维修人员考核工作,多次赴较有代表性的周边企业临沂恒昌焦化、沙钢集团进行了学习交流,开拓思路,取长补短,完善管理。特别是分批组织车间主任、班长到沙钢集团进行为期一周和一月的轮流跟班学习,进一步提升基层车间及班组管理基础。加强和规范劳动组织管理。根据自身实际,先后修改完善了《公司劳动组织管理规定》《员工劳动合同续签考核办法》《规范面部考勤的管理规定》等文件,制定了《管理人员动态考核细则》,进一步加强劳动组织管理和制度建设,实现了人事管理工作制度化、规范化、统一化、科学化。二是建立检维修人员考核题库。为提高检维修人员的学习积极性,促进检维修人员的业务技术水平,逐步实现检维修人员岗位考核、理论考试、实践操作相结合统一量化的技术等级考评管理办法。通过机电技管人员共同努力,建立了一整套检维修人员理论考试试题库,严格组织检维修人员的学习和考核。三是规避风险把握全过程管控。坚持了资金计划平衡会制度,对资金支出、销售价格、采购价格进行全过程管控。依照法规,采取措施,积极应对了有关经济合同纠纷,依法处理了企业维权诉讼案件,回收涉案金额114万元,最大限度地避免、挽回经济损失和社会诚信信誉。四是党群工作开展得有声有色。在抓好党建工作的基础上,还组织开展了"工人先锋号"创建,庆"三八"女职工岗位建功和庆"五一""五四"职工篮球比赛活动;并积极开展"送温暖、献爱心"困难职工走访慰问和夏季送清凉活动。

(杨金宇)

金马能源股份有限公司

【概况】 河南金马能源股份有限公司是河南省重要的能源化工生产基地，是由金马能源（香港）有限公司、马鞍山钢铁股份有限公司、江西萍钢实业股份有限公司和济源市金马兴业投资有限公司共同组建而成。公司位于济源市虎岭产业集聚区煤化工产业园，主营业务有炼焦、煤焦油加工、苯加工、煤气综合利用等，公司的焦炭生产技术位于同行业先进水平，焦炭质量超过同行业质量标准。截至2016年底，公司共有职工1300人，总资产20亿元。

【主要经营指标】 2016年，公司生产焦炭220万吨（干基209万吨），加工焦油17万吨，加工粗苯12万吨，外供煤气4亿立方米，氢气1.8亿立方米；全年实现产值35亿元，完成销售收入33亿元，实现利税4.4亿元。

【生产经营】 在生产方面：2016年是公司推进转型升级的攻坚之年，围绕安全、环保、质量和效益，狠抓生产稳定，持续挖潜增效，推进节能减排，提高产品质量和市场竞争力，不断加强队伍培养，持续完善文化建设，稳步推进企业发展，实现了公司"十三五"发展的良好开局，创造公司成立以来的最好成绩，圆满完成了2016年度任务目标。在经营方面：面对前半年焦化行业的严峻形势，公司积极开辟新市场，并保证了产销平衡。对于直销化产品，公司严格按照环保局的相关要求，选择具备环保资质的客户，以合适的市场价位销售产品，确保低库存量。

【股改重组工作】 2016年8月3日，公司顺利完成股改工作，正式更名为"河南金马能源股份有限公司"。2016年9月，公司正式启动金马项目工作，各项工作按计划有序开展。

【节能环保】 2016年下半年，公司焦炉烟道脱硫脱硝项目全部建成投入使用，并运行正常，保证了焦炉污染物的达标排放。在新项目环保验收方面，完成了3号、4号焦炉干熄焦项目和酚氰废水深度处理及回用项目的环保竣工验收工作，并于2016年6月6日取得了环保竣工验收批复。

【工程建设】 金瑞能源1亿立方米/年液化天然气项目于2016年9月27日奠基。金瑞燃气加气站项目，已完成备案、安评、环评工作，其他筹建工作稳步推进。金马能源5亿立方米/年焦粒制气项目已完成备案、安评、环评工作，为2017年的建设投运打下了良好基础。

【荣誉】 2016年6月，公司荣获"济源市先进党（工）委"的荣誉称号；9月，荣获"安全生产标准化三级企业"的荣誉称号；11月，荣获非公有制经济组织、社会组织工会"规范化建设示范点"荣誉称号。2016年11月8日，"2016河南民营企业100强""2016河南民营企业制造业100强""2016河南民营企业纳税100强"发布，公司分别位列第37位、第29位、第37位。2016年，公司荣获"纳税贡献奖"荣誉称号。

（杨金宇）

上海大宗钢铁电子交易中心有限公司

【主要经营指标】 2016年，实现交易量3390万吨，比上年下降4%；交易额893亿元，比上年上涨15%；实物交收63万吨，比上年大幅增加80%左右；新增客户328家，累计客户超过10156家；微信用户数9800家，比上年增加3500家；全年利润总额2582.87万元，比上年增加157%。

【生产经营】 2016年，在下游需求没有出现明显回升的背景下，热卷价格出现大幅上涨，从2015年底最低的1700元/吨，到2016年11月11日最高的3450元/吨，涨幅超过100%，焦煤、焦炭和铁矿石期货价格涨幅更是惊人。上半年公司平台开户数量出现明显回升，成交量有所放大。极端行情对平台风控提出严峻挑战，公司适时调整保证金水平和涨跌限幅，沉着应对，没有出现一起风险事故。在此过程中，上海大宗作为"现货之锚"，对市场走势起到了很好的引导作用，及时化解市场风险。SSEC企业诚信度和品牌美誉度进一步提升。

【市场营销】 2016年6月15日，在时隔一年后，公司推出第四个区域专场——天津专场，其他三个区域专场分别为：山东临沂专场、广东佛山专场和浙江宁波专场。服务商的综合素质是影响专场业务发展的重要因素，在认真总结过去专场业务经验的基础上，公司进一步加大对服务商识别、甄选的重视程度，放慢专场业务扩展节奏，做到条件成熟一个推一个，避免盲目扩张。天津专场上线以来运营良好，有效激活华北区域市场，对天津周边地区形成良好的辐射作用。

【系统升级】 历经一年左右的集中开发和反复

测试,公司按照计划,于2016年9月1日上线全新交易系统,运行平稳,没有出现明显问题。新系统由上海期货交易所提供核心技术,在交易撮合、响应速度、数据处理、结算效率等方面都有明显提升,给客户带来全新交易体验。新系统同时具备高扩展性,通过增加模块组件,实现系统功能扩展,为公司后续业务创新奠定了坚实的技术基础。

【新增交收品牌】 上海大宗十年来以热卷品种为主要交易标的,而近两年来,主流钢厂都在进行产品升级,冷轧生产线纷纷推出,热卷市场流通规模相对减少。除拓展新品种外,增加新交收品牌,无疑也是一个重要选项。经过大量市场调研和客户走访,沧州中铁装备和唐山燕钢的产品的市场占有率逐渐提升,流通规模不断扩大。根据征询发布流程,公司于2016年1月和11月,分别增加上述两个交收品牌,以期扩大可交易标的现货规模。为平衡买方利益,对新品牌设置了一定的价格贴水。

【税务营改增】 根据税务部门相关要求,公司于2016年5月全面推进营业税向增值税的过渡切换工作。一个月的时间完成客户开票信息收集、整理和存档,对新开户企业,公司要求必须提供开票资料,同时在公司内部建立严密的增值税发票管理办法和工作流程,确保客户第一时间拿到手续费的增值税发票。半年来相关工作进展顺利,未出现一起纠纷投诉。

(吴定康)

马钢奥瑟亚化工有限公司

【主要技术经济指标】 2016年,公司生产总值达11908万元,销售额9630万元,投产当年实现利润9.8万元。

【生产组织】 2016年9月,马钢奥瑟亚化工有限公司正式竣工投产。试生产期间,公司克服生产与检修任务重、产品质量要求高、客户需求变化快、新员工生产操作经验不足等一系列困难,加强生产组织管理,加强员工的教育和培训,保证了生产秩序的稳定和生产经营的平稳运行。下半年,由于国际市场沥青价格上涨,公司加大焦油处理量,提高改质沥青生产比例,从而提高改质沥青产量,并保证产品质量满足客户要求,实现产品效益最大化。

【设备管理】 2016年,设备运行状况总体较为平稳,但设备处于运行初期,属于故障多发期,故障主要集中在离心泵机械密封泄漏、管道泄漏等,生产工务和设备管理人员,加强设备点检、检修消缺和改造,为生产的平稳运行保驾护航。后期将持续推进全员规范化设备管理,实现设备点检、检修流程优化,明确检修安全、质量责任,持续推动设备技术改造升级,确保全厂设备稳定正常运行,提升设备系统综合运行效率。

【安全管理】 公司贯彻安全生产各项法律法规、标准规范和文件要求,坚持“安全第一、预防为主、综合治理”的方针,结合化工行业特点和工作实际,建立健全安全管理机构,健全和完善安全生产责任制和各项安全生产规章制度,全面落实各级安全生产管理责任。所有安全管理人员、特种设备操作人员均经过培训取证上岗,所有操作人员经过三级安全教育培训、安全规章制度培训、操作规程培训、消防培训、应急培训等,考核合格后上岗。公司、分厂及班组定期召开安全会议,开展安全检查、安全隐患排查治理以及应急预案演练活动。自开工投产以来,公司取得了较好的安全生产效果。

【市场营销】 加强市场研判,积极联络沟通客户,迅速打开营销渠道,准确把握市场动态,不但保证了原料焦油的充足供应,更让产品销售工作开展得如火如荼。在短短的三个多月时间里,公司处理焦油6万多吨,生产改质沥青近3万吨,蒽油1.5万余吨,炭黑油1万余吨,工业萘7000余吨,洗油、酚油、轻油等其他小产品数千吨不等。销售工作同步进行,除去原料与产品库存近2万吨外,外销产品实现销售收入9600万元,远远超过投产初期的销售目标,并为公司未来发展规划打下坚实基础。

【职工队伍建设】 2016年,公司新增员工80余人,通过马钢煤焦化公司的技术服务人员对新员工进行理论知识及生产实践经验传授,保障了生产正常运行,实现了职工队伍的平稳过渡。此外,公司还多次安排实验室和生产技术人员,赴韩国光阳工厂及山东奥瑟亚工厂进行技术培训,并且对新进厂的生产、工务和检验岗位人员在公司内部开展岗位培训,并在投产前完成了安全管理和特种作业人员的培训和持证上岗。2016年底,公司组建了工会和党支部,民主选举产生了职工代表和工会主席,并评选出市劳动模范1人。

【企业管理】 2016年,公司初步建立了企业管理体系,编制了《企业管理手册》,共颁布100余件管理规定和办法,使得企业管理基础工作制度化和规范化。

(钟小庆)

马钢共昌联合轧辊有限公司

【主要经营指标】 2016年，销售轧辊36支、1193.98吨，实现轧辊销售收入2352.18万元。其中销售马钢18支，出口8支，国内销售10支。此外余料回收实现销售收入190.41万元，外协加工服务实现销售收入221.18万元。全年共实现营业收入2763.77万元，利润252.38万元，实现扭亏。安全生产情况良好。

【生产经营】 2016年7月20日，公司实施混合所有制模式，引入了新股东——江苏共昌公司，进行了股权重组，实现了国有资本、民营资本、境外资本交叉持股、混合经营的新局面。随后借助股东方江苏共昌公司的市场影响力，支承辊订单及加工服务订单迅速增加，全面提高设备开动率，产量不断创造新高，产量由原来的200吨/月提升到800吨/月左右。

【市场开拓】 针对公司上半年存在明显订单不足的情况，公司加强市场开拓力度，组织技术及销售团队前往韩国浦项、印度塔塔、首钢集团、河南安阳钢铁、山东日照钢铁、浙江宁波钢铁、北海诚德集团等国内外知名大型钢铁企业，有针对性地对国内外大型支承辊使用单位进行技术交流和产品推广，并取得显著效果，8-12月份5个月新增合同4389万元。

【财务管理】 加强效益测算，为实现盈利，积极预测，从成本角度加以分析，从经营角度加以管控，严控非生产性支出，利用设备抵债而后租回的交易行为，实行融资租赁，调整了财务结构。加强资金安全管理，在应收款下降的同时，确保汇票安全兑付。

【技术质量】 支承辊新材质DH15从技术评审阶段进入投料生产阶段，该材质的应用条件得到充分验证，进一步拓展了产品的性能范围；加强企业知识产权工作，全年申报专利3项并已被国家知识产权局受理；全面推广实心支承辊制造工艺，缩短了工艺流程时间，满足了客户对实心支承辊的需求，同时修订了轧辊精车余量，极大地提高了加工磨削工效。

（田伟亮）

·境外公司·

马钢（香港）有限公司

【主要经营指标】 2016年，实现营业收入41.30亿港元，比上年减少18.76亿港元。其中铁矿和煤融资22.78亿港元、钢材出口融资10.9亿港元。进口矿煤在融资费用上（按与国内各银行给马钢优惠后的同期融资利率比较）为公司节约融资成本770万人民币。全年实现税前利润2760.6万港元，净利润2410万港元。

【生产经营】 2016年，公司钢材合同签约量13.45万吨，合同总金额5336.86万美元；装运量12.02万吨，全年装运金额总计为5108.47万美元。合同签约量和装运量同比增加78%和65%。其中H型钢全年签约量11.95万吨，装运量10.51万吨，比上年增长58%和45%；首次出口到东南亚市场线材和热卷数量15000吨。2016年，在马钢股份公司计财部的统一部署下实施出口钢材融资业务，配合销售公司在香港公司NRA账户销售公司钢材约49万吨，出口钢材融资额1.4亿美元。2016年，由于境外离岸人民币利率上升及受境外中资银行的授信政策制约，香港公司进口矿融资规模明显下降，公司通过转开证形式共进口506万吨铁矿石和焦煤，融资总额为22.78亿港元，2016年度融资进口数量和金额比上年下降57%和54%。全年平均融资利率为3.7331%。与此同时，股份公司采购中心为了支持香港的多元化业务，委托香港公司签订了5船COA运输合同，COA合同执行情况良好。

（俞　斌）

马钢（韩国）事务所

【主要经营指标】 2016年，实现营业收入45.58万美元，折合人民币约314.5万元，全部为销售马钢钢材的佣金收入；利润总额为176.18万元。

【生产经营】 合同签约量（3-12月份）129600吨，合同金额5824万美元。合同实际装运量（5-12月份）8.82万吨，开发新客户12家，实际装运金额3860

万美元。所有实际装运合同及时结汇,没有发生任何资金风险。协助公司快速通过KS认证。开辟了焦化产品、炉渣矿粉及副产品的出口渠道。

(俞　斌)

马钢(澳大利亚)有限公司

【主要经营指标】　2016年,实现销售收入4962万澳元,税前利润673万澳元。

【经营管理】　制订了澳洲公司合营企业业务托管期间运营方案和实施细则并报公司领导批准,确定了托管运营的业务范围和模式、运营负责人和监管人的职责分工、风险防控和运营保障,增加了大额支付审批和月度支付确认等内部管理手续,使托管业务顺利交接,公司业务正常进行。

(俞　斌)

德国MG贸易发展有限公司

【主要经营指标】　2016年,完成贸易额1570.26万欧元,实现税前利润47.6万欧元。

【生产经营】　2016年,经过舒驰公司试用、使用实践,马钢相关产品均已通过了舒驰德国本部的认证许可。积极落实国内相关的引智需求。全年接待公司出访团组5批,22人次。

【备品备件采购】　全年累计签订销售合同49份,总金额216.4万欧元,比上年增长15.41%;累计发货55批,实现销售收入300.23万欧元,比上年增长71%。8月份应邀首次参加马钢招标中心的招标,中标四钢轧总厂进口钢丝绳采购标。

(俞　斌)

马钢(美洲)有限公司

【主要经营指标】　2016年1月,公司在美国新泽西州注册成立,2016年8月正式运营,配合本部实现销售轮轴产品2万余件,配合本部实现销售其他钢材产品7万余吨,新开发美洲客户5家,完成轮轴产品试单销售1245件,试单销售收入59.34万美元,利润1.834万美元。

【生产经营】　开拓轮轴产品市场和美洲客车轮市场。并与五矿美国公司协商联合投标一项大型楼宇钢构项目。与其中一家客户多次洽谈,形成了新的“全覆盖式预付押金”商业模式,双方紧密联系形成“双赢共同体”。客户服务方面,妥善处理了一例美国市场的机车轮质量异议。

(俞　斌)

统计资料

马钢年鉴

MAGANG NIANJIAN

2016年马钢集团统计资料

主要指标完成情况

表1

指标名称	单位	本年实际		
		本年实际值	子项	母项
一、工业产值				
新产品产值	万元	313312		
二、主要产品产量				
铁矿石原矿	吨	22184438		
铁矿石成品矿	吨	7288593		
烧结铁矿	吨	24508434		
球团铁矿	吨	5990256		
生铁	吨	17641721		
粗钢	吨	18626316		
钢材	吨	17673871		
焦炭	吨	4409602		
耐火材料制品	吨	64373		
企业自发电量	万千瓦小时	628125		
钢丝	吨	75503		
三、销售及库存				
钢材销售量	吨	17607543		
钢材库存量	吨	263990		
钢坯销售量	吨	195263		
钢坯库存量	吨	206605		
产品销售率(实物)	%	99.62	17607543	17673871
产品销售率(价值)	%	99.65	4420667	4436104
四、产品质量及物耗				
生铁一级品率	%	61.05	10259781	16805251
炼铁原料矿石消耗	千克/吨	1640.52	27569311290	16805251
综合焦比	千克/吨	491.05	8252291570	16805251
喷煤比	千克/吨	135.09	2270141540	16805251
粗钢钢铁料消耗	千克/吨	1063.24	19804262230	18626316
转炉炉衬寿命	炉	14038.73		
电炉冶炼综合电耗	千瓦时/吨	376.89	191050000	506918
钢材质量等级品率	%	123.31	21836954	17709616
钢材质量优等品率	%	61.69	10925566	17709616
锭坯至材综合成材率	%	96.22	17736052	18433078

续表1

指标名称	单位	本年实际		
		本年实际值	子项	母项
五、能耗				
能源消耗总量	万吨标煤	1209.82		
万元产值能耗	吨标煤/万元	2.7	12098176	4486162
吨钢综合能耗	千克标煤/吨	649.52	12098176000	18626316
吨钢可比能耗	千克标煤/吨	556.51	10365783372	18626316
吨钢耗新水	立方米/吨	3.44	64060334	18626316
六、劳动工资				
全部从业人员劳动生产率	元/人·年	1013844.78	44861617600	44249
年末全部从业人员	人	42209		
全部从业人员平均人数	人	44249		
全部从业人员工资总额	万元	276616		
七、固定资产投资				
本年固定资产投资完成额	万元	308532		
八、安全环保				
千人负伤率	‰	1.24	55	44249
千人工亡率	‰	0.02	1	44249
死亡人数	人	1		
工业废水排放处理率	%	100	1442844000	1442844000
工业废气排放处理率	%	100	386362117630	386362117630
污染物综合排放合格率	%	99.35	307	309
九、外经外贸				
出口创汇率	%	7.74	342267	4420667
钢铁产品出口额	万美元	51545		
其中:钢材	万美元	51545		
钢铁产品出口量	吨	1220296		
其中:钢材	吨	1220296		

(朱　宁)

主要产品生产能力

表2

指标名称	单位	年初生产能力	本年新增能力			本年减少能力	年末生产能力
			本年新增能力合计	新建增加	其他增加		
黑色金属矿采选							
铁矿石开采能力	万吨/年	2010.00	241.00	241.00			2251.00
铁矿石选矿处理原矿能力	万吨/年	2060.00	341.00	341.00			2401.00
人造块矿							
烧结铁矿	万吨/年	2763.00	385.00	385.00		230.00	2918.00
球团铁矿	万吨/年	695.00					695.00
炼铁产品							
生铁	万吨/年	1904.00	270.00	270.00		182.00	1992.00
粗钢	万吨/年	2568.00				205.50	2362.50
转炉钢	万吨/年	2452.50				200.00	2252.50
电炉钢	万吨/年	115.50				5.50	110.00
连铸坯	万吨/年	2713.00				353.00	2360.00
方坯	万吨/年	963.00				210.00	753.00
矩形坯	万吨/年	100.00					100.00
板坯	万吨/年	1331.00				143.00	1188.00
圆坯	万吨/年	118.00					118.00
异型坯	万吨/年	201.00					201.00
钢材生产能力	万吨/年	2317.00	12.00		12.00	202.00	2127.00
热轧钢材	万吨/年	1760.00	12.00		12.00	190.00	1582.00
铁道用钢材	万吨/年	32.00					32.00
热轧大型型钢	万吨/年	252.00					252.00
其中:H 型钢	万吨/年	187.00					187.00
热轧中小型型钢	万吨/年	42.00					42.00
热轧棒材	万吨/年	111.00				33.00	78.00
热轧钢筋	万吨/年	658.00				47.00	611.00
线材(盘条)	万吨/年	191.00				70.00	121.00
其中:高速线材	万吨/年	191.00				70.00	121.00
热轧中板	万吨/年	110.00					110.00
热轧中厚宽钢带	万吨/年	324.00	12.00		12.00		336.00
热轧窄钢带	万吨/年	40.00				40.00	
冷轧(拔)钢材	万吨/年	402.00				12.00	390.00
冷轧薄宽钢带	万吨/年	343.00				12.00	331.00
冷轧电工钢板(带)	万吨/年	59.00					59.00
镀涂层板(带)	万吨/年	155.00					155.00
镀层板(带)	万吨/年	125.00					125.00
其中:镀锌板(带)	万吨/年	125.00					125.00
热镀锌板(带)	万吨/年	125.00					125.00
涂层板(带)	万吨/年	30.00					30.00
焦炭	万吨/年	510.00					510.00
机焦	万吨/年	510.00					510.00
耐火材料制品总计	吨/年	171000.00					171000.00
致密定型耐火制品	吨/年	35000.00					35000.00
不定型耐火制品	吨/年	136000.00					136000.00

（朱　宁）

固定资产投资完成情况

表3　　　　单位:万元

项目名称	开工年月	建成投产年月	计划总投资	自开始建设至本年底累计完成投资	本年完成投资：完成投资合计	按构成分：建筑工程	安装工程	设备购置	其它费用	本年固定资产投资资金来源：国内贷款	自筹资金
合计			2596756	1731644	308532	62627	44598	182092	19215	39426	274362
50-3000万元项目小计	201201	201612	139905	102315	54773	13479	6521	31512	3261		55640
和尚桥铁矿	200808	201312	185000	184827	548	450			98		548
白象山铁矿	200603	201212	108000	118778	11404	8491		1766	1147		11404
马钢(合肥)钢铁公司环保搬迁项目	201102		1378700	676676	117320	22897	21441	62725	10257		120000
煤焦化公司苯加氢工程	201004		32000	28021							
高速车轮用钢(电炉)工程	201005	201112	255400	299078	52			32	20		100
马钢硅钢二期技术改造工程	201108	201309	149000	111207	3263	237		3026			3300
电炉厂合金棒材精整生产线工程	201205		22480	9408	1447	455		904	88		1500
车轮公司新建精品车轮加工检测线改造	201009		8960	6458	78	78					100
技术中心高速车轮用钢试验系统建设工程	201105	201212	5000	3456							
技术中心理化检验一站改造系统	201201	201212	3000	792	14			4	10		20
煤焦化煤调湿工程	201001	201205	5400	5078	10			10			10
马钢5号、6号焦炉装煤出焦除尘工程	201001	201207	5000	4680							
煤焦化公司新区(2014)全熄干熄焦工程	201410		15000	8898	295	19		187	89		300
煤焦化公司5号焦炉大修工程	201504		15000	13145	11646	1900	289	9151	306		12000
铁运公司车辆特修库改造	201206		5000	3608							
铁运公司铁水第二运输通道工程	201401		6941	4156	402	147	52	6	197		410
新区结构调整总图运输系统配套	201105		4099	1359							
二铁总厂2号烧结机烟气脱硫工程	201504		5800	4592	4592	1384		3075	133		4600
二铁总厂1号、2号竖炉大修改造工程	201401		6051	3390	1911	1447		354	110		2000
三铁总厂B号烧结机烟气脱硫工程	201312		4800	4012	2507		170	2329	8		2650
三铁总厂链篦机-回转窑烟气脱硫工程	201406		3600	1195	21				21		30
二钢轧总厂型材生产线技术升级改造项目	201511		4000	156	156	88		68			180
三钢轧总厂高线改造工程	201502		11800	8879	8			8			10
四钢轧新增重卷检查线工程	201409	201508	10000	10495	5259	871		4039	349		5300
冷轧总厂新增电解脱脂机组工程	201508	201605	8000	4764	3611	192	607	2812			3800
冷轧板新增重卷生产线	201409		10000	23	23				23		30
一能源总厂能源管理中心建设工程	201107	201301	9090	9007							
热电总厂135兆瓦机组锅炉烟气脱硫治理	201405		4400	876							
热电总厂老区煤粉炉烟气脱硫脱硝工程	201506	201512	8000	7985	3167	1266		1834	67		3200
仓储配送中心进口矿烘烤筛分工程	201401		3100	3038	2228	1546	168	495	19		2300
马钢高端汽车零部件用特殊钢棒线材深加工项目	201603	201607	6000	2465	2465	2186	110	154	15		2500
马钢新区后期结构调整信息化改造工程	201203		3200	2100							
二铁3号高炉大修改造	201610		9000	6468	6468		468	4000	2000		6500
热电总厂老区升压站改造	201101	201606	3000	2824	59	59					60
马钢(合肥)板材连续镀锌线项目	201409	201706	132030	66435	66435	3360	12407	49791	877	39426	27500
长江钢铁2号高炉改造项目	201512	201604	4000	4000	1370	841	305	200	24		1370
长江钢铁余能综合利用项目	201512	201605	7000	7000	7000	1234	2060	3610	96		7000

(朱　宁)

2016 年年底保有的地质储量及三级矿量

表 4

矿山或矿区名称	露天或坑下	矿石种类	基础储量			基础储量其中：储量			资源量			查明保有资源储量			质量情况
			矿量（万吨）	金属量（万吨）	品位（%）	矿量（万吨）	金属量（万吨）	品位（%）	矿量（万吨）	金属量（万吨）	品位（%）	矿量（万吨）	金属量（万吨）	品位（%）	
铁矿合计			34721.37	11171.61	32.18	22987.5	7062.95	30.73	71535.65	20069.33	28.06	106257.02	31240.94	29.4	
高村	露天	铁矿	6125.1	1416.12	23.12	5794.34	1267.22	21.87	22399.79	4495.64	20.07	28524.89	5911.76	20.72	S:0.77%、P:0.14%、V_2O_5:0.03%
和尚桥	露天	铁矿	975.08	240.45	24.66	926.33	217.04	23.43	14556.19	3021.87	20.76	15531.27	3262.32	21	S:4.96%、P:0.06%、V_2O_5:0.07%
凹山	露天	铁矿	4.2	1.15	27.38	3.99	1.04	26.07	1384.82	389.41	28.12	1389.02	390.56	28.12	S:0.98%、P:0.55%、V_2O_5:0.024%
和睦山	坑下	铁矿	718.92	289.22	40.23				1536.98	591.74	38.5	2255.9	880.96	39.05	
姑山	露天	铁矿	552.79	245.99	44.5	174.76	68.84	39.39	7457.76	3108.39	41.68	8010.55	3354.38	41.87	
罗河铁矿	坑下	铁矿	9543.92	3340.37	35	8112.3	2839.31	35	23552	8243.2	35	33095.92	11583.57	35	
长龙山铁矿	坑下	铁矿	142.8	59.04	41.34				51.11	22.91	44.82	193.91	81.95	42.26	
张庄铁矿	坑下	磁铁矿	16658.56	5579.27	33.49	7975.78	2669.5	33.47	597	196.17	32.86	17255.56	5775.44	33.47	

矿山或矿区名称	开拓矿量				采准矿量				备采矿量				累计亏欠量		年底存储矿量	
	矿量（万吨）	金属量（万吨）	品位（%）	月数	矿量（万吨）	金属量（万吨）	品位（%）	月数	矿量（万吨）	金属量（万吨）	品位（%）	月数	掘进（米）	剥离（万吨）	合计	其中：永久不能放的
高村	3073.3	710.55	23.12	4.39					369.8	74.22	20.07	6.3				
和尚桥	4498.3	1109.28	24.66	9					200.8	41.69	20.76	4.8				
和睦山	754	303.33	40.23	80	70	28.16	40.23	7.5	38	14.63	38.5	4				
姑山	60.7	27.01	44.5	16	23	10.24	44.52	6	3.9	1.63	41.79	1				
罗河铁矿	3500	1479.45	42.27	46	443.4	158.29	35.7	17	375.3	158.75	42.3	15				
长龙山铁矿	93.33	32.48	34.8	22.4	91.18	38.57	42.3	21.88	62.24	22.89	36.78	14.94				
张庄铁矿	1590	516.75	32.5	38.16	242	79.38	32.8	5.808	160	52.88	33.05	3.84	3903	19.01		

（朱 宁）

科技活动情况

表5

指标名称	单位	本年实际	指标名称	单位	本年实际
一、研发人员情况			期末仪器和设备原价	万元	62044
研发人员合计	人	4942	其中:进口	万元	26457
其中:女性	人	577	**四、研发产出及相关情况**		
其中:全职人员	人	2287	(一)自主知识产权情况		
其中:本科毕业及以上人员	人	3693	当年专利申请受理数	件	314
二、研发经费情况			其中:发明专利	件	155
研发经费支出合计	万元	194104	期末有效发明专利数	件	431
其中:使用来自政府部门的研发资金	万元	4886	其中:境外授权	件	
(一)企业内部的日常研发经费支出	万元	177775	其中:已被实施	件	315
人员人工费(包含各种补贴)	万元	52229	专利所有权转让及许可数	件	4
原材料费	万元	105838	专利所有权转让及许可收入	万元	
折旧费用与长期费用摊销	万元	8989	(二)新产品生产及销售情况		
无形资产摊销	万元	1899	新产品产值	万元	683111
其他费用	万元	8820	新产品销售收入	万元	681299
(二)当年形成用于研发的固定资产支出	万元	12351	其中:出口	万元	40122
其中:仪器和设备	万元	11159	(三)其他情况		
(三)委托外单位开展研发的经费支出	万元	3978	发表科技论文	篇	266
其中:对境内研究机构支出	万元	1233	期末拥有注册商标	件	69
对境内高等学校支出	万元	692	其中:境外注册	件	3
对境内企业支出	万元	773	形成国家或行业标准	项	4
对境外支出	万元	1280	**五、其他相关情况**		
三、企业办(境内)研发机构情况			(一)政府相关政策落实情况		
期末机构数	个	9	研究开发费用加计扣除减免税	万元	5862
机构人员合计	人	1109	高新技术企业减免税	万元	588
其中:博士毕业	人	23	(二)技术获取和技术改造情况		
硕士毕业	人	267	引进境外技术经费支出	万元	
本科毕业	人	819	引进境外技术的消化吸收经费支出	万元	
机构经费支出	万元	106149	购买境内技术经费支出	万元	365
机构承担研发项目数	项		技术改造经费支出	万元	218551

(朱　宁)

劳动工资统计

表 6

指　　标	单位	两公司	集团公司	股份公司
在册年末职工人数	人	45123	16298	28825
其中:在岗职工	人	42209	15155	27054
在册职工年平均人数	人	46163	16044	30119
其中:在岗职工	人	44249	15239	29010
在册职工工资总额	万元	281103.75	98051	183052.35
其中:在册年平均工资	元	60894	61114	60776
在岗职工工资总额	万元	276616	95923	180693.06
其中:在岗年平均工资	元	62513	62945	62286

（李光进）

专业技术职称构成情况

表7　　单位:人

级别 专业	专业比例	总计			高级职称			中级职称			初级职称		
		集团公司	股份公司	合计	集团公司	股份公司	合计	集团公司	股份公司	合计	集团公司	股份公司	合计
工程	68.5%	2389	3182	5571	857	769	1626	763	969	1732	769	1444	2213
教育	3.5%	279	5	284	51	1	52	116	2	118	112	2	114
财会	5.1%	197	215	412	24	20	44	84	97	181	89	98	187
经济	6.7%	278	271	549	18	10	28	160	159	319	100	102	202
政工	13.8%	592	527	1119	174	87	261	244	246	490	174	194	368
其他	2.5%	113	88	201	9	7	16	70	53	123	34	28	62
合计	100%	3848	4288	8136	1133	894	2027	1437	1526	2963	1278	1868	3146

(张志斌)

人物

马钢年鉴

MAGANG NIANJIAN

2016年马钢先进人物

安徽省劳动模范

丁　晖

李明军

程　鹏

胡文华

钟凛

（工　会）

安徽省“五一”劳动奖章获得者

程　鹏

（工　会）

市厅级劳动模范

杨　骏

（工　会）

马鞍山市劳动模范

王光亚

唐宿元

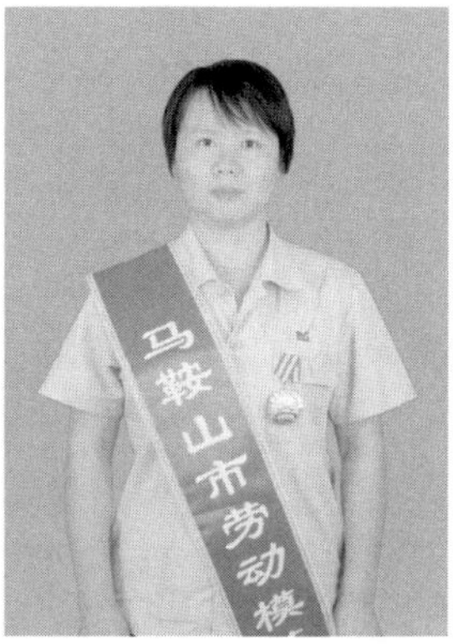

袁　苑

邓南阳

查　飞

江　斌

袁军芳

党红纲

王绍平

（工　会）

六安市劳动模范

朱开桂

(工　会)

马钢劳动模范

金　翔

陈文峰(女)

王东戈

胡芳忠

黄　诚

蒋　裕

高　鹏

赵海山

张文满

黄 健

程德利

王 浩

陈学峰

徐安东

林震源

张 华

程建国

尹道明

陈培树

荣 健

陈卫东

庞樽乾

（工　会）

2016年马钢名录

马钢(集团)控股有限公司中层以上管理人员名录

公司领导

董事长、党委书记　高海建

总经理、党委副书记　丁　毅

董　事　高海建

丁　毅

杨　阳

陈冬生

钱海帆

陆克从

副总经理　杨　阳

苏世怀

唐琪明

陈昭启

蒋育翔

严　华

任天宝

工会主席　张晓峰

纪委书记　陈冬生

党委常委　高海建

丁　毅

杨　阳

张晓峰

陈冬生

蒋育翔

钱海帆

陆克从(8月任职)

严　华(8月任职)

总工程师　苏世怀

总会计师　陈昭启

总法律顾问　蒋育翔

副总会计师　张乾春

办公室(党委办公室)

主　任　许　洲(4月离任)

邓宋高(4月由股份公司采购中心调任)

副主任　郝　军

张卫明(4月离任)

曹玉龙(4月由股份公司采购中心提任)

信访办主任　郝　军

档案处主任　查满林

住房公积金分中心主任　陈伟革

党委工作部(团委,机关党委)

部长、机关党委书记　葛凤鸣(4月改任调研员)

王东海(4月提任)

副部长　王东海(4月离任)

朱春喜

机关党委副书记　王东海(4月离任)

机关工会主席　朱春喜

团委副书记、机关纪委书记　杨智勇

党委宣传部

部长　于　进

副部长　杨子江

纪委(监察审计部)

副书记、部长　毛文明

副部长　方金荣(公司中层正职)

办公室主任　徐小苗

信访检查室主任　毛文明(兼)

审计室主任　秦学志

公司党委巡察工作办公室(2月设立)

主　任　毛文明

巡察员　李　军(3月由股份公司煤焦化公司调任)

副巡察员　王双抢(2月由冶金建设公司调任)

陈　晋(2月由股份公司四钢轧总厂调任)

郑晓明(4月由股份公司彩涂

　　　　　　　　　　　　　板事业部调任)
　　　　　　　　　　汪根祥(1月由股份公司轮轴事业部调任)
　　　　　　　　　　李悦社(2月由设备检修公司调任)

工　会
主　席　张晓峰
副主席　胡晓梅(女)
经济工作部部长　王卫东
生活保险部部长　胡晓梅(兼,4月离任)

企业管理部
经　理　张吾胜
副经理　王　谦
　　　　王东峰

人力资源部
经　理　李　博
副经理　唐叶来
　　　　许延平
　　　　何　军

人力资源服务中心(5月设立)
主　任　李　博(6月任职)
副主任　赵鲁卿(11月由股份公司四钢轧总厂提任)

行政事务部
经　理　张　艳(女)
副经理　于　颖(女)

法律事务部
副经理　郭　斐(4月主持工作)

安全生产管理部
经　理　王世发
副经理　刘德华
　　　　丁伯埙

能源环保部
经　理　汪为民
副经理　曹曲泉(6月离任)

财务部
经　理　张乾春(兼)
副经理　冯为民
　　　　乐志海(4月提任)

工程管理部
经　理　崔代宝
副经理　洪　伟
　　　　徐风雷
　　　　连　炜

资本运营部
经　理　王文忠
副经理　诰盛中
　　　　万恩三

科技管理部
经　理　乌力平(兼,1月离任)
　　　　张　建(1月由股份公司技术中心调任)
副经理　奚　铁(主持工作,1月改任助理调研员)
　　　　朱伦才(公司中层正职,1月任职,4月离任)
　　　　殷朝海
　　　　崔银会

海外事业管理部
经　理　叶　毅
副经理　张卫明(4月由公司办公室调任)

外事办
主　任　叶　毅
副主任　陈　东(4月任职)

矿业公司
董事长　杨　阳(兼)
党委书记、总经理(法人代表)　王文潇
副总经理　赖永兵
　　　　　任文田
　　　　　李　雷
纪委书记、工会主席、监事会主席　张　踪

南山矿业公司
经理、党委副书记　朱青山
党委书记　李生玉
纪委书记、工会主席　王建军
副经理　李生玉(兼)
　　　　彭　中
　　　　王维勤
　　　　汪令松

姑山矿业公司
经理、党委书记　李大培
纪委书记、工会主席　何　军
副经理　奚树才
　　　　王文景
　　　　陈　轲

桃冲矿业公司

经理、党委书记　许如亭
党委副书记、纪委书记、工会主席　钟先进
副经理　邓付古
　冯志刚

罗河矿业公司

董事长、总经理　徐泰松
党委书记　徐泰松(4月任职)
党委副书记、纪委书记　潘浩峰(4月任职)
党总支书记　潘浩峰(4月离任)
副总经理　潘浩峰
　吴新义
　王宏喜
财务总监　潘浩峰

张庄矿业公司

执行董事、总经理、党支部书记　张　华
副总经理　朱开桂
　李　东

工程技术集团

董事长　任天宝(兼)
党委书记、总经理(法人代表)　夏会明
党委副书记、纪委书记、工会主席　陈　红(女,1月改任调研员)
　许　洲(4月由公司办公室调任)
监事会主席　陈　红(1月离任)
副总经理　方正芳(1月改任调研员)
　许　洲(4月由公司办公室调任)
　程建国
　吴芳敏
　陈孝文
　张宏亮(2月离任)
　徐尚华(1月免职)
　张平远
总工程师　方正芳(1月离任)
　陶明华(2月任职)
财务总监　吴浩波
职工监事　石玉军

工程技术集团设计研究院

院长、党委副书记　方正芳(1月改任调研员)
　陈孝文(6月提任)
党委书记　陈孝文(公司中层副职,6月离任)
　许　洲(6月任职)
纪委书记、工会主席　黄朝武
副院长　陈孝文(6月离任)
　张平远(6月离任)
　陶明华
　张太平
　葛新建(4月离任)
　蔡长生(4月由公司任命)
总工程师　陶明华(4月任职)

安徽马钢重型机械制造有限公司

董事长、总经理、党委书记　吴芳敏
党委副书记　张有飞(4月任职)
副总经理　张有飞
　龚　杰
总工程师　龚　杰
纪委书记、工会主席　许　庆(6月提任)

原工程技术集团冶金建设公司(2月机构整合撤销)

党委书记、纪委书记　张宏亮(公司中层副职,4月离任)
总经理　张宏亮(公司中层副职,6月离任)
党委副书记、工会主席　刁节和(4月离任)
副总经理　王双抢(2月离任)

工程技术集团设备检修公司

总经理　程建国
党委书记　姚效云(3月离任)
　程建国(3月任职,4月离任)
　黄加坤(4月由股份公司一铁总厂调任)
党委副书记　程建国(3月离任,4月任职)
　刁节和(4月由原冶金建设公司调任)
纪委书记　姚效云(3月离任)
　程建国(3月任职,4月离任)
　刁节和(4月任职)
工会主席　姚效云(3月离任)
　黄加坤(4月任职)
副总经理　姚效云(兼,3月离任)
　黄加坤(兼,4月任职)
　李悦社(2月离任)
　詹　旭
　宁光岩(4月由公司任命)

黄　俊(6月提任)

马鞍山马钢表面工程技术有限公司

董事长、总经理、党委书记　朱广宏

纪委书记、工会主席、监事会主席　陈捍华

副总经理　潘廷刚

戴　勇

工程技术集团钢结构公司

总经理、党委书记　徐尚华(公司中层副职,1月免职)

张平远(6月由设计研究院提任)

党委副书记　张宏亮(6月由原冶金建设公司调任)

常务副总经理　刘家彪

副总经理　任　伟(4月离任)

赵宗利(4月由利民公司调任)

张宏亮(6月任职)

纪委书记　徐尚华(兼,1月免职)

赵宗利(6月任职)

工会主席　汤　杰

安徽马钢输送设备制造有限公司

董事长、总经理　石玉军(公司中层副职)

党总支书记、工会主席　钱保友(公司中层副职)

副总经理　钱保友

任　伟(4月由钢结构公司调任)

监理公司

经理、党支部书记　张秀龙(公司中层副职)

副经理　杨岐山

马钢工程质量监督站站长　张秀龙(兼)

安徽马钢比亚西钢筋焊网有限公司

总裁、党支部书记　徐尚华(公司中层副职,1月免职)

张平远(1月任职)

保卫部(武装部)

部长、党委副书记　周　青

党委书记、工会主席　李　寅

纪委书记　艾红兵

副部长　李　寅(兼)

艾红兵

离退休职工服务中心

主任、党委书记　李　兰(女)

党委副书记、纪委书记　刘希贤

工会主席　杨　骏

副主任　刘希贤

杨国平

杨　骏

新闻中心

主任、党总支书记　于　进

副主任　赵建勋

杨子江

冶金报记者站站长　于　进

《马钢日报》社总编　赵建勋

马钢教育培训中心

主任、党委书记　张永涛

党委副书记、纪委书记、工会主席　王　艳(女)

副主任　牛树刚

陈厚新

马钢党校

常务副校长　张永涛

安徽冶金科技职业学院

院　长　张永涛

党委副书记、纪委书记、工会主席　王　艳(女)

副院长　牛树刚

陈厚新

马钢高级技师学院(马钢高级技校)

院长(校长)　张永涛

党委副书记、纪委书记、工会主席　王　艳(女)

副院长(副校长)　牛树刚

陈厚新

马钢国际经济贸易公司

董事长、总经理　叶　毅

党支部书记　严太霞(女,3月离任)

党总支书记　严太霞(女,3月任职)

工会主席　严太霞(女,4月任职)

副总经理　严太霞(兼)

陈　东

严春明

张卫明(4月由公司办公室调任)

马钢资产经营管理公司

副总经理、党支部副书记　王福宁(主持工作,4月离任)

总经理、党支部书记　王福宁(公司中层副职,4月任职)

财务公司

董事长　丁　毅(兼)
总经理　伍生林
党支部书记　陈昭启(兼,4月离任)
伍生林(4月任职)
副总经理　盛重乐
风险总监　汪冬妹(女)

投资公司

董事长　高海建(兼)
监事长　陈冬生(兼)
总经理　陈昭启(兼)

招标中心

主任、党支部书记　陶　炜
副主任　水声文

安徽马钢自动化信息技术有限公司

董事长、总经理、党委书记　梁越永
纪委书记、工会主席、监事会主席　王裴凤(女)
副总经理　裴秋平
何诗兴

安徽马钢汽车运输服务有限公司

董事长、总经理、党委书记　钱时华
党委副书记　童旭霞(女,4月任职)
副总经理　占成友
纪委书记、工会主席、监事会主席　童旭霞(女)

物流公司

董事长　陆克从(兼)
党支部书记　龙吉宁
副总经理　龙吉宁
常　明(8月由股份公司合肥公司调任)

仓配公司(8月从股份公司划入)

经理、党委书记　管孝群(8月任职)
副经理　田路生(8月任职)
孔　剑(8月任职)
工会主席　田路生(8月任职)
纪委书记　孔　剑(8月任职)

安徽马钢耐火材料有限公司

董事长、总经理　杨开保(3月改任调研员)
陈海山(3月由粉末冶金公司调任,8月提任)
党委书记　杨开保(3月改任调研员)
陈海山(8月提任)
党委副书记　郁书中(8月离任)
陈海山(3月由粉末冶金公司调任,8月离任)
工会主席　郁书中(8月离任)
纪委书记、监事会主席　郁书中
副总经理　卢咏明
郁书中(8月任职)
总工程师　郁书中(8月任职)

安徽马钢粉末冶金有限公司

董事长、党支部书记　陈海山(公司中层副职,3月离任)
徐瑞林(公司中层副职,3月由嘉华混凝土公司调任)
副总经理　吕祖涛

安徽省郑蒲港务有限公司

总经理　方啸云(公司中层副职)

合肥店埠河公司

董事长　方啸云(公司中层副职,10月离任)

利民企业公司

经理、党委书记　温业云
纪委书记、工会主席　尹绍慷
副经理　赵宗利(4月离任)
尹传毅

马钢嘉华商混有限公司

董事长、总经理、党支部书记　姚效云(3月由设备检修公司调任)

安徽欣创环保节能科技有限公司

董事长　严　华(兼)
总经理、董事、党委书记　史德明
副总经理　戚震彪(8月由股份公司合肥公司调任)

马钢集团康泰置地发展有限公司

党委副书记　张福成(8月由党委工作部提任)

(党委工作部)

马鞍山钢铁股份有限公司中层以上管理人员名录

公司领导
董事长　丁　毅
总经理　钱海帆
董　事　丁　毅
苏世怀
钱海帆
任天宝
常务副总经理　高海潮
副总经理　陆克从
工会主席、监事会主席　张晓峰
总工程师　高海潮
副总工程师　乌力平
黄发元
总经理助理　王　炜
杜松林
田　俊
张文洋

董秘室、监秘室
主　任　胡顺良

监察审计部
经　理　毛文明
副经理　秦学志

办公室(党委办公室)
主　任　许　洲(4月离任)
邓宋高(4月由采购中心调任)
副主任　郝　军
张卫明(4月离任)
曹玉龙(4月由采购中心提任)
信访办主任　郝　军
档案处主任　查满林
住房公积金分中心主任　陈伟革

工会
主　席　张晓峰
副主席　胡晓梅(女)
经济工作部部长　王卫东
生活保险部部长　胡晓梅(兼,4月离任)

企业管理部
经　理　张吾胜
副经理　王　谦
王东峰

人力资源部
经　理　李　博
副经理　唐叶来
许延平
何　军

法律事务部
副经理　郭　斐(4月主持工作)

安全生产管理部
经　理　王世发
副经理　刘德华
丁伯埙

能源环保部
经　理　汪为民
副经理　曹曲泉(6月离任)

工程管理部
经　理　崔代宝
副经理　洪　伟
徐风雷
连　炜

资本运营部
经　理　王文忠
副经理　诸盛中
万恩三

科技管理部
经　理　乌力平(兼,1月离任)
张　建(1月由技术中心调任)
副经理　奚　铁(主持工作,1月改任助理调研员)
朱伦才(公司中层正职,1月任职,4月离任)
殷朝海
崔银会

海外事业管理部
经　理　叶　毅
副经理　张卫明(4月由公司办公室调任)

市场部

经　理	章茂晗
副经理	朱付林

计划财务部

经　理	邢群力
副经理	许继康
	潘松林
	江　鹏
主任会计师	许继康

制造部

经　理	张文洋(兼)
副经理	高长松
	周　全
	陈　斌

设备部

经　理	田　俊(兼)
副经理	李怀迁
	徐兆春
	杨　凡

计量管理处

处　长	张爱华
副处长	方啸震

原汽车板推进处(2月撤销)

处　长	朱伦才(1月离任)
副处长	刘永刚(1月离任)

炼铁技术处

处　长	胡夏雨(4月离任)
副处长	黄　龙(4月主持工作)

保卫部(武装部)

部长、党委副书记	周　青
党委书记、工会主席	李　寅
纪委书记	艾红兵
副部长	李　寅(兼)
	艾红兵

技术中心、新产品开发中心

副主任	苏世怀(兼)

常务副主任、新产品开发中心主任、党委副书记

	张　建(1月离任)
	程　鼎(1月由原三钢轧总厂调任)
党委书记	胡夏雨(4月离任)
	朱伦才(4月由科技管理部调任)
纪委书记	胡夏雨(4月离任)
	张明如(4月任职)
副主任	胡夏雨(兼,4月离任)
	朱伦才(兼,4月任职)
	张明如
	朱　涛
	刘永刚(1月由原汽车板推进处调任)
总工程师	朱　涛
工会主席	张明如

检测中心

主任、党委副书记	杨本华
党委书记	李继宁
纪委书记、工会主席	张林平
副主任	李继宁(兼)
	茅建新
	王　健
	张林平

销售公司

总经理	王　炜(兼)
党委书记、工会主席	黄　鹏
党委副书记	胡继兵(8月任职)
副总经理	黄　鹏(兼)
	胡继兵(3月离任)
	张永翔(3月离任)
	张　峰(3月离任)
	赵　勇(3月离任)
销售总监	
	胡继兵(3月任职)
	张永翔(3月任职)
	张　峰(3月任职)
	赵　勇(3月任职)
纪委书记	胡继兵

采购中心

经　理	王开定(4月离任)
	胡夏雨(4月由技术中心调任)
党总支书记	邓宋高(4月离任)
	王开定(4月任职)
第一副经理	邓宋高(4月离任)
副经理	王开定(4月任职)
	徐　权
	杜轶峰
	徐葆春(4月由一钢轧总厂提

任)

工会主席 王开定(4月任职)

铁路运输公司

经 理 钱 曦

党委书记 赵广化

党委副书记 钱 曦

程 宏

纪委书记 程 宏

工会主席 程 宏(4月离任)

赵广化(兼,4月任职)

副经理 赵广化(兼)

张 驹(4月离任)

刘世刚

陆智刚(6月提任)

总工程师 张 驹(4月离任)

刘世刚(8月任职)

原仓配公司(8月划入股份公司)

经理、党委副书记 管孝群(8月离任)

党委书记、工会主席 顾明星(8月离任)

纪委书记 王 蕾(8月离任)

副经理 顾明星(兼,8月离任)

田路生(8月离任)

孔 剑(8月离任)

资源分公司

总经理 管孝群(8月离任)

党总支书记 顾明星

副总经理 王 蕾(8月主持工作)

顾明星(8月任职)

曹芳胜(11月由四钢轧总厂提任)

马鞍山马钢废钢有限责任公司

执行董事、总经理、党总支书记 董 雷

副总经理 谢 华(女,4月离任)

韩 枫

党总支副书记、工会主席 谢 华(女,4月任职)

港务原料总厂

厂长、党委书记 何大顺

党委副书记、纪委书记、工会主席 朱 晨(4月任职)

副厂长 朱 晨(4月离任)

殷光华

杨文武

总工程师 朱 晨(4月离任)

殷光华(4月任职)

原第一炼铁总厂(4月合并到二铁总厂)

厂长、党委书记 黄加坤(4月离任)

党委副书记、纪委书记、工会主席 徐 军(4月离任)

副厂长 梁晓乾(4月离任)

孙国毅(4月离任)

总工程师 梁晓乾(4月离任)

第二炼铁总厂

厂长 伏 明

党委书记、工会主席 马桢亚

党委副书记 伏 明(兼)

徐 军(4月由原一铁总厂调任)

纪委书记 王德川(4月离任)

徐 军(4月由原一铁总厂调任)

副厂长 马桢亚(兼)

王德川

殷 欢

梁晓乾(4月由原一铁总厂调任)

孙国毅(4月由原一铁总厂调任)

总工程师 殷 欢

第三炼铁总厂

厂长、党委副书记 丁 晖

党委书记、纪委书记、工会主席 黎 兵

副厂长 黎 兵(兼)

李帮平

刘晓超

吴宏亮(4月提任)

总工程师 吴宏亮(4月提任)

第一钢轧总厂

厂 长 许 健

党委书记 许 健(4月任职)

党委副书记 许 健(兼,主持工作,4月离任)

陈 钰

纪委书记、工会主席 陈 钰

副厂长 陈 钰

吴耀光

周庆升

胡玉畅

总工程师 吴耀光

原第二钢轧总厂(1月与三钢轧总厂合并)
厂长、党委书记　王光亚(1月离任)
党委副书记、纪委书记、工会主席　张　纲(1月离任)
副厂长　琚泽龙(1月离任)
钱晓斌(1月离任)
第三钢轧总厂(1月与二钢轧总厂合并)
厂长、党委书记　程　鼎(1月离任)
党委副书记、纪委书记、工会主席　叶景好(1月离任)
副厂长　吴　坚(1月离任)
苏　炜(1月离任)
总工程师　吴　坚(1月离任)
长材事业部(1月由二钢轧总厂和三钢轧总厂合并设立)
总经理、党委书记　王光亚(1月任职)
南区党委副书记、纪委书记、工会主席
叶景好(1月任职,4月离任)
北区党委副书记、纪委书记、工会主席
张　纲(1月任职,4月离任)
党委副书记　叶景好(4月任职)
张　纲(4月任职)
工会主席　叶景好(4月任职)
纪委书记　张　纲(4月任职)
副厂长　吴　坚(1月任职)
苏　炜(1月任职,4月离任)
琚泽龙(1月任职)
钱晓斌(1月任职)
总工程师　吴　坚(1月任职)
第四钢轧总厂
厂长、党委副书记　刘国平
党委书记、纪委书记、工会主席　毛学庆
副厂长　毛学庆(兼)
陈　晋(2月离任)
范满仓
焦兴利(2月免职)
司小明
邓　勇(4月提任)
总工程师　司小明
冷轧总厂
厂　长　杨兴亮
党委书记　杨兴亮(4月离任)
张　鸣(4月由彩涂板事业部调任)
党委副书记　杨兴亮(4月任职)
朱瑞坤
纪委书记、工会主席　朱瑞琨
副厂长　张　鸣(4月任职)
朱瑞琨(4月离任)
沈新玉
严开龙
杨必祥
卫　东(4月由彩涂板事业部调任)
总工程师　沈新玉
轮轴事业部
总经理　杜松林(兼)
常务副总经理　安　涛(公司中层正职)
党委书记　李小宇
党委副书记、纪委书记、工会主席　徐旭东
副总经理　李小宇(兼)
李　翔
杨　霄
刘爱兵
谷　源
总工程师　李　翔
轨道装备公司
董事长、总经理　杜松林(兼)
马钢-瓦顿股份有限公司
董事长、总裁　乌力平
特钢公司
经理、党委书记　曹天明(8月提任)
党委副书记　孙铭章(4月任职)
纪委书记、工会主席　孙铭章
副经理　胡新华
苏　炜(4月由长材事业部调任)
龚志翔
总工程师　龚志翔(4月任职)
原彩涂板事业部(4月合并到冷轧总厂)
经理、党委书记　张　鸣(4月离任)
副经理　郑晓明(4月离任)
卫　东(4月离任)
总工程师　郑晓明(4月离任)
煤焦化公司
经　理　邱全山
党委书记　李　军(3月离任)
邱全山(3月任职)
党委副书记　邱全山(3月离任)

张益民
纪委书记　李　军(3月离任)
张益民(3月任职)
工会主席　张益民
副经理　李　军(3月离任)
彭宗胜
毕振清
朱乐群
汪开保
总工程师　汪开保

热电总厂

厂长、党委书记　李　通
党委副书记　杨效东(4月任职)
纪委书记、工会主席　杨效东
副厂长　张　义(8月改任助理调研员)
翁海胜

能控中心

主任、党委副书记　罗武龙
党委书记、工会主席　左爱华
副主任　左爱华
吴正球
戴辉棣
张　健
曹曲泉(6月由能环部调任)
纪委书记　吴正球
总工程师　吴正球(8月任职)

气体销售分公司

经理、党委书记　熊佑发
纪委书记　李　辉
工会主席　蒋卫兵
副经理　李　辉
蒋卫兵

马钢和菱包装材料公司

董事长、总经理、党总支书记　王华新
副总经理　方国强
杨德佳

安徽马钢嘉华新型建材有限公司

董事长、总经理、党支部书记　周浩锋(公司中层副职)

马钢(合肥)公司

董事长、总经理、党委副书记　张庆奇
党委书记、副董事长　徐劲松
纪委书记、工会主席　王文宝
副总经理　汪　洋
戚震彪(8月离任)
常　明(8月离任)
闫　敏

安徽长江钢铁股份有限公司

董事长、党委书记　李建设
副总经理　马春风

滕州盛隆煤焦化公司

总经理　赵业明(公司中层副职)

(党委工作部)

退休中层以上管理人员名录

姓　名	单　位	退休前职务	退休前职级	退休时间
韩立武	纪委(监察审计部)	助理调研员	副处级	2016 年 1 月
赵少华	四钢轧总厂	调研员	正处级	2016 年 3 月
张大力	二铁总厂	调研员	正处级	2016 年 3 月
王晓阳	资本运营部	调研员	正处级	2016 年 3 月
孙泽民	行政事务部	调研员	正处级	2016 年 3 月
杨　振	废钢公司	助理调研员	副处级	2016 年 5 月
朱志伟	配送中心	助理调研员	副处级	2016 年 6 月
宋　淼	合肥公司	助理调研员	副处级	2016 年 6 月
魏立平	教培中心	助理调研员	副处级	2016 年 7 月
孙复森	一钢轧总厂	助理调研员	副处级	2016 年 8 月
李恩文	一铁总厂	助理调研员	副处级	2016 年 8 月
徐朝阳	三铁总厂	助理调研员	副处级	2016 年 9 月
邓培蒂	张庄矿	调研员	正处级	2016 年 9 月
夏　翔	工程技术集团	调研员	正处级	2016 年 10 月
王桂龙	采购中心	调研员	正处级	2016 年 11 月
黄裕清	南山矿	助理调研员	副处级	2016 年 12 月
汪冠军	离退休中心	调研员	正处级	2016 年 12 月
季怀忠	离退休中心		正处级	2016 年 12 月

（张志斌）

高级技术主管人员名录

黄瑛彩	翟碧如	佘世云	宋　超	周晓岚	王　越	王瑞宏
叶光平	王德瑶	程坚平	金　俊	陈友根	徐　旭	范昌梅
宋　强	鲁　明	钱士湖	于同仁	江　波	马静义	何世文
张长生	边敦亭	程静波	刘　义	周　杰	张松林	孙社生
吴　峻	唐胜卫	王自远	孙业长	王春仁	廖海欧	张晓宁
苏国友	茅志辉	张良成	章　锐	程学祥	陈能革	王硕煜
王东明	肖　峰	丁福强	利小民	周伟文	陈于海	张　弘
石　玮	洪振川	叶明成	董　炜	李国平	何晓文	刘茂林
刘志军	刘文胜	周江虹	庞　庆	曾文清	王仲明	陈五九
彭　升	刘晓力	周化兵	陈志军	胡学文	戴莅隽	汪开忠
沈　昶	夏仕卿	刘　强	张卫斌	刘江淮	吴保桥	苏　珑
秦红星	陈　刚	裴令明	翟　炜	谢　峰	钱虎林	刘　劼
朱兴华	聂长果	刘　健	徐小伟	沙学广	张乔英	高安阳
李应江	刘启龙	王立涛	金友林	胡　柯	赵云龙	闻成才
詹　华	张　武					

（洪　瑾）

马钢首席技师名录

卜维平	陆忠宝	张永福	胡惠华	刘联安	李　强	晏伦富
戴　滨	范兴海	邬　琼	李明军	袁军芳	张　烨	蒋小林

（洪　瑾）

公司级技术专家名录

毛庆云	栾 硕	钱向红	陈 瑛	游慧超	李一心	赵 斌
倪 军	齐书祥	张 萌	王 军	张 燕	吴炳贵	龙胜平
王会伟	朱荣辉	汪娜娜	徐进军	董春玉	章香林	王晓云
周 奎	陈 千	吴文华	孙前进	王 超	王合兵	朱丽丽
邓槟杰	胡 颖	叶远龙	邵学梅	徐朝军	王陇陇	张建宏
周立宏	马玉平	胡春林	张 明	陈 洪	周升科	曲义振
许先清	刘 兵	毛 成	马 健	李冬清	徐 川	颜群英
徐 青	程书生	马开志	胡黄毛	肖洋洋	刘红鹰	方 农
周昌银	李瑞兰	宋 明	曹 林	赵 昊	李春亮	张小飞
周晓华	汪崇青	邓新民	刘建民	张世友	董伏庆	彭人钢
郝团伟	周燕弟	朱末琳	王 辉	刘益勇	范奕华	李 平
李永文	丁 正	李明亮	江宏法	邓永前	戴 泉	马 群
王 珏	马冬冬	李 萍	李海波	张建军	崔 峰	张 清
黄在强	曹建明	李富江	顾 强	郑志成	姚 庆	尹 丰
姚卫红	施立发	张正群	吕安国	张 璐	杨 虹	程采金
查从文	周 峰	张秀清	舒宏福	丁传友	李敏生	冯晓燕
杨德伦	江 济	程桂生	王水明	张婉君	王美珣	鲁 松
尹炳富	李冠军	任 华	赵金泉	陈家庆	王国峰	恽廷忠
胡芳忠	许章泽	赵 晖	高 虹	赵海民	张文斌	熊 英
何谋龙	夏 冰	王德宝	许杰峰	罗志贵	苏德奎	孙家亮
张汪林	陈金宝	张良桥	邓士勇	李忠义	吴清泉	何 佳
于建辉	毕晓红	张学英	姜承志	张增兰	邵 欣	昂正新
王 浩	陈道海	唐锋刿	石 璞	许承凤	黄 琳	俞能富
李 景	贾 君	李宏洲	赵永俊	方 禹	袁 丰	纪 杰
黄 钢	裴陈新	方亮青	叶 辉	谷海容	孟繁涛	张全一
赵 峰	张斗俊	刘 强	王海波	宋灿阳	戚义龙	许 兴
王永林	曹进静	周道付	石永豹	陈啟谦	张 峰	柴立涛
朱伟君	马 斗	张志强	夏 政	桂 扬	李代林	李 兵
完颜卫国	周 平	聂 毅	张 鹏	费书文	林继承	曹 奎
吴 红	王德才	李保运	汤芝锁	杨永强	胡小红	郑守俊
徐 海	陈志虎	张国虎	邱 红	辛昌杰	潘远望	王宏元
潘龙博	曾 晶	赵 攀	王光友	逯富强	曹 烈	陆伟斐
阚 斌	王成伟	刘多鹏	周灿霞	胡都敏	王 强	苏加胜
杨启荣	傅立东	刘晓平	卢 鸣	裴红光	王 皖	谷 葵
韦有东	龚庆华	毕军华	陆学龙	柳 前	屠世香	杨庆香
梁 军	于文坛	吴 俊	赵 海	邓荣杰	宋志丹	吴俊生
晏延军						

（洪　瑾）

公司级技能专家名录

徐为民	宋传文	苏金虎	邵世平	陶东路	张岑武	林震源
王加林	刘迎庆	徐　冰	周铭浙	茆　平	肖　挺	杨春雷
祝　凯	许永刚	纪　荣	潘　兵	杨松付	钱仕平	张东亚
苏铁兵	许继民	陈道祥	姚祖才	夏　祺	付　新	王立新
刘　刚	李　平	张　军	王　庆	李国敏	朱　权	王兴标
夏孝轩	孙春海	俞卫权	徐建军	解文中	谢叶华	江金松
陶荣华	沈　飞	张风杰	赵　俊	刘　峰	魏海峰	徐　雁
路　勇	宣祖发	孙智勇	刘　军	张秀斌	王　平	郑伟杨
秉　钢	宋　磊	刘迎春	张　明	梅　峰	刘　伟	何　军
温耀峰	李帮国	张大杏	耿广金	陈　中	朱桂海	佘才义
王　岿	王振飞	程　鹏				

（洪　瑾）

取得高级职称任职资格人员名录

正高级工程师

耿培涛　刘永刚

高级工程师

吴会超	王宏元	蒋阿友	鲁光耀	杨　骏	李进春	胡　筘
朱安云	贾丰杰	马　蓉	程　黎	潘　莉	何鲁华	徐林林
占曙光	于平和	姜兵田	王瑞琳	程炎林	晋　杰	孙　坤
王立军	吴昊川	丁贵军	杨　钧	张　龙	潘　军	丁　川
程永安	陈　亮	江红庆	侯胜华	吴　坤	梁　鹤	杜元华
张荣生	朱荣辉	宋　明	谢　炜	郑玉根	石俊龙	顾仲熙
韩建军	沙　慧	陆　娟	汪小红	张良桥	周拥军	王培力
陶善宝	胡莉芬	张若信	吕晓军	朱　平	雷重飞	张永利
陆华杰	沈立波	蔡双喜	曹国荣	罗新伟	孙　彪	窦立英
张　宜	孙曼丽	孙建华	胡　柯	赵海民	王媛婷	周　权
袁英杰	逯富强	祖　飞	王　铭	郎永忠	梁　峰	黄　钦
张建宏	陶　玲	曹　海	卓凤荣	李华军	朱胜利	荚江霞
汪高强	李善宁	汪　涛				

高级经济师

王宗杰

高级政工师

赵　松	席　静	穆雪琴	黄大叶	卞红玉	解学顿	费雨萍
张俊安	包　青	刘守平	王秀勤	纪　红	黄国跃	江　霞
方　明	陈　媛	王　东				

高级会计师

张　静	赵　薇	胡　军	陈　皓	华晨彦	王红霞	赵大勇

（张志斌）

2016年马钢逝世人物名录

逝世的县处级以上(含享受)离休干部名录及简历

姓　名	出生年月	参加工作时间	离休时间	原工作单位及职务	享受待遇
孙振威	1921年10月	1945年10月	1983年3月	公司党委常委、矿山公司党委书记	副地市级
吴乐亭	1929年8月	1944年4月	1991年12月	老干部处处长	副地市级
苗士林	1929年2月	1945年4月	1989年4月	铁合金厂党委书记	副地市级
刘忠民	1928年12月	1946年10月	1989年1月	矿山工程公司副经理	县处级
杜向山	1927年8月	1946年4月	1982年8月	汽运处科长	县处级
张鹏彦	1931年6月	1949年4月	1991年8月	矿山工程公司副科长	县处级
郭玉珍	1932年2月	1947年1月	1988年2月	马钢医院门诊部副主任	县处级
王怀忠	1929年7月	1948年7月	1989年12月	钢研所党支部书记	县处级
张广建	1925年11月	1949年5月	1988年1月	马钢公司计划处干部	县处级
李喜顺	1928年8月	1947年2月	1982年10月	矿山工程处党支部书记	县处级
杨　峰	1934年12月	1949年6月	1993年1月	公司工会科长	县处级
李寿昌	1932年4月	1945年1月	1992年6月	马钢卫生处科长	县处级
李成海	1924年11月	1944年8月	1981年6月	矿山公司科长	县处级
刘帮助	1921年6月	1940年6月	1980年1月	三轧厂党支部副书记	县处级
王延文	1917年5月	1946年6月	1983年10月	轮箍厂科长	县处级
王克泉	1928年4月	1948年7月	1988年10月	焦化厂党支部书记	县处级
林玉珂	1929年11月	1949年2月	1982年8月	钢研所科长	县处级
尹　昭	1928年11月	1949年5月	1982年7月	生活服务公司副科长	县处级
蒋　瑾	1930年9月	1949年7月	1982年8月	公司纪委科长	县处级
朱凯成	1929年2月	1949年9月	1982年9月	一铁厂干部	县处级

(宋福连)

附　录

2016年马钢荣获集体荣誉名录

获得全国“安康杯”竞赛优胜企业名录

马钢集团公司

获得全国冶金行业首届优秀职工创新工作室名录

李明军创新工作室

赵滨创新工作室

获得安徽省机冶建材行业职工创新工作室名录

卜维平创新工作室

王本治创新工作室

程鹏创新工作室

查飞创新工作室

获得安徽省先进集体名录

马钢股份公司铁路运输公司

获得马鞍山市先进集体名录

马钢股份公司能源控制中心

马钢股份公司热电总厂

马钢自动化信息技术公司

马钢股份公司铁路运输公司

马钢股份公司第三炼铁总厂炼铁分厂

马钢股份公司冷轧总厂冷轧二分厂

2016年马钢重要文件选登和部分文件目录

文件选登

关于印发《马钢集团公司党风廉政建设主体责任和监督责任追究办法(试行)》的通知

2016年4月1日　集办发〔2016〕10号

各单位党委(直属总支、支部),机关党委及所属总支、支部:

经公司党委研究决定,现将《马钢集团公司党风廉政建设主体责任和监督责任追究办法(试行)》予以印发,请遵照执行。

马钢集团公司党风廉政建设主体责任和监督责任追究办法(试行)

第一章　总　则

第一条　为深入推进马钢矩阵式党建工作,全面落实党风廉政建设主体责任和监督责任,严格责任追究,根据《安徽省党风廉政建设主体责任和监督责任追究办法(试行)》(皖办发〔2015〕56号)和马钢集团公司党委《关于落实党风廉政建设党委主体责任和纪委监督责任的实施意见》(马钢集发〔2014〕31号)等相关规定,结合实际,制定本办法。

第二条　本办法适用于各级党委(含总支、支部,下同)、纪委的领导班子及其成员。

第三条　实施责任追究坚持党要管党、从严治党,依纪依法、权责一致,实事求是、客观公正,惩教结合、注重实效的原则。

第二章　责任追究情形

第四条　有下列情形之一的,追究党委领导班子、主要负责同志或者班子其他成员的主体责任:

(一)对矩阵式党建工作以及党风建设和反腐倡廉工作组织领导不力,落实“一岗双责”不到位,导致不正之风和腐败问题得不到有效解决的;

(二)贯彻落实中央八项规定和省委省政府“三十条”规定精神,以及执行马钢改进工作作风、密切联系群众“二十条”规定不到位,导致“四风”问题突出的;

(三)侵害职工利益,造成严重不良影响或者重大损失的;

(四)领导、组织和支持查处违规违纪违法问题不力,对发现的问题线索隐瞒不报、压案不查,或者干预、妨碍执纪执法工作的;

(五)不配合巡察工作,对巡察意见和整改事项落实不力的;

(六)疏于教育、管理、监督,领导班子成员或者直接管辖的下属发生严重违纪违法问题的;

(七)违反选人用人有关规定,用人失察失误,造成恶劣影响的;

(八)放任、包庇、纵容下属人员违反财务、审计、统计等法律法规和管理规定,弄虚作假的;

(九)对源头防治腐败工作不重视,权力运行制约

和监督机制缺失,公司党委“四个全覆盖”相关要求落实不到位,造成严重后果的;

(十)其他应当追究党风廉政建设主体责任的情形。

第五条　有下列情形之一的,追究纪委领导班子及其成员的监督责任:

(一)不认真履行监督执纪问责职责,对不正之风和腐败行为不敢监督、不愿监督,造成严重后果的;

(二)协助党委加强党风建设和反腐倡廉工作组织协调不到位,措施不得力,不正之风和腐败问题得不到有效治理,出现系统性、群体性违纪违法案件的;

(三)对党的各项纪律执行情况和中央、省委、省国资委党委、公司党委重大决策部署落实情况监督检查不力,或者对上级纪委交办的党风建设和反腐倡廉工作范围内的事项不认真落实的;

(四)落实“三转”和“把纪律挺在前面”要求不力,监督执纪“四种形态”执行不到位的;

(五)对违反中央八项规定和省委省政府“三十条”规定精神,以及马钢改进工作作风、密切联系群众“二十条”规定,“四风”问题查处不力或者不按规定报告、通报曝光,导致顶风违纪问题频发,造成不良影响的;

(六)不按规定程序和要求报告、处置问题线索,有案不查、瞒案不报、包庇袒护的;

(七)对同级党委及其班子成员履行职责、行使权力情况监督不力,发现违规决策或者违纪违法问题不及时提醒、报告的;

(八)落实“一案双查”不到位,执纪监督不严格,对应当追究责任的未追究或者追究不到位的;

(九)内部监督不到位,管理不严格,导致纪检监察工作人员出现严重违纪违法、案件质量出现严重问题,或者发生重大责任事故的;

(十)其他应当追究党风廉政建设监督责任的情形。

第三章　责任追究方式

第六条　党委领导班子具有本办法第四条所列情形、纪委领导班子具有本办法第五条所列情形,情节较轻的,责令作出书面检查;情节较重的,给予通报批评;情节严重的,进行调整处理。

第七条　党委领导班子成员具有本办法第四条所列情形、纪委领导班子成员具有本办法第五条所列情形,情节较轻的,给予批评教育、诫勉谈话、责令作出书面检查;情节较重的,给予通报批评;情节严重的,给予调整岗位、责令辞职、免职或者降职等组织处理。构成违纪的,依照有关规定给予纪律处分。涉嫌犯罪的,移送司法机关依法处理。

以上责任追究方式可以单独使用,也可以合并使用。

第八条　党委、纪委领导班子及其成员具有本办法第四条、第五条所列情形,并有下列情节之一的,应当从重或者加重追究责任:

(一)对职责范围内发生的问题进行掩盖、袒护的;

(二)干扰、阻碍责任追究调查处理的;

(三)出现问题后,不及时采取补救措施,致使危害结果扩大,或者被追究责任后,不吸取教训,再次发生类似问题的;

(四)对检举人、控告人打击报复的;

(五)其他应当从重或者加重追究责任情节。

第九条　党委、纪委领导班子及其成员具有本办法第四条、第五条所列情形,并有下列情节之一的,可以从轻、减轻追究责任。

(一)对职责范围内发生的问题及时如实报告并主动查处和纠正,有效避免损失或者挽回影响的;

(二)认真及时整改,成效明显的;

(三)其他可以从轻、减轻追究责任情节。

第十条　实施责任追究,应当分清主体责任和监督责任、集体责任和个人责任、主要领导责任和重要领导责任。

追究集体责任时,领导班子主要负责人和直接主管的领导班子成员承担主要领导责任,参与决策的班子其他成员承担重要领导责任。对错误决策提出明确反对意见的,不承担领导责任。错误决策由领导个人决定或者批准的,追究该领导个人的责任。

追究领导责任时,按照责任追究情形发生的时间确定领导责任。

第四章　责任追究程序

第十一条　实施责任追究按照各级管理人员的管理权限进行。在党委的统一领导下,纪检监察机构会同组织人事部门具体办理。特殊情况时,上级可以直接办理下级管理权限范围内的责任追究事宜。

第十二条　巡察、审计、企业管理等工作中发现需要进行党风廉政建设责任追究的问题线索,应当及时移交纪检监察机构或者组织人事部门,并提出启动责任追究建议。对发现问题线索不及时移交的，应当追究相关部门的责任。

第十三条　纪检监察机构或者组织人事部门根据发现或者移交来的问题线索，认为需要查明事实、追究责任的，按照程序进行调查处理。

给予批评教育、诫勉谈话、责令作出书面检查、通报批评的，由纪检监察机构或者组织人事部门办理。

给予组织处理的，由组织人事部门或者由负责调查的纪检监察机构会同组织人事部门，按照有关权限和程序办理。

给予纪律处分的，由纪检监察机构按照纪律审查工作程序办理。

由组织人事部门负责办理的，应当在相关事项处理完毕后10个工作日内将处理决定执行情况及相关材料抄送同级纪检监察机构；由纪检监察机构负责办理的，应当在相关事项处理完毕后10个工作日内将处理决定执行情况及相关材料抄送同级组织人事部门。

第十四条　对领导人员在任期内发生的党风廉政建设方面问题需要追究责任的，不因其职务或者工作变动免于责任追究。已退休但按照本办法应当追究责任的，仍要按照有关规定进行相应的责任追究。

第十五条　受到责任追究的领导班子和领导个人，取消当年年度考核评优和评选各类先进的资格。

受到调离岗位处理的，一年内不得提拔；受到责令辞职、免职处理的，至少一年内不得安排领导职务，至少两年内不得担任高于原任职务的职务；受到降职处理的，两年内不得提拔。

同时受到纪律处分和组织处理的，按影响期较长的执行。

第十六条　受到责任追究的情况作为领导班子总体评价和领导班子成员个人业绩评定、奖励惩处、选拔任用的重要依据，并存入廉洁档案。

第十七条　纪检监察机构每年第一季度应当向同级党委、上级纪委书面报告上一年度责任追究情况，并在一定范围内进行通报。责任追究典型案例适时通报。

第五章　附则

第十八条　本办法自发布之日起施行。

关于印发《公司党委坚持民主集中制实行集体领导和个人分工负责相结合制度实施办法》等3个文件的通知

2016年8月23日　集办发〔2016〕28号

各单位党委（直属总支、支部），机关党委及所属总支、支部：

《公司党委坚持民主集中制实行集体领导和个人分工负责相结合制度实施办法》《公司党委书记专题会议议事规则》《重要情况和重大问题向公司党代会代表、下级党组织和党员通报办法》已经公司党委同意，现印发给你们，请遵照执行。

公司党委坚持民主集中制实行集体领导和个人分工负责相结合制度实施办法

第一条　为贯彻落实民主集中制，实行集体领导和个人分工负责相结合制度，推进公司党委工作的科学化、规范化和制度化，不断提高决策水平和工作效率，根据《中共马钢（集团）控股有限公司党委常委会议事规则》等有关规定，制定本办法。

第二条　凡属应当由公司党委全体会议或者常委会会议讨论和决定的事项，必须按照集体领导、民主集中、个别酝酿、会议决定的原则，由公司党委集体研究决定，任何个人或者少数人无权擅自决定。

第三条　公司党委召开全体会议或者常委会会议集体讨论和决定问题前，参加会议人员应当就提交会议研究讨论事项进行认真思考。会议召开时，应当充分发表个人意见。

党委常委对自己职责范围之内的事项应当提前明确意见，对不属于自己分管的工作，也应当从全局出发关心支持，加强研究，积极提出意见和建议。对于少数人的不同意见，应当认真考虑。各种意见和主要理由应当如实记录。

会议决定重要事项，应当进行表决，表决可以根据讨论和决定事项的不同，党委全体会议采用举手、无记名投票或者记名投票等方式进行，常委会会议采用口头、举手、无记名投票或者记名投票等方式进行。

第四条　党委常委、党委委员个人对公司党委作出的决定必须坚决执行,有不同意见的可以保留,也可以向上级党委报告。

第五条　党委常委应当根据分工和集体决定,勇于担当、敢于负责,切实履行职责,抓好分管的工作,并向公司党委常委会报告。

第六条　党委常委可以根据工作需要,在其职责范围内主持召开议事协调会议,研究解决有关问题,但不得超越权限作出决策。

第七条　党委常委分管、联系工作需要其他常委分管、联系的部门配合支持的,由该常委出面与其他常委沟通,共同研究需要解决的问题。因实际需要涉及两名以上常委共同负责的重点工作,由公司党委常委会或者党委书记确定一位常委牵头负责,相关常委予以配合。

第八条　党委常委要自觉遵守集体领导和个人分工负责相结合制度的各项规定和要求,保证公司党委决策的有效落实。

(一)党委书记应当带头执行民主集中制,充分发挥党内民主,善于集中正确意见,自觉接受其他党委常委监督,不得凌驾于组织之上、班子之上,不得搞独断专行。其他党委常委应当支持党委书记展开工作,自觉接受党委书记对其工作的督促检查。

(二)党委常委应当紧紧围绕公司党委的部署展开工作,积极贯彻公司党委的各项决议、决策,齐心协力推动各项工作的落实。

(三)党委常委应当在党性原则基础上维护团结,相互信任、相互谅解、相互支持、相互监督。

第九条　遇重大突发事件、抢险救灾等紧急情况,不能及时召开公司党委常委会会议决策的,党委书记、党委副书记或者其他党委常委可以临机处置,事后应当及时向公司党委常委会报告。

第十条　本办法自2016年9月1日起施行。

公司党委书记专题会议议事规则

第一章　总则

第一条　为推进公司党委书记专题会议议事科学化、民主化、制度化,根据《中共马钢(集团)控股有限公司党委常委会议事规则》等有关规定,结合公司实际,制定本规则。

第二章　主要职责

第二条　酝酿需要提交公司党委常委会会议审议的重要事项。

第三条　听取公司党委巡视督察组关于巡察情况的汇报。

第四条　研究其他事项。

第三章　参加人员

第五条　党委书记、党委副书记、其他有关党委常委出席会议,公司党委有关部门负责同志列席会议。

第六条　酝酿干部人事任免事项,党委书记、党委副书记、纪委书记、党委工作部部长出席;党委工作部有关副部长列席。

第七条　听取巡察情况汇报,党委书记、党委副书记、纪委书记、党委工作部部长出席;党委巡视督察组其他成员列席。

第四章　议题确定

第八条　会议议题由党委书记提出,或者由其他党委常委提出建议,党委书记综合考虑后确定。

第九条　酝酿干部人事任免事项,由党委工作部提出建议,党委书记确定。

第十条　听取巡察情况汇报,由党委巡视督察组提出建议,党委书记确定。

第五章　会议制度

第十一条　会议根据工作需要不定期召开,由党委书记主持。

第十二条　酝酿干部人事任免事项,由党委工作部负责同志汇报;党委工作部确定专人负责会议记录,经党委工作部部长审核后,报党委书记审定。

第十三条　听取巡察情况汇报,由党委巡视督察组有关成员汇报;党委巡视督察办公室确定专人负责会议记录,经党委巡视督察组组长审核后,报党委书记审定;党委书记听取巡察情况汇报的讲话和巡察情况报告,经党委书记审定后,由党委巡视督察办公室报省巡视工作领导小组备案。

第十四条　研究其他事项,会议由有关常委或者部门负责同志汇报;党委办公室确定专人负责做好会议记录,根据需要编发会议纪要,经党委办公室主任审核后,报党委书记审签。

第十五条　会议讨论的事项,如涉及参会人员本人或者亲属，应予回避。

第十六条　公司党委书记专题会议不得代替公司党委常委会会议作出决策。

第六章　事项落实

第十七条　会议酝酿的需要提交公司党委常委会会议审议的重要事项，提交公司党委常委会会议讨论决定或者研究审议。

第十八条　会议决定的巡察事项，由党委巡视督察组负责落实。

第十九条　会议议定的其他事项，按照分工，由有关党委常委和部门负责落实。

第二十条　会议议定事项由党委办公室主任负责协调督导。

第七章　其他

第二十一条　会务工作由党委办公室负责。

第二十二条　参会人员必须严守有关保密规定。

第八章　附则

第二十三条　本规则自 2016 年 9 月 1 日起施行。

重要情况和重大问题向公司党代会代表、下级党组织和党员通报办法

第一条　为加强党内监督、扩大党内民主，进一步规范向公司党代会代表、下级党组织和党员通报重要情况和重大问题工作，根据《中共马钢（集团）控股有限公司党委常委会议事规则》等有关规定，结合公司实际，制定本办法。

第二条　通报的内容主要包括：

（一）贯彻落实中央、省委重大决策部署情况。

（二）公司党代会、公司党员代表会议、公司党委全体会议等重要会议召开情况。

（三）贯彻执行公司党代会决议、决定情况。

（四）公司党委及其常委会作出的重大决议、决定。

（五）公司党委及其常委会作出的公司党的建设、思想政治工作、精神文明建设、企业经营改革发展、党风廉政建设、企业文化建设、干部和人才管理、职工队伍建设等重大决策部署。

（六）公司管理区域归并、调整和整合以及有关党政群机构设立、变更和撤销等重要情况。

（七）公司党委及其常委会成员变动情况。

（八）公司党委及其常委会作出的重要干部任免情况。

（九）其他需要公司党代会代表、下级党组织和党员了解的重要情况和重大问题。

第三条　通报的方式主要包括：

（一）在公司级主要媒体上进行公开报道。

（二）以公司党内文件、工作简报、信息等方式进行通报。

（三）召开专门会议通报。

第四条　通报的时限要求：

（一）重要会议召开情况，公司党委及其常委会作出的重大决议、决定和重要决策部署，应当及时在公司级主要媒体上进行公开报道。

（二）重大阶段性工作应当在结束后 15 日内进行通报，期间根据进展情况和工作需要，可以随时进行通报。

（三）重大紧急情况应当随时通报。

（四）涉及党和国家秘密的内容，按有关规定通报。

第五条　通报重要情况和重大问题，应当注意收取和收集公司党代会代表、下级党组织和党员的意见建议。

第六条　向公司党代会代表、下级党组织和党员通报重要情况和重大问题工作，由公司党委办公室会同公司党委有关部门和单位负责组织实施。

第七条　本办法自 2016 年 9 月 1 日起实施。

部分文件目录

字　号	文　件　标　题
马钢集发〔2016〕1 号	关于印发《党委书记工作目标与岗位职责》《纪委书记工作目标与岗位职责》的通知
马钢集发〔2016〕3 号	关于开好“三严三实”专题民主生活会的通知
马钢集发〔2016〕4 号	关于进一步加强马钢网上宣传工作的通知

马钢集发〔2016〕5号	关于明确“授权组阁、竞争上岗”中退出公司中层管理岗位人员工作安排的通知
马钢集发〔2016〕9号	关于表彰2015年度公司矩阵式党建工作先进集体和先进个人的决定
马钢集发〔2016〕15号	关于成立党委巡察工作办公室和巡察组的决定
马钢集发〔2016〕19号	关于印发《马钢集团公司党委2016年矩阵式党建工作要点》的通知
马钢集发〔2016〕28号	马钢集团公司党委关于成立公司“两学一做”学习教育协调小组的通知
马钢集发〔2016〕29号	关于中共马钢集团公司第五次党员代表大会代表选举工作的通知
马钢集发〔2016〕31号	关于深入学习宣传贯彻习近平总书记视察安徽重要讲话精神的通知
马钢集发〔2016〕33号	关于确定马钢集团公司出席中共马鞍山市第九次代表大会代表候选人预备人选的情况报告
马钢集发〔2016〕34号	关于贯彻落实基层党组织长期不换届等四个专项整治工作方案的通知
马钢集发〔2016〕35号	关于印发马钢集团公司党委《中央巡视组巡视“回头看”反馈意见整改方案》的通知
马钢集发〔2016〕39号	转发省国资委党委关于进一步做好习近平总书记视察安徽重要讲话精神宣讲工作的通知
马钢集发〔2016〕41号	关于马钢(集团)控股有限公司第五届纪委委员候选人初步人选的报告
马钢集发〔2016〕42号	马钢集团公司党委关于中央巡视组巡视“回头看”反馈意见阶段性整改进展情况的报告
马钢集发〔2016〕48号	马钢集团公司党委关于开展行业协会和学会不规范问题专项整治工作情况的报告
马钢集发〔2016〕49号	关于召开中共马钢(集团)控股有限公司第五次代表大会的通知
马钢集发〔2016〕50号	关于中国共产党马钢(集团)控股有限公司第五次代表大会和第五届党委第一次全体会议纪委第一次全体会议选举结果的报告
马钢集发〔2016〕51号	关于中共马钢(集团)控股有限公司第五次代表大会选举出席中共马鞍山市第九次代表大会代表结果的报告
马钢集发〔2016〕66号	关于开展两学一做“宣讲到基层、凝聚精气神、持续转作风、同心筑家园”活动的通知
马钢集发〔2016〕68号	关于印发《马钢(集团)控股有限公司职工代表大会实施办法》的通知
马钢集发〔2016〕72号	关于下发《关于在员工中开展法治宣传教育第七个五年规划(2016-2020年)》的通知
马钢集发〔2016〕73号	关于印发《马钢集团公司党委巡察工作实施办法》的通知
马钢集发〔2016〕74号	马钢集团公司党委印发《关于在全公司党员干部中开展“讲看齐、见行动”学习讨论实施方案》的通知
马钢集发〔2016〕75号	关于认真学习宣传贯彻党的十八届六中全会精神的通知
马钢集发〔2016〕76号	关于印发《马钢集团公司各单位领导班子和领导人员综合考核工作办法(试行)》的通知
马钢集发〔2016〕77号	关于成立马钢集团公司各单位领导班子和领导人员综合考核工作领导小组的通知
马钢集发〔2016〕78号	关于开展2016年度基层单位党委书记抓党建述职评议考核的通知
马钢集〔2016〕7号	关于货车、危运车运输业务整合的决定
马钢集〔2016〕10号	关于马钢(合肥)公司转型发展工作的报告
马钢集〔2016〕28号	关于将电气修造公司整合至工程技术集团的决定
马钢集〔2016〕31号	关于暂停筹集企业年金的通知
马钢集〔2016〕36号	马钢集团公司关于三级以下和非主业企业清理整合工作的报告
马钢集〔2016〕42号	关于马钢“十二五”发展战略与规划完成情况评估报告
马钢集〔2016〕57号	马钢集团公司关于2015年度预算执行情况的分析报告
马钢集〔2016〕58号	员工聘用上岗工作指导意见
马钢集〔2016〕59号	关于印发《集团公司2016年人力资源优化实施意见》的通知
马钢集〔2016〕64号	关于表彰2015年度马钢技术创新成果奖和一线职工岗位创新创效奖、优秀科研项目

和科技攻关项目及冶金行业科学技术奖的通报

马钢集〔2016〕68 号　关于命名表彰马钢先进操作法的决定

马钢集〔2016〕69 号　关于印发《员工居家休养暂行办法》《企业与员工协商一致解除劳动合同实施办法》《员工与企业协议保留劳动关系实施办法》《编外人员管理办法》的通知

马钢集〔2016〕76 号　关于成立国际化经营领导小组以及明确海外子公司管理关系的通知

马钢集〔2016〕90 号　关于成立集团公司人力资源服务中心的决定

马钢集〔2016〕91 号　关于成立公司应急管理办公室的通知

马钢集〔2016〕93 号　马钢集团公司关于马钢股份公司向马鞍山雨山城投有限责任公司转让埃斯科特钢有限公司部分股权备案的报告

马钢集〔2016〕98 号　关于 2015 年度马钢管理创新成果评选结果的通报

马钢集〔2016〕99 号　关于下达 2016 年公司级和各单位管理创新项目的通知

马钢集〔2016〕100 号　关于马钢集团公司 2016 年度淘汰落后产能计划的报告

马钢集〔2016〕119 号　关于成立马钢化解过剩产能实现脱困发展工作领导小组的通知

马钢集〔2016〕124 号　马钢集团公司关于高风险投资业务整改情况的报告

马钢集〔2016〕125 号　马钢集团公司关于国有资本经营预算资金管理整改落实情况的报告

马钢集〔2016〕127 号　马钢集团公司关于三级以下和非主业企业清理整合工作的报告

马钢集〔2016〕128 号　关于成立马钢集团仓配公司的决定

马钢集〔2016〕139 号　关于公司办公楼设备运行维护业务整合的通知

马钢集〔2016〕143 号　关于加强全资和控股子公司外部董事、监事选派工作的通知

马钢集〔2016〕144 号　关于成立马钢集团公司加强全资和控股子公司董事会、监事会规范化建设领导小组的通知

马钢集〔2016〕145 号　关于设置监事会工作办公室的通知

马钢集〔2016〕146 号　关于下发《关于<企业与员工协商一致解除劳动合同实施办法>的补充规定》的通知

马钢集〔2016〕162 号　关于将仓配公司综合贮油站汽柴油业务调整至汽运公司的通知

马钢集〔2016〕179 号　关于表彰“推进卓越绩效模式、争创全国质量奖”先进单位的决定

马钢集〔2016〕187 号　关于统一马钢外传供居民电价收费标准的通知

马钢集〔2016〕195 号　马钢集团公司关于调整 2017 年化解钢铁过剩产能实现脱困发展人员分流安置计划人数的报告

马钢集〔2016〕197 号　马钢集团公司关于开展安全风险管控“六项机制”模拟运行情况的报告

马钢集〔2016〕199 号　关于向所属子公司派出监事工作组的通知

马钢股〔2016〕3 号　关于设立长材事业部的决定

马钢股〔2016〕4 号　关于下达马钢股份公司 2016 年机构设置与岗位定员实施方案的通知

马钢股〔2016〕9 号　关于撤销汽车板推进处成立汽车板推进委员会的决定

马钢股〔2016〕10 号　关于印发《股份公司人力资源优化实施方案》的通知

马钢股〔2016〕16 号　关于第一炼铁总厂、第二炼铁总厂合并的决定

马钢股〔2016〕17 号　关于长材事业部高线分厂整合到特钢事业部的决定

马钢股〔2016〕18 号　关于冷轧总厂与彩涂板事业部合并的决定

马钢股〔2016〕25 号　关于印发《股份公司人力资源优化工资总额管理办法》的通知

马钢股〔2016〕26 号　关于成立公司知识管理委员会的通知

马钢股〔2016〕30 号　关于对石灰业务实施整合的决定

马钢股〔2016〕32 号　关于印发《采购供应服务一体化实施方案（试行）》的通知

集办发〔2016〕4 号　关于转发《2015 年巡察发现问题的管理建议书》强化问题整改的通知

集办发〔2016〕6 号　关于印发《马钢 2016 年党风建设和反腐倡廉工作重点任务分解表》的通知

集办发〔2016〕10号	关于印发《马钢集团公司党风廉政建设主体责任和监督责任追究办法(试行)》的通知
集办发〔2016〕12号	关于印发《马钢集团公司党委2016年巡察工作意见》的通知
集办发〔2016〕15号	关于印发《马钢集团公司党委意识形态工作责任制实施细则》的通知
集办发〔2016〕16号	关于成立马钢集团公司党委意识形态工作领导小组的通知
集办发〔2016〕17号	关于印发《关于在全体党员中开展"学党章党规、学系列讲话,做合格党员"学习教育实施方案》的通知
集办发〔2016〕21号	关于转发《中央巡视组巡视"回头看"反馈意见整改考核办法》和《中央巡视组巡视"回头看"反馈意见整改督促检查办法》的通知
集办发〔2016〕22号	关于印发《马钢集团公司落实党风廉政建设党委主体责任和纪委监督责任清单(试行)》的通知
集办发〔2016〕23号	关于认真学习贯彻《习近平总书记在庆祝中国共产党成立95周年大会上的讲话》的通知
集办发〔2016〕24号	关于进一步持续扎实推进巡视、巡察反馈问题整改落实工作的通知
集办发〔2016〕25号	关于深入学习贯彻马钢第五次党代会精神的通知
集办发〔2016〕27号	关于认真学习宣传贯彻《中国共产党问责条例》的通知
集办发〔2016〕28号	关于印发《公司党委坚持民主集中制实行集体领导和个人分工负责相结合制度实施办法》等3个文件的通知
集办发〔2016〕29号	印发《关于深入学习宣传贯彻<中国共产党问责条例>实施方案》的通知
集办发〔2016〕30号	关于落实"酒桌办公"专项整治要求进一步规范公务接待工作的通知
集办发〔2016〕31号	关于印发《关于规范巡察移交工作的意见(试行)》《关于规范巡察整改工作的意见(试行)》的通知
集办〔2016〕1号	关于调整职工工作餐服务费支付方式的通知
集办〔2016〕9号	关于调整马钢大学生职工购房首付款贷款基金理事会的通知
集办〔2016〕16号	关于进一步加强清欠工作管理的通知
集办〔2016〕18号	关于印发智能制造国家重点财政支持项目工作任务及预算分解说明的通知
集办〔2016〕20号	关于成立公司信息化专家工作组的通知
集办〔2016〕25号	关于下发《关于全面加强品牌建设的指导意见》的通知
集办〔2016〕31号	关于实施冬季物流保障措施的通知
集办〔2016〕34号	关于马钢集团协同办公系统正式运行的通知
股办〔2016〕5号	关于调整汽车板推进委员会办公室隶属关系的通知
股办〔2016〕6号	关于调整能环部能控中心管理职能的决定

2016 年省级以上报纸有关马钢报道

报　摘

打造高效生产“软实力”
——马钢坚持精益运营、推进卓越绩效管理模式纪实

现在的马钢，五彩缤纷，美不胜收，马钢职工的休息室、更衣室、浴室、盥洗室窗明几净、香气袭人。

上半年，马钢钢材利润比行业平均高出 45 元/吨；在 15 项工序成本考核中，有 10 项指标高于行业平均水平，其中铁水成本比行业平均低 25 元/吨，取得了好于经营预期的成绩。截至 10 月 12 日，马钢高炉稳定顺行已达 31 个月，创造了国内高炉安全运行时间的新纪录。这是马钢坚持精益运营、推进卓越绩效管理、日成本管理的结果，更是马钢加快结构调整、加快转型升级、深入推进供给侧结构性改革得到的回报。

现场文明管理　让工作环境更温馨舒适

20 世纪 60 年代，马钢创造性地开展以“三清、四无、五不漏、规格化一条线”为主要内容的文明生产活动，其经验被国务院向全国推广，马钢赢得了“江南一枝花”的美誉。然而，近年来在巨大的生产经营压力和市场冲击下，马钢部分单位的生产管理工作出现了滑坡，“脏、乱、差”现象时有发生。为消除不文明现象，提升企业市场形象，从 2013 年起，马钢在全公司范围内开展了专项整治和环境治理活动，先后对厂区“两线四室”，即道路沿线、通廊沿线和更衣室、休息室、浴室、盥洗室进行整治。到 2014 年下半年，马钢“两线”基本做到了无抛洒、无二次扬尘、无积灰积料，周边环境干净整洁，绿化率较高；“四室”基本做到环境干净、物品摆放整齐、地面卫生清洁、窗户明亮。

同时，马钢大力开展节能减排工作。近年来，马钢投资 10 多亿元用于节能项目建设，建成了一批高水平的煤气综合利用发电工程、干熄焦工程、循环冷却水系统工程、能源管理中心工程、烧结脱硫工程，实现了水、电、风能的全方位节能减排，为所在城市获得和保持全国文明城市、全国卫生城市、全国优秀旅游城市、全国模范环保城市等荣誉称号做出了突出贡献。

近些年，与马钢合作的中外企业客户来马钢后都愿意到现场走一走、看一看。世界名企美国通用公司、韩国奥瑟亚集团、法国瓦顿公司、德国巴登公司和国内 TCL 集团、大明国际、格力集团公司等相关人员都对马钢的现场文明管理给予了赞扬。

如今，掩映在浓浓绿色和鲜花下的马钢厂区，令人心旷神怡。

巴登经验助力　促进卓越管理在现场落地

卓越绩效管理是当前国际上广泛认同的一种综合绩效管理方法，可以有效推动企业综合竞争力的提升，被称为“企业成功的路线图”。马钢为全面提升企业质量管理水平，增强企业综合竞争力，选择卓越绩效管理模式为运营路线图，开启了马钢新的发展征程。

他山之石，可以攻玉。2014 年，马钢借鉴德国巴登公司成功发展的经验，引进和学习巴登文化，先后多次派员远赴德国现场学习他们的生产管理方式、经营理念、销售方式和一专多能的操作方法。同时，马钢邀请巴登生产技术人员来马钢现场授课，请他们传授卓越绩效管理模式。在真切感受到先进企业文化的魅力后，马钢按照“启动与培训、管理现状诊断、系统策划、专项管理改进、建立公司卓越绩效指标体系、自评体系构建、成熟度评价、申报质量奖”8 个阶段，系统策划推进卓越绩效管理。马钢以“星级现场创建、日成本核算、巴登文化推进”为抓手，通过卓越绩效专项管理改进，实现了卓越管理在现场落地、过程精细化、企业文化融合，提升了企业基础管理水平。

近两年来，马钢为了强化卓越绩效管理理念和方法，又策划建立了综合管理体系。

马钢从战略方针管理、市场营销管理、财务管理等 16 个方面，对公司所有管理过程和业务流程进行了全面系统的梳理、识别。马钢梳理出一级过程 87 个、二

级及以下细化过程306个;每个过程均制订相应的管理标准及过程绩效指标,为管理过程的数据分析和持续改进夯实基础。同时,马钢以体系化管理推进企业制度化、规范化、标准化,将“写所需、做所写、记所做”等体系管理核心思想涵盖马钢“制度编制、贯彻执行、改善提高”的方方面面。

在生产经营过程中,马钢紧贴市场需求,按照专业化原则对内部资源和业务流程进行整合、优化和再造。例如,马钢整合工程设计、机械装备制造、施工、钢结构等业务,构建了马钢工程技术集团;以保高炉长周期稳定运行为目标,成立了炼铁处,建立了高炉体检制;以提升汽车板、车轮、特钢、彩涂板等战略产品和特色产品的研发、制造、市场开拓、技术服务能力为目标,组建了汽车板推进处和车轮、特钢、彩涂板3个事业部,产品实现了产销两旺。其中,马钢汽车板销售进入国内市场的第一方阵,装配在中国标准动车组上的动车轮于今年7月15日挑战了世界最高时速,开发的大H型钢成功用于港珠澳大桥,自主研发的弹性车轮与世界名企阿尔斯通“牵手”走上了中国城市轨道交通展览会“红地毯”,并将用于上海城市轨道交通建设。

管控精细化　打好日成本管理的算盘

面对钢铁行业“高成本、高消耗、低盈利”的新常态,传统以月会计核算成本费用的方式存在诸多弊端,已不能适应成本管控精细化的需要。在钢铁行业以实施低成本战略来降低企业风险的今天,成本合理控制、精确控制、有效控制的及时性尤为迫切。

2013年9月份,马钢集团董事长、党委书记高海建依据覆盖马钢股份公司生产经营核心业务的大型综合信息化系统(整体RTP)已使主线生产单元及生产经营管理部门实现了财务与业务的信息化集成,为实施日成本管理提供可能的这一事实,积极倡议推进日成本核算,支撑降本增效升级。在“一把手”的亲自过问和参与下,马钢立即成立了日成本核算推进工作组。各单位纷纷成立了这一工作组,由主要领导挂帅。至此,马钢形成了一个覆盖全公司的日成本管理工作网络。

在生产制造加工环节,马钢持续深化降本管理,建立日成本管理平台,实施日成本核算、偏差分析,控制消耗,做好日监控、周分析、月评价,推进清单式降本。根据经营目标,马钢制订降本工作计划和降本措施。同时,马钢依托70%设备大型化、现代化优势,挖掘设备最大潜能,并借助设备先进、功能独特、条件优越等优势,与行业先进企业比技术指标、比操作技能、比管理水平、比综合控制能力、比应对能力、全方面地提高员工的综合素质。

在市场采购环节,马钢实施采购、物流运输、生产厂三方联动,通过比质比价采购和招标采购,降低采购成本。同时,马钢优化工艺结构,改善原材料使用效果或延长其寿命。其中,马钢通过将LF钢种工艺路径改为RH工艺,实现吨钢成本降低36.1元;通过优化耐候钢SPA-H成分设计,实现吨钢降本61.3元。

(于进　章利军)

2016年10月18日《中国冶金报》

马钢制造跑出“中国速度”

这些是跨越式的进步,具有里程碑的意义,是在市场上完成的一次壮举。

自2010年,马钢车轮在大秦线、郑州至新丰镇、郑州至西安东、宝鸡至天水完成60万公里装车运用考核后,2013年9月和2014年7月,所自主研发的大功率机车轮分别通过中国铁路总公司评审和CRCC认证,实现了电力机车国产化替代。今年,马钢车轮又有不俗表现,5月底,马钢自主研发的时速250公里、350公里EMU动车组车轮顺利通过了德国专家的现场供应商资质审核;6月中旬,马钢研发的弹性车轮与世界名企阿尔斯通牵手,走上了中国国际轨道交通展览会“红地毯”,并抢滩上海城轨;6月下旬,马钢低噪音车轮首次攻入合肥地铁,使马钢这一产品在国内市场保持90%以上的份额;同月马钢轮轴通过了欧盟高技术、高标准认证,一举打开了进军欧洲市场的大门;7月15日,马钢车轮成功伴随中国标准动车组最高时速交会试验。

创新技术,顺应铁路高速重载发展需求

车轮是列车的关键部件,是高技术、高风险产品。为确保列车安全运行,确保交通大动脉畅通,马钢作为享誉国内外的车轮制造商,始终牢记安全至上、质量第一的宗旨,精心打造精品基地。通过长期攻关努力,马钢具备3000多个规格品质的生产能力和一流的自主设计研发能力,形成了以铁路运输、轨道交通用机、客货全系列列车轮轮箍为主,以工程机械、石化军工为辅的产品体系。产品广泛用于铁路运输、港口机械、轻轨列车、工程机械、石油化工、船舶制造、能源开发、航空航天、国防建设等领域,并出口到欧美、澳洲、非洲、南亚、东南亚等40多个国家和地区。

近年来,马钢积极参与国家"863"高技术重点攻关项目——"重载铁路列车用车轮钢及关键项目"、"高速动车组用车轮钢的研究与开发项目"、"高速动车组轮对自主创新"及"大功率机车轮轮对自主创新"等项目。其中,成功开发并出口美国GE公司、北美、澳洲、巴西的大轴重40吨的重载车轮,使我国重载车轮的研究与制造跃居世界先进水平。

创新工艺,消化吸收世界轮轴制造先进技术

2014年6月,马钢收购世界轮轴四大制造商—法国瓦顿公司。该公司有着100多年设计、生产铁路用车轮、车轴、轮对及轮轴产品的经验,是高速列车TGV轮轴产品的先驱,其研发的动车组车轮曾创下时速574.8公里的最高纪录。为创新马钢轮轴生产工艺,提升马钢轮轴国际化水平,马钢积极学习、消化、吸收世界轮轴制造顶尖技术,按照国家工信部的要求,积极稳妥地试点实施轮轴智能制造数据化建设,以打破我国高速轮轴长期依赖进口的局面,推动国家和安徽省现代轨道交通装备制造业发展。

在工信部、安徽省委、省政府的大力支持下,马钢于2013年9月建成了第一条可实现年产12500套货车轮轴的生产线。依托工艺创新和先进技术的消化、吸收,马钢轮轴打开了澳洲、坦桑尼亚、印尼市场,掌握了EN、URC和俄罗斯标准的轮对生产,取得了IRIS(国际铁路行业标准)、ISO9001认证、AAR(北美铁路协会产品认证)证书和欧盟铁路认证。今年4月,马钢为做大做强中国轴架产业,投资建设了高速轮轴生产线。新的产品生产线预计2017年1月建成。投产后将成为国内第一家集炼钢与高速车轴制造全流程一体化的生产企业,可实现在线采集单件车轴产品冶炼、加热、锻造、热处理和成品检验的关键数据,能对产品全生命周期实行跟踪,设计年产4万根高品质车轴,产品定位主要为高速、重载及城市轨道交通和普通客货车轴,可满足欧洲、美国、韩国、印度等技术要求。

经过50多年的发展,马钢车轮已成为世界著名的生产基地,马钢轨道交通装备也不断成长壮大,双方按照强强联合、优势互补的合作意愿,于今年实施战略重组,组建了轮轴事业部。依托马钢车轮通过的AARM103、DB、TSI、CRCC多项权威论证,马钢可以按照世界任何一种车轮轮箍产品标准组织生产。利用马钢车轮和轨道交通装备均已获得的欧洲市场通行证,马钢轮轴可以驰骋世界轮轴制造等级最高的欧洲市场。

(于进　章利军　庆辉)

2016年7月22日《安徽工人日报》

主动去产能　增强竞争力
马钢优化品种结构增效近7亿

2016年收官之际,马钢集团公司董事长、党委书记高海建在接受中央、省市媒体采访时高兴地说,马钢聚焦两大战场,锐意变革突破,牢固树立品种、品质、品牌意识,依托凝聚起信念的力量、文化的力量、变革的力量、团队的力量,成功扭亏脱困,仅优化品种结构年增效6.9亿元。一批高端产品应用于汽车、家电、铁路、风电、核电等领域。

2016年,马钢紧紧抢抓国家结构性改革等政策机遇,主动去产能,关停合肥公司钢铁冶炼产线、本部1座高炉、1座转炉和2座电炉,退出落后炼铁产能222万吨、炼钢产能281万吨,全年钢产量同比下降22万吨。在落后装备按节点实施淘汰的基础上,马钢始终瞄准市场高端需求调整产品结构,开发了车轮新产品135个、轮对新产品24个,获得高速车轮订单436件,研发生产销售弹性车轮5700套、低噪音车轮6100件、轮对2200对,使这些高端产品成功用于合肥地铁、上海轨道交通、大秦线重载铁路、郑徐线铁路上,并出口澳大利亚、南非、美国、印度等国家地区。同时,高速车轮通过了中铁检验中心认证(CRCC)认证,新开发的3种GE机车轮通过AAR认证,德铁ET423车轮完成工厂考核。

汽车、家电行业用钢是企业参与市场竞争最有说服力的一把尺子。马钢为提高产品的美誉度,积极通过APQP项目组技术攻关和推行EVI技术服务模式,现场为客户解决生产过程中的各种问题,赢得了全国26个省市、87家汽车生产厂家和知名品牌格力、美的、富士康、光宝的信赖,全年生产汽车板208万吨,其中高强汽车板占到50%,同比增长33%,国内市场占有率提高7.5%,主机厂占到45%;家电板产销312万吨,稳居国内行业前三甲。同时,汽车板通过重庆长安乘用车、上汽乘用车、上汽通用、吉利汽车等主机厂认证;酸洗家电板通过美芝、艾默生等压缩机厂认证。

硅钢增长势头强劲,同比增长19%,W470及以上高牌号硅钢增长38.6%,成为电力行业、汽车行业和压缩机厂家主要供应商;美标H型钢、高端汽车坚固件用冷墩钢、车轴用钢、弹簧钢、HRB500E高强抗震钢筋广泛用于航空、航天、国防、大型建筑、铁路领域。其中,H型钢用于世界最长跨海大桥——珠港澳大桥和海上石油平台;特钢产品用于风电、核电等高端领域,在市场上充分展现了马钢技术创新的力量。

(于　进　章利军)

2016年12月27日《安徽工人日报》

报道目录

标　　题	报纸名称	时　　间	作　　者
马钢高速线材“精装”奔向高端	《安徽工人报》	1月1日	于　进　章利军
马钢高线产线改造工程完成	《中国冶金报》	1月6日	于　进　章利军
马钢绘制壮大非钢板块路线图	《安徽工人报》	1月7日	于　进　章利军
六项倒逼机制催生发展活力	《中国冶金报》	1月8日	于　进　章利军
马钢做精主业剑指产业升级	《安徽工人报》	1月8日	于　进　章利军
精益运营用钱“挣”钱	《中国冶金报》	1月21日	于　进　章利军
马钢高速车轮剑指高铁	《中国冶金报》	1月21日	于　进　章利军
马钢新年推出系统降本举措	《中国冶金报》	1月22日	于　进　章利军
补齐拖欠款330万元　筹措百万元救助特困家庭	《安徽工人报》	2月1日	于　进　章利军
马钢学通用电气实施精益采购	《中国冶金报》头条	2月2日	于　进　章利军
马钢镀锌汽车板获通用全球通行证	《安徽工人报》	2月15日	于　进　章利军
小南山党支部解决历史遗留问题	《中国冶金报》	2月17日	于　进　章利军
马钢高新产品畅行海内外	《安徽工人报》	2月23日	于　进　章利军
马钢镀锌汽车板获通用汽车认证	《中国冶金报》	2月23日	于　进　章利军
与市场无缝对接	《中国冶金报》	3月2日	于　进　章利军
把保职工收益放在首位	《中国冶金报》	3月2日	于　进　章利军
马钢绘制壮大非钢板块路线图	《中国冶金报》	3月4日	于　进　章利军
马钢布局物流板块产业化发展通道	《中国冶金报》	3月11日	于　进　章利军
5亿元如何省下来	《中国冶金报》	3月16日	于　进　章利军
看马钢如何搭建精益运营管理体系	《中国冶金报》	3月22日	于　进　章利军
奔波数百里　现场解难题	《中国冶金报》	4月6日	于　进　章利军
马钢股份业绩亏损　关键产品处于国内龙头地位	《中国冶金报》	4月19日	于　进　章利军
马钢抓产品质量定期晒成绩单	《安徽工人报》	4月21日	于　进　章利军
马钢建设首条高速车轴生产线	《中国冶金报》	5月6日	于　进　章利军
马钢集聚优势建设首条高速车轴生产线	《安徽工人报》	5月12日	于　进　章利军
马钢定期“晒”产品质量成绩单	《中国冶金报》	5月25日	于　进　章利军
马钢国家技术创新工程省专项通过验收	《中国冶金报》	5月26日	于　进　章利军
让钢城“绿亮”您的眼	《安徽工人报》	5月31日	于　进　章利军
马钢国家技术创新工程试点省专项项目通过验收	《现代物流报》	6月1日	于　进　章利军
“先天”优势+“后天”思路转换	《中国冶金报》	6月8日	于　进　章利军
钢城“绿亮”您的眼	《中国冶金报》	6月9日	于　进　章利军
马钢弹性车轮抢滩上海城轨	《安徽工人报》	6月17日	于　进　章利军
马钢弹性车轮牵手世界名企抢滩上海城轨	《中国冶金报》	6月21日	于　进　章利军
省领导为马钢去产能支招	《安徽工人报》	6月24日	于　进　章利军
马钢严阵以待防大汛	《中国冶金报》	7月5日	于　进　章利军
马钢H型钢托起珠港澳大桥	《中国冶金报》	7月7日	于　进　章利军
马钢严阵以待防大汛	《安徽工人报》	7月7日	于　进　章利军
马钢紧急应对严峻防汛形势	《中国冶金报》	7月7日	于　进　章利军
安徽省领导为马钢化解产能面授机宜	《中国冶金报》	7月12日	于　进　章利军

马钢股份实现扭亏为盈经营目标	《安徽工人报》	7月18日	于　进　章利军
为列车安全运行保驾护航	《中国冶金报》	7月19日	于　进　章利军
马钢轮对获得欧洲市场通行证	《中国冶金报》	7月19日	于　进　章利军
为列车安全运行提供坚强保障	《现代物流报》	7月20日	于　进　章利军
马钢车轮挑战世界首次	《中国冶金报》	7月21日	于　进　章利军
马钢车轮　中国速度	《中国冶金报》	7月22日	于　进　章利军
挑战世界首次　打响中国品牌	《安徽工人报》	7月21日	于　进　章利军
马钢制造跑出“中国速度”	《安徽工人报》	7月22日	于　进　章利军
弹好资金使用的琴弦	《中国冶金报》	7月29日	于　进　章利军
马钢各级领导全力当好高温保产后勤兵	《安徽工人报》	8月4日	于　进　章利军
马钢股份成功发行20亿元短期融资券	《中国冶金报》	8月11日	于　进　章利军
马钢积极探索转型发展新路	《安徽工人报》	8月11日	于　进　章利军
马钢成功发行20亿元融资券	《安徽工人报》	8月11日	于　进　章利军
马钢勾勒未来五年发展蓝图	《中国冶金报》	8月16日	于　进　章利军
马钢选举产生新一届党委、纪委领导班子	《中国冶金报》	8月17日	于　进　章利军
马钢重载车轮强势出击	《安徽工人报》	9月1日	于　进　章利军
马钢去产能做法获充分肯定	《安徽工人报》	9月6日	于　进　章利军
第九督导组部分成员调研指导马钢去产能	《中国冶金报》	9月7日	于　进　章利军
马钢铁水成本、吨材利润跨入行业先进水平	《安徽工人报》	9月8日	于　进　章利军
一企一家一文化	《中国冶金报》	9月9日	于　进　章利军
家和万事兴	《安徽工人报》	9月12日	于　进　章利军
马钢盈利能力持续改善	《中国冶金报》	9月15日	于　进　章利军
马钢3200立方米高炉系统工程投产	《中国冶金报》	9月27日	于　进　章利军
马钢和菱山地车成吸睛亮点	《安徽工人报》	9月29日	于　进　章利军
马钢粉末冶金如何实现连年盈利?	《中国冶金报》	9月30日	于　进　章利军
马钢和菱公司山地桥叫响半挂车市场	《中国冶金报》	10月11日	于　进　章利军
把好汽车用钢市场的方向盘	《现代物流报》	10月12日	于　进　章利军
为了钢城的蓝天白云	《中国冶金报》	10月13日	于　进　章利军
提升设备管理水平　助力行业脱困	《中国冶金报》	10月21日	于　进　章利军
走向绿色经营	《中国冶金报》	10月21日	于　进　章利军
马钢党委开展两学一做到基层活动	《中国冶金报》	10月21日	于　进　章利军
把好汽车用钢市场方向盘	《中国冶金报》	11月1日	于　进　章利军
马钢股份荣膺全国质量奖	《安徽工人报》	11月3日	于　进　章利军
马钢荣膺全国质量奖	《中国冶金报》	11月9日	于　进　章利军
马钢提前完成去落后产能关停任务	《安徽工人报》	11月17日	于　进　章利军
马钢环保工作受到安徽省环保执法组肯定	《中国冶金报》	11月17日	于　进　章利军
马钢提前完成落后设备关停任务	《中国冶金报》	11月22日	于　进　章利军
马钢技术服务年会围绕客户个性化需求	《中国冶金报》	11月22日	于　进　章利军
马钢汽车板后来居上的奥秘	《中国冶金报》	11月23日	于　进　章利军
青山依旧在　马矿几度春	《中国冶金报》	12月2日	于　进　章利军
安徽出台去产能意见	《中国冶金报》	12月8日	于　进　章利军
我省出台钢铁行业生产实施意见	《安徽工人报》	12月8日	于　进　章利军

安徽出台化解产能实施意见	《中国工业报》	12 月 12 日	于　进　章利军
马钢优化品种结构增效近 7 亿元	《安徽工人报》	12 月 27 日	于　进　章利军
马钢新年将深入推进绩效管理	《安徽工人报》	12 月 30 日	于　进　章利军

2016年马钢编辑出版的部分书刊目录

《马钢》总目录

本刊特稿

强化使命担当　落实“两个责任”　高海建(1)

积极应对严峻市场挑战　共同打造新常态下具有竞争力的供应链　丁　毅(1)

为共建共享马钢美好家园而努力奋斗
——访集团公司党委书记、董事长高海建　本刊记者(2)

携手共筑家园梦　本刊评论员(2)

打造家园文化升级版　推进马钢转型发展
——在股份公司2016年上半年竞争力分析大会上的讲话　高海建(3)

深入推进卓越绩效模式　持续提升马钢竞争能力　丁　毅(3)

高海建董事长新年献词　高海建(4)

把握改革发展大势　凝聚家园强大合力为实现全年各项目标任务而努力奋斗　高海建(4)

开创马钢转型升级、健康发展新局面
——集团公司总经理、股份公司董事长丁毅访谈录　本刊记者(4)

纪念建党95周年

以习近平“七一”重要讲话为指导进一步推进马钢矩阵式党建工作　高海建(2)

独家策划

深入贯彻十八届中央纪委第六次全会精神促进党风廉政建设“两个责任”落地生根　公司纪委(1)

《纪委书记工作手册》序　陈冬生(1)

《领导人员廉洁从业学习手册》廉洁从业寄语　公司纪委(1)

变革突破求生存　实干担当保家园　黎　兵(1)

强化责任担当　主动履行“一岗双责”　王开定(1)

聚焦中心任务　履行监督责任　何　军(1)

党旗飘扬风正劲
——马钢第四次党代会以来党建工作综述　本刊记者(2)

激浊扬清树正气
——马钢第四次党代会以来党风建设和反腐倡廉工作综述　本刊记者(2)

铸魂聚力建家园
——马钢第四次党代会以来强化家园文化建设综述　本刊记者(2)

“两学一做”学深学透学到根本上　做实做正做在具体中　张　泓(2)

“两学一做”不忘初心　矢志不移继续前进　南山矿业公司党委(2)

夯实基础，以学促做，全面激发党建工作新活力　能控中心党委(2)

图说马钢EVI

马钢家电板——双向发力创佳绩　赵云龙(3)

马钢汽车板——加挡提速正当时　张　武(3)

马钢特钢——联动高效向高端　汪开忠(3)

马钢硅钢——厚积薄发铸精品　王立涛(3)

做精钢铁

马钢高炉“涅槃”记　张　泓　高跃飞(3)

志存高远勇逐梦　许　涛　许　然(3)

绿色发展

江南花开春意浓
——马钢推进环境经营实现绿色发展纪实　荣　健　王　琼(3)

国企党建

立根固本学到深处　严字当头落在实处
——马钢党委深入开展“讲看齐、见行动”学习讨论第一阶段综述　张　泓(4)

国有企业基于矩阵式党建工作引领的问题管理实践　马钢(集团)控股有限公司党委(4)

先锋堡垒

众志成城迎挑战　风雨同舟渡难关　年丹丹(2)

党建做统领　齐心迎挑战　于长华(2)

主动融入勇攻坚　周志龙(2)

党旗猎猎别样红　马　镭(2)

围绕中心抓党建　凝心聚力促发展　许　庆　劲　松(2)

融入高炉生产　聚焦家园建设　为精益运营提供精神动力　张　俊　张维忠(2)

团结勇担当　拼搏铸党魂　伊　能(2)

坚强堡垒党旗红　罗继胜(2)

党员风采

心坚石穿敢为先　罗继胜(2)

风雨中不屈的脊梁　高跃飞(2)

家园护我成长　奋斗回报马钢　荣　健(2)

特别策划

扎根现场练内功　紧盯市场求效益
——马钢2016年聚焦两大战场经典案例遴选
加大服务力度　提升直供占比
精准研判市场　避峰就谷采购
深化EVI技术服务　推进硅钢产品打入哈电
多措并举提质增效　确保铁精矿质量稳定
推行“五字标准”　实现转炉作业设备管理精细化
实施工艺改进　提高硅钢性能
做精钢铁
辉煌的成就　耀眼的丰碑
——二铁总厂4号高炉系统建设综述　程　军(4)
铿锵再走长征路
——写在马钢大高炉稳定运行1000天之际
张　泓　张维忠(4)
马钢汽车板　敢攀高峰唱新歌
——马钢汽车板年产销突破200万吨纪实　许　涛(4)

焦点透视

上下同欲大胆变革突破　众志成城推动转型发展
企管部(1)
深化对标降成本　加快升级调结构　制造部(1)
加快新产品开发　全面推进EVI战略　科技管理部(1)
加强资金管控　确保现金流安全　财务部(1)
建立市场化运行机制　壮大非钢板块体量
资本运营部(1)

生产经营

两大战场显身手　降本创效当尖兵　技术中心(1)
当好“蓄水池”　打好“铁算盘”　财务公司(1)

多元产业

打造经营型矿山　实现可持续发展
——集团公司副总经理、矿业公司董事长杨阳谈矿山产业　荣　健　许　涛(3)
加快产业布局　深化产融结合
——集团公司副总经理、总会计师陈昭启谈金融投资产业　荣　健　高跃飞(3)
三流归一谋发展　搏击商海扬远帆
——集团公司董事、股份公司副总经理陆克从谈物流贸易产业　荣　健　许　涛(3)
紧盯市场转机制　乘势而上增活力
——集团公司副总经理、总工程师苏世怀谈粉末冶金新材料产业　荣　健　许　涛(4)
把握黄金机遇期　写好“绿色”大文章
——集团公司党委常委、副总经理严华谈节能环保产业
荣　健(4)
做强品牌　让企业生命之树常青　张吾胜(4)
聚焦“三品”　提高“三度”
——马钢“做强品牌”的战略思考　张　建(4)

人力资源

评论:关山飞越敢为先　本刊评论员(1)
挖掘人力资源潜力　提高劳动生产率　人力资源部(1)
剑刃锋从砥砺出　张　泓　李忠好(1)

科研攻关

推广应用创新方法　助力马钢科技创新
牛树刚　殷朝海　丛　林(1)
TRIZ:告别“试错法”的“点金术”　舒宏富(1)
学习TRIZ理论的几点感悟　林震源(1)
走在创新的道路上　袁军芳(1)

管理之道

整合出效率　吴　峻(1)
汽运物流业务发展定位与思考　钱时华(1)
卓越马钢　精彩无限
——马钢股份公司推进卓越绩效管理纪实　张　泓(3)

企业文化

观念一变天地新
——“为生存而战”思想解放百日大讨论活动纪实
荣　健(1)
马钢家园文化建设思考　李承峰(1)

政研园地

营造温馨家园　提升幸福指数　唐承迹(3)
文化融合,产线整合的终极目标　李承峰(3)
匠心独运　匠心唯我　匠心筑梦　高守华(3)

矿山动态

巧手“扮”矿山　今朝更好看
——马钢建设全国铁矿石资源综合利用示范基地纪实
章利军　侯爱民(4)

《江南文学》总目录

本期特稿

致敬,英雄的凹山!　陈启贵　王　迅　林　文(4、5)

铜陵马鞍山两市散文大赛作品选登

风和日丽　方永华(1)
青梅如豆　刘爱武(1)
难民街　沈成武(1)
普米花开　周代进(2)
河滩上的外祖父　孙淮景(2)
失落的小狗　张正福(2)

“我的家风家训”,“我的家教故事”征集作品选登

当官的爹讨饭的娘　李承峰(3)

父母在,不远游,游必有方 陈永红(3)
最好的时光 余江华(3)
家风相伴健康成长 姜茂清(3)
父母是最好的榜样 徐文利(3)
爱的力量 张 莉(3)
将心比心余香致远 苑永梅(3)
爸爸的一件事 包雪松(3)
静等花开的声音 朱 瑶(3)
写给亲爱的你 浦旭红(3)
父亲的教诲 甘 梅(3)
家有小女初长成 许 莉(3)
女儿,你是妈妈的小棉袄 张 红(3)
女儿长成我成长 汲兴凤(3)
为妈妈洗澡 陈 燕(3)

一线作家

冬天的记忆(外二篇) 潘成奎(1)
杨丽华诗歌 杨丽华(2)
散文二章 伊 轩(3)
有暗香盈袖 颜 颜(4、5)
我们说说话吧 张 铭(6)

特别推荐

齐鲁情未了 黄 滔(6)

马钢第一钢轧总厂专辑

山芋情缘 何建军(2)
诗城古韵(外一篇) 春风好(2)
关于大学的意识碎片 韩业辉(2)
关于说话 王冬莲(2)
老朋友 王 虎(2)
春的颜色(外五首) 赵晓萍(2)
和钢火的爱情 宋 健(2)
古体诗一组 瞿曙霞(2)

马钢冷轧总厂作品专辑

莲藕 王 媛(4、5)
屯溪老街 张 燕(4、5)
那时爱情(外一篇) 潘成奎(4、5)
漂洋过海来看你 陈 蓉(4、5)
风景如画的太阳岛 李晓军(4、5)
岁月痕迹 张 兴(4、5)
回乡 李 强(4、5)
谈追星 彪芳敏(4、5)
我陪儿子去卖花 胡文翱(4、5)
写在冷轧总厂成立一周年之际(外四首) 杨丽华(4、5)

马钢煤焦化公司职工文学协会作品专辑(上)

年 张客尔(6)
选择 胡智慧(6)
冬游黄山 田 青(6)
母亲的迎接 刘晓冰(6)
那些年的歌,那些年的事 邹 威(6)
忙做豆腐好过年 赵春阳(6)
老大 赵 煜(6)
失败的白富美 郭亚萍(6)
老照片 安旭彩(6)
我喜欢这里 徐万飞(6)

开卷有益

在鲁迅那里充点电 李承峰(6)
《千年文化》千年叹 姜茂清(6)
《人物》中的人物故事 袁发尧(6)
读《孔子传》 左 右(6)
读诗信笔 荣 健(6)
读杨绛《我们仨》有感 陶翠兰(6)
从《娘子》到《怕雄黄》到《织》 宋 勇(6)
汉家女子 柯 柯(6)
火柴下的童话与现实 马艳芸(6)
读《论语》知君子 鲍金启(6)
路遥和他的女人们 张 艳(6)
读林语堂《苏东坡传》 郭亚娟(6)
莫言的哑谜 许 侃(6)
品读央北笔下的仓央嘉措 古 豆(6)
善行者无迹 张永中(6)
诗歌的随想 侯 军(6)

金短篇

永远的银杏树 郭启林(1)
周围都是影子 程迎兵(1)
带着眼泪去流浪 许 侃(1)
四十五分钟 闫利芳(2)
我的朋友许文兵 陈 末(2)
荷花深处 魏桂英(2)
女神 毛立新(3)
大雪来临 柳 篱(3)
木头人 毛立新(4、5)
苦情书 许 侃(4、5)
蚂蚁 陈 末(6)
光阴的眼 程迎兵(6)

实力中篇

女友紫鹃 白木韦(4、5)

散文随笔

母亲,你就是一棵荆棘 赵 兰(1)
父亲的小屋 何世平(1)
同学燕子(外二篇) 张 铭(1)
我的父亲 杨 莉(1)
家住雨山下 未 未(1)
记忆中的挂面(外一篇) 杨丽华(1)

工厂里的人和事　李承峰(2)
老屋　张子初(2)
命中的小黑罐　侯留珍(2)
32 号病床老太　毛春燕(2)
老先生和老太太　张　洁(2)
在桃花开放的时候　柳小林(2)
云朵下的爱　陶立群(3)
随笔三则　梅　烟(3)
旅行(外一篇)　张　铭(3)
寻糖记　王成武(3)
走进呼伦贝尔　孙　萍(3)
绿皮火车　将进酒(4、5)
半夏斋笔记二则　樊剑勇(4、5)
父亲,你在哪　张　洁(4、5)
沐浴　晓　铭(4、5)
甲骨文　左　中(4、5)
美丽的中国,美丽的家　孙　嵘(4、5)
随笔二则　苍　耳(4、5)

诗林

难忘岁月(组诗)　迟大斌(1)
江浩的诗　江　浩(2)
在时间的针脚里(组诗)　李　钢(3)
潘超凡诗选　潘超凡(3)
端午故事　李　晓(3)
每当我站在窗前(外五首)　北　人(4、5)
大连行(组诗)　迟大斌(4、5)

女诗人作品专辑

刘利红的诗　刘利红(6)
毛春燕的诗　毛春燕(6)
马洪鸣的诗　马洪鸣(6)
王筝的诗　王　筝(6)

折柳马鞍山

如歌若　苓桂芳(4、5)
秦淮河畔　储佳仪(4、5)
1937 年 12 月 13 日的南京　王　雨(4、5)
路很远的　黄若张(4、5)
等待与坚守　丁　薇(4、5)
圣洁如歌　杨忆慈(4、5)
一生长征　孙　洁(4、5)
爱在冬季　刘紫雯(4、5)
不要为别人而活　龚秋月(4、5)
唯有我懂你　汪军瑶(4、5)
妈阁这座城　胡雯静(4、5)
灰色天空　南　洋(4、5)

微篇空间

白杨树　吴承华(2)

谈艺录

用文字印证,在虚无中安放　仝志男(1)
评论二则　严歌平(3)

美术星空

张明伟摄影作品欣赏　(1)
阿杜作品　(1)
倪慰工笔画欣赏　(2)
仿古画　篆刻　王腾　胡建军(2)
谢德梅摄影作品　(2)
程华书法作品欣赏　(3)
阿杜作品欣赏　(3)
刘桂生书法作品　(3)
马钢二铁总厂 4 号高炉竣工投产　(4、5)
马钢职工子女绘画作品欣赏　(4、5)
陈伟摄影作品欣赏　(6)

《安徽冶金》总目录

·试验研究·

高强度导磁钢板磁各向异性的研究
裴陈新　裴英豪　占云高等(1-1)
钒氮微合金化高强钢筋的研究与应用
郭　湛　于同仁　陈开智等(1-4)
CSP 流程 1.2% Si 冷轧无取向电工钢的研究
董　梅　王立涛　裴陈新等(1-8)
彩涂板二次涂覆试验研究
施国兰　王美珣　蔡　明(1-12)
细化 18CrNiMo7-6 齿坯奥氏体晶粒的热处理工艺研究
宫彦华　钟　斌　陈　刚等(1-15)
降低 H 型钢加热炉异型坯氧化烧损的研究
院　磊　刘其明　周晨辉等(1-19)
防氧化涂料对连铸用铝碳质功能材料使用寿命的影响
张丽丽　周晨辉　魏云峰等(1-22)
$12CaO \cdot 7Al_2O_3$ 精炼渣吸附非金属夹杂物的试验研究
曹余良　蔡可森　周桂成等(1-26)
沥青、焦粉及无烟煤配煤炼焦的研究
诸荣孙　谢马龙　伊廷锋(2-1)
Al_2O_3 和 SiO_2 对烧结液相生成影响的研究
刘自民　金　俊　李小静等(2-5)
中碳铝镇静钢开浇阶段中间包钢水洁净度的变化规律研究
郭俊波　沈　昶　孙　彪(2-10)
电工钢中钛的行为研究
裴陈新　裴英豪　王立涛(2-13)
高精度轻型薄壁集装箱拖车用热轧 H 型钢产品开发
彦井成　吴保桥　龚庆华等(2-16)

· 技术交流 ·

· 生产实践 ·

《冶金动力》总目录

·燃气·

·制氧·

· 供排水 ·

· 节能环保 ·

· 简讯 ·

《安徽冶金科技职业学院学报》总目录

冶金科学技术

· 冶金与工艺 ·

· 冶金与机械 ·

· 冶金与自动化 ·

人文学术研究

《马钢党校》总目录

专稿

教育培训工作研究

党建和思想工作

马钢管理研究

教学与科研

纵横谈

《马钢经济研究》总目录

信息平台

马鞍山钢铁股份有限公司
2016年年度报告（摘编）

一、公司简介

1. 公司信息

公司的中文名称	马鞍山钢铁股份有限公司
公司的中文简称	马钢股份
公司的外文名称	MAANSHAN IRON & STEEL COMPANY LIMITED
公司的外文名称缩写	MASC. L.
公司的法定代表人	丁　毅

2、联系人和联系方式

职　务	证券事务代表
姓　名	何红云
联系地址	中国安徽省马鞍山市九华西路8号
电　话	86-555-2888158/2875251
传　真	86-555-2887284
电子信箱	mggfdms@ magang. com. cn

3. 基本情况简介

公司注册地址	中国安徽省马鞍山市九华西路8号
公司注册地址的邮政编码	243003
公司办公地址	中国安徽省马鞍山市九华西路8号
公司办公地址的邮政编码	243003
公司网址	http://www. magang. com. cn(A股)； http://www. magang. com. hk(H股)
电子信箱	mggfdms@ magang. com. cn

4. 信息披露及备置地点

公司选定的信息披露报纸名称	上海证券报
登载年度报告的中国证监会指定网站的网址	www. sse. com. cn
公司年度报告备置地点	马鞍山钢铁股份有限公司董事会秘书室

5. 公司股票简况

公司股票简况			
股票种类	股票上市交易所	股票简称	股票代码
A股	上海证券交易所	马钢股份	600808
H股	香港联合交易所有限公司	马鞍山钢铁	00323

6. 其他有关资料

公司聘请的会计师事务所	名称	安永华明会计师事务所(特殊普通合伙)
	办公地址	中国北京市东城区东长安街1号东方广场安永大楼16层
	签字会计师姓名	安秀艳、吴小芳

二、发行及上市

1993年9月1日,本公司正式成立,并被国家列为首批在境外上市的九家股份制规范化试点企业之一。公司1993年10月20日-10月26日在境外发行了H股,同年11月3日在香港联交所挂牌上市;1993年11月6日-12月25日在境内发行了人民币普通股,次年1月6日、4月4日及9月6日分三批在上海证券交易所挂牌上市。

三、会计数据和财务指标摘要

1. 主要会计数据

单位:千元　币种:人民币

	2016年	2015年	本年比上年增减(%)	2014年
总资产	66245531	62454466	6.07	68511175
营业收入	48275100	45108927	7.02	59820938
归属于上市公司股东的净利润	1228892	-4804300	-	220616
归属于上市公司股东的扣除非经常性损益的净利润	1409937	-5129505	-	-154967
归属于上市公司股东的净资产	19764172	18455838	7.09	23295566
经营活动产生的现金流量净额	4619861	5865332	-21.23	2912854
期末总股本	7700681	7700681	0.00	7700681

2. 主要财务指标

主要财务指标	2016年	2015年	本期比上年同期增减(%)	2014年
基本每股收益(元/股)	0.160	-0.624	-	0.029
稀释每股收益(元/股)	0.160	-0.624	-	0.029
扣除非经常性损益后的基本每股收益(元/股)	0.183	-0.666	-	-0.020
加权平均净资产收益率(%)	6.43	-23.01	增加29.44个百分点	0.95
扣除非经常性损益后的加权平均净资产收益率(%)	7.38	-24.57	增加31.95个百分点	-0.67

3. 非经常性损益项目和金额

单位:千元　币种:人民币

非经常性损益项目	2016 年金额	2015 年金额	2014 年金额
非流动资产处置损益	-51189	32966	-82180
计入当期损益的政府补助,但与公司正常经营业务密切相关,符合国家政策规定、按照一定标准定额或定量持续享受的政府补助除外	74523	259053	438440
除同公司正常经营业务相关的有效套期保值业务外,持有交易性金融资产、交易性金融负债产生的公允价值变动损益,以及处置交易性金融资产、交易性金融负债和可供出售金融资产取得的投资收益	62627	22196	564
员工辞退补偿	-347469		
单独进行减值测试的应收款项减值准备转回	928		
新收购子公司在购买日前持有的股权在购买日以公允价值重新计量产生的投资收益	-	4161	-
除上述各项之外的其他营业外收入和支出	-19729	-12683	-2407
递延收益摊销	116980	87185	100182
其他投资收益	-	-7350	-810
少数股东权益影响额	-6551	-391	-869
所得税影响额	-11164	-59932	-77337
合　计	-181044	325205	375583

4. 采用公允价值计量的项目

单位:千元　币种:人民币

项目名称	期初余额	期末余额	当期变动	对当期利润的影响金额
以公允价值计量且其变动计入当期损益的金融资产	1005271	555322	-449949	50951
合　计	1005271	555322	-449949	50951

四、2016 年经营情况及 2017 年工作措施

2016 年,中国经济增速继续放缓,GDP 同比增长 6.7%,增速继续回落。政府在适度扩大总需求的同时,大力推进供给侧结构性改革。随着各项政策措施的效果初步显现,市场出现积极变化,据中钢协统计,2016 年全国粗钢产量 8.1 亿吨,粗钢表观消费 7.1 亿吨,同比分别增长 0.6% 和 1.7%。受市场需求有所好转、钢材库存处于历史低位等多重因素影响,国内市场钢材价格波动回升。钢材综合价格指数由年初的 56.37 点上涨到年底的 99.51 点,上涨 43.14 点,同比上升 76.5%。钢铁行业运行走势稳中趋好,全行业从深度亏损到扭亏为盈。但是,行业销售利润率只有 1.02%,远低于工业行业 5.97% 的平均水平。

面临经济新常态下的新机遇,公司紧紧围绕“聚焦两大战场、锐意变革突破”工作主题,把产品升级、产业链延伸、国际化经营作为主攻方向,抢抓市场机遇,深化结构调整,提升精益运营水平,通过全体职工共同努力,2016 年顺利实现扭亏为盈,取得了“十三五”发展的良好开局。

按中国会计准则计算,本集团 2016 年营业收入为人民币 48275 百万元,同比增长 7.02%;归属于上市公司股东的净利润为人民币 1229 百万元,扭亏为盈;基本每股收益为人民币 0.16 元。报告期末,本集团总资产为人民币 66246 百万元,同比增长 6.07%;归属于上市公司股东的净资产为人民币 19764 百万元,同比增长 7.09%。报告期末,本集团资产负债率为 66.67%,较上年下降 0.12 个百分点。

按中国企业会计准则计算,2016年度,本公司实现净利润为人民币1363百万元,加上年初的未分配利润人民币-1489百万元,2016年末可供股东分配的利润为人民币-126百万元。由于本公司2016年末可供股东分配的利润为负,董事会建议2016年度不派发现金股利,亦不进行资本公积金转增股本。该项分配方案尚待提交股东周年大会审议。

公司于2016年8月2日发行了短期融资券人民币20亿元,票面利率5.45%,募集资金用于补充营运资金。另外,公司于2011年发行的5年期公司债券人民币23.4亿元已于2016年8月25日兑付完毕。

为了提升综合生产效率,公司决定逐步退出部分成本高、效率低的产线。2016年,公司永久性关停一座高炉和一座转炉,涉及炼铁产能62万吨、炼钢产能64万吨。

长期以来,公司持续致力于推动企业与社会、环境的全面协调发展,坚持走“低碳经济、绿色生产”的发展道路。2016年,公司严格落实环保刚性要求,推进全流程清洁生产和节能减排,全年烟尘、二氧化硫吨钢排放量同比大幅下降。公司荣获中钢协“清洁生产环境友好企业”称号。

展望2017年,中国经济发展新的增长动力正在孕育形成,将继续实施积极的财政政策和稳健的货币政策,经济发展长期向好的基本面没有变。既面临深化国有企业改革、推进供给侧结构性改革、化解钢铁过剩产能、“一带一路”建设和中国制造2025战略实施、消费需求升级等重大机遇,又面临需求不旺、兼并重组、同质化竞争、资源环境约束、利润微薄等严峻挑战。

2017年,公司及附属子公司计划生产生铁1822万吨、粗钢1917万吨、钢材1824吨。为此,公司将以“坚定不移深化改革,坚持不懈做强品牌”为工作主题,持续追求卓越绩效,奋力开创马钢转型升级、健康发展新局面。拟采取下列措施:

深入推进卓越绩效模式。以荣获全国质量奖为新的起点,深化卓越绩效管理,逐步形成具有马钢特色的管理模式,促进管理绩效不断提升。

加强品牌建设。制定品牌战略规划,强化品牌宣传,推进品牌营销,提升全员品牌意识。建立品牌危机管理体系与制度,维护马钢品牌形象。

铁前系统强化高水平上的稳定顺行。依据不同炉型实施差异化管理,形成优良的系统运行状态。完善高炉体检和预警制度,建立具有马钢特色的高炉操作模型,巩固长周期稳定顺行成果,打造行业一流的高炉操作品牌。

钢轧系统推进专业化、精细化、高效化、个性化生产。贯彻精益生产理念,快速提升炼钢水平;加强产销对接,优化产线分工,充分释放关键产线效能;优化计划排程规则,确保;重点产品订单按期、保质交付。

提升两头市场创效能力。完善经营决策系统,加强两头市场跟踪和分析,提高研判准确性,支撑营销和采购经营创效。在实施低库存安全保供战略的同时,灵活调整采购策略,降低采购成本。着力提高区域市场份额,扩大高附加值产品销售比重;加大终端客户培育,强化产品、技术和服务一体化营销;强化产品出口战略,统筹国内、国外两个市场,优化海外市场布局,大力开发海外终端客户;继续扩大电商平台销售规模。

深化产品结构调整。板材产品,适应高强度、轻量化需求,提高高强钢和汽车外板比重,扩大市场占有率;拓展冷轧、镀锌、酸洗等高端家电市场,扩大高牌号电工钢比重。长材产品,加大铁路、海洋工程、高层建筑、桥梁用型钢的研发生产,大力开拓弹簧钢、焊丝钢、轴承钢、链条钢、高档冷镦钢等工业线棒材市场。轮轴产品,高速车轮实现国内批量供应;加快高速轮对、高速车轴的开发和试制进度,提高轮轴产品市场占有率。

稳步提升产品质量。准确识别客户需求,提高过程设计能力;发挥技术改造项目作用,稳定高端产品质量,大幅降低内部质量损失;强化质量流程管控,严格工序质量监督,加强工艺纪律检查,完善质量事故考核,建立促进问题暴露、可持续的评价机制和关键工序的防错机制。

五、研发支出

研发支出情况表

单位:百万元

本期费用化研发投入	752.57
本期资本化研发投入	-
研发投入合计	752.57
研发投入总额占营业收入比例(%)	1.56
公司研发人员的数量	3787
研发人员数量占公司总人数的比例(%)	11.80
研发投入资本化的比重(%)	-

六、投资项目进展

重大的非股权投资

单位:百万元

项目名称	预算总投资额	报告期新增投资额	工程进度
品种质量类项目	6417	1344	82%
节能环保项目	2623	994	84%
设备更新及其他技改项目	2360	272	85%
其他工程	不适用	416	不适用
合　计	不适用	3026	/

七、重要事项

1. 公司、股东、实际控制人、收购人、董事、监事、高级管理人员或其他关联方在报告期内或持续到报告期内的承诺事项

承诺类型	承诺方	承诺内容	承诺时间及期限	是否有履行期限	是否及时严格履行	如未能及时履行应说明未完成履行的具体原因	如未能及时履行应说明下一步计划
其他	集团公司	通过马钢投资公司以合法合规的方式,以适当价格增持不低于人民币4.09亿元马钢股份A股,增持计划全部实施完成后6个月内不出售所增持的股份。	2015-7-24	否	否	2016年,集团公司生产经营形势有所改善,但受钢铁行业产能严重过剩及原燃料价格快速上涨等因素影响,盈利基础较为脆弱,资金面较为紧张,尚未筹措到增持所需资金。	集团公司将在保障资金正常运转的前提下,加大资金筹措力度,以合法合规的方式实施增持计划。

八、股份变动及股东情况

1. 股份变动情况

报告期内,公司股份总数及股本结构未发生变化。

2. 股东总数:

截止报告期末普通股股东总数(户)	262775
年度报告披露日前上一月末的普通股股东总数(户)	248732

3. 截止报告期末前十名股东、前十名流通股东持股情况表

单位:股

前十名股东持股情况							
股东名称	报告期内增减	期末持股数量	比例(%)	持有有限售条件股份数量	质押或冻结情况		股东性质
					股份状态	数量	
马钢(集团)控股有限公司	-	3506467456	45.54	0	无	0	国有法人
香港中央结算(代理人)有限公司	606,000	1710814900	22.22	0	未知	未知	未知
中央汇金资产管理有限责任公司	未知	142155000	1.85	0	未知	未知	国有法人
中国证券金融股份有限公司	未知	88096538	1.14	0	未知	未知	国有法人
博时基金-农业银行-博时中证金融资产管理计划	未知	33609200	0.44	0	未知	未知	未知
易方达基金-农业银行-易方达中证金融资产管理计划	未知	33609200	0.44	0	未知	未知	未知
大成基金-农业银行-大成中证金融资产管理计划	未知	33609200	0.44	0	未知	未知	未知
嘉实基金-农业银行-嘉实中证金融资产管理计划	未知	33609200	0.44	0	未知	未知	未知
广发基金-农业银行-广发中证金融资产管理计划	未知	33609200	0.44	0	未知	未知	未知
中欧基金-农业银行-中欧中证金融资产管理计划	未知	33609200	0.44	0	未知	未知	未知

前十名无限售条件股东持股情况			
股东名称	持有无限售条件流通股的数量	股份种类及数量	
		种类	数量
马钢(集团)控股有限公司	3506467456	人民币普通股	3506467456
香港中央结算(代理人)有限公司	1710814900	境外上市外资股	1710208900
中央汇金资产管理有限责任公司	142155000	人民币普通股	142155000
中国证券金融股份有限公司	88096538	人民币普通股	88096538
博时基金-农业银行-博时中证金融资产管理计划	33609200	人民币普通股	33609200
易方达基金-农业银行-易方达中证金融资产管理计划	33609200	人民币普通股	33609200
大成基金-农业银行-大成中证金融资产管理计划	33609200	人民币普通股	33609200
嘉实基金-农业银行-嘉实中证金融资产管理计划	33609200	人民币普通股	33609200
广发基金-农业银行-广发中证金融资产管理计划	33609200	人民币普通股	33609200
中欧基金-农业银行-中欧中证金融资产管理计划	33609200	人民币普通股	33609200
上述股东关联关系或一致行动的说明	马钢(集团)控股有限公司与前述其他股东之间不存在关联关系、亦不属于一致行动人,但本公司并不知晓前述其他股东之间是否存在关联关系及是否属于一致行动人。		

2016 年 12 月,公司先后收到马钢(集团)控股有限公司(集团公司)出具的两份《告知函》,分别是集团公司拟以其持有的 8 亿股本公司股份用于股票质押回购交易,以及相关的股票质押手续已经办理完成。详见公司分别于 12 月 7 日和 12 月 14 日发布的公告。检索地址分别是:http://static. sse. com. cn/disclosure/listedinfo/announcement/c/2016-12-07/600808_20161207_1. pdf 和 http://static. sse. com. cn/disclosure/listedinfo/announcement/c/2016-12-14/600808_20161214_1. pdf。

除上述情况之外,报告期内,集团公司所持其余股份没有被质押、冻结或托管的情况,但本公司并不知晓其他持有本公司股份 5% 以上(含 5%)的股东报告期内所持股份有无被质押、冻结或托管的情况。

香港中央结算(代理人)有限公司持有本公司 H 股 1710814900 股乃代表其多个客户所持有。

基于公开予本公司查阅的资料,尽董事会所知,截至本报告公布之日,本公司符合香港联合交易所有限公司《证券上市规则》之公众持股量的有关要求。

4、公司与实际控制人之间的产权及控制关系的方框图

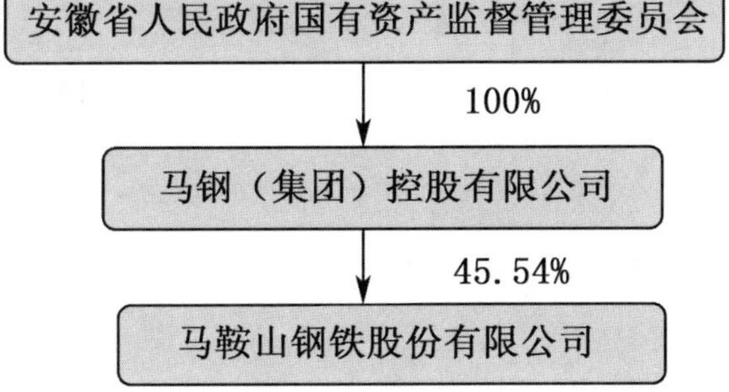

九、董事、监事、高级管理人员情况

现任及报告期内离任董事、监事和高级管理人员持股变动及报酬情况

姓　名	职务(注1)	性别	年龄	任期起始日期	任期终止日期	报告期内从公司获得的税前报酬总额(万元)
丁　毅	董事长	男	53	2014/9/1	2017/8/31	–
钱海帆	董事	男	56	2014/9/1	2017/8/31	56.13
苏世怀	董事	男	58	2014/9/1	2017/8/31	–
任天宝	董事	男	53	2014/9/1	2017/8/31	–
秦同洲	独立董事	男	47	2014/9/1	2017/8/31	10
杨亚达	独立董事	女	61	2014/9/1	2017/8/31	10
刘芳端	独立董事	男	53	2014/9/1	2017/8/31	10
张晓峰	监事会主席	男	55	2014/9/1	2017/8/31	56.13
方金荣	监事	男	53	2014/9/1	2017/8/31	–
严开龙	监事	男	52	2015/12/1	2017/8/31	26.65
王振华	独立监事	男	43	2014/9/1	2017/8/31	7.37
苏　勇	独立监事	男	62	2014/9/1	2017/8/31	7.37
高海潮	高级管理人员	男	59	2014/9/1	2017/8/31	52.04
陆克从	高级管理人员	男	53	2014/9/1	2017/8/31	49.82
胡顺良	高级管理人员	男	59	2015/6/16	2017/2/14	23.35
田　俊	高级管理人员	男	53	2017/2/14	2017/8/31	–
张文洋	高级管理人员	男	51	2017/2/14	2017/8/31	–
合计	/	/	/	/	/	308.86

注:上表中所披露的是以上人员在报告期内担任董事、监事和高级管理人员职务期间从公司获得的税前报酬。

十、内部控制

公司第八届董事会第二十六次会议于2017年3月29日审议通过《公司2016年度内部控制评价报告》,确认本公司2016年度内部控制有效。

安永华明会计师事务所(特殊普通合伙)为本公司2016年12月31日财务报告相关内部控制有效性进行了审计,并出具了无保留意见的内部控制审计报告。

十一、A股及H股市场表现

2016年末,马钢A股收盘价为人民币2.83元,比上年末下跌10.16%;H股收盘价为港币2.26元,比上年末上涨36.14%。

(董事会秘书室)

图书在版编目(CIP)数据
马钢年鉴. 2017/《马钢年鉴》编委会编. —北京:
方志出版社,2017. 11
ISBN 978-7-5144-2634-2

Ⅰ. ①马... Ⅱ. ①马... Ⅲ. ①马鞍山钢铁公司—
2017—年鉴 Ⅳ. ①F426. 31-54

中国版本图书馆 CIP 数据核字(2017)第 265970 号

马钢年鉴(2017)

编　　者:《马钢年鉴》编委会
责任编辑:冯　松

出 版 人:冀祥德
出 版 者:方 志 出 版 社
　　　　地址　北京市朝阳区潘家园东里 9 号(国家方志馆 4 层)
　　　　邮编　100021
　　　　网址　http://www.fzph.org
发　　行:方志出版社图书经销中心
　　　　电话　(010)67110500
经　　销:各地新华书店
印　　刷:皖南海峰印刷包装有限公司

开　　本:787×1092　1/16
印　　张:24.5
字　　数:797 千字
版　　次:2017 年 11 月第 1 版　2017 年 11 月第 1 次印刷
印　　数:001 ~800 册

ISBN　978-7-5144-2634-2　　定价:180.00 元